广东省城乡规划设计研究院科技集团股份有限公司 广东省国土空间规划协会 组织编写
自然资源部粤港澳大湾区自然资源数据协同应用工程技术创新中心 技术参编

广东省城市评估数据蓝皮书（2022）

——数读广东战略性产业集群

邱衍庆　周　元　魏冀明 ⊙ 主编

廣東旅游出版社
GUANGDONG TRAVEL & TOURISM PRESS
悦读书·悦旅行·悦享人生
中国·广州

图书在版编目（CIP）数据

广东省城市评估数据蓝皮书．2022：数读广东战略性产业集群 / 邱衍庆，周元，魏冀明主编；广东省城乡规划设计研究院科技集团股份有限公司，广东省国土空间规划协会组织编写．—广州：广东旅游出版社，2023.12

ISBN 978-7-5570-3194-7

Ⅰ．①广… Ⅱ．①邱… ②周… ③魏… ④广… ⑤广… Ⅲ．①城市－发展－评估－研究报告－广东－2022 Ⅳ．①F299.276.5

中国国家版本馆CIP数据核字（2024）第009978号

本研究得到中国工程院院地合作项目资助（项目编号：2023-GD-15；项目名称：“湾区研发＋粤东西北制造”协同创新模式研究）

出 版 人：刘志松
责任编辑：张晶晶 王湘庭 黎 娜
封面设计：邓传志
内文设计：王燕梅
责任校对：李瑞苑
责任技编：冼志良

广东省城市评估数据蓝皮书（2022）——数读广东战略性产业集群
GUANGDONGSHENG CHENGSHI PINGGU SHUJU LANPISHU (2022)——SHUDU GUANGDONG ZHANLÜEXING CHANYE JIQUN

广东旅游出版社出版发行
（广东省广州市荔湾区沙面北街71号首、二层）
邮编：510130
电话：020-87347732（总编室） 020-87348887（销售热线）
投稿邮箱：2026542779@qq.com
印刷：佛山家联印刷有限公司
地址：佛山市南海区桂城街道三山新城科能路10号自编4号楼三层之一
开本：787毫米×1092毫米 16开
字数：710千字
印张：28.875
版次：2023年12月第1版第1次印刷
定价：128.00元

参编人员名单

主　　编：邱衍庆　周　元　魏冀明

编　　委：彭雨滕　邓力凡　陈俊松　陈家麒　林尤涛
吉　瑞　姚玥希　张玉阳　马　瑶　胡海鹏
雷雅钦　袁源琳　吴晓生　杜　勇　潘俊钳
王晓路　李军锋　李永森　陈潇菡　张玮珊
李　莉　肖春晖　梅　乐　周卓雅　谭昆乐
陈美妍　陈海洋　林堉楠　刘　奇　杨晓羚
李松松　安　旭　谷　磊

特别鸣谢：赵渺希　林　涛　何正国　陈　洋　刘　沛

在世界产业发展进程中，产业集群是公认的产业现代化发展主要形态，各国依托产业集群稳定产业链供应链，提升区域竞争力。广东省作为改革开放的排头兵，产业经济规模和质量走在全国前列，已形成了强大的产业整体竞争优势。为积极落实国家加快推进制造强国建设要求，广东省坚持“制造业当家”，以战略性产业集群作为发展的基本盘和增长点，谋划高起点、稳中求进培育十大战略性支柱产业集群和十大战略性新兴产业集群。2023 年第一季度，广东全省 20 个战略性产业集群实现增加值 1.14 万亿元，占 GDP 比重近四成，成为广东坚持“制造业当家”，高质量建设制造强省的有力支撑。

《广东省城市评估数据蓝皮书（2022）——数读广东战略性产业集群》核心以数据为要素，应用时空大数据技术手段，解读广东战略性产业集群的发展现状，剖析产业集群的竞争力优势以及组织特征，为助力广东制造业高质量发展提供技术支撑。

本书以省、市、工业园区和企业等为对象，围绕规模、效益、联系、创新四维度，构建产业集群竞争力特征评估、组织特征分析等模型。通过梳理建立二十大战略性产业集群网络，系统分析集群间的协作特征；通过逐条抽取各战略性产业集群的产业链，拆解挖掘链条上中下游环节企业的数量、构成与位置等信息，评估链条内不同环节企业的市场供需体量、行业带动能力以及空间发展态势。通过逐级深入剖析广东战略性产业集群的网络、链条、环节特征，详细解读广东战略性产业发展情况，系统评估广东战略性产业发展态势。

目录 · CONTENTES

目录 · CONTENTES

第一章

产业集群研究综述

1. 研究背景

1.1 世界经济格局变化下的产业发展特点

产业是具有某种同类属性的具有相互作用的经济活动组成的集合或系统，产业的发展与经济活动息息相关，两者不可分离。纵观全球经济发展历程，一系列重大经济事件与全球产业发展变革相互交织，互相影响，对我国乃至广东省的产业经济发展产生了重大影响。

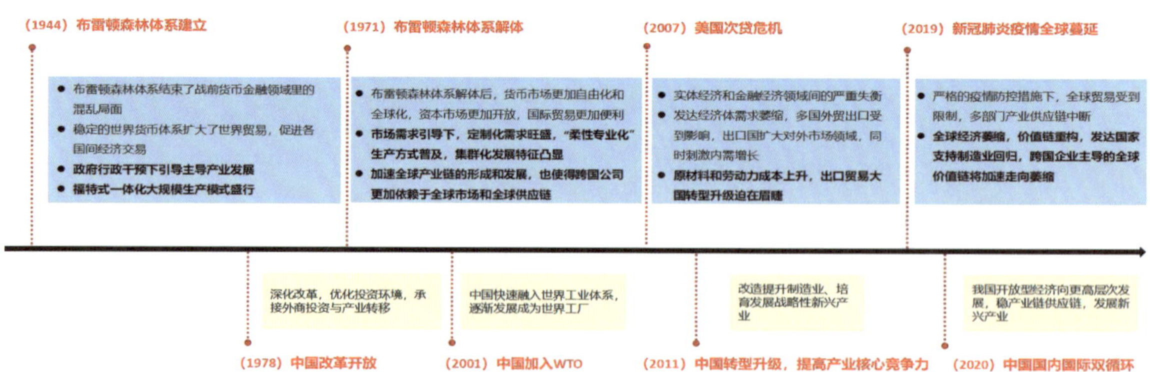

图 1-1：国内外重大经济事件节点图

1.1.1 产业集群是经济全球化发展的重要成果结晶

经济全球化是当代世界经济发展的重要特征和趋势，也是集群产生最重要的时代背景[1]。经济全球化促进了商品、技术、信息、服务、人员、资金等生产要素跨国、跨地区的流动，进而推进了全球性的产业链分工体系形成，但由于各国之间经济、技术等的基础性差异，产业链分工的平等问题成为国际关切要点。各国经过长期的贸易开放互动以及政治、经济博弈，相互间的技术与经济极差缩小，资源要素的配置更加合理，促进了产业链在生产环节上的垂直分离与资源整合优化，表现为地方更加注重结合区域特色抢占“战略环节”，弱化或转移非核心业务，依托区域性的产业集群，实现专业化分工企业间高效协作，降低生产和交易成本，促进经济发展，保障本国产业链、供应链安全，形成区域乃至国家竞争优势，重塑着世界政治经济格局。

为此，本书选择政治、经济作为关键视角，通过剖析国际国内系列重大事件，解读产业集群形成的关键里程（图 1-1）。

20 世纪 40 年代，第二次世界大战给全球造成了前所未有的灾难和破坏，亟须重构世界经济秩序，亟须恢复发展产业经济，改善民生。1944 年，西方主要国家的代表在联合国国际货币金融会议上确立了布雷顿森林体系，为各国融资提供了稳定的金融市场，促进了各国间经济来往，推进世界贸易快速发展。在此阶段，政府对产业发展具有较强的行政干预力，特别是西方国家鼓励军事科技转民用，以美国为代表的西方发达国家依托“金融 + 科技”优势，在产业发展与资源配置中占据主导优势地位，引导形成了一批具有国际影响力的新兴制造业巨头，极大地改善和提升了当时较为匮乏的物质生产生活水平。依托行业龙头企业垂直一体化生产方式引领行业发展是主要的特点，典型的新兴制造业巨头代表有美国通用动力、波音，德国克虏伯、大众、宝马、奔驰、西门子等公司，为后续产业集群化发展奠定了工业基础。

20世纪70年代，布雷顿森林体系产生的“特里芬难题”[2]导致世界各国内外部经济存在不可调节的平衡矛盾日益加剧，1971年，美国宣布终止美元与黄金之间的固定兑换比率，开始实行浮动汇率制，布雷顿森林体系最终瓦解，削弱了维护美国产业主导优势方面的金融统治霸权[3]。与此同时，发展中国家经济技术快速发展，从发达国家主导的世界产业分工体系中争取到更多自主权益。这些变革刺激了国际间资源配置效率，进一步促进了国际贸易，加速全球产业链的形成和发展，旺盛的市场需求要求产品生产更具有灵活性。多重因素影响下，以发达国家为代表的行业龙头企业垂直一体化生产模式发生转变，产业链各环节逐渐发生分离，发展中国家逐渐参与到全球产业分工合作的各环节当中，不同细分环节企业间的协作生产模式日趋紧密，产业链的部分环节在一定区域内集聚相互配合发展模式带来的规模增长、效益提升、创新优化等发展优势逐渐凸显，产业集群发展重要性被社会各界逐渐认知。本阶段产业集群典型案例主要有两种，一是以龙头企业为引领、一体化生产环节柔性分离情景下的产业集群本地化发展，如美国华盛顿的航空产业集群，孕育了将近1400家航空企业，涵盖机体结构件、航空电子、航空装备、航空材料、飞机内饰、培训等产业链各个环节，形成了极其完备的产业供应链。这1400企业中60%的企业为中小工匠型企业，雇员数在30～100人之间，服务波音公司及其产业链数十载，掌握专项核心技术。二是发展中国家引进发达国家核心技术，参与全球产业链生产，引导形成本地产业集群，1991年，由我国第一汽车集团公司协同德国大众汽车股份公司和德国奥迪汽车股份公司三方共同出资建设的大型轿车合资企业——一汽大众公司，区域内中小企业与一汽集团、一汽—大众联系较为紧密，汽车产业集群内外网络联系逐步完善[4]，在当地形成了以一汽为大型核心集团的产业集群[5]。

到21世纪，随着信息化和生产技术的快速发展，经济全球化深度与广度进一步提升，全球性金融危机与重大公共安全事件时刻影响着经济全球化的稳定发展，通过政策引导保障本土产业链、供应链安全成为核心议题。2007年，美国次贷危机爆发，引起了全球性金融风暴，使得全球经济陷入了严重的衰退，多国外贸出口受到影响。2020年，新型冠状病毒感染在全球大流行，严格的疫情防控措施下，世界贸易受到限制，全球经济萎缩，多部门产业供应链中断，跨国企业主导的全球价值链加速走向萎缩，价值链发生重大变化。面向国际市场竞争日益激烈的发展趋势，主动实施包含技术、创新、资金等要素支持的产业集群政策，促进传统产业转型升级、新兴产业创新发展，稳定产品供应，成为各国促进产业发展的重要抓手。如美国通过对基础科学领域的政府投资，生发出高浓度的产业集群，是非常顺利的路径。圣地亚哥的生命科学集群，聚集了超过100家拥有千位员工以上的大型基因检测企业，还有1100多家生命科学领域的公司，是名副其实的“基因之城”。据统计，每年大约都有18亿美元的联邦经费［含美国国立卫生研究院（NIH）经费］与慈善预算流入圣地亚哥，在某几个年度（如2014年），加州大学圣地亚哥分校甚至是全美获得最多NIH经费的地区。如德国联邦政府出台的系列集群战略陆续强调了本地集群技术网络的重要性，积极推动地理空间邻近与集聚的企业和各类机构之间形成高度网络化的本地互动与交流机制，代表世界级竞争力集群水平的德国“领先集群竞赛计划”(Leading Edge Cluster Competition)之一的能源效率创新集群(Cool Silicon)主要集中分布在萨克森州的开姆尼茨—费赖贝格—德累斯顿地区，聚集在这里的 110 多个集群伙伴（包括 17 家大企业、61 家中小企业、33 家高校及研究机构）基于技术联盟共同开发节能信息通信技术，取得巨大的成功。

综合上述研究梳理，在国际上，在历次重大社会经济事件影响下，世界制造业产业集群化发展历程大致经历了三个阶段：一是第二次世界大战后，美国主导构建布雷顿森林体系，世界经济秩序重构，西方发达国家依托“金融 + 科技”优势引领行业龙头企业一体化发展，为制造业集群化发展奠定工业牵引基础；二是布雷顿森林体系解体，全球产业链深化、技术经济发展极化差异削弱，制造业一体化生产环节分离，不同细分环节企业间的协作生产模式日趋紧密，发达国家和发展中国家差异化布局制造业产业集群；三是经济全球化深度与广度进一步提升，全球性公共安全事件对各国产业经济稳定发展产生更大影响，为保障产业链供应链安全稳定，各国主动实施包含技术、创新、资金等要素支持的产业集群政策，促进传统产业转型升级、新兴产业创新发展布局。

1.1.2 产业集群实践是广东高质量发展的关键支撑

纵观世界经济格局变化的重要节点，每次都带动着产业组织的变化。广东作为我国第一经济大省和改革开放的排头兵，在风云变化的国际环境下积极应对，依托产业集群策略主动参与到经济全球化发展的浪潮中，产业集群实践具有典型特征并取得成效。

1978 年，实行改革开放以来，推进“社会主义市场经济体制”改革，我国制造业在基础较为薄弱的背景下快速发展。广东在本阶段前期，凭借毗邻香港的地理优势和开放的政策环境优势，主导承接香港产业转型外溢的产业转移，全省三资企业和乡镇企业进入了快速发展的状态，劳动密集型产业成为了广东省主要的产业集群，其类别主要包括纺织业、服装业、食品业、贸易品加工业、装饰业等。本阶段后期，欧美等发达经济体逐渐开始将缺乏竞争优势的产业或者产业链中的某些生产环节转移到中国内地，广东在本轮承接转移过程中进一步夯实了新型制造业基础，如中国台湾地区的 IT 产业开始大规模向广东东莞进行转移，东莞借此逐渐形成了 IT 产业的完整产业链。

2001 年，中国加入 WTO，快速融入世界工业体系，逐渐发展成为“世界工厂”，产业集群发展初具规模。但同时，产业集群的发展也缺乏整体规划和引导，部分产业集群以贴牌生产为主，存在技术含量较低，产业链不完善，自主品牌和创新能力缺乏等问题。在此发展背景下，广东省产业集群不断地调整和发展，对一些开放程度较低的传统产业和一些受到关税保护较大的资本密集型产业以及一些与国外差距较大的技术密集型产业调整布局，降低加入 WTO 所带来的风险，经过多年的发展，在产业结构上开始发生了重大转变和突破，即产业集群逐渐由传统的劳动密集型产业转向现代服务业和高新科学技术产业，比如，电子信息行业等高科技行业和电气机械行业、石油化工等资本密集型产业逐渐成为经济发展的重点行业，形成了许多专业化的城镇和市场，如东莞松山湖科技产业园区，在新能源、新材料、无人自主技术等领域的快速发展，科创资源日益富集。

2011 年，在国际金融危机的影响下，为适应市场需求变化和科技进步新趋势，发挥我国产业在全球经济中的比较优势，我国采取了转型升级，提高产业核心竞争力的措施，改造提升制造业，培育发展战略性新兴产业是主要的发展策略。广东积极应对国际金融危机等重大事件影响下的产业发展问题，2018 年 5 月印发《中共广东省委、广东省人民政府关于推进产业转移和劳动力转移的决定》，重点依托产业转移园区，承载珠三角劳动密集型产业向东西两翼、粤北山区转移，但在本阶段，存在资源配置不合理，传统产业退出影响经济发展，新兴产业发展牵引力不足等问题，以产业转移园为主要载体未能较好地实现产业转移和升级。

2020年，面对新冠肺炎疫情的影响，我国提出构建国内国际双循环的经济政策，引导我国开放型经济向更高层次发展，其中产业集群已成为实现经济高质量发展的“助推器”。在广东，产业集群化发展已成为推动产业高质量发展的重要实践手段，近几年来，相关部门密集出台了系列政策支持产业集群发展，并在实践中取得一定的成效。2020年，《广东省人民政府关于培育发展战略性支柱产业集群和战略性新兴产业集群的意见》印发，在总体层面提出了广东省新一代电子信息、绿色石化、智能家电、汽车产业、先进材料、现代轻工纺织、软件与信息服务、超高清视频显示、生物医药与健康、现代农业与食品十大战略性支柱产业，以及半导体与集成电路、高端装备制造、智能机器人、区块链与量子信息、前沿新材料、新能源、激光与增材制造、数字创意、安全应急与环保、精密仪器设备等十大战略性新兴产业集群发展要求，推动全省产业链、创新链、人才链、资金链、政策链相互贯通，加快建立具有国际竞争力的现代化产业体系，并引导省级各有关部门加大产业集群建设支持力度。同年，广东省各省直部门也陆续出台了对应战略性产业集群的行动计划文件（文件清单详见附件1），对二十个战略性产业集群的总体情况、工作目标、重点任务、重点工程、保障措施予以明确。

2021年，《广东省人民政府关于印发广东省制造业高质量发展“十四五”规划的通知》印发，提出高起点谋划发展战略性支柱产业、战略性新兴产业以及未来产业，战略性支柱产业是广东制造稳定器，战略性新兴产业是广东制造推进器，在产业规模上，明确二十大战略性产业到2025年的产业规模总量计划；在空间引导上，全省按照珠三角地区、沿海经济带东翼、沿海经济带西翼、北部生态发展区四个区域开展产业布局，并确定每个地市产业集群区域布局的重要程度；在产业领域上，明确二十大战略性产业涉及的细分领域行业及发展重点发向、重大工程。

2022年，《广东省工业和信息化厅 广东省发展改革委 广东省科学技术厅 广东省农业农村厅 广东省能源局关于印发广东省战略性产业集群重点产业链“链主”企业遴选管理办法的通知》印发，明确了“链主”企业申报认定、支持措施、跟踪管理、监督管理等主要管理要求。主要目标是进一步完善“链长+链主制”，设立“链长”，通过“链主”企业抓产业链，进而推动产业集群发展的“企链群”传导机制，通过政策扶持、要素保障和精准服务，切实提升重点产业链供应链韧性，推进产业基础高级化和产业链现代化，为培育发展战略性产业集群、加快构建现代产业体系、推动打造新发展格局战略支点提供坚实支撑。

从广东省近年来的产业政策与实践可以发现，广东省高度重视以产业集群为核心的产业发展策略，明确了二十大战略性产业集群领域并配套专项行动计划，通过引导产业空间布局、稳定产业链、优化供应链等助力产业高质量发展。

在系列政策引导下，广东战略性产业集群的发展也取得一定成效。2023年第一季度，广东全省20个战略性产业集群实现营收4.61万亿元，实现增加值1.14万亿元，占GDP比重近四成，成为广东坚持制造业当家，高质量建设制造强省的有力支撑。

2. 研究理论基础

纵观世界经济格局的变化以及对产业发展的影响，产业与经济发展密切相关。我国在参与经济全球化的过程中高度重视对产业发展的政策引导，特别是近年来高度重视将产业集群作为引导产业经济发展的政策工具。为此，本书通过产业经济学基础视角，以广东战略性产业集群为主要研究对象，通过量化评价产业之间的竞争与合作、联系与互动，产业空间布局等经济现象，总结特征，为把握产业集群发展现状、趋势以及成因等提供科学支撑。

2.1 产业集群的相关概念定义

产业集群作为一种特殊的产业组织现象，自被提出以来逐渐受到主流经济学、区域经济学、经济地理学、管理学、产业组织学、社会学等不同学科的学者的关注，由此产生了较为多元的理论学派。其中较为经典的理论学派主要包括阿尔弗雷德·马歇尔的外部经济理论、阿尔弗雷德·韦伯的工业区位理论、保罗·克鲁格曼的空间经济理论[6]和迈克尔·波特提出的竞争优势理论。其中，竞争优势理论创新性地将产业竞争优势决定因素与地理集中因素结合起来研究，并比较全面地探讨了集群的竞争优势，其研究成果对集群理论的研究有重要推动作用，也是本书探讨产业集群现象的主要理论基础。

产业集群的竞争优势理论于 1990 年由美国经济学家迈克尔·波特教授在《国家竞争优势》一书中正式提出[7]，根据他的定义，产业集群是由一组在地理上靠近且相互联系的公司和关联的机构组成，它们同处或相关于一个特定的产业领域，由于具有共性和互补性而联系在一起[8]。他构建“钻石模型”来描述产业集群要素的相互关系[9]，并阐释了产业集群与国家竞争力的相关性，将产业集群作为一项国家产业经济发展的政策工具。

2.2 产业集群的分析评估框架

基于产业经济学的基础视角以及迈克尔·波特提出的产业集群概念定义可见（表 1-1），产业集群能够形成较强的外部性竞争优势，且具有可度量的内部组织特征。

为此，本书的分析评估框架主要包含两点内容，通过构建量化分析模型，一是评估产业集群模式带来的外部竞争力特征；二是分析产业集群在网络联系上的结构和地理空间上的布局等内部组织特征。

表 1-1：分析框架的主要要素对象

分析要点	特征要素	要素含义
外部竞争力特征	规模	产业集群带来规模效应，企业聚集导致具有专业技能的劳动力市场、政府收入。
	关联	集群内产业间通过技术、经济、知识、产品等要素的关联互通，创造产业竞争力。
	创新	产业集群中企业在长期的关联中逐渐建立起信任关系，促进专业知识的传播和扩散，尤其是隐含经验类知识的交流，能激发新思想、新方法的应用，促进学科交叉和产业融合，不断出现新产业和新产品。
	效益	产业集群依托规模扩大、生产效率提升、成本降低、利润提升、技术进步等方面带来系统性的优化，提升了产业整体的经济效益。
内部组织特征	网络联系	产业集群内企业会通过技术、经济、知识、产品等要素产生联系，形成网络联系结构，否则“集而不群”。
	空间集聚	产业集群发生在一定空间范围内。

相关学者也围绕产业集群的竞争力特征和组织特征开展了大量的研究。

2.2.1 产业集群的竞争力特征

产业集群竞争力特征研究的重要意义在于它的实用价值，产业集群组织形式能够提升所有集群企业的竞争力与集群所在区域的综合经济竞争力，乃至提升国家竞争力。

产业集群竞争力的理论研究与量化评估是重要的研究方向[10,11,12,13,14,15]，相关研究学者有阿尔弗雷德·马歇尔、保罗·克鲁格曼、王缉慈等，产业集群的多元竞争力特征包括规模优势、关联优势、创新优势、效益优势、生产成本优势、交易成本优势、核心能力优势、整体品牌优势、金融贷款优势、区域营销优势、国内市场竞争优势、国际市场竞争优势、信用优势、产业组织优势等，其中产业集群的最重要竞争力特征主要包括规模优势、关联优势、创新优势、效益优势等。

综合相关学者研究，产业集群竞争力特征主要包含四个方面：一是产业集群的规模特征。产业集群带来规模效应，企业聚集带来具有专业技能的劳动力市场、政府收入。二是产业集群的关联特征。产业集群内行业与行业间的相互关联，能够创造产业竞争力。三是产业集群的创新特征。产业集群中的企业相互靠近，可以在长期的交往中逐渐建立起人与人之间的信任关系和保障这种信任关系的社会制度的安排，促进专业知识的传播和扩散，尤其是隐含经验类知识的交流，能激发新思想、新方法的应用，促进学科交叉和产业融合，不断出现新产业和新产品。四是产业集群的效益特征。产业集群在产业规模扩大、生产效率提升、成本降低、利润提升、技术进步等方面带来系统性的优化，提升了产业整体的经济效益。

2.2.2 产业集群的组织特征

产业集群组织特征研究的重要意义在于它的实用价值，产业集群的组织特征主要描述特定领域行业中的企业间在一定地理空间范围内形成产业联系现象。

产业集群组织特征中的网络联系结构与空间集聚状态量化分析是重要的研究方向。在产业集群的外部经济理论、工业区位论等经典理论中，均对集群内企业之间的联系特征进行描述，包括企业间技术联系、投资联系等。若企业间无联系，则表现为“集而不群”产业集聚区，相关学者基于产业间的技术、经济、知识、产品等要素的联系，通过复杂网络模型构建产业集群的网络图谱，量化分析产业集群的内部网络联系特征[16,17,18]。另一方面，产业集群也关注空间集聚状态。学者们对特定领域的企业集聚地的空间范围、产业关联特征进行实地调研，获取产业集群的量化参数。根据何建等人在欧洲各工业区所做的实际调查表明，产业集群的空间范围从 1 平方公里到 500 平方公里不等，而且大约每平方公里 50 家企业[19]。2022 年，国家工业和信息化部关于印发《促进中小企业特色产业集群发展暂行办法》以及广东省工业和信息化厅印发《广东省促进中小企业特色产业集群发展暂行办法》，两份文件中都明确中小企业特色产业集群占地面积不超过 100 平方公里，近三年产值均在 40 亿元以上。

综合相关学者研究，产业集群的内部组织具有三项核心特性：一是产业领域关联性，集群内企业处在相同或相关的产业领域；二是地理空间邻近性，一般情况下，集群内部的企业或支撑机构在空间上具有集聚特征；三是网络联系性，通过技术、经济、知识、产品等流动要素，在企业、服务机构等主体间形成联系网络。

3. 研究技术方法

本书运用统计分析、空间分析以及图论分析三种技术方法，主要对产业集群的组织特征与竞争力特征进行量化分析，利用大数据技术和时空知识图谱技术构建了多源异构的时空数据库管理模型。

3.1 面向多源异构数据的建库技术

在产业集群研究中，需要运用到产业的空间、统计以及互联网等时空大数据，数据种类众多，数据关系繁多且复杂，尤其以企业实体为研究主体的产业时空大数据规模庞大，结构复杂。传统以地理信息系统（Geographic Information System，GIS）为载体的产业大数据处理、存储和分析手段不足日益显现。首先，受制于GIS“跨图层”的运算方法和存储容量限制，对产业多维关系分析支撑手段有限；其次，空间关系计算量大，计算过程极为复杂冗余，导致其空间存储、处理和分析效率严重低下；再次，GIS空间数据库“分层堆叠”的可视化效果，也无法直观表达产业链的多维多层关系；最后，GIS空间数据库不具有深度知识结构，无法更加深入挖掘产业集群的内在机理，难以洞察和识别产业集群发展过程中存在的深层次问题。在研究中通过探索并建立形成以时空知识图谱技术为核心的数据模型，能有效解决上述产业时空大数据分析应用中存在的问题和难点，提升工作效率。

广义上的知识图谱是一种基于图论的数据模型，主要通过节点和边组成的“图”网络结构来描绘多维关系，本质上是由概念、实体、关系相互联结形成的网络知识库，其中图的节点代表客观世界中的概念、实体或属性，而图的边代表实体、概念之间的各种语义关系（图1-2）。

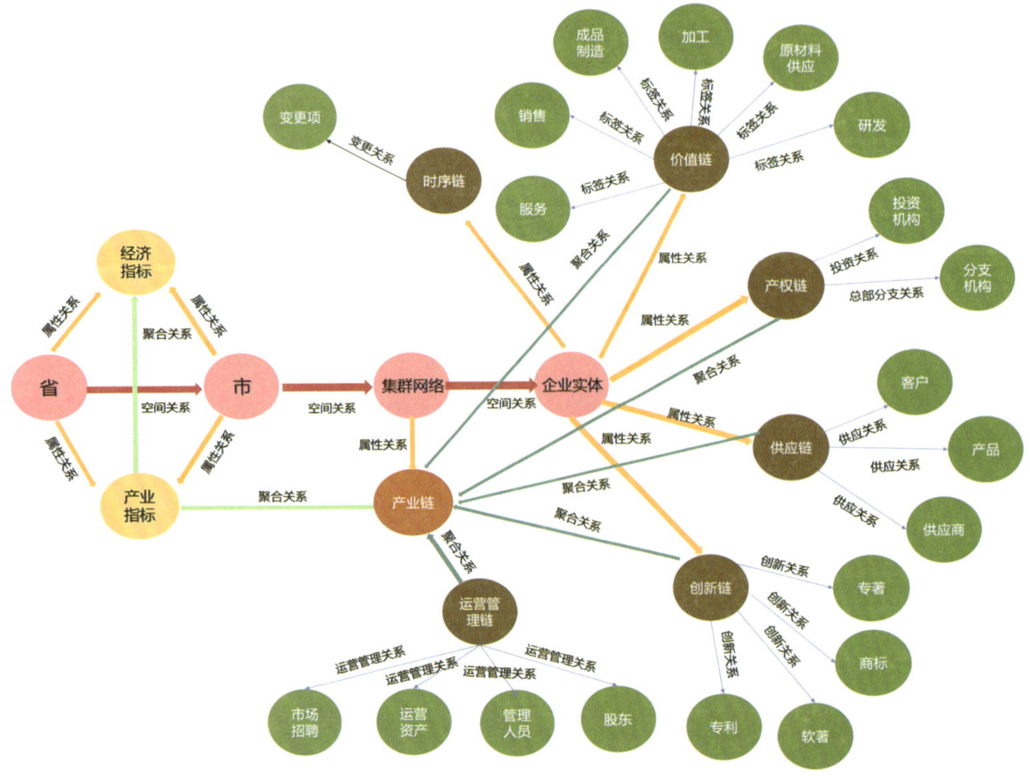

图1-2：产业领域下的时空知识图谱概念表示

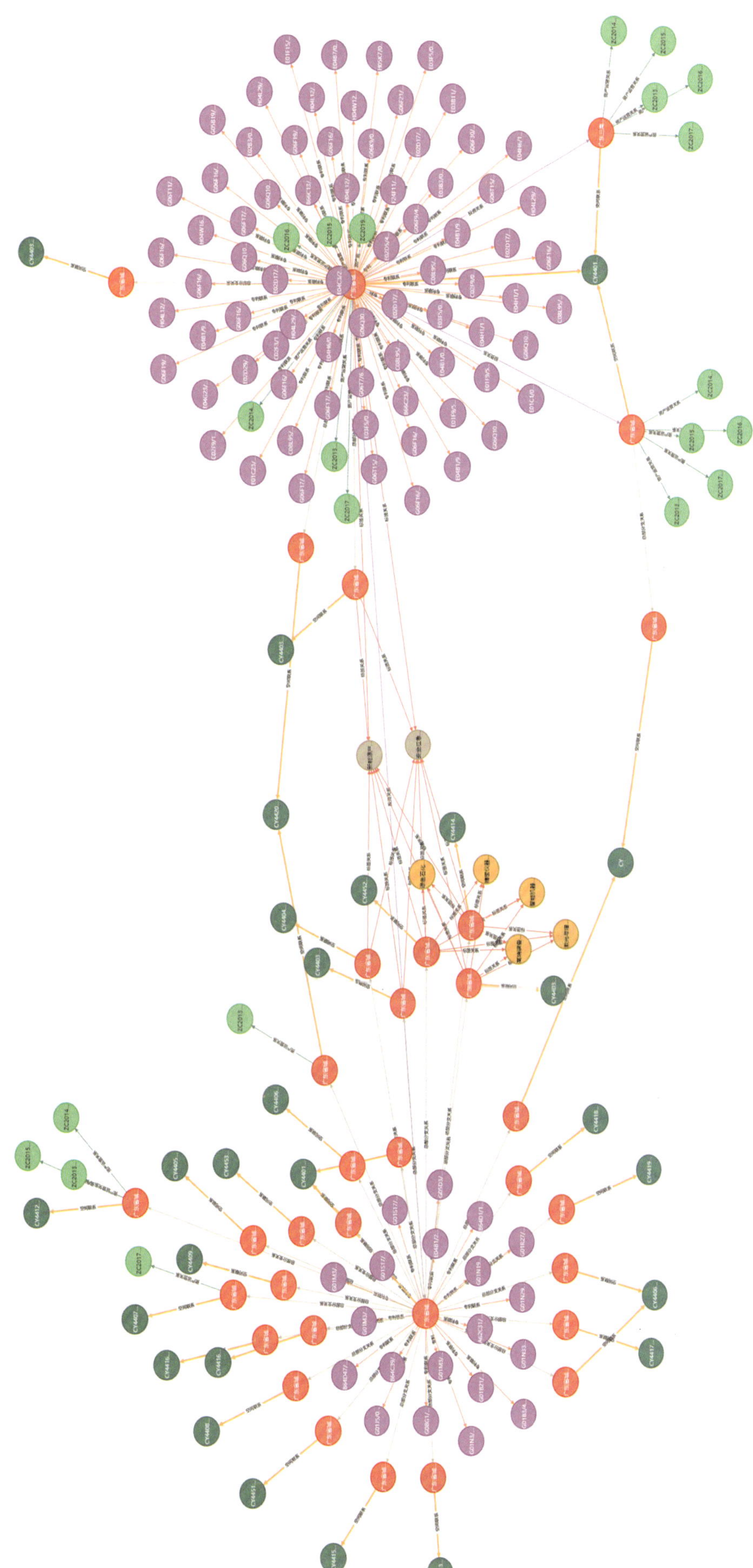

图 1-3：基于产业链多维关系的时空知识图谱

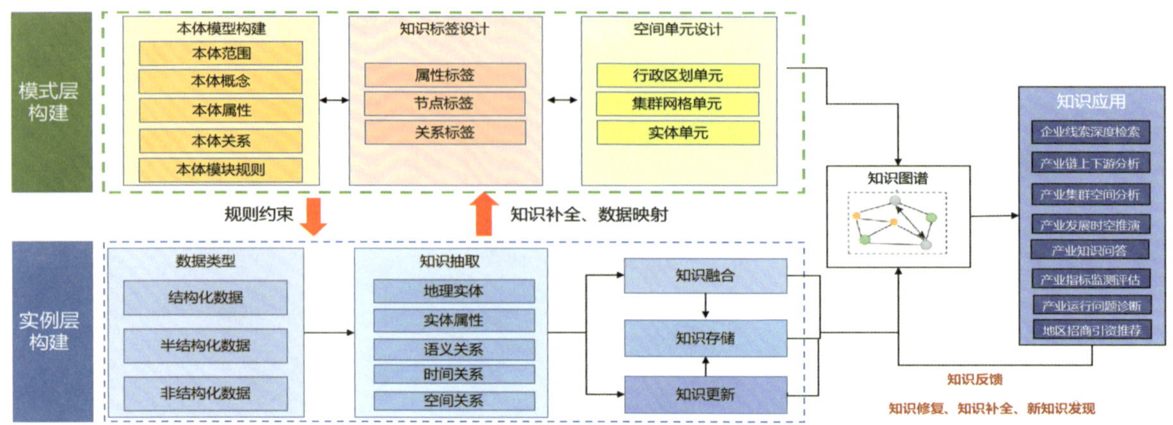

图 1-4：产业领域下的时空知识图谱构建流程

将知识图谱模型应用在地学知识领域，能够形成具备表征时空层级尺度的知识单元，并且高效表达“时间”“空间”特征的时空知识图谱。相较于广义上的知识图谱，时空知识图谱新增了“时间、空间、过程、业务”等组织关系。

时空知识图谱（图 1-3）作为多源异构数据融合处理与智能应用的重要技术，“图”的思想能够有效应用于产业时空大数据的存储、处理和分析中。利用时空知识图谱技术，能够降低产业时空关系分析的复杂度，有效提高产业大数据空间存储、处理和分析效率，同时以网络结构表达数据的产业链多维关系，能看到表格或地图无法表达的复杂关系信息，使产业大数据潜在的特征和价值得以深度显现。

在对产业集群研究中，面向数据的多源异构的特征，形成基于产业大数据的时空知识图谱构建技术体系。基于本体建模、空间单元设计、知识标签设计等模式层构建手段，形成产业知识图谱的规则指导。在模式层规则约束下，依托知识抽取、知识融合、知识存储等技术手段，融合上亿级企业实体节点及其多维关系边进行管理，形成支撑产业集群多时空尺度、多分析维度的数据模型，统一提供企业线索快速查询、网络关系表达、产业链上下游分析、产业集群空间分析、产业时空推演等智能化应用，有效解决强关系型、高量级企业大数据间关系建立和表达难、存储管理限制、关系挖掘分析难等问题，形成产业时空大数据分析应用的新型智慧解决方案。

3.2 面向多源异构数据的分析模型

3.2.1 竞争力特征评估模型

综合运用统计分析模型对产业集群的规模、关联、技术进步和经济效益等竞争力特征进行量化评估。

（1）产业规模基准

产业规模基准涉及产业产出比重和增加值比重两个指标。产业产出比重指的是某产业的产出占全部产业总产出的份额，该指标反映了产业在地区经济中的地位，是对产业规模的直观描述。虽然总量大的产业不一定就是重要行业和关键领域，但在地区经济中占有较大比重的产业需要重点关注。产业产出比重记为D_j，其计算公式为：

$$D_j = \frac{X_j}{\sum X_j},\ j = 1,2,\ldots,n$$

产业增加值比重。某一产业的增加值比重指某产业增加值占地区生产总值的份额。记增加值比重为P_j，其计算公式为：

$$P_j = \frac{N_j}{\sum N_j},\quad j = 1,2,\ldots,n$$

其中N_j，表示产业 j 的增加值，$j = 1,2,\ldots,n$、$\sum N_j$表示地区生产总值。

（2）产业关联基准

产业关联指标主要有影响力系数、感应度系数、直接前向关联系数和直接后向关联系数四个指标。

影响力系数。影响力系数为测度某部门对所有部门所产生的生产需求波及的相对水平，当该部门增加 1 个最终使用单位时，对国民经济各部门增加 1 个最终使用单位时，对国民经济各部门产生的生产需求波及程度。影响力系数反映的是某一部门单位最终需求对其他部门的拉动程度。当影响力系数大于 1 时，表示该部门生产对其他部门生产的波及影响程度超过社会平均影响力。影响力系数计算公式为：

$$E_j = \frac{\sum_{i=1}^{n} b_{ij}}{\frac{1}{n}\sum_{i=1}^{n}\sum_{j=1}^{n} b_{ij}},\quad j = 1,2,\ldots,n$$

其中$\sum_{i=1}^{n} b_{ij}$为完全消耗系数矩阵第 j 列之和，$\frac{1}{n}\sum_{i=1}^{n}\sum_{j=1}^{n} b_{ij}$为完全消耗系数矩阵各列和的平均值。

感应度系数。感应度系数是指国民经济各部门每增加 1 个单位最终使用时，某一部门由此而受到的需求感应程度。即需要该部门为其他部门生产而提供的产出量。当感应度系数大于 1 时，表示该部门生产对其他部门生产的拉动影响程度超过社会平均影响力水平。感应度计算公式为：

$$F_j = \frac{\sum_{i=1}^{n} b_{ij}}{\frac{1}{n}\sum_{i=1}^{n}\sum_{j=1}^{n} b_{ij}},\quad j = 1,2,\ldots,n$$

其中$\sum_{i=1}^{n} b_{ij}$为完全消耗系数矩阵第 j 行之和，$\frac{1}{n}\sum_{i=1}^{n}\sum_{j=1}^{n} b_{ij}$为完全消耗系数矩阵各行和的平均值。

直接前向关联系数。直接前向系数表示的是国民经济各部门产量增加 1 个单位时，该部门应该作出的直接反应或者说本部门增加 1 个单位产量对其他部门的直接推动力大小。与感应度系数不同，它不包含间接的前向关联效应，它表示某一产业作为要素供应者直接供给下游的价值量大小。记直接前向关联系数为A_i，其计算公式为：

$$A_i = \sum_{j=1}^{n} a_{ij},\quad i = 1,2,\ldots,n$$

其中a_{ij}为直接消耗系数，直接前向关联系数越大，说明这个产业对其他产业的整体推动作用越大。

直接后向关联系数。与直接前向关联系数相对应的是直接后向关联系数，其所表示的是某一产业与提供生产要素的直接上游产业的联动关系。记直接后向关联系数B_i，其计算公式为：

$$B_j = \sum_{i=1}^{n} a_{ij}, \quad j = 1,2, \ldots, n$$

其中a_{ij}为直接消耗系数，直接后向关联系数越大，说明这个产业对其他产业的整体拉动作用越大。

（3）技术进步基准

技术强调选取掌握关键核心技术的知识密集或技术密集的产业。这些产业往往会因为技术投入与技术进步产生较大的经济效益。技术进步指标主要考虑技术进步速度和技术贡献率两个指标。

技术进步速度。根据科布—道格拉斯生产函数可知，生产效率的增长的提升受到劳动力增长率、固定资产投资增长率和技术进步速度等因素的影响。利用科布—道格拉斯生产函数可以间接计算出各产业技术进步的速度。技术进步速度公式为：

$$\frac{\Delta A}{A} = \frac{\Delta Y}{Y} - \alpha \frac{\Delta K}{K} - \beta \frac{\Delta L}{L}$$

其中$\frac{\Delta A}{A}$为技术进步速度，$\frac{\Delta Y}{Y}$为年平均生产增长率，在计算中用各产业的增加值的年平均增长率来代替，$\frac{\Delta K}{K}$为平均资金增长率，在计算中以各产业的固定资产投资总额的年均增长率来反映，$\frac{\Delta L}{L}$为平均劳动力增长率，在计算中以各产业劳动者报酬的年均增长率来表示。α为资金的产出弹性系数，β为劳动力的产出弹性系数，计算中采用$\alpha = 0.3$、$\beta = 0.7$的常用系数进行计算。若技术进步速度小于0，则代表技术进步动因不足；反之，表示技术进步势头旺盛。

技术贡献率。技术贡献率反映技术进步速率对产业部门的生产率增长的贡献程度。其计算公式为：

$$C = \frac{\Delta A / A}{\Delta Y / Y}$$

它反映的是技术要素对产业部门生产增长的贡献率。

（4）经济效益基准

经济效益基准主要度量产业的投入资源的利用效率和投入产出的经济效益两方面。总量、规模较大的产业在很大程度上决定着国家、地区产业结构的形态及经济整体的发展状况；而具有较高经济效益的产业有利推动经济的发展进步，具有导向和带动作用。经济效益指标主要考虑技术系数和经济系效益两个指标。

技术系数。技术系数反映的是一个行业利用投入创造新价值的效率，即某产业部门新创造的价值与投入的比，新创造的价值也可视为初始投入减去固定资产折旧。技术系数体现对生产资料依赖程度，技术系数高，则对生产资料的依赖程度低。记技术系数为T_j

$$T_j = \frac{M_j + V_j}{X_j}, \quad j = 1,2, \ldots, n,$$

其中M_j为生产税净额和营业盈余，V_j为劳动者报酬，X_j为总投入。

经济效益系数。经济效益系数反映的是产业的投入产出效率，即投入产出经济效益的大小，其为某产业增加值与总投入的比值，记经济效益系数为j

$$Q_j = \frac{N_j}{X_j}, \quad j = 1,2, \ldots, n,$$

其中，N_j表示产业 j 的增加值，X_j表示产业 j 的总投入。

3.2.2 组织特征分析模型

（1）产业集群的网络联系特征

运用图论模型厘清产业集群的内部网络联系特征。综合梳理相关学者的研究，图论模型是量化评价研究产业集群结构的主要模型方法[20.21]。图论是一种数学工具，可用于产业集群分析的方法为复杂网络分析，可以用于分析产业集群中不同企业之间的相互关系和合作网络。通过复杂网络分析，揭示企业之间的合作网络结构及其演化规律，为产业集群的发展提供重要的参考和指导。在基于复杂网络模型的分析研究中，产业森林（或称产品空间）是一种新兴的产业组织概念[22]，指的是由一组相互关联的产业集群所构成的一个更大的产业网络。在产业集群研究中，产业森林可以用于研究不同产业集群之间的关系和相互作用，揭示不同类型产业集群之间的协同关系及关联大小，为产业政策制定和产业发展提供重要的参考和指导。本书中以产权作为联系分析的基础要素。

在产业集群的复杂网络应用中，产业要素节点的度是重要的度量指标，计算公式如下：

$$C=\frac{1}{N}\sum_{i=1}^{N}C_i$$

$$C_i=\frac{E_i}{ki(ki-1)/2}=\frac{2E_i}{ki(ki-1)}$$

其中 C 代表产业要素的产业网络联系度，C_i代表产业网络中一个度为ki的产业类型 i，ki表示某个产业类型与其他产业类型发生联系的个数总和，E_i表示产业类型 i 的ki个发生联系的产业类型之间可能存在联系的最大个数。$C_i\in[0,1]$，当ki =0 或ki =1 时必有E_i =0，此时记C_i =0。

产业网络中节点即为某种分类产业，节点越大，表示该类产业与其他类产业联系越多，其在研究区域内的产业核心引领作用越强。产业网络中连接各节点的边为产业链条，表示产业环节之间的要素联系，包含总、分机构设置，资金流动等。

（2）产业集群的空间集聚特征

运用空间分析模型挖掘产业集群的空间分布特征，主要包含地理编码、格网划分、空间关联与分区统计等技术流程。

一是实现企业数据地理编码，通过将企业名称与高德地址数据库中的地理实体的对应字段的属性值进行匹配，获取企业的地理坐标，从而构建企业的空间数据库基础。

二是对研究区进行格网划分，基于前述研究，将广东省空间范围分为 10×10km 的空间格网，作为产业集群分析的基本单元，同时也为时空知识图谱构建提供空间索引单元。

三是通过企业空间位置与空间格网构建空间连接，实现规模、经济等量化指标的分区统计，为研究提供分析内容支持。

4. 研究思路

本书首先以战略性产业集群为研究主体，研究产业历史演变、政策要求，梳理国内产业集群发展的现状特征，并总结广东省战略性产业集群的发展特征与趋势，明确研究的必要性与切入点；其次，通过理论综述与数学建模，构建本书分析的理论研究基础；最后，通过战略性产业集群分析的多源数据收集与分析，挖掘广东战略性产业集群发展的多维特征，为助力广东制造业高质量发展提供决策支持。研究思路三个方面的具体内容如下：

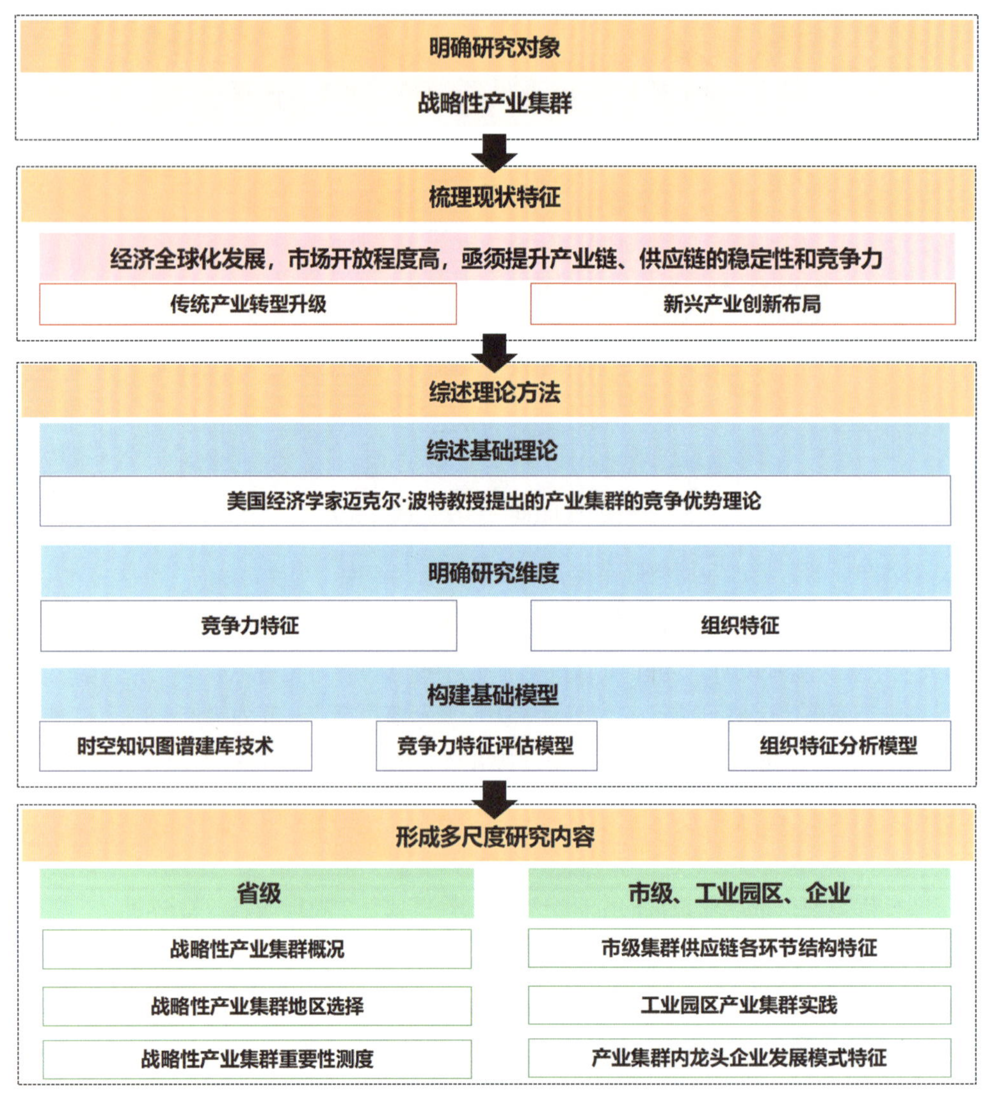

图 1-5：研究思路

4.1 梳理产业集群发展的现状特征

一方面，在经济全球化深度和广度逐渐深化的进程中，市场开放程度逐步提升，面向国际上频繁的重大事件影响，依托产业集群促进传统产业转型升级、新兴产业创新布局，是提升产业链、供应链的稳定性和竞争力的关键手段。另一方面，战略性产业是广东制造业高质量发展的稳定器和推进器。在新一轮科技变革和复杂的国内外市场影响下，战略性产业的发展在发展规模、质量效益、创新技术与空间承载方面仍面临着挑战。因此，战略性产业集群是助力广东制造业高质量发展的重要研究对象。

4.2 梳理产业集群研究的理论方法

经综述，本书以美国经济学家迈克尔·波特教授提出的产业集群的竞争优势理论为基础开展研究，运用时空知识图谱对多源异构数据进行建库，构建产业集群竞争力特征评估模型、组织特征分析模型，开展多模态数据特征挖掘，旨在为精细描绘产业集群图谱、系统评估产业发展态势提供理论与模型支撑。

4.3 开展产业集群的多维度、多尺度量化分析

政府和企业是产业集群发展的主体，推动产业链上下游企业分工协作，在地理空间上依托核心企业连片发展。产业集群具有供需关系、时空关系、主体关系等特征。本书围绕规模、效益、联系、创新等四维度，从省、市、工业园区、企业等尺度，对产业集群进行多维度、多尺度量化测度。

4.3.1 省级层面绘制集群网络，剖析结构特征

为整体把握广东战略性产业集群总体情况，本书从总体层面梳理了广东产业发展的概况，并通过生产环节、产业资源禀赋两个视角研判广东省各地市的产业价值区段，明确各地市在生产环节、产业部类方面的差异化优势特征，为进一步理解广东战略性产业集群发展特征与趋势提供基础数据支持。

建立产业图谱是全面描绘产业集群的组织结构的关键技术手段。本书首先从全省视角看二十大战略性产业集群，系统梳理产业集群图谱，并结合行业上下游关系，绘制集群网络。集群网络整体呈现“中心—边缘”结构特征，内圈层、中圈层和外圈层可逐步挖掘基础产业过渡到应用导向产业的特征趋势。同时，集群网络呈现“分布式”布局，内圈层、中圈层和外圈层的联系程度可挖掘分析产业集群间的协作程度。

4.3.2 市级层面深挖链条画像，分析组织与空间关系

本书在二十大战略性产业集群集群网络中逐层抽取出单个产业集群的产业链。以链的视角，分析集群内部结构、判断行业发展潜力。

市级层面，通过比较上、中、下游环节的企业情况，计算各环节中企业规模、利润率以及产权联系等指标，评估集群内各环节企业整体的市场需求、供应体量以及行业带动力情况。企业的空间集聚是产业集群供需关系在地理上的映射，反映资源与供需关系的匹配情况。本书结合产业集群的最小地理单元尺度，利用地理编码技术，将产业链、企业更准确地投影到空间上。通过集群空间分析，评估产业集群发展态势、企业集聚度以及上、中、下游企业配置齐全度，挖掘产业集群发展的重要机会地区。同时面向工业园区与集群龙头企业，聚焦案例分析，通过梳理典型案例发展的实践特征与模式，剖析战略性产业集群发展的微观特征。

全书在内容框架上分为三大部分：第一部分是研究背景，对应本书第一章内容，重点梳理产业历史演变、理论基础及相关政策要求，梳理本书的研究思路。第二部分是广东省战略性产业集群总体评价分析，对应本书第二章内容，对广东省产业发展整体概况与区域协作进行整体梳理，同时对全省二十大战略性产业集群的特征及地区选择进行总体分析，侧重分析集群间联系与对比，体现产业集群竞争力优势。第三部分是战略性产业集群的单体评价分析，对应本书第三章至第十九章内容，对全省二十大战略性产业集群逐个分析，侧重挖掘产业集群内的组织特征，并展开对应行业典型工业园区与企业案例，剖析微观特征。

第二章

广东省战略性产业集群评价分析

广东省的产业集群在现代产业体系中扮演着重要角色，尤其是战略性产业集群对广东省的经济增长起到了关键性的作用。如先进制造业和高新技术制造业的增加值逐年增高，新能源、生物医药、高端装备制造、医疗仪器设备等战略性产业领跑全省经济增长。

产业地区性集聚的背后是网络化、层级化城市体系的形成和区域分工协作体系的建立。从产业价值区段测度中，我们既可以看到各地市依据研发、初级加工、成品制造、销售、服务等生产环节形成的分工协作，同时也可以看到各地市基于自身资源禀赋在资源密集型产业、劳动密集型制造业、技术密集型制造业、资金密集型制造业、生产性服务业、其他服务业等资源要素部类中形成了自身的产业特色和竞争优势。如珠三角中心城市——广州、深圳以研发和生产性服务为主，粤西及珠江口西岸以石化、汽车制造、装备制造等面向生产的制造业为特色，粤东及珠江口东岸以电子信息制造业、食品加工、轻工纺织等面向消费的制造业为特色，粤北则围绕农林种植、非金属采选、黑色金属业冶炼、能源供应等发展资源密集型产业。

2020 年广东省开始培育二十大战略性产业集群，在新的发展格局下，认识并了解战略性产业的特征和发展要件是各地市把握战略性产业培育和发展的契机，推进地区经济新旧动能的转换，实现城市经济能级的提升关键。战略性产业是具有规模效应、技术创新突出、被市场认可的重要行业和关键性领域，集群化发展是其重要特征之一。地区战略性产业的选择应遵循地区优势原则、市场需求原则、技术创新原则、产业关联原则、就业吸纳能力原则和可持续发展原则。本章从战略性产业的规模效应、关联效应、技术创新效应、经济效益等角度总结了战略性产业的排名和特征，指出不同类型的战略性产业具有不同的特点和适用范围，需要根据自身的资源禀赋和发展需求进行选择。同时，各地市在培育战略性产业时需要考虑产业链的完整性，物流、仓储等基础设施和服务配套等方面的问题。

1. 广东省产业发展整体概况

产业集群是现代产业体系发展的重要组织形式，它不仅是地区经济发展的主导力量，而且是国际经济竞争的战略性力量。“十四五”期间，广东第一、第二、第三产业比重调整为 4.2 ∶ 41.1 ∶ 54.7，其中先进制造业和高技术制造业增加值占规模以上工业比重分别提高到 55%、29.5%。金融业增加值达 1.15 万亿元 [23]。

复杂的产业网络带来强大韧性、灵活性和创新性，已成为广东制造的底色。2022 年，广东省全部工业增加值同比增长 2.6%。先进制造业产业增加值比上年增长 2.5%，高技术制造业产业增加值比上年增长 3.2%，远高于规模以上工业增加值增长（1.6%）。

从细分产业看，战略性产业集群发挥了关键作用：新能源产业集群工业增加值增长 12.6%，生物医药及高性能医疗器械业增长 12.5%，先进装备制造业增长 9.6%，医疗仪器设备及仪器仪表制造业增长 8.3% [24]。

从地市来看，各地区鲜明的产业特色和区域协同机制是广东经济高效运转的基础。珠三角各地市制造业发展各有特色，对税收贡献较大。如广州的汽车、化工制造业，珠海、佛山、中山的电气机械和器材制造业，深圳、东莞的计算机通信和其他电子设备制造业。以湛江、茂名为代表的粤西地区矿产资源较为丰富，石油煤炭及其他燃料加工业、黑色金属冶炼和压延加工业对税收的贡献较大。粤东地区批发和零售较为发达，汕头、揭阳、汕尾以传统轻工业出口为主，纺织服装和服饰业占比较高。

2. 广东省产业区域协作

产业集群，特别是战略性产业集群，提高了地区的经济实力，塑造了城市地区的个性和形象，是地区城镇化的重要推动力。城市集群是产业集群的重要载体，为产业集群提供了良好的发展环境和基础设施支持，如交通、通信、金融、人才等资源，有利于产业集群的发展壮大。产业集群所形成的区域分工协作，塑造了城市集群的等级化、网络化特征。

产业区域协作中，城市集群的结构特征可以通过价值区段的技术方法进行测度。价值区段理论是指在跨国公司的国际劳动分工导致世界城市体系中，产业部类依据“价值区段”在全球“垂直分工”。少数城市作为跨国公司的管理和控制中心，占据“价值区段”的高端，而更多的城市则作为制造和装配基地，处于“价值区段”的底端。“价值区段”的划分可以从“产品内分工”[25]角度分为研发、初级生产、成品制造、销售、服务等环节，也可以从地区资源禀赋、产业要素组织关系分为资源密集型产业、劳动密集型制造业、技术密集型制造业、资金密集型制造业、生产性服务业和其他服务业等产业部类。从产业价值区段角度研究地区和城市的产业特征，一方面利于研究地区和城市在产业分工体系中的角色和功能定位，另一方面有利于利用城市体系的网络化、等级化特征组织地区产业资源，优化产业集群内部结构，形成强有力的地区竞争力。

广东省作为中国经济增长的“排头兵”，截至2022年，地区生产总值连续34年稳居全国第一，已经远超韩国和俄罗斯，体量相当于全球第十大经济体[26]，经济总量和产业规模在全国各省市中遥遥领先。支撑全省巨大产业规模的背后既有珠三角城市群通过产业分工协作形成的网络化的均衡的城市体系，又有因区域发展不平衡形成珠三角与粤东西北的等级化、梯度化的发展格局。通过产业价值区段角度可以进一步了解广东在全国范围分工协作体系中所处的价值环节，同时也可以在省域层面刻画省内各地市的产业价值区段特征，对于进一步优化城镇体系结构，增强地区产业竞争力具有支撑作用。

2.1 生产环节视角下的区域协作

从“产品内分工”角度，可以将价值区段按照生产环节分为研发、制造、销售、服务等环节，其中制造环节又可分为初级产品加工和成品制造两个环节（表2-1）。初级产品是指自身形态上不具备独立的消费和生产功能，但是通过组装、连接或加工等程序，以原生或转换形态构成消费品或成品的特定组成部分。初级产品也可以分为两个子类：一类是零件、部件、配件、子系统组件或模块等，通常被称为“中间产品”的物品；另一类是原料如棉花、木材、化纤、钢材和其他金属等，统称为“原料类初级产品”[27]。

表 2-1：根据生产环节的国民经济行业划分

价值环节	行业
研发	研究和试验发展，专业技术服务业，科技推广和应用服务业
初级生产	农业，林业，畜牧业，渔业，煤炭开采和洗选业，石油和天然气开采业，黑色金属矿采选业，有色金属矿采选业，非金属矿采选业，其他采矿业，农副食品加工业，纺织业，木材加工和木、竹、藤、棕、草制品业，造纸和纸制品业，石油、煤炭及其他燃料加工业，化学原料和化学制品制造业，化学纤维制造业，橡胶和塑料制品业，非金属矿物制品业，黑色金属冶炼和压延加工业，有色金属冶炼和压延加工业，金属制品业，废弃资源综合利用业，电力、热力生产和供应业，燃气生产和供应业，水的生产和供应业
成品制造	食品制造业，酒、饮料和精制茶制造业，烟草制品业，纺织服装、服饰业，皮革、毛皮、羽毛及其制品和制鞋业，家具制造业，印刷和记录媒介复制业，文教、工美、体育和娱乐用品制造业，医药制造业，通用设备制造业，专用设备制造业，汽车制造业，铁路、船舶、航空航天和其他运输设备制造业，电气机械和器材制造业，计算机、通信和其他电子设备制造业，仪器仪表制造业，房屋建筑业，土木工程建筑业，建筑安装业，建筑装饰、装修和其他建筑业
销售	批发业，零售业
服务	农、林、牧、渔专业及辅助性活动，开采专业及辅助性活动，金属制品、机械和设备修理业，铁路运输业，道路运输业，水上运输业，航空运输业，管道运输业，多式联运和运输代理业，装卸搬运和仓储业，邮政业，住宿业，餐饮业，电信、广播电视和卫星传输服务，互联网和相关服务，软件和信息技术服务业，货币金融服务，资本市场服务，保险业，其他金融业，房地产业，租赁业，商务服务业，水利管理业，生态保护和环境治理业，公共设施管理业，土地管理业，居民服务业，机动车、电子产品和日用产品修理业，其他服务业，教育，卫生，社会工作，新闻和出版业，广播、电视、电影和录音制作业，文化艺术业，体育，娱乐业，中国共产党机关，国家机构，人民政协、民主党派，社会保障，群众团体、社会团体和其他成员组织，基层群众自治组织，国际组织

（1）按生产环节划分的产业构成

从各生产环节的从业人员数来看（图 2-1），全国从业人员主要集中在成品制造和服务环节，占全部环节的 71%。从先进省份来看，江苏、浙江的成品制造环节的从业人员数远高于全国水平，广东、山东的销售与服务环节的从业人员数高于其他两省。

从各生产环节的法人单位来看（图 2-2），越接近生产环节的末端，出于领域细分、方便产品流通等因素的影响，法人单位数越多，单位企业从业人员数越少。其中销售、服务环节的法人单位数占全环节的 73%。从地区来看，江苏、浙江的制造环节的法人单位数远高于全国水平，广东、山东的销售与服务环节的法人单位数高于其他两省。

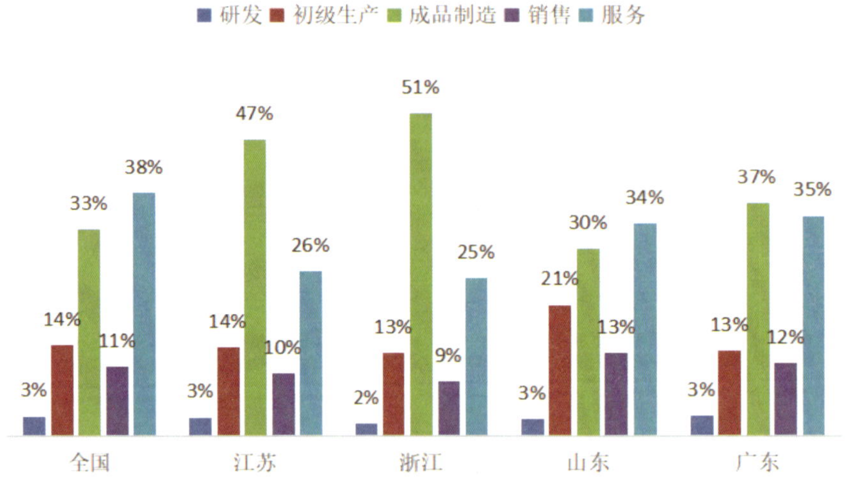

图 2-1：按生产环节从业人员构成
（数据来源：中国经济普查年鉴）

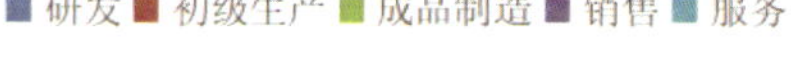

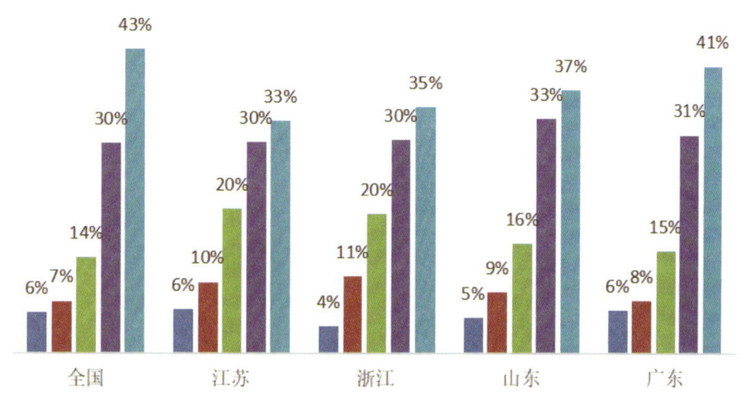

图 2-2：按生产环节法人单位构成

（2）按生产环节划分的产业价值区段测度

从全国及广东、江苏、浙江、山东等制造业发达地区数据来看（图 2-3），属于价值兑现的销售环节人均产出最高；服务环节由于包含医疗、卫生、教育等公益性行业，人均产出最低；初级生产环节涉及能源、原料等垄断性行业，人均产出高于成品制造行业。总体上，各生产环节人均产出[28]从高到低依次为销售环节（全国，220 万元 / 人）、初级生产环节（全国，125 万元 / 人）、成品制造环节（全国，59 万元 / 人）、研发环节（全国，39 万元 / 人）、服务环节（全国，28 万元 / 人）。

从制造业先进省份来看，浙江在研发、销售和服务环节人均产出高出全国平均水平（图 2-3），这得益于浙江发达的民营经济对生产要素的高效利用和产出作用，如 2021 年浙江民营企业贡献了浙江

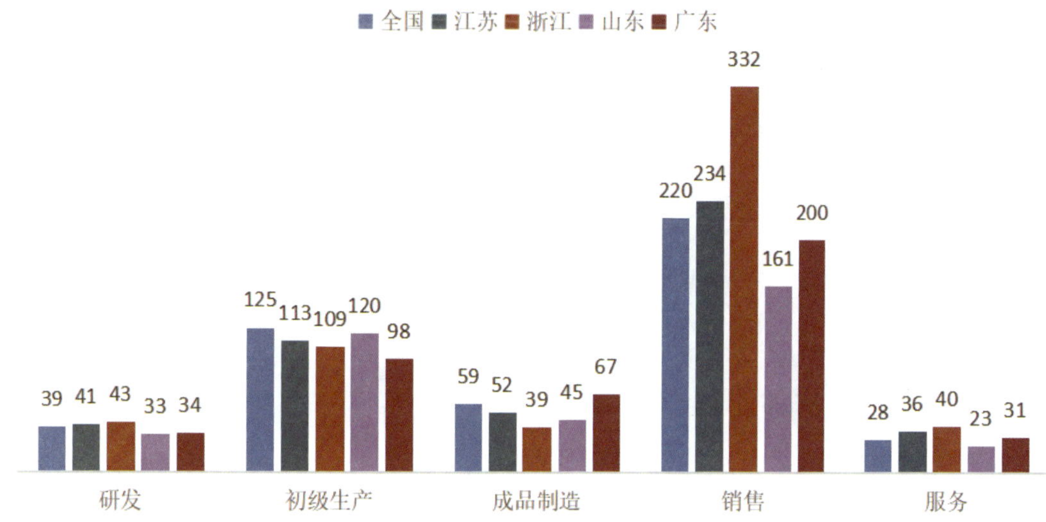

图 2-3：按生产环节从业人员人均产出
（数据来源：中国经济普查年鉴）

66.3% 的研发投入、67% 的 GDP、81.6% 的外贸出口、80.7% 的制造投资和 87.5% 的就业岗位。与浙江截然相反发展模式的山东，国有企业、集体企业营收占比达到 64.3%，高出东南沿海五省 7.6 个百分点，形成了在研发、销售、服务等环节的人均产出低于全国水平的现象。但山东仍是名副其实的工业大省，产业体系完备、行业门类齐全，是全国唯一一个拥有 41 个工业大类的省份。从生产环节上看，山东的制造业在以石化、黑色、化工等传统重工业为主的初级生产环节，人均产出高于广东、江苏、浙江等制造业强省。广东则在汽车、计算机通信和其他电子设备制造业、纺织服装和服饰业等成品制造环节人均产出价值高于全国和其他地区。

2.2 产业资源禀赋视角下的区域协作

参考联合国 SITC 的分类标准，根据不同产业在生产过程中对资源依赖程度的差异，将国民经济的所有部门大致划分为资源密集型产业、劳动密集型制造业、技术密集型制造业、资本密集型制造业等（表 2-2）。

表 2-2：根据生产要素依赖程度的国民经济行业划分

价值判断	行业
资源密集型产业	农业，林业，畜牧业，渔业，煤炭开采和洗选业，石油和天然气开采业，黑色金属矿采选业，有色金属矿采选业，非金属矿采选业，其他采矿业，废弃资源综合利用业，电力、热力生产和供应业，燃气生产和供应业，水的生产和供应业
劳动密集型制造业	农副食品加工业，食品制造业，纺织业，纺织服装、服饰业，皮革、毛皮、羽毛及其制品和制鞋业，木材加工和木、竹、藤、棕、草制品业，家具制造业，造纸和纸制品业，印刷和记录媒介复制业，文教、工美、体育和娱乐用品制造业，橡胶和塑料制品业，非金属矿物制品业，金属制品业，房屋建筑业，土木工程建筑业，建筑安装业，建筑装饰、装修和其他建筑业
技术密集型制造业	医药制造业，电气机械和器材制造业，计算机、通信和其他电子设备制造业，仪器仪表制造业
资金密集型制造业	酒、饮料和精制茶制造业，烟草制品业，石油、煤炭及其他燃料加工业，化学原料和化学制品制造业，化学纤维制造业，黑色金属冶炼和压延加工业，有色金属冶炼和压延加工业，通用设备制造业，专用设备制造业，汽车制造业，铁路、船舶、航空航天和其他运输设备制造业
生产性服务业	农、林、牧、渔专业及辅助性活动，开采专业及辅助性活动，金属制品、机械和设备修理业，批发业，货币金融服务，资本市场服务，保险业，其他金融业，房地产业，租赁业，商务服务业，研究和试验发展，专业技术服务业，科技推广和应用服务业，水利管理业，生态保护和环境治理业，公共设施管理业，土地管理业
其他服务业	零售业，铁路运输业，道路运输业，水上运输业，航空运输业，管道运输业，多式联运和运输代理业，装卸搬运和仓储业，邮政业，住宿业，餐饮业，电信、广播电视和卫星传输服务，互联网和相关服务，软件和信息技术服务业，居民服务业，机动车、电子产品和日用产品修理业，其他服务业，教育，卫生，社会工作，新闻和出版业，广播、电视、电影和录音制作业，文化艺术业，体育，娱乐业，中国共产党机关，国家机构，人民政协、民主党派，社会保障，群众团体、社会团体和其他成员组织，基层群众自治组织，国际组织

（1）按生产要素依赖程度划分的产业构成

从各要素部类的从业人员和法人单位数来看（图 2-4、图 2-5），从业人员和法人单位主要集中在服务业企业和劳动密集型制造业，分别占 83%、93%。但从制造业先进省份来看，广东在技术密集型制造业、生产性服务业等部类从业人员和法人单位数远高于全国和其他三省，主要劳动力集中在计算机、通信和其他电子设备制造业、批发业等产业部类；浙江、江苏在轻工纺织等劳动密集型制造业部类从业人员和法人单位数占比靠前；江苏、山东、浙江在通用设备、专用设备、装备制造等资金密集型大工业部类从业人员和法人单位数占比靠前。

（2）按生产要素依赖程度划分的产业价值区段测度

从全国及广东、江苏、浙江、山东等制造业发达地区数据来看（图 2-6），具有国家垄断性质的资源密集型产业部类的人均产出要远大于其他要素密集生产部类，而具有公益属性的其他服务业的人均产出最低。总体上，各要素部类人均产出从高到低依次为资源密集型产业（全国，182 万元 / 人）、资金密集型制造业（全国，137 万元 / 人）、技术密集型制造业（全国，99 万元 / 人）、劳动密集型制造业（全国，48 万元 / 人）、其他服务业（全国，31 万元 / 人）。

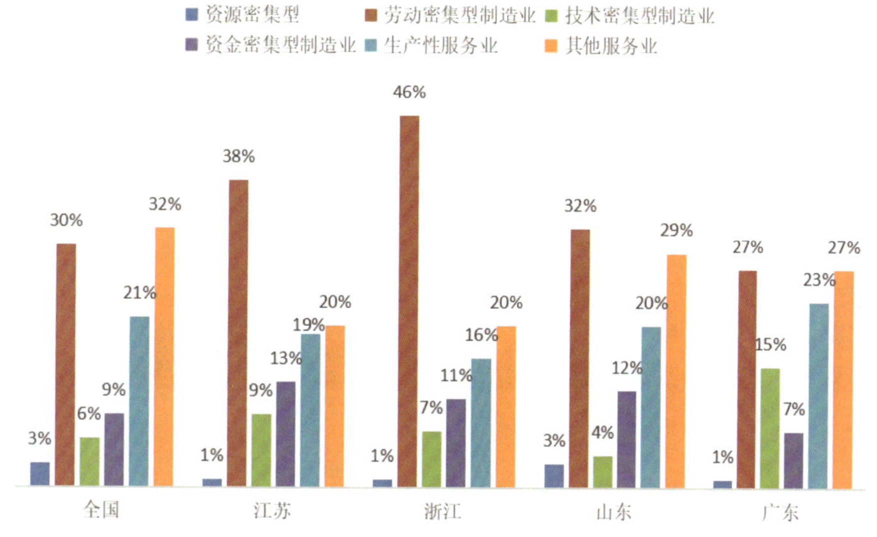

图 2-4：按生产要素从业人员构成

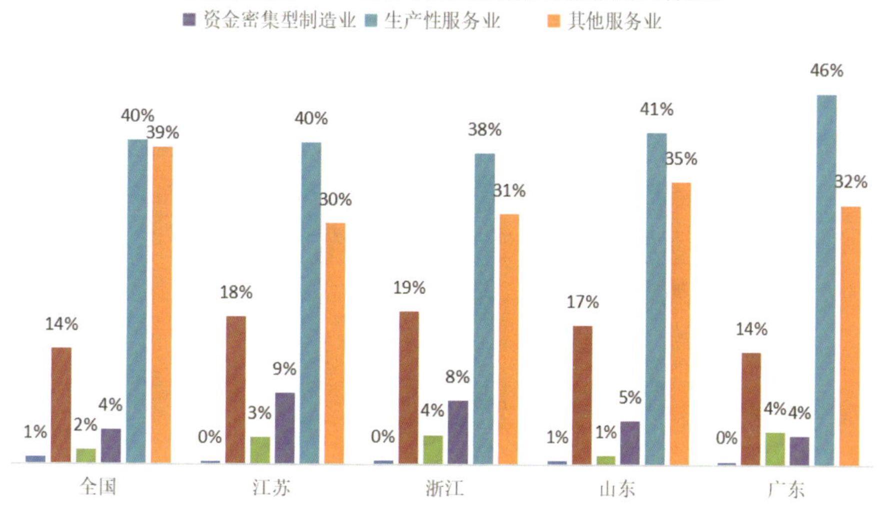

图 2-5：按生产要素法人单位构成

从制造业先进省份来看，浙江、江苏在资源密集型产业、生产性服务业、其他服务业等产业部类人均产出较高；山东则在资金密集型的石化、冶炼、装备制造为代表的资金密集型制造业人均产出较高；广东以轻工纺织，计算机、通信和其他电子设备制造业，汽车制造业为代表的劳动密集型制造业、技术密集型制造业、资金密集型制造等制造业环节的人均产出均靠前，而生产性服务业、其他服务业等部类人均产出靠后。

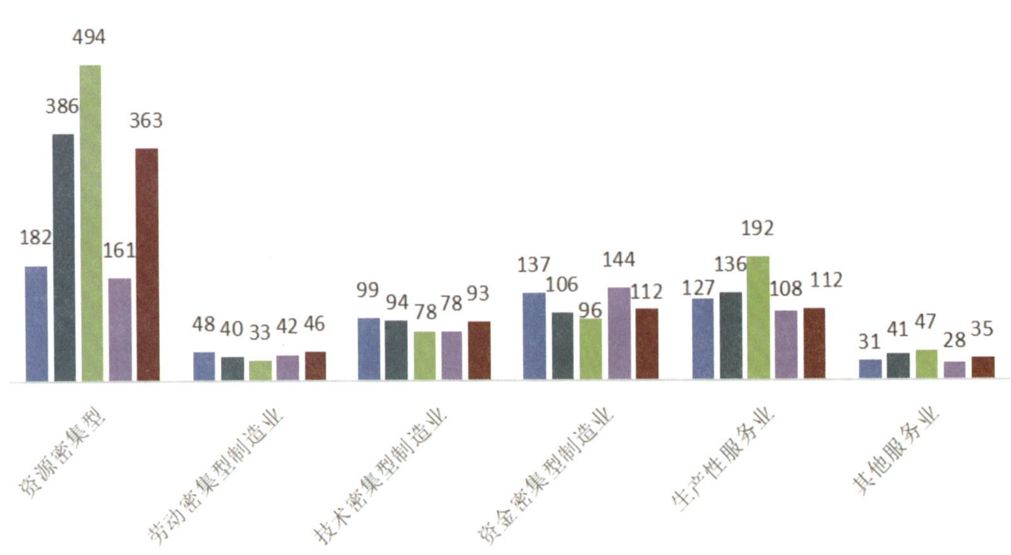

图 2-6：按生产要素人均产值构成

2.3 广东省各地市价值区段测度

从各地市价值区段测度从业人员数、法人单位数和产出规模三个角度，考察广东省 21 地市在生产环节、生产要素密集划分中的价值类型偏向。根据各地市的各部类在从业人员数、法人单位数、产出规模占全省比重偏离全省同产业占比平均值标准差倍数来确定城市的价值区段，如果某个生产环节或某个生产要素部类中某两个指标大于 0.5，则这个地市的价值区段是以该生产环节、生产要素部类为特征。需要特别指出的是该价值区段偏向特征仅表明相对全省平均值而言，该地市在该生产环节、产业部类更具有优势。具体公式如下：

$$V_a^i = \frac{T_a^i - \overline{q_i}}{\sigma_i}$$

式中：V_a^i表示a地区i产业的价值区段特征值；T_a^i表示i产业的规模（从业人员数、法人单位数、产出规模（营业收入））占全省的比重；$\overline{q_i}$表示该产业的规模在全省的比重的平均水平；σ_i表示该产业规模在全省比重标准差。

经过测算后全省21个地市的价值区段特征如表2-3所示。总体上，广东省形成了鲜明的产业集聚和分工体系，以珠三角中心城市为中心，珠江西岸及粤西地区主要以提供生产资料的重工业为主，如湛江、茂名的石化，广州、肇庆、佛山、中山、江门的汽车制造、通用设备、专用设备制造等；珠江东岸及粤东地区主要以消费为导向的轻工业为主，如深圳、东莞、惠州的计算机、通信和其他电子设备制造业，汕头、潮州、揭阳的食品加工、轻工纺织、金属制品等产业；粤北地区则自然资源禀赋较好，如云浮、清远、韶关、河源、梅州以农林种植、非金属采选、黑色金属冶炼、能源供应等以原料供应的资源密集型产业为代表。

表 2-3： 广东省各地市价值区段评价结果

序号	城市	生产环节	生产要素
1	广州市	研发、销售、服务	生产性服务业
2	深圳市	研发、销售、服务	技术密集型制造业，生产性服务业
3	珠海市	研发	生产性服务业
4	汕头市	成品制造、销售	劳动密集型制造业
5	佛山市	初级生产、成品制造、销售	资金密集型制造业
6	韶关市	服务	资源密集型，资金密集型制造业，其他服务业
7	河源市	服务	资源密集型，技术密集型制造业，其他服务业
8	梅州市	服务	资源密集型，其他服务业
9	惠州市	成品制造	技术密集型制造业
10	汕尾市	服务	劳动密集型制造业，其他服务业
11	东莞市	成品制造	技术密集型制造业，资金密集型制造业
12	中山市	成品制造	技术密集型制造业，资金密集型制造业
13	江门市	初级生产	劳动密集型制造业，资金密集型制造业
14	阳江市	初级生产、服务	资源密集型，其他服务业
15	湛江市	销售、服务	生产性服务业，其他服务业
16	茂名市	销售、服务	生产性服务业
17	肇庆市	初级生产	资源密集型
18	清远市	服务	资源密集型
19	潮州市	初级生产	劳动密集型制造业
20	揭阳市	初级生产	劳动密集型制造业，其他服务业
21	云浮市	初级生产，服务	资源密集型，其他服务业

从生产环节来看（图2-7），广州、深圳、珠海拥有大量的高校和科研院所，在研发端具有优势性偏向；广州、深圳、汕头、湛江、茂名作为珠三角、粤东、粤西城市群中心城市，拥有广阔的消费市场和辐射腹地，在销售网络中处于中心地位；在生产制造环节，珠三角佛山、东莞、中山、惠州在成品制造环节具有优势性偏向；外围地区的肇庆、江门、阳江、潮州、揭阳、云浮则在原料加工、初级产品的生产环节上具有优势性偏向；此外，广州、深圳、韶关、河源、梅州、阳江、湛江、茂名、清远、云浮等城市服务业优势较为突出。

从产业要素密集部类来看（图2-8），广东、深圳、珠海、湛江、茂名生产性服务业较为发达，深圳、东莞、惠州、河源形成了以计算机、通信和其他电子设备制造业为特征的产业地带，韶关、佛山、东莞、中山、江门的金属冶炼、专用设备制造、通用设备制造、汽车零部件制造等资金密集型制造业特征突出，粤东的汕头、汕尾、潮州、揭阳依托较大的人口技术成为食品加工、轻工纺织、金属制品等劳动密集型制造业的集聚区，粤北的韶关、梅州、河源、清远、肇庆及阳江等市自然资源禀赋优越，形成以农业、林业、水电供应业等资源密集为特征的产业集聚。

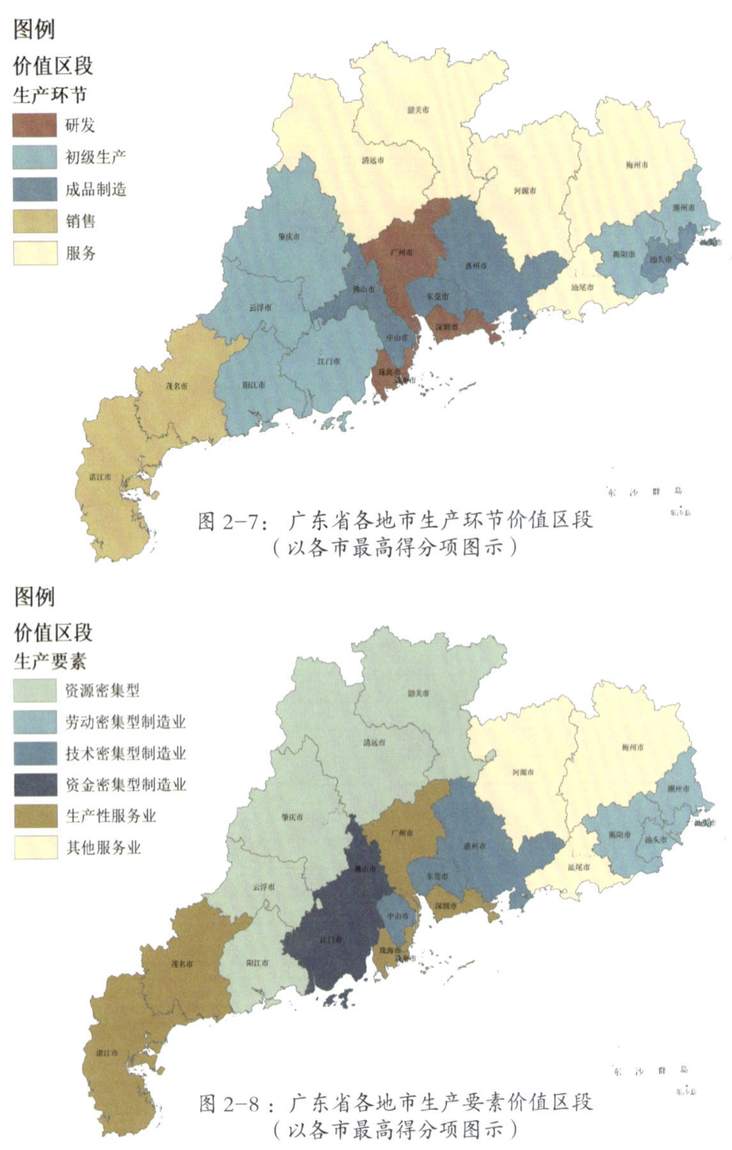

图 2-7：广东省各地市生产环节价值区段（以各市最高得分项图示）

图 2-8：广东省各地市生产要素价值区段（以各市最高得分项图示）

3. 战略性产业集群的特征及地区选择

在现有生产关系下，广东省形成了珠三角中心城市、珠三角外围城市、粤东西北城市等圈层化、层级化协作格局。在新科技、新业态不断涌现的时代背景下，全省如何通过战略性产业布局实现区域产业协调发展，各地市如何把握战略性产业发展机遇，因地制宜地布局和培育新兴产业是打破旧有分工体系，实现产业升级的关键。

3.1 战略性产业集群概况

2020 年 9 月底，广东省人民政府发布《广东省人民政府关于培育发展战略性支柱产业集群和战略性新兴产业集群的意见》以及 20 个产业集群行动计划，指出广东产业集群化发展具备一定基础，新一代电子信息、绿色石化、智能家电、汽车产业、先进材料、现代轻工纺织、软件与信息服务、超高清视频显示、生物医药与健康、现代农业与食品等十大战略支柱产业集群 2019 年营业收入合计

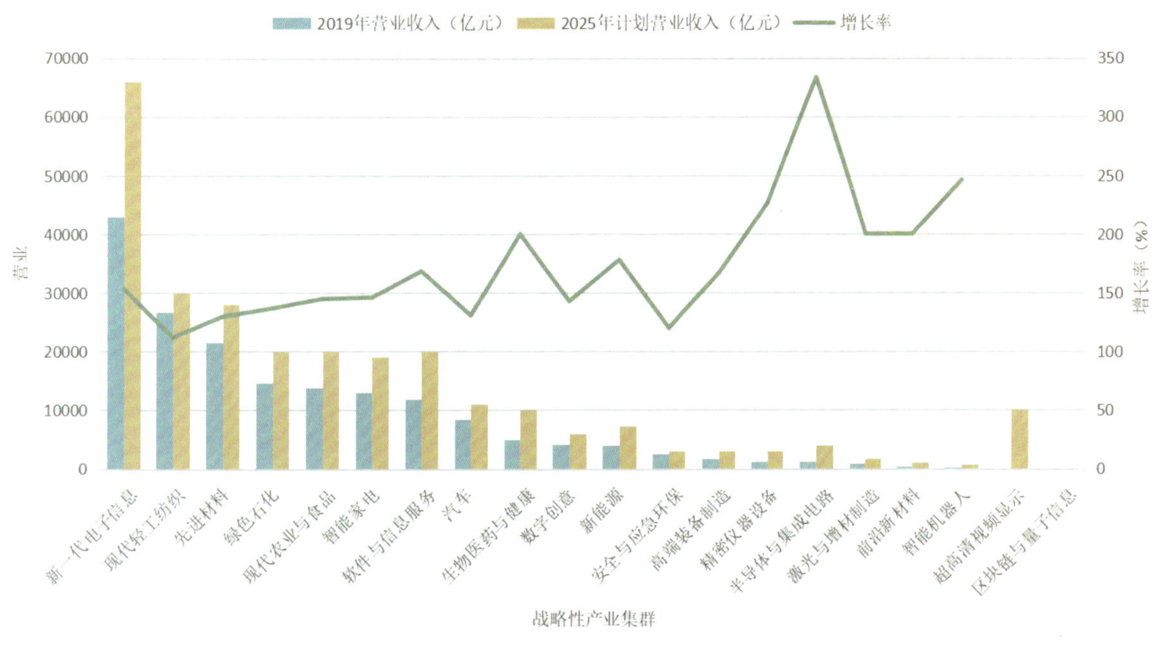

图 2-9：广东省二十大产业集群现状与计划营业收入统计图[29]

达 15 万亿元，具有坚实的发展基础和增长趋势，是广东经济的重要基础和支撑；半导体与集成电路、高端装备制造、智能机器人、区块链与量子信息、前沿新材料、新能源、激光与增材制造、数字创意、安全应急与环保、精密仪器设备等十大战略性新兴产业集群 2019 年营业收入合计达 1.5 万亿元，集聚效应初步显现，增长潜力巨大，对广东经济发展具有重大引领带动作用；并提出培育发展战略性支柱产业集群和战略性新兴产业集群的方向指示。2021 年广东省人民政府发布的《广东省制造业高质量发展“十四五”规划》中对各战略性产业集群发展规模和目标作了指导性规划，其中 2019 年营业收入规模达万亿级产业集群有 7 个，规划至 2025 年形成 9 个万亿级产业集群，并对战略支柱产业集群提出平均约为 150%、对战略新兴产业集群提出平均约为 200% 的增长率目标。其中对半导体与集成电路、智能机器人、精密仪器设备、生物医药与健康、激光与增材制造、前沿新材料等产业集群作出了规模翻番及更高的发展目标（图 2-9）。

2023 年第一季度，全省 20 个战略性产业集群实现增加值约 1.14 万亿元，占 GDP 比重近四成[30]，已形成 8 个超万亿元级，3 个 5000 亿至万亿元级，7 个 1000 亿至 5000 亿元级，2 个百亿元级的“8372”战略性产业集群发展格局。其中包括新一代电子信息、现代轻工纺织、先进材料、绿色石化、现代农业与食品、智能家电、软件与信息服务、汽车 8 个万亿级产业集群，新能源、超高清视频显示、数字创意 3 个 5000 亿至万亿级产业集群，生物医药与健康、安全应急与环保、高端装备制造、半导体与集成电路、精密仪器设备、激光与增材制造、前沿新材料 7 个 1000 亿至 5000 亿级产业集群和智能机器人、区块链与量子信息 2 个百亿级产业集群。7 个先进制造业集群入选首批国家先进制造业集群名单[31]。

未来广东将认真落实“制造业当家 22 条”各项任务，大力发展新能源汽车、以储能电池为代表的新型储能、海洋工程装备、农业机械、食品工业等，培育新增 3～4 个万亿元级战略性产业集群和 4～5 个超 5000 亿元级的战略性新兴产业集群[32]。

3.2 战略性产业集群的地区选择

随着全球化和经济竞争的加剧，战略性产业的重要性日益凸显。这些产业不仅可以为国家带来巨大的经济收益，而且还能够促进地区经济的发展。与广东省类似，许多地区和城市政府已经开始将战略性产业作为推动地方经济发展的重要手段。安徽省将重点培育节能环保、新型显示、生物医药等产业；湖北省力图做大现有光电子、光通信、生物、软件外包等新兴产业；湖南省根据“两型社会”建设的要求，大力发展节能环保产业和系能源产业。然而战略性产业发展具有其自身规律，培育战略性产业也需要掌握核心技术、拥有自主知识产权和持续的自主创新能力，即使在技术上拥有领先水平，战略性行业的企业也鲜有能跨越创新的“死亡之谷”[33]。数据显示我国科技成果转化率仅为10%左右，远低于发达国家40%的水平，能将科技成果转化成市场认可的产业的企业仍属凤毛麟角。在当前情况下，城市的战略性产业的选择也成为城市发展过程中“惊险的一跃”，鲜有城市能像合肥一样在产业升级过程中“赌”对风口。因此当前地区及城市的决策的矛盾点已经从是否应该优先发展战略性产业，转而集中在能否科学地选择确定比较符合实际的战略性产业发展方向。各地区到底应该根据什么样的评选标准选择合适的产业进行发展，这是亟待解决的问题。因此准确把握战略性产业特征，梳理战略性产业选择原则，对制定切实可行的培育政策尤为关键。本章根据战略新兴产业的特点，确定战略性产业的测度标准，选取评价指标进行综合分析，依据评价模型进行产业评价，以此作为地市选择一个产业能否成为战略性产业的依据。

首先，需要明晰战略性产业的定义。目前学术界对于战略性产业还没有一个统一的定义，对它的认识还处于一个不断深化和完善的过程当中。从前文的文献研究可以看出，战略性产业是新兴科技和新兴产业深度融合，既代表着科技创新的方向，也代表着产业发展的方向，具有战略导向性、关联性、创新性、风险性等特征，地区战略性产业的选择应遵循地区优势原则、市场需求原则、技术创新原则、产业关联原则、就业吸纳能力原则和可持续发展原则。

其次，需要梳理战略性产业的发展特征。战略性产业的集群化发展是其重要特征之一。培育和发展战略性产业并不是国家和区域经济发展的最终目标，按照《国务院关于加快培育和发展战略性新兴产业的决定》的要求，要将战略性新兴产业培育成为先导性产业和支柱产业，为我国现代化建设作出新的贡献。那么，先导产业和支柱性产业有何特征呢？先导产业是在国民经济中先行发展的产业，强调产业整体发展方向及产业带动作用，所选的产业应具备技术上的创新性及所在的领域具有较高的市场认可度，是创新创业的蓝海；支柱产业则强调总产出占比较大，涉及范围广，能够起到容纳大量就业人口和稳定经济的作用。从先导产业和支柱性产业的特征和定义不难看出，地区战略性产业集群的培育，关键在于对地区未来经济发展起到决定性作用的少数关键性产业。而要带动地区产业和经济的发展，绝不是一两个战略性产业能够独立承担的任务，而需要一个完整、庞大、稳固的产业链的配合，而产业集群的发展正是培育这种产业链的基础。推动和促进战略性产业集群的发展将有利于地区先导产业和支柱产业的形成，从而实现经济跨越式、可持续发展的目标。

综上，战略性产业是地区产业中具有规模效应、产业高度关联、技术创新突出、具有经济效益、被市场认可的重要行业和关键性领域。因此可基于以上特点和原则构建广东省重要行业和关键领域的评估方法，以考察各战略性产业集群的特点，为省内各地区正确认识战略性产业发展规律，选择正确发展方向提供参考。

3.3 广东省战略性产业集群的行业重要性测度

（1）广东省重要行业和关键领域的评价维度和指标选择

战略性产业对地区及城市的作用可以通过其选择基准具体体现。参考对国内外关于先导产业和支柱性产业的选择基准及研究方法，对重要行业和关键领域的界定，结合对政府文件、报告的解读以及广东省产业与经济发展的特点和现状，提出四个方面的测度标准：①从产业规模角度来看，战略性产业应该有足够的经济产出和价值创造能力，才能承接将来成为地区或城市经济支柱（地方财税收入）的能力，同时吸纳更多的就业人口，解决和缓解就业矛盾。②从产业之间带动作用的角度来看，战略性产业应具有较强的带动作用。产业之间是相互关联的，产业间的带动作用反映在产业的前后向联系上。③从产业技术创新角度来看，战略性产业必须符合产业先导性特征，代表新的生产方式，承担地区新旧动能转换的任务。④从市场需求角度来看，战略性产业必须具有较为广阔的市场前景，经济效益高的产业才能促进居民收入水平提高和消费结构的变化，使地区或城市经济增长具有广阔的市场前景。

1）广东省重要行业和关键领域的评价指标

综上，通过从产业规模、产业关联关系、产业技术进步和产业经济效益等四个方面构建广东省产业集群发展过程中重要行业和关键领域识别的指标体系，如图所示：

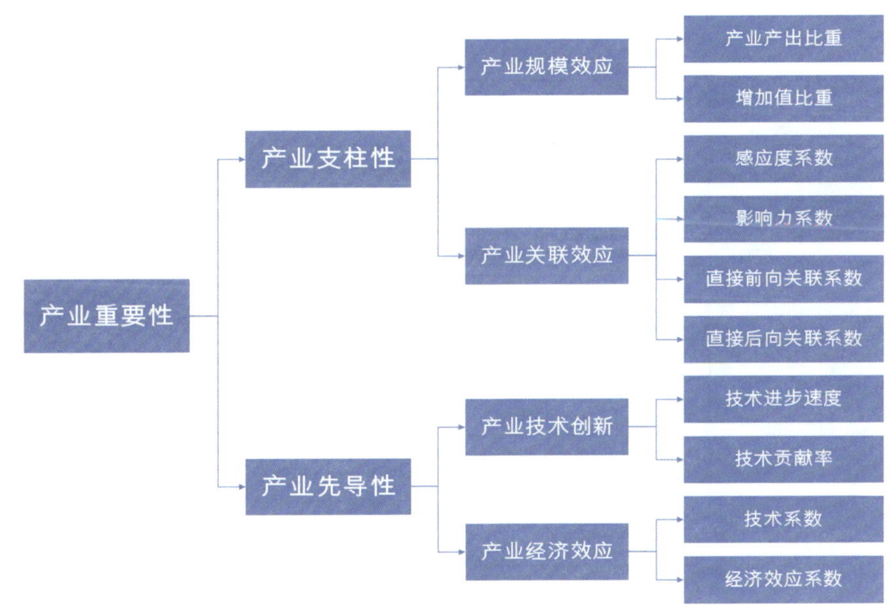

图 2-10：重要行业和关键领域指标体系

利用以上指标体系，结合广东省 2012 年、2017 年投入产出表、《第四次经济普查年鉴》，对广东省 110 个行业部门 [34] 及 20 个战略性产业进行分析，识别出影响广东省地区经济发展的重要行业和关键领域。如表 2-4 所示。

表 2-4： 广东省二十大战略性产业与代表性行业划分

类型	编码	产业集群	代表性行业
战略支柱产业	S01	新一代电子信息	计算机制造，通信设备制造，广播电视设备和雷达及配套设备制造，视听设备制造，电子元器件制造，其他电子设备制造
	S02	绿色石化	精炼石油和核燃料加工业，基础化学原料，日用化学品制造，化学纤维制造，塑料制品制造，橡胶制品制造，合成材料制造
	S03	智能家电	家用器具制造，视听设备制造，其他电子设备
	S04	汽车	汽车制造业，电机制造
	S05	先进材料	合成材料制造，化学纤维制品制造，橡胶制品制造，塑料制品制造，水泥、石灰和石膏制造业，玻璃和玻璃制品业，陶瓷制品业，耐火材料制品业，石墨及其他非金属矿物制品，钢、铁及其铸件制造，有色金属及其合金制造
	S06	现代轻工纺织	棉、化纤纺织及印染精加工品，毛纺织及染整精加工品，麻、丝绢纺织及加工品，针织或钩针编织及其制品，纺织制成品，纺织服装、鞋、帽制造业，皮革、毛皮、羽毛及其制品，木材加工和木、竹、藤、棕、草制品，家具，造纸和纸制品，印刷和记录媒介复制品，文教、工美、体育和娱乐用品，涂料、油墨、颜料及类似产品，日用化学产品，橡胶制品，塑料制品，玻璃和玻璃制品，陶瓷制品，金属制品，视听设备
	S07	软件与信息服务	软件和信息技术服务，电信、广播电视和卫星传输服务
	S08	超清视频显示	广播电视设备和雷达及配套设备制造，视听设备制造，电信、广播电视和卫星传输服务
	S09	生物医药与健康	医药制品制造，卫生服务
	S10	现代农业与食品	农产品生产，林产品生产，畜牧产品生产，渔产品生产，农、林、牧、渔服务产品生产，谷物磨制品，饲料加工品生产，植物油加工品生产，糖及糖制品生产，屠宰及肉类加工品生产，水产加工品生产，其他食品加工和食品制造业，酒精和酒生产，饮料和精制茶加工品生产，烟草制品生产
战略新兴产业	E01	半导体及集成电路	电子元器件制造，其他电子设备制造
	E02	高端装备制造	锅炉及原动设备制造，金属加工机械制造，其他通用设备制造，农、林、牧、渔专用机械制造，其他专用设备制造，汽车制造业制造，铁路运输和城市轨道交通设备制造，船舶及相关装置制造，其他交通运输设备制造，电机制造，其他电气机械和器材制造，仪器仪表制造
	E03	智能机器人	金属加工机械制造，其他通用设备制造，电机制造，电子元器件制造，其他电子设备
	E04	区块链与量子信息	电信、广播电视和卫星传输服务，软件和信息技术服务
	E05	前沿新材料	合成材料制造，化学纤维制品制造，橡胶制品制造，塑料制品制造，水泥、石灰和石膏制造业，玻璃和玻璃制品业，陶瓷制品业，耐火材料制品业，石墨及其他非金属矿物制品，钢、铁及其铸件制造，有色金属及其合金制造
	E06	新能源	精炼石油和核燃料加工品制造，锅炉及原动设备制造，电机制造，电力、热力生产和供应制造，燃气生产和供应制造，
	E07	激光与增材制造	合成材料制造，塑料制品制造，玻璃和玻璃制品制造，陶瓷制品制造，电子元器件制造，仪器仪表制造
	E08	数字创意	电信、广播电视和卫星传输服务，软件和信息技术服务，文化艺术和广播电影电视事业，体育，娱乐
	E09	安全应急与环保	锅炉及原动设备，其他专用设备，废弃资源和废旧材料回收加工品与修理业，电力、热力生产和供应，燃气生产和供应，水的生产和供应，环境资源与公共设施管理业，公共管理和社会组织
	E10	精密仪器设备	钢、铁及其铸件制造，钢压延产品制造，有色金属压延加工品制造，电子元器件制造，仪器仪表制造

2）广东省战略性产业评价方法

由于战略性产业尚未形成统一的统计标准和惯行的统计制度，在战略性产业发展评估方面缺乏稳定可靠的数据，本文根据《广东省人民政府关于培育发展战略性支柱产业集群和战略性新兴产业集群的意见》《广东省制造业高质量发展“十四五”规划》等文件中对战略性产业集群行业的描述，结合投入产出表制定响应的数据转换表。

转换表以战略性产业集群中的中游产业及典型产品为判断标准从投入产出表中选出各战略性产业的代表性行业。战略性产业的投入产出描述性指标以各代表性行业进行等权求得。

（2）广东省产业规模效应测度

产业规模可以用产业产出比重和增加值比重来测度，分别反映产业在整个经济体系中产出所占的比重和创造的价值所占的比重。产业的产出规模与产业的地区重要性是互为表里的关系。一方面，产出规模越大的产业往往容易成为地区的重要产业和关键领域，因为它们能够为地区带来更多的经济效益和就业机会，从而对地区经济起到积极的推动作用。另一方面，如果一个产业成为了地区重要产业，那么它的产出规模也往往会相应地增加，因为地区会为该产业提供更多的政策支撑和发展资源，其产出规模也会得到快速增长。产业的增加值比重则直接反映产业对地区 GDP 的贡献率。产业的产出比重与增加值比重存在一定的关系，但由于不同产业间价值创造的方式和价值结构不同，一些面向生产的支撑性行业其创造的价值向下游产业发生转移，产业产出大于价值创造，而一些面向消费的产品终端产业是价值变现的主要环节，创造出比该产业环节产出更多的价值。

从产业产出比和产业增加值比重（图 2-11）可以看出通信设备制造业、批发和零售业、建筑业、电子元器件、房地产业等产业产出规模较大，创造的价值规模也较大。虽然总量大的产业不一定是重要行业和关键领域，但在地区生产总值中占有较大比重的产业，也是地区经济的重要压舱石，需要重点关注。而如轻工业、纺织服装业等在广东省地区经济中产出规模占有较大比重，创造出了大量物质财富，但其经济价值转换率较低，因此这些产业达不到关系地区经济发展的重要行业和关键领域的标准。

从产出比重和增加值比重的相对关系也可看出各产业产出价值的转移关系。产出比重大于增加值比重的行业，如通信设备制造、建筑业、电子元器件、金属制品业等行业形成较多的中间产出，转移到其他产业，属于前向支撑性行业。增加值比重大于产出比重的行业，如批发和零售业、房地产业、金融业、商务服务、软件与信息技术等行业，对经济的贡献大于自身环节的产出，属于后向价值实现行业，其对地区经济的拉动效率更高。

战略性产业将发展成为未来的支撑产业，它必须能代表一定时期的经济发展方向，并且市场对该新兴产业产品的现实和潜在需求正在日益扩大，其产值的贡献度也不断提高。战略性产业集群中，涉及产业门类多、覆盖面广的产业集群其产出规模较大，对地区经济的带动作用也大，如现代轻工纺织、新一代电子信息、高端装备制造、激光与增材制造、智能机器人、安全应急与环保、精密仪器设备、先进材料等产业集群产出规模大，也间接反映其涉及的领域更为广泛、有更多的产业关联关系。

从产出比重和增加值比重的相对关系来看（图 2-12），战略性产业总体上产出比重大于增加值比重，为生产支撑性行业。其中安全应急与环保、现代农业与食品、数字创意、区块链与量子信息、软件与信息服务、生物医药与健康、超清视频显示等产业集群具有很强的价值创造和实现能力，对地区

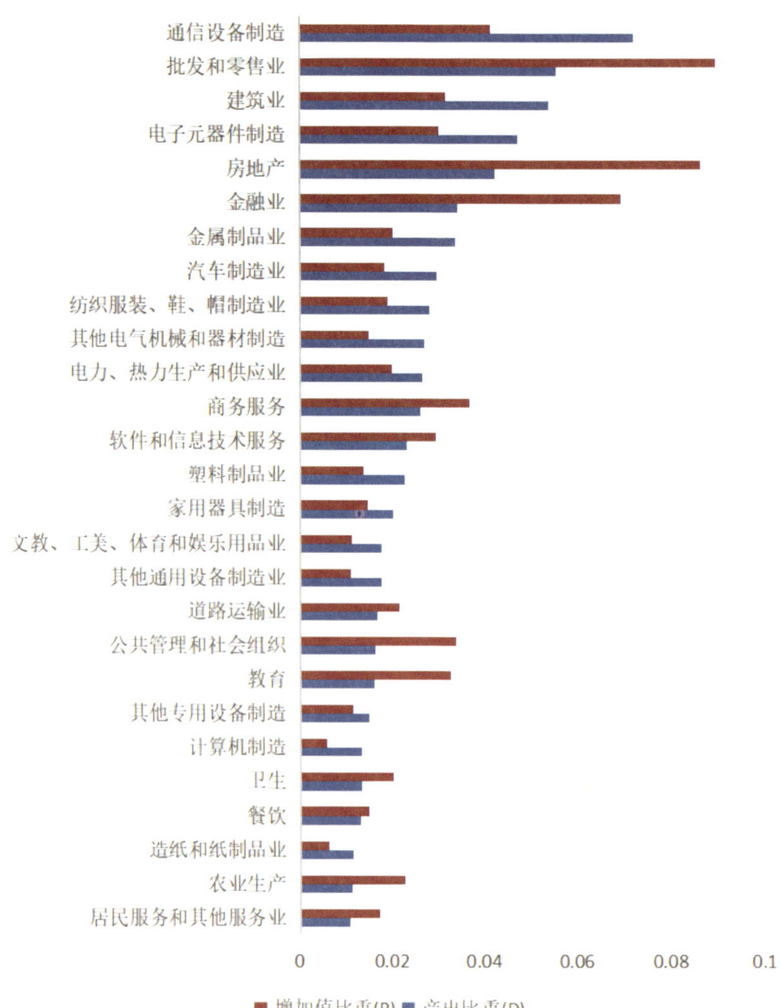

图 2-11：广东省产业规模排序（前二十五强）

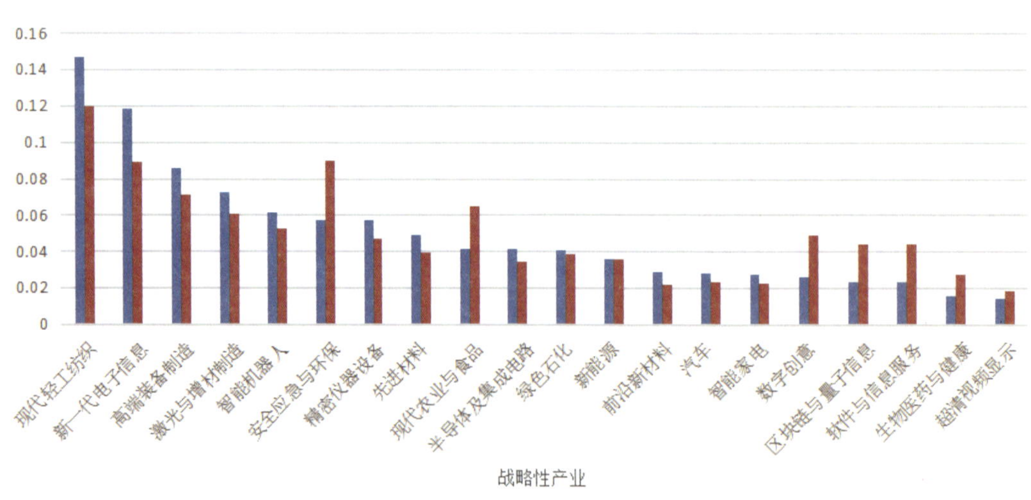

图 2-12：广东省战略性产业产出规模排序

经济发展直接拉动作用较大。

（3）广东省产业关联效应测度

一个国家或地区的经济发展，不仅表现为经济总量增长，还必然伴随着产业结构优化与经济要素效率提高。随着科学技术发展和供需状况变化，产业呈现不平衡增长，引起产业间数量关系、相互地位、关联方式的变化，新的主导产业取代旧的主导产业，新的关联方式和数量比例形成，使产业结构进入更高、更优的水平。因此在理论上如何揭示集群网络的结构及功能特征，以及内在系统的动力机制，成为亟待解决的理论问题，这对促进广东省战略性产业集群发展、提高集群竞争力也有重要的现实意义。

1）产业整体关联特征

产业与下游、上游产业形成前向、后向关联关系。前向关联关系是指一个产业对其他产业的影响，即该产业作为上游产业，向下游提供产品或服务的能力，前向性联系为主的产业多为上游产业，对下游的生产具有支撑作用。后向关联关系则指其他产业对该产业的影响，即该产业作为下游产业，依赖于上游产业提供的产品或服务，后向性联系为主的产业多为下游产业，对经济的贡献更为直接。产业的前向、后向关联关系构成了产业集群结构的基本描述，了解不同产业之间的相互依赖关系及依赖特征偏向，有利于了解该产业对地区产业和经济发展的作用偏向。

度量产业关联关系的常用指标有直接前向关联系数、直接后向关联系数、感应度系数、影响力系数等。直接关联度系数只关心产业紧密衔接的环节的关联关系，而感应度系数、影响力系数则从整体上度量产业的前向、后向关联程度，反映产业所处环节的前后关系。

①后向联系强，产业整体以需求导向

通过建立直接关联系数象限图从直接关联系数图（图 2-13）和影响力系数与感应度系数图（图 2-14）中可以看出，全行业多集中在均衡线（x=y）左上角，即直接后向关联系数、影响力系数整体上强于直接前向关联系数、感应度系数。一方面反映国民经济行业划分的特征，即靠近需求端细分领域更多，行业类型更为丰富，而前向联系较强的行业多为通用型支撑性产业，以生产导向为主，类型较少。另一方面，后向联系度整体较高，即直接后向联系度、影响力系数的中位数分别大于直接前向联系度、感应度系数，反映产业整体是以需求为导向，对经济的整体拉动作用比较强，这是有别于以服务生产为导向的前向关联关系。

②前向联系极值大，少数关键产业对生产具有强支撑作用

从直接关联系数图和影响力系数与感应度系数图中可以看出，少数产业具有较高的前向联系，直接前向关系系数与感应度系数均远高于整体平均水平，对下游的产业活动具有很强的支撑作用，如批发零售、电子元器件制造、电力热力生产供应业、有色金属及合金制造业等，这些行业与自身作为原料、能源的上游供应产业特征有关，也与珠三角发达的专业批发市场和电子元器件厂有关。

③基础性行业在关联关系中处于核心地位

以直接消耗系数作为衡量产业间临近关系强弱，构建全产业复杂网络图谱（图 2-15），用最大生成树算法[35]简化网络关系，形成了一条以“批发和零售业—橡胶制品业（石油化工）—电力、热力生产和供应业—有色金属及其合金制造业—专用化学品制造业—金融业—商务服务业”为主干的“产业树”，揭示地区产业发展所需的能源、原材料、资金、流通市场及服务等关键因素，这些为经济活动

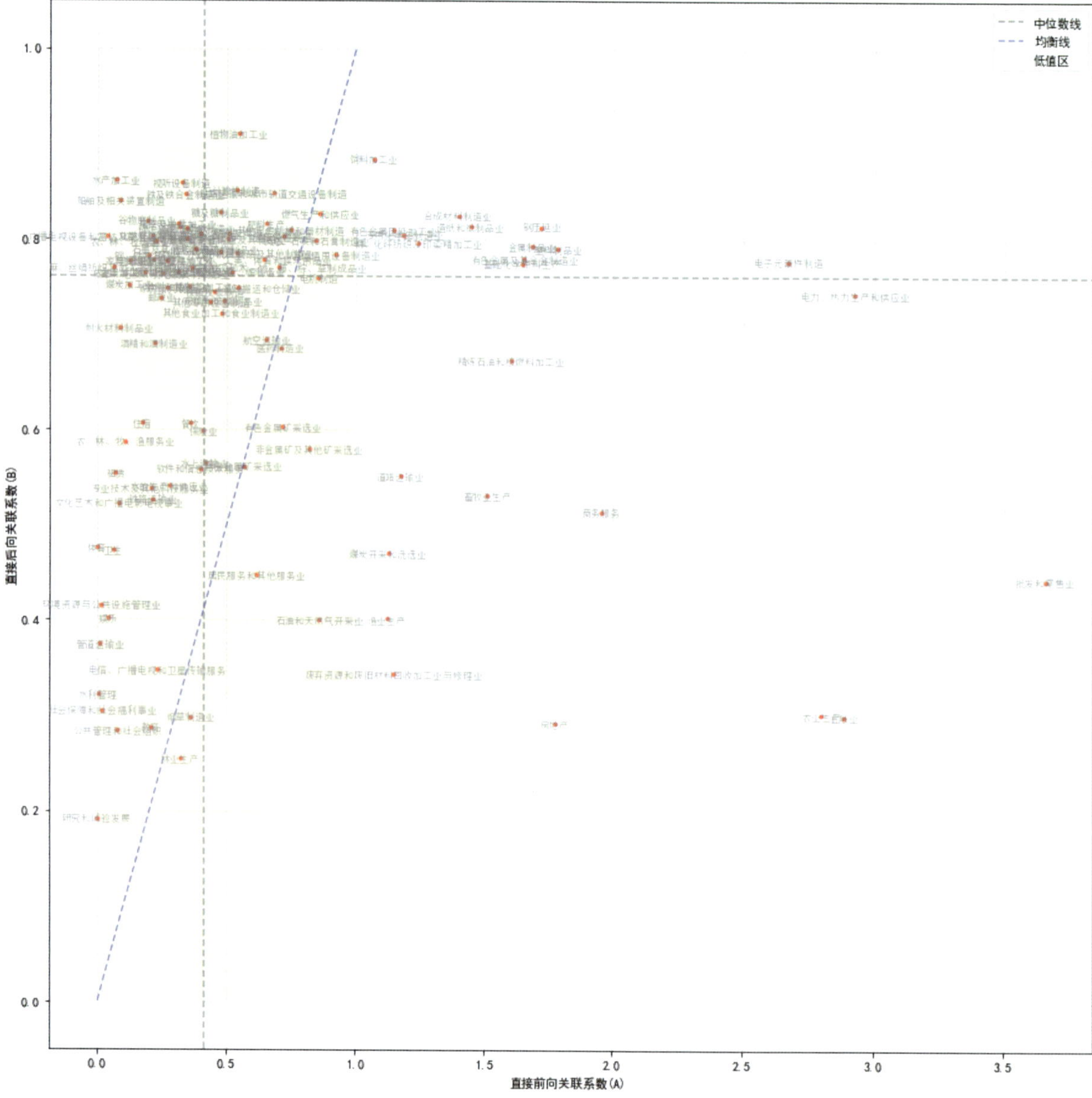

图 2-13：广东省各行业直接关联系数分布图

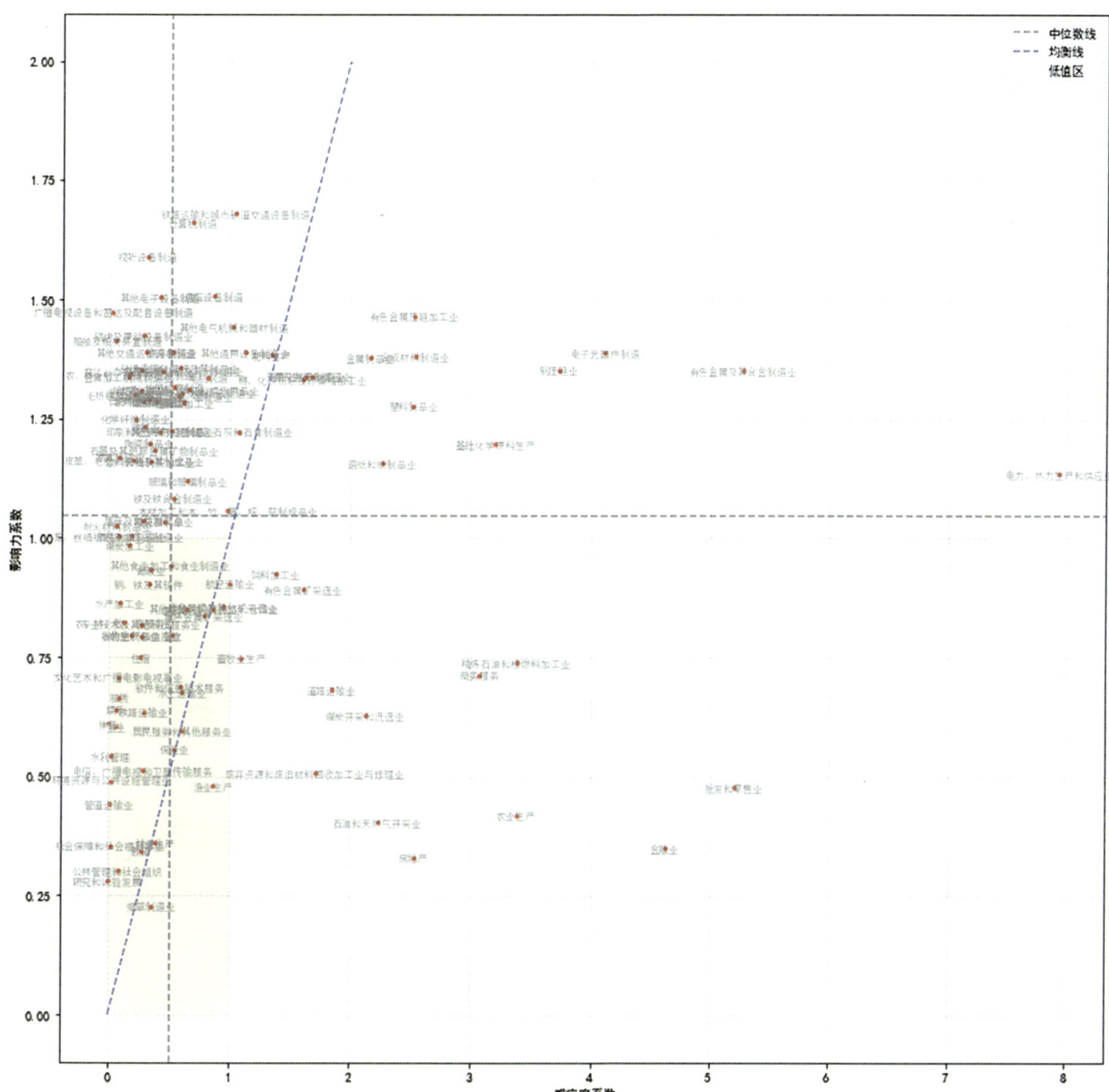

图 2-14：广东省感应度系数与影响力系数分布图

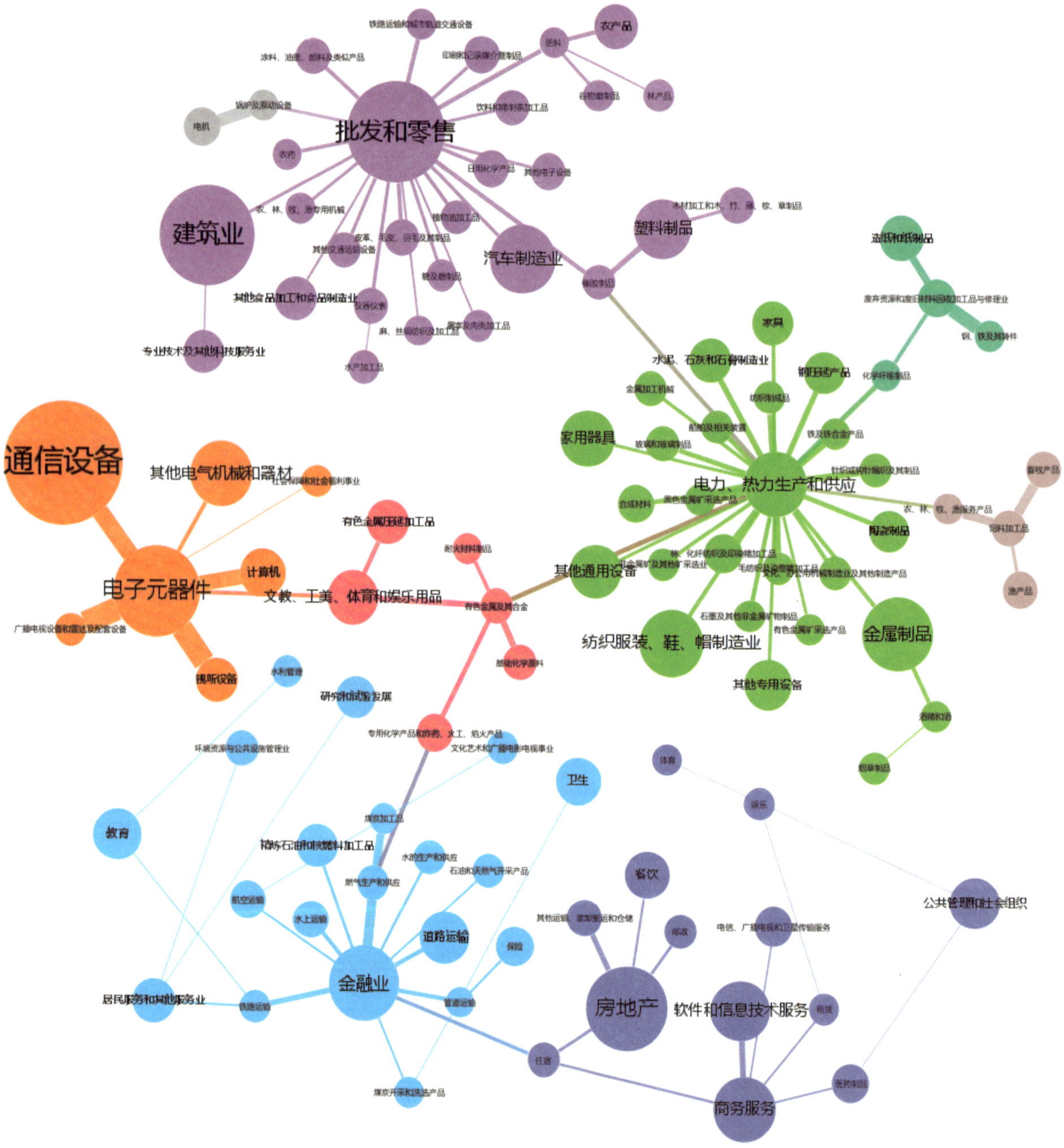

图 2-15：广东省产业关联网络（颜色表示族群，大小表示产出规模）

提供基础性支撑的行业一定程度上体现其重要性。“产业树”中的组团体现了各产业的特征，以电力、热力生产和供应为核心的产业更加依赖于能源供给，属于高耗能产业，如金属冶炼、水泥生产等；以金融业为核心的产业更加依赖于固定资产的投资，如道路运输、航空运输、燃气生产供应、水的生产与供应等；以批发零售为核心的产业则多依赖产品流通渠道的建设，如日用化学产品、纺织品、食品饮料等轻工业；而围绕电子元器件形成的通信设备、计算机、视听设备等电子信息产业集群，其关键连接点是有色金属及合金的材料工业。

2）主导产业关联特征

本文选取广东省 2002 年、2007 年、2012 年、2017 年投入产出表，通过对各年度的分类标准进行对齐最终得到各年 110 个部门投入产出表。投入产出分析中最重要的两个分析指标就是影响力系数和感应系数。当一个产业的影响力系数和感应度系数都超过社会平均水平（影响力系数和感应度系数都大于 1），我们将之定义为某地区的主导产业[36]（表 2-5）。

表 2-5： 2002 年广东省主导产业及类型

类型	2002 年	2007 年	2012 年	2017 年
前向关联产业	电力、热力生产和供应	电子元器件	电子元器件	电力、热力生产和供应
	电子元器件	金属制品	有色金属及其合金	有色金属及其合金
	塑料制品	塑料制品	基础化学原料	电子元器件
	造纸和纸制品	其他电气机械和器材	废弃资源和废旧材料回收加工品与修理业	钢压延产品
	专用化学品制造业	合成材料	合成材料	基础化学原料
	金属制品	有色金属及其合金	塑料制品	合成材料
	文化、办公用机械制造业及其他制造产品	造纸和纸制品	专用化学品制造业	有色金属压延加工品
	其他电气机械和器材	燃气生产和供应	计算机	塑料制品
	合成材料	有色金属压延加工品	其他电气机械和器材	造纸和纸制品
	有色金属及其合金	黑色金属矿采选产品	有色金属压延加工品	金属制品
	涂料、油墨、颜料及类似产品	基础化学原料	钢压延产品	燃气生产和供应
		专用化学品制造业	金属制品	专用化学品制造业
		棉、化纤纺织及印染精加工品	造纸和纸制品	棉、化纤纺织及印染精加工品
		仪器仪表	棉、化纤纺织及印染精加工品	
		涂料、油墨、颜料及类似产品		
后向关联产业	其他电子设备	汽车制造业	其他通用设备	铁路运输和城市轨道交通设备
	化学纤维制品	印刷和记录媒介复制品	其他专用设备	其他电气机械和器材
	钢压延产品	其他通用设备	其他运输、装卸搬运和仓储	其他通用设备
	汽车制造业	计算机	燃气生产和供应	肥料
	印刷和记录媒介复制品	通信设备		水泥、石灰和石膏制造业
	基础化学原料			
	纺织制成品			
	棉、化纤纺织及印染精加工品			

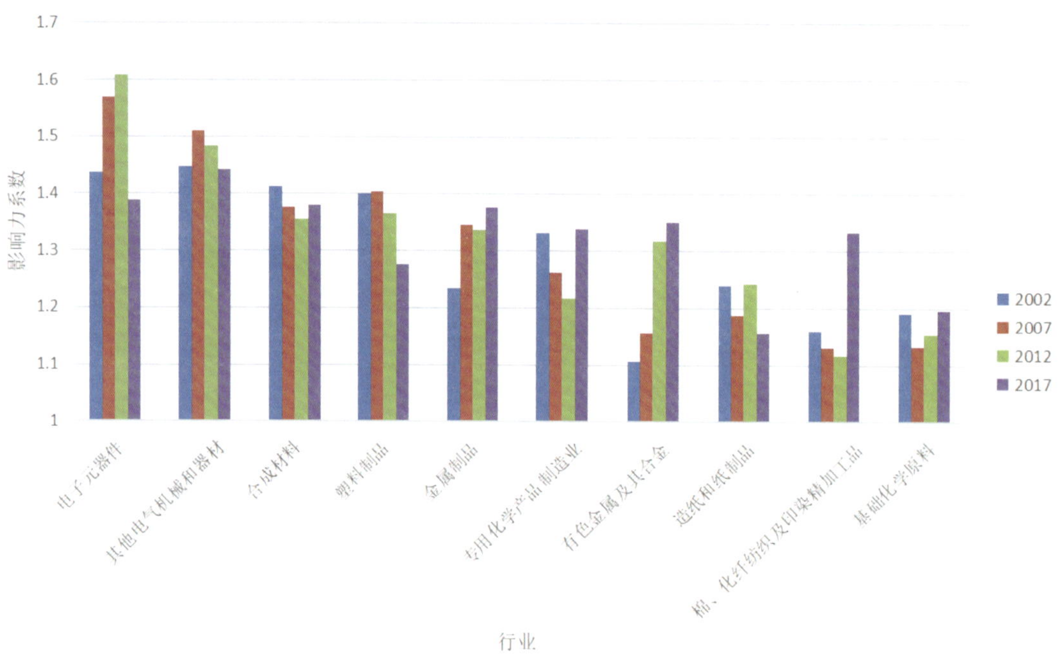

图 2-16：广东省十大主导产业影响力系数分布情况

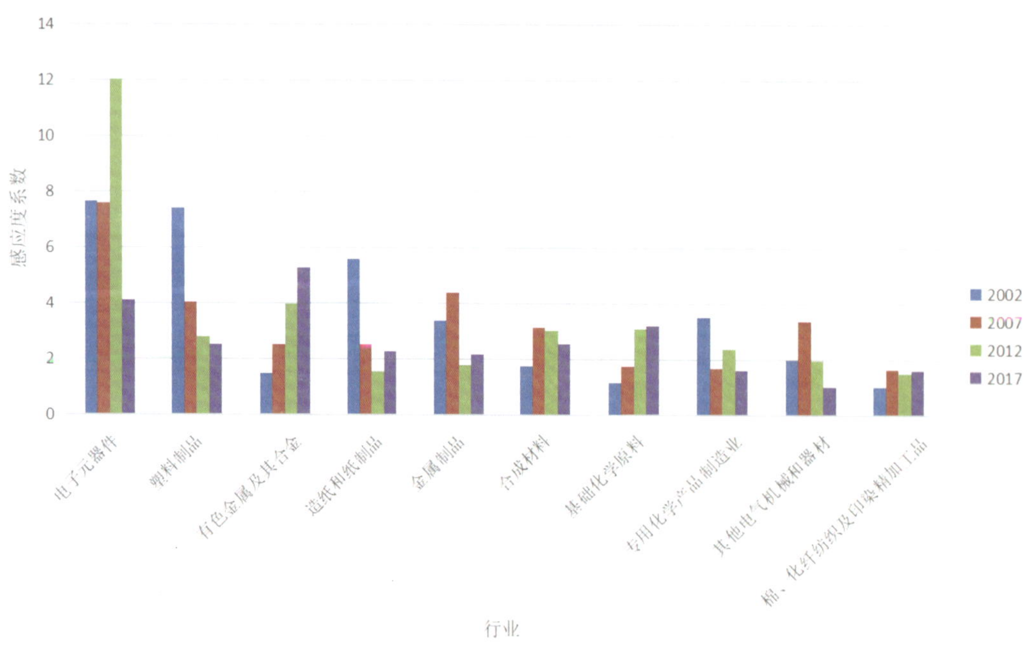

图 2-17：广东省十大主导产业感应度系数分布情况

①主导产业协作效应强

经过测算每个行业部门的影响力系数和感应度系数，得到广东省每年主导产业（表 2-5）。当影响力系数大于 1 且大于感应度系数，说明该主导产业具有较强的后向关联效应，对经济的发展直接拉动作用大；反之则具有较强的前向关联作用，对其他产业发展的支撑作用大，受其他产业的需求影响也较大。

整体上广东省十大主导产业的感应度系数普遍高于影响力系数（图 2-16 和图 2-17），说明具有较强的前向关联效应，对产业发展的支撑作用大于对经济的直接拉动作用。从各年度均出现的 10 个主导产业中，可以看出主导产业多为原材料、零部件为主，如电子元器件制造、有色金属及其合金制造、基础化学原材料制造、合成材料制造、塑料制品制造、金属制品制造等上游产业居多，属于支撑性行业；而下游成品行业如汽车制造、铁路运输和城市轨道交通设备制造、计算机制造、通信设备制造等较少，

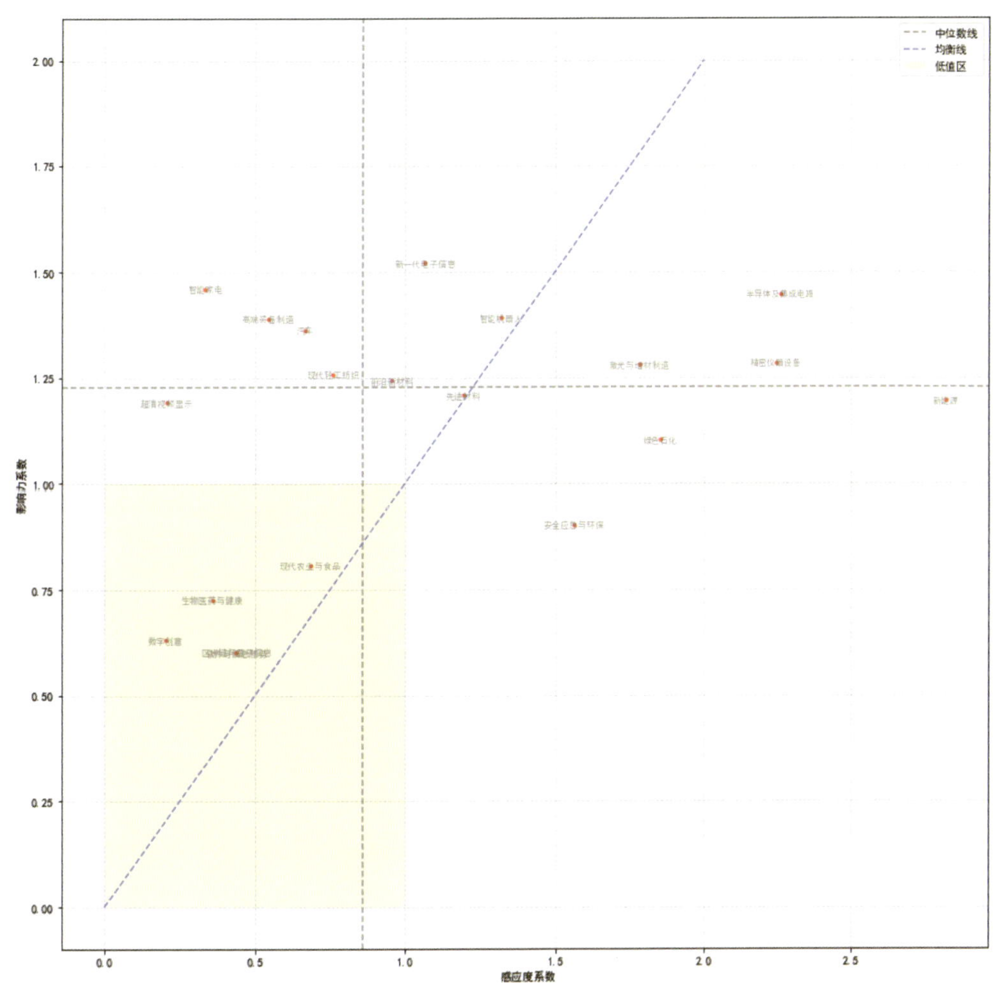

图 2-18：广东省战略性产业感应度系数和影响力系数分布

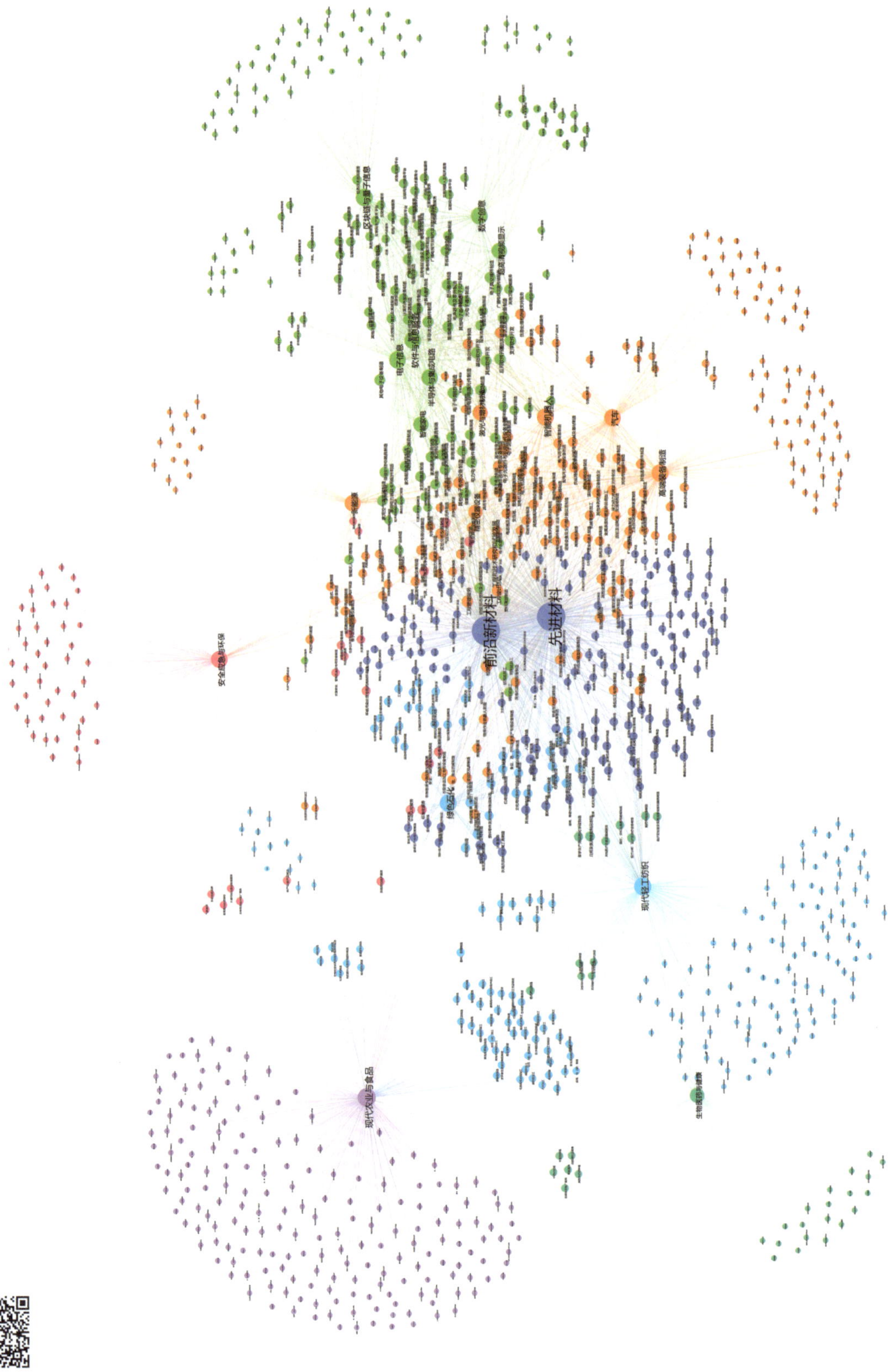

扫码查看
高清图片

图 2-19：广东省二十大战略性产业集群复杂网络图谱

对地区经济消费直接拉动作用较弱。

②主导产业韧性不断增强

从关联关系发展趋势来看，广东省十大主导产业中，整体上感应度系数在降低，对本地前向型、支撑型产业的需求程度逐渐减弱，这得益于支撑性、基础型产业的转移和更大范围的产业协作。主导产业的影响力系数不断提升，产业生产更靠近成品端，对经济拉动作用日益突出。带动经济发展促进行业协作（影响力系数和感应度系数均增长）的产业有有色金属及其合金制造，基础化学原料制造，棉、化纤纺织及印染精加工品制造；产业影响力增强、感应度降低的产业有金属制品业、专用化学产品制造业。

3）战略性产业关联特征

由于广东省二十大战略性产业集群涉及范围广，产业上下游关联行业多，因此，该研究选取战略性产业中游环节，在统计上比重较大，具有代表性行业作为研究对象进行关联影响力和感应度研究（图2-18）。

①战略性产业对经济拉动作用强

从图中可以看出，战略性产业总体上聚集在图的上方，即整体上影响力系数大于感应度系数，后向联系强于前向联系，即战略性产业多靠近最终产成品端，对经济拉动作用较强。其中新一代电子信息、半导体及集成电路、智能机器人、激光与增材制造、精密仪器设备、先进材料、新能源、绿色石化等产业集群的整体影响力系数和感应度系数大于1，对整体经济具有较强的拉动作用，同时对产业协同发展也具有较强的支撑作用。智能家电、高端装备制造、汽车、现代轻工纺织等行业通过更广泛的区域协作（影响力系数强于感应度系数），带动了区域经济的发展。

②战略性产业的基础性革新作用

战略性产业集群中，新能源、绿色石化、安全应急与环保、精密仪器设备等产业集群具有较强的感应度系数，这些行业的培育和发展有利于全行业实现从原材料、能源和设备等基础层面的技术革新，改变旧的生产模式、提高生产效率，实现地区经济动能的转换。

③战略性产业的应用性创新作用

战略性产业集群中，现代农业与食品、生物医药与健康、数字创意等产业集群的影响力系数和感应度系数均较弱（处于低值区域），涉及产业领域较小、对经济拉动作用相对较弱，但对居民身心健康、物质生活、精神生活品质的提升具有促进作用，对满足人民日益增长的美好生活需要具有较强的现实意义，也是战略性产业应当重点培育和发展的。

④ 战略性产业关联图谱

投入产出分析方法有它的局限性，它虽然可以通过影响力系数和感应系数反映某个产业变化对国民经济各产业产生的生产需求波及程度和其他部门的变化而使某产业受到的需求感应程度，但是它很难刻画某个产业在产业集群关联网络中所处的位置，即从网络结构的角度来分析产业的重要性。投入产出分析主要采用线性代数等理论，难以描述产业关联中的整体情况，也难以表述产业关联内部的集群关系、多元流向关系等。因此构建战略性产业投入产出复杂网络图谱，可以更好描绘战略性产业关联关系（图2-19）。

图谱采用力引导布局[37]，位于图谱中心的产业具有较高的节点度，具有较强的前向联系，是面向生产的支撑性产业，如前沿新材料、先进材料、绿色石化、新能源等。位于图谱边缘的产业节点度较低，是靠近需求端、消费端的后向联系型产业，如现代农业与食品、生物医药与健康、现代轻工纺织、数字创意等。

（4）广东省产业技术创新测度

不同行业有其发展特征。政策支撑、市场需求、人才引进、资本投入、技术创新都能促进产业的发展。在地区行业中，部分产业依靠技术进步、科技投入拉动行业生产率。这类产业对产业链上下游产业具有知识溢出和带动作用。通过技术进步速度和技术贡献率指标对广东省具有技术优势的行业进行甄别。其中铁及铁合金制造业、铁路运输和城市轨道交通设备制造、研究和试验发展、水利管理等行业具有较强的技术进步速度。这些产业有些跟行业属性相关，如研究和试验发展本身就是知识密集型行业；有些则与区域性功能定位有关，如铁路运输和城市轨道交通设备制造则与广州作为交通枢纽城市发展起来的轨道交通高端制造业相关；还有些则为地区产业自发性聚集形成的竞争性创新，如佛山是“中国不锈钢加工商贸之都”，金属制品、金属包装业发达，进而推动新材料产业的发展，全省在钢、铁及其铸件、钢压延业等产业的技术贡献率较高。此外，技术贡献率较高的行业多分布在人力资本投入较大的行业，如居民服务和其他服务业、娱乐等服务业，麻、丝绢纺织及加工品制造业等传统劳动密集型行业通过机器取代人工容易形成现代轻工纺织产业集群。

产业集群在技术创新过程中起到了重要的作用。首先，产业的集聚带来创新资源的集聚效应，产业集群能吸引更多的创新人才和资源，特别是战略性新兴产业，往往是地区集中资源进行关键技术攻关的重点领域，在政策和资金上的支撑能够吸引更多的智力资源。其次，产业的集聚可以提供更好的合作机会和知识共享平台，促进企业间的技术交流和合作。此外产业集群还可以提供更好的市场机会和需求反馈，帮助企业更好地了解市场需求和趋势，从而更好地进行技术革新。

表 2-6：战略性产业集群技术创新测度结果

战略性产业集群	技术进步速度	技术贡献率
超清视频显示	0.45	0.38
激光与增材制造	0.25	0.28
汽车	0.24	0.28
精密仪器设备	0.24	0.32
现代轻工纺织	0.15	0.30
智能家电	0.12	0.31
新能源	0.09	0.38
智能机器人	0.07	0.07
高端装备制造	0.02	0.03

战略性产业集群中，在传统领域、亟须通过技术改造实现创新发展的行业技术创新带动效应特点突出，如超清视频显示、激光与增材制造、汽车制造、精密仪器设备和现代轻工纺织、智能家电等取得了较快的技术进步，其技术进步速度快于增加值增长速度，推动了产业的产出增长。

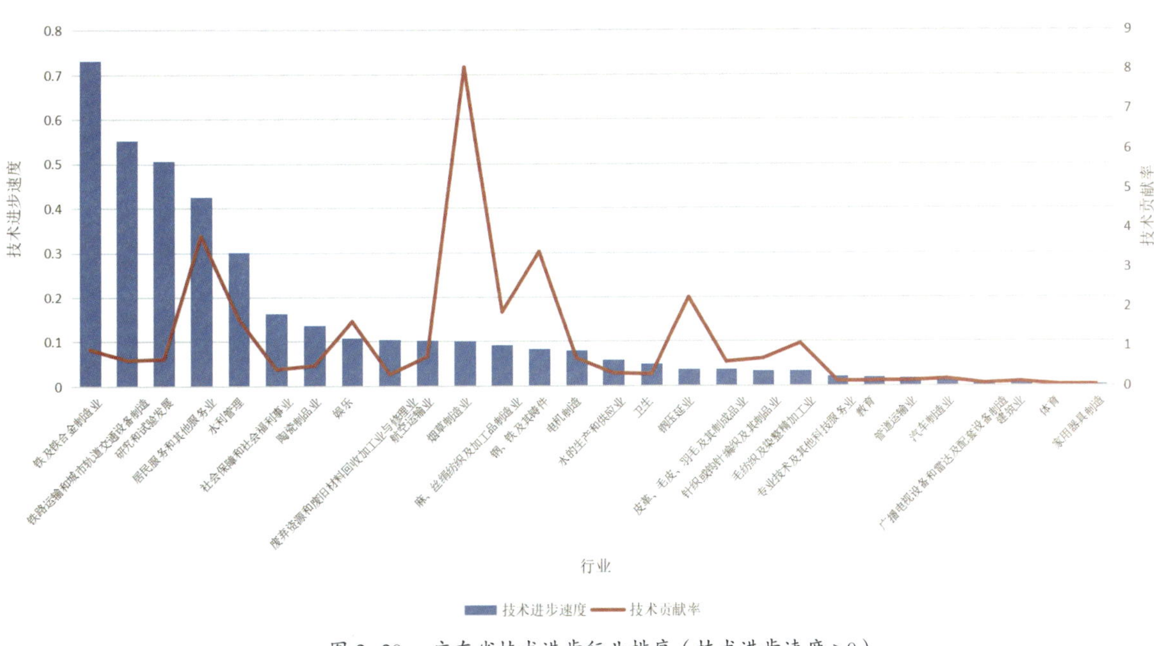

图 2-20：广东省技术进步行业排序（技术进步速度 >0）

（5）广东省产业经济效应测度

产业经济效应可以从产业的投入特点和产出效应两方面测度。一些行业对生产资料依赖程度大，决定行业进入的门槛高、风险大。生产资料的折旧大也影响产业产出的利润率。技术系数则是反映每个行业对生产资料的依赖程度和产出效率。技术系数高的产业其技术、知识、劳动力、资金等无形生产要素占比高，如林业生产、农业生产、金融业等为无需大量固定资产投入的行业。这些行业的经济效益系数往往较高，产出效益高（图 2-21）。

产业集群可以提高地区生产效率，对地区经济增长有强劲的推动作用。首先，产业集群可以实现资源的优化配置，产业集群一旦形成，就会通过其优势将有直接联系的物资、技术、人力资源和各种配套服务机构等吸引过来，尤其是吸引特定的产业资源或要素。其次，通过集中生产、分工合作、竞争激励等方式促进了地区企业不断创新，技术人员和工人的观念和技艺不断提高，各种机器设备不断得到改进，新产品和新工艺不断涌现，从而提高生产效率；通过产业集聚的规模效应、分工合作的方式集群中的企业也可以显著降低生产成本，从而提高企业的竞争力，随着集群企业竞争力的增强，对创新产业资源的吸引效应会进一步加速，形成了“集群—资源吸引—集群扩张—加速资源吸引”的正向高效循环。

战略性产业是以重大技术突破和重大发展需求为基础，对地区经济社会全局和长远发展具有重大引领带动作用，知识技术密集、物质资源消耗少、成长潜力大、综合效益好的产业[38]。同时必须考虑到战略性产业多为高技术、高风险和高投入的战略领域，在战略性产业集群培育初期则需要更多的投资拉动，对地区风险投资氛围、政府产业引导基金具有较强的依赖性。因此处于培育阶段的战略性产业整体经济效益较弱，相比而言，生物医药与健康、前沿新材料、先进材料、绿色石化、激光与增材

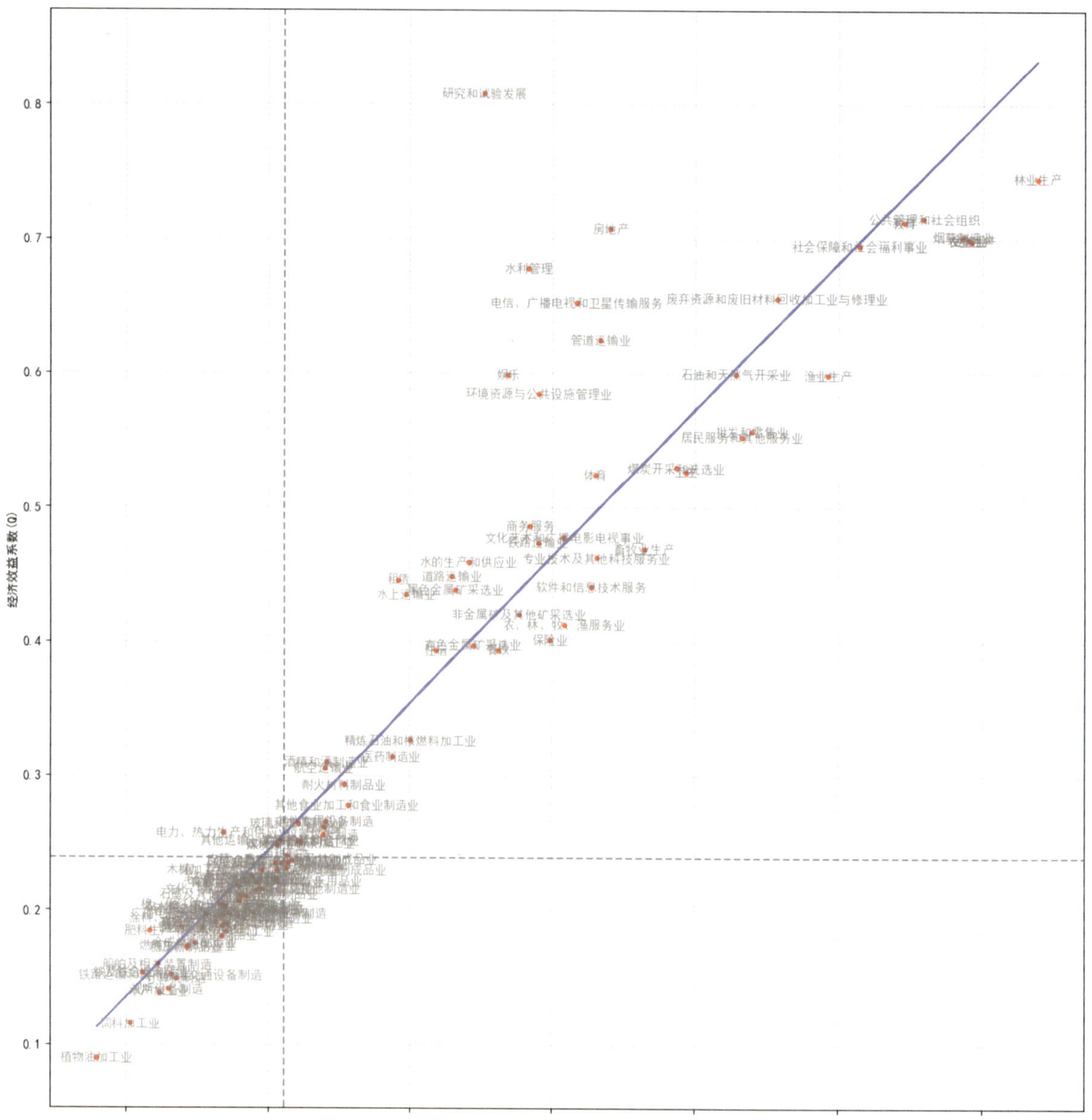

图 2-21：广东省技术系数和经济效应系数关联关系

制造、高端装备制造这些产业集群发展较为成熟，形成了较高的经济效应（图 2-22）。

（6）广东省产业重要性综合评价

由于前文中所选用的指标间存在多重共线性，最终，选定产出比重、增加值比重、技术系数、经济效益系数、技术进步系数、技术贡献系数、影响力系数、感应度系数八个指标进行主成分分析。本

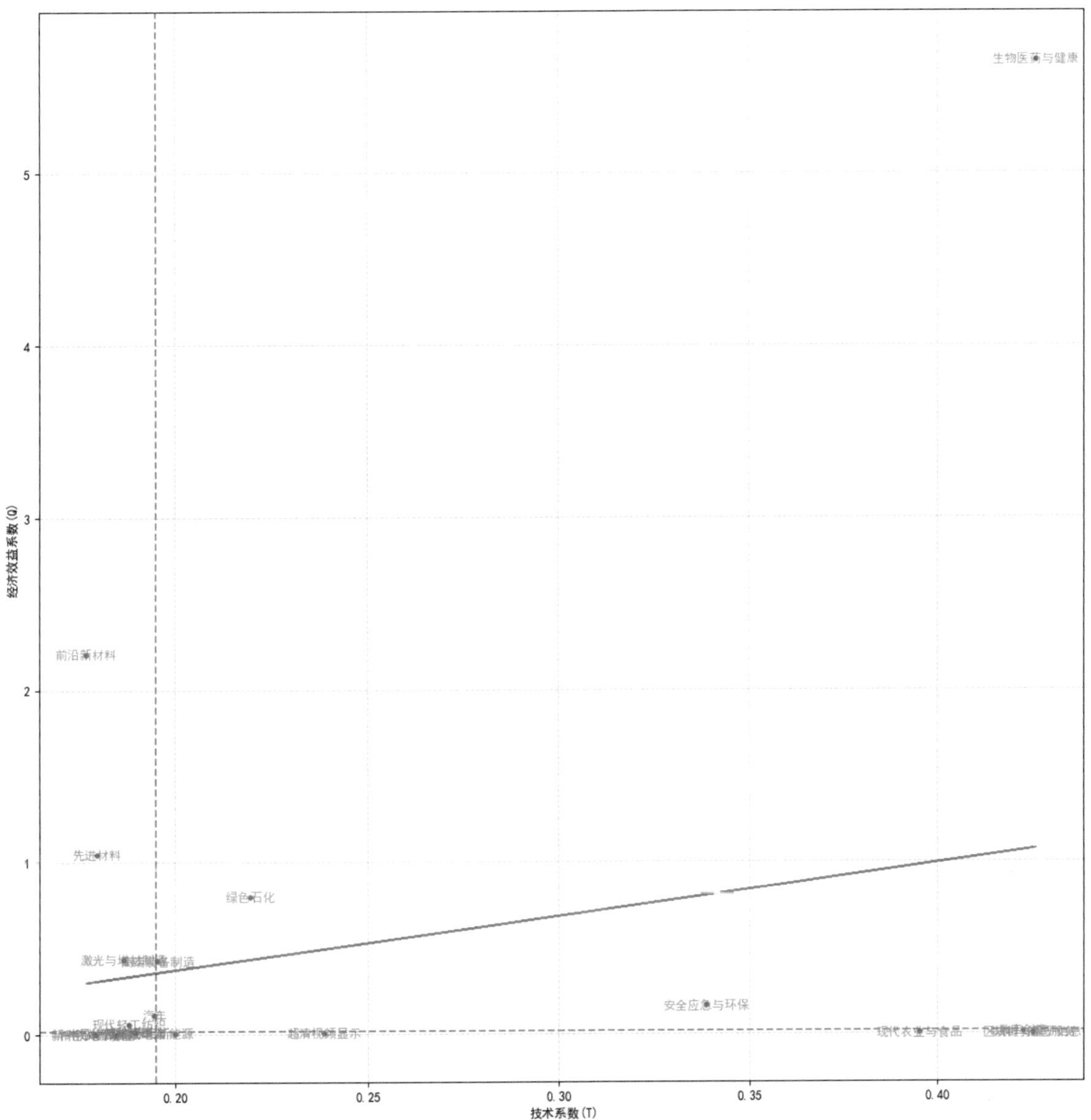

图 2-22：广东省技术系数和经济效应系数关联关系

章通过 SPSS 软件对八个变量的原始数据进行数据处理和分析，得到结果如下。

1）相关系数矩阵

对原始数据进行标准化处理，得到标准化数据，运用 SPSS 进行主成分分析得到的相关系数矩阵如表 2-7 所示。

表 2-7：各测度指标相关系数矩阵

相关系数	产出比重(D)	增加值比重(P)	技术系数(T)	经济效益系数(Q)	技术进步系数(A)	技术贡献系数(C)	影响力系数(E)	感应度系数(F)
产出比重(D)	1.000	0.820	0.075	0.045	0.024	-0.041	0.047	0.416
增加值比重(P)	0.820	1.000	0.392	0.384	0.042	-0.046	-0.312	0.450
技术系数(T)	0.075	0.392	1.000	0.934	-0.004	-0.067	-0.859	0.054
经济效益系数(Q)	0.045	0.384	0.934	1.000	-0.022	-0.069	-0.903	0.020
技术进步系数(A)	0.024	0.042	-0.004	-0.022	1.000	0.110	0.052	0.038
技术贡献系数(C)	-0.041	-0.046	-0.067	-0.069	0.110	1.000	-0.002	-0.018
影响力系数(E)	0.047	-0.312	-0.859	-0.903	0.052	-0.002	1.000	0.008
感应度系数(F)	0.416	0.450	0.054	0.020	0.038	-0.018	0.008	1.000

KMO 和 Bartlett 检验如表所示。

表 2-8：KMO 和 Bartlett 检验

KMO 取样适切性量数		0.689
Bartlett 的球形度检验	上次读取的卡方	606.913
	自由度	28
	显著性	0.000

由表 2-8：可以看出，指标体系通过了 KMO 和 Bartlett 检验，可以运用主成分分析进行综合评价。

2）因子解释原有变量总方差的情况

表 2-9：测度因子主要成分特征表

组件	初始特征值			提取载荷平方和			旋转载荷平方和		
	总计	方差百分比	累积 %	总计	方差百分比	累积 %	总计	方差百分比	累积 %
1	3.084	38.545	38.545	3.084	38.545	38.545	2.899	36.236	36.236
2	1.959	22.493	61.038	1.959	22.493	61.038	2.139	26.737	62.973
3	1.107	20.836	81.874	1.107	20.836	81.874	1.112	20.902	81.874
4	0.888	8.099	87.974						
5	0.662	6.280	96.253						
6	0.144	1.804	98.057						
7	0.099	1.237	99.293						
8	0.057	0.707	100.000						

前三个主成分贡献率已经达到 81.8%，故取前三个主成分基本已经包含全部测量指标所具有的信息。

3）各产业得分情况

表 2-10：各测度指标转换系数

	成分		
	1	2	3
经济效益系数（Q）	0.527	-0.230	0.016
技术系数（T）	0.524	-0.202	0.027
影响力系数（E）	-0.496	0.279	-0.046
产出比重（D）	0.196	0.605	-0.038
增加值比重（P）	0.377	0.479	0.004
感应度系数（F）	0.138	0.476	0.009
技术贡献系数（C）	-0.048	-0.019	0.709
技术进步系数（A）	-0.009	0.074	0.702

$$y_1 = 0.527Q + 0.524T - 0.496E + 0.196D + 0.377P + 0.138F - 0.048C - 0.009A$$

$$y_2 = -0.230Q - 0.202T + 0.279E + 0.605D + 0.479P + 0.476F - 0.019C + 0.074A$$

$$y_3 = 0.016Q + 0.027T - 0.046E - 0.038D + 0.004P + 0.009F + 0.709C + 0.702A$$

4）排序比较

综合得分为

$$y = 0.385y_1 + 0.245y_2 + 0.138y_3$$

各行业综合得分前二十的行业如表 2-11 所示。

表 2-11 产业综合得分排序表

序号	产业	综合得分
1	批发和零售业	3.34
2	金融业	2.86
3	房地产	2.79
4	农业生产	1.44
5	公共管理和社会组织	1.38
6	商务服务	1.37
7	教育	1.36
8	通信设备制造	1.21
9	电力、热力生产和供应业	1.15
10	电子元器件制造	1.08
11	研究和试验发展	0.98
12	居民服务和其他服务业	0.89
13	软件和信息技术服务	0.87
14	废弃资源和废旧材料回收加工业与修理业	0.82

（续上表）

序号	产业	综合得分
15	建筑业	0.8
16	烟草制造业	0.79
17	林业生产	0.71
18	道路运输业	0.71
19	卫生	0.69
20	石油和天然气开采业	0.61

5）战略性产业特点总结及地区选择

根据上节综合评分公式，可以得到战略性产业的综合评分，如表 2-12 所示。

表 2-12：战略性产业综合评分表

编码	战略性产业	产出比重(D)	增加值比重(P)	影响力系数(E)	感应度系数(F)	技术贡献系数(A)	技术进步系数(C)	经济效益系数(Q)	技术系数(T)	综合评分
S09	生物医药与健康	0.02	0.03	0.73	0.36	0.09	0.00	5.65	0.43	0.90
E06	新能源	0.04	0.04	1.19	2.82	3.80	0.09	0.01	0.20	0.81
E10	精密仪器设备	0.06	0.05	1.29	2.25	3.28	0.24	0.00	0.18	0.66
E07	激光与增材制造	0.07	0.06	1.28	1.78	2.88	0.24	0.43	0.19	0.61
S08	超清视频显示	0.01	0.02	1.19	0.21	4.38	0.44	0.01	0.24	0.45
S06	现代轻工纺织	0.15	0.12	1.26	0.76	3.03	0.15	0.06	0.19	0.42
E05	前沿新材料	0.03	0.02	1.24	0.96	0.03	0.00	2.21	0.18	0.37
S02	绿色石化	0.04	0.04	1.10	1.85	0.00	0.00	0.80	0.22	0.35
S04	汽车	0.03	0.02	1.36	0.67	2.85	0.24	0.11	0.19	0.33
S03	智能家电	0.03	0.02	1.46	0.33	3.16	0.12	0.02	0.19	0.27
S05	先进材料	0.05	0.04	1.21	1.20	0.04	0.00	1.05	0.18	0.26
E09	安全应急与环保	0.06	0.09	0.90	1.56	-0.18	-0.18	0.17	0.34	0.23
E03	智能机器人	0.06	0.05	1.39	1.32	0.72	0.07	0.01	0.19	0.19
E01	半导体及集成电路	0.04	0.03	1.45	2.26	-0.59	-0.59	0.00	0.18	0.14
S10	现代农业与食品	0.04	0.06	0.81	0.69	0.00	0.00	0.00	0.40	0.10
E02	高端装备制造	0.09	0.07	1.39	0.54	0.31	0.02	0.43	0.20	0.08
E04	区块链与量子信息	0.02	0.04	0.60	0.44	-0.12	-0.12	0.00	0.43	0.06
S07	软件与信息服务	0.02	0.04	0.60	0.44	-0.12	-0.12	0.00	0.43	0.06
S01	新一代电子信息	0.12	0.09	1.52	1.07	-0.14	-0.14	0.00	0.18	0.04
E08	数字创意	0.03	0.05	0.63	0.20	-0.12	-0.12	0.01	0.42	0.02

战略性产业排名中，产业规模方面，现代轻工纺织、信息一代电子信息、高端装备制造、激光与增材制造、智能机器人有较高的产出比重和增加值比重，这类战略性产业有利于做大地区经济体量，具有支柱性产业的特征，起到支撑地区经济的作用。

产业关联方面，新一代电子信息、智能家电、半导体及集成电路、智能机器人、高端装备制造产业集群覆盖产业门类多，后向联系强，容易形成更大范围和更广泛的产业联系。但后向型产业需要依赖于市场消费需求，需要一个庞大消费市场和成熟的销售渠道的建设，适合作为人口基数较大的城市的战略性产业，如珠三角地区城市。新能源、半导体集成电路、精密仪器设备、绿色石化、激光与增材制造具有较强的感应度系数，其作为其他产业的支撑性产业集群，有利于夯实地区产业基础。但前向联系型产业需要依赖大量的原材料和能源等资源，因此各地市在选择前向联系型产业时需要考虑自身的资源禀赋优势。同时前向型产业需要与下游产业形成完整的供应链，因此需要具备一定的物流、仓储等基础设施和服务配套，如绿色石化产业对深水码头的需求，在广州、惠州、湛江、茂名形成产业核心聚集区。

产业技术创新方面，超清视频显示、新能源、精密仪器设备、智能家电、现代轻工纺织的技术进步系数和产业发展的技术贡献率较高，这些产业更多是通过技术手段改造传统产业集群，是通过技术改造实现新旧动能转换的关键领域。如有研究表明 2005—2011 年广东省纺织服装业与电子信息产业之间耦合度在 0.9721 ～ 0.9999 之间，两者存在极强的耦合关系，各子系统之间具有较强的关联带动作用[39]。

产业经济效应方面，生物医药与健康、前沿新材料、先进材料、绿色石化、激光与增材制造、高端装备制造具有较高的经济产出效益，也是严重依赖基础科研的行业，具有高风险和高收益的特点。例如生物医药的经济效益系数较高，也是“高技术、高投入、高风险、高收益、长周期”等“四高一长”产业。一个生物药从研发到上市，往往需要 5 ～ 8 年时间，再加上生产，商业推广，要想取得良好的经济效益，基本需要 10 年以上时间。且生物医药的研发成功率相对较低，一般在 5% ～ 10%[40]。这需要城市具有雄厚的产业引导基金的支撑和良好的风险投资氛围，适合生产性服务业较为发达的广州、深圳等少数城市进行“长跑式”培育。

第三章

战略性支柱产业集群：
新一代电子信息产业集群

新一代电子信息产业是国家战略性产业，包括光电子技术、人工智能技术、物联网技术、大数据技术和区块链技术。其供应链包括电子材料及设备等生产厂商、电子元器件生产厂商和电子终端相关设备和产品的制造、销售及服务。

广东省新一代电子信息产业企业主要集中在上游电子材料及设备等生产环节和下游电子终端相关设备和产品的制造、销售及服务环节。中游电子元器件生产环节企业数量较少，约占0.42%。下游环节利润率远高于上游和中游环节。由于中游环节企业数量少，企业产权联系主要发生在上游和下游之间，这种模式有赖于广东的齐全工业门类和广阔的电子信息成品流通市场，但存在技术“卡脖子”的中游元器件制造环节是产业关键环节，急须突破电子元器件制造中的关键技术，实现产业的健康发展。

广东的新一代电子信息产业企业主要聚集在珠三角地区，特别是上游电子材料及设备等生产和下游电子终端相关设备和产品的制造、销售及服务，主要集中在广州、深圳、佛山、东莞等工业基础较好，商贸流通市场广阔的地市。因此，新一代电子信息产业园往往选址在地理位置优越、交通条件发达的高度城市化地区，方便产品流通、吸引人才和具备广泛的应用场景。这一点也可以从深圳市博通智能技术有限公司的分支机构布局中得以体现。

1. 新一代电子信息产业集群概述

1.1 基本概念

新一代电子信息技术是电子技术与信息技术相结合的构建现代信息社会的工程领域，是指基于集成电路、计算机、通信、互联网等核心技术，通过物理电子、纳米技术、光电子、计算机、人工智能等多学科交叉融合，发展出的一批新的信息处理和传输技术，具有高速、高效、高集成度、低功耗、安全可靠、可持续等特点。新一代电子信息技术包括了诸多技术领域，例如光电子技术、人工智能技术、物联网技术、大数据技术和区块链技术。

电子信息产业的发源最早可以追溯到第二次工业革命时期，电气化机器的大规模应用催生了电子产业的兴起。“二战”结束后，第三次工业革命带来了信息化，催生了信息产业的蓬勃发展，随后电子和信息变得日益交互融合，最后发展成为现代电子信息产业。全球的电子产业起源于美国，伴随着PC产业的兴起经由日本加速发展，后经韩国和中国台湾地区逐渐形成全球分工模式，在智能手机崛起的催化下进入中国大陆地区，进而完成三次产业转移，受此推动，中国逐渐发展成为全球最大的消费电子制造和消费中心。

电子信息产业集群的形成与全球价值链和产业链分工密不可分。在全球价值链分工中，制造商寻找最优供应商形成供应链以获得生产效率和成本控制；而电子信息产业中的不同部分（如电子部件、终端设备和软件）则由不同国家和地区提供，因此电子信息产业集群通过集中资源提供单一组成部分来满足制造商的需求。在产业链分工方面，多个企业在设计、研发、生产和销售等环节形成垂直和水平联盟，并在规模较大的电子信息产业集群中实现加速合作、资源互补、技术革新和经验转移等效应。此外，全球化推动跨国公司将工厂集中在成熟的电子信息产业集群中，促进集群跨越国界拓展，从而进一步推动电子信息产业集群的形成和发展。

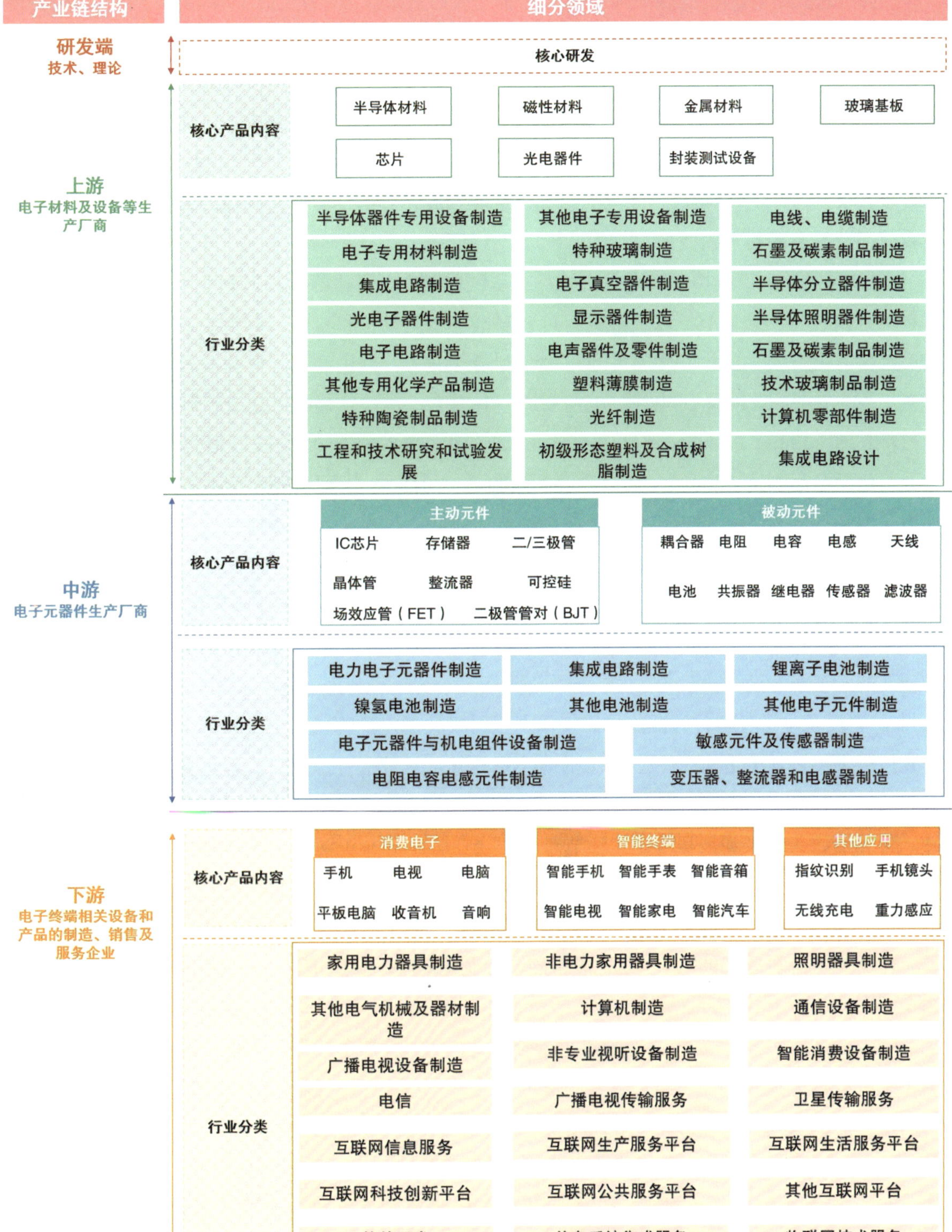

图 3–1：新一代电子信息全产业供应链图谱

为更好厘清新一代电子信息产业的核心产品、核心技术环节、核心行业等关键要素的结构关系，深入分析产业上中下游结构特征，构建新一代电子信息产业供应链全景图谱（图3-1）。新一代电子信息是研究开发密集型及知识密集型的行业，产业上中下游供应链条较长。

供应链的最顶层是研发端，多由高校和研究机构等主体进行相关基础理论研究和技术研发，我国在关键材料、高端装备等基础领域与国际先进水平仍有较大差距，专用芯片、半导体材料、新型显示设备、5G通信传输设备、智能视听设备、智能驾驶、数据资源要素产业、安全可靠和数字孪生等是我国产业发展的热点领域。

上游是重要的生产支撑环节，供应核心产品包含集成电路、芯片、光电器件、半导体材料、磁性材料、金属材料、玻璃基板以及附属的封装测试等相关设备和材料，本环节对应的企业集中分布在国民经济行业分类中的半导体器件专用设备制造（3562，国民经济行业分类代码，下同），其他电子专用设备制造（3569），电线、电缆制造（3831），半导体器件专用设备制造（3562），电子专用材料制造（3985），集成电路制造（3973），光电子器件制造（3976），电子电路制造（3982），其他专用化学产品制造（2669），特种陶瓷制品制造（3073），工程和技术研究和试验发展（7320），其他电子专用设备制造（3569），特种玻璃制造（3042），电子真空器件制造（3971），显示器件制造（3974），电声器件及零件制造（3984），塑料薄膜制造（2921），光纤制造（3832），初级形态塑料及合成树脂制造（2651），石墨及碳素制品制造（3091），半导体分立器件制造（3972），半导体照明器件制造（3975），技术玻璃制品制造（3051），计算机零部件制造（3912），集成电路设计（6520）等行业中。

中游主要是电子元器件行业，按照工作是否需要外部能量源，电子元器件可以分为主动元件和被动元件两大类，其中主动元件包括IC芯片、晶体管、场效应管（FET）、存储器、整流器、二／三极管和二极管管对（BJT），被动元件包括耦合器、电池、被动元件、电阻、电容、共振器继电器、电感、传感器、天线及滤波器等。本环节对应的企业集中分布于国民经济行业分类中的电力电子元器件制造（3824），集成电路制造（3973），锂离子电池制造（3841），镍氢电池制造（3842），其他电池制造（3849），其他电子元件制造（3989），电子元器件与机电组件设备制造（3563），敏感元件及传感器制造（3983），电阻电容电感元件制造（3981），变压器、整流器和电感器制造（3821）10类行业。

下游则是有关电子终端相关设备和产品的制造、销售及服务环节。本环节对应的企业集中分布在国民经济行业分类中的家用电力器具制造（385）、其他电气机械及器材制造（389）、广播电视设备制造（393）、电信（631）、互联网信息服务（642）、软件开发（651）、非电力家用器具制造（386）、计算机制造（391）、非专业视听设备制造（395）、照明器具制造（387）、通信设备制造（392）、智能消费设备制造（396）、卫星传输服务（633）、其他信息技术服务业（659）14类中类及下属小类行业，此外部分单独的小类行业包括互联网生活服务平台（6432）、其他互联网平台（6439）、物联网技术服务（6532）、广播电视传输服务（632）、百联网生产服务平台（6431）、数字内容服务（657）、百联网科技创新平台（6433）、互联网公共服务平台（6434）、信息系统集成服务（6531）。

1.2 发展概况

1.2.1 政策要求

新一代电子信息产业是我国经济的战略性、基础性和先导性支柱产业，渗透性强、带动作用大，在推进智能制造、数字经济发展中具有重要的地位和作用。因为，国家、广东省密集出台了相关政策支持产业发展，为构建现代电子信息产业体系，围绕“强基础、促融合、推合作、保安全”重要方向，具体在强化自主创新，突破关键技术；把握产业融合趋势，推动产业模式创新；推动应用电子产品和系统研发和产业化；支持安全芯片、数据安全等信息安全产品的研发与应用等方面提出了具体政策要求。通过以电子信息产业为基础，以新一代信息技术发展为重点，来实现软硬融合、两化融合、产业与服务融合，印发部门主要涉及发改、工信、财政、税务等部门，主要促进政策囊括财税优惠、投融资、研究开发、进出口、人才队伍建设、知识产权保护、市场应用及国际合作等方面。

国家层面主要聚焦行业的基础创新、技术渗透与供应链体系提升。关注的热点和新兴领域包括集成电路及专用装备、信息通信设备、操作系统与工业软件等领域。为鼓励引导关键技术发展，推进实施了国家战略制定、加强基础研究和应用研发、政策扶持鼓励创新及建立产业集群等路径。在国家战略方面，我国制定了《中国制造 2025》和《新一代人工智能发展规划》等国家战略文件，明确了电子信息产业的重要性和发展方向，为电子信息产业的技术升级和转型升级提供了政策支持。在加强基础研究和应用研发方面，加大资金投入，并鼓励企业加强自主研发，加快关键技术的攻关和应用，推动创新和技术进步，以加速电子信息产业的科技创新和发展。在政策扶持鼓励创新方面，政府采取多种措施，例如减税、补贴、创新基金和知识产权保护等，鼓励企业与科研院所创新，加快推进电子信息产业的技术升级和转型升级。在建立产业集群方面，不同地区建立电子信息产业集群，汇聚产业链、价值链和创新链上下游企业，促进产业协同发展和技术交流，加速电子信息产业的发展和转型。

表 3-1： 政策清单表格样式

层级	时间	政策名称	主要内容或措施要求	印发部门
国家级	2020.01	《商务部等 8 部门关于推动服务外包加快转型升级的指导意见》	加快数字化转型进程。支持信息技术外包发展，将企业开展云计算、基础软件、集成电路设计、区块链等信息技术研发和应用纳入国家科技计划（专项、基金等）支持范围。培育一批信息技术外包和制造业融合发展示范企业；培育新模式新业态。依托 5G 技术，大力发展众包、云外包、平台分包等新模式。积极推动工业互联网创新与融合应用，培育一批数字化制造外包平台，发展服务型制造等新业态。	商务部
国家级	2021.01	《基础电子元器件产业发展行动计划（2021—2023 年）》	在重点产品高端提升行动的电路类元器件中，提出要重点发展微型化、片式化阻容感元件，高频率、高精度频率元器件，耐高温、耐高压、低损耗、高可靠半导体分立器件及模块，小型化、高可靠、高灵敏度电子防护器件，高性能、多功能、高密度混合集成电路。	工信部
国家级	2021.05	《关于支持集成电路产业和软件产业发展进口税收政策的通知》	通知明确了免征进口关税的几种情况，其中涉及半导体的主要有：集成电路线宽小于 65 纳米的逻辑电路、线宽小于 0.25 微米的特色工艺集成电路生产企业，进口国内不能生产或性能不能满足需求的自用生产性集成电路生产设备等配件。集成电路线宽小于 0.5 微米的化合物集成电路生产企业和先进封装测试企业，进口国内不能生产或性能不能满足需求的自用生产性原材料、消耗品。	财政部、海关总署、税务总局
国家级	2021.12	《全国一体化大数据中心协同创新体系算力枢纽实施方案》	推动核心技术突破，方案重点任务包括：加大服务器芯片、操作系统、数据库、中间件、分布式计算与存储、数据流通模型等软硬件产品的规模化应用。	发改委、网信办、工信部、能源局

（续上表）

层级	时间	政策名称	主要内容或措施要求	印发部门
国家级	2022.08	《关于新时代推进品牌建设的指导意见》	壮大升级工业品牌。推动电子信息产业创新发展和原材料产业关键技术攻关，培育一批竞争力强的品牌企业。	发改委等部门
国家级	2022.11	《关于巩固回升向好趋势加力振作工业经济的通知》	加强新技术新产品的推广应用，推动新一代信息技术与制造业深度融合，构建新一代信息技术、人工智能、生物技术、新能源、高端装备、工业软件、绿色环保等一批新的增长引擎，大力发展新产业、新业态、新模式。加快发展数字经济，打造具有国际竞争力的数字产业集群。	工信部、发改委、国资委
国家级	2023.02	《关于做好2023年中央企业投资管理进一步扩大有效投资有关事项的通知》	积极培育壮大战略性新兴产业，推动新产业新业态新动能融合集群发展，加大新一代信息技术、人工智能、生物技术、新能源、新材料、高端设备、绿色环保等布局力度，推动集成电路和工业母机产业快速发展。促进数字经济和实体经济深度融合。	国资委
省级	2020.02	《广东省加快新一代电子信息产业发展的若干意见》	提升产业优势，重点突破储存芯片、处理器等高端通用芯片设计，大力支持射频芯片、传感器芯片、基带芯片等专用芯片的开发设计，在珠三角地区建设具有全球竞争力的芯片设计和软件开发集聚区；重点发展特色工艺制造，补齐产业短板；积极发展封测、设备、材料三大发展方向，完善产业链条。	广东省人民政府办公厅
省级	2020.09	《广东省发展新一代电子信息战略性支柱产业集群行动计划（2021—2025年）》	重点任务：（一）构建产业发展新格局。（二）发展核心技术和重点产品。（三）培育具有核心竞争力的企业集群。（四）构建科技创新型平台。（五）推动建立完善产业生态。（六）提升国际化合作水平。 重点工程：（一）稳链强链补链工程。（二）新基建支撑工程。（三）新一代信息技术应用创新硬件工程。（四）半导体元器件工程。（五）智能终端工程。（六）人工智能工程。	广东省发改委、广东省科技厅、广东省工业和信息化厅
省级	2021.08	《广东省制造业高质量发展"十四五"规划》	《规划》提出，到2025年，新一代电子信息产业营业收入达到6.6万亿元，形成世界级新一代电子信息产业集群。 1. 以广州、深圳、珠海为核心，打造涵盖设计、制造、封测等环节的新一代电子信息全产业链。 2. 支持广州开展“芯火冶双创基地”建设，建设制造业创新中心。 3. 支持深圳、汕头、梅州、肇庆、潮州建设新型电子元器件产业集聚区，推进粤港澳大湾区集成电路公共技术研究中心建设。 4. 推动粤东粤西粤北地区主动承接珠三角地区产业转移，发展半导体元器件配套产业。	广东省人民政府

广东省层面主要聚焦以补齐短板做强产业链、以市场为导向提升价值链、以核心技术发展创新链。政策涉及面更广，包含产业布局优化、核心技术发展、产业生态的建立等。产业布局方面，注重产业的集聚布局，主要以珠江东岸电子信息产业带为集聚区，具体到各产业环节集聚上，以广州、深圳、惠州、东莞、河源为依托建设高端化智能终端产业集聚区，以深圳、汕头、梅州、肇庆、潮州为依托建设新型电子元器件产业集聚区，以广州、深圳为依托发展网络安全产业集聚区；粤东西北地区主动承接珠三角产业转移。核心技术方面，加快突破核心电子元器件、高端通用芯片、关键基础材料等领域的核心关键技术、先进基础工艺，着重解决“缺芯少核”问题，并鼓励传统电子信息制造企业转型开发智能传感器与NB-IoT、LTE CAT1、5G等无线终端模组深度融合的新型电子产品。产业生态方面，要建立完善的产业生态，鼓励电子信息制造企业从整机生产商向集产品制造、内容服务和运营服务于一体的综合型制造商转变，提供以融合创新为特征的新产品、新服务。构建产业创新生态体系，引入“揭榜挂帅”机制，发挥广东省智能终端市场优势，开展芯片设计企业与终端应用企业对接合作，打造“芯屏器核”的全产业生态体系。

1.2.2 市场概况

近年来，中国电子信息产业实现了长足发展，行业规模持续扩大。2021 年，我国电子信息行业收入规模达到 236279.3 亿元，比 2020 年增长 16.6%。此外，我国规模以上电子信息制造业完成固定资产投资额比上年增长 22.3%，增速比 2020 年加快 9.8 个百分点。在全球集成电路制造产能持续紧张的背景下，近两年我国集成电路相关领域投资活跃，实现半导体器件设备、电子元件及电子专用材料制造投资额的大幅增长[41]。未来，国家将积极推动新基建发展，把电子信息、智能制造列为重点方向，出台了大量的政策规划，为电子信息制造业以及下游应用行业提供了有利的政策支持和良好的发展机遇。

新一代电子信息产业是广东省支柱产业中最具活力、最具创新性的行业之一，具有资本技术及知识高度密集、产业附加值高、辐射带动性强等特点，已形成较为完整的产业发展体系，成为我国重要的新一代电子信息产业基地之一，并在智能终端、信息通信、集成电路设计等领域具有良好产业基础。2021 年，广东规模以上电子信息制造业营业收入为 4.56 万亿元，占全国 32.3%，已连续 31 年位居全国第一；广东电子信息制造业企业有 10 家营收超 1000 亿元，19 家企业进入 2021 年中国制造业 500 强，24 家企业进入 2021 年全国电子信息 100 强，33 家企业进入 2021 年全国电子元器件 100 强，数量均居全国第一[42]。

目前，国家持续加大对电子信息产业的支持力度，信息技术与制造业加速深度融合，催生了 5G、大数据、云计算、物联网等新一代信息技术，电子信息产业呈现智能化、高端化、服务化等趋势，为我省新一代电子信息产业实现跨越发展带来了战略机遇。顺应行业发展趋势，广东积极重点培育发展新一代电子信息战略性新兴产业集群，主要从“构建产业发展新格局、发展核心技术和重点产品、培育具有核心竞争力的产业集群、构建科技创新型平台、推动建立完善产业生态、提升国际化合作水平”六个方面提出产业发展重点任务；实施“稳链强链补链、新基建支撑、新一代信息技术应用创新硬件、半导体元器件、智能终端、人工智能”六大工程。2025 年，广东省将力争建设 2 个国家级制造业创新中心，重点龙头骨干企业研发投入强度超过 6%；同时，促进实现新一代电子信息产业营业收入达 6.6 万亿元；并建成新一代信息通信（5G）园区 5 个、智能终端产业基地 5 个、半导体元器件及智能传感器产业基地 5 个[43]。

2. 广东省新一代电子信息产业供应链结构特征

2.1 供应链各环节产业发展规模

全省新一代电子信息产业企业数量为 982258 家。从供应链各环节的企业数量规模来看（图 3-2），下游环节规模最大，其次是上游环节，规模最小的是中游环节。

上游环节共有 115436 家企业，在全供应链中企业数量占比为 11.75%。上游包含 24 个小类（为国民经济行业分类代码中第四级分类）企业数量规模接近，其中工程和技术研究和试验发展企业数量最多，数量为 92911 家，在上游环节的数量中占比为 80.49%，是上游环节主导发展企业类型；其次为集成电路设计类企业，在上游环节的数量占比为 6.57%；其余如光纤制造、半导体分立器件制造及电子电路制造等种类企业则较少，数量均为几十家。

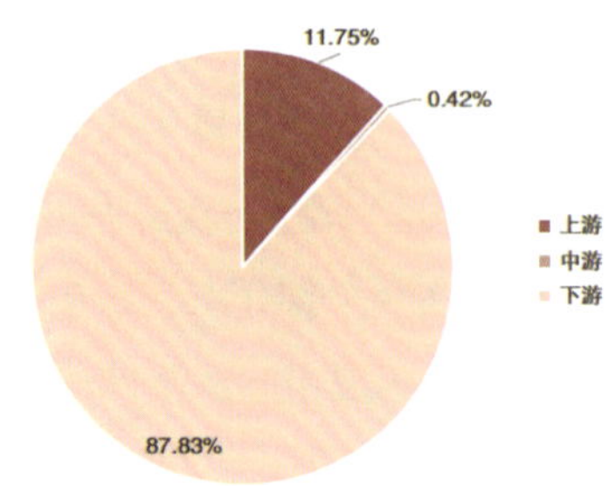

图 3-2：新一代电子信息产业全产业链企业数量
（数据来源：龙盾企业数据库）

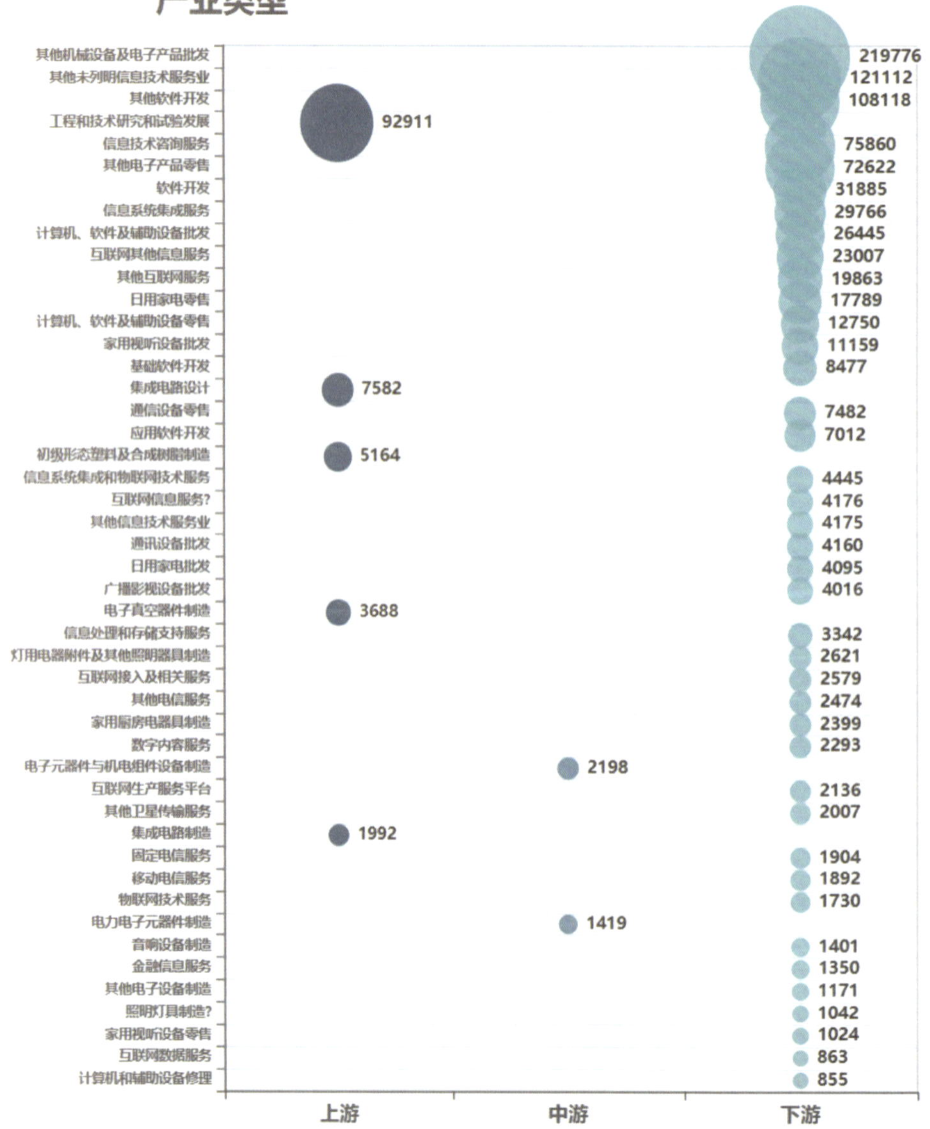

图 3-3：新一代电子信息产业全供应链企业数量分析
（数据来源：龙盾企业数据库）

（续上图）

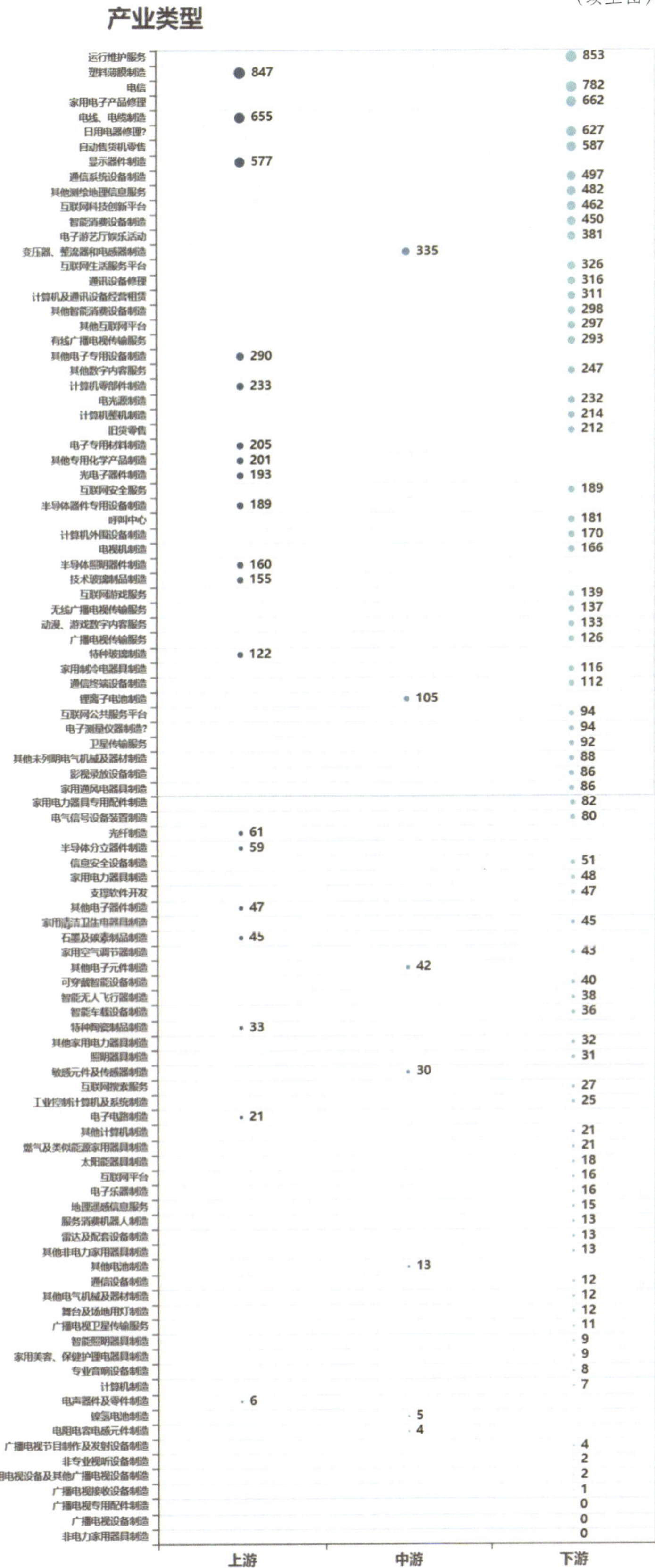

图 3-3：新一代电子信息产业全供应链企业数量分析（续）
（数据来源：龙盾企业数据库）

中游环节共有4151家企业，在全供应链中企业数量占比为0.42%。其中电子元器件与机电组件设备制造类企业数量最多，数量为2198家，在中游环节的数量占比为52.95%，是中游环节主导发展企业类型。电阻电容电感元件制造类企业数量最少，数量为4家，在中游环节的数量占比为0.09%，是中游环节发展最不充分的企业类型。

下游环节共有862671家企业，在全供应链企业中企业数量占比为87.83%。其中其他机械设备及电子产品批发类企业数量最多，数量为219776家，在下游环节的数量占比为25.48%，是下游环节主导发展企业类型。广播电视接收设备制造类企业数量最少，数量为1家，是下游环节发展最不充分的企业类型。

2.2 供应链各环节产业经济价值

2018年，新一代电子信息产业全供应链的整体平均利润率为8.91%。从供应链各环节的企业平均利润来看，下游环节利润率最高，其次是上游环节，最低的是中游环节。

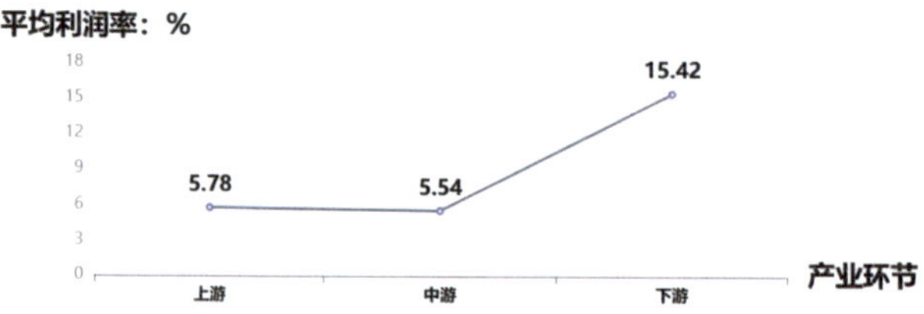

图3-4：新一代电子信息产业上中下游利润率平均值折线统计图
（数据来源：龙盾企业数据库）

分环节来看（图3-4），中游环节平均利润率最低，为5.54%。其中电阻电容电感元件制造类企业利润率最高，为11.71%，比中游

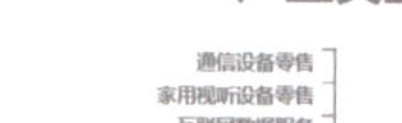

图3-5：新一代电子信息产业全供应链经济价值分析
（数据来源：《广东省经济普查年鉴（2018）》）

（续上图）

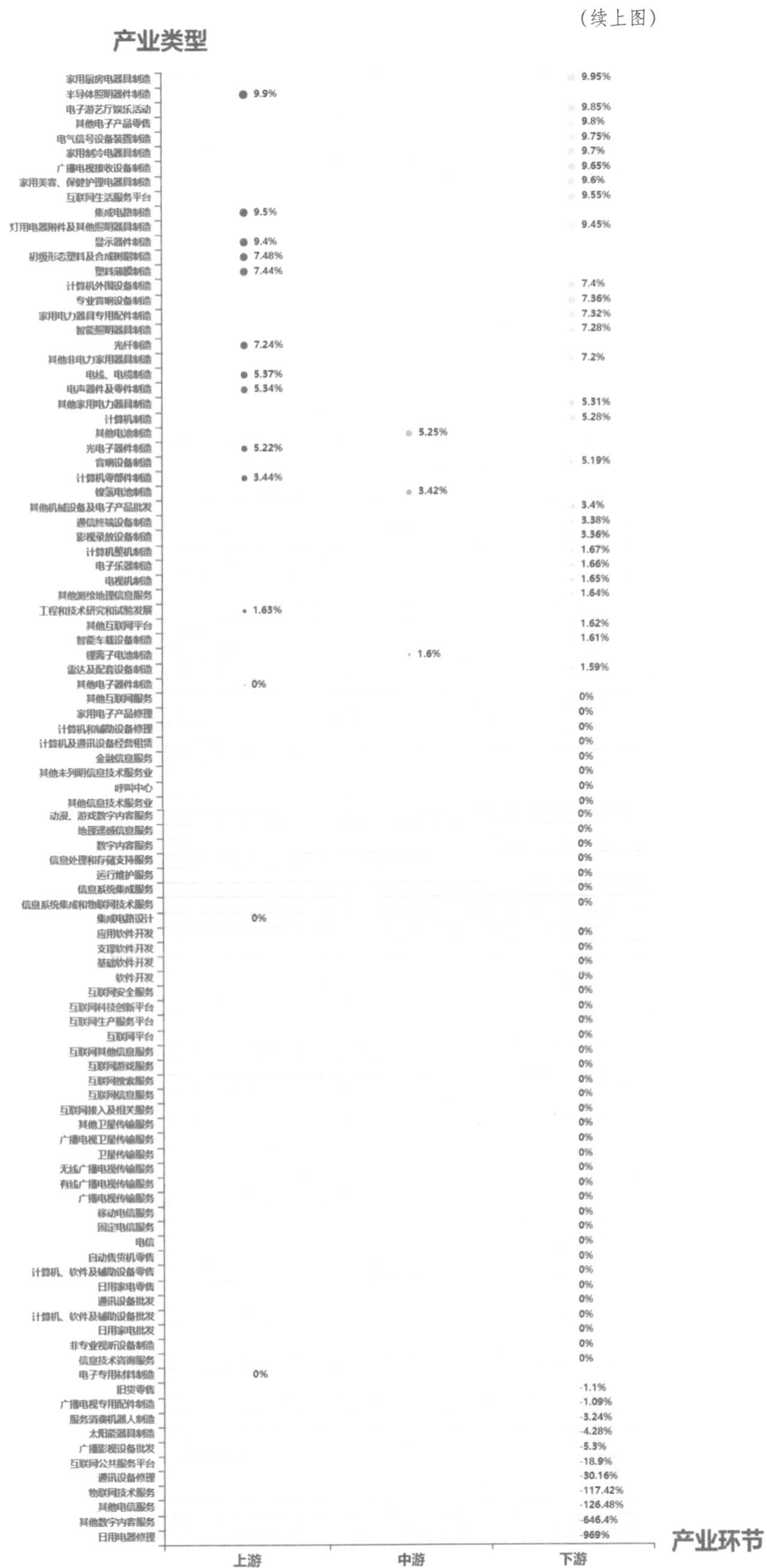

图 3-5：新一代电子信息产业全供应链经济价值分析（续）
（数据来源：《广东省经济普查年鉴（2018）》）

环节利润率平均值高 6.17 个百分点。锂离子电池制造类企业利润率最低，为 0.79%，比上游环节利润率平均值低 4.75 个百分点，本类企业整体盈利较少，未来需要采取措施进一步降低生产成本、开拓市场，提升盈利空间。

下游环节在供应链三个环节中平均利润率最高，平均利润率达到 15.42%。其中通信设备零售类企业利润率最高，为 313.32%，比下游环节利润率平均值高 297.8 个百分点。日用电器修理类企业利润率最低，为 -9.69%，比下游环节利润率平均值低 25.11 个百分点。

上游环节在供应链三个环节中平均利润率居中，平均利润率达到 5.78%。其中特种玻璃制造类企业利润率最高，为 14.21%，比下游环节利润率平均值高 8.43 个百分点。电子专用材料制造类企业利润率最低，为 -0.3%，比下游环节利润率平均值低 5.81 个百分点，本类企业整体盈利较少，未来需要采取措施进一步降低生产成本、开拓市场，提升盈利空间。

2.3 供应链各环节产业产权联系网络特征

表 3-2：广东省新一代电子信息产业各行业产权联系表（各联系类型前十）

（数据来源：龙盾企业数据库）

联系类型	总部或投资企业类型	分支或被投资企业类型	联系频数
同一环节内部联系（同类行业间）频数：10184	其他软件开发	其他软件开发	2410
	工程和技术研究和试验发展	工程和技术研究和试验发展	1689
	其他未列明信息技术服务业	其他未列明信息技术服务业	1230
	其他机械设备及电子产品批发	其他机械设备及电子产品批发	1134
	信息技术咨询服务	信息技术咨询服务	958
	软件开发	软件开发	349
	互联网其他信息服务	互联网其他信息服务	335
	信息系统集成服务	信息系统集成服务	325
	通信设备零售	通信设备零售	273
	其他电子产品零售	其他电子产品零售	225
同环节不同行业 频数：17456	其他软件开发	其他未列明信息技术服务业	588
	其他软件开发	信息技术咨询服务	557
	其他未列明信息技术服务业	其他软件开发	463
	信息技术咨询服务	其他未列明信息技术服务业	454
	信息技术咨询服务	其他软件开发	453
	其他软件开发	信息系统集成服务	411
	信息系统集成服务	其他软件开发	365
	其他软件开发	互联网其他信息服务	364
	其他未列明信息技术服务业	信息技术咨询服务	362
	软件开发	其他未列明信息技术服务业	341
不同环节间联系 频数：3874	工程和技术研究和试验发展	其他未列明信息技术服务业	379
	工程和技术研究和试验发展	软件开发	267
	工程和技术研究和试验发展	其他软件开发	231
	其他未列明信息技术服务业	工程和技术研究和试验发展	207
	其他软件开发	工程和技术研究和试验发展	199
	软件开发	工程和技术研究和试验发展	178
	工程和技术研究和试验发展	信息技术咨询服务	169
	其他机械设备及电子产品批发	工程和技术研究和试验发展	139
	信息技术咨询服务	工程和技术研究和试验发展	136
	工程和技术研究和试验发展	其他机械设备及电子产品批发	129
总计			31514

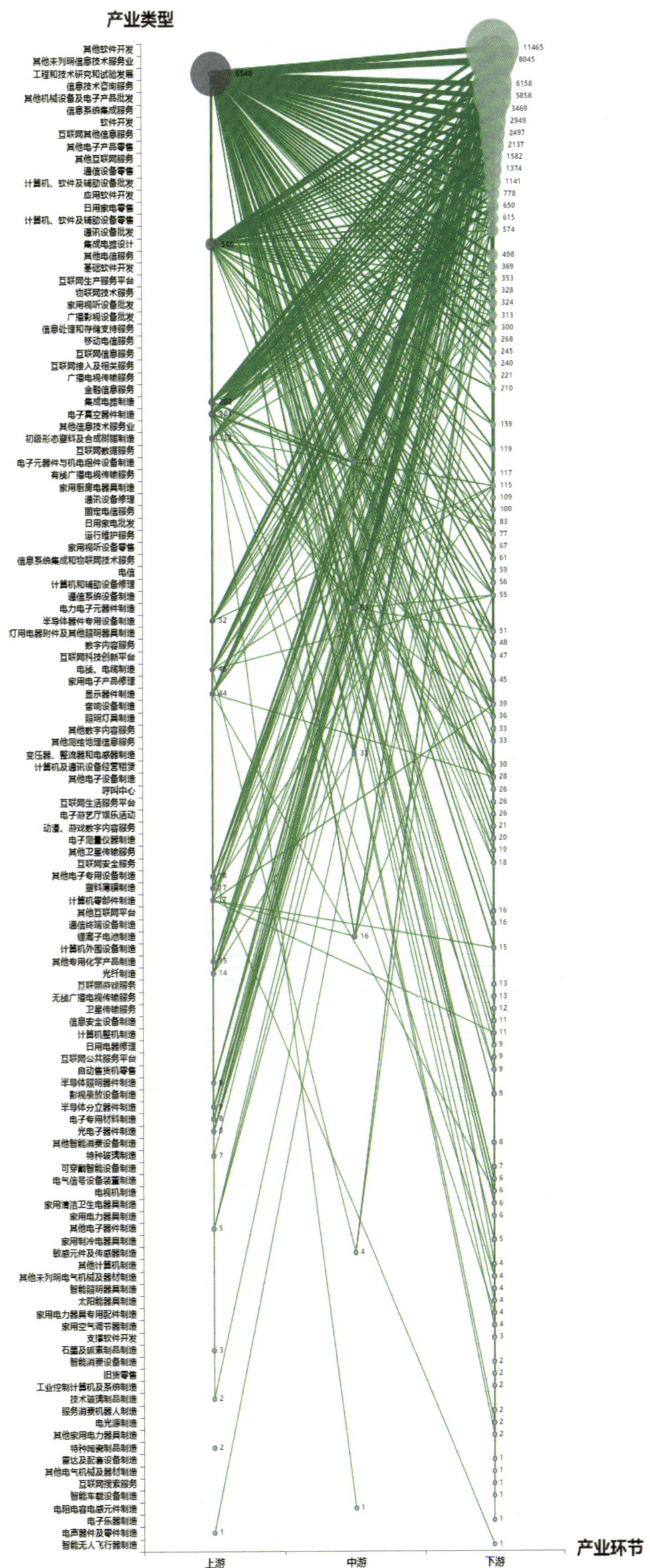

图 3-6：新一代电子信息产业全供应链产权联系分析图
（数据来源：龙盾企业数据库）

全省新一代电子信息产业供应链各环节间存在一定的产权联系（表 3-2）。总体上，同一环节内部企业产权联系较为紧密，联系频数为 27640。同一环节内同类行业间联系频数为 10184，其中其他软件开发类行业内部联系最为紧密。同一环节内不同行业间联系频数为 17456，其中其他软件开发和其他未列明信息技术服务业之间的联系较为紧密。

不同环节之间的企业产权联系较薄弱，联系频数为 3874。其中上游环节与下游环节联系较为紧密，工程和技术研究和试验发展类企业是产权联系网络中的核心节点。上游环节与中游环节联系较为薄弱。

2.4 供应链结构多要素耦合特征

统计新一代电子信息产业供应链各环节的发展规模、经济价值、产权联系三要素对应指标的皮尔逊相关系数，可以发现企业数量比率与产权联系频数比率指标的皮尔逊相关系数为 0.881，发展规模与产权联系两要素间存在较强的正相关性，企业数量规模越多的行业有更多的企业设立分支机构或对外投资，形成相对密集的产权联系网络。其他要素间则不存在较强的相关性（表 3-3）。

表 3-3：三要素相关系数表

要素指标	皮尔逊相关系数
企业数量比率与利润率	0.55（中等程度正相关）
企业数量比率与产权联系频数比率	0.881（较强正相关）
行业平均利润率与产权联系频数比率	0.03（弱正相关）

根据三要素指标的分布情况（图 3-7），新一代电子信息产业供应链内各环节企业发展状态大致可分为三种情况。

一是企业发展规模和产权联系表现较好，但是经济价值指标适中的企业，包含其他机械设备及电子产品批发、其他软件开发、工程和技术研究和试验发展、信息技术咨询服务、其他电子产品零售、其他互联网服务、家用视听设备批发行业，主要处于中游和下游环节。整体来看，几类产业发展处于成熟期或增长期，市场规模和潜在需求较大，包含其他机械设备及电子产品批发、软件开发的门槛相对较高，需要具备较高的技术能力和细分领域的专业知识，制造商需要不断在技术、设计和研发能力上提升和创新；而工程和技术研究和试验发展门槛则更高，需要掌握复杂的电路设计和制造技术，需要持续的进行技术研究和投入大量的资金。同时，其他电子产品的需求面临年轻化和升级换代的趋势，市场需求逐步扩大；家用视听设备则随着高科技产业的发展，需求量呈逐年递增的趋势，也会更加依赖于技术革新的不断推进。但目前广东省新一代电子信息产业的集成电路等企业技术水平不高，企业需要深入了解市场和技术，加强产品创新，特别是在高技术领域，建立与高校、科研院所的合作机制，不断提升科技和创新能力，提高生产效率和产品质量，确保本地市场供给，并尽早形成产品系列并向相邻市场渗透，以此获得竞争优势并实现可持续发展。

二是利润率较好或适中，但发展规模和产权联系较弱的企业，包含通信设备零售、初级形态塑料及合成树脂制造、广播影视设备批发、电子真空器件制造、灯用电器附件及其他照明器具制造、其他电信服务、家用厨房电器具制造、电子元器件与机电组件设备制造等 25 类，主要处于下游环节。整体

图 3-7：新一代电子信息产业全供应链四级分类产业要素指标分析图
（数据来源：龙盾企业数据库、《广东省经济普查年鉴（2018）》）

来看，代表产业如通信设备零售等处于成熟期，行业门槛较低且市场集中度较高，由于行业竞争激烈，供给略多于需求，企业宜继续推进产品创新、销售渠道优化、提高售后服务与塑造品牌效应，提升企业的核心竞争力，增强市场竞争力，实现持续稳定发展。而如物联网技术服务、通信系统设备制造等几类产业发展则处于增长期，存在一定的行业技术门槛、进入成本门槛或法律法规门槛等，虽然作为相对新兴的市场，但随着技术的发展和市场的需求，逐渐被认知并迅速发展。因此企业宜采用维持战略，并投入资金支持新的核心能力开发计划，在战略、组织结构、人员、技术等方面为转向新领域作准备，抓住时机通过转型、重组、再造和技术、制度、管理创新战略来推动企业及早进入新一轮的生命周期。

三是三要素指标均处于较低水平，表现为企业数量少、平均利润率为负或极低、企业间联系频数低，包括电信通信设备修理、其他智能消费设备制造、其他互联网平台、其他电子专用设备制造、其他数字内容服务、计算机零部件制造、电光源制造、计算机整机制造、旧货零售、电子专用材料制造、其他专用化学产品制造等 112 类，主要处于下游环节。整体来看，如以半导体分立器件制造、半导体器件专用设备制造为代表的产业处于初创发展阶段，市场需求不够成熟，存在技术落后或成本投入较大等问题。企业在这一阶段需要承担较高的研发成本和风险，并进行市场调研、产品定位等工作，加强研发，争取市场主导权，及早进入市场与申请专利，强化竞争优势。

3. 广东省新一代电子信息产业集群空间特征

3.1 企业数量集聚空间特征

分区域来看（图 3-8），珠三角地区是全省新一代电子信息产业企业主要集聚区域，包含的上、中、下游各环节以及全供应链的企业数量规模占比分别为96.71%、94.89%、97.21%、97.14%，均超过90%以上，在产业规模发展方面具有绝对的数量规模优势。粤北地区是新一代电子信息产业企业的次级集聚区域，尤其是中游电子元器件生产等企业，数量占比超过 2.5%。粤东地区和粤西地区的新一代电子信息产业发展规模相对较小，合计数量占比未超过 2%，产业发展基础相对薄弱。

分地市来看（图 3-9），广州、深圳、东莞、佛山等地是新一代电子信息产业的主要集聚地，上、中、下游各环节企业分布均较为密集，但各地市集聚的产业环节特点略有差异，广州、佛山和东莞是上游企业数量最多的 3 个地市，深圳、中山、江门、惠州、珠海、揭阳、汕头等地企业数量依次递减，是新一代电子信息产品材料及设备等生产厂商的主要聚集地；东莞、佛山和广州是中游企业数量最多的 3 个地市，深圳、中山、惠州、江门、珠海、河源、梅州等地企业数量依次递减，承载着电子元器件等生产工作；深圳、东莞、广州是下游企业数量最多的 3 个地市，佛山、惠州、中山、江门、珠海、汕头、河源等地企业数量依次递减，是电子终端相关设备和产品的制造、销售及服务企业的主要集中区域。

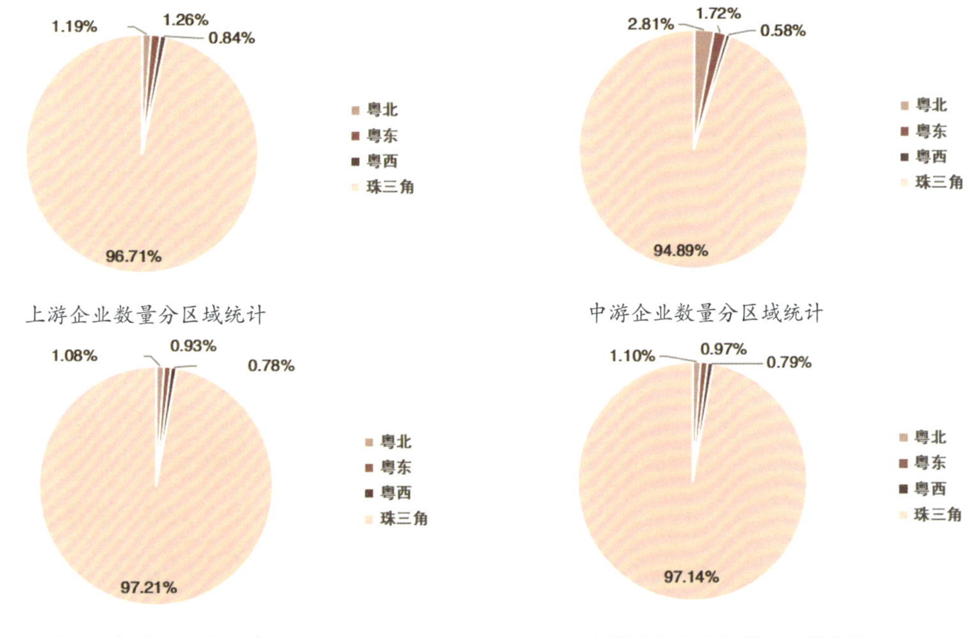

上游企业数量分区域统计

中游企业数量分区域统计

下游企业数量分区域统计

全供应链企业数量分区域统计

图 3-8：全省新一代电子信息产业分区域企业数量统计
（数据来源：龙盾企业数据库）

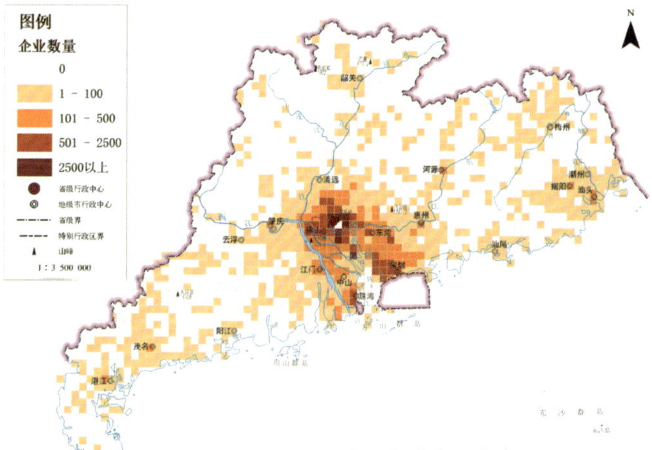

上游企业数量空间分布

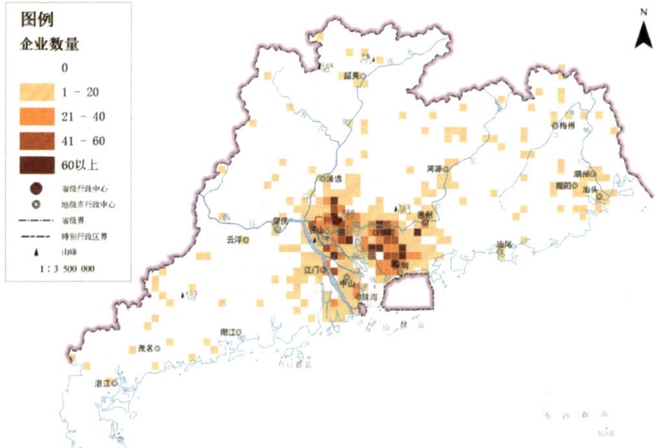

中游企业数量空间分布

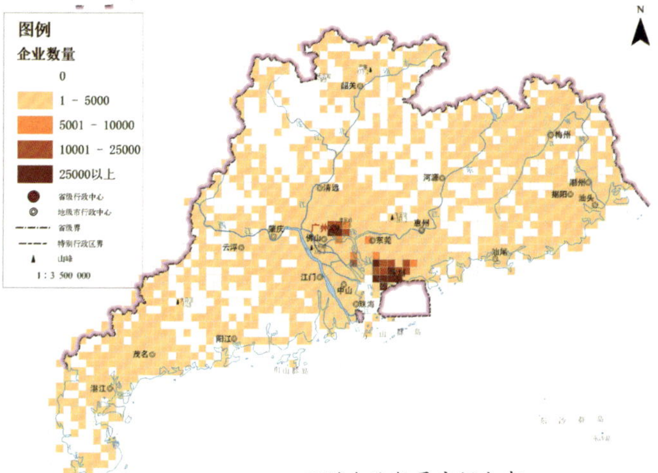

下游企业数量空间分布

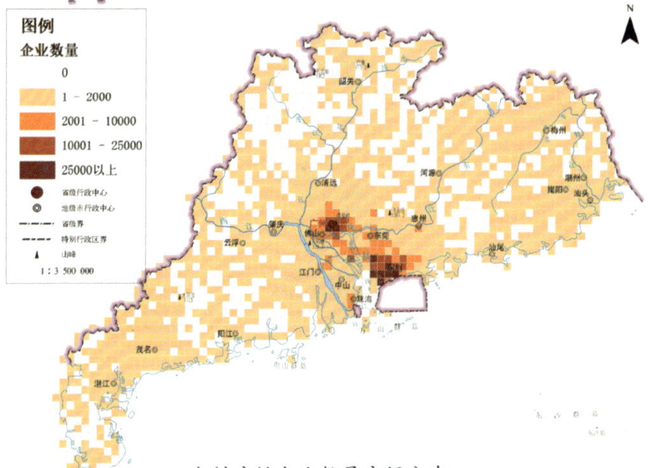

全供应链企业数量空间分布

图 3-9：全省新一代电子信息产业企业数量分布
（数据来源：龙盾企业数据库）

3.2 企业联系集聚空间特征

分区域来看（图 3-10），珠三角地区是全省新一代电子信息产业中设置分支机构或进行投资的企业的主要集聚区域，上、中、下游各环节以及全供应链的产权联系度占比分别为 95.53%、93.88%、97.22%、97.02%，均超过 90% 以上，具有绝对的产权布局优势，依托产权部署，在经济、技术、知识、人才等要素交流方面具有更大的潜力。粤北地区具有一定的产权联系规模，尤其是材料及设备等生产厂商，联系度占比超过 2.14%。粤东地区和粤西地区的新一代电子信息产业产权联系度相对较小，合计数量占比未超过 2%，发展基础相对薄弱，其中粤东地区略强优于粤西地区。

分地市来看（图 3-11），深圳、广州、东莞、佛山等地是新一代电子信息产业上游、中游、下游各环节企业产权联系较多区域，有较强的产业合作拓展能力，但各环节企业产权联系度排序略有变化。广州、佛山、东莞是上游企业产权联系度较高区域，深圳、中山、珠海、惠州、肇庆、江门、揭阳产权联系度依次递减；深圳、佛山、东莞是中游企业产权联系度较高区域，广州、惠州、中山、汕头、珠海、江门、潮州依次递减；深圳、广州、东莞是下游企业产权联系度较高区域，佛山、惠州、中山、珠海、江门、梅州、河源依次递减。

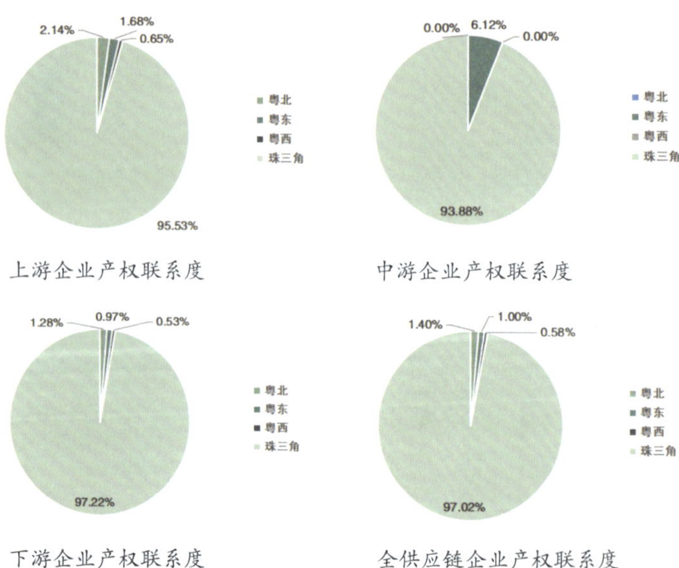

图 3-10：全省新一代电子信息产业分区域企业产权联系度统计
（数据来源：龙盾企业数据库）

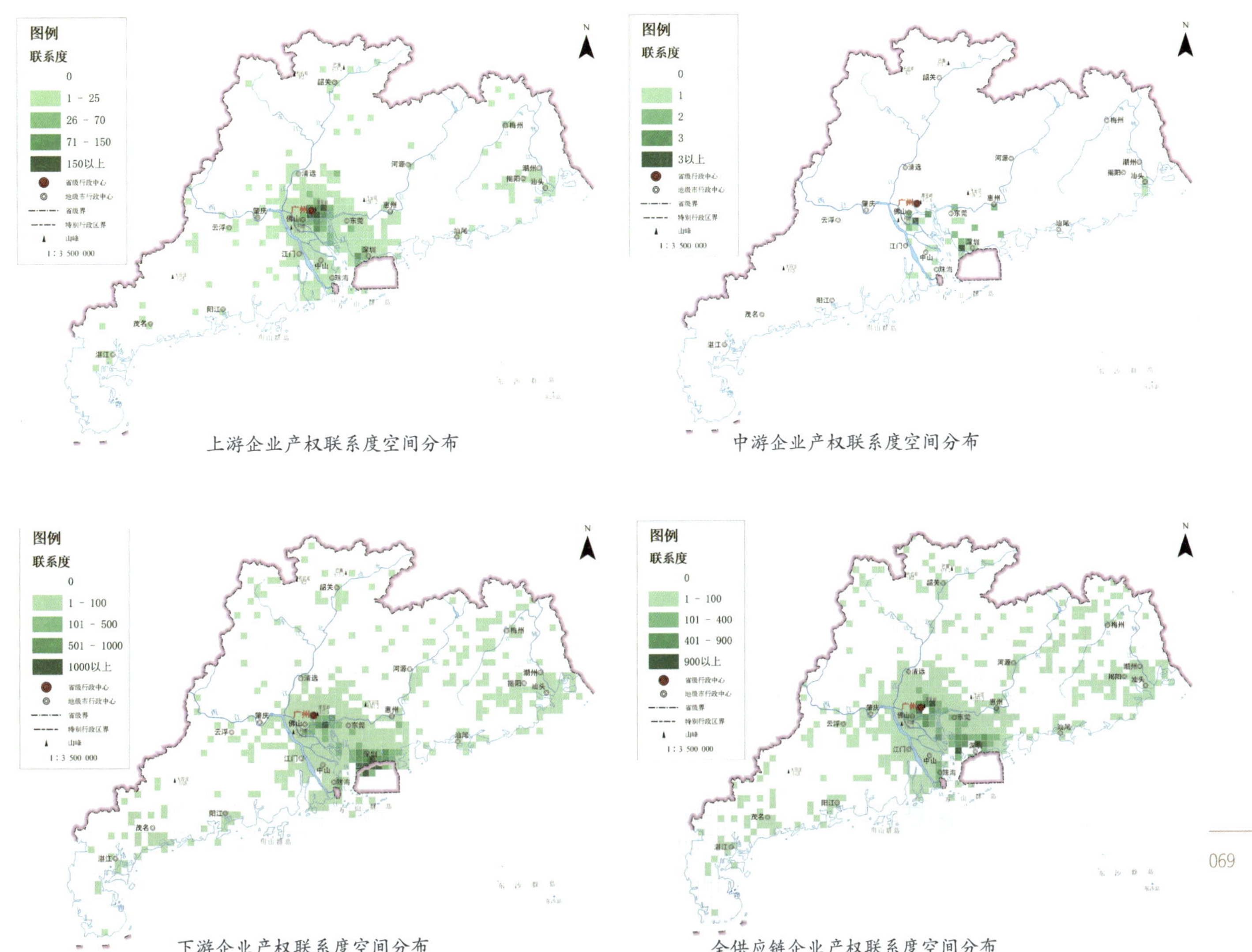

上游企业产权联系度空间分布　　中游企业产权联系度空间分布

下游企业产权联系度空间分布　　全供应链企业产权联系度空间分布

图 3-11：全省新一代电子信息产业企业产权联系度分布
（数据来源：龙盾企业数据库）

3.3 产业集群空间特征

综合分析新一代电子信息产业全供应链企业数量空间分布、产权联系度情况，筛选两项指标处于前 25% 的格网做叠加分析，筛选企业密度较高、产权联系紧密的产业集群潜在空间格网共 606 个。

分区域来看（图 3-12），全省新一代电子信息产业集群的潜在空间主要分布在珠三角地区，包含 298 个格网空间，面积占比为 49.17%；此外粤北地区有 146 个产业集群潜在空间，面积占比为 24.09%；粤东有 79 个产业集群潜在空间，面积占比为 13.04%；粤西有 83 个产业集群潜在空间，面积占比为 13.70%。

分地市来看（图 3-13），全省新一代电子信息产业集群的潜在空间主要分布在广州、东莞、佛山、深圳、惠州、中山、江门等地，这些区域是全省现阶段新一代电子信息产业集群发展较为成熟的潜在区域。此外，粤东西北地区的梅州、茂名和汕头等地也存在一定产业集群发展的潜在空间。

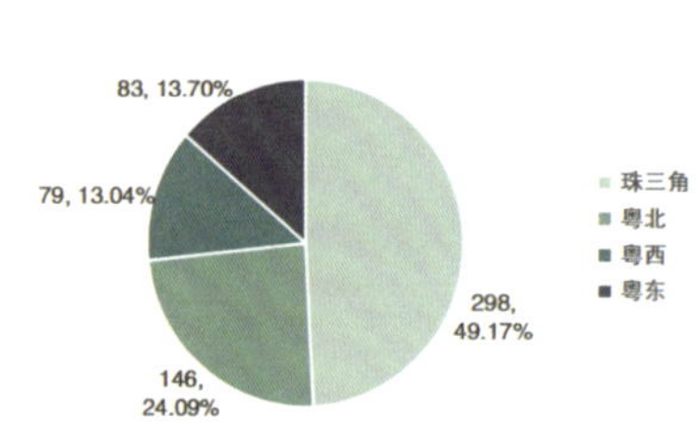

图 3-12：产业集群潜在空间格网统计图

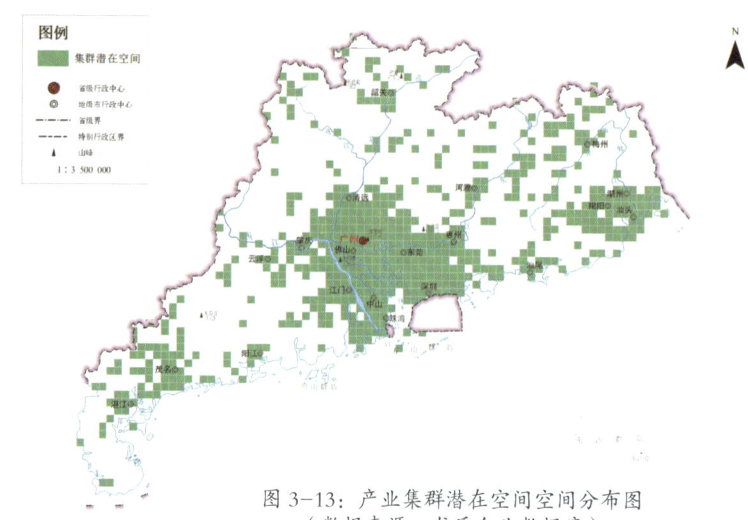

图 3-13：产业集群潜在空间空间分布图
（数据来源：龙盾企业数据库）

4. 广东省新一代电子信息产业典型案例

4.1 典型园区案例

宝能科技园位于深圳市龙华区，由梅观路、机荷高速、五和大道等城市干道围合而成，面积约130.47 亩。地处世界级电子信息产业集群承载区、国家高新区坂雪岗科技城片区，毗邻华为总部基地、

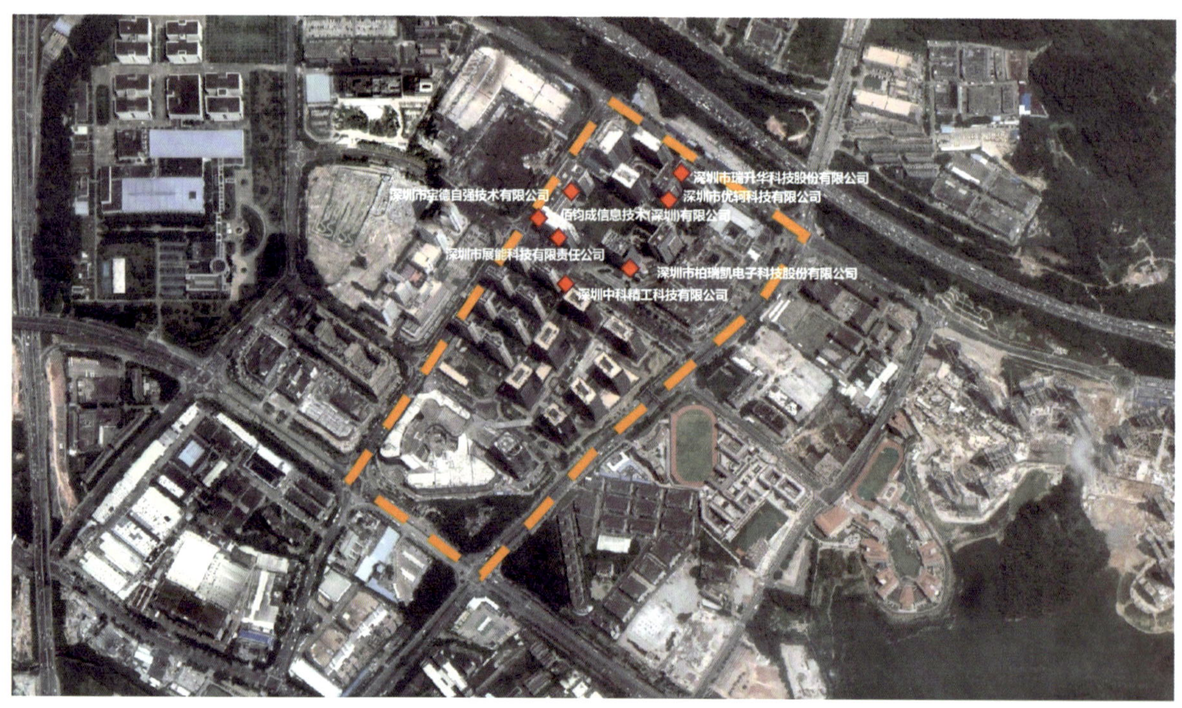

图 3-14：深圳宝能科技园遥感影像
（数据来源：百度地图）

富士康总部基地、国家高新区观澜高新园等重要产业“精英群”。由宝能旗下中林实业投资建设。宝能科技园北区的整体产业定位为战略性新兴行业，当前，园区内电子信息、新能源新材料、物联网、智能制造几个板块占比为81%，其中电子信息类企业比重最大，达到了近52%，并赋能于园区数字经济产业发展，使得数字经济形成了完善的产业链。目前，园区已有电子信息系统集成、电子元器件研发、应用电子产品研发制造、工业软件研发制造等电子信息产业链上的上下游企业，新一代信息技术产业聚集度达74%以上。截至2021年，园区内含国家“专精特新小巨人”企业1家，广东省“专精特新”企业3家，深圳市“专精特新”企业19家。电子信息产业方面，代表企业有以下游终端通信产品研发、制造与销售为主的佰钧成信息技术（深圳）有限公司、深圳市创荣发电子有限公司等，以中游专注于低阻值合金精密电阻产、研、销于一体的深圳市业展电子有限公司等，以上游高端光通信模块及有源光缆的开发和制造为主的深圳市埃尔法光电科技有限公司。宝能科技园先后被授予“国家级文化和科技融合示范基地”“国家创新型产业集群试点”“中国智慧园区创新示范园区”等荣誉资质。园区高效运营与发展对于驱动区域产业集群高质量发展、促进新兴产业的腾飞有着重要的意义。

表3-4：典型园区关键要素对比表

园区对比要素	宝能科技园	上海G60电子信息国际创新产业园	重庆西永微电子产业园区
地理位置	深圳市龙华区	上海市松江区	重庆市沙坪坝区
开发面积	130.47亩	4320亩	40350亩
入驻企业数（家）	600+	140+	250+
年度营收	2022年，营收超1000亿元	2018年，园区营业收入807.2亿元	2022年，园区营业收入2212亿
地均营收（亿元/平方公里）	11494.25	280.28	82.23
企均营收（亿元/家）	1.67	5.77	8.85
交通条件	宝能科技园地处世界级电子信息产业集群承载区、国家高新区深圳坂雪岗科技城片区，毗邻华为总部基地、富士康总部基地、观澜高新园等重要产业“精英群”，距离地铁4号线、10号线大约2公里。	地处松江综合保税区，可通过便捷园区公交快速到达地铁9号线。距上海市中心30公里，距虹桥国际机场25公里，距浦东机场68公里，临近G60沪昆高速、G15沈海高速、S32申嘉湖高速等。	毗邻重庆大学城和“渝新欧”铁路起点站团结村铁路口岸，距离地铁1号线大约1公里。
产业布局	宝能科技园北区的整体产业定位为战略性新兴行业，园区重点包括电子信息系统集成、电子元器件研发、终端设备研发制造、工业软件研发制造等电子信息产业链上的上下游企业。	园区电子信息产业基础扎实，集成电路、下一代网络通信设备、汽车电子等领域特色明显，形成了“一业特强，多业发展”产业布局。	构建从EDA平台、共享IP库、芯片设计、制造到封装测试的集成电路全新产业链，吸引知名集成电路企业聚集发展，已发展成为全球重要的智能终端生产基地和西部重要的集成电路产业高地。
产业链核心环节	上游，电子信息系统集成与软件开发 下游，终端设备研发与制造	中游，集成电路 下游，下一代网络通信设备、汽车电子	中游，集成电路 下游，智能终端整机制造

（续上表）

园区对比要素	宝能科技园	上海 G60 电子信息国际创新产业园	重庆西永微电子产业园区
代表企业	埃尔法光电科技有限公司、威嘉信息技术（深圳）有限公司、佰钧成信息技术（深圳）有限公司、深圳市创荣发电子有限公司等。	广达、国基、豪威、恒大等电子信息加工制造企业 61 家	SK 海力士、华润微电子、中国电科、富士康、广达、英业达

与国内发展较好的上海 G60 电子信息国际创新产业园、重庆西永微电子产业园区相比（表 3-4），宝能科技园发展起步较晚，规模上，园区面积较小，但企业数量较多；盈利水平上，与其他两家园区相比，宝能科技园年度营收总量与地均营收属于较高水平，但企业营收水平较低；交通条件上，三家产业园区交通区位良好，毗邻机场，轨道交通或公路交通线均有贯通；产业布局上，三家企业均围绕核心环节布局智能制造、光电、通信等应用端关联产业，发挥集群发展优势。但与上海和重庆典型园区相比，宝能科技园发展也具有一定特点，园区主导电子信息系统集成与软件开发行业发展，平均利润率处于较高水平，引入包括国家高新技术企业、深圳市高新技术企业 214 家，新一代信息技术产业聚集度达 74% 以上。注重强化设计技术研发，同时园区承载埃尔法光电科技有限公司、深圳市开步电子有限公司等高新技术企业总部，具有较强的电子信息系统集成与电子元器件设计、制造与应用创新能力，在促进经济增长、改善省内新一代电子信息企业的高水平研发设计能力不足等方面具有示范引领作用。

4.2 典型企业案例

4.2.1 企业概况

宝能科技园中，深圳市博通智能技术有限公司成立较早，技术经济实力雄厚，2021 年，迄今为止已参与为政府、运营商及多行业的企业、事业单位客户提供技术服务的项目总投资已超过 100 亿元以上。深圳市博通智能技术有限公司成立于 2005 年，是一家从事通信网络设计、网络空间安全的技术服务型专业企业。专业从事通信网络系统集成、通信工程规划设计、通信工程施工及软件开发和销售等业务。产品和方案广泛应用于网络安全服务、视频安全、平台设备、5G 新基建与通信技术服务等领域。

公司总部位于深圳，是国家级高新技术企业、广东省“专精特新”企业，具备国家网络安全测评信息安全服务资质（风险评估类）、信息安全服务资质“信息系统安全运维”服务资质等在内的十余个国家部委认证颁发的行业资质，工信部移动互联网 APP 产品安全漏洞库技术支撑单位，被认定为全国网络安全等级保护能力认证优秀机构。企业拥有由院士、杰出青年、教授、博士、硕士在内的科学家、顾问、全职骨干技术人员、工程师等共计 313 人。截止到 2021 年年底，博通智能技术有限公司累计积累并获得 100 项以上专业领域的专项知识产权。企业涉及的通信设备建设项目总投资已逾 30 亿元人民币，完成通信线路、通信管道项目 1 万多公里，系统集成建设信息点 26000 多个。

4.2.2 企业产权联系网络特征

构建博通智能技术有限公司的产权联系网络，有 5 家企业与博通智能技术有限公司直接关联，构建了覆盖供应链上、中、下游各环节的产权联系网络。

空间分布方面，与其发生产权联系的企业位于广东、福建 2 个省级行政区，其中属于广东的企业数量最多，有 4 家，分别位于广州市与深圳市。

供应链结构方面，产权联系网络中，上、中、下游各环节企业完整，集中面向下游环节布局，且衍生出商务服务以及产品应用等下游配套服务。其中，上游、中游企业均布局在深圳，下游企业中产品应用的企业分布在深圳，衍生的商务服务等生产性服务业分布在福建福州。

产权联系方式方面（表 3-5），深圳市博通智能技术有限公司主要通过投资控股与开设分支的方式构建企业间合作，全资控股企业 1 家，位于广州市；非全资控股企业 2 家，位于深圳；开设分支企业 2 家，位于广州与福州。其中重点与下游环节的企业合作，该环节除全资控股企业外，全为原企业的分支机构，对于上游系统集成的企业投资比例则比较低。

表 3-5：深圳市博通智能技术有限公司产权联系类型

产权关联类型	总数	涉及省份	行业类型	代表企业
全资控股	1	广东省广州市	信息传输、软件和信息技术服务业	广州市先功科技有限公司
非全资控股	2	广东省深圳市	信息传输、软件和信息技术服务业，租赁和商务服务业	深圳市云雾数据科技有限公司、深圳市智城博通科技有限公司
分支机构	2	广东省广州市、福建省福州市	信息传输、软件和信息技术服务业，商务服务业	深圳市博通智能技术有限公司广州分公司、深圳市博通智能技术有限公司福州分公司

总体来看（图 3-15），深圳市博通智能技术有限公司进行了一定的产业拓展布局，在供应链各环节的部署模式具有参考价值。首先重点通过全资控股形式在广州新增下游环节企业，发挥广州当地的电子信息产业集群优势；同时在深圳本地布局研发企业，深入利用深圳富集的创新资源和人力资源；此外，补齐中游环节的薄弱，也在本地投资布局设计中游企业，有利于保障终端产品生产交付，提升供应链稳定性。

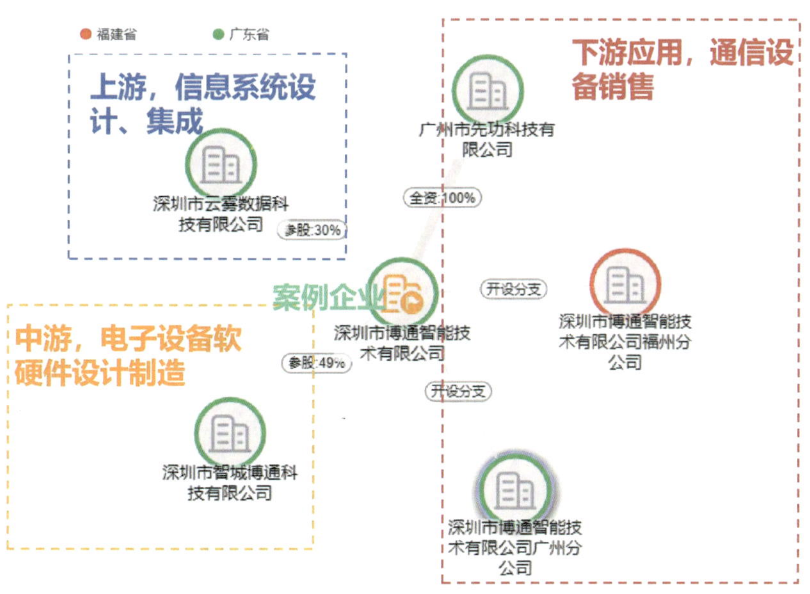

图 3-15：深圳市博通智能技术有限公司产权联系企业类型

第四章

战略性支柱产业集群：

绿色石化产业集群

绿色石化产业包括石油勘采及炼化、有机材料制造等领域。供应链包括石油、天然气勘探和开采，生产设备制造，成品油制造，乙烯、芳烃等化工基础材料制造，成品油销售及塑料、橡胶、特殊化学品等应用产品制造等。

广东省绿色石化企业主要集中在中游成品油制造、有机材料生产及下游成品油销售、化工产品生产环节。上游石油勘采、生产设备制造环节企业规模大、数量较少（约占2.17%）、具有垄断性，因此上游企业平均利润率远高于另外两个环节，达到30.62%。企业产权联系主要发生在下游环节的企业之间，下游企业之间的产权联系形成遍布各地的销售流通渠道，有利于石化产品的流通。

广东省绿色石化企业主要聚集在珠三角地区，特别是中游制造部分主要集中在广州、深圳、东莞等科研资源集聚、经济实力较强的地市，销售和流通环节分布在各市人口聚集地区。由于对物流的依赖及环境保护要求，绿色石化产业园往往选址在地理位置优越、交通物流条件尤其是海运条件发达、远离人口集聚区的地区，方便产品流通、吸引人才和多种不同类型的化工产业协同发展。这一点也可以从惠州大亚湾石化区布局中得以体现。

1. 绿色石化产业集群概述

1.1 基本概念

石油化工产业是指利用石油、天然气、煤炭等石化原料，通过化学反应生产各种化学品和材料的产业。绿色石化产业是指在石化领域中采用环保、清洁、低碳等技术和方法，生产符合环境和社会可持续发展要求的化学品和材料的产业。绿色石化产业的发展目标是在确保化学品生产的基础上，减少对环境的负面影响，提高资源利用效率，促进可持续发展。绿色石化产业除了涵盖传统石化领域中的主要生产内容外，还包括但不限于生物质化工、可降解塑料、绿色合成油、新型催化技术等领域。这些技术和方法可以减少化学品生产过程中的碳排放、减少能源消耗、降低工业废物和废水的排放等，从而实现更加环保和可持续的化学品生产模式。此外，绿色石化产业也可以促进经济发展，为社会提供更加清洁、安全和可持续的化学品和材料。

石油化工产业的发展历程最早可以追溯到20世纪初，在第一次世界大战期间得到了迅猛发展。直到20世纪70年代，由于环境保护意识的增强和对化石能源依赖的担忧，绿色石化产业开始兴起。在此背景下，人们开始寻求一种新型的、更加环保和可持续的化学品生产模式。在绿色石化产业的早期阶段，主要是通过改善化学品生产过程中的工艺和设备，减少污染物的排放和废弃物的产生，来实现环保和可持续的化学品生产。21世纪初，随着全球气候变化和能源安全问题的日益凸显，绿色石化产业迎来了新的发展机遇。绿色化工产业开始采用更加环保、清洁和低碳的技术和方法，如生物质化工、可降解塑料、绿色合成油等，来实现可持续的化学品生产。同时，绿色石化产业也开始与其他绿色产业进行深度融合，如与可再生能源产业联手开发新能源化学品等。

绿色石化产业形成产业集群的原因较多，主要包括原材料集聚效应、技术创新效应、供应链效应等三个方面。绿色石化产业的主要原材料是石油和天然气，这些原材料的开采和加工需要大量的资金和技术支持。因此，绿色石化企业往往会选择在原材料资源丰富的地区建立产业基地，以便更好地控制原材料的成本。这就形成了原材料集聚效应，也就是绿色石化产业集群的形成基础；绿色石化产业是一种高科技产业，需要大量的投入和技术支持。在产业集群中，企业之间可以进行技术交流和合作，共同推动技术创新和产业升级。同时，产业集群中还可以形成技术共享和技术服务平台，帮助小型企业和初创企业获得更多的技术支持和资源。绿色石化产业的产品种类繁多，供应链复杂，需要各种配套的设备和材料。在产业集群中，企业之间可以形成供应链关系，实现资源共享并优化生产效率。

为更好厘清绿色石化产业的核心产品、核心技术环节、核心行业等关键要素的结构关系，现深入分析产业上、中、下游结构特征，构建绿色石化产业供应链全景图谱（图 4-1）。

供应链的上游是重要的生产支撑和原材料环节，主要涉及技术研发、生产设备制造、勘探和开采四个方面。技术研发方面，主要包括石油、煤炭、天然气及其他能源矿产的勘探及开采技术和辅助性活动，近年来，远洋钻探技术及远洋钻探平台相关设备制造技术逐渐成为技术研发的热点；生产设备制造石油、煤炭、天然气及其他能源的勘探开采设备制造，以及深海石油、可燃冰开采设备制造等；勘探方面主要包括石油、煤炭、天然气及其他能源矿产等的勘察和钻探；开采方面主要包括陆地、海洋中的石油、煤炭、天然气及其他能源矿产等的开采和洗选等。本环节对应的企业主要集中分布于国民经济行业分类代码中的煤炭开采和洗选业（6）、石油和天然气开采业（7）、开采专业辅助性活动（11）、石油钻采专用设备制造（3512）、深海石油钻探设备制造（3513）等。

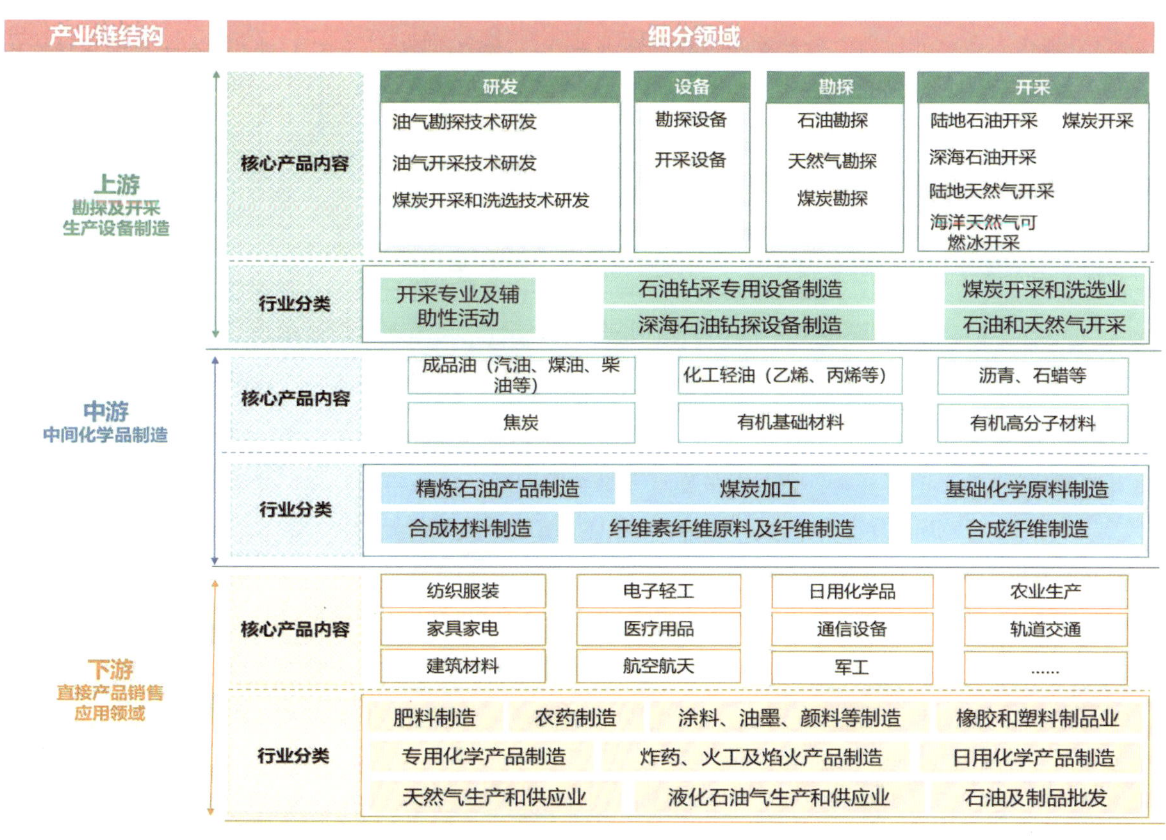

图 4-1：绿色石化全产业供应链图谱

供应链的中游是中间化学品制造和成品油制造环节，主要涉及汽油、煤油、柴油及天然气、液化石油气等成品燃料的生产，以及石油炼化化工材料的生产等，主要包括成品油、化工轻油、石油脑、沥青等石油炼化产品和焦炭、煤焦油等煤炭炼化产品生产，以及以石油、煤炭炼化产品为基础的有机基础材料和有机高分子材料生产和加工。本环节的企业主要集中分布于《国民经济行业分类代码》中的精炼石油产品制造（251）、煤炭加工（252）、基础化学原料制造（261）、合成材料制造（265）、纤维素纤维原料及纤维制造（281）、合成纤维制造（282）等。

供应链的下游是成品油等直接产品的批发零售，以及化工轻油和其他间接产品的应用领域。直接产品批发零售包括汽油、煤油、柴油及天然气、液化石油气等成品燃料的供应、批发、零售等环节，间接产品应用领域包括无机盐、有机产品的制造等，具体来说包含肥料、农药、涂料、火药、日化等产品类型。本环节的企业主要集中分布于《国民经济行业分类代码》中的肥料制造（262），农药制造（263），涂料、油墨、颜料及类似产品制造（264），专用化学产品制造（266），炸药、火工及焰火产品制造（267），日用化学品制造（268），橡胶和塑料制品业（29），天然气生产和供应业（4511），液化石油气生产和供应业（4512），石油及制品批发（4513）。

1.2 发展概况

1.2.1 政策要求

绿色石化产业作为广东省重要的战略性支柱产业，近年来，广东省石油和化工产业健康稳步发展，产业规模达 1.5 万亿元，居全国第三位，逐渐形成炼化、基础化工、精细化工等上、中、下游产业链一体化发展格局，成为我国重要的石化基地之一。为促进石油和化工产业健康稳步发展，国家、广东省密集出台了相关政策规范和支持产业发展，从壮大产业规模、强化应用引领、完善创新体系、注重安全环保、深化开放交流等方面提出了具体的政策要求。政策印发部门主要涉及发改、工信、能源、生态环境、应急管理等部门。主要保障手段包括强制性和激励性两类，强制性手段主要包括出台技术规范、环境评价等，激励性手段主要是税收优惠、供地保障等。

国家层面来看，针对石化产业出台的政策主要集中在完善创新体系、注重安全环保方面，以促进石化产业的绿色发展，如《关于“十四五”推动石化化工行业高质量发展的指导意见》提出，到 2025 年，石化化工行业基本形成自主创新能力强、结构布局合理、绿色安全低碳的高质量发展格局，并推进新建石化化工项目向原料及清洁能源匹配度好、环境容量富裕、节能环保低碳的化工园区集中（表 4-1）。

广东省层面，针对石化产业出台的政策更注重产业发展的激励和引导，提出重大项目建设服务工程、龙头骨干企业培育工程、产业链延伸强化工程、产业竞争力提升工程、智慧化工推广工程五大重点工程，打造广东省“一带、两翼、五基地、多园区协同发展”特色产业布局。

专栏1 推进五大炼化一体化基地建设

1. 广州石化基地。重点优化石化产业链，巩固发挥精细化学品及日用化学品发展优势。发展合成树脂深加工、高性能合成材料、工程塑料、化工新材料、日用化工等高端绿色化工产品。推动中石化广州分公司绿色安全发展，促进油品质量升级，实现提质增效，建设园区化、集约化、技术先进、节能环保、安全高效的石化基地。

2. 惠州大亚湾石化基地。以大亚湾石化园区为依托，以中海油惠州石化炼油、中海壳牌乙烯和埃克森美孚惠州乙烯项目为龙头，建立上、中、下游紧密联系、科学合理的石化产业链，着力推动高端化学品、电子信息化学品的发展，启动精细化工业园区的规划建设，形成“一区多园”、资源共享的布局，建设园区规范化、产业集群化、生产清洁化、产品高端化、资源高效化、经济循环化的石化基地。

3. 湛江东海岛石化基地。以中科广东炼化一体化项目为龙头，以巴斯夫新型一体化项目为动力，加快石化产业园区和产业集聚建设，发展清洁油品、基础化工材料、合成材料、精细化工产品，形成比较完整石化产业链。按规范化、集聚化、循环化、智能化标准建好石化基地。

4. 茂名石化基地。以中石化茂名分公司炼油和乙烯项目为核心，以茂名高新技术开发区和茂南石化区为依托，构建科学合理具有茂名特色的石化产业链，形成高质量成品油、润滑油、溶剂油、有机原料、合成树脂、合成橡胶、液蜡等系列特色产品和高端精细化工产品；加快东华能源丙烷脱氢项目建设，努力将其建设成为技术先进、产品有特色、园区管理规范、经济效益良好的石化基地。

5. 揭阳大南海石化基地。加快中石油广东石化项目及中下游石化项目建设，加大产业招商力度，加强与大亚湾石化区的联系与合作，重点发展清洁油品、化工原料、合成材料、精细化工等石化产业，培育延伸现代石化产业链，建设一批高性能高分子材料、功能复合材料及高端精细化学品项目，形成规划布局科学合理、产品和产业链独具特色、综合竞争力强的临港石化生产基地、粤东地区石化原料和产品的中转基地。

表4-1：政策清单（2020年至今）

层级	时间	政策名称	主要内容或措施要求	印发部门
国家级	2020.09	关于《淘汰落后危险化学品安全生产工艺技术设备目录（第一批）》的公示	淘汰落后的工艺技术包括采用氨冷冻盐水的氯气液化工艺、用火直接加热的涂料用树脂生产工艺等；淘汰落后的装备包括敞开式离心机、多节钟罩的氯乙烯气柜等。	应急管理部
国家级	2021.10	《石化化工行业鼓励推广应用的技术和产品目录公示》	为提升石化化工行业智能制造、安全环保水平，经地方及相关单位推荐、专家评审等，32项技术和产品符合遴选标准，拟列入石化化工行业鼓励推广应用的技术和产品目录。	工信部
国家级	2021.10	《石化化工重点行业严格能效约束推动节能降碳行动方案（2021—2025年）》	到2025年，通过实施节能降碳行动，炼油、乙烯、合成氨、电石行业达到标杆水平的产能比例超过30%，行业整体能效水平明显提升，碳排放强度明显下降，绿色低碳发展能力显著增强。	发改委
国家级	2022.04	《关于“十四五”推动石化化工行业高质量发展的指导意见》	到2025年，石化化工行业基本形成自主创新能力强、结构布局合理、绿色安全低碳的高质量发展格局，高端产品保障能力大幅提高，核心竞争能力明显增强，高水平自立自强迈出坚实步伐。 依据国土空间规划、生态环境分区管控和国家重大战略安排，统筹重大项目布局，推进新建石化化工项目向原料及清洁能源匹配度好、环境容量富裕、节能环保低碳的化工园区集中。	工信部、发改委、科学技术部、生态环境部、应急管理部、国家能源局

（续上表）

层级	时间	政策名称	主要内容或措施要求	印发部门
广东省级	2020.2	《广东省发展绿色石化战略性支柱产业集群行动计划（2021—2025）》	重点打造五大炼化一体化基地和化工园区，形成世界级绿色石化产业集群。广东目前拥有广州、惠州大亚湾、湛江东海岛、茂名、揭阳大南海等五大炼化一体化基地，珠海高栏港精细化工基地和若干化工园区。全省炼油产能7000万吨/年，乙烯产能430万吨/年，芳烃产能85万吨/年，分别约占全国的8%、17%和6%。到2025年要“形成炼油9000万吨/年、乙烯900万吨/年、芳烃500万吨/年以上的生产能力，产业规模和工业增加值力争超2万亿元和4800亿元。”	广东省工业和信息化厅、省发改委、省科技厅、省生态环境厅、省商务厅、省应急管理厅
广东省级	2021.08	《广东省制造业高质量发展“十四五”规划》	明确了未来5年的发展重点：提升炼油化工规模和水平，支持高质量成品油、润滑油、溶剂油等石油制品和有机原料发展。以工程塑料、电子化学品、功能性膜材料、日用化工材料、高性能纤维等为重点，加快石化产业链中下游高端精细化工产品和化工新材料研制。围绕安全生产、绿色制造、污染防治等重点，加快推进石化原料优化、能源梯级利用、可循环、流程再造等工艺技术及装备研发应用，加快推进单位产品碳排放达到国际先进水平。	广东省人民政府
广州市级	2022.10	《广州市绿色石化和新材料产业链高质量发展三年行动计划（2022—2024年）》	绿色石化产业链条进一步延长，产业体系进一步健全；基础原材料和化工原材料保障能力、高端产品占比显著提升。到2024年，绿色石化和新材料产业规模力争突破4000亿元，力争打造1～2个新材料特色产业园。新培育绿色石化和新材料产业领域3～4家制造业单项冠军企业、10家左右国家级“专精特新”小巨人企业。攻克一批关键共性技术，形成一批具有国际竞争力的创新产品，力争推进超100种创新产品纳入市重点新材料首批次应用示范指导目录，建成较为完善的绿色石化和新材料创新体系。	广州市工信局、广州市发改委

1.2.2 市场概况

对于绿色石化尚没有统一明确的定义，2019年我国石化和化工行业实现主营业务收入11.17万亿元，占全国规模以上工业企业主营业务收入的10.56%，石化和化工行业利润总额5054亿元，占全国规模以上工业企业利润的8.2%。从行业利润率上来看，2016—2018年行业利润率连续增长后，2019年有所下降，2019年行业利润率为4.5%，同比下降25%。石油和化工行业主营收入利润率为5.45%，同比下降19.5%，其中：上游石油和天然气开采主营收入利润率为14.8%，同比下降6%；石油加工业主营收入利润率为2.4%。同比下降45.2%；化工行业主营收入利润率为5.8%，同比下降15.8%。从分行业利润来看，基础化学原料制造业、专用化学产品制造业、合成材料制造业利润总额最高[44]。

2019年我国化工新材料产业规模约6000亿元，而市场消费总规模约9000亿元，其中进口额约3000亿元；消费量约3488万吨，自给率为70.6%。其中，自给率最低的是高端聚烯烃，仅为45.3%[45]。

近年来，广东省石油和化工产业健康稳步发展，产业规模达1.5万亿元，居全国第三位，逐渐形成炼化、基础化工、精细化工等上、中、下游产业链一体化发展格局，成为我国重要的石化基地之一。据统计，2019年全省石化产业集群的规模以上企业超过6800家，主营业务收入1.46万亿元，工业增加值3393亿元，利润总额820亿元，实现纳税898亿元。目前，全省炼油能力7000万吨/年、乙烯产能 430 万吨 / 年、芳烃产能 85 万吨 / 年，分别约占全国的 8%、17% 和 6%[46]，走在全国同行业前列，呈现出沿海石化产业带基本成形、产业结构趋于合理、骨干石化企业质量效益好、重大石化项目相继落户、对外合资合作成效显著等特点。我省正在打造世界级绿色石化产业集群，迈向全球价值链中高端。

2. 广东省绿色石化产业供应链结构特征

2.1 供应链各环节产业发展规模

全省绿色石化企业数量为 31308 家。从供应链各环节的企业数量规模来看（图 4-2），下游环节规模最大，其次是中游环节，规模最小的是上游环节。

上游环节共有 680 家企业，在全供应链中企业数量占比为 2.17%。在上游包含的 12 个小类（为国民经济行业分类代码中第四级分类）企业中，石油和天然气开采专业及辅助性活动企业最多，数量分别为 190 家，在上游环节的数量占比为 27.74%，是上游环节主导发展企业类型；深海石油钻探设备制造企业数量最少，数量为 2 家，在上游环节的数量占比为 0.29%。

中游环节共有 7269 家企业，在全供应链中企业数量占比为 23.22%。其中初级形态塑料及合成树脂制造类企业数量最多，数量为 5164 家，在中游环节的数量占比为 71.04%，是中游环节主导发展企业类型；腈纶纤维制造类企业数量最少，数量为 1 家，在中游环节的数量占比为 0.01%，是中游环节发展最不充分的企业类型。

下游环节共有 23359 家企业，在全供应链企业中企业数量占比为 74.61%。其中石油及制品批发类企业数量最多，数量为 8959 家，在下游环节的数量占比为 38.35%，是下游环节主导发展企业类型；钾肥制造类企业数量最少，数量为 1 家，在下游环节的数量占比小于 0.01%，是下游环节发展最不充分的企业类型。

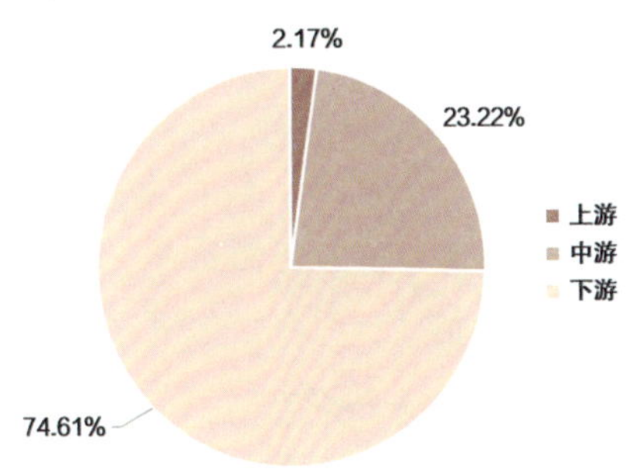

图 4-2：绿色石化全产业链企业数量
（数据来源：龙盾企业数据库）

产业类型	上游	中游	下游
石油及制品批发			8959
初级形态塑料及合成树脂制造		5164	
日用塑料制品制造			1813
塑料包装箱及容器制造			1672
化妆品制造			1390
塑料零件及其他塑料制品制造			1195
液化石油气生产和供应业			1159
天然气生产和供应业			909
塑料薄膜制造			847
涂料制造			836
原油加工及石油制品制造		641	
肥皂及洗涤剂制造			531
橡胶零件制造			473
塑料板、管、型材制造			456
橡胶板、管、带制造			387
有机化学原料制造		349	
其他合成材料制造		334	
专项化学用品制造			273
日用及医用橡胶制品制造			266
泡沫塑料制造			257
化学试剂和助剂制造			249
煤制合成气生产		228	
合成橡胶制造		219	
其他专用化学产品制造			201
石油和天然气开采专业及辅助性活动	190		
其他橡胶制品制造			189
其他日用化学产品制造			185
陆地石油开采	178		
塑料人造革、合成革制造			154
轮胎制造			112
密封用填料及类似品制造			89
环境污染处理专用药剂材料制造			87
烟煤和无烟煤开采洗选	86		
工艺美术颜料制造			81
再生橡胶制造			75
其他开采专业及辅助性活动	66		
煤炭开采和洗选专业及辅助性活动	66		
其他合成纤维制造		65	
口腔清洁用品制造			63
油墨及类似产品制造			63
其他煤炭采选	63		
其他肥料制造			57
塑料丝、绳及编织品制造			54
工业颜料制造			54
人造纤维（纤维素纤维）制造		52	
合成纤维单（聚合）体制造		48	
有机肥料及微生物肥料制造			44
香料、香精制造			40
复混肥料制造			31
生物基、淀粉基新材料制造		29	
无机酸制造		25	
染料制造			25
涤纶纤维制造		24	
炸药及火工产品制造			22
林产化学产品制造			18
煤制品制造		14	
无机盐制造		12	
锦纶纤维制造		12	
其他基础化学原料制造		10	
生物化学农药及微生物农药制造			10
化学农药制造			10
陆地天然气开采	9		
石油钻采专用设备制造	9		
其他煤炭加工		7	
煤制液体燃料生产		7	
炼焦		7	
褐煤开采洗选	7		
无机碱制造		5	
丙纶纤维制造		5	
人造草坪制造			5
氮肥制造			5
其他原油制造		4	
焰火、鞭炮产品制造			4
动物胶制造			4
磷肥制造			4
氨纶纤维制造		3	
化纤浆粕制造		3	
海洋石油开采	3		
深海石油钻探设备制造	2		
生物基化学纤维制造		1	
腈纶纤维制造		1	
钾肥制造			1
海洋天然气及可燃冰开采			

企业数量　产业环节

图 4-3：绿色石化产业全供应链企业数量分析
（数据来源：龙盾企业数据库）

2.2 供应链各环节产业经济价值

绿色石化产业全供应链 2018 年的整体平均利润率为 9.83%。从供应链各环节的企业平均利润来看，上游环节利润率最高，其次是下游环节，利润率最小的是中游环节。

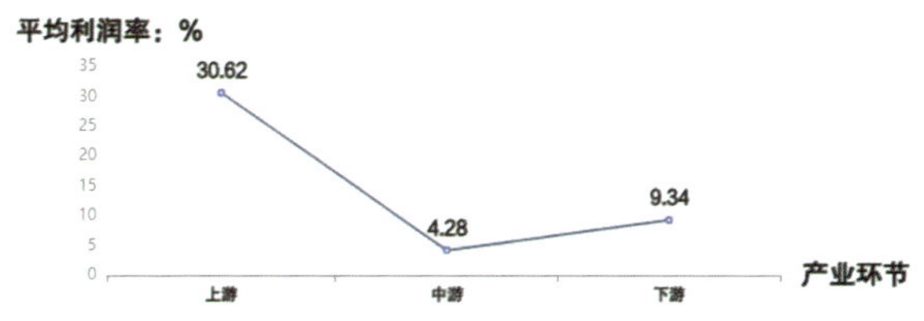

图 4-4：绿色石化产业上、中、下游利润率平均值折线统计图（数据来源：龙盾企业数据库）

分环节来看（图 4-4），上游环节平均利润率最高，为 30.62%。其中海洋石油开采类企业利润率最高，为 123.54%，比上游环节利润率平均值高 92.93 个百分点。深海石油钻探设备制造类企业利润率最低，为 -13.72%，比上游环节利润率平均值低 44.33 个百分点。本类企业整体尚未实现盈利，有待采取措施进一步降低生产成本、开拓市场，提升盈利空间。上游环节利润率最高和最低的行业均与海洋石油相关，有望联合生产，共同拓展海洋石油资源开发利用空间。

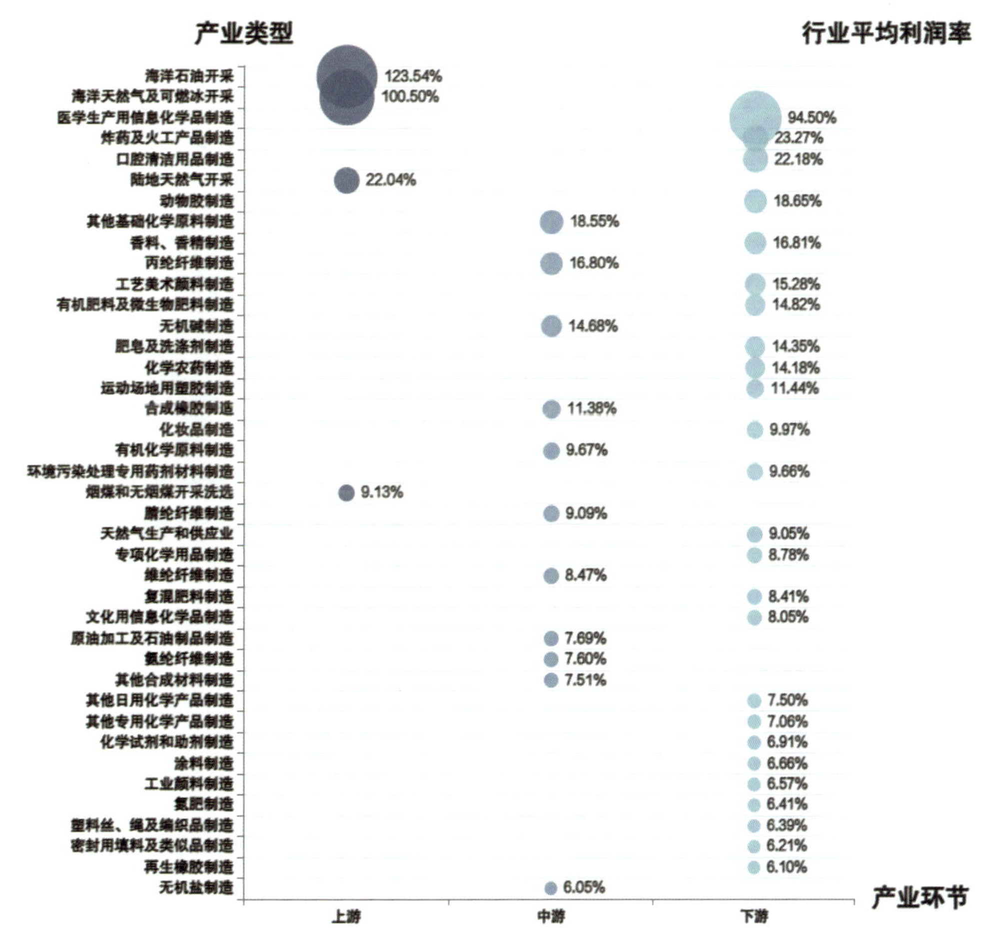

图 4-5：绿色石化产业全供应链经济价值分析
（数据来源：《广东省经济普查年鉴（2018）》）

（续上图）

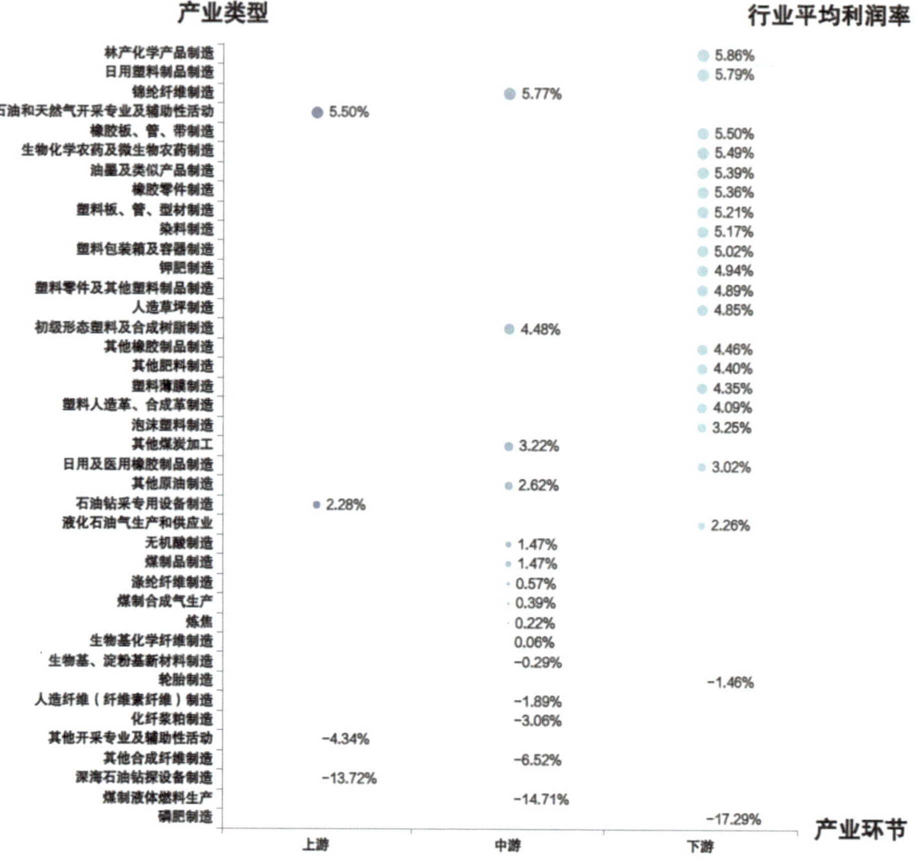

图 4-5：绿色石化产业全供应链经济价值分析（续）
（数据来源：《广东省经济普查年鉴（2018）》）

中游环节在供应链三个环节中平均利润率最低，平均利润率为 4.28%。其中其他基础化学原料制造类企业利润率最高，为 18.55%，比中游环节利润率平均值高 14.27 个百分点。煤制液体燃料生产类企业利润率最低，为 -14.71%，比中游环节利润率平均值低 26.63 个百分点。本类企业整体尚未实现盈利，有待采取措施进一步降低生产成本，开拓市场，提升盈利空间。

下游环节在供应链三个环节中平均利润率居中，平均利润率达到 9.34%。其中医学生产用信息化学品制造类企业利润率最高，为 94.50%，比下游环节利润率平均值高 85.16 个百分点。磷肥制造类企业利润率最低，为 -17.29%，比下游环节利润率平均值低 26.63 个百分点。本类企业整体尚未实现盈利，有待采取措施进一步降低生产成本，开拓市场，提升盈利空间。

2.3 供应链各环节产业产权联系网络特征

绿色石化产业供应链各环节间存在一定的产权联系（表 4-2）。

总体上，同一环节内部企业产权联系较为紧密，联系频数为 1473。同一环节内同类行业间联系频数为936，其中石油及制品批发行业内部联系最为紧密。

不同环节之间的企业产权联系较薄弱，联系频数为63。其中中游环节与下游环节联系较为紧密，初级形态塑料及合成树脂制造类、石油及制品批发类企业是产权联系网络中的核心节点。上游环节与中游环节联系较为薄弱。

表4-2：广东省绿色石化各行业产权联系表

联系类型	总部或投资企业类型	分支或被投资企业类型	联系频数
同一环节内部联系（同类行业间）联系频数：936	石油及制品批发	石油及制品批发	328
	液化石油气生产和供应业	液化石油气生产和供应业	314
	天然气生产和供应业	天然气生产和供应业	123
	初级形态塑料及合成树脂制造	初级形态塑料及合成树脂制造	48
	化妆品制造	化妆品制造	18
	涂料制造	涂料制造	12
	有机化学原料制造	有机化学原料制造	11
	日用塑料制品制造	日用塑料制品制造	10
	塑料包装箱及容器制造	塑料包装箱及容器制造	8
	化学试剂和助剂制造	化学试剂和助剂制造	5
	香料、香精制造	香料、香精制造	5
	煤制合成气生产	煤制合成气生产	4
	原油加工及石油制品制造	原油加工及石油制品制造	3
同一环节内部联系（不同类行业间）联系频数：537	石油及制品批发	液化石油气生产和供应业	192
	石油及制品批发	天然气生产和供应业	135
	液化石油气生产和供应业	石油及制品批发	76
	天然气生产和供应业	液化石油气生产和供应业	52
	液化石油气生产和供应业	天然气生产和供应业	34
	天然气生产和供应业	石油及制品批发	14
	有机化学原料制造	初级形态塑料及合成树脂制造	2
	化妆品制造	肥皂及洗涤剂制造	2
	塑料零件及其他塑料制品制造	塑料板、管、型材制造	2
不同环节间联系 联系频数：63	液化石油气生产和供应业	煤制合成气生产	7
	煤制合成气生产	天然气生产和供应业	5
	石油及制品批发	原油加工及石油制品制造	4
	有机化学原料制造	石油及制品批发	3
	原油加工及石油制品制造	石油及制品批发	2
	涂料制造	初级形态塑料及合成树脂制造	2
	初级形态塑料及合成树脂制造	专项化学用品制造	2
	塑料板、管、型材制造	初级形态塑料及合成树脂制造	2
	日用塑料制品制造	初级形态塑料及合成树脂制造	2
	天然气生产和供应业	煤制合成气生产	2
	石油及制品批发	煤制合成气生产	2
总计			1536

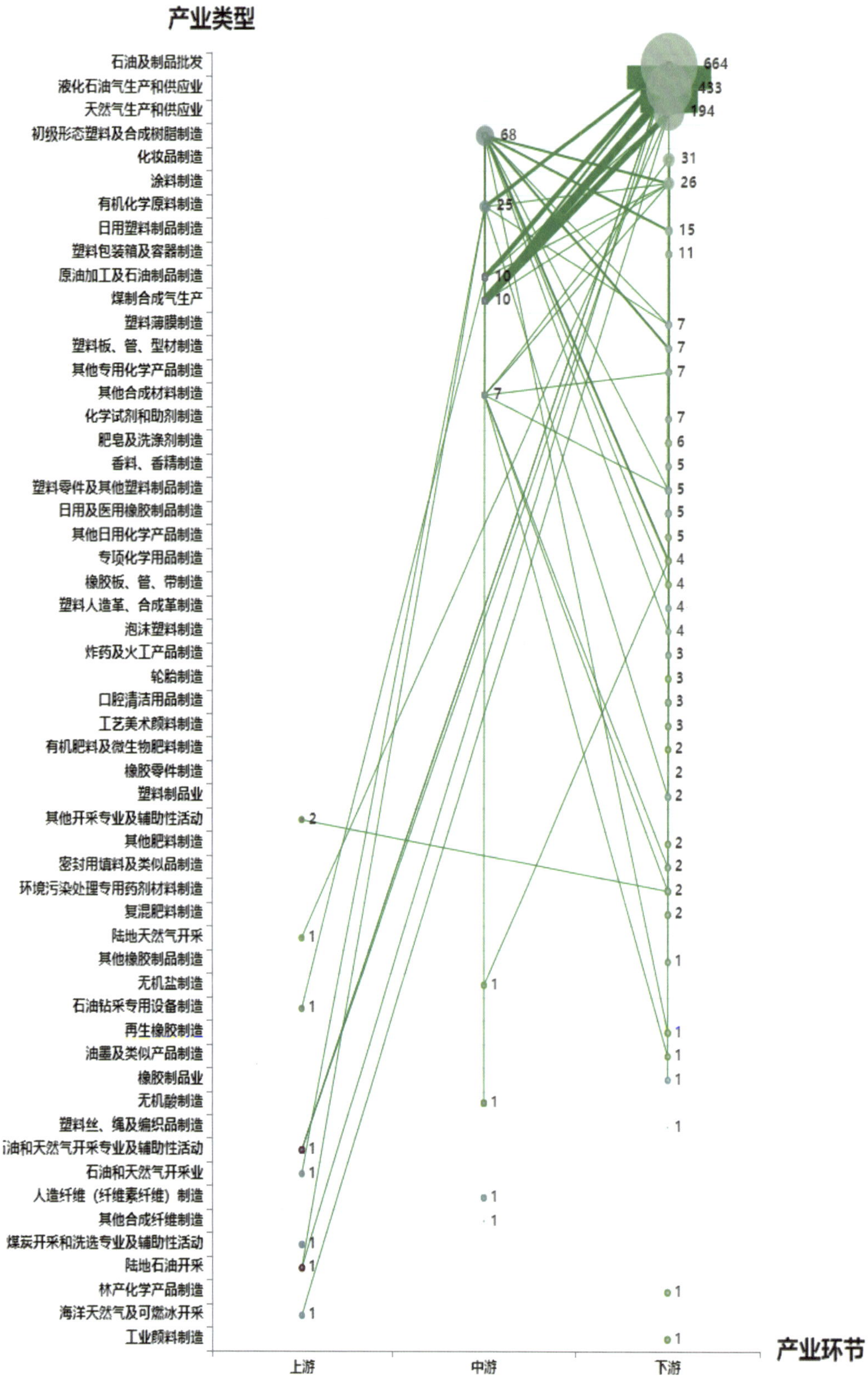

产业类型

石油及制品批发
液化石油气生产和供应业
天然气生产和供应业
初级形态塑料及合成树脂制造
化妆品制造
涂料制造
有机化学原料制造
日用塑料制品制造
塑料包装箱及容器制造
原油加工及石油制品制造
煤制合成气生产
塑料薄膜制造
塑料板、管、型材制造
其他专用化学产品制造
其他合成材料制造
化学试剂和助剂制造
肥皂及洗涤剂制造
香料、香精制造
塑料零件及其他塑料制品制造
日用及医用橡胶制品制造
其他日用化学产品制造
专项化学用品制造
橡胶板、管、带制造
塑料人造革、合成革制造
泡沫塑料制造
炸药及火工产品制造
轮胎制造
口腔清洁用品制造
工艺美术颜料制造
有机肥料及微生物肥料制造
橡胶零件制造
塑料制品业
其他开采专业及辅助性活动
其他肥料制造
密封用填料及类似品制造
环境污染处理专用药剂材料制造
复混肥料制造
陆地天然气开采
其他橡胶制品制造
无机盐制造
石油钻采专用设备制造
再生橡胶制造
油墨及类似产品制造
橡胶制品业
无机酸制造
塑料丝、绳及编织品制造
油和天然气开采专业及辅助性活动
石油和天然气开采业
人造纤维（纤维素纤维）制造
其他合成纤维制造
煤炭开采和洗选专业及辅助性活动
陆地石油开采
林产化学产品制造
海洋天然气及可燃冰开采
工业颜料制造

上游　中游　下游　产业环节

图 4-6：绿色石化产业全供应链产权联系分析图
（数据来源：龙盾企业数据库）

2.4 供应链结构多要素耦合特征

统计绿色石化产业供应链各环节的发展规模、经济价值、产权联系三要素对应指标的皮尔逊相关系数，可以发现企业数量比率与产权联系频数比率指标的皮尔逊相关系数为0.70，发展规模与产权联系两要素间存在高度的正相关性，企业数量规模越多的行业有更多的企业设立分支机构或对外投资，形成相对密集的产权联系网络。其他要素间则基本不存在相关性（表4-3）。

表4-3： 三要素相关系数表

要素指标	皮尔逊相关系数
企业数量比率与行业平均利润率	-0.08（极弱负相关）
企业数量比率与产权联系频数比率	0.70（极度正相关）
行业平均利润率与产权联系频数比率	-0.06（极弱负相关）

根据三要素指标的分布情况（图4-7），绿色石化产业供应链内各环节企业发展状态大致可分为三种情况。

一是三要素指标均处于较高水平，表现为企业数量多、平均利润率高、企业间联系频数高，包含石油及制品批发、液化石油气生产和供应业、天然气生产和供应业、初级形态塑料及合成树脂制造设计4类行业，主要处于下游环节。整体来看，几类产业发展处于成熟期，市场规模和潜在需求较大，但较高利润与较大的企业数量规模现状也存在市场竞争加剧的风险，目前省内绿色石化下游企业普遍规模偏小，供应链整合能力不足，且现存市场较为饱和，可以考虑开辟新产品市场或进入国际市场开展跨国经营。

二是经济价值指标极高，但发展规模和产权联系指标较弱的企业，包含海洋石油开采、海洋天然气及可燃冰开采和医学生产用信息化学品制造3类企业，主要处于上游环节。整体来看，几类产业发展处于初级阶段，存在较高的行业技术门槛、进入成本门槛或法律法规门槛等，市场集中度高，需求增长较快但供给量不足。这3类行业利润率远高于行业平均水平，但由于较高的技术和政策门槛，企业数量较少。企业宜抓住新机遇积极开拓市场，在保持技术和创新能力的基础上扩大产能、复现成功的模式。

三是三要素指标均处于较低水平，表现为企业数量少、平均利润率较低甚至为负、企业间联系频数低，包含肥料制造、橡胶制造等79类，主要处于中游和下游环节。整体来看，几类产业发展处于成熟期，市场需求已经相对饱和，存在技术落后或成本投入较大、市场竞争激烈等问题。企业在这一阶段需要承担较高的研发成本和风险，并进行市场调研、产品定位等工作，争取市场主导权，尽早进入市场与申请专利，强化竞争优势。

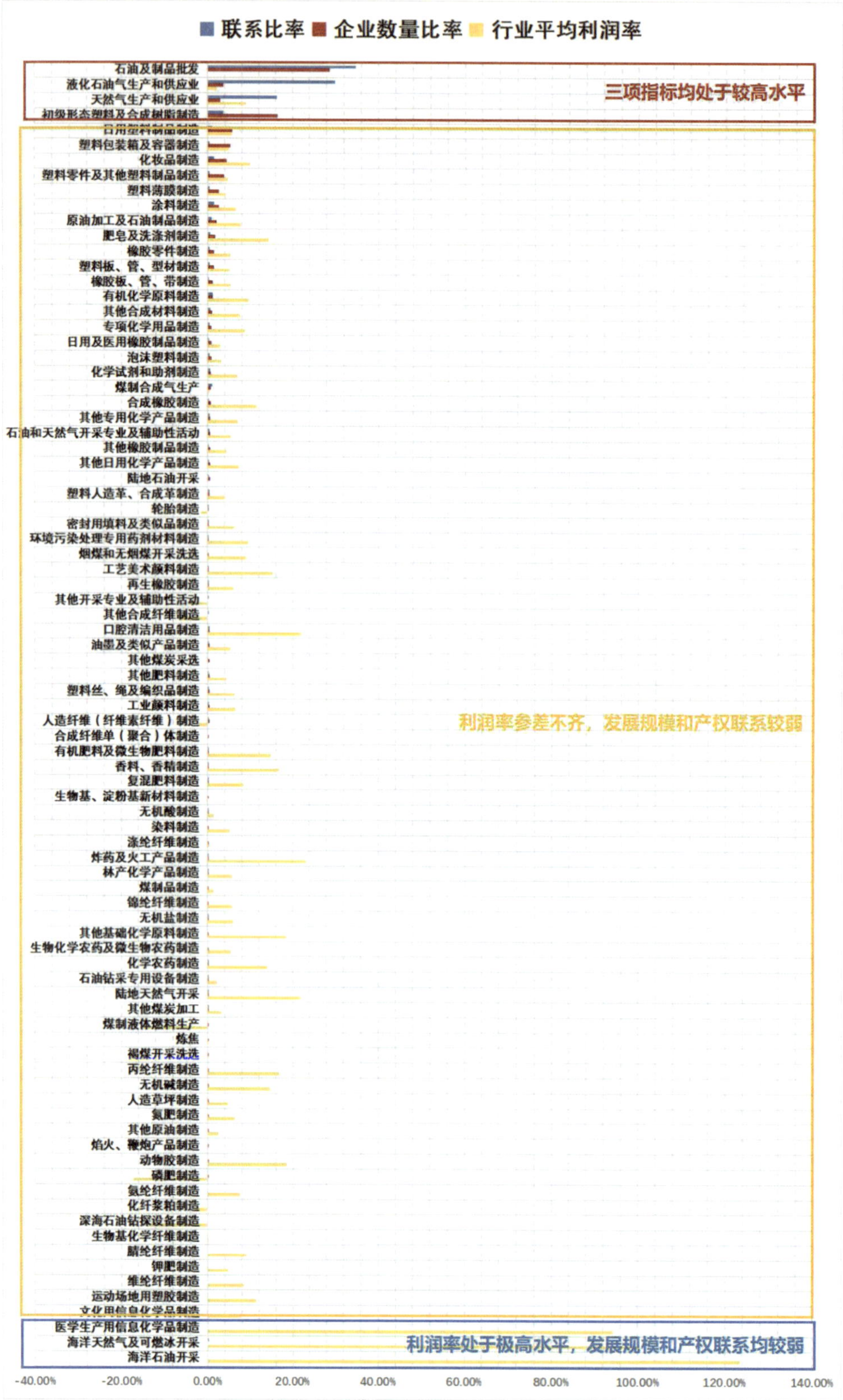

■ 联系比率 ■ 企业数量比率 ■ 行业平均利润率

三项指标均处于较高水平

石油及制品批发
液化石油气生产和供应业
天然气生产和供应业
初级形态塑料及合成树脂制造

利润率参差不齐，发展规模和产权联系较弱

日用塑料制品制造
塑料包装箱及容器制造
化妆品制造
塑料零件及其他塑料制品制造
塑料薄膜制造
涂料制造
原油加工及石油制品制造
肥皂及洗涤剂制造
橡胶零件制造
塑料板、管、型材制造
橡胶板、管、带制造
有机化学原料制造
其他合成材料制造
专项化学用品制造
日用及医用橡胶制品制造
泡沫塑料制造
化学试剂和助剂制造
煤制合成气生产
合成橡胶制造
其他专用化学产品制造
石油和天然气开采专业及辅助性活动
其他橡胶制品制造
其他日用化学产品制造
陆地石油开采
塑料人造革、合成革制造
轮胎制造
密封用填料及类似品制造
环境污染处理专用药剂材料制造
烟煤和无烟煤开采洗选
工艺美术颜料制造
再生橡胶制造
其他开采专业及辅助性活动
其他合成纤维制造
口腔清洁用品制造
油墨及类似产品制造
其他煤炭采选
其他肥料制造
塑料丝、绳及编织品制造
工业颜料制造
人造纤维（纤维素纤维）制造
合成纤维单（聚合）体制造
有机肥料及微生物肥料制造
香料、香精制造
复混肥料制造
生物基、淀粉基新材料制造
无机酸制造
染料制造
涤纶纤维制造
炸药及火工产品制造
林产化学产品制造
煤制品制造
锦纶纤维制造
无机盐制造
其他基础化学原料制造
生物化学农药及微生物农药制造
化学农药制造
石油钻采专用设备制造
陆地天然气开采
其他煤炭加工
煤制液体燃料生产
炼焦
褐煤开采洗选
丙纶纤维制造
无机碱制造
人造草坪制造
氮肥制造
其他原油制造
焰火、鞭炮产品制造
动物胶制造
磷肥制造
氨纶纤维制造
化纤浆粕制造
深海石油钻探设备制造
生物基化学纤维制造
腈纶纤维制造
钾肥制造
维纶纤维制造
运动场地用塑胶制造
文化用信息化学品制造

利润率处于极高水平，发展规模和产权联系均较弱

医学生产用信息化学品制造
海洋天然气及可燃冰开采
海洋石油开采

-40.00% -20.00% 0.00% 20.00% 40.00% 60.00% 80.00% 100.00% 120.00% 140.00%

图 4-7：绿色石化产业全供应链四级分类产业要素指标分析图
（数据来源：龙盾企业数据库、《广东省经济普查年鉴（2018）》）

3. 广东省绿色石化产业集群空间特征

3.1 企业数量集聚空间特征

分区域来看（图 4-8），珠三角地区是全省绿色石化企业主要集聚区域，包含的上、中、下游各环节以及全供应链的企业数量规模占比分别为 85.04%、86.04%、82.89% 和 83.65%，均超过 80% 以上，在产业规模发展方面具有绝对的数量规模优势。粤东、粤西、粤北地区绿色石化企业表现出不同的发展特征，粤西和粤北地区是绿色石化上游企业的次级集聚区域，粤西上游企业数量占比达到全省的 6.84%，粤北上游企业数量占比超过全省的 7%，尤其是湛江市，绿色石化上游企业占全省上游企业的 3.9%。粤东地区是绿色石化中游和下游企业的次级集聚区域，其绿色石化产业中游和下游企业数量分别达到全省的 8.45% 和 6.33%。

分地市来看（图 4-9），广州、佛山、东莞、深圳、惠州、江门等地是绿色石化产业的主要集聚地，上、中、下游各环节企业分布均较为密集，但各地市集聚的产业环节特点略有差异，深圳、广州、湛江是上游企业数量最多的 3 个地市，东莞、珠海、惠州、河源、佛山、茂名、江门等地企业数量依次递减，是绿色石化产业原料开采以及支撑软硬件设备的主要产地；佛山、广州和东莞是中游企业数量最多的 3 个地市，中山、深圳、惠州、汕头、江门、潮州、揭阳等地企业数量依次递减，承载着绿色石化石油炼化、有机基础材料生产等中游生产工作；广州、东莞和佛山是下游企业数量最多的 3 个地市，深圳、茂名、中山、珠海、惠州、江门、汕头等地企业数量依次递减，是绿色石化产品的应用端衍生企业的主要集中区域。

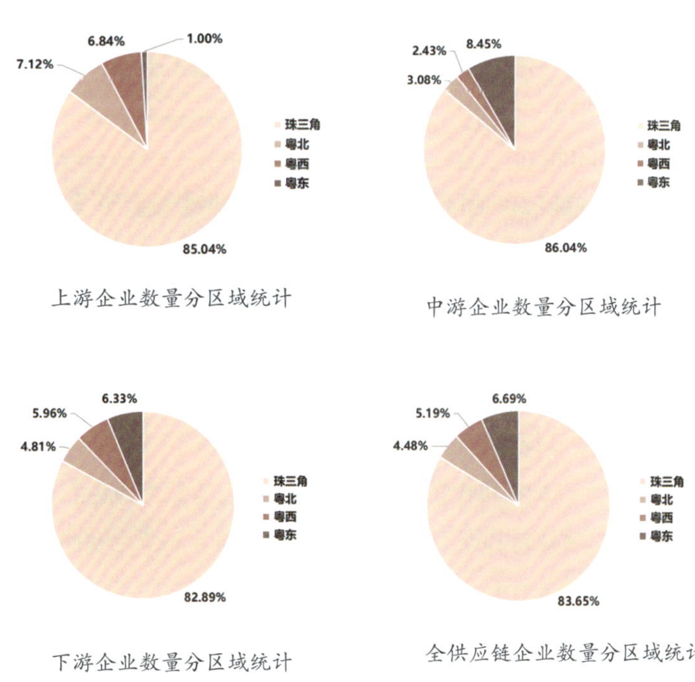

图 4-8：全省绿色石化产业分区域企业数量统计
（数据来源：龙盾企业数据库）

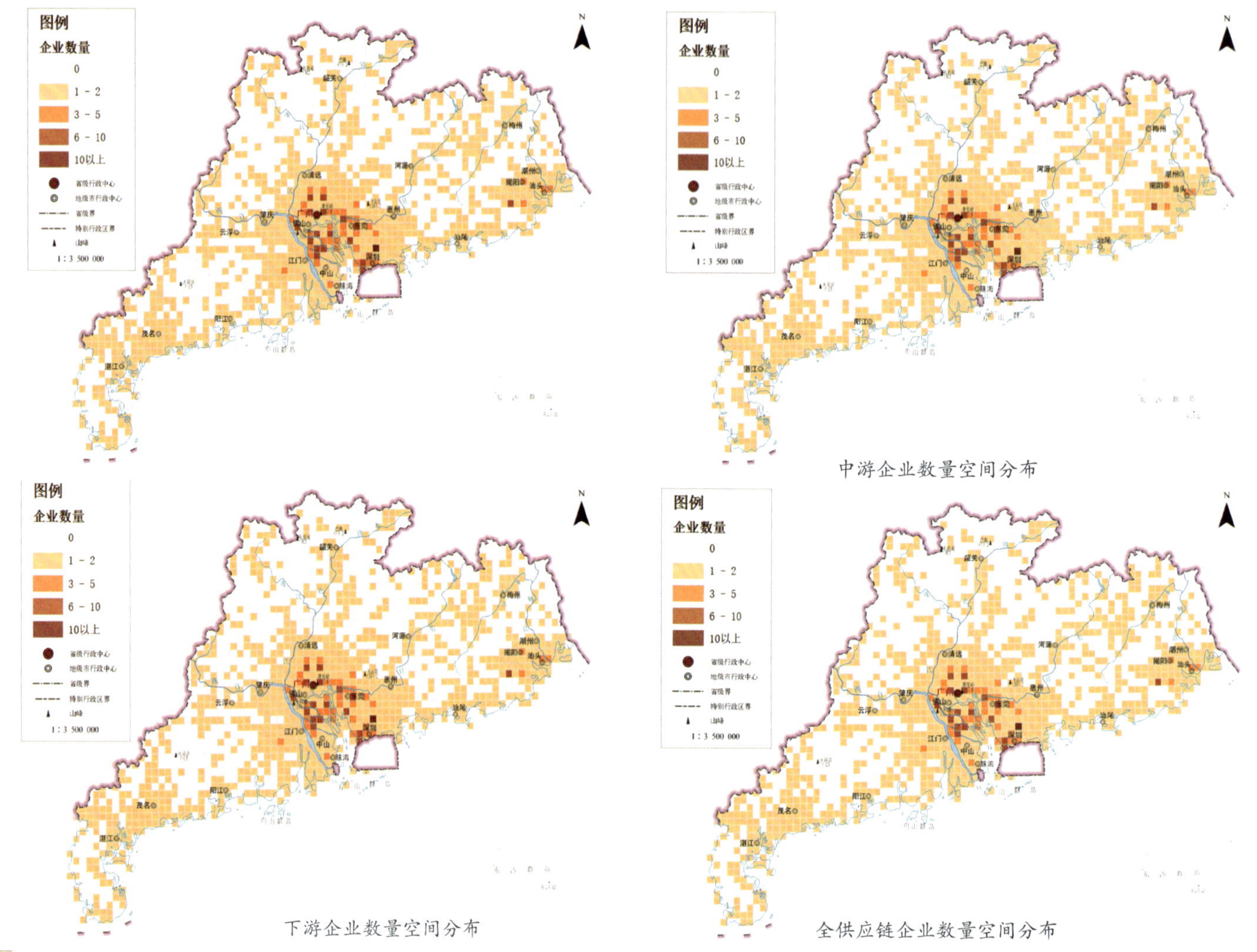

图 4-9：全省绿色石化产业企业数量分布
（数据来源：龙盾企业数据库）

3.2 企业联系集聚空间特征

分区域来看（图 4-10），珠三角地区是全省绿色石化产业中设置分支机构或进行投资的企业的主要集聚区域，上、中、下游各环节以及全供应链的产权联系度占比分别为 100%、86.21%、68.01% 和 68.86%，上、中、下游产权布局情况大相径庭。但总体来看，依托产权部署，珠三角地区在经济、技术、知识、人才等要素交流方面具有更大的潜力。粤北地区具有一定的产权联系规模，尤其是下游应用产品生产等企业，联系度占比超过 15%。粤西地区的绿色石化产业产权联系度相对较小，数量占比未超过 5%，发展基础相对薄弱；粤东地区绿色石化产业产权联系度超过 6%，略强、略优于粤西地区。

分地市来看（图 4-11），深圳、佛山、广州、中山、清远等地是绿色石化产业上游、中游、下游各环节企业产权联系较多区域，有较强的产业合作拓展能力，但各环节企业产权联系度排序略有变化。广东省绿色石化上游企业的产权联系十分薄弱，仅有一家位于珠海的企业与其他企业存在产权联系；佛山、广州、东莞是中游企业产权联系度较高的区域，中山、揭阳、深圳、江门、汕头、珠海、惠州依次递减；深圳、佛山、广州是下游企业产权联系度较高区域，清远、中山、河源、惠州、东莞依次递减。

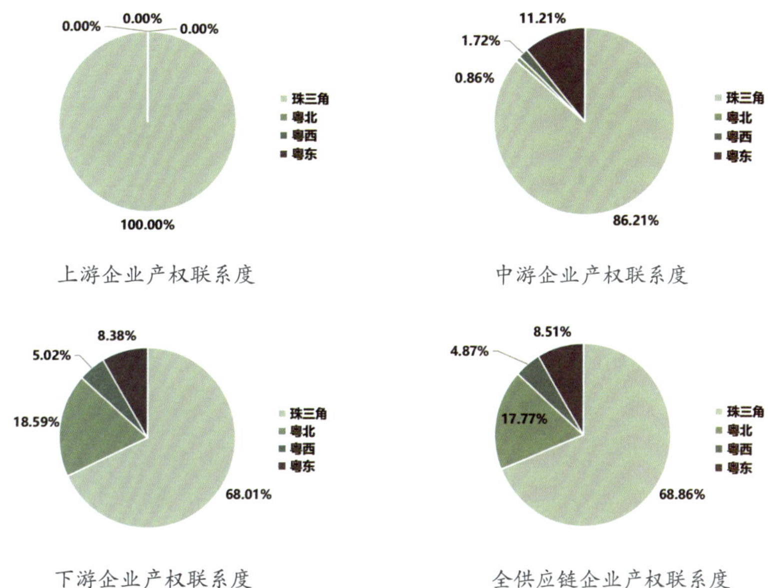

图 4-10：全省绿色石化产业分区域企业产权联系度统计
（数据来源：龙盾企业数据库）

上游企业产权联系度空间分布

中游企业产权联系度空间分布

下游企业产权联系度空间分布

全供应链企业产权联系度空间分布

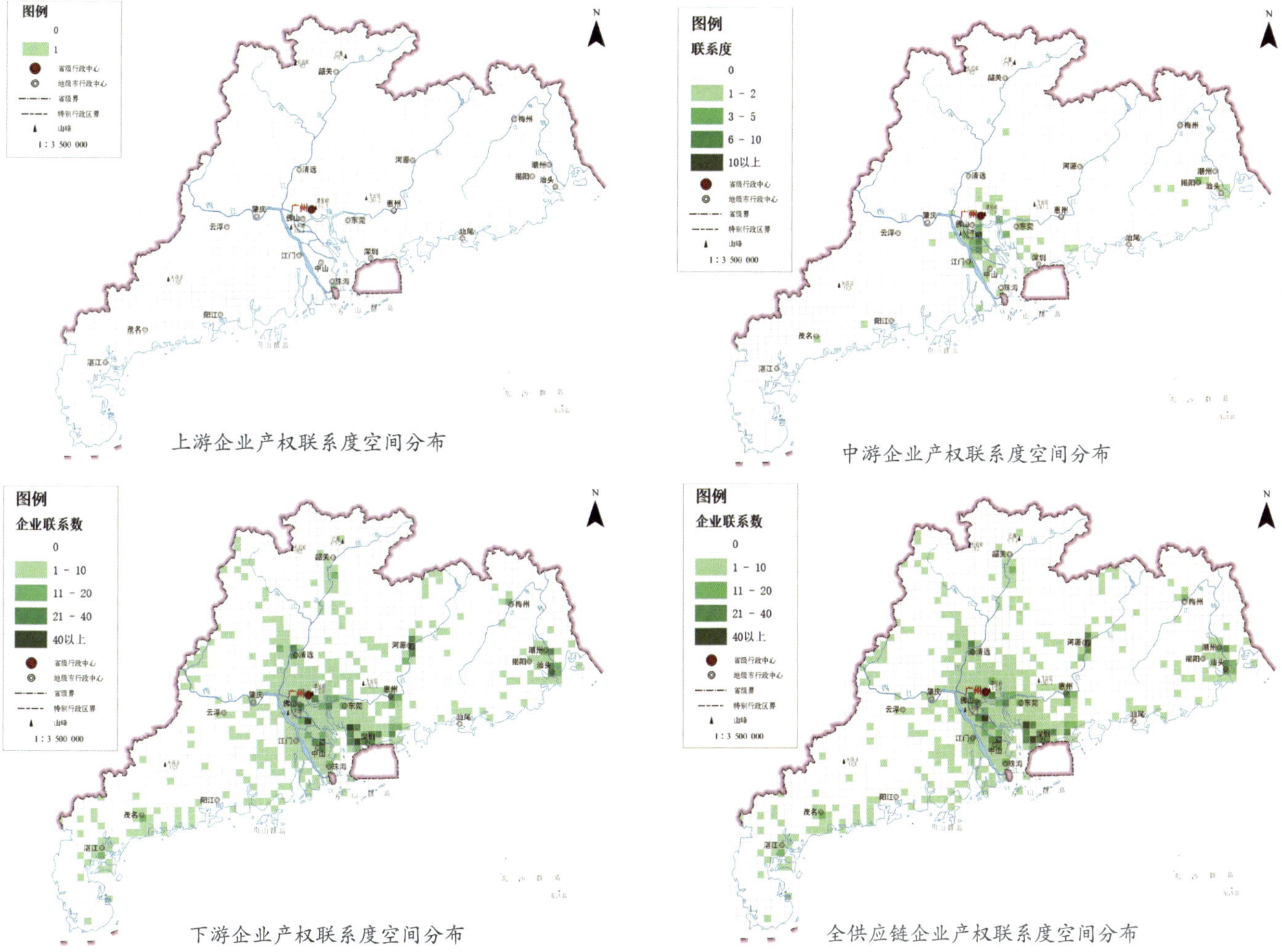

图 4-11：全省绿色石化产业企业产权联系度分布
（数据来源：龙盾企业数据库）

3.3 产业集群空间特征

综合分析绿色石化全供应链企业数量空间分布、产权联系度情况，筛选两项指标处于前 25% 的格网做叠加分析，筛选企业密度较高、产权联系紧密的产业集群潜在空间格网共 71 个。

分区域来看（图 4-12），全省绿色石化产业集群的潜在空间主要分布在珠三角地区，包含 55 个格网空间，面积占比为 77.46%；此外粤北地区有 5 个产业集群潜在空间，面积占比为 7.04%；粤西地区有 4 个产业集群潜在空间，占比为 5.63%；粤东地区有 7 个产业集群潜在空间，占比为 9.86%。

分地市来看（图 4-13），全省绿色石化产业集群的潜在空间主要分布在广州市花都区、白云区、黄埔区、番禺区，深圳市南山区、宝安区，珠海市香洲区、斗门区等地，这些区域是全省现阶段绿色石化产业集群发展较为成熟的潜在区域。

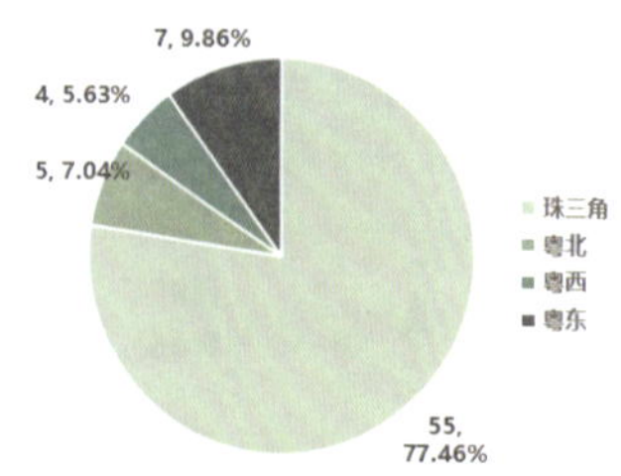

图 4-12：产业集群潜在空间格网统计图
（数据来源：龙盾企业数据库）

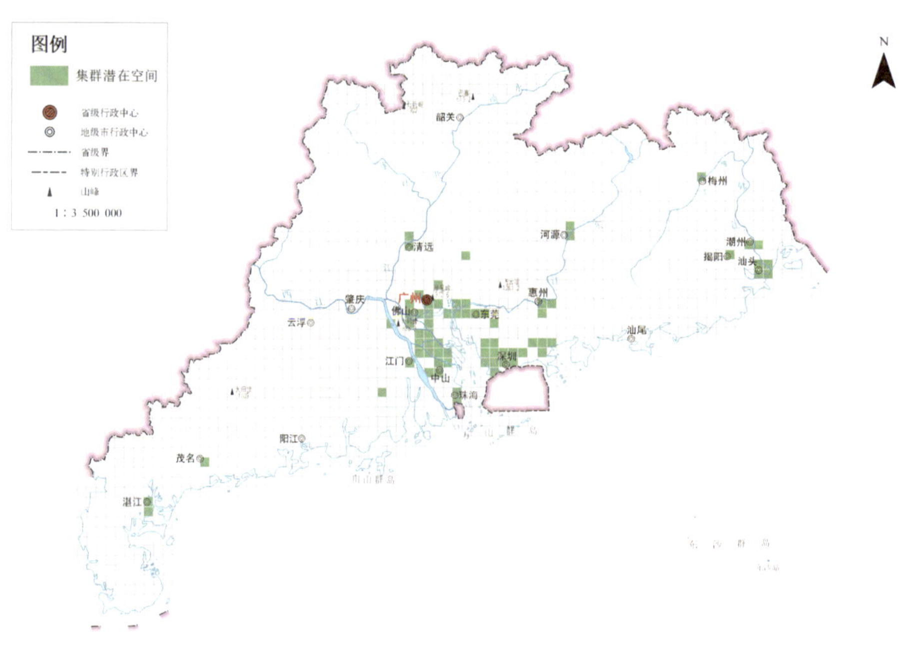

图 4-13：产业集群潜在空间空间分布图
（数据来源：龙盾企业数据库）

4. 广东省绿色石化产业典型案例

4.1 典型园区案例

惠州大亚湾石化工业区位于惠州市惠阳区，是广东省重点发展的东西两翼两个石化工业基地之一，珠三角东岸地区唯一的石油化工基地。2021 年，大亚湾石化工业区实现产值 1858.9 亿元，同比增长 38.3%。大亚湾石化工业区规划总面积 27.8 平方公里，位于惠州市南部、大亚湾经济技术开发区的东部，毗邻深圳、香港，地处华南地区经济最发达、最具活力的珠三角经济区，南临南海大亚湾，具有优越的地理位置、海运条件以及市场优势。

大亚湾石化工业区遵循“油化”结合，上、中、下游一体化、公用工程一体化发展的道路，以炼油和乙烯项目为龙头，面向国内外市场，立足于引进世界先进的化工企业和生产技术，重点发展高附

图 4-14：惠州大亚湾石化工业区遥感影像
（数据来源：百度地图）

加值、高技术含量的石化深加工产品、高新技术材料、专用化学品和精细化工产品，建成环境保护和经济发展协调统一的世界级石油化学工业区。

当前，大亚湾石化工业区循环经济产业链关联度高达 95%。比如在产业链上，中海油惠州石化向惠州市华达通气体制造股份有限公司供应二氧化碳，而中海壳牌的环氧乙烷又与华达通的二氧化碳生产碳酸酯，惠州市宙邦化工有限公司再使用碳酸酯生产锂电池电解液，提供给电池制造商。[47]

与国内外其他发展较好的绿色石化产业园区如（浙江）舟山绿色石化基地、新加坡裕廊工业区相比（表4-4），惠州大亚湾石化区的发展存在一些优势和不足。从发展历史来看，裕廊工业区历史最悠久，舟山绿色石化基地最新；从开发面积、入住企业数及营收等基本信息来看，三处石化产业园区开发面积均在30平方公里左右，入驻企业数均不多，但地均产值水平较高，其中裕廊工业区地均产值最高，达到大亚湾石化区的两倍左右，大亚湾石化区还有很大的发展潜力；从地理位置来看，三个石化基地都处于水运交通便利的地区，区别在于惠州大亚湾石化区属于在岸型石化基地，舟山绿色石化基地和裕廊工业区均属于离岸型石化基地，相比其他两处产业园，大亚湾石化区在水陆接驳方面更具优势；从产业链布局来看，裕廊工业区形成了从原油炼化到有机高分子材料生产的较为完善的炼化一体化产业链，惠州大亚湾石化区以炼油为主，以有机基础材料（乙烯、芳烃）生产为主，逐步布局下游高分子新材料等产业。

表4-4： 典型园区关键要素对比表

（数据来源：园区招商网页客户端）

园区对比要素	惠州大亚湾石化区	舟山绿色石化基地	新加坡裕廊工业区
发展历史	20余年	4年	60余年
地理位置	惠州市惠阳区	浙江省舟山市岱山县	新加坡裕廊岛
开发面积	27.8平方公里	一、二期开发面积约26平方公里	32平方公里
入驻企业数（家）	66	—	150+
年度营收	2021年，实现产值1858.9亿元	2022年，实现工业产值2314亿元	2019年，810亿新币，约合4050亿人民币
地均营收（亿元/平方公里）	66.87亿元/平方公里	89亿元/平方公里	126.56亿元/平方公里
企均营收（亿元/家）	28.16亿元/家	—	27亿元/家
交通条件	距离泰美货运站78公里，距离惠州站57公里，距离惠州南站12公里，距离惠州港8公里，距离惠州平潭机场49公里。	位于舟山市岱山县大小鱼山岛及其周边围垦区，浙石化码头具备靠泊满载10万吨级船舶的条件。	新加坡扼守着马六甲海峡入口处的航行要道，是太平洋、印度洋两大洋的航道要冲。裕廊港（Jurong Port）是新加坡港区之一，该港口位于新加坡岛西部、裕廊工业区南岸，是亚洲最大的散装货运港。
产业链核心环节	石油炼化、乙烯	石油炼化、乙烯	石油炼化、乙烯、芳烃等一系列有机基础材料
代表企业	中海壳牌、惠州石化、巴斯夫、科莱恩化工、欧德油储、埃克森美孚	浙江石化及其子公司、浙江德荣化工	荷兰皇家壳牌、美国埃克森美孚、雪佛龙、杜邦、伊斯号德国巴斯夫 、日本住友化学等

4.2 典型企业案例

4.2.1 典型企业发展概况

大亚湾石化园区内企业以外资及中外合资为主，主要有壳牌、中海油、中石化、LG化学、巴斯夫、科莱恩化工、欧德油储、埃克森美孚等企业，其中中海油惠州石化有限公司为最大的国资石油炼化企业之一。

中海油惠州石化有限公司成立于2015年11月11日，注册地位于惠州大亚湾澳头石化大道中302号，占地面积2.68平方公里，一期总投资216亿元，原油加工规模为1200万吨/年，包括常减压蒸馏、加氢裂化、延迟焦化、连续重整等16套主要生产装置，配套原油和成品油码头、储罐及公用工程设施等。

主要生产汽油、航煤、柴油、苯、液化气、丙烯、乙烯裂解料、硫磺、石油焦等 15 大类 1150 多万吨石化产品。

2022 年中海油惠州石化累计加工原油 2069.4 万吨，实现营业收入超 1330 亿元，缴纳税费近 323.8 亿元。

4.2.2 典型企业产权联系网络特征

中海油惠州石化有限公司是中国海洋石油集团的全资子公司，自身投资了乐金化学（惠州）化工有限公司、中海石油开氏石化有限责任公司两家公司（表 4-5）。

直接产权联系方面，中石油惠州石化控股了一家石油技术研发企业，同时投资了一家下游有机材料生产企业，两家企业均位于惠州，利于在本地实现高频快捷的技术交流及合作。

总体来看（图 4-15），中海油惠州石化有限公司进行了一定产业拓展布局，在供应链各环节的部署模式具有一定的参考价值。中海油惠州石化有限公司为石油炼化企业，处于供应链的中游，通过自身投资及母公司的联系，构成了较完整的上、中、下游产业链，背靠母公司的资金和技术支持，充分发挥自身的交通优势，并可与同处大亚湾石化园区的其他企业如壳牌、LG 化学、巴斯夫、科莱恩化工等国际知名化工企业通力合作，达到降低生产成本，提升全产品链品牌影响力等目的。

表 4-5：中海油惠州石化有限公司产权联系类型

（数据来源：龙盾企业数据库）

产权关联类型	总数	涉及省份	行业类型	代表企业
参股合作	1	广东	有机材料生产	乐金化学（惠州）化工有限公司
非全资控股	1	广东	石油化工技术研发	中海石油开氏石化有限责任公司

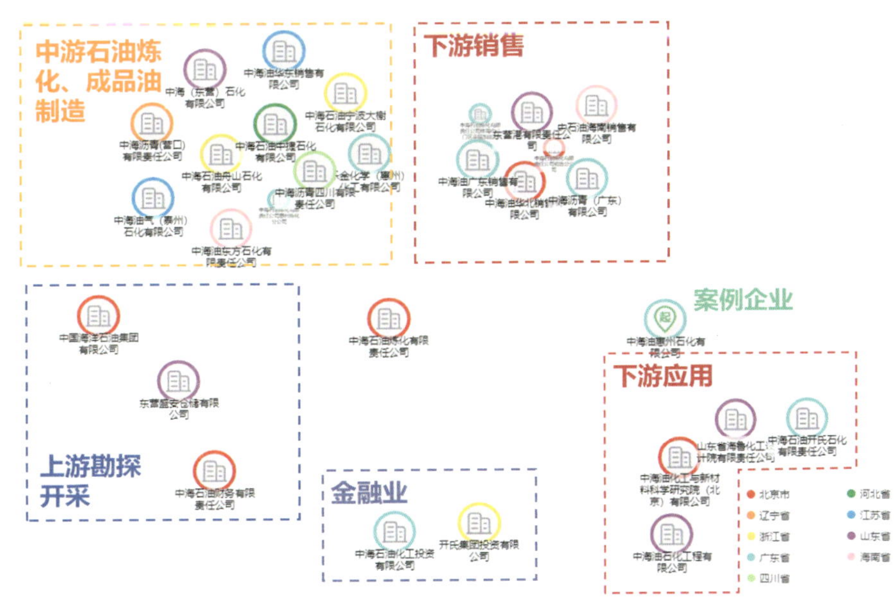

图 4-15：中海油惠州石化有限公司产权联系企业类型
（数据来源：龙盾企业数据库）

第五章

战略性支柱产业集群：

智能家电产业集群

智能家电产业产品涵盖领域广泛，包括但不限于智能厨卫、智能电视、智能空调、智能音响等家居环境智能设备。其供应链包括技术研发、基础原材料和零部件供应、软件和信息服务，设备制造、封装和成品，以及销售流通及售后检测、维修服务。

广东省智能家电企业主要集中在下游设备销售流通、售后维修等服务环节，以及硬件材料和零部件生产等上游环节，中游设备制造环节企业数量较少，约占9.26%。全省上、中、下游环节平均利润率总体相当，上游环节利润率最高（5.18%），下游环节利润率最低（3.34%）。上游环节与下游环节产权联系较为紧密，有利于稳定原材料和零部件的供应市场，但仍需加强中游设备制造环节的要素流动，进一步扩大智能家电核心产品的经济效益。

广东省智能家电产业高度聚集于珠三角地区，上游企业集中在广州、东莞、深圳等珠三角东岸地区，中游企业集中在广州、佛山、中山等珠三角西岸地区，呈现出显著的产业链环节分工合作空间布局。从产业园区特点来看，智能家电产业园区以中游设备制造为核心环节，园区选址与广东省鲜明的制造业“专业镇”特征相互匹配。这一点也可以从广东格兰仕集团的产权联系布局中得以体现。

1. 智能家电产业集群概述

1.1 基本概念

家电即家用电器产品，传统的家电产品是指以电能来进行驱动（或以机械化动作）的用具，在家庭及类似场所中所使用的各种电器，除了家庭环境外，也可用于公司或工业环境里，如空调、照明电器、电视机、影音设备、厨卫电器等均属于家电产品领域。智能家电区别于传统家电的特性在于，智能家电是将微处理器、传感器、网络通信等电子信息技术和智能通信技术与传统家用电器结合，使得家用电器具有自动感知、自动控制、自动监测和诊断、自我调节和远程控制等一种或多种自动化功能，能够智能感知家居环境空间状态、家电服务状态和自身状态，并允许用户通过手机和计算机等信息平台进行操控，具有自学习、自适应、自协调等特征。将智能化技术与家电产品结合，能够与其他家居设施智能互联，形成智能家居网络系统。

智能家电产业的发展与微电子、通信技术的发展相伴相生。20世纪80年代，微电子技术的应用扩展至家电产业领域，使得电器及其配备装置具备了自诊断功能。21世纪初，随着通信技术和网络技术的发展，家电产业进入了通信化和网络化时代。如今随着物联网技术的发展和家电技术标准的逐步建立，不同家电产品实现互联互通已成为智能家电产业发展的必然趋势。

智能家电产业由电子信息技术和电器设备加工技术的发展和逐步融合形成，其技术覆盖范围广，具有跨专业、跨行业领域的特征。不同专业技术领域表现在不同产业环节间，对技术衔接和联系的要求更高，促使不同专业分工、不同环节厂商在空间上不断聚集，从而推动了智能家电产业集群的形成和发展。

智能家电是多项专业技术高度融合的行业，涉及电子元器件、通信信息和电器设备等三种跨行业领域，产业上、中、下游供应技术跨度大、链条较长。

智能家电上游包括技术研发层和基础设施供应层，技术研发层主要聚焦于驱动家电设备智能应用的关键技术、基础器件和核心产品的设计研发，关键技术如变频技术、人工智能技术、仿真技术等，核心器件如中高端传感器、变频驱动芯片、高效换热器等，核心产品如家电设备工艺设计，均是我国智能家电产业的核心攻关领域。基础设施生产层是重要的硬件生产和软件支撑环节，硬件生产环节是实现家电产品智能应用的底层设施，主要涉及电子元器件和电器机械设备供应，包括芯片、传感器、电机、存储设备、PCB、电容器、控制器等。软件支撑环节是实现家电产品智能应用的信息化设施，包括与家电机器自动调控和用户远程操控功能相关的通信基础服务、软件技术服务、人工智能技术服务、物联网服务和云服务。本环节对应的企业集中分布于国民经济行业分类中的电机制造（381），变压器、整流器和电感器制造（3821），电容器及其配套设备制造（3822），开关控制设备制造（3823），电力电子元器件制造（3824），电子器件制造（397），电子元件及电子专用材料制造（398），集成电路设计（652）等产业类型。

智能家电的中游主要是整机设备制造、封装和成品环节，向上为研发提供了技术积累，向下则为智能家电销售和服务提供了产品供应，是智能家电设备的资源生产主体。智能家电主要产品涉及家庭生活的方方面面，包括以智能空调、智能照明电器、智能热水器、智能吸尘器、智能洗衣机、智能冰

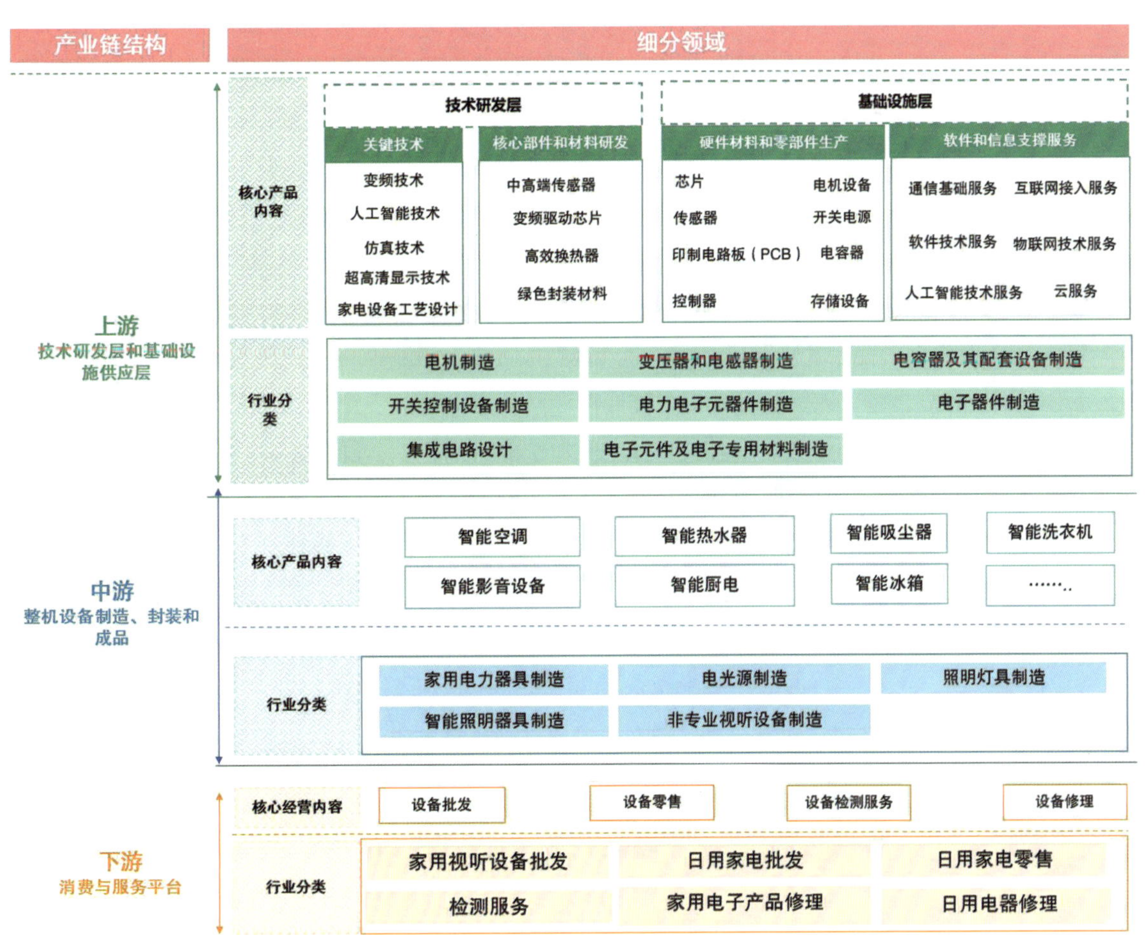

图 5-1：智能家电全产业供应链图谱

箱等以满足物质生活需求为主的产品领域，以及智能影音设备、智能电视等满足精神生活为主的产品领域。本环节对应的企业集中分布于国民经济行业分类中的家用电力器具制造（385）、电光源制造（3871）、照明灯具制造（3872）、智能照明器具制造（3874）、非专业视听设备制造（395）等产业类型。

下游则是智能家电成品设备的消费市场，是面向消费者需求的终端环节，主要通过销售各类智能家电并提供售后服务以满足消费者需求，主体对象包括智能家电的直销商、经销商和服务商，是智能家电产业实现正向反馈并带动产业链内涵延伸与升级的最终一环。消费者购买各类智能家电设备后为满足自身需求而提供的对智能家电设备深层次需求的反馈可以进一步回流到中游设备成品环节，形成产业链逻辑闭环，带动智能家电产品升级换代。本环节对应的企业集中分布在国民经济行业分类中的家用视听设备批发（5137）、日用家电批发（5138）、日用家电零售（5272）、检测服务（7452）、家用电子产品修理（8132）、日用电器修理（8132）等产业类型。

1.2 发展概况

1.2.1 政策要求

智能家电是重要的战略性支柱产业，在消费升级和技术进步的推动下，智能家电产业呈现融合化、高端化、精细化、绿色化、全民化的发展趋势，产业经济效益稳定提升。近年来，国家、省等多部门陆续印发了支持智能家电行业的发展政策，内容涵盖了关键技术攻关、技术标准制定、品牌质量提升、落后产能淘汰、产业链延长优化、产业集群培育、下乡促消费等各个方面；同时推进智能家电与大数据、人工智能、5G 等新技术、新领域的融合，丰富智能家电的使用场景。印发部门涉及商务部、工信部、产业协会、发改委等部门，主要激励手段为绿色智能家电促下乡消费优惠补贴、以旧换新回收政策支持、“家电 + 家居”全链条一体化销售、金融财税政策支持等（表 5-1）。

国家层面聚焦于关键技术研发和消费转型升级两大方面。鼓励家电企业加速开发高速电机、高效热交换器，智能控制技术、人机交互技术、智能物联网技术、信息安全技术、健康家电技术等高尖端电子元件和设备，进行前沿信息技术攻关，推出更加智能、绿色、节能、健康的家电产品，促进家电产业链补全延长和升级迭代。同时加强与高新科技产业融合，构建大小家电与互联网、电子信息等新业态的协同发展格局。在消费转型升级方面，引导智能家电推广应用，鼓励绿色智能家电下乡，强化全链条服务保障，建立废旧家电回收处理体系，全面释放家居消费潜力。同时优化电子电器产品市场准入管理制度、评定认证制度和流通管理制度，加强全链条全领域监管，全面保障智能家电产品消费市场有序健康发展。

广东省层面出台了多项翔实且符合区域产业发展基础的智能家电战略规划和行动方案，全力聚焦于智能家电产业链优化、核心技术攻关、产业空间布局优化和产品标准化发展。在产业链优化方面，夯实壮大空调、冰箱、电饭锅、微波炉、电视机、照明灯饰等中游成品优势产业，做强压缩机、电机、五金、模具等上游基础零部件和配件，保障智能家电产业链、供应链安全稳定，同时加快智能家电产业与大数据、云计算、人工智能、5G 等新兴信息技术服务产品的深度融合。在技术攻关方面，强化变

表 5-1：　智能家电产业政策清单表

层级	时间	政策名称	主要内容或措施要求	印发部门
国家级	2022.09	《关于深化电子电器行业管理制度改革的意见》	部署五方面改革举措：优化电子电器产品准入管理制度；整合绿色产品评定认证制度；完善支持基础电子产业高质量发展的制度体系；优化电子电器行业流通管理制度；加强事前、事中、事后全链条全领域监管。	国务院
国家级	2022.08	《关于促进绿色智能家电消费若干措施的意见》	制定多条促进绿色智能家电消费的政策措施，包括开展全国家电以旧换新活动；推进绿色智能家电下乡，鼓励有条件的地方对购买绿色智能家电产品给予政策支持；强化全链条服务保障，完善家电配送、安装、维修服务等。	商务部
国家级	2022.08	《推进家居产业高质量发展行动方案》	提出五大重点任务：（1）夯实产业基础，提升发展动力；（2）加快数字化绿色化转型，助推提质增效；（3）扩大优质供给，提升供给结构适配性；（4）加大应用推广，释放家居消费潜力；（5）加强组织实施。	工信部、住建部、商务部、市场监管总局
国家级	2022.06	《关于推动轻工业高质量发展的指导意见》	加快智能家电关键技术突破，包括高速电机、高效热交换器，智能控制技术、人机交互技术、智能物联网技术、信息安全技术、健康家电技术等共性关键技术。	工信部、人力部、生态环境部、商务部、市场监管总局
国家级	2021.09	《关于进一步做好当前商务领域促消费重点工作的通知》	提出促进家电家具家装消费的重点任务：加快健全废旧家电回收处理体系，健全回收网络，优化回收渠道，促进家电更新消费；引导消费者增强家电安全使用和节能环保意识、及时更换超过安全使用年限的老旧家电；鼓励居民小区利用闲置房屋设置周转住房、家电家具临时存放场所，方便居民开展家庭装修。	商务部
国家级	2021.05	《中国家电工业"十四五"发展指导意见》	提出"十四五"国家电工业的总体发展目标：成为全球家电科技创新的引领者；构建智能家电生态，提升智能产品用户使用体验；推动产业链绿色发展，节能环保水平再上新台阶；加强全球市场拓展，自有家电品牌全球影响力显著提升；加速数字化转型，推进智能制造水平进一步提高；倡导优秀企业文化，提升家电行业的社会价值。	中国家用电器协会
国家级	2019.11	《关于推进先进制造业和现代服务业深度融合发展的实施意见》	加强工业设备、智能家电等用电大数据分析，优化设计，降低能耗。推动氢能产业创新、集聚发展，完善氢能制备、储运、加注等设施和服务。	发改委、工信部等 15 部门
省级	2023.04	《广东省推动智能家电标准化发展三年行动方案（2023-2025 年）》	提出"标准化＋智能家电"行动，推动建设覆盖智能家电全产业链和产品全生命周期的先进标准体系；支持智能家电链主企业牵头，整合行业及上下游企业，开展从单品智能到设备互联再到场景互通的基础标准研究和标准应用示范；聚焦智能家电企业开展数字化、智能化、绿色化改造，加大技术攻关和标准研制应用，提升关键环节、关键领域、关键产品保障能力等 23 条具体措施。	广东省市场监管局、工信厅、工商联
省级	2023.01	《广东促进绿色智能家电消费实施方案》	开展家电"以旧换新"活动、推进绿色智能家电下乡、鼓励基本装修交房和家电租赁、拓展消费场景提升消费体验、优化绿色智能家电供给、实施家电售后服务提升行动、加强废旧家电回收利用、加强基础设施支撑、落实财税金融政策。	广东省发改委 科技厅 工业和信息化厅

（续上表）

层级	时间	政策名称	主要内容或措施要求	印发部门
省级	2021.08	《广东省制造业高质量发展“十四五”规划》	规划提出，到2025年，家电产业营业收入突破 1.9万亿元，形成全球领先的智能家电产业集群。 1. 空调。广州、珠海、佛山、中山、江门等市加快推动实施空调换热器绿色制造工艺。 2. 冰箱。广州、佛山、中山等市发展智能、高效、绿色的冰箱产品。 3. 电视机。广州、深圳、惠州、中山、江门加快研制面向 AIoT（人工智能物联网）应用的智能电视机。 4. 洗衣机。佛山、珠海、中山、江门等市着力发展多样化洗衣机产品。 5. 小家电。深圳、佛山、湛江、中山、珠海等市发展小家电产品及关键零配件。 6. 厨卫电器。佛山、中山、汕头、阳江等市重点发展高端化、成套化、嵌入式、智能化等厨卫电器组合系列产品。	广东省人民政府
省级	2020.09	广东省发展智能家电战略性支柱产业集群行动计划	重点任务： （1）加强创新和产业化发展。（2）加快转型升级。（3）优化分工和布局。（4）推动质量品牌建设。（5）加速全球化布局。 重点工程： （1）开展应用基础与前沿技术研究。（2）推进高端智能家电产品研发。（3）加快卫生健康家电发展。（4）支持智能家电创新中心建设。	广东省工信厅、发改委、科技厅、商务厅、市场监督管理局

频技术、人工智能技术、仿真技术、超高清显示技术等前沿技术的研究，加快高性能电机、压缩机、变频驱动芯片、换热器（蒸发器、冷凝器）、液晶面板、液晶材料、MEMS 微机电传感、高端红外、环境监测等智能传感器、PCB、高可靠性磁控管、高性能阀体、开关电源、MCU 芯片等核心零部件的研发。在空间布局方面，持续做大做强智能家电产业集群，加快培育智能家电制造创新中心、产业园区平台等创新载体，打造以广州、深圳、佛山为核心的创新网络和生产性服务业网络，以深圳、珠海、佛山、惠州、中山、湛江等为核心的制造网络，形成全球领先的智能家电产业集群。在标准化建设方面，补全产业链重要环节和关键部件技术标准、统一产品互联互通平台标准，优化产品信息安全标准，推动专利和标准的紧密融合，加快智能家电标准国际化工作，建立与国际接轨的高质量智能家电标准体系。

1.2.2 市场概况

随着中国消费者收入水平的提升，消费能力逐步提高，对自身家居环境使用的家电产品质量和品质的要求越来越高，中国智能家电行业市场规模也由此不断扩大，我国已经成为全球最大的智能家电市场之一。我国智能家电产品市场规模由 2017 年的 2828 亿元增长至 2021 年的 5760 亿元[48]，年均复合增长率达 19.5%。未来，智能家电将与 5G、人工智能、云计算等新兴信息技术深度融合，促成我国智能家电产业的市场需求不断增长。

广东不仅是我国家电制造第一大省，更是全球最大的家电制造业中心，拥有全球规模最大、品类最齐全的智能家电产业链。电视机、空调、冰箱、厨房电器、照明灯饰等产品规模全国第一。2019 年广东家电产业主营业务收入为 1.3 万亿元，工业增加值 2700 亿元，家电产品规模占全国总额 40% 以上。至 2022 年，广东家电产业集群营收超过了 1.6 万亿元 [49]，年均复合增长率达 7.2%，稳步推进形成全球领先的智能家电产业集群。

在消费升级推动下，智能家电消费需求将进一步激发和释放，带动广东智能家电产业集群规模稳步提升。同时随着物联网、大数据、云计算、智能语音、图像识别、深度学习算法、5G 等新兴信息技术在家电生产领域上的配置应用，家电产业逐步呈现出融合化、高端化、智能化、绿色化的发展趋势，推动智能家电产品的价值跃升。在此基础上，广东持续加大对智能家电产业的支持力度，科学精准布局以创新能力提升、制造水平提升、产品质量品牌水平提升、国际化标准水平提升为主的“四大重点工程”，持续巩固和加快发展智能家电战略性支柱产业集群。同时围绕产业技术、工艺装备、原材料、关键零部件等领域，积极培育推动自动装配装备、物流信息化系统、模组整机生产、智能视像、智慧终端等先进工艺生产线的重大项目建设。截至 2023 年 3 月，全省安排续建、投产、新开工的智能家电类重点项目和前期预备项目 23 个，总投资超 410 亿元 [50]，为智能家电产业未来发展提供持续的增长动力。

2. 广东省智能家电产业供应链结构特征

2.1 供应链各环节产业发展规模

全省现有智能家电企业数量为 62591 家。从供应链各环节的企业数量规模来看，（图 5-2）下游环节规模最大，其次是上游环节，规模最小的是中游环节。

上游环节共有 20084 家企业，在全供应链中企业数量占比为 32.09%。上游集成电路设计类企业数量较多，数量为 7582 家，在上游环节的数量占比为 37.75%，是上游环节主导发展企业类型。电机制造、电子元件及电子专用材料制造类企业数量较少，数量分别为 316 家、897 家，在上游环节的数量占比为 1.57%、4.47%。

中游环节共有 5798 家企业，在全供应链中企业数量占比为 9.26%。其中家用厨房电器具制造类企业数量最多，数量为 2399 家，在中游环节的数量占比为 41.38%，是中游环节主导发展企业类型。智能照明器具制造、家用美容、保健护理电器具制造类企业数量最少，数量均为 9 家，在中游环节的数量占比为 0.16%，是中游环节发展最不充分的企业类型。

下游环节共有 36709 家企业，在全供应链企业中企业数量占比为 58.65%。其中日用家电零售类企业数量较多，数量为 17789 家，在下游环节的数量占比为 48.46%，是下游环节主导发展企业类型。日用电器修理、家用电子产品修理类企业数量较少，数量分别为 662 家、627 家，在下游环节的数量占比为 1.8%、1.7%，是下游环节发展最不充分的企业类型。

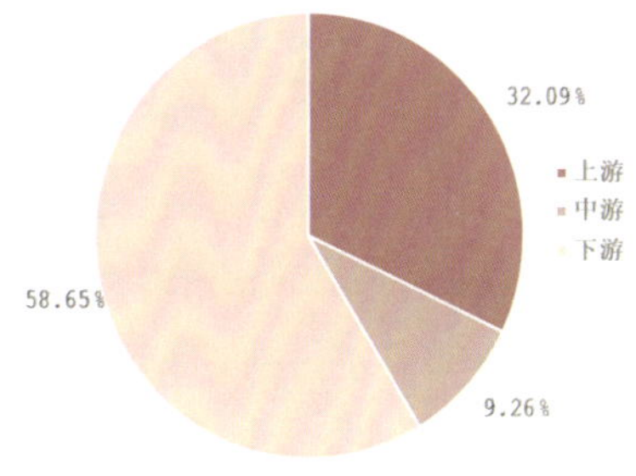

图 5-2：智能家电全产业企业数量
（数据来源：龙盾企业数据库）

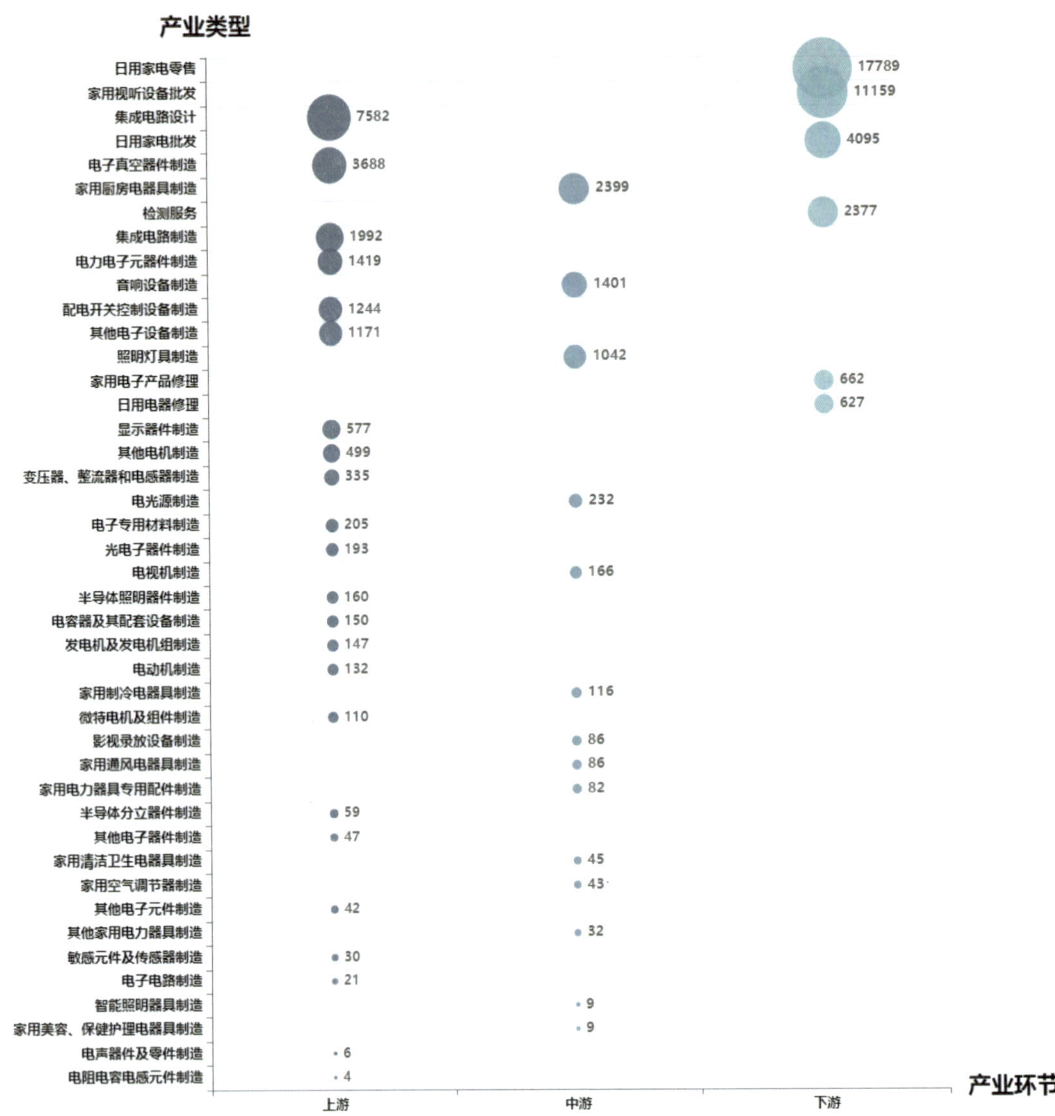

图 5-3：智能家电产业全供应链企业数量分析
（数据来源：龙盾企业数据库）

2.2 供应链各环节产业经济价值

2018 年智能家电产业全供应链的整体平均利润率为 4.87%。从供应链各环节的企业平均利润来看，上游环节利润率最高，其次是中游环节，利润率最低的是下游环节。

分环节来看（图 5-4），上游环节平均利润率最高，为 5.18%。其中集成电路设计类企业利润率最高，为 21.98%，比上游环节利润率平均值高 16.80 个百分点。电子专用材料制造类企业利润率最低，为 -0.26%，比上游环节利润率平均值低 5.44 个百分点。本类企业整体尚未实现盈利，有待采取措施进一步降低生产成本、开拓市场，提升盈利空间。

中游环节在供应链三个环节中平均利润率居中，平均利润率达到 4.67%。其中家用空气调节器制造类企业利润率居中，为 12.20%，比中游环节利润率平均值高 7.53 个百分点。电视机制造类企业利润率最低，为 1.20%，比中游环节利润率平均值低 3.47 个百分点。

下游环节在供应链三个环节中平均利润率最低，平均利润率达到 3.34%。其中家用视听设备批发类企业利润率最高，为 8.07%，比下游环节利润率平均值高 4.73 个百分点。日用家电零售类企业利润率最低，为0.82%，比下游环节利润率平均值低2.52个百分点。本类企业整体盈利水平较低，有待采取措施进一步降低生产成本、开拓市场，提升盈利空间。

平均利润率：%
6
5
4
3
2
1
0
5.18
4.67
3.34
上游
中游
下游
产业环节

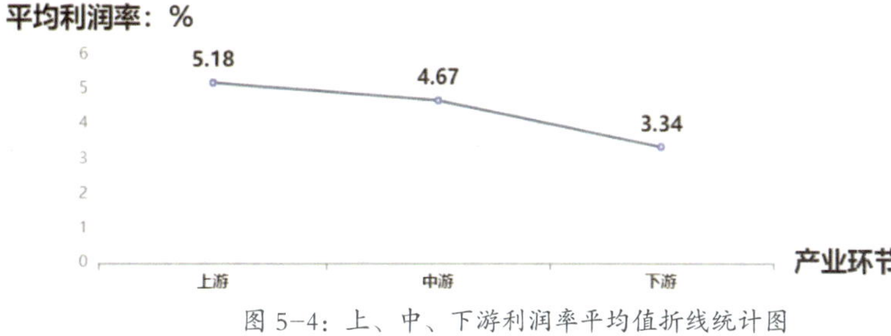

图5-4：上、中、下游利润率平均值折线统计图
（数据来源：龙盾企业数据库）

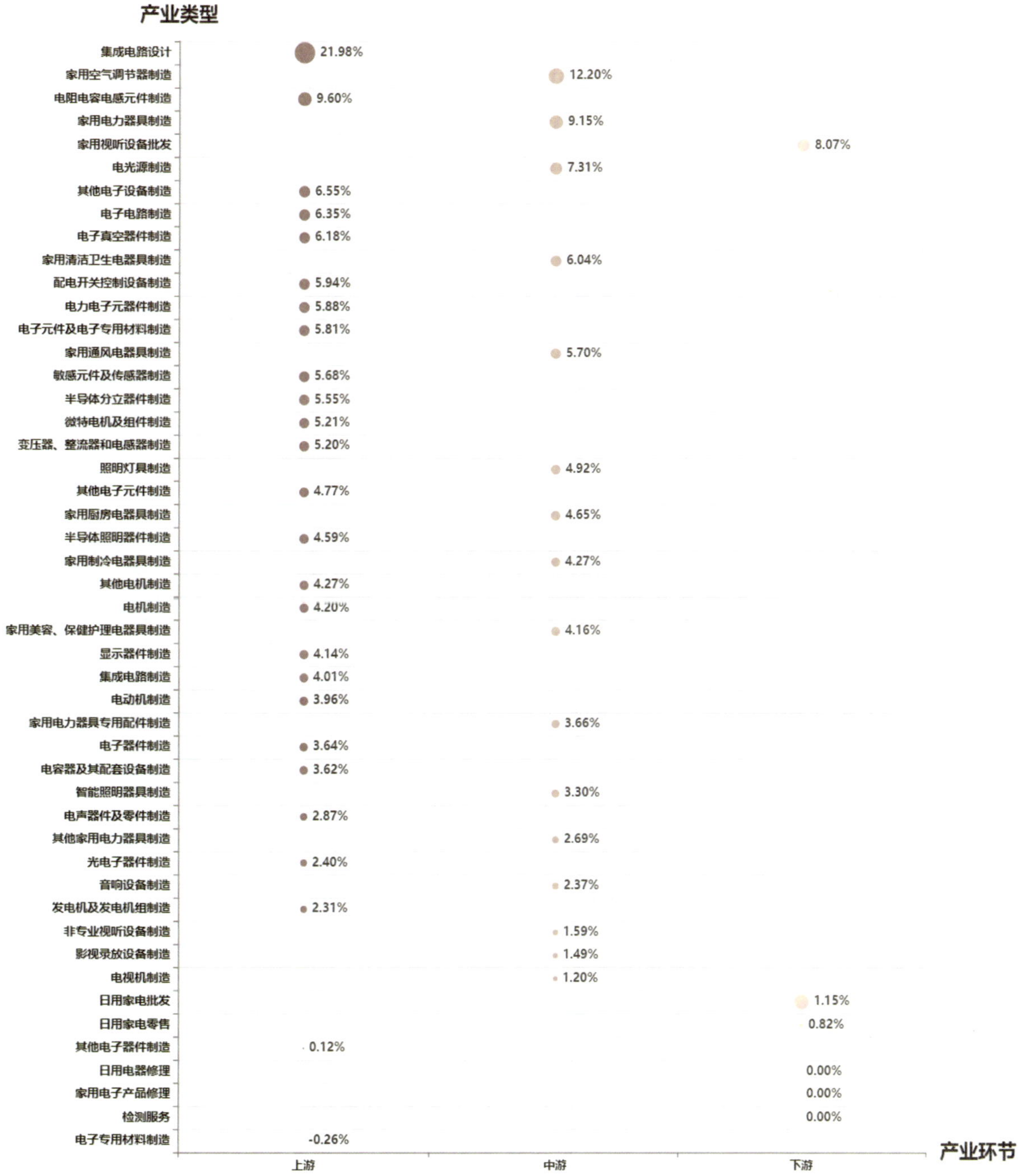

产业类型
集成电路设计 21.98%
家用空气调节器制造 12.20%
电阻电容电感元件制造 9.60%
家用电力器具制造 9.15%
家用视听设备批发 8.07%
电光源制造 7.31%
其他电子设备制造 6.55%
电子电路制造 6.35%
电子真空器件制造 6.18%
家用清洁卫生电器具制造 6.04%
配电开关控制设备制造 5.94%
电力电子元器件制造 5.88%
电子元件及电子专用材料制造 5.81%
家用通风电器具制造 5.70%
敏感元件及传感器制造 5.68%
半导体分立器件制造 5.55%
微特电机及组件制造 5.21%
变压器、整流器和电感器制造 5.20%
照明灯具制造 4.92%
其他电子元件制造 4.77%
家用厨房电器具制造 4.65%
半导体照明器件制造 4.59%
家用制冷电器具制造 4.27%
其他电机制造 4.27%
电机制造 4.20%
家用美容、保健护理电器具制造 4.16%
显示器件制造 4.14%
集成电路制造 4.01%
电动机制造 3.96%
家用电力器具专用配件制造 3.66%
电子器件制造 3.64%
电容器及其配套设备制造 3.62%
智能照明器具制造 3.30%
电声器件及零件制造 2.87%
其他家用电力器具制造 2.69%
光电子器件制造 2.40%
音响设备制造 2.37%
发电机及发电机组制造 2.31%
非专业视听设备制造 1.59%
影视录放设备制造 1.49%
电视机制造 1.20%
日用家电批发 1.15%
日用家电零售 0.82%
其他电子器件制造 0.12%
日用电器修理 0.00%
家用电子产品修理 0.00%
检测服务 0.00%
电子专用材料制造 -0.26%
上游
中游
下游
产业环节

图5-5：智能家电产业全供应链经济价值分析
（数据来源：《广东省经济普查年鉴（2018）》）

2.3 供应链各环节产业产权联系网络特征

全省智能家电产业供应链各环节内部、各环节间存在一定的产权联系（表 5-2）。

总体上，同一环节内部企业产权联系较为紧密，联系频数为 514。同一环节内同类行业间联系频数为 363，其中集成电路设计行业内部联系最为紧密。同一环节内不同行业间联系频数为 151，其中家用视听设备批发和日用家电零售之间的联系较为紧密，联系频数为 50。

表 5-2：广东省智能家电各行业产权联系表

联系类型	总部或投资企业类型	分支或被投资企业类型	联系频数
同一环节内部联系（同类行业间）联系频数：363	日用家电零售	日用家电零售	71
	集成电路设计	集成电路设计	65
	家用视听设备批发	家用视听设备批发	45
	检测服务	检测服务	35
	家用厨房电器具制造	家用厨房电器具制造	29
	集成电路制造	集成电路制造	25
	配电开关控制设备制造	配电开关控制设备制造	18
	电子真空器件制造	电子真空器件制造	18
	变压器、整流器和电感器制造	变压器、整流器和电感器制造	11
	其他电机制造	其他电机制造	8
	……	……	……
同一环节内部联系（不同类行业间）联系频数：151	家用视听设备批发	日用家电零售	50
	日用家电零售	家用视听设备批发	17
	家用视听设备批发	日用家电批发	8
	日用家电零售	日用家电批发	8
	日用家电批发	家用视听设备批发	6
	日用家电批发	日用家电零售	5
	集成电路设计	集成电路制造	5
	集成电路制造	集成电路设计	4
	电子真空器件制造	其他电子设备制造	3
	电子真空器件制造	集成电路设计	3
	家用视听设备批发	家用电子产品修理	3
	家用电子产品修理	日用电器修理	3
	……	……	……
不同环节间联系 联系频数：59	日用家电零售	集成电路设计	6
	日用家电零售	家用厨房电器具制造	5
	家用厨房电器具制造	日用家电批发	4
	家用厨房电器具制造	日用家电零售	4
	日用家电零售	电子真空器件制造	4
	家用厨房电器具制造	家用视听设备批发	3
	日用家电批发	家用厨房电器具制造	3
	集成电路制造	日用家电零售	2
	集成电路制造	检测服务	2
	日用家电零售	配电开关控制设备制造	2
	……	……	……

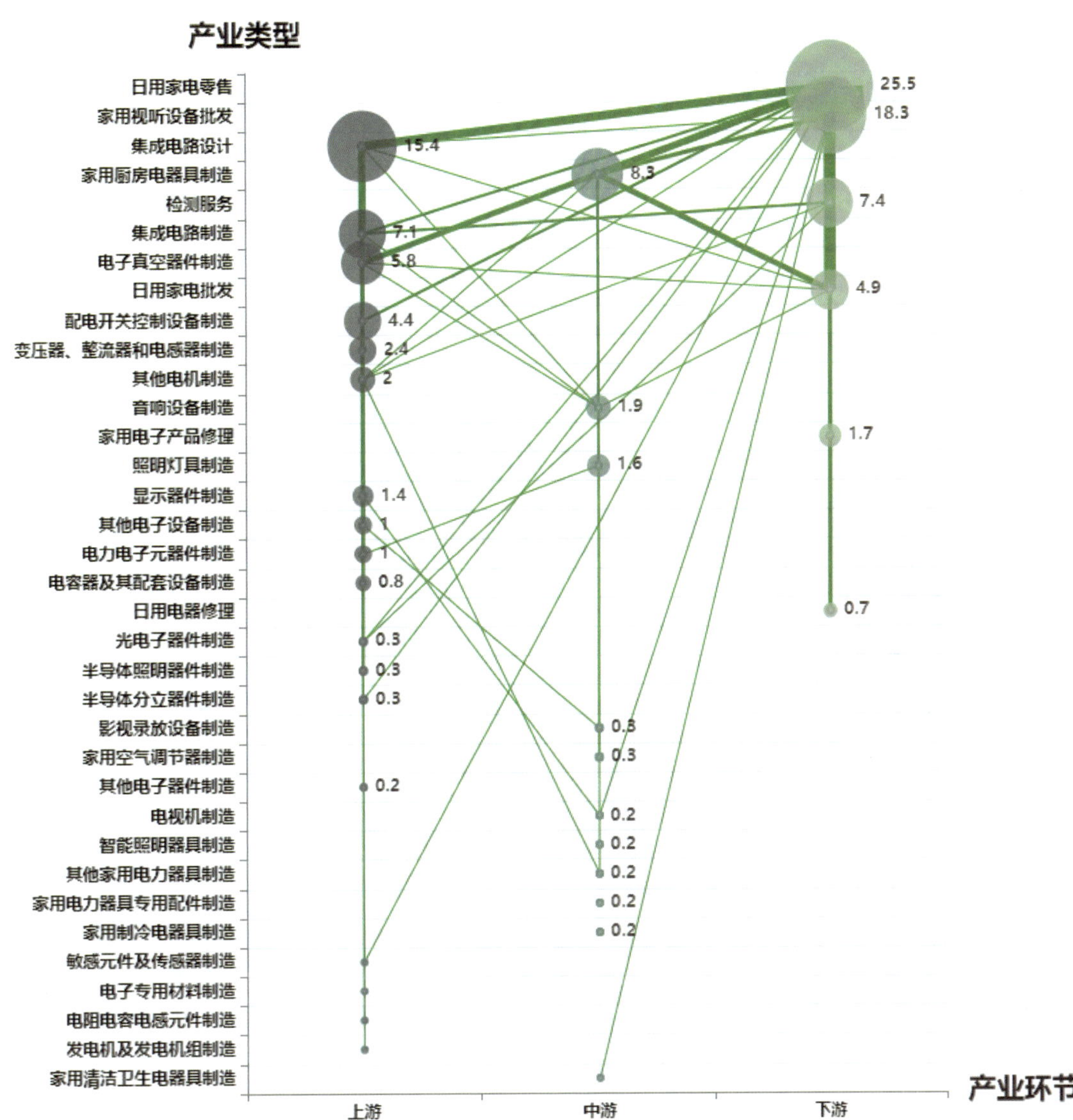

图 5-6：智能家电产业全供应链产权联系分析图
（数据来源：龙盾企业数据库）

不同环节之间的企业产权联系相对薄弱，联系频数为 59。其中上游环节与下游环节联系较为紧密，日用家电零售和批发类企业是产权联系网络中的两大核心节点。上游环节与中游环节联系较为薄弱。

2.4 供应链结构多要素耦合特征

统计智能家电产业供应链各环节的发展规模、经济价值、产权联系三要素对应指标的皮尔逊相关系数（表 5-3），可以发现企业数量比率与产权联系频数比率指标的皮尔逊相关系数为 0.90，发展规模与产权联系两要素间存在极强的正相关性，企业数量规模越大的行业有更多的企业设立分支机构或对外投资，形成相对密集的产权联系网络。其他要素间则不存在较强的相关性。

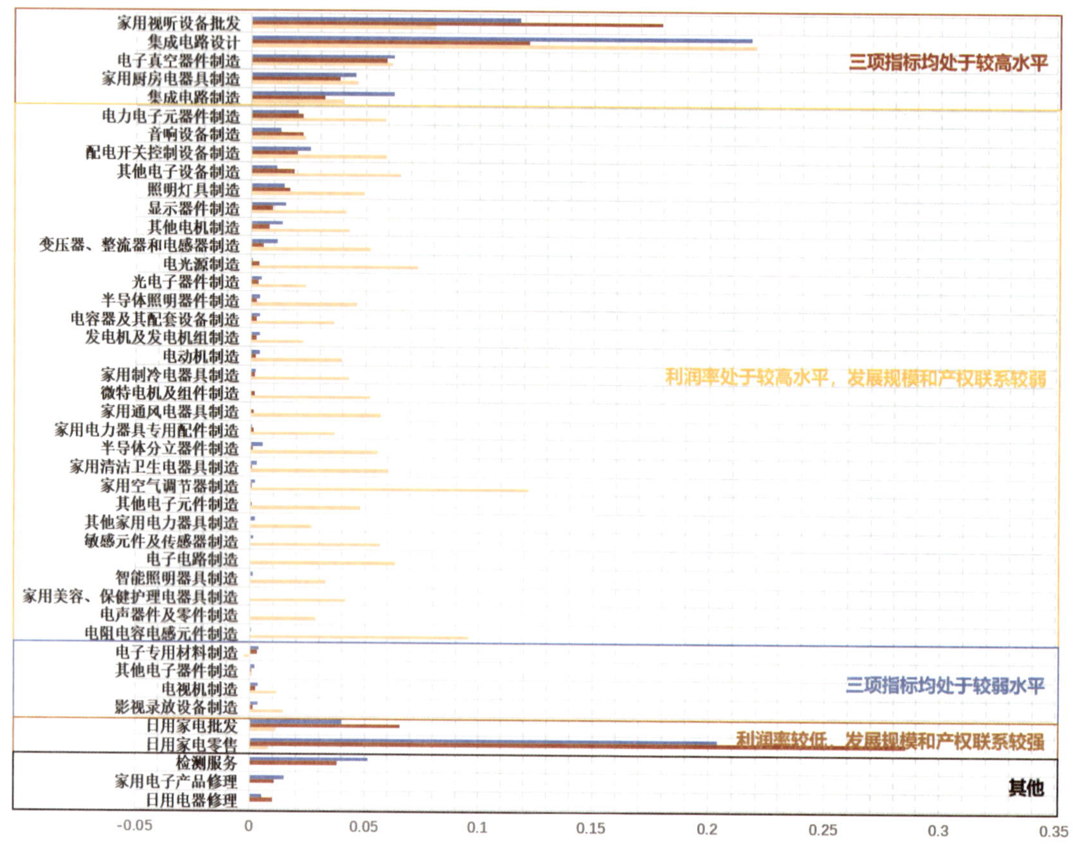

图 5-7：智能家电产业全供应链四级分类产业要素指标分析图
（数据来源：龙盾企业数据库、《广东省经济普查年鉴（2018）》）

根据三要素指标的分布情况，智能家电产业供应链内各环节企业发展状态大致可分为四种情况（图5-7）：

一是三要素指标均处于较高水平，表现为企业数量多、平均利润率高、企业间联系频数高，包含家用视听设备批发、集成电路设计、电子真空器件制造、家用厨房电器具制造、集成电路制造等5类，上、中、下游均有涉及，主要处于上游环节。整体来看，几类产业发展处于增长期或成熟期，市场规模和潜在需求较大，但较高利润与较大的企业数量规模现状也存在市场竞争加剧的风险。目前省内智能家电企业普遍规模偏小，高水平设计能力不足，企业应组织批量生产以降低成本，建立分销渠道和销售网点，确保市场供给，并尽早形成产品系列并向相邻市场渗透，可以考虑进入国际市场开展跨国经营。

表 5-3： 三要素相关系数表

要素指标	皮尔逊相关系数
企业数量比率与利润率	0.15（弱正相关）
企业数量比率与产权联系频数比率	0.90（极度正相关）
行业平均利润率与产权联系频数比率	0.43（中等程度正相关）

二是经济价值指标表现良好，而发展规模和产权联系指标较弱的企业，包含电力电子元器件制造、音响设备制造、配电开关控制设备制造等 29 类，主要处于上游及中游环节。整体来看，几类产业发展处于成熟期，存在一定的行业技术门槛、进入成本门槛或法律法规门槛等，市场集中度高，需求增长较快而供给量相对稳定。企业宜采用维持战略并投入资金支持新的核心能力开发计划，在战略、组织结构、人员、技术等方面为转向新领域作准备，抓住时机通过转型、重组、再造和技术、制度、管理创新战略来推动企业及早进入新一轮的生命周期。

三是三要素指标均处于较低水平，表现为企业数量少、平均利润率为负、企业间联系频数低，包含电子专用材料制造、其他电子器件制造、电视机制造、影视录放设备制造 4 类，均处于上游环节。整体来看，4 类产业处于初创发展阶段，市场需求不够成熟，存在技术落后或成本投入较大等问题。企业在这一阶段需要承担较高的研发成本和风险，并进行市场调研、产品定位等工作，加强研发，争取市场主导权，及早进入市场与申请专利，强化竞争优势。

四是利润率指标较低，而发展规模和产权联系指标较强的企业。包含日用家电批发、日用家电零售 2 类，均处于下游环节。家电批发和零售类产业的创业和进入门槛较低，由于家电下乡补贴政策的影响，大量企业进入该类产业，挤压了产业利润，市场趋于饱和，导致整体利润率较低。

3. 广东省智能家电产业集群空间特征

3.1 企业数量集聚空间特征

分区域来看（图 5-8），全省智能家电产业高度聚集于珠三角地区，呈现显著的区域发展不均衡性。珠三角地区包含的上、中、下游各环节以及全供应链的企业数量规模占比分别为 94%、96%、93%、94%，均超过 90%，在产业规模发展方面具有绝对的数量规模优势。粤东、粤西和粤北地区的智能家电产业发展规模均相对较小，数量占比均未超过 4%，产业发展基础相对薄弱。分供应链环节来看，非珠三角地区中，粤东地区在中游、下游环节企业数量最多，占比超 2%；粤北地区在上游环节企业数量最多，占比超 3%。

分地市来看（图 5-9），广州、深圳、东莞、佛山、中山等城市是智能家电产业的主要集聚地，呈现由珠三角核心地带向全省外围扩展的空间格局。上、中、下游各环节企业分布均较为密集，但各地市集聚的产业环节特点略有差异，在珠三角东西岸呈现出不同的产业链环节分工合作布局。其中上游企业高度集中在珠三角东岸，广州、东莞、深圳是上游企业数量最多的 3 个地市，惠州、珠海、江门、肇庆、江门、韶关等地企业数量依次递减，是智能家电原材料生产以及零部件供应的主要产地；中游企业高度集中在珠三角西岸，广州、佛山、中山是中游企业数量最多的 3 个地市，东莞、深圳、惠州、珠海、江门、肇庆等地企业数量依次递减，承载着智能家电成品设备制造和封测等生产工作；下游企业高度集中在广州、深圳两大核心城市，是广东省最重要的两大家电销售和服务平台，中山、东莞是次一级销售和服务平台。下游企业总体围绕广州、深圳向外围城市依次扩散，是销售端、服务端衍生企业的主要集中区域。

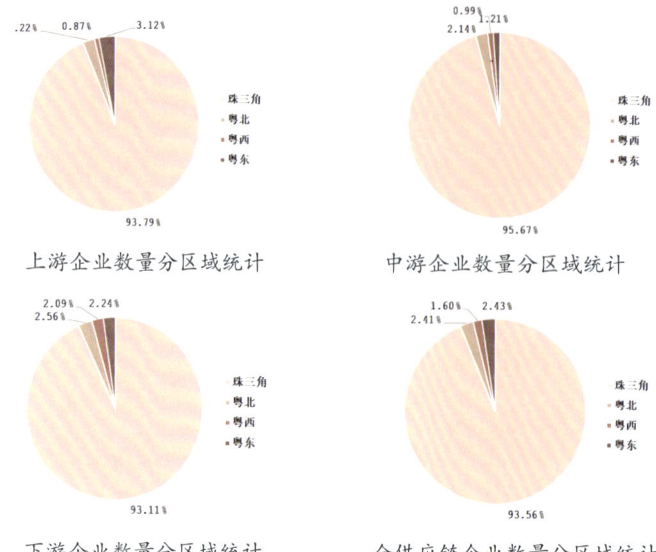

上游企业数量分区域统计　　中游企业数量分区域统计

下游企业数量分区域统计　　全供应链企业数量分区域统计

图 5-8：全省智能家电产业分区域企业数量统计
（数据来源：龙盾企业数据库）

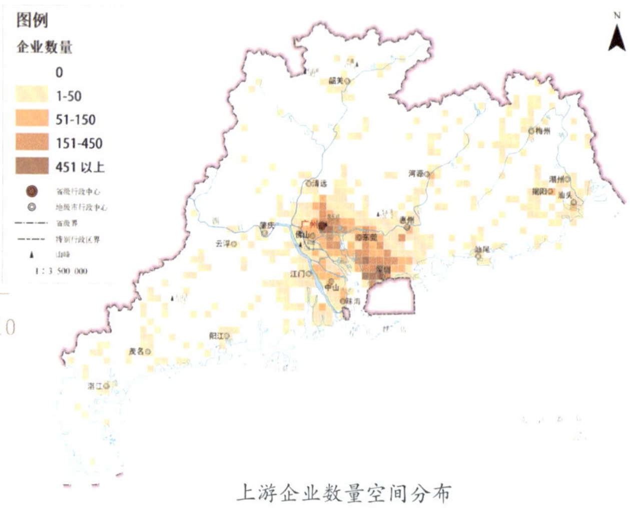

上游企业数量空间分布 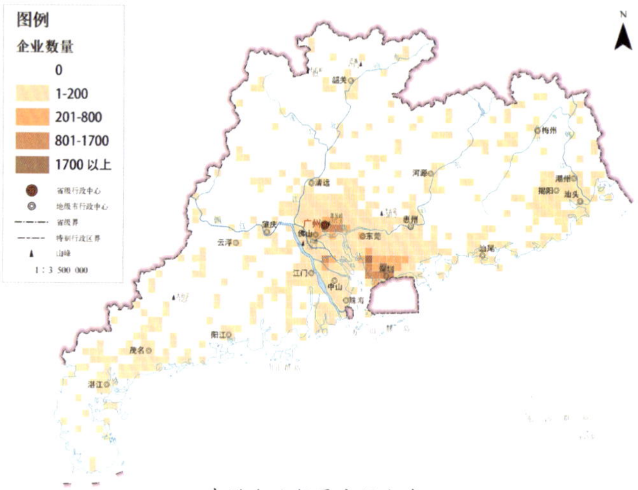　　中游企业数量空间分布

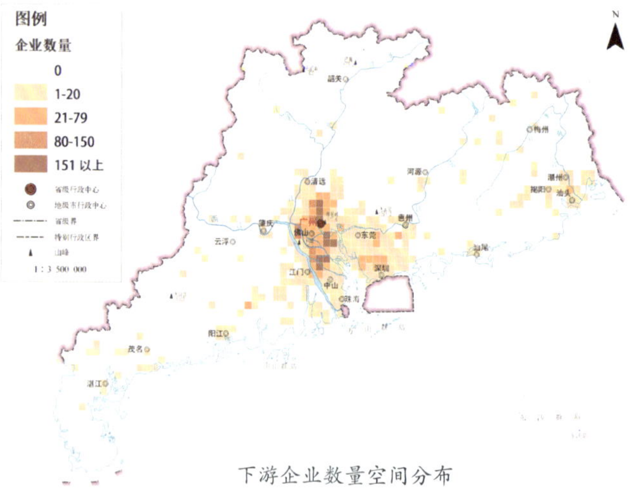

下游企业数量空间分布 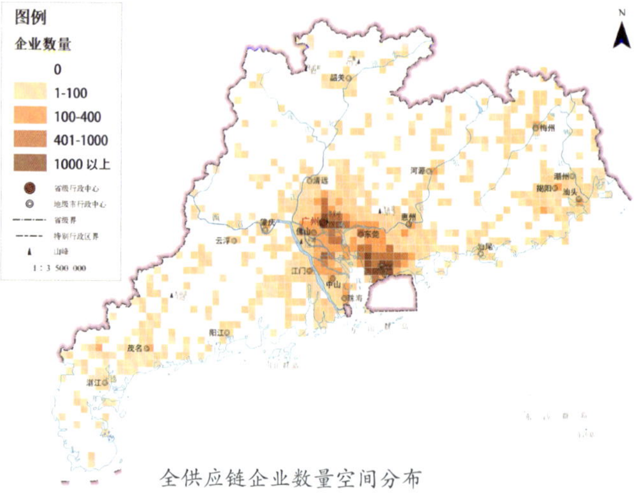　　全供应链企业数量空间分布

图 5-9：全省智能家电产业企业数量分布
（数据来源：龙盾企业数据库）

3.2 企业联系集聚空间特征

智能家电企业产权联系与数量分布在空间聚集特征上基本一致，珠三角地区占据绝对的产权联系聚集优势，与粤东、粤西、粤北地区产生明显的产业联系“割裂”现象。但各地区各环节企业产权联系度排序略有变化。

分区域来看（图 5-10），珠三角地区是全省智能家电产业中设置分支机构或进行投资的企业的核心集聚区域，上、中、下游各环节以及全供应链的产权联系度占比分别为 93%、99%、88%、91%，均超过 88%，具有绝对的产权布局优势，依托产权部署，在经济、技术、知识、人才等要素交流方面具有更大的潜力。粤东、粤西和粤北地区的智能家电产业产权联系度均相对较小，其数量占比均未超过 5%，企业联系基础相对薄弱。特别是在中游环节，粤东、粤西地区产权联系度均为 0，仅粤北地区数量占比 1%。从供应链整体上情况上看，粤西地区略强，粤北地区次之，粤东地区最弱。

分地市来看（图 5-11），呈现等级梯次明显的“环珠三角内湾”的三级空间联系特征，珠三角地区内高产权联系区域基本聚集成片，粤东、粤西、粤北地区产权联系则呈现零散分布的状态，极少分布高产权联系区域，尚未发育形成规模化的智能家电产业集群。深圳作为智能家电产业要素聚焦高地，是智能家电产业上游、中游、下游各环节企业产权联系一级核心节点，广州、佛山、中山作为广东省重要的智能家电产品生产制造基地，是企业产业全链的二级联系支点，东莞、珠海则为三级联系支点，珠三角内湾城市有较强的产业合作拓展能力。分产业环节来看，具备与企业规模相似的产业分工上的

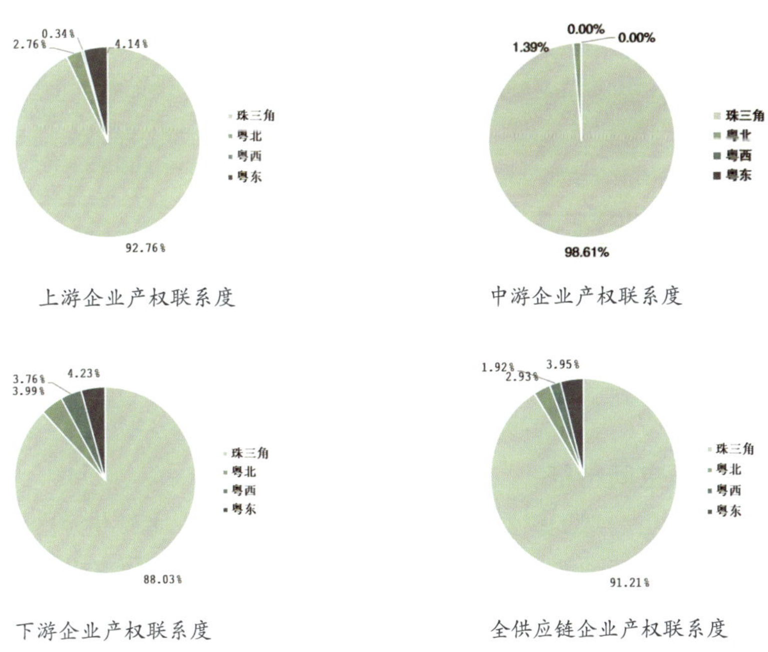

图 5-10：全省智能家电产业分区域企业产权联系度统计
（数据来源：龙盾企业数据库）

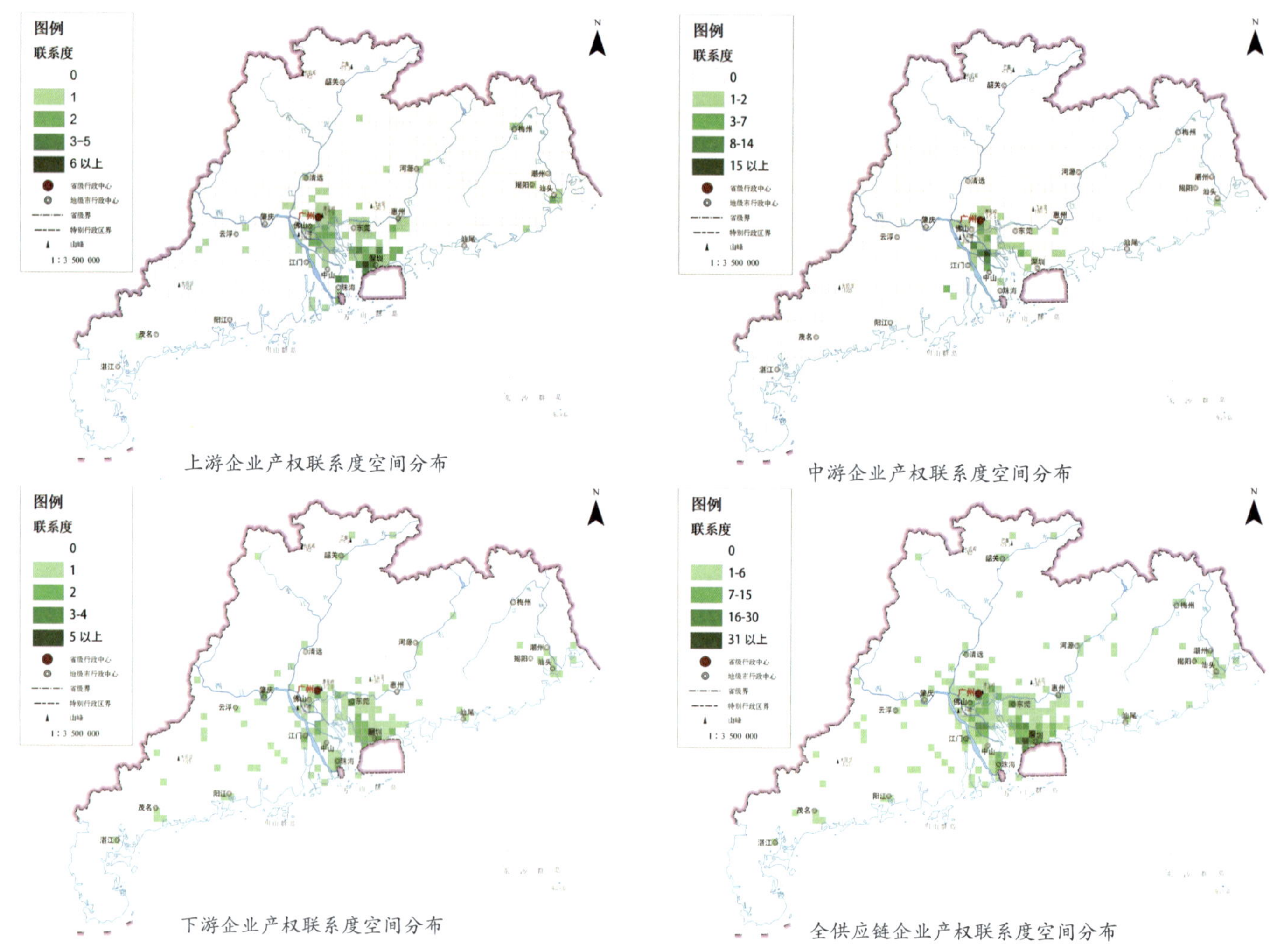

图 5-11：全省智能家电产业企业产权联系度分布
（数据来源：龙盾企业数据库）

空间联系分在特征，深圳、广州、东莞等珠三角东岸是上游企业产权联系度较高区域，除此之外，珠三角西岸中山、珠海两地亦为零散分布高产业联系集群，惠州、佛山、中山、东莞等地产权联系度依次递减，粤东、粤东西、粤北地区产业联系零散分布；广州、佛山、中山等珠三角东岸地区是中游企业产权联系度较高区域，东莞、珠海、惠州等地依次递减，粤东、粤西、粤北地区产权联系极弱；深圳、东莞是下游企业产权联系度较高区域，广州、佛山、惠州、肇庆、中山、珠海依次递减。

3.3 产业集群空间特征

综合分析智能家电产业全供应链企业数量空间分布、产权联系度情况，筛选两项指标处于前 25% 的格网做叠加分析，筛选企业密度较高、产权联系紧密的产业集群潜在空间格网共 20 个。

分区域来看（图 5-12），全省智能家电产业集群的潜在空间主要分布在珠三角地区，包含 46 个格网空间，面积占比为 95.8%；此外粤东地区有 2 个产业集群潜在空间，面积占比为 4.2%。粤西、粤北地区暂无产业集群潜在空间。

分地市来看（图 5-13），广东省智能家电产业集群的潜在空间大部分集中分布在深圳市全域和东

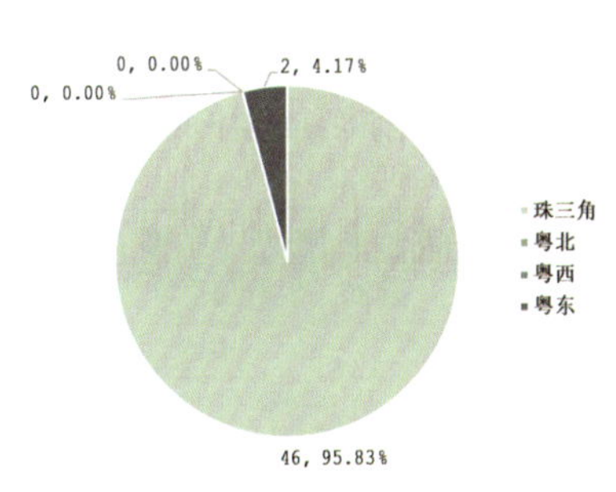

图 5-12：产业集群潜在空间格网统计图
（数据来源：龙盾企业数据库）

图 5-13：产业集群潜在空间空间分布图
（数据来源：龙盾企业数据库）

莞市中部地区。其余分布在广州市荔湾区、越秀区、海珠区、番禺区、天河区、黄埔区，佛山市顺德区，中山市，珠海市香洲区等地，这些区域是全省现阶段智能家电产业集群发展较为成熟的潜在区域。

4. 广东省智能家电产业典型案例

4.1 典型园区案例特征

广东省智能家电产业集群主要以传统家电产业链升级为路径依赖，形成了大量以乡镇为主导的产业园区，中山市马新工业区就是其中的典型园区。该园区是以格兰仕中山基地为依托建立的智能家电产业园区，位于中山市黄圃镇兴圃大道东与盛业南路交会处，占地面积 1289 亩。园区产业现聚焦于发展智能家电、智慧家居、新一代信息技术、先进装备制造等全产业链升级，在入驻企业方面，现有以格兰仕电器集团、欧贝特卫浴、华强电器集团、大王椰、强力集团等龙头企业为代表的综合性、全产业链电器制造基地，将有利于发挥产业集群效应。截至 2021 年园区入驻智能家电及产业上、中、下游企业 170 余家，形成以微波炉、空调、照明、冰箱、电饭锅、电压力锅、电磁炉、厨卫电器等产品品牌为主，涵盖研发、原料生产、产品制造、设备运输和销售等全环节的产品供应链条。在科研方面，马新工业区是中山市重要的智能家电创新集中地之一，依托格兰仕、大王椰、华强集团、强力集团等龙头型企业，开展以自动化、数字化、智能化工艺为核心的“前台 + 后台”共性技术、前沿技术研究。在生产“前台”，形成以微波炉、洗碗机等智能家电制造生产为主的自动化生产装配线，打造了一批数字化智能化示范工厂、示范车间。同时在生产“后台”，研发“全链路”中台系统，通过数字化流程打通生产、物流运输、销售、售后服务、仓储管理等产业链、供应链所有环节，实现全产业链环节信息高效流通，园区创新资源协同效应已成趋势。在配套设施方面，园区就地布局京东大仓库、瀚宇云仓物流、利达圆物流等配套物流仓储服务设施，构建了庞大的智能家电物流仓储系统。在就业岗位方面，现园区主要以格兰仕基地为代表，设置研发、制造、品质等高素质技术岗位，并依托中山市技术职业学院，大力培育产业技工型人才。马新工业园将继续以格兰仕集团为龙头引领，进一步带动技术创新、高素质劳动力、资金、品牌、配套设施等产业经济要素快速向园区聚集。

表 5-4：典型园区关键要素对比表

（数据来源：园区招商网页客户端）

园区对比要素	马新工业区	海尔工业园	南屏科技工业园
地理位置	中山市黄圃镇	青岛市崂山区	珠海市香洲区
开发面积	0.86 平方公里（1289 亩）	0.53 平方公里（800 亩）	7.66 平方公里（11490 亩）
入驻企业数（家）	170+	300+	500+
年度营收	/	2021 年，约 214 亿元	2021 年，规上工业企业营收约 1041.4 亿元
地均营收（亿元 / 平方千米）	/	403.77	135.90
企均营收（亿元 / 家）	/	0.71	2.08
交通条件	马新工业区毗邻中山市技师学院，364 省道、纵四线经过园区，连通广中江、黄圃快线。同时距离中山市中心约 20 公里，距离广珠城际南头站约 7 公里。	坐落于青岛市东部高科技工业园海尔工业园，设有地铁 3 号线海尔路站，园区被海尔路、跨海大桥高架路、黑龙江路围合。	距九州港货柜码头 45 公里、江珠高速公路 10 公里及珠海火车站 10 公里，珠海大道、京珠高速公路、粤西沿海高速公路、太澳高速公路通过园区，并连通广珠高速公路，未来中山西环高速将连通至此。
产业布局	马新工业区是中山市重要的家电产业聚集区，以格兰仕中山基地为枢纽，融合智能家电、智慧家居、新一代信息技术、先进装备制造等智能化、数字化产业，加快家电产业与智能终端、半导体与集成电路、智能传感器、智能机器人等产业集群协作发展，形成了从家电配件到成品，再到物流的完整生产制造产业链。	依托海尔集团总部，以海尔中央研究院、白色研发大楼、海尔大学为研发设计平台，形成以家用电器制造为核心的全国最大电器成品开发基地，聚集集成家用（商用）空调、洗衣机、商用展示柜产品以及生物医药、模具制造中心等。	已形成集研发、零部件制造、成品加工、服务应用等于一体的智能家电制造产业链，拥有最大的空调生成基地，聚焦智能家电、智能制造转杯、办公自动化及打印耗材三大关键领域核心环节。
产业链核心环节	中游，空调、微波炉、电饭锅成品制造	中游，空调、洗衣机成品制造	中游，空调产品制造
代表企业	格兰仕、强力集团、华强电器集团、大王椰、欧贝特卫浴	海尔、三菱重工、卡奥斯能源科技	格力、松下马达、天威飞马

与国内发展较好的海尔工业园、南屏科技工业园相比，马新工业区是广东省典型的、以乡镇主导形成的智能家电产业集群，其园区产业具备广东省显著的制造业“专业镇”特征。规模上，马新工业区占地面积相对较小，企业数量规模较少；交通条件上，马新工业区交通区位相对不足，周边较少分布连通高速公路的对外通道，轨道交通站点亦分布较少，同时其所在乡镇距离市中心区、轨道交通站点有一定距离；产业布局上，三个园区均以智能电器中游成品制造为产业链核心环节，布局零部件生产、销售服务等上下游关联产业，有利于发挥集群发展优势。但与海尔工业园、南屏科技工业园相比，马新工业区发展也具有一定特点，园区制造业发展历史较早，依托改革开放初期 “三来一补”政策，园区所在的黄圃镇逐步形成了有重点的连片性来料加工装配集聚区，在产业走向规模化的同时，产业集聚效应也进一步凸显，形成具有地域专业集聚特色的劳动密集型产业带，成为日后专业镇经济的雏形。

在此影响下，园区亦较早形成了以传统家电零部件制造为主的劳动密集型产业空间布局，是典型的“一镇一业”专业镇经济发展模式，现今园区内仍有部分传统低效低端制造业厂区亟待改造升级。同时，园区内产业研发端和生产端、制造端空间上匹配度较低，园区承载了格兰仕、强力集团、华强电器集团、大王椰、欧贝特卫浴等代表性龙头企业，却仅分布一所职业技术学院，缺少研发创新平台和高水平专业院校落户，其技术升级依靠龙头企业内部驱动，亟待引进更多创新科技平台和专业学院落户园区，进而提高园区整体研发水平。在配套设施方面，园区充分发挥了仓储、物流的优势，就地布局大型物流基地，能够解决大型家电产品物流端上的困境。总体而言，由乡镇主导的马新工业区从传统制造向智能制造转型升级的发展模式，能够为全省乡镇特色制造业产业布局、促进乡镇经济增长方面发挥重要的示范引领作用，但仍需在改善园区配套服务、提升家电产品研发设计水平、推动旧厂房升级改造等方面进一步扩展优化。

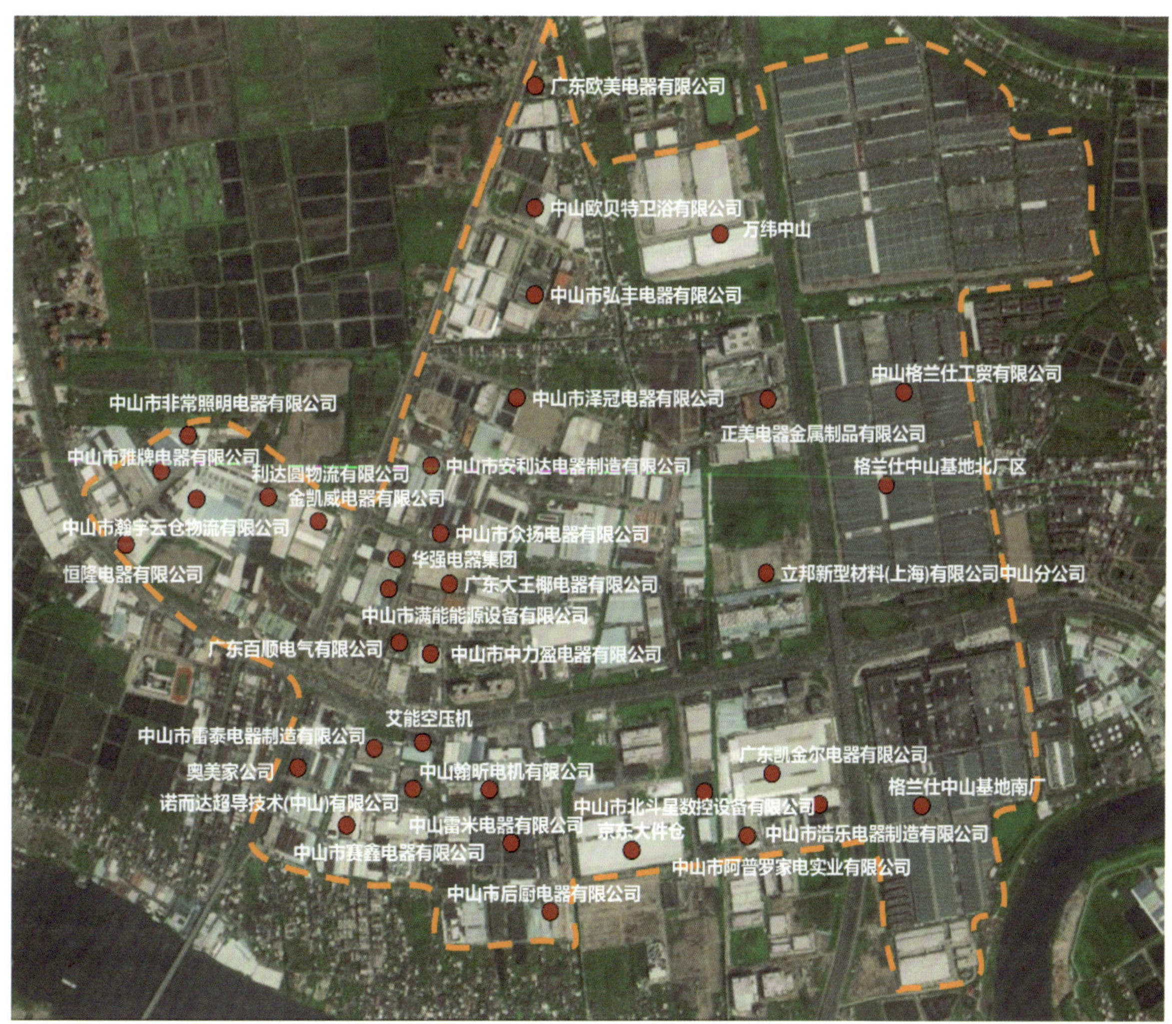

图 5-14：中山马新工业园遥感影像

4.2 典型企业案例

4.2.1 企业概况

马新工业区中，广东格兰仕集团有限公司重点布局的智能电器中山制造基地，是园区智能家电产业集群发展的核心使能器。作为一家在中国家电业具有广泛国际影响力和广东家电行业最具影响力品牌的龙头企业之一，其技术和经济实力雄厚。在 2022 年，该公司实现营业总收入约 320 亿元，近三年营业总收入复合增长率为 15.63%。格兰仕集团发展历史较久，始创于 1978 年 9 月，是一家集微波炉、电蒸炉、蒸烤箱、微蒸烤一体机、烤箱、空气消毒机、空调、冰箱、洗衣机、洗碗机、电饭煲、破壁机、热水器、燃气灶、油烟机等智能电器产品研发、生产、制造和销售于一体的多品牌、全品类、全链条综合性企业，同时拥有全球规模最大的微波炉研发、制造中心，以及全球领先的专业化空调、冰箱、洗衣机、洗碗机及电烤箱等生活电器制造基地。近年来，格兰仕集团专注于面向全球供应综合性白色家电和智能家居一站式解决方案，提供研发设计服务和生产制造产品，产品和方案广泛应用于健康家电、智慧家居领域。

格兰仕集团总部位于佛山，是国家级高新技术企业和国家“两化”融合示范企业。集团自成立以来，多次荣获国内外各界奖项，如荣获“2020 年度最具影响力家电品牌”“2020 年度品质家电产品”两大奖项；入选 2022 年中国品牌 500 强，排名第 380 位；连续 5 年获得中国质量检验协会颁发的“全国家电行业质量领军企业”，其家电产品绿色制造技术集成开发与示范作用被广东省科技厅评选为“广东省科学技术奖励二等奖”，集团旗下的广东格兰仕微波生活制造有限公司及其微波炉产品获得国家级制造业单项冠军企业（产品）称号。集团年均研发投入超过 5%，同时拥有近 5 万名员工，人才实力雄厚。截止到 2022 年年底，格兰仕累计拥有专利申请近 1900 件，累计拥有已授权专利近 1600 件（含国外专利），其拥有专利数量在全国智能家电龙头支柱企业中名列前茅。

4.2.2 典型企业产权联系网络特征

构建广东格兰仕集团有限公司的产权联系网络，有 11 家企业与广东格兰仕集团有限公司直接关联，基本构建了覆盖供应链上、中、下游各环节的产权联系网络，形成了典型的“总部 + 基地”的全产业链布局模式。

空间分布方面，格兰仕集团立足于本地市场，形成以广东省为绝对核心的经营联系网络，发生产权联系企业绝大部分集中在广东省佛山市、中山市，共 10 家，仅 1 家位于山东省。

供应链接结构方面，在产权联系网络中，上、中、下游各环节企业基本完整，集中面向以中山为核心的中游成品设备制造环节布局，且衍生出房地产、商务以及产品应用等下游配套服务。其中，除集团总部外，上游零部件制造、中游设备成品制造类、下游销售类企业均位于广东省中山市，集中布局以中山市为主体的电器生产、制造、销售和服务一体化、全链条的产业基地。下游房地产、商务贸易等生产性服务业配套企业在佛山市、中山市均有布局，维修服务类企业则分布于山东省。

产权联系方式方面（表 5-5），广东格兰仕集团有限公司主要通过投资控股的方式构建企业间合作，其中全资控股企业 4 家，非全资控股企业 6 家，均位于广东省；设立分支机构 1 家，位于山东省。集团重点投资中游和下游环节的企业，投资比例基本较高，下游房地产、商务服务类企业主要为全资控股，中游企业投资比例则采用控股和参股混合的方式，对于下游销售类企业投资比例则比较低。

表 5-5：广东格兰仕集团有限公司产权联系类型
（数据来源：龙盾企业数据库）

产权关联类型	总数	涉及省份	行业类型	代表企业
全资控股	4	广东（中山、佛山）	房地产业、商务服务业	佛山市顺德格兰仕房地产有限公司、中山格兰仕房地产有限公司、广东创扬投资管理有限公司、佛山市顺德格兰仕商贸有限公司
非全资控股	6	广东（中山）	制造业、批发和零售业	格兰仕（中山）电工线材有限公司、格兰仕（中山）家用电器有限公司、中山市格兰仕生活电器制造有限公司、格兰仕（中山）电器有限公司、中山格兰仕日用电器有限公司、广东格兰仕电器销售有限公司
分支机构	1	山东	居民服务、修理和其他服务业	广东格兰仕集团有限公司烟台客户服务中心

总体来看，广东格兰仕集团有限公司主要联动广东省中山市、佛山市两大主经营市场进行产业拓展布局，在供应链各环节的部署模式体现出明显的本地化经营趋向和邻近区域联动特征。首先，集团总部分布在佛山，在投入低于广州、深圳两地的土地经营成本的基础上，能够充分利用佛山相对富集的创新、人力和资金资源。其次，重点通过控股、参股形式，就近在中山市新增上游、中游环节企业，建立智能电器中山制造基地，有效发挥中山市特有专业镇的制造业集群优势。同时在中山、佛山两地扩展房地产、商务配套服务，有利于进一步拓大本地市场影响力，推广智能家电集团品牌。但由于集团产业布局过度集中在本地，全国市场扩展程度不足，不利于进一步扩大品牌效应。集团宜立足“内产 + 外销”的长远战略目标，在稳固本地中山基地智造转型基础上，充分研究国内各地智能家电产业市场需求，加大省外市场投资力度，采用产销结合的方式，因地制宜扩展布局国内智能家电全产业链。

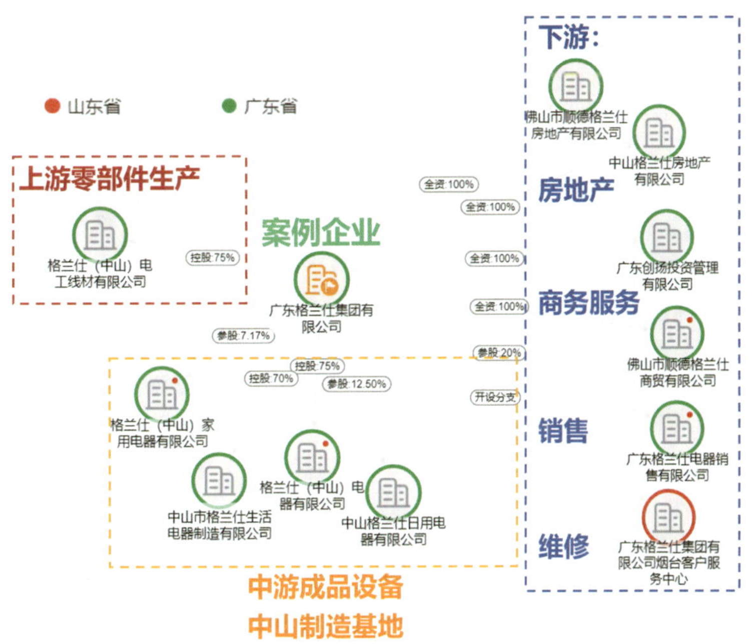

图 5-15：广东格兰仕集团有限公司产权联系企业类型
（数据来源：龙盾企业数据库）

第六章

战略性支柱产业集群：

汽车产业集群

汽车产业包括技术研发与整车制造、零部件制造、汽车销售等领域。其供应链包括上游的汽车零部件制造、有色金属压延、支撑性设备生产，中游的汽车整车装配及下游的汽车销售、服务和金融服务等环节。

从供应链各环节的企业数量规模来看，上游零配件生产等配套环节及下游流通和服务环节的企业规模小、数量多，中游整车装配的企业规模大、数量少。从供应链各环节的企业平均利润来看，上游环节利润率最高，其次是中游环节，利润率最小的是下游环节。虽然上游配套企业多，但广东汽车行业仍存在整车强而零部件产业配套弱的短板。广东汽车产业整零比为 1：0.78，与汽车工业发达国家 1：17 的整零比还有较大提升空间。

广东的汽车企业主要聚集在珠三角地区，且上、中、下游部分均主要集中在广州、深圳、佛山、东莞等科研资源集聚、经济实力较强的地市，销售和流通环节则分布在各市人口聚集地区。

汽车制造产业园往往选址在靠近消费市场的交通物流条件发达、具有大片连片开发的城郊地区。这一点也可以从东风汽车有限公司的布局中得以体现。

1. 汽车产业集群概述

1.1 基本概念

汽车产业是指以汽车制造、销售和相关服务为核心的产业领域。它涵盖了从汽车设计、研发、生产到销售、售后服务和废弃车辆处理等各个环节。汽车产业是一个庞大的产业体系，涉及多个层面和参与方，包括汽车制造商、零部件供应商、研发机构、销售商、经销商、售后服务提供商等。

汽车产业于 19 世纪末 20 世纪初起源于欧美国家，亨利·福特的大规模生产模式和福特 T 型车的成功推动了美国汽车产业的快速发展。美国三大汽车巨头（福特、通用、克莱斯勒）垄断了全球汽车市场。美国在 20 世纪初成为全球汽车产业的领导者，20 世纪中叶后，日本汽车产业迅速崛起。丰田、本田等日本汽车制造商以其高品质、高效率和创新的汽车产品迅速赢得了全球市场份额。这使得日本成为全球汽车产业的重要力量，并在全球范围内实现了高度竞争力。随着亚洲国家经济的快速发展和工业化进程，亚洲地区逐渐成为全球汽车产业的新兴中心。中国、韩国和印度等国家在汽车制造和市场规模上取得了显著进展。中国成为全球最大的汽车市场和制造基地之一，吸引了众多国际汽车制造商的投资和合作。

汽车产业集群的形成是由多种因素共同作用而产生的。产业链效应使得集群内的企业能够紧密合作、资源共享和交流信息，提高了产业链的效率和竞争力。技术与人才的集聚促进了技术创新和产业的发展，吸引了研发机构和专业人才。成本和效益优势使得集群内的企业能够共享基础设施和服务，降低成本，推动技术进步和效益提升。供应链和市场集聚效应加强了集群内企业间的合作和供需关系，形成了良性的市场竞争和需求扩大效应。政府的支持和政策环境在产业集群的形成和发展中发挥着重要作用，提供资金、税收优惠、技术支持等政策措施，推动了集群的繁荣和可持续发展，而集群发展对于完善产业链、提高产业效率，以及助推地方经济都有着重要作用。

汽车是高技术复杂度的行业，产业上、中、下游供应链条较长。为了更好厘清汽车产业的核心产品、核心技术环节、核心行业等关键要素的结构关系，需深入分析产业上、中、下游结构特征，构建汽车产业供应链全景图谱（图 6-1）。

供应链的最顶层是研发端，多由高校和研究机构等主体进行相关基础理论研究和技术研发，在我国，目前新能源汽车、智能网联汽车、自动驾驶汽车、轻量化、智能制造、智能材料、新型动力总成等均是我国重点攻坚的领域。

上游是重要的生产支撑环节，供应核心产品包括原材料、零部件、组件供应、支撑生产的工艺和设备、物流和运输服务。其中原材料供应商向汽车制造商提供所需的各种原材料，如钢铁、铝合金、塑料、橡胶等。零部件供应商生产和提供各种汽车零部件，如发动机、底盘、传动系统、电子元件等。这些零部件是构成汽车的重要组成部分，供应商需要根据汽车制造商的需求进行设计、生产和交付。组件供应商提供装配和组装所需的各种组件，如车身、车灯、座椅、仪表盘等。这些组件是汽车的外

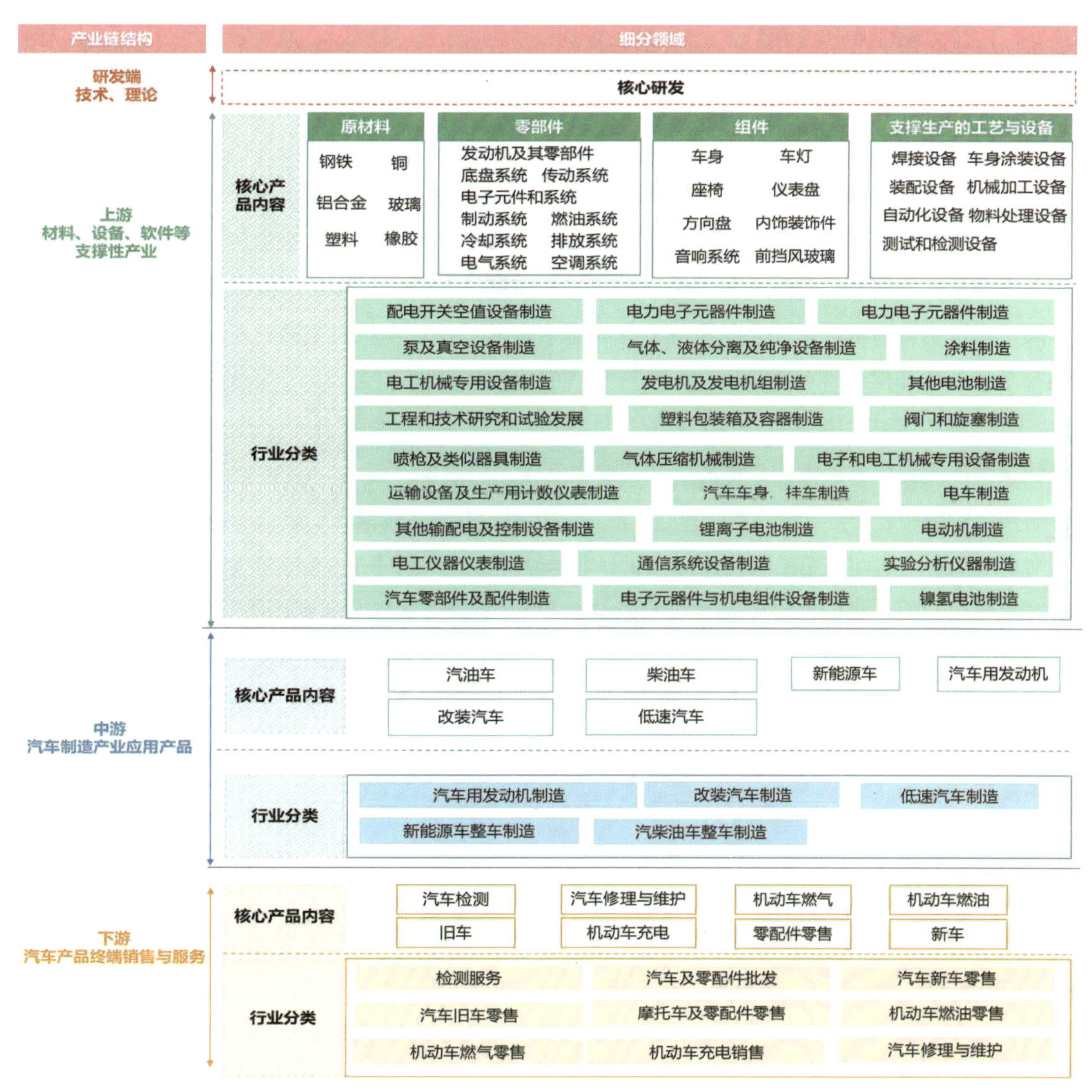

图 6-1：汽车全产业供应链图谱

观和内部装饰的重要元素。工艺和设备供应商为汽车制造商提供生产工艺和设备。这包括汽车生产线的设备、自动化设备、检测和测试设备等。物流和运输服务提供商负责汽车及零部件的运输和物流管理，他们确保供应链的顺畅运作，将零部件从供应商处运送到汽车制造商的生产线上。

本环节对应的企业集中分布在国民经济行业分类中的配电开关空值设备制造（3823，国民经济行业分类代码，下同）泵及真空设备制造（3441），电力电子元器件制造（3824），气体、液体分离及纯净设备制造（3463），电工机械专用设备制造（3561），工程和技术研究和试验发展（7320），塑料包装箱及容器制造（2926），喷枪及类似器具制造（3466），运输设备及生产用计数仪表制造（4022），其他输配电及控制设备制造（3829），锦气电池制造（3842），发电机及发电机组制造（3811），涂料制造（2641），其他电池制造（3849），阀门和旋塞制造（3443），气体压缩机械制造（3442），电子和电工机械专用设备制造（356），电车制造（3650），汽车车身，挂车制造（3660），电动机制造（3812），电工仪器仪表制造（4012），锂离子电池制造（3841），通信系统设备制造（3921），实验分析仪器制造（4014），汽车零部件及配件制造（3670），电子元器件与机电组件设备制造（3563）26 类行业中。

中游是汽车产业重要的生产环节，依托上游支撑，将各个零部件和组件组装成完整的汽车产品。整车制造商的主要任务包括：（1）组成线生产。负责建立和管理汽车的组装线生产。这包括安排生产流程、制定生产计划、协调各个工序和生产环节，确保汽车的按时生产和交付。（2）零部件协调和管理。协调各个零部件供应商，确保零部件的准时交付和质量符合要求。与零部件供应商进行合作，协商供应合同、配送安排和质量管理等事宜。（3）质量控制和检测。负责对组装过程中的质量控制和检测。确保每个零部件和组件符合质量标准，执行严格的检测和测试程序，以确保最终的整车产品质量和安全性。（4）生产管理和优化。进行生产管理和优化，包括生产效率提升、工艺改进、成本控制等方面。通过优化生产流程和管理方法，提高生产效率和质量，降低生产成本，以增强企业的竞争力。（5）资源协调和供应链管理。负责协调和管理整车制造过程中的资源，包括人力资源、设备资源、物流资源等。本环节对应的企业集中分布于国民经济行业分类中的改装汽车制造（3630）、低速汽车制造（3640）、新能源车整车制造（3612）、汽车用发动机制造（3620）、汽柴油车整车制造（3611）5 类行业中。

下游则是汽车产业的末端销售与服务段，将汽车产业的应用产品销售给需求客户。本环节对应的企业集中分布在检测服务（7452）、汽车旧车零售（5262）、机动车燃气零售（5266）、汽车及零配件批发（5172）、摩托车及零配件零售（5264）、机动车充电销售（5267）、汽车新车零售（5261）、机动车燃油零售（5265）、汽车修理与维护（8111）9 类行业中。

1.2 发展概况

1.2.1 政策要求

汽车产业作为重要的战略新兴产业，国家、广东省密集出台了相关政策支持产业发展，从产业链补全、产业集聚发展、产业空间供给、创新能力提升、人才体系保障等五个方面提出了具体的政策要求。印发部门主要涉及发改、工信、财政、税务等部门，主要激励手段包括财政资金奖励、税收优惠、贷款倾斜、供地保障等（表 6-1）。

表 6-1：政策清单表格样式

层级	时间	政策名称	主要内容或措施要求	印发部门
国家级	2020.10	新能源汽车产业发展规划（2021—2035 年）	1. 深化“三纵三横”研发布局；加快建设共性技术创新平台；提升行业公共服务能力。 2. 构建新型产业生态，支持生态主导型企业发展，促进关键系统的创新应用，提升智能制造水平，强化质量安全保障。 3. 推动产业融合发展，推动新能源汽车与能源融合发展，推动新能源汽车与交通融合发展，推动新能源汽车与信息通信融合发展，加强标准对接与数据共享。	国务院办公厅
国家级	2020.4	《智能汽车创新发展战略》	1. 构建协同开放的智能汽车技术创新体系。 2. 构建跨界融合的智能汽车产业生态体系 3. 构建先进完备的智能汽车基础设施体系。 4. 构建系统完善的智能汽车法规标准体系 5. 构建科学规范的智能汽车产品监管体系。 6. 构建全面高效的智能汽车网络安全体系。	国家发展改革委、中央网信办、科技部、工业和信息化部等
国家级	2021.2	《商务部关于进一步做好当前商务领域促消费重点工作的通知》	1. 促进新车消费。加快推动汽车由购买管理向使用管理转变，破除制约汽车购买的使用障碍，释放汽车消费潜力。支持新能源汽车加快发展，会同相关部门深入开展新能源汽车下乡活动。 2. 扩大二手车消费。鼓励二手车经销企业品牌化、连锁化经营，推动流通模式创新。加快推进二手车异地交易登记跨省通办。推动落实取消二手车限迁政策。积极协调配合相关部门依法加强二手车市场的监管，规范市场秩序。支持符合条件的企业开展二手车出口业务，有序扩大二手车出口规模。	商务部办公厅
国家级	2021.4	《关于进一步完善新能源汽车推广应用财政补贴政策的通知》	明确不同领域不同的新能源汽车车型的财政补贴政策	财政部、工业和信息化部、科技部、国家发展改革委
国家级	2022.1	《关于完善能源绿色低碳转型体制机制和政策措施的意见》	完善交通运输领域能源清洁替代政策。 推进交通运输绿色低碳转型，优化交通运输结构，推行绿色低碳交通设施装备。 推行大容量电气化公共交通和电动、氢能、先进生物液体燃料、天然气等清洁能源交通工具，完善充换电、加氢、加气（LNG）站点的布局及服务设施，降低交通运输领域清洁能源用能成本。 完善电力需求响应机制。拓宽电力需求响应的实施范围，通过多种方式挖掘各类需求侧资源并组织其参与需求响应，支持用户侧储能、电动汽车充电设施等参与电力市场交易和系统运行调节。	国家发展改革委、国家能源局
国家级	2022.3	《国务院关于落实〈政府工作报告〉重点工作分工的意见》	坚定实施扩大内需战略，推进区域协调发展和新型城镇化，继续支持新能源汽车消费，鼓励地方开展绿色智能家电下乡和以旧换新	国务院
省级	2020.9	《广东省发展汽车战略性支柱产业集群行动计划（2021 — 2025 年）》	一是创新能力提升工程。推动整车企业、高等院所、科研院所、关键零部件企业加强合作，共同突破产业链上的关键技术、汽车电子（核心芯片组件、传感器等）、生产设备、零部件、原材料等产业的技术短板。 二是产业链提升工程。推动传统汽车零部件产业转型升级，建设新能源、智能网联汽车零部件产业集聚区，推进氢燃料电池汽车的研发攻关及产业化，发展壮大新能源及智能网联汽车产业链，做大做强现代汽车服务业。 三是品牌质量提升工程。巩固我省汽车重点企业在传统汽车领域的领先地位。	广东省人民政府

（续上表）

层级	时间	政策名称	主要内容或措施要求	印发部门
省级	2021.08	《广东省制造业高质量发展“十四五”规划》	规划提出，到2025年，汽车制造业营业收入超过1万亿元，打造具有国际影响力的汽车产业集群。 1. 以轻量化和节能化为重点，加强传统燃油汽车技术研发应用，大力发展乘用车、商用车、专用车等整车制造，扩大高端车型比例，继续提升发动机、传动系统、制动系统、汽车电子等零部件的配套能力。 2. 加速新能源汽车的整车发展，提升混合动力系统、纯电动汽车、氢燃料电池汽车研发水平，重点加大电机、电池和电控系统的研发力度，加快新能源汽车的相关配套基础设施建设。 3. 支持发展智能网联汽车感知、控制、执行、车载信息娱乐系统，推进汽车检测和测试场地等领域建设，积极推进自动驾驶示范应用，打造智能网联汽车示范应用区。 4. 推动汽车绿色回收、零部件再制造、退役电池回收和梯次利用、汽车维修改装、汽车租赁、汽车商贸物流、汽车金融等汽车服务业发展。	广东省人民政府

国家层面主要聚焦行业的规范性和支持性，更多关注新能源汽车、智能汽车等新型汽车在市场上的应用以及推广。2018年以前，我国汽车产业政策主要为规范性文件，随着近年来中国汽车产业的蓬勃发展，实现汽车国产化，愈来愈多的政策倾向于规划类和支持类，汽车产业的主要政策内容为：对汽车消费的促进、对汽车产业发展规划、加强区域间（境内／境外）在汽车产业方面的合作、汽车产业低碳化要求、对汽车产业企业的补贴等方面。因国家层面的汽车产业政策绝大多数均偏向于中长期的规划，故规划类的政策相对较少，而国家汽车产业支持类政策也较多，通过补贴、专项资金、税收减免等方式鼓励居民的汽车消费、企业对新能源和智能汽车等战略性新兴产业的研发以及汽车产业产业链上的补足、增强等行为。

广东省层面主要聚焦做大做强本地产业集群、产业链和供应链。汽车产业制造是广东省的战略性支柱产业。政策主要包括四个方面：（1）促进汽车产业的结构调整和升级，推动新能源汽车和智能网联汽车等新兴领域的发展；（2）促进经济转型和升级，推动广东汽车产业向高端制造和智能制造转型；（3）降低环境污染，提升能源利用效率，推动绿色可持续发展；（4）推动产业链协同发展，提升产业链的整体竞争力和附加值。

1.2.2 市场概况

近年来，中国汽车产业实现了长足发展，销售额不断提升，已经成为全球最大的汽车市场以及汽车制造基地之一。数据显示，我国汽车产业的利润总额由2012年的4065.28亿元增长至2017年的6832.9亿元，年均复合增长率达13.61%。但是从2018年开始汽车利润总额呈现下降趋势，加之疫情对本就低迷的全球汽车产业市场的冲击，使得我国汽车产业的年利润总额从2018年的6091.3亿元减少至5319.6亿元[51]。未来，在5G、人工智能、超高清视频等新兴应用以及其他高新科技不断发展应用在汽车产业的驱动下，我国汽车产业的制造将会实现新的转型，国际市场的需求也会不断地增大。

广东省汽车产业集群包含“汽车制造业”中的汽车整车制造（汽柴油车整车制造和新能源车整车制造）、汽车用发动机制造、改装汽车制造、低速汽车制造、电车制造、汽车车身及挂车制造、汽车零部件及配件制造等含1个大类7个中类8个小类。目前，广东省是国内主要汽车生产基地之一，共有规模以上汽车及零部件企业876家。随着比亚迪、广汽传祺等自主品牌的发展壮大，小鹏汽车、腾势汽车、广汽蔚来等新能源造车企业逐步发展，形成了日系、欧美系和自主品牌多元化的汽车产业格局，汽车产量连续三年居全国第1位。2019年，全省汽车制造业营业收入8404.78亿元，实现工业增加值1768.35亿元；全省汽车产量311.97万辆，占全国汽车总产量12.2%，其中新能源汽车产量15.59万辆，占全国产量13.1%[52]。

汽车是国民经济支柱产业，我国政府高度重视汽车行业的发展。随着人工智能、云计算、大数据、5G通信、车联网等技术不断发展，以及我国相关的基础设施不断完善，多项新兴关键技术开始应用于汽车领域，这些技术将不断促进汽车产业的快速发展，驱动传统汽车向智能网联汽车发展。同时，随着电池、电机、电控、新材料等技术的发展，新能源汽车在购车成本、出行成本方面具备竞争优势，将会推动新能源汽车逐步替代传统燃油车[53]。顺应发展趋势，广东省不断推动加速新能源汽车整车发展，提升混合动力系统、纯电动汽车、 氢燃料电池汽车的研发水平， 重点加大电机、电池和电控系统的研发力度，加快新能源汽车的相关配套基础设施建设，同时支持智能网联汽车感知、控制、执行等新兴技术与汽车产业的融合发展，积极推动自动驾驶示范应用，打造智能网联汽车示范应用区[54]。

2. 广东省汽车产业供应链结构特征

2.1 供应链各环节产业发展规模

全省汽车产业企业数量为179733家。从供应链各环节的企业数量规模来看（图6-2），上游环节规模最大，其次是下游环节，规模最小的是中游环节。

上游环节共有105199家企业，在全供应链中企业数量占比为58.53%。上游包含28个小类（为国民经济行业分类代码中第四级分类），企业数量规模相差较大，其中工程和技术研究和试验发展企业数量做多，数量为92911家，在上游环节的数量占比为88.32%，是上游环节主导发展企业类型；运输设备及生产用计数仪表制造类企业数量最少，数量为3家。

中游环节共有77家企业，在全供应链中企业数量占比为0.04%。其中汽柴油车整车制造类企业数

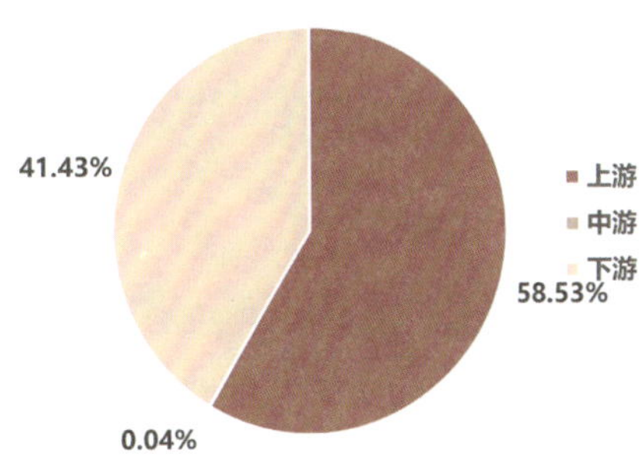

图6-2：汽车全产业企业数量
（数据来源：龙盾企业数据库）

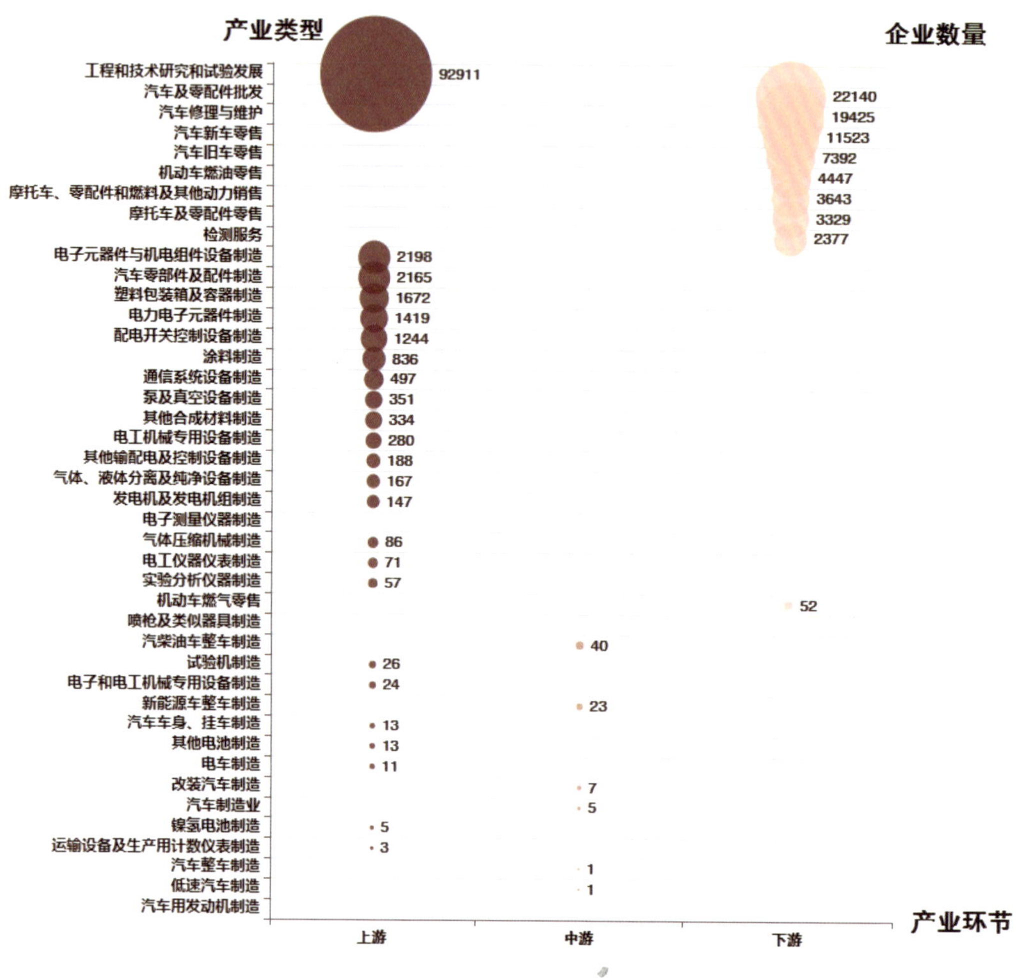

图 6-3：汽车产业全供应链企业数量分析
（数据来源：龙盾企业数据库）

量最多，数量为 40 家，在中游环节的数量占比为 51.95%，是中游环节主导发展企业类型；汽车用发动机制造类企业数量最少，数量为 0，是中游环节发展最不充分的企业类型。

下游环节共有 74457 家企业，在全供应链企业中企业数量占比为 41.43%。其中汽车及零配件批发类企业数量最多，数量为 22140 家，在下游环节的数量占比为 29.74%，是下游环节主导发展企业类型；机动车燃气零售类企业数量最少，数量为 4 家，在下游环节的数量占比为 0.07%，是下游环节发展最不充分的企业类型。

2.2 供应链各环节产业经济价值

汽车产业全供应链 2018 年的整体平均利润率为 3.81%。从供应链各环节的企业平均利润来看，上游环节利润率最高，其次是中游环节，利润率最小的是下游环节。

分环节来看（图 6-4），上游环节平均利润率在三个环节中最高，为 7.11%。其中电子测量仪器制造类企业利润率最高，为 22.18%，比上游环节利润率平均值高了 15.07 个百分点。电车制造类企业利润率最低，为-3.45%，比上游环节利润率平均值低7.45个百分点，本类企业基本整体实现了盈利。

中游环节在供应链三个环节中平均利润率达到了5.69%。其中汽车用发动机制造类企业利润率最高，为15.16%，比中游环节利润率平均值高出9.47个百分点。低速汽车制造类企业利润率最低，为-2.44%，比中游环节利润率平均值低5.71个百分点。

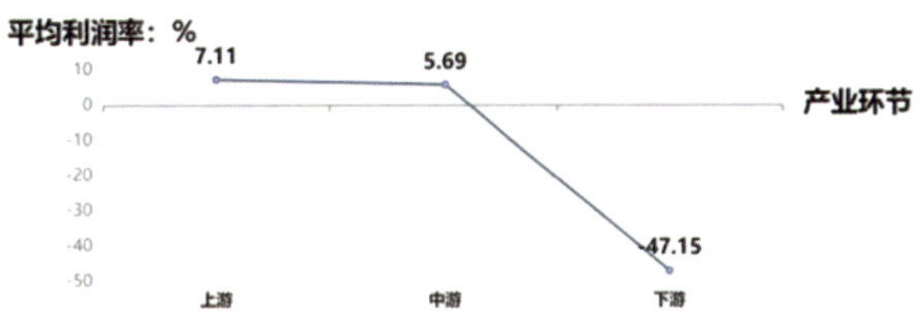

图6-4：上、中、下游利润率平均值折线统计图
（数据来源：龙盾企业数据库）

下游环节在供应链三个环节中平均利润率最低，平均利润率为-47.15%。其中汽车修理与维护类企业利润率最低，为-83.50%，比下游环节利润率平均值低36.35个百分点。本类企业均为未实现盈利，有待采取措施进一步降低生产成本、开拓市场，提升盈利空间。

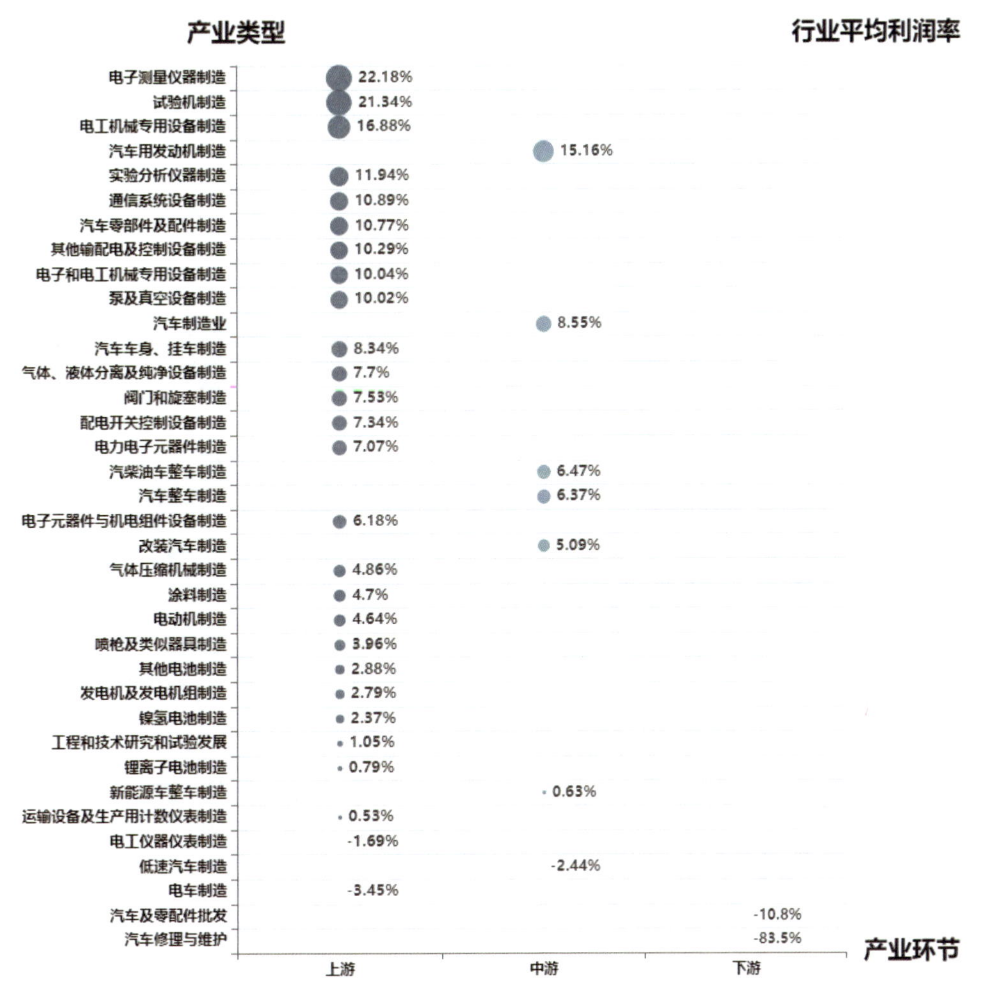

图6-5：汽车产业全供应链经济价值分析
（数据来源：《广东省经济普查年鉴（2018）》）

2.3 供应链各环节产业产权的联系网络特征

全省汽车产业供应链各环节间存在一定的产权联系（表 6-2）。

总体上，同一环节内部企业产权联系较为紧密，联系频数为 4786。同一环节内同类行业间联系频数为 3514，其中工程和技术研究和试验发展内部联系最为紧密。同一环节内不同行业间联系频数为 1272，其中汽车新车零售和汽车修理与维护之间的联系较为紧密。

表 6-2：广东省汽车各行业产权联系表

联系类型	总部或者投资企业类型	分支或被投资企业类型	联系频数
同一环节内部联系（同类行业间）联系频数：3514	工程和技术研究和试验发展	工程和技术研究和试验发展	1689
	汽车新车零售	汽车新车零售	540
	汽车修理与维护	汽车修理与维护	538
	汽车及零配件批发	汽车及零配件批发	195
	汽车旧车零售	汽车旧车零售	133
	汽车、摩托车、零配件和燃料及其他动力销售	汽车、摩托车、零配件和燃料及其他动力销售	102
	汽车零部件及配件制造	汽车零部件及配件制造	73
	机动车燃油零售	机动车燃油零售	65
	摩托车及零配件零售	摩托车及零配件零售	62
	检测服务	检测服务	35
	配电开关控制设备制造	配电开关控制设备制造	18
同一环节内部联系（不同类行业间）联系频数：1272	汽车新车零售	汽车修理与维护	99
	汽车新车零售	汽车旧车零售	93
	汽车旧车零售	汽车新车零售	93
	汽车及零配件批发	汽车新车零售	92
	汽车新车零售	汽车及零配件批发	92
	汽车旧车零售	汽车及零配件批发	78
	汽车及零配件批发	汽车旧车零售	70
	汽车、摩托车、零配件和燃料及其他动力销售	汽车新车零售	52
	汽车修理与维护	汽车新车零售	49
	汽车、摩托车、零配件和燃料及其他动力销售	汽车及零配件批发	44
不同环节间联系 联系频数：143	工程和技术研究和试验发展	汽车修理与维护	18
	汽车及零配件批发	工程和技术研究和试验发展	17
	工程和技术研究和试验发展	汽车及零配件批发	15
	汽车零部件及配件制造	汽车及零配件批发	13
	汽车、摩托车、零配件和燃料及其他动力销售	工程和技术研究和试验发展	13
	工程和技术研究和试验发展	检测服务	11
	汽车新车零售	工程和技术研究和试验发展	7
	工程和技术研究和试验发展	汽车、摩托车、零配件和燃料及其他动力销售	5
	工程和技术研究和试验发展	机动车燃油零售	5
	汽车修理与维护	工程和技术研究和试验发展	5
	汽车及零配件批发	汽车零部件及配件制造	4
总计			4929

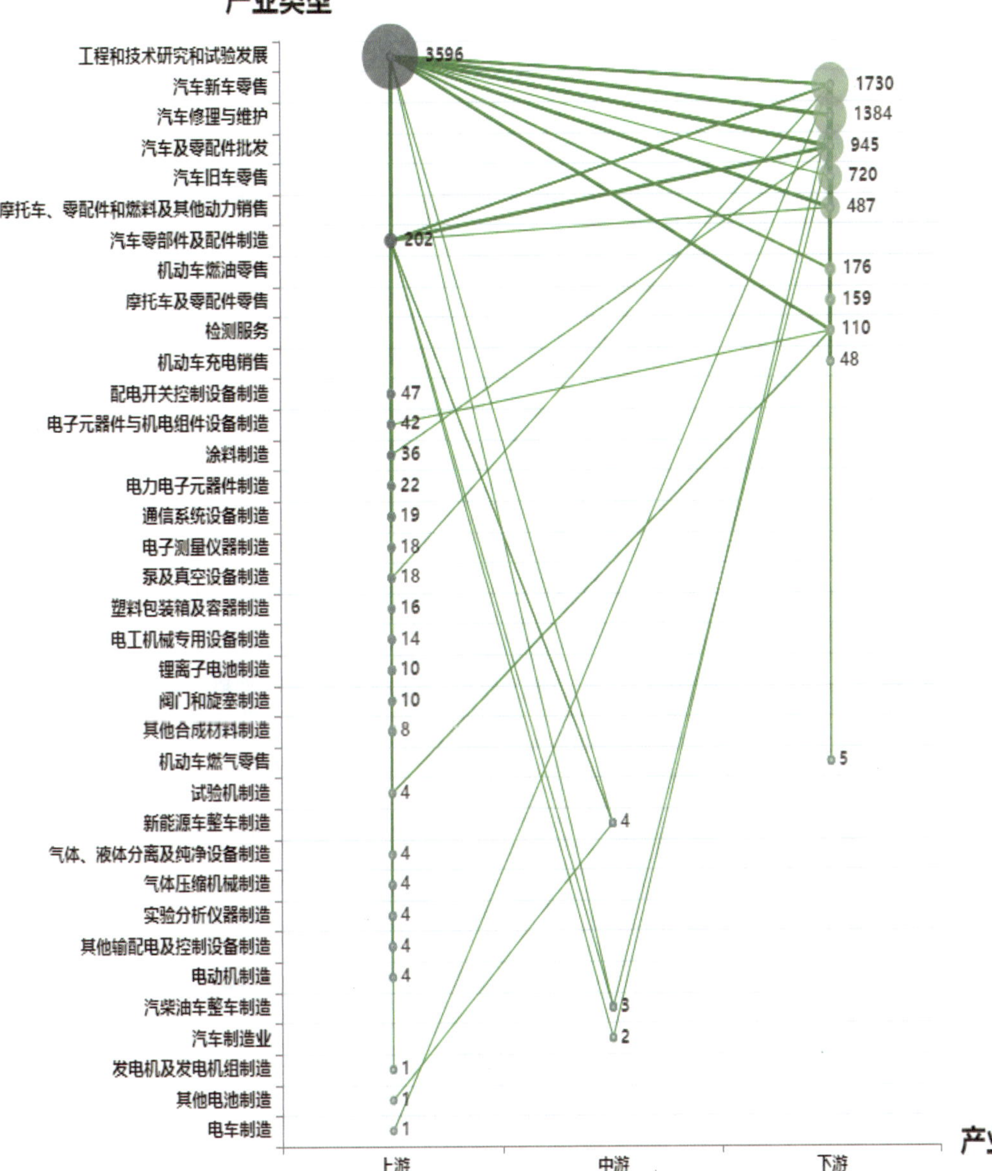

图 6-6：汽车产业全供应链产权联系分析图
（数据来源：龙盾企业数据库）

不同环节之间的企业产权联系较薄弱，联系频数为143。其中上游和下游之间的联系最为紧密，联系频数为134。其次是上游和中游的联系，中游和下游的联系最为薄弱。

2.4 供应链结构多要素的耦合特征

统计汽车产业供应链各环节的发展规模、经济价值、产权联系三要素对应指标的皮尔逊相关系数，可以发现企业数量比率与产权联系频数比率指标的皮尔逊相关系数为0.89，发展规模与产权联系两要素间存在极强的正相关性，企业数量规模越多的行业有更多的企业设立分支机构或对外投资，形成相对密集的产权联系网络。其他要素间则不存在较强的相关性。

表6-3： 三要素相关系数表

要素指标	皮尔逊相关系数
企业数量比率与利润率	-0.23（弱负相关）
企业数量比率与产权联系频数比率	0.89（极度正相关）
行业平均利润率与产权联系频数比率	-0.38（弱负相关）

根据三要素指标的分布情况（图6-7），汽车产业供应链内各环节企业发展状态大致可分为三种情况。

一是经济价值指标表现良好，而发展规模和产权联系指标较弱的企业，该类行业在整个汽车产业供应链中最多，包含电力元器件制造、配电开关控制设备制造、涂料制造、电工机械专用设备制造等27类。主要处于中游及上游环节。整体来看，几类产业发展处于成熟期，该行业技术门槛高，规模经济效应显著，进入成本较高。且该类企业市场集中度较高，需求增长较快而供给量相对稳定。该类产业整体利润高，相对于需求，供给处于较紧缺状态。企业宜采用维持战略并投入资金支持新的核心能力开发计划在战略、组织结构、人员、技术等方面，为转向新领域作准备抓住时机，通过转型、重组、再造和技术、制度、管理创新战略来推动企业及早进入新一轮的生命周期。

二是企业发展规模和产权联系表现较好，但是经济价值指标较弱的企业，包含工程技术研究和试验发展、汽车零配件批发、汽车修理与维护、汽车新车零售、汽车旧车零售5类，其中汽车零配件批发、汽车修理与维护的利润整合率为负值，分别属于上游产业和下游产业。整体来看，该类产业发展面临市场竞争激烈，产能过度等问题。市场竞争激烈，导致企业之间为争夺市场份额进行价格战，导致产品价格下降。

三是三要素指标均处于较低水平，表现为企业数量少、平均利润率为负、企业间联系频数低，包含塑料包装箱及容器制造、机动车燃油零售、摩托车及零配件零售、机动车充电销售等10类，分别处于上游及下游环节。整体来看，这两类产业处于初创发展阶段，市场需求不够成熟，存在技术落后或成本投入较大等问题。企业在这一阶段需要承担较高的研发成本和风险，并进行市场调研、产品定位等工作，加强研发争取市场主导权，及早进入市场与申请专利，强化竞争优势。

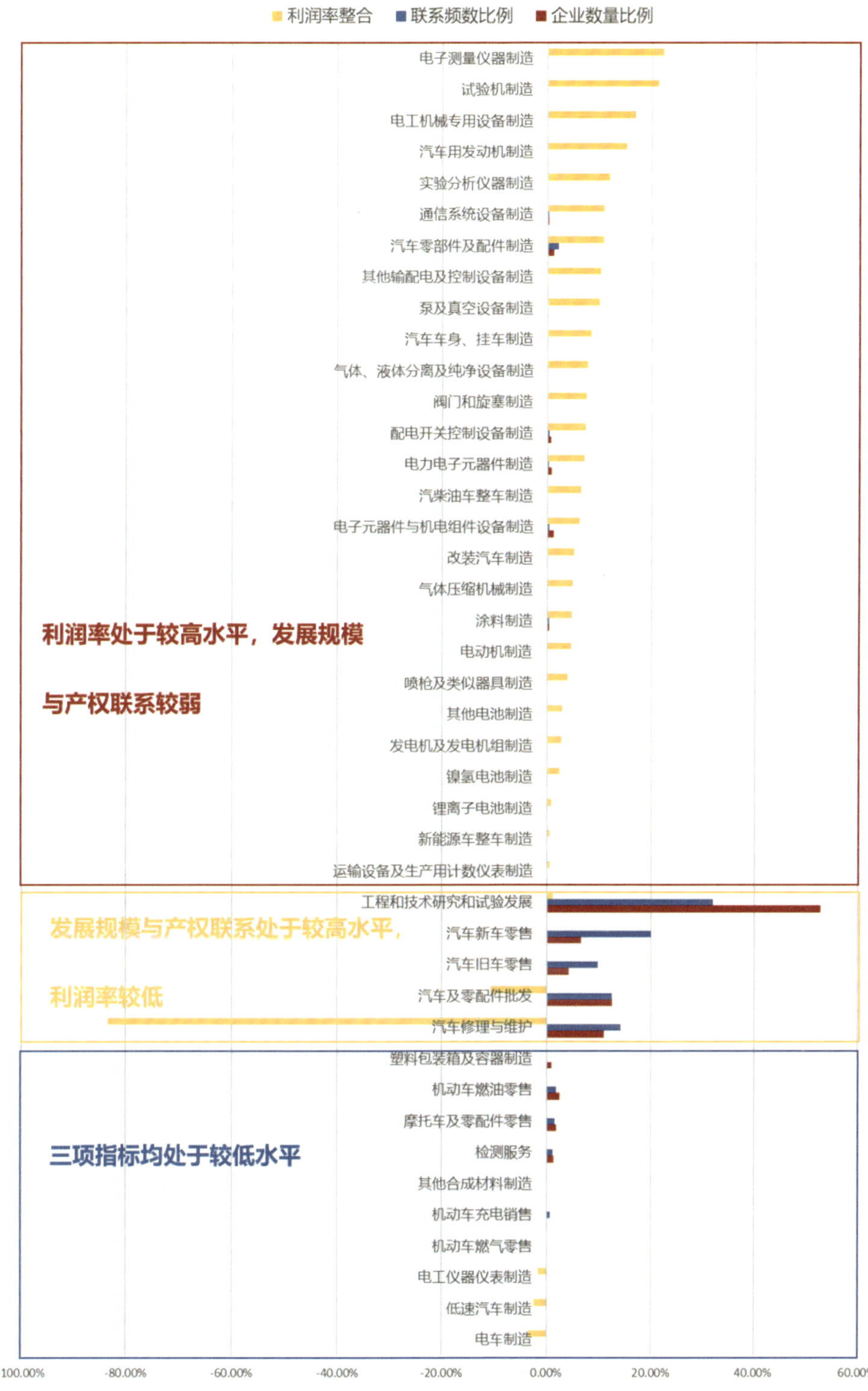

图 6-7：汽车产业全供应链四级分类产业要素指标分析图
（数据来源：龙盾企业数据库、《广东省经济普查年鉴（2018）》）

3. 广东省汽车产业集群空间特征

3.1 企业数量集聚的空间特征

分区域来看（图 6-8），珠三角地区是全省汽车企业主要集聚区域，包含的上、中、下游各环节以及全供应链的企业数量规模均占比分别为 98%、86.67%、83.3% 和 91.7%，均超过 80% 以上，在产业规模发展方面具有绝对的数量规模优势。粤北地区是汽车企业的次级集聚区域，尤其是中游生产等企业，数量占比超过 10%。粤东地区和粤西地区的汽车产业发展规模相对较小，合计数量占比未超过 5%，产业发展基础相对薄弱。

分地市来看（图 6-9），广州、深圳、东莞、珠海、佛山等地是汽车产业的主要集聚地，上、中、下游各环节企业分布均较为密集，但各地市集聚的产业环节特点略有差异，广州、佛山、东莞和深圳是上游企业数量最多的 4 个地市，中山、惠州、珠海、肇庆、江门等地企业数量依次递减，是汽车企业生产以及支撑软相关设备的主要产地；佛山、东莞和广州是中游企业数量最多的 3 个地市，肇庆、深圳、珠海、惠州、中山、江门、清远等地企业数量依次递减，承载着汽车整车装配等生产工作；广州、深圳、东莞和佛山是下游企业数量最多的 4 个地市，惠州、中山、江门、珠海、肇庆等地企业数量依次递减，是汽车产业消费端的主要集中区域。

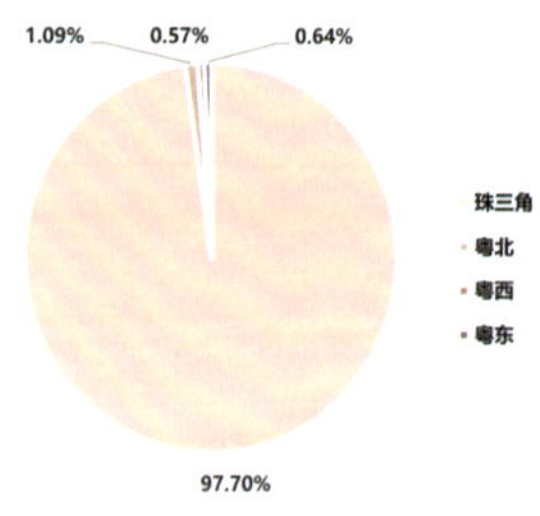

上游企业数量分区域统计

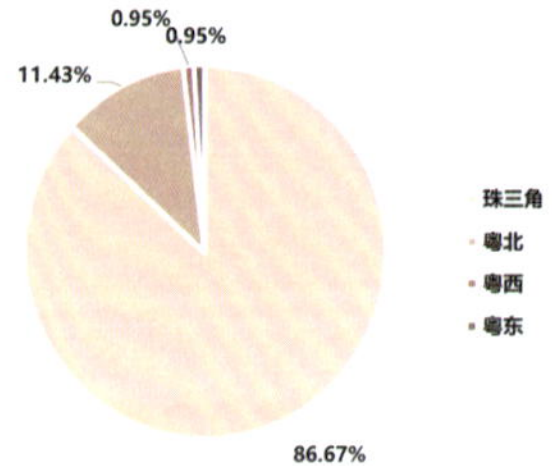

中游企业数量分区域统计

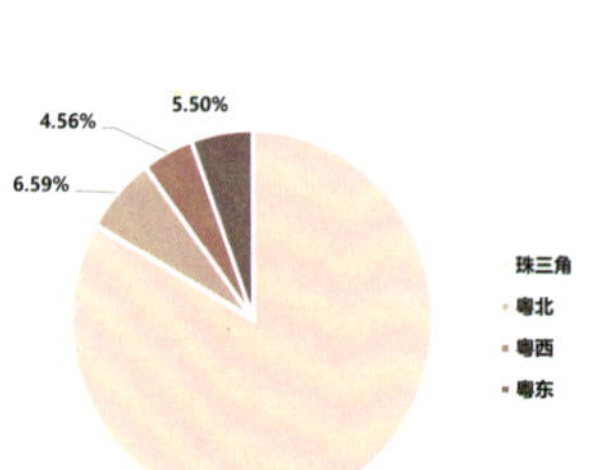

下游企业数量分区域统计

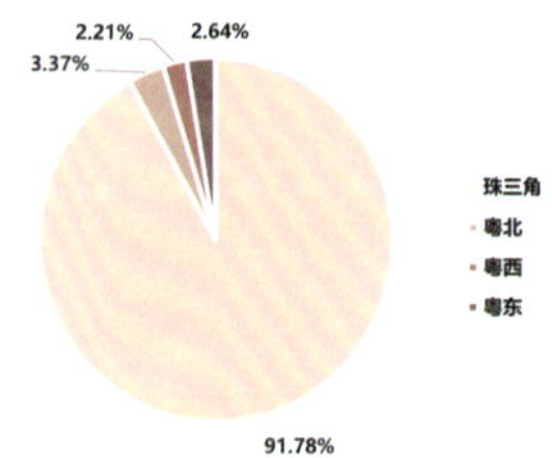

全供应链企业数量分区域统计

图 6-8：全省汽车产业分区域企业数量统计
（数据来源：龙盾企业数据库）

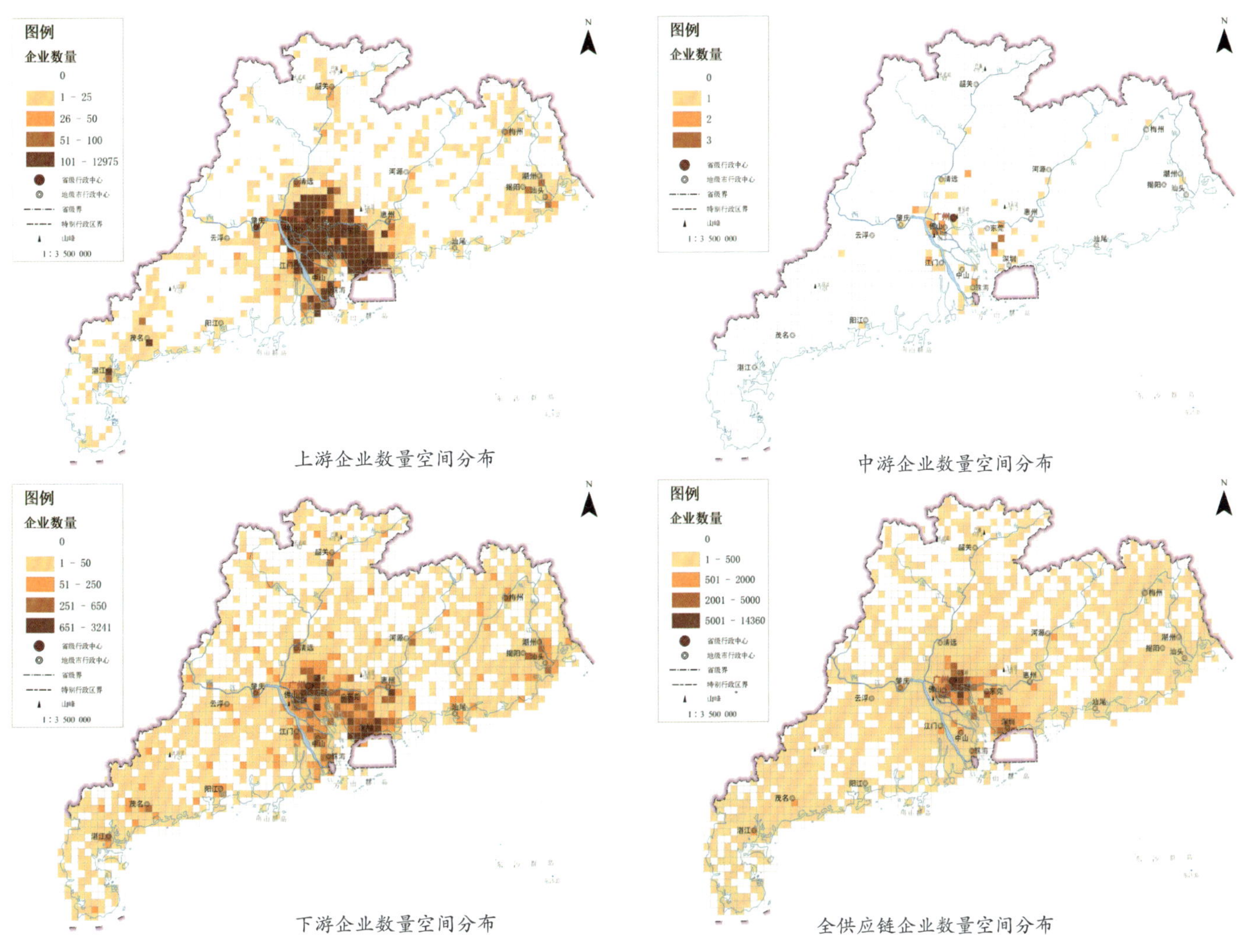

上游企业数量空间分布　中游企业数量空间分布　下游企业数量空间分布　全供应链企业数量空间分布

图 6-9：全省汽车产业企业数量分布
（数据来源：龙盾企业数据库）

3.2 企业联系集聚的空间特征

分区域来看（图 6-10），珠三角地区是全省汽车产业中设置分支机构或进行投资的企业的主要集聚区域，上、下游各环节以及全供应链的产权联系度占比分别为 95.53%、86.37%、90.00%，均超过 80% 以上（中游企业暂未有产权联系），具有绝对的产权布局优势，依托产权部署，在经济、技术、知识、人才等要素交流方面都具有更大的潜力。粤北地区具有一定的产权联系规模，尤其是上游原料生产等企业，联系度占比超过 15%。粤东地区和粤西地区的半导及集成电路产业产权联系度相对较小，合计数量占比未超过 2%，发展基础相对薄弱，其中粤东地区略强优于粤西地区。

分地市来看（图 6-11），广州、深圳、东莞、佛山等地是汽车产业上游、中游、下游各环节企业产权联系较多的区域，有较强的产业合作拓展能力，但各环节企业产权联系度排序略有变化。广州、佛山是上游企业产权联系度较高区域，东莞、深圳、中山、珠海、肇庆、清远、惠州等市产权联系度依次递减，其中广州作为汽车生产上游的集中地，在上游环节企业的产权联系强度远远超过了其他地市；广州、深圳、东莞和佛山是下游企业产权联系度较高区域，惠州、中山、肇庆、江门、珠海、汕头等依次递减。

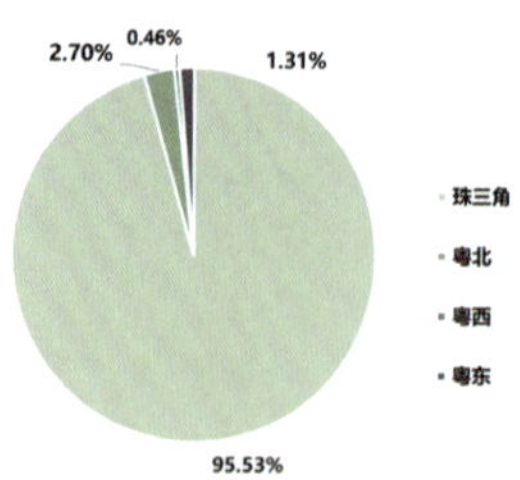

上游企业产权联系度

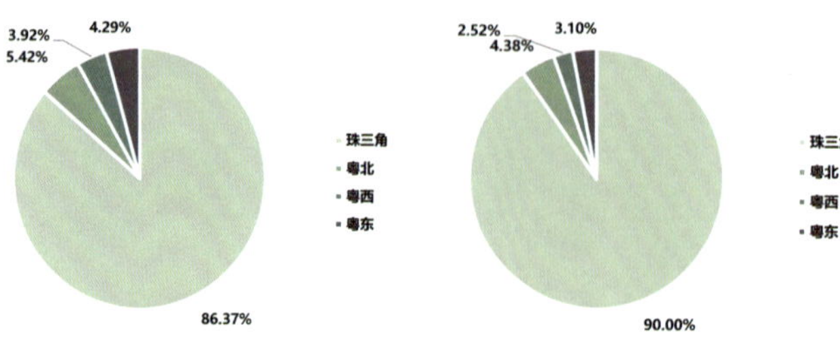

下游企业产权联系度　　全供应链企业产权联系度

图 6-10：全省汽车产业分区域企业产权联系度统计
（数据来源：龙盾企业数据库）

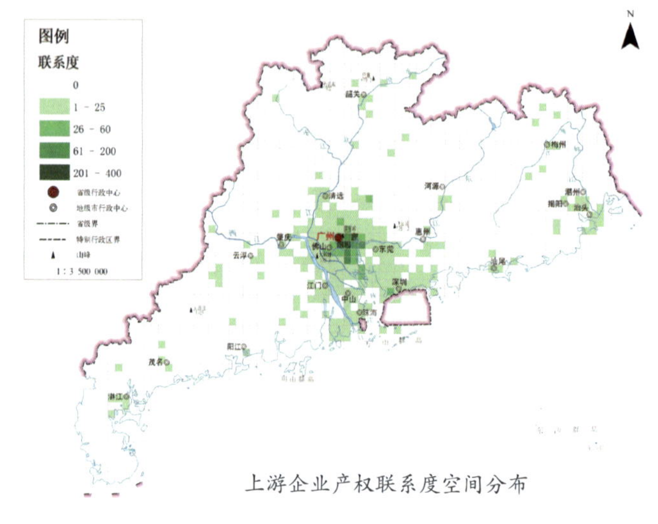

上游企业产权联系度空间分布

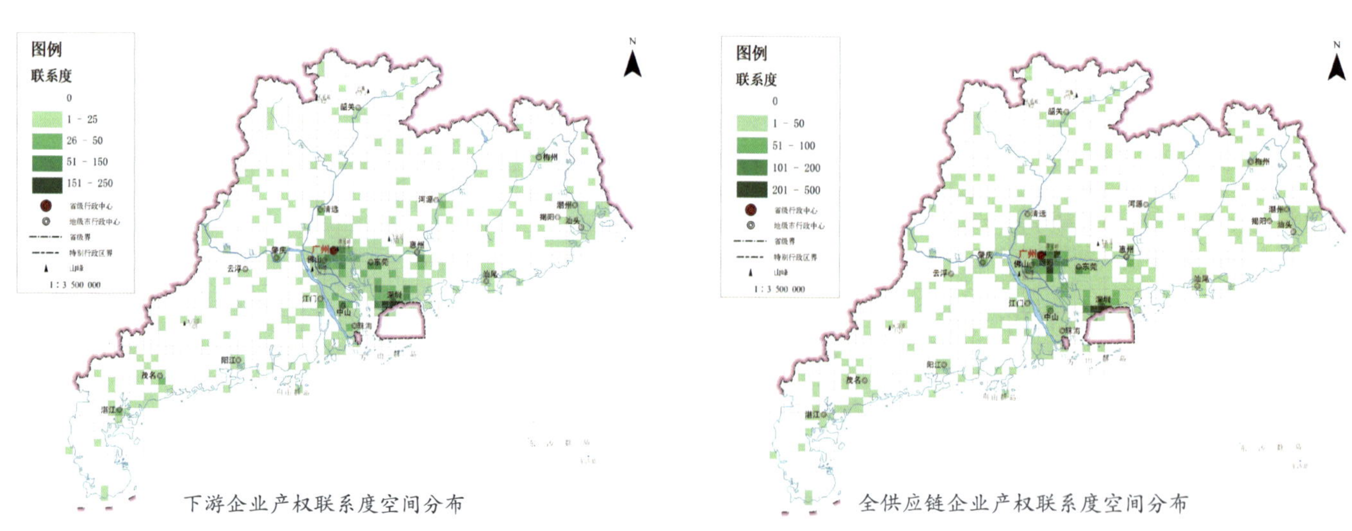

下游企业产权联系度空间分布　　全供应链企业产权联系度空间分布

图 6-11：全省汽车产业企业产权联系度分布
（数据来源：龙盾企业数据库）

3.3 产业集群空间特征

综合分析汽车产业全供应链企业数量空间分布、产权联系度情况，筛选两项指标处于前 10% 的格网做叠加分析，筛选企业密度较高、产权联系紧密的产业集群潜在空间格网共 186 个。

分区域来看（图 6-12），全省汽车产业集群的潜在空间主要分布在珠三角地区，包含 36 个格网空间，面积占比为 97.3%；此外粤北地区有 1 个产业集群潜在空间，面积占比为 2.7%；粤东、粤西暂无产业集群潜在空间。

分地市来看（图 6-13），省汽车产业集群的潜在空间主要分布在珠三角区域，其中主要集中在广州、佛山、东莞、深圳、中山北部以及珠海部分区域，这些区域是全省现阶段汽车产业集群发展较为成熟的潜在区域。

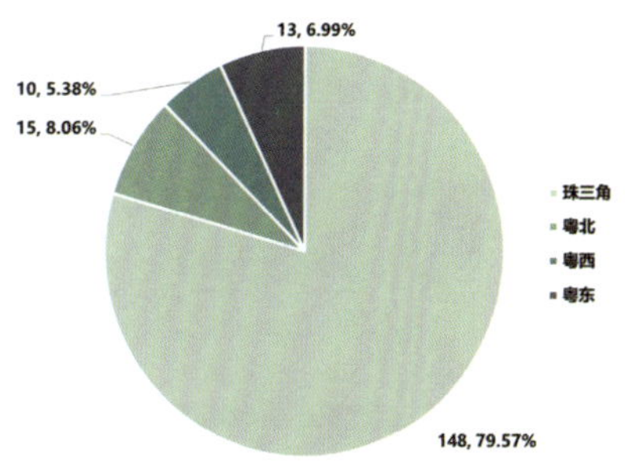

图 6-12：产业集群潜在空间格网统计图
（数据来源：龙盾企业数据库）

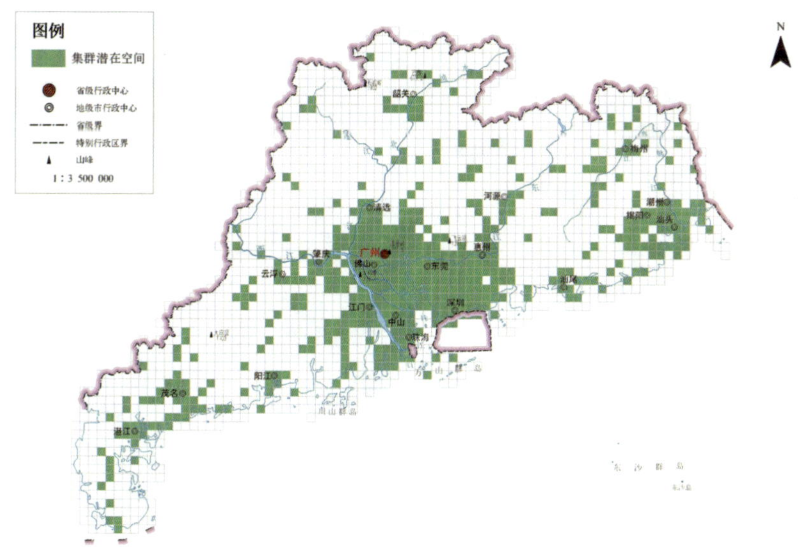

图 6-13：产业集群潜在空间空间分布图
（数据来源：龙盾企业数据库）

4. 广东省汽车产业典型案例

4.1 典型园区案例

2020 年 12 月 25 日，经广东省人民政府批复，花都汽车产业基地正式获批为广州花都高新技术产业开发区（以下简称“花都高新区”）。花都高新区规划面积为 1124.43 公顷，范围东至天马河，南至白坭河，西至广四线，北至九塘。以整车及零部件制造为主导产业，多元化培育和发展智能网联及新能源汽车、智能装备等先进制造业。产业基础底蕴深厚，通过整车企业带动零部件产业集聚，覆盖动力系统、底盘、车身、电子、内饰等全产业配套体系，形成了集“产、学、研、销”于一体的完备系统。其中规模以上配套企业有 134 家（含工业配套企业 98 家，商业服务业配套企业 36 家），包括世界 500 强关联企业 31 家。凭借高新区内汽车产业集群优势，花都汽车零部件总部集聚区被认定为最新公布的。2019 年全市三大总部经济聚集区，创新能力显著增强。产业基地内高新技术企业共 78 家，占园区规上工业企业总数的 74%；科技型中小企业 15 家；建有研发机构的规上工业企业数量达 56 家，其中，13 家企业研发中心被认定为省级工程技术研究中心。

图 6-14：广州花都汽车城遥感影像
（数据来源：百度地图）

表 6-4： 典型园区关键要素对比表

园区对比要素	花都汽车城	上海国际汽车城	天津武清汽车产业园
地理位置	广州市花都区	上海市嘉定区	天津市武清区
开发面积	11.24 平方公里	68 平方公里	20 平方公里
入驻企业数（家）	约 190	约 284	约 54
年度营收	“十三五”期间，工业总产值达到 8256.25 亿元	2018 年产值 3639.2 亿元	2022 年第一季度收益 37 亿元
地均营收（亿元 / 平方公里）	146.85 亿元	53.52 亿元	—
企均营收（亿元 / 家）	8.69 亿元	12.81 亿元	—
交通条件	广州地铁 9 号线穿过并设花都汽车城站，毗邻广州北站，周围有许广高速、风神大道等高快速路。	上海轨道交通 11 号线横向穿过，上海郊环线、沪宁高速公路和 312 国道上海段—曹安公路等主干道通过；另有安亭汽车站、安亭北火车站等区域交通枢纽设施。	天津武清汽车产业园坐落于天津市武清区东部上马台和梅厂镇，地处天津市区以北，距市区 12 公里；距天津机场 25 公里；天津港 60 公里；距北京市区 70 公里。
产业布局	通过整车企业带动零部件产业集聚，覆盖动力系统、底盘、车身、电子、内饰等全产业配套体系，形成集“产、学、研、销”于一体的完备汽车产业链。多元化培育和发展智能网联及新能源汽车、智能装备等先进制造业。	主体为汽车的制造、研发和贸易。制造领域包括整车制造和关键零部件制造，研发领域主要由上汽集团汽车工程研究院、国家机动车产品质量监督检验中心等多家国内外研究机构组成，负责新型技术和环保动力汽车的研发和创新。	以比亚迪新能源汽车、清华大学汽车 ESC 项目、常春汽车部件等为代表的汽车及零部件产业；以新疆特变电工、象限空间无人机、煋鸟全向识别系统、中国北方智能先进制造研发平台为代表的高端装备及智能制造业。
产业链核心环节	中游，各种工业配套	上游和中游，汽车的制造、研发	上游，零部件生产
代表企业	东风日产、东风启辰两大整车企业等	上汽集团	比亚迪新能源汽车、清华大学汽车 ESC 项目、常春汽车部件等为代表的汽车及零部件产业

与国内发展较好的上海国际汽车城以及天津武清汽车产业园相比（表 6-4），规模上，花都园区面积较小，企业数量较少；盈利水平上，与其他两家园区相比，广州花都汽车城年度营收总量最高，地均营收与企业营收均属于较高水平；交通条件上，三家产业园区交通区位良好，毗邻机场，轨道交通或公路交通线均有贯通；产业布局上，花都汽车城与上海汽车城较为相似，均集研发与整车制造为一体，发挥着集群发展优势，天津武清汽车产业园主要以生产汽车零部件为主，汽车整体上游利润较低，因此武清汽车产业园的地均营收和企业营收均处于较低水平。与上海典型园区相比，花都汽车城发展也具有一定特点，园区以研发、整车制造以及销售贸易为一体，集聚了 150 多家零部件制造配套企业，其中包括采埃孚、佛吉亚、马瑞利、法雷奥、延锋、李尔等 40 家世界 500 强关联企业、15 家总部经济企业、8 家全球汽车零部件供应商 30 强企业聚集花都，涵盖发动机系统、变速箱系统、底盘及电子系统、车身部件系统、内外饰件系统、电子设备等全产业链条，整车与零部件产值比约 1：0.71，是目前国内汽车产业链最完整、产业配套最完善的汽车产业基地。

4.2 典型企业案例

4.2.1 企业概况

花都汽车城中，东风汽车有限公司发展较快，技术经济实力雄厚。东风汽车有限公司（ DFL ）成立于 2003 年 6 月 9 日，是东风汽车集团有限公司与日产汽车公司战略合作携手组建的中国首家拥有全系列乘用车及轻型商用车产品，汽车零部件和装备，集汽车设计、研发、采购、生产、销售、售后和出行服务为一体的汽车合资企业，也是日产公司在海外唯一的一个全系列合作项目。

东风汽车有限公司总部在武汉。旗下有：东风日产乘用车公司、东风启辰汽车公司、东风英菲尼迪汽车有限公司、东风汽车股份有限公司、郑州日产汽车有限公司、东风汽车零部件（集团）有限公司、东风汽车有限公司装备公司七大事业部。主要生产基地分布在湖北、广东、河南、辽宁、江苏等地。2017 年的整体销量实绩为 152 万辆，同比增长 12%。2018 年 2 月 5 日，东风汽车有限公司发布“TRIPLE ONE”中期事业计划，计划将年销量增加 100 万辆，至 2022 年达到 260 万辆，销售收入达到 3000 亿元人民币。

4.2.2 企业产权联系网络特征

构建东风汽车有限公司的产权联系网络，有 28 家企业与东风汽车有限公司直接关联，构建了覆盖供应链上、中、下游各环节的产权联系网络（图 6-15）。

空间分布方面，发生产权联系企业分别位于湖北、江苏、广东、河南、辽宁等 5 个省级行政区，其中属于湖北省的企业数量最多，有 12 家，广东省企业数量次之，有 8 家。

供应链接结构方面，产权联系网络中上、中、下游各环节企业完整，集中面向中游环节布局。其中，上游企业主要位于湖北和广东，中游企业布局在广东、湖北、河南，主要集中在广东和湖北，下游企业中设计产品应用的企业分布在广东。

产权联系方式方面（表 6-5），东风汽车有限公司主要通过开设分支的形式展开合作，开设分支企业有 15 家，分别位于广东、湖北、北京、河南，其中分支企业基本以分公司的形式开设，主要分布在不同地区供应链的上游和中游。

总体来看，东风汽车有限公司进行了一定的产业拓展布局，在供应链各环节的部署模式都具有参考价值。首先，重点通过开设分支的形式在在湖北本地新增上中游环节企业，发挥本地的集群优势；同时在广东布局研发企业，充分利用广州富集的创新资源和人力资源；同时在广州设立东风日产以及东风启辰销售有限公司拓宽产业下游销售渠道。

表 6-5：东风汽车有限公司产权联系类型

（数据来源：龙盾企业数据库）

产权关联类型		总数	涉及省份	行业类型	代表企业
开设分支		15	广东、湖北、北京、河南	制造业、批发和零售业、租赁与商业服务业	东风汽车有限公司北京分公司、东风汽车有限公司武汉分公司、东风汽车有限公司东风启辰汽车公司、东风汽车有限公司设备制造厂、东风汽车有限公司十堰发动机分公司、东风汽车有限公司东风日产乘用车公司
投资控股	全资控股	4	湖北、广东、河南	批发与零售业	东风英菲尼迪汽车有限公司、东风日产汽车销售有限公司、郑州日产汽车有限公司、东风启辰汽车销售有限公司
	非全资控股	8	湖北、广东、河南	制造业、租赁与商贸服务业	东风汽车零部件（集团）有限公司、东风轻型发动机有限公司、东风汽车股份有限公司、风神汽车有限公司

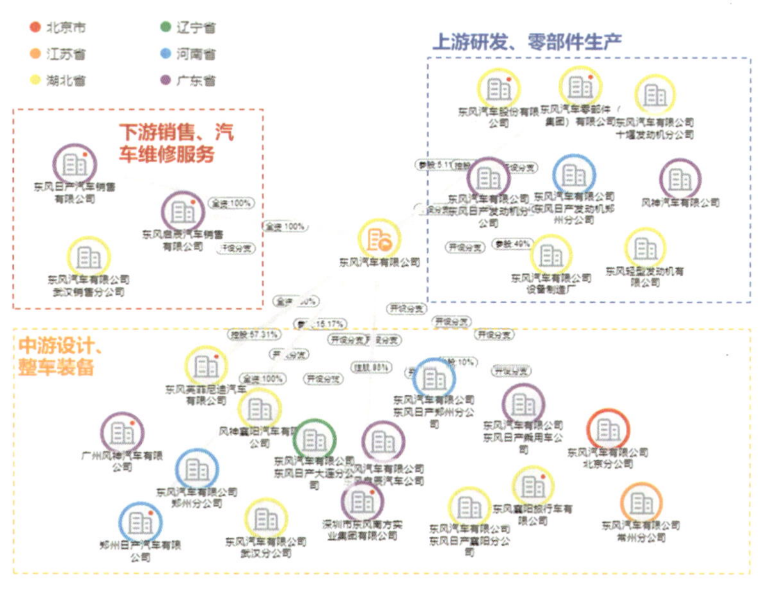

图 6-15：东风汽车有限公司产权联系企业类型
（数据来源：龙盾企业数据库）

第七章

战略性支柱产业集群：

先进材料产业集群

先进材料产业包括现代建筑材料、绿色钢铁、有色金属、化工材料等领域。其供应链包括高纯原料研发与精密仪器研制，原料开采和制造设备供应，化学纤维、橡胶塑料、非金属材料、金属材料及其制品等核心产品制造，以及材料成品在精密仪器、建筑装饰、汽车制造、家电制造和节能环保等领域的销售与应用。

广东省先进材料企业主要集中在中游先进材料及其制品的制造环节和下游先进材料的成品流通环节，上游原料开采等环节具有企业数量较少、企业规模大、垄断性强的特点，因此上游环节利润率远高于中游和下游环节。由于上游环节企业数量少，企业产权联系主要发生在中游和下游之间，这种模式有利于形成制造和市场的良性互动，也有利于扩大经济效益。

广东省先进材料企业主要集聚在珠三角地区，广州、东莞、佛山、深圳、中山、珠海等集聚各环节企业均较多。相对来说，先进材料产业园一部分布局在地理位置优越、交通物流条件发达、靠近科研资源的高度城市化地区，以便吸引人才和产品流通，这一点从金发科技的布局中得以体现；另一部分靠近原料产地、产业用地充足，以便为未来生产规模扩展预留发展空间。

1. 先进材料产业集群概述

1.1 基本概念

先进材料是指新出现的具有优异性能或特殊功能的材料，或是传统材料改进后性能明显提高或产生新功能的材料。先进材料和传统材料之间没有截然的分界，但在结构、性能和特性方面较传统材料具有明显优势。根据材料应用场景，先进材料可分为先进基础材料、关键战略材料和前沿新材料（本章主要涉及先进基础材料和关键战略材料两类）。

先进基础材料是指推动先进基础材料工业转型升级的先进材料，主要包括现代建筑材料、绿色钢铁、有色金属、化工材料等。先进战略材料是指推动新一代信息技术产业、高端装备制造业等战略性新兴产业发展的材料，主要包括稀土材料等。从核心产品角度来看，先进材料产业主要以开发和利用具有先进性能和特殊功能的材料为核心，旨在满足现代科技和工业发展对材料的高性能、高可靠性和多功能化需求，涉及了研发、生产（制备工艺、材料加工、表面处理、组件制造与装配）和应用多个流程和技术，以及相关原材料、辅助材料、生产装备等方面。

先进材料产业的重要性最早由美国、日本、西欧国家等率先提出，并推出本土先进材料产业的发展政策规划及扶持政策，推动先进材料产业的初步发展。21 世纪以来，更多国家将先进材料的发展作为国家重大战略决策，美国、日本、俄罗斯、西欧国家等进一步细化了先进材料产业发展方向，全球先进材料产业发展迅速。

由于技术的发展，先进材料产业发展经历了由垂直整合阶段向垂直分离阶段的过渡，全产业出现了专业化的分工，但各分工环节间仍然具有高度的技术衔接要求，因此不同环节的厂商在地理相对邻近的区域集聚，强化技术、经济、人才的互动交流，推进了先进材料产业的集群发展。

先进材料是高技术复杂度的行业，产业上、中、下游供应链条较长。为了更好厘清先进材料产业的核心产品、核心技术环节、核心行业等关键要素的结构关系，需深入分析产业上、中、下游结构特征，构建先进材料产业供应链全景图谱（图 7-1）。

供应链的最顶层是研发端，多由高校和研究机构等主体进行相关基础理论的研究和技术研发，在我国，高纯原料研制、高端检测仪器、材料设计工具、材料研发支撑数据库、智能自主制造、精密设备生产等都是重点聚焦攻坚的领域。

上游是重要的生产支撑环节，供应的核心产品包含用于先进材料生产的原材料与合成产品以及支撑生产制备与处理技术等。其中原材料与合成产品主要包含金属类原材料（铁、铝等各类金属和合金，作为基础材料用于先进材料的制备和加工过程）、矿物类原材料（矿石和砂矿等提供各种金属元素和非金属元素，用于制备所需化学成分）、化工类原材料（聚合物、树脂、溶剂等化学品和有机物，常用于先进材料的合成、改性和涂层等工艺中）、矿产类原材料（稀土元素和稀有金属等在稀土材料制备等领域具有重要应用）、石油化工类原材料（石油、煤焦油等石油化工产品和石化原料，可用于生产合成纤维、聚合物、高分子材料等先进材料）、其他特殊原材料（如光纤、碳纤维、陶瓷材料、玻璃材料等）；制备与处理技术主要包括化学合成技术、熔融法、粉末冶金技术、生长法、界面调控技术、复合材料制备技术、纳米技术、表面处理技术、热处理技术、加工成型技术、焊接与粘接技术、精密装配技术等。

本环节对应的企业集中分布在国民经济行业分类中的黑色金属矿采选业（8，国民经济行业分类代码，下同）、有色金属矿采选业（9）、非金属矿采选业（10）、开采专业及辅助性活动（11）、黑

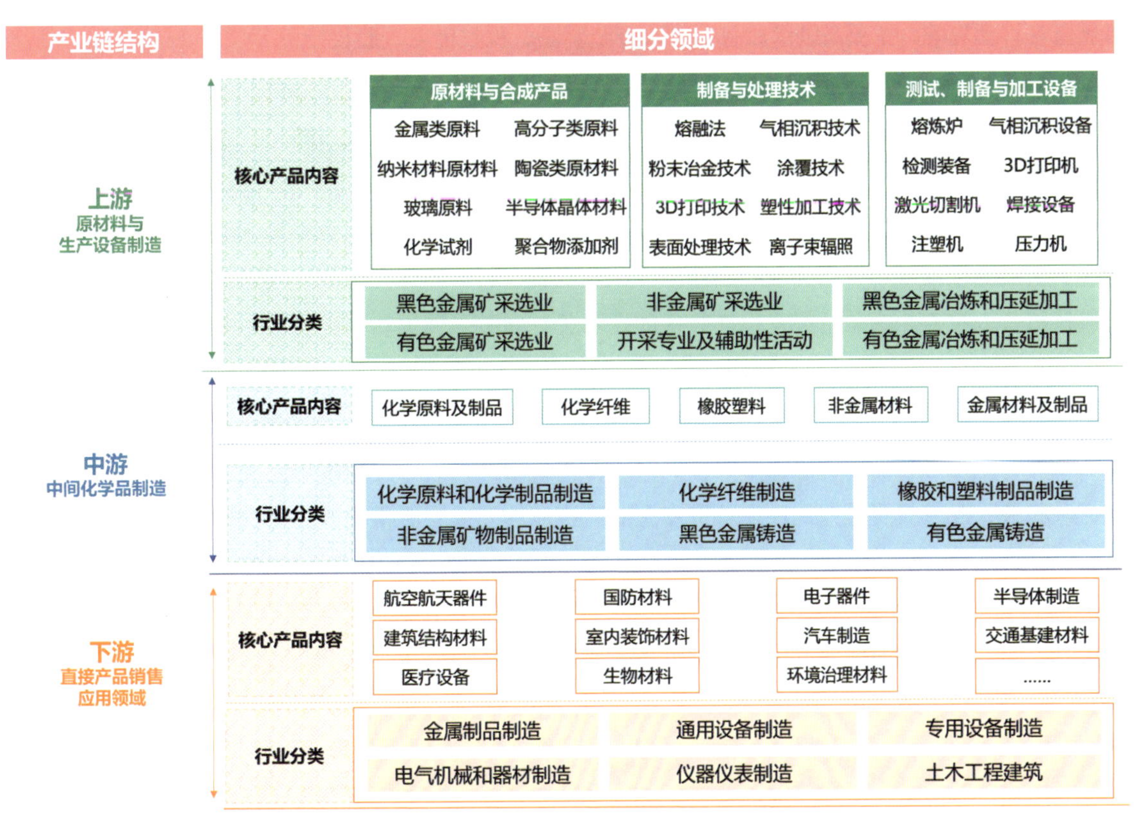

图 7-1：先进材料全产业供应链图谱

色金属冶炼和压延加工（31）、有色金属冶炼和压延加工（32）六类行业中。

中游是先进材料成品重要的生产环节，依托上游支撑，通过设计、制造、装配等系列流程，将原材料加工成通用型或定制化成品，核心产品包含化学原料及制品、化学纤维、橡胶塑料、非金属材料、金属材料及制品等。本环节对应的企业集中分布于国民经济行业分类中的化学原料和化学制品制造业（26）、化学纤维制造业（28）、橡胶和塑料制品制造业（29）、非金属矿物制品制造业（30）、黑色金属铸造（3391）、有色金属铸造（3392）六类行业。

下游则是先进材料成品的主要应用环节，将各类材料成品应用于航空航天、精密仪器、建筑装饰、汽车制造、家电制造、节能环保等行业领域。本环节对应的企业集中分布在国民经济行业分类中的金属制品制造（33）、通用设备制造业（34）、专用设备制造业（35）、电气机械和器材制造业（38）、仪器仪表制造业（40）、土木工程建筑业（48）六类行业中。

供应链的最末端是销售端，通过市场销售等机构，将先进材料的应用产品的销售给有需求的客户。

1.2 发展概况

1.2.1 政策要求

先进材料产业作为重要的战略支柱产业，国家、广东省密集出台了相关的政策以支持产业发展，从关键材料突破、产业链补链强链、产业集聚发展、绿色低碳发展、创新能力提升、产品标准制定、品牌营造培育、人才体系保障等方面提出了具体的政策要求。印发部门主要涉及发改、工信、财政、市场监督管理局等，主要激励手段包括财政资金奖励、税收优惠、股权投资等（表 7-1）。

国家层面主要聚焦行业技术发展。在先进基础材料方面，以基础零部件用钢、高性能海工用钢等先进钢铁材料，高强铝合金、高强韧钛合金、镁合金等先进有色金属材料，高端聚烯烃、特种合成橡胶及工程塑料等先进化工材料，先进建筑材料、先进轻纺材料等为重点，在关键战略材料方面，以耐高温及耐蚀合金、高强轻型合金等高端装备用特种合金，反渗透膜、全氟离子交换膜等高性能分离膜材料，高性能碳纤维、芳纶纤维等高性能纤维及复合材料，高性能永磁、高效发光、高端催化等稀土功能材料等为重点，突破材料及生产装备的技术关。同时强调推动先进材料生产过程中的绿色化和低碳化技术升级。

为鼓励和引导关键技术发展，国家在需求侧深化先进材料市场，通过提供示范指导目录、建设示范平台等释放先进材料的市场需求。在供给侧提供金融财税支持和技术研发支持两条路径。一方面通过金融服务、股权投资等方式，支持重点企业新产品的开放、质量提升和品牌建设；另一方面，依托基础学科研究平台建设，培育优势企业与人才团队，完善先进材料的产业标准体系。

广东省层面主要聚焦在产业布局优化、关键技术突破、骨干企业培育、创新能力提升、绿色发展深化等方面。产业布局方面，打造特色优势明显的区域产业集群，推进珠三角核心区高端先进材料产业带，以带动粤东粤西粤北协同发展，打造一批规模大、实力强、主业突出、具有核心竞争力的区域产业集群。关键技术和高端产品方面，强调核心工艺、装备、关键零部件等领域的核心关键技术，着重解决产业“卡脖子”问题，鼓励自动化、数字化、智能化技术装备的研发和推广应用，探索构建高效协同的智能制造生态体系。骨干企业培育方面，培育具有创新引领作用、代表新经济发展的“独角兽”企业，打造行业领域“单项冠军”和“专精特新”企业。产业创新方面，通过鼓励企业设立研发机构、建立产、学、研多方联合实验室，加强知识产品保护和人才培养等完善创新体系。绿色发展方面，构建高效、清洁、低碳、循环的绿色制造体系，引导先进材料产业绿色发展。

表 7-1：政策清单表

层级	时间	政策名称	主要内容或措施要求	印发部门
国家级	2016.12	《新材料产业发展指南》	以先进基础材料、关键战略材料和前沿新材料为三大发展方向；提出突破重点应用领域急需的新材料，布局一批前沿新材料，强化新材料产业协同创新体系建设，加快重点新材料初期市场培育，突破关键工艺与专用装备制约，完善新材料产业标准体系，实施“互联网+”新材料行动，培育优势企业与人才团队，促进新材料产业特色集聚发展九大重点任务；以及创新组织协调机制、优化行业管理服务、加大财税金融支持、推进军民融合发展、深化国际交流的保障措施。	工信部、发改委、科技部、财政部
国家级	2021.12	《“十四五”原材料工业发展规划》	《规划》指出，原材料工业包括石化化工、钢铁、有色金属、建材等行业，也包括新材料产业，是实体经济的根基，是支撑国民经济发展的基础性产业和赢得国际竞争优势的关键领域，是产业基础再造的主力军和工业绿色发展的主战场。 《规划》提出，到 2025 年，原材料工业保障和引领制造业高质量发展的能力明显增强；增加值增速保持合理水平，在制造业中比重基本稳定；新材料的产业规模持续提升，占原材料工业比重明显提高；初步形成更高质量、更好效益、更优布局、更加绿色、更为安全的产业发展格局。到 2035 年，成为世界重要原材料产品的研发、生产、应用高地，新材料产业竞争力全面提升，绿色低碳发展水平世界先进，产业体系安全自主可控。	工信部、科技部、自然资源部
国家级	2022.03	《关于“十四五”推动石化化工行业高质量发展的指导意见》	《意见》提出，加快推进传统产业的改造提升，大力发展化工新材料和精细化学品。到 2025 年，化工新材料保障水平达到 75% 以上。 《意见》要求，加快煤制化学品向化工新材料延伸，煤制油气向特种燃料、高端化学品等高附加值产品发展，煤制乙二醇着重提升质量控制水平；建立完善化工新材料特别是改性专用料、精细化学品尤其是专用化学品等标准体系。	工信部、发改委、科技部、生态环境部、应急部、能源局
国家级	2022.04	《关于化纤工业高质量发展的指导意见》	《意见》提出，到 2025 年，规模以上化纤企业工业增加值年均增长 5%，化纤产量在全球占比基本稳定。创新能力不断增强，行业研发经费投入强度达到 2%，高性能纤维研发制造能力满足国家战略需求。 《意见》针对性地提出，提升高性能纤维生产应用水平。提高碳纤维、芳纶、超高分子量聚乙烯纤维、聚酰亚胺纤维、聚苯硫醚纤维、聚四氟乙烯纤维、连续玄武岩纤维的生产与应用水平，提升高性能纤维质量的一致性和批次的稳定性。进一步扩大高性能纤维在航空航天、风力和光伏发电、海洋工程、环境保护、安全防护、土工建筑、交通运输等领域的应用。	工信部、发改委
国家级	2022.09	《《关于印发原材料工业“三品”实施方案的通知》	主要任务：1. 增品种。优化传统品种结构、丰富新材料品种、发展绿色低碳产品。2. 提品质。推进全面质量管理、强化科技创新能力、优化质量技术基础。3. 创品牌。增强品牌培育能力、营造品牌良好氛围、完善品牌服务体系 保障措施：1. 加强组织领导。2. 营造良好环境。3. 加强基础支撑。	工信部、国务院国资委、市场监督管理总局、知识产权局

（续上表）

层级	时间	政策名称	主要内容或措施要求	印发部门
省级	2020.10	《广东省培育展先进材料战略性支柱产业集群行动计划（2021-2025年）》	重点任务：1. 优化产业布局，打造特色优势明显的区域产业集群。2. 突破关键技术，发展新型高端化产品。3. 实施质量品牌战略，增强骨干企业核心竞争力。4. 完善创新体系，促进产业创新发展。5. 注重环保节能，提升绿色发展水平。6. 深化开放交流，提升国际合作水平。 重点工程：1. 龙头骨干企业培育工程。2. 新材料技术和标准化提升工程。3. 智能化推广工程。4. 创新能力提升工程。5. 绿色安全发展工程。6. 开放交流协作工程。	广东省工信厅、广东省发改委、广东省科技厅、广东省生态环境厅、广东省商务厅、广东省市场监督管理局
省级	2021.04	《广东省加快先进制造业项目投资建设若干政策措施》	加快先进材料等产业项目投资建设的十大政策措施： 加强分区域分行业分类指导；加大制造业投资奖励；加强内外资一体化全产业链招商；推动科技创新平台建设；强化资源要素保障；优化环境资源管理；加强金融和产业资本支持；强化高素质人才支撑；打造高水平项目承载平台；加大统筹协调力度。	广东省人民政府
省级	2021.08	《广东省制造业高质量发展“十四五”规划》	《规划》提出，到2025年，先进材料产业营业收入达到2.8万亿元，力争迈入世界级先进材料产业集群行列。 1. 建筑材料：以广州、佛山、中山、江门、肇庆、韶关、阳江、湛江、清远、河源、梅州、茂名、潮州、云浮、揭阳等市为依托，发展建筑材料。 2. 绿色钢铁：以佛山、阳江、湛江、韶关、河源、云浮等市为依托，发展钢铁材料。 3. 有色金属材料：以广州、佛山、中山、肇庆、梅州、惠州、清远、韶关、河源、潮州、汕尾、云浮、揭阳等市为依托，发展有色金属材料。 4. 化工材料：以广州、珠海、佛山、 深圳、东莞、惠州、中山、江门、湛江、汕头、揭阳、茂名、韶关、云浮等市为依托，发展化工材料。 5. 稀土材料：发挥广州、中山、阳江、江门、肇庆、河源、梅州、茂名、韶关等市资源和大厂优势，大力发展稀土深加工应用产业。	广东省人民政府

1.2.2 市场概况

近年来，中国先进材料产业呈现高速增长态势。根据数据显示，中国新材料规模从2015年的2万亿元上涨至2021年的6.41万亿元，同比2020年上涨20.94%[55]。根据国家工信部预计，我国新材料行业市场规模将继续保持迅猛扩张的趋势，到2025年，全国新材料产业总产值有望达到10万亿元的规模。

先进材料产业是支撑广东省经济发展的主导力量之一。2019年全省先进材料产业主营业务收入达21540亿元，工业增加值5089亿元，占全省工业主营业务的15%[56]。2021年，广东省先进材料产业增加值已经达到了16676.19亿元，同比增长12.15%[57]。目前广东省先进材料产业在全球价值链的地位稳步提升，呈现出规模化、绿色化、高端化、智能化的发展趋势，其中绿色高性能水泥、装配式建材、高端建筑陶瓷、特种玻璃（电子玻璃等）、铝材（铝型材等）、铜材（铜箔等）、稀土发光材料、磁性材料、高性能树脂、涂料及胶黏剂、塑胶材料及制品、高端电子化学品、电子陶瓷等领域的产品技术水平和产量位居全国前列。

目前，国家持续加大对先进材料产业的支持力度，产业发展环境不断完善，同时，新能源汽车、电子电器、生物医药、航天航空、军事国防等产业的高质量建设，也为新材料行业带来了广阔的市场需求空间。这些都为广东省发展先进材料产业提供了良好的发展机遇。顺应行业发展趋势，广东积极重点培育发展先进材料战略性支柱产业集群，打造万亿级先进材料产业集群。2023 年全省围绕有色金属、绿色钢铁、高端建筑陶瓷等先进材料布局在建、拟建的先进材料重大项目约 70 个，总投资超 1400 亿元[58]，为先进材料产业未来的发展提供了持续的增长动力。

2. 广东省先进材料产业供应链结构特征

2.1 供应链各环节的产业发展规模

全省先进材料企业数量为 23154 家。从供应链各环节的企业数量规模来看，下游环节规模最大，其次是中游环节，规模最小的是上游环节（图 7-2）。

上游环节共有 2387 家企业，在全供应链中企业数量占比为 10.47%。上游包含 15 个小类（为国民经济行业分类代码中第四级分类），其中金属切割及焊接设备制造类企业数量最多，数量为 725 家，在上游环节的数量占比为 30.41%，是上游环节的主导发展企业类型。化学矿开采类企业数量稍少，数量为 12 家，在上游环节的数量占比为 0.50%，是上游环节发展最不充分的企业类型（图 7-3）。

中游环节共有 9419 家企业，在全供应链中的企业数量占比为 41.36%。其中初级形态塑料及合成树脂制造类企业数量最多，为 5164 家，在中游环节的数量占比为 54.83%，是中游环节的主导发展企业类型。稀有稀土金属压延加工类企业数量最少，为 63 家，在中游环节的数量占比为 0.67%，是中游环节发展最不充分的企业类型。

下游环节共有 10968 家企业，在全供应链企业中企业数量占比为 48.17%。其中电子元器件与机电组件设备制造类企业数量最多，为 2198 家，在下游环节的数量占比为 20.04%，是下游环节主导的发展企业类型。特种陶瓷制品制造类的企业数量最少，为 33 家，在下游环节的数量占比为 0.30%，是下游环节发展最不充分的企业类型。

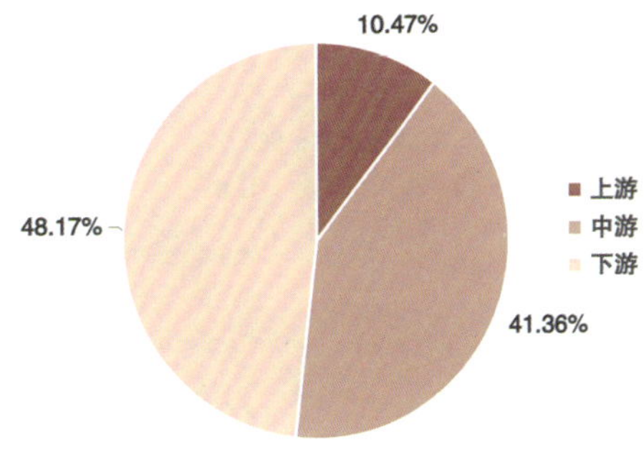

图 7-2：先进材料全产业企业数量
（数据来源：龙盾企业数据库）

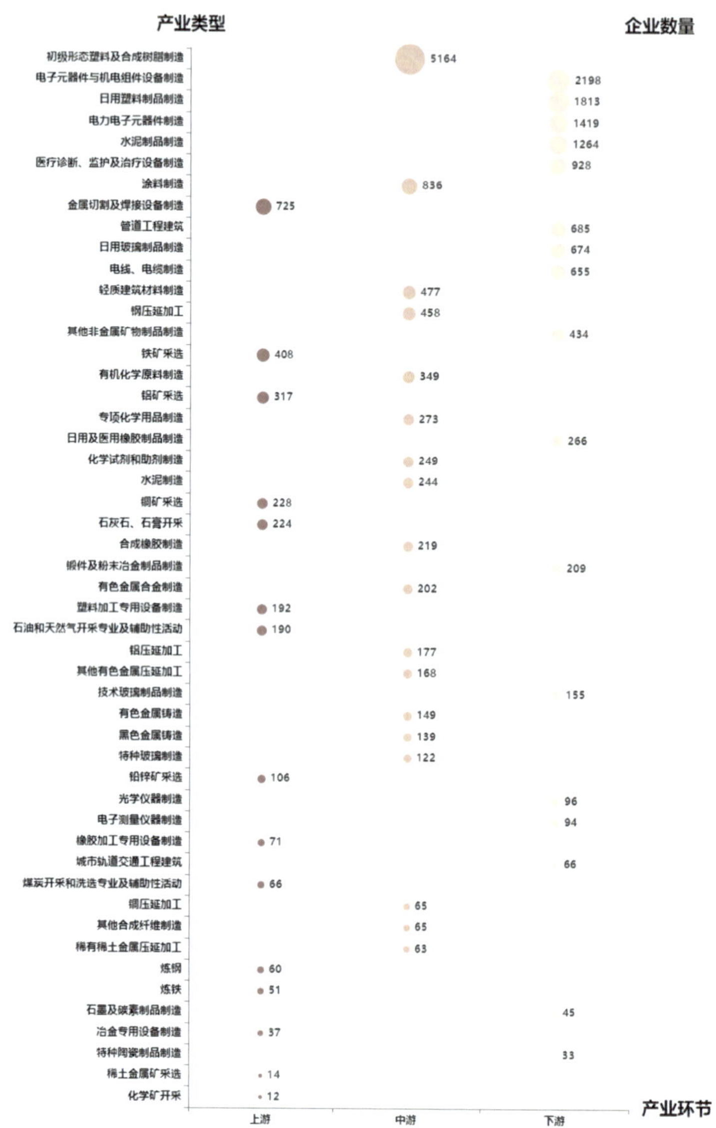

图 7-3：先进材料产业全供应链企业数量分析
（数据来源：龙盾企业数据库）

2.2 供应链各环节产业经济价值

先进材料产业全供应链 2018 年的整体平均利润率为 9.49%。从供应链各环节的企业平均利润来看，上游环节利润率最高，其次是下游环节，利润率最低的是中游环节（图 7-4）。

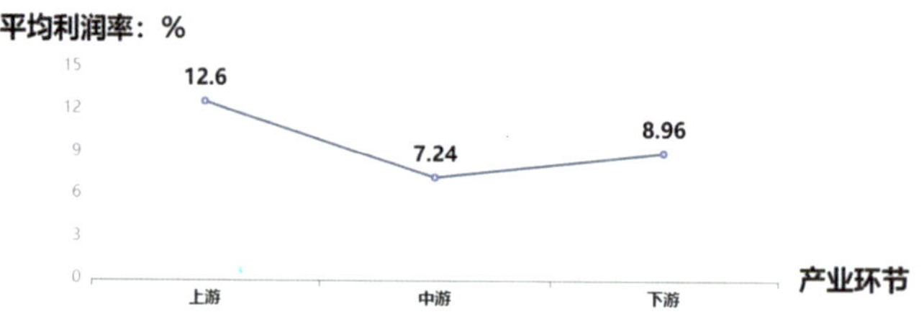

图 7-4：先进材料产业上、中、下游平均利润率图
（数据来源：龙盾企业数据库）

分环节来看，上游环节平均利润率最高，为 12.60%。其中化学矿开采类企业的利润率最高，为 43.07%，比上游环节利润率平均值高

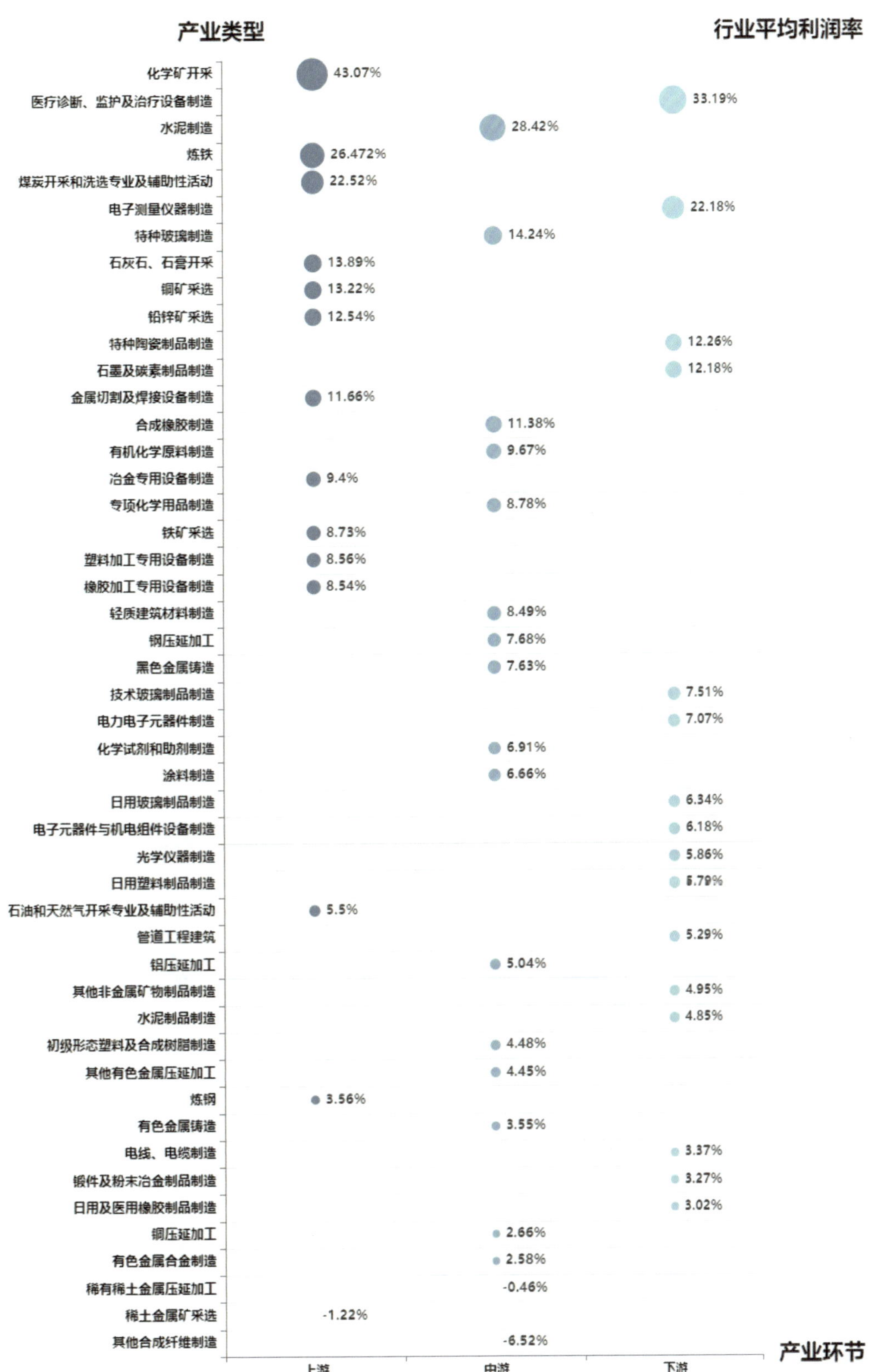

图 7-5：先进材料产业全供应链经济价值分析
（数据来源：《广东省经济普查年鉴（2018）》）

了 30.47 个百分点。稀土金属矿采选类企业的利润率最低，为 -1.22%，比上游环节利润率平均值低了 44.29 个百分点。本类企业整体尚未实现盈利，有待采取措施进一步降低生产成本，开拓市场，提升盈利空间。

中游环节在供应链三个环节中的平均利润率最低，达到 7.24%。其中水泥制造类企业利润率最高，为 28.42%，比中游环节利润率的平均值高 21.18 个百分点。其他合成纤维制造类企业的利润率最低，为 -6.52%，比中游环节利润率的平均值低 13.76 个百分点。本类企业整体尚未实现盈利，有待采取措施进一步降低生产成本、开拓市场，提升盈利空间。

下游环节在供应链三个环节中平均利润率居中，达到 8.96%。其中医疗诊断、监护及治疗设备制造类企业利润率最高，为 33.19%，比下游环节利润率平均值高出 24.23 个百分点。日用及医用橡胶制品制造类企业利润率最低，为 3.02%，比下游环节利润率平均值低 5.94 个百分点（图 7-5）。

2.3 供应链各环节产业产权的联系网络特征

全省先进材料产业供应链各环节间存在一定的产权联系（表 7-2）。

总体上，同一环节内部企业产权的联系较为紧密，联系频数为 254。同一环节内同类行业间联系频数为 234，其中初级形态塑料及合成树脂制造行业内部联系最为紧密。同一环节内不同行业间联系频数为 22，其中有机化学原料制造、涂料制造与初级形态塑料、合成树脂制造之间的联系较为紧密。

不同环节之间的企业产权联系较薄弱，联系频数为 10。其中中游环节与下游环节的联系较为紧密，有机化学原料制造类企业是产权联系网络中的核心节点。上游环节与中游环节联系较为薄弱（图 7-6）。

表 7-2：广东省先进材料各行业产权联系表

联系类型	总部或投资企业类型	分支或被投资企业类型	联系频数
同一环节内部联系（同类行业间）联系频数：234	初级形态塑料及合成树脂制造	初级形态塑料及合成树脂制造	48
	水泥制品制造	水泥制品制造	30
	石灰石、石膏开采	石灰石、石膏开采	16
	电子元器件与机电组件设备制造	电子元器件与机电组件设备制造	15
	涂料制造	涂料制造	12
	有机化学原料制造	有机化学原料制造	11
	日用塑料制品制造	日用塑料制品制造	10
	金属切割及焊接设备制造	金属切割及焊接设备制造	8
	电线、电缆制造	电线、电缆制造	8
	铁矿采选	铁矿采选	7
	…	…	…
同一环节内部联系（不同类行业间）联系频数：22	有机化学原料制造	初级形态塑料及合成树脂制造	2
	涂料制造	初级形态塑料及合成树脂制造	2
	初级形态塑料及合成树脂制造	专项化学用品制造	2
	铁矿采选	铜矿采选	1
	铁矿采选	石灰石、石膏开采	1
	铜矿采选	铁矿采选	1
	化学矿开采	石灰石、石膏开采	1
	有机化学原料制造	涂料制造	1

（续上表）

联系类型	总部或投资企业类型	分支或被投资企业类型	联系频数
	涂料制造	化学试剂和助剂制造	1
	初级形态塑料及合成树脂制造	涂料制造	1
	…	…	…
不同环节间联系 联系频数：10	冶金专用设备制造	有色金属铸造	2
	电线、电缆制造	电子元器件与机电组件设备制造	1
	初级形态塑料及合成树脂制造	日用塑料制品制造	1
	水泥制造	水泥制品制造	1
	特种玻璃制造	技术玻璃制品制造	1
	特种玻璃制造	日用玻璃制品制造	1
	钢压延加工	锻件及粉末冶金制品制造	1
	金属切割及焊接设备制造	水泥制品制造	1
	金属切割及焊接设备制造	钢压延加工	1
	液化石油气生产和供应业	煤制合成气生产	7
	石油及制品批发	原油加工及石油制品制造	4
	石油及制品批发	煤制合成气生产	2

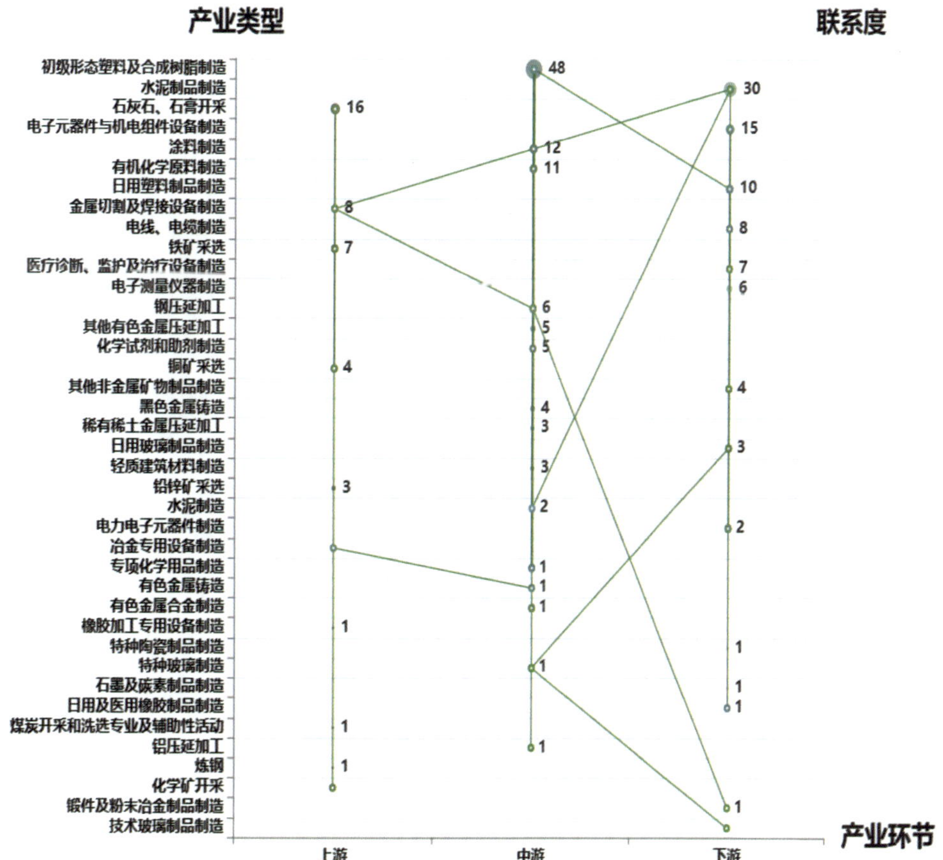

图 7-6：先进材料产业全供应链产权联系分析图
（数据来源：龙盾企业数据库）

2.4 供应链结构多要素的耦合特征

统计先进材料产业供应链各环节的发展规模、经济价值、产权联系三要素对应指标的皮尔逊相关系数（表 7-3），可以发现企业数量比率与产权联系频数比率指标的皮尔逊相关系数为 0.88，发展规模与产权联系两要素间存在极强的正相关性，企业数量规模越多的行业有更多的企业设立分支机构或对外投资，形成了相对密集的产权联系网络。其他要素间则不存在较强的相关性。

表 7-3：三要素相关系数表

要素指标	皮尔逊相关系数
企业数量比率与利润率	0.36（弱正相关）
企业数量比率与产权联系频数比率	0.88（极度正相关）
行业平均利润率与产权联系频数比率	0.23（弱正相关）

根据三要素指标的分布情况（图 7-7），先进材料产业供应链内各环节企业发展状态大致可分为三种情况。

一是三要素指标均处于较高水平，表现为企业数量多、平均利润率高、企业间联系频数高，包含初级形态塑料及合成树脂制造 1 类中游环节产业，以及电子元器件与机电组件设备制造、日用塑料制品制造、电力电子元器件制造、水泥制品制造和医疗诊断、监护及治疗设备制造 5 类下游环节产业。

整体来看，这几类产业发展处于增长期或成熟期，市场规模和潜在需求较大，但较高利润与较大的企业数量规模现状也存在市场竞争加剧的风险。目前省内先进材料企业普遍规模偏小，高水平设计能力不足，企业应组织批量生产以降低成本，确保市场供给，尽早形成产品系列并向相邻市场渗透，可以考虑进入国际市场开展跨国经营。

二是经济价值指标表现良好，而发展规模和产权联系指标较弱的企业，包含涂料制造、金属切割及焊接设备制造、管道工程建筑等 39 类，分布于上游、中游及下游环节。整体来看，这几类产业发展处于成熟期，存在一定的行业技术门槛、进入成本门槛或法律法规门槛等，市场集中度高，需求增长较快而供给量相对稳定。企业宜采用维持战略，并投入资金支持新的核心能力开发计划，在战略、组织结构、人员、技术等方面为转向新领域作准备，抓住时机通过转型、重组、再造和技术、制度、管理创新战略来推动企业及早进入新一轮的生命周期。

三是三要素指标均处于较低水平，表现为企业数量少、平均利润率为负、企业间联系频数低，包含稀土金属矿采选、稀有稀土金属压延加工、其他合成纤维制造 3 类，分别处于上游及中游环节。整体来看，两类产业处于初创发展阶段，市场需求不够成熟，存在技术落后或成本投入较大等问题。企业在这一阶段需要承担较高的研发成本和风险，并进行市场调研、产品定位等工作，加强研发，争取市场主导权，及早进入市场与申请专利，强化竞争优势。

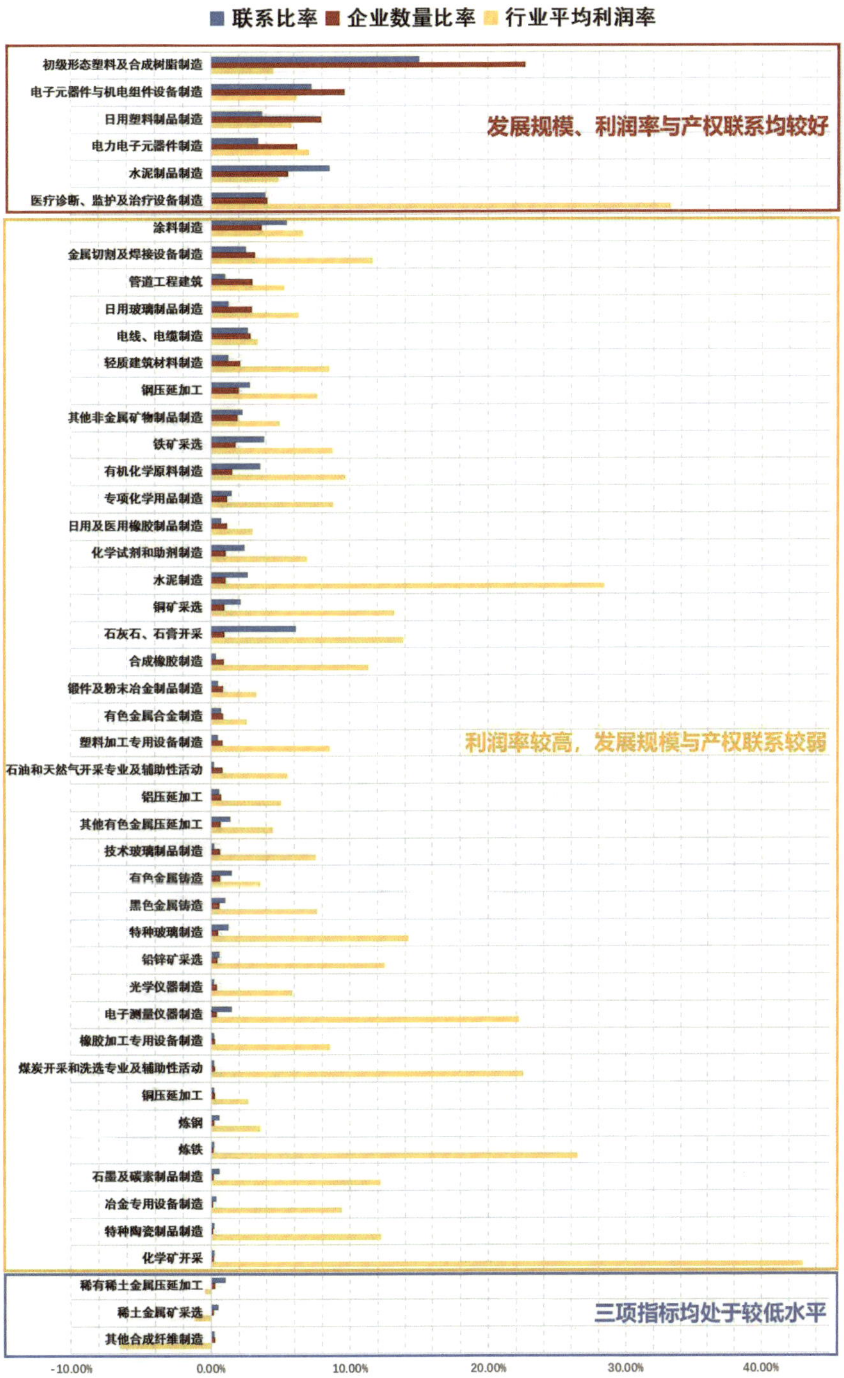

图 7-7：先进材料产业全供应链四级分类产业要素指标分析图
（数据来源：龙盾企业数据库、《广东省经济普查年鉴（2018）》）

3. 广东省先进材料产业集群空间特征

3.1 企业数量集聚的空间特征

分区域来看（图 7-8），珠三角地区是全省先进材料企业的主要集聚区域，包含的上、中、下游各环节以及全供应链的企业数量规模均占比分别为92.87%、85.36%、89.01%和90.53%，均超过85%以上，在产业规模发展方面具有绝对的数量规模优势。粤北地区是先进材料企业的次级集聚区域，集聚的中游生产环节企业的数量占比均超过5%。粤西地区和粤东地区的先进材料产业发展规模相对较小，全供应链的企业数量占比均未超过3%，产业发展基础相对薄弱。

分地市来看（图 7-9），广州、东莞、佛山、深圳、中山、珠海等地是先进材料产业的主要集聚地，上、中、下游各环节企业分布均较为密集，但各地市集聚的产业环节特点略有差异。广州、佛山和深圳是上游企业数量最多的 3 个地市，东莞、珠海、惠州、中山、江门、清远和肇庆等地企业的数量依次递减，是先进材料原料生产以及制备装备的主要产地；广州、佛山和东莞是中游企业数量最多的 3 个地市，中山、惠州、深圳、江门、潮州、清远等地企业数量依次递减，承载着绿色钢铁、高端陶瓷、高性能塑胶等先进材料的生产工作；东莞、深圳、佛山是下游企业数量最多的 3 个地市，广州、中山、惠州、珠海、江门、阳江、河源、梅州等地企业数量依次递减，是先进材料产品的应用端衍生企业的主要集中区域。

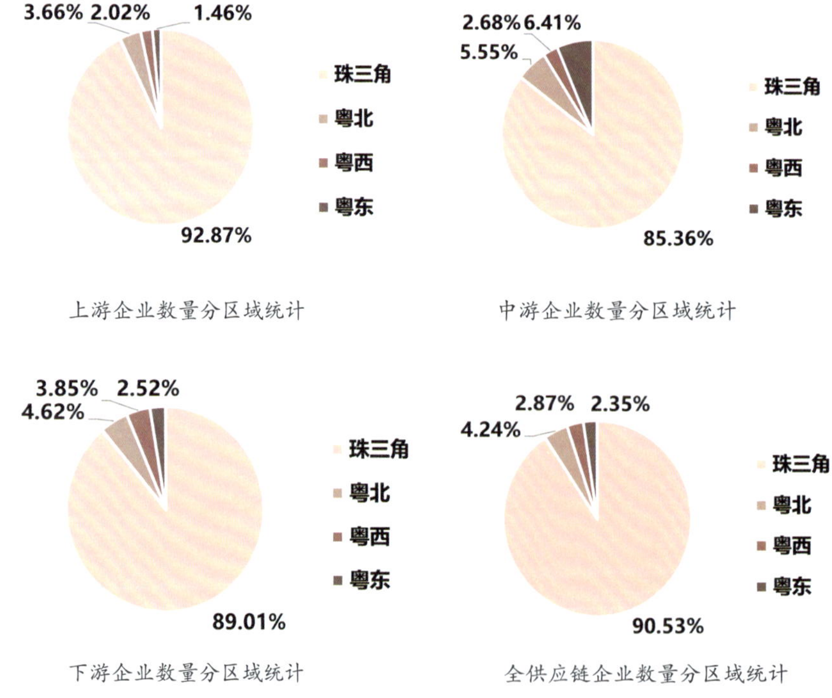

图 7-8：全省先进材料产业分区域企业数量统计图
（数据来源：龙盾企业数据库）

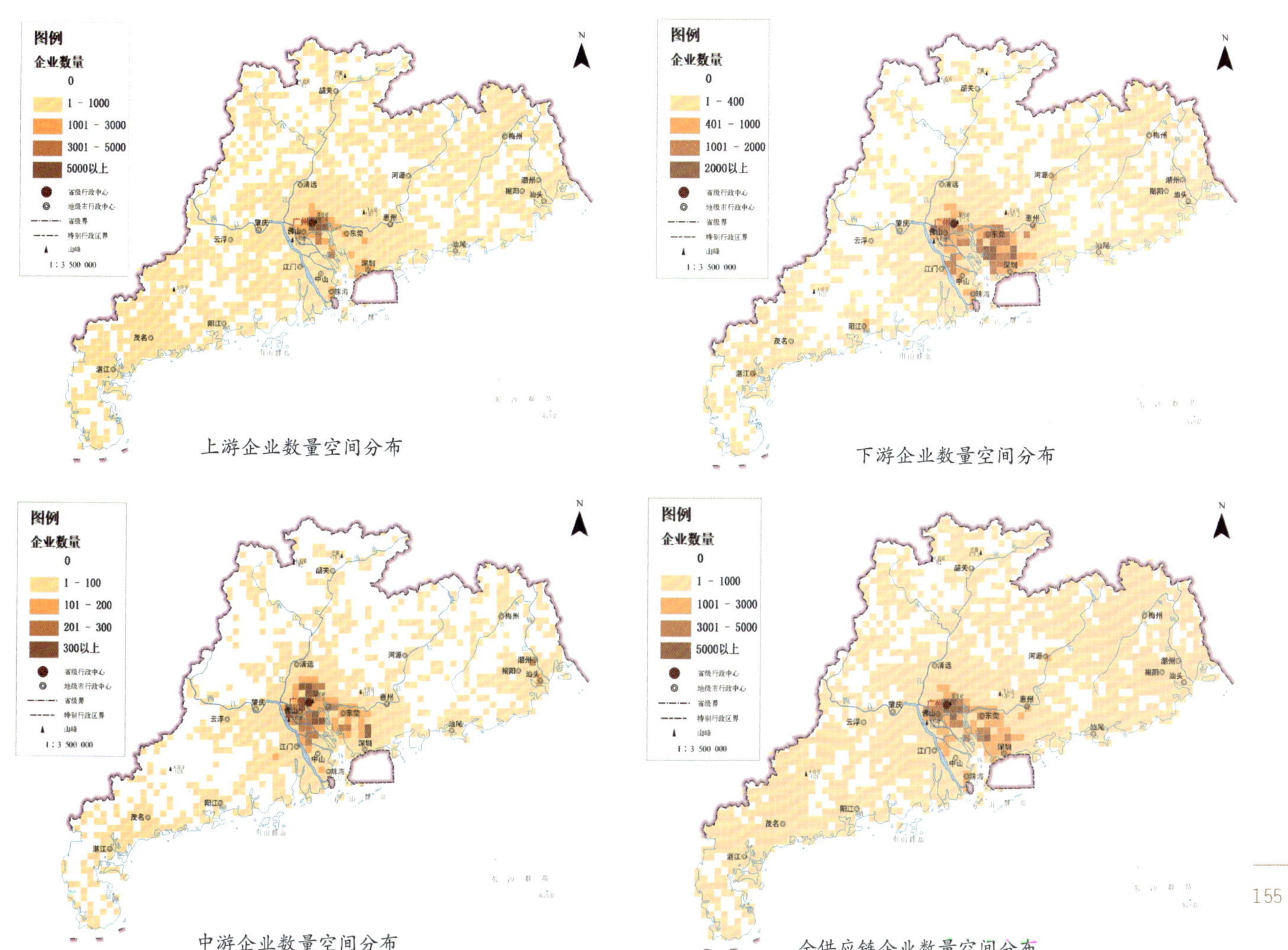

图 7-9：全省先进材料产业企业数量分布图
（数据来源：龙盾企业数据库）

3.2 企业联系集聚的空间特征

分区域来看（图 7-10），珠三角地区是全省先进材料产业中设置分支机构或进行投资的企业的主要集聚区域，上、中、下游各环节以及全供应链的产权联系度占比分别为 86.34%、84.13%、81.52% 和 84.25%，均超过 80% 以上，具有绝对的产权布局优势，依托产权部署，在经济、技术、知识、人才等要素交流方面具有更大的潜力。粤北地区具有一定的产权联系规模，尤其是集聚下游及上游生产环节等企业，联系度占比超过 8%。粤西地区和粤东地区的先进材料产业的产权联系度相对较小，产权联系度占比均未超过 5%，发展基础相对薄弱，其中粤西地区略强优于粤东地区。

分地市来看（图 7-11），广州、佛山、深圳、东莞等地是先进材料产业上游、中游、下游各环节企业产权联系较多区域，有较强的产业合作拓展能力，但各环节企业产权联系度排序略有变化。其中，广州、佛山、深圳是上游企业产权联系度较高的区域，东莞、珠海、肇庆、梅州、清远产权联系度依

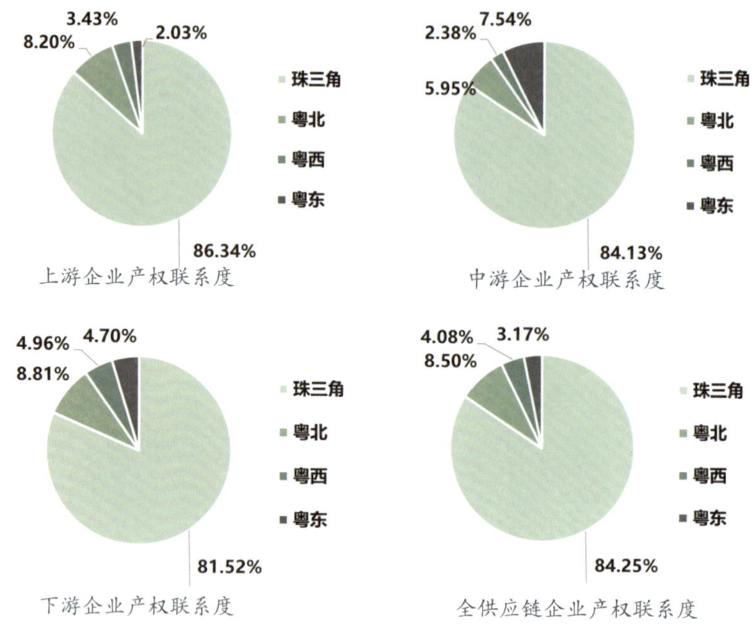

图 7-10：全省先进材料产业分区域企业产权联系度统计
（数据来源：龙盾企业数据库）

上游企业产权联系度空间分布

中游企业产权联系度空间分布

下游企业产权联系度空间分布

全供应链企业产权联系度空间分布

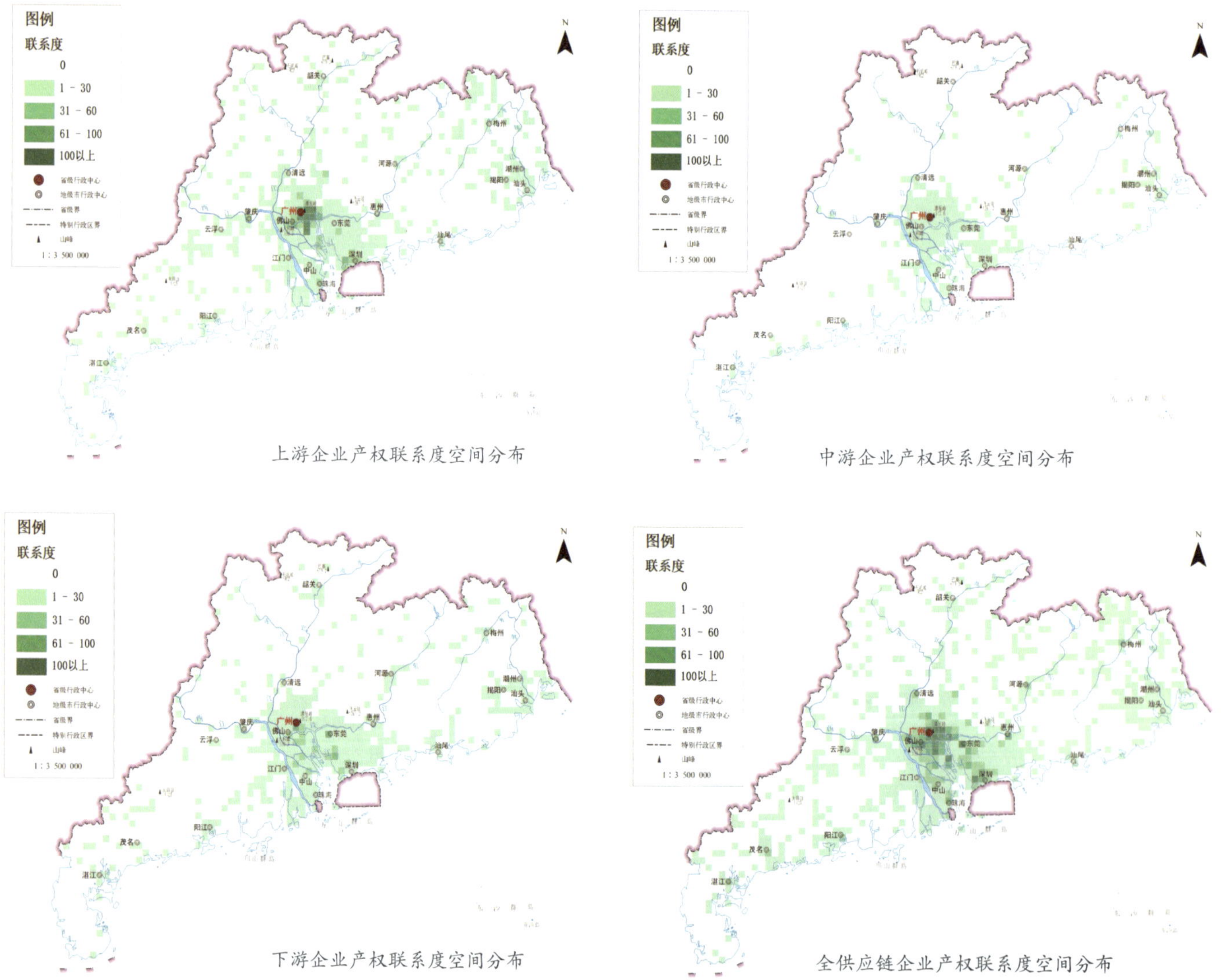

图 7-11：全省先进材料产业企业产权联系度分布
（数据来源：龙盾企业数据库）

次递减；广州、佛山、深圳是中游企业产权联系度较高区域，东莞、江门、中山、惠州、揭阳依次递减；广州、东莞、佛山是下游企业产权联系度较高区域，深圳、中山、惠州、珠海、江门、梅州、河源依次递减。

3.3 产业集群的空间特征

综合分析先进材料产业全供应链企业数量空间分布和产权联系度情况，筛选两项指标处于前 25% 的格网做叠加分析，筛选企业密度较高、产权联系紧密的产业集群潜在空间格网共 171 个。

分区域来看（图 7-12），全省先进材料产业集群的潜在空间主要分布在珠三角地区，包含 143 个格网空间，面积占比为 83.63%；此外粤北和粤西地区有 11 个产业集群潜在空间，面积占比为 6.43%；粤东地区有 6 个产业集群潜在空间，面积占比为 3.51%。

分地市来看（图 7-13），我省先进材料产业集群的潜在空间主要分布在广州南部、东莞大部、佛山北部和深圳西部地区，这些区域是全省现阶段先进材料产业集群发展较为成熟的潜在区域。

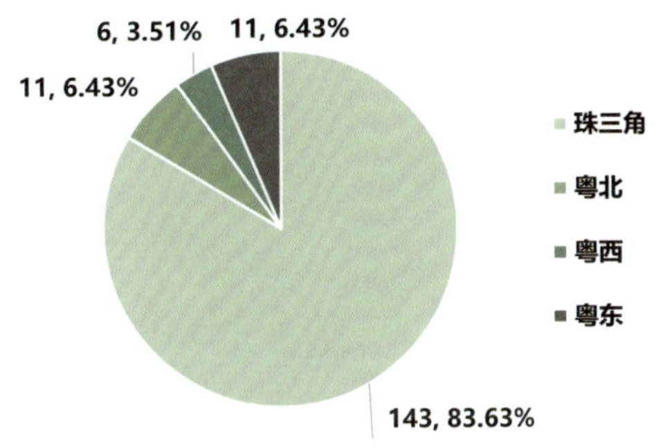

图 7-12：产业集群潜在空间格网统计图
（数据来源：龙盾企业数据库）

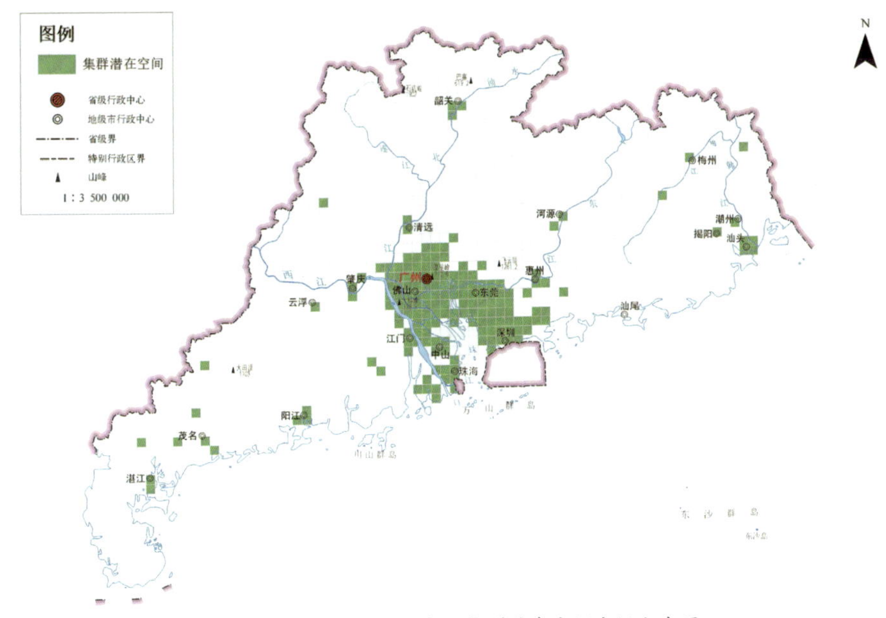

图 7-13：产业集群潜在空间空间分布图
（数据来源：龙盾企业数据库）

4. 广东省先进材料产业典型案例

4.1 典型园区案例

华南新材料创新园坐落于中国最大开发区广州高新技术产业开发区核心——广州科学城内，从2013年7月运营至今，已被认定为国家级科技企业孵化器、国家级众创空间、国家小型微型企业创业创新示范基地、广东省创新创业（孵化）示范平台、广东省孵化育成体系建设试点单位、广州市战略性新兴产业平台、广州市中小企业公共服务示范平台等。现园区入驻企业总数520家，其中拥有自主知识产权的入驻企业约80%。高新技术企业159家、规模以上企业72家、潜在“独角兽”2家、“专

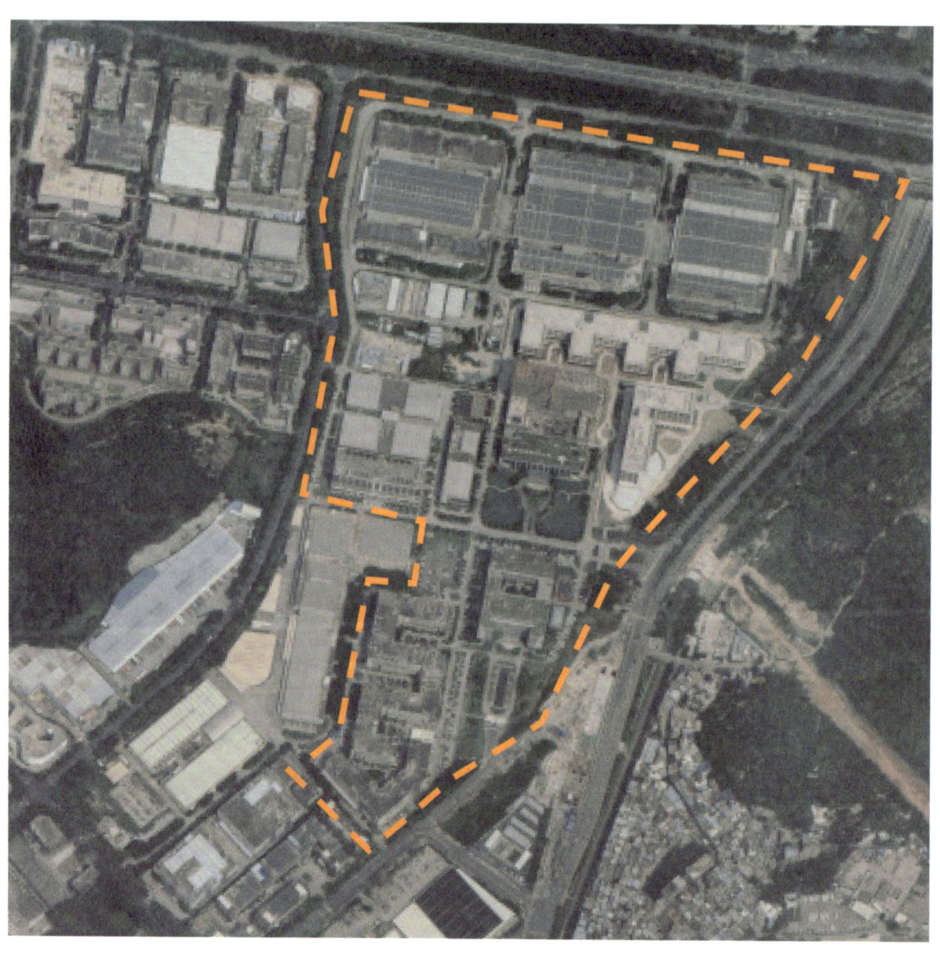

图7-14：华南新材料创新园遥感影像图
（数据来源：百度地图）

表 7-4：典型园区关键要素对比表

园区对比要素	广州华南新材料创新园	上海奉贤化工新材料产业园	南京江北新材料科技园
地理位置	广州市黄埔区	上海市奉贤区	南京市江北新区
开发面积	10.6 公顷	7.6 平方公里	37.1 平方公里
入驻企业数（家）	约 520	约 96	约 200
年度营收	2021 年工业产值约 118 亿元	2020 年工业产值 227 亿元	2021 年工业产值达 2263 亿元
地均营收（亿元 / 平方公里）	1113.21	29.87	61
企均营收（亿元 / 家）	0.23	2.36	11.32
交通条件	坐落于广州科学城；广州地铁 7 号线（在建）加庄站；距离黄埔港 6 公里。	距离上海市中心 55 公里，浦东国际机场 50 公里，虹桥机场 50 公里，洋山深水港 50 公里。	交通便利，毗邻快速路高速路，坐拥长江 -12.5 米深水航道，承南接北，贯通东西，具备完善的江海联运功能。
产业布局	打造“众创空间—创业苗圃—孵化器—加速器—产业园”在内的协同孵化服务链条，为新材料、生物医药、电子信息产业引入提供全套的服务支持。	形成了高端电子化学品、水性功能涂料、绿色特种黏合剂、高端医用材料四条特色产业带。	形成了新型聚氨酯材料、高性能高分子材料、新型合成橡胶、高端专用化学品材料四大新材料产业集群。
产业链核心环节	中游，新材料、生物医药、电子信息	中游，先进化工材料	上、中、下游完整产业链，先进化工材料、有机高分子材料
代表企业	金发科技、毅昌科技、东材科技、高盟新材等	大韩道恩、清松制药、赛默飞、空气化工、华谊装备等	诚志永清、扬子石化、扬子巴斯夫、空气化工、林德气体、普莱克斯、正大天晴、威尔药业

精特新”43 家（省、市）、新四板挂牌企业 94 家、瞪羚企业培育累计 50 家，已上市企业 5 家、省知识产权示范企业 14 家（2020，2021）。园区已形成以新材料、生物医药、电子信息及高端装备制造四大行业为主的高科技产业集群，探索出“用平台选商、用服务留商、用资源助商”的孵化器创新发展模式，经过多年的运营产生了良好的社会和经济效益（图 7-14）。

与国内发展较好的南京江北新材料科技园、上海奉贤化工新材料产业园相比，华南新材料创新园发展起步较晚，规模较小，企业总体规模相对较小；盈利水平上，与其他两家园区相比，华南新材料创新园年度营收总量较低，但地均营收与企业营收均属于较高水平；交通条件上，三家产业园区均离港口较近，但在轨道交通方面仍有不足；产业布局上，江北新材料科技园已初步形成了完整的先进材料产业链，华南新材料园及奉贤化工新材料园更关注中游环节生产。由于奉贤及江北园产业多样，上、中、下游企业间集群发展优势，这是华南新材料园欠缺的优势。园区以民营企业为依托，打造“众创空间—创业苗圃—孵化器—加速器—产业园”在内的协同孵化服务链条，有助于推动大、中、小、微型科技企业的协同创新，最终形成共谋发展的创新创业生态圈（表 7-4）。

4.2 典型企业案例

4.2.1 企业概况

金发科技股份有限公司是全球化工新材料行业产品种类最为齐全的企业之一，同时是亚太地区规模最大、 产品种类最为齐全的改性塑料生产企业。总股本 25.73 亿股，目前总市值 250 亿元，2021 年 2 月市值高峰期达到 800 亿元，2022 年公司营业总收入 404.12 亿，净利润 20 亿。金发科技成立于 1993 年 5 月，2001 年 8 月完成股份制改造，2004 年 6 月上海证券交易所上市。公司从改性塑料起步，逐步延伸至特种工程塑料、生物可降解塑料、环保高性能再生塑料、医疗健康产品、轻烃加工以及高性能碳纤维及复合材料等领域，逐渐升级为一个平台型高性能新材企业。目前在国内有 7 大生产基地，海外 3 个基地，按业务板块划分为改性塑料、新材料业务、绿色石化以及医疗健康。

公司总部位于广州。截至 2022 年底，公司已累计申请国内外专利共计 5401 件，其中包含 3951 项发明专利，459 项 PCT，269 项国外专利等，已获得的各类专利数量在国内制造业企业中处于顶尖水平。

4.2.2 企业产权联系网络特征

构建金发科技股份有限公司的产权联系网络，有 26 家在营企业与金发科技股份有限公司直接关联，构建了覆盖供应链上、中、下游各环节的产权联系网络。

空间分布方面，发生产权联系的企业分别位于广东、浙江、四川、辽宁、海南、湖北 6 个省级行政区，其中属于广东省的企业数量最多，有 19 家，浙江省企业数量次之，有 3 家。

供应链接结构方面，产权联系网络中上、中、下游各环节企业完整，集中面向中游环节布局，且衍生出商务、金融以及产品应用等下游配套服务。其中，广东布局全产业链企业，上游部分融资企业布局于浙江，原材料企业布局于四川等地。

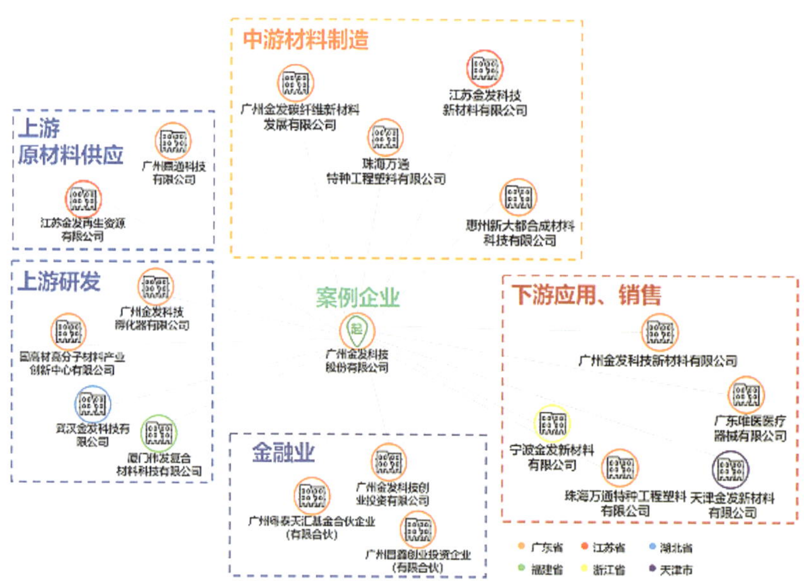

图 7-15：金发科技股份有限公司产权联系图
（数据来源：龙盾企业数据库）

产权联系方式方面，金发科技股份有限公司主要通过投资控股的方式构建企业间合作，全资控股企业 20 家，主要位于广东、江苏、湖北、福建、浙江和天津，非全资控股企业 12 家，主要集中在广东。上游、中游和下游环节的企业均有所涉猎，投资比例较高，多数为全资控股（图 7-15）。

表 7-5：金发科技股份有限公司产权联系类型表

（数据来源：龙盾企业数据库）

产权关联类型	总数	涉及省份	行业类型	代表企业
全资控股	20	广东、江苏、湖北、福建、浙江、天津	塑料制品业、金融投资服务、科学研究和技术服务业等。	江苏金发科技新材料有限公司、广州金发科技创业投资有限公司、广州金发碳纤维新材料发展有限公司、金发环保科技有限公司
非全资控股	12	广东、江苏	塑料制品业、金融投资服务、科学研究和技术服务业、租赁和商务服务业等。	国高材高分子材料产业创新中心有限公司、广州萝岗金发小额贷款股份有限公司、珠海金发供应链管理有限公司、广州金发溯源新材料发展有限公司

总体来看（表 7-5），金发科技股份有限公司进行了一定的产业拓展布局，在供应链各环节的部署模式具有参考价值。首先，重点通过全资控股形式在珠三角新增研发公司和中游环节企业，发挥本地的创新资源及集群优势；同时，在清远、韶关等粤北地区布局上、中、下游制造类企业，降低生产成本。

第八章

战略性支柱产业集群：

现代轻工纺织产业集群

现代轻工纺织产业涉及纺织服装、皮革、家具、造纸、日化、塑料、玩具、五金、工艺美术等众多行业。其供应链包括轻工原料生产和供应、轻工初级产品制造和轻工纺织成品制造、销售、服务等环节。

广东省现代轻工纺织企业主要集中在上游的家具零配件、纺织面料的初级生产和下游的服装、服饰的销售环节，中游环节企业数量较少；各环节利润率差距不大，且略高于无风险收益率，盈利能力有待提高。产权联系主要集中在上游和下游之间，体现了广东轻工纺织以原材料初级加工生产和销售为主，亟须优化时尚创意与品牌建设，增强品牌优势，提升纺织服装原材料产业物流与供应链的国际影响力。

广东省现代轻工纺织企业主要聚集在珠三角和粤东等人力资源充足的地区，具有低廉租金和文化创意氛围的创意产业园是相关企业的最佳聚集区，如广州白云区设计之都、海珠区的同创汇等。

1. 现代轻工纺织产业集群概述

1.1 基本概念

轻工纺织是一类重要的轻工制造产业，涉及纺织行业的各个环节。它涵盖了广泛的纺织品生产、加工、制造和销售，并与相关的原材料、辅助材料以及装备等密切相关。轻工纺织产业的范围非常广泛，包括服装、家居纺织品以及工业纺织品等多个领域。在服装方面，轻工纺织产业涉及到时尚品牌的设计、

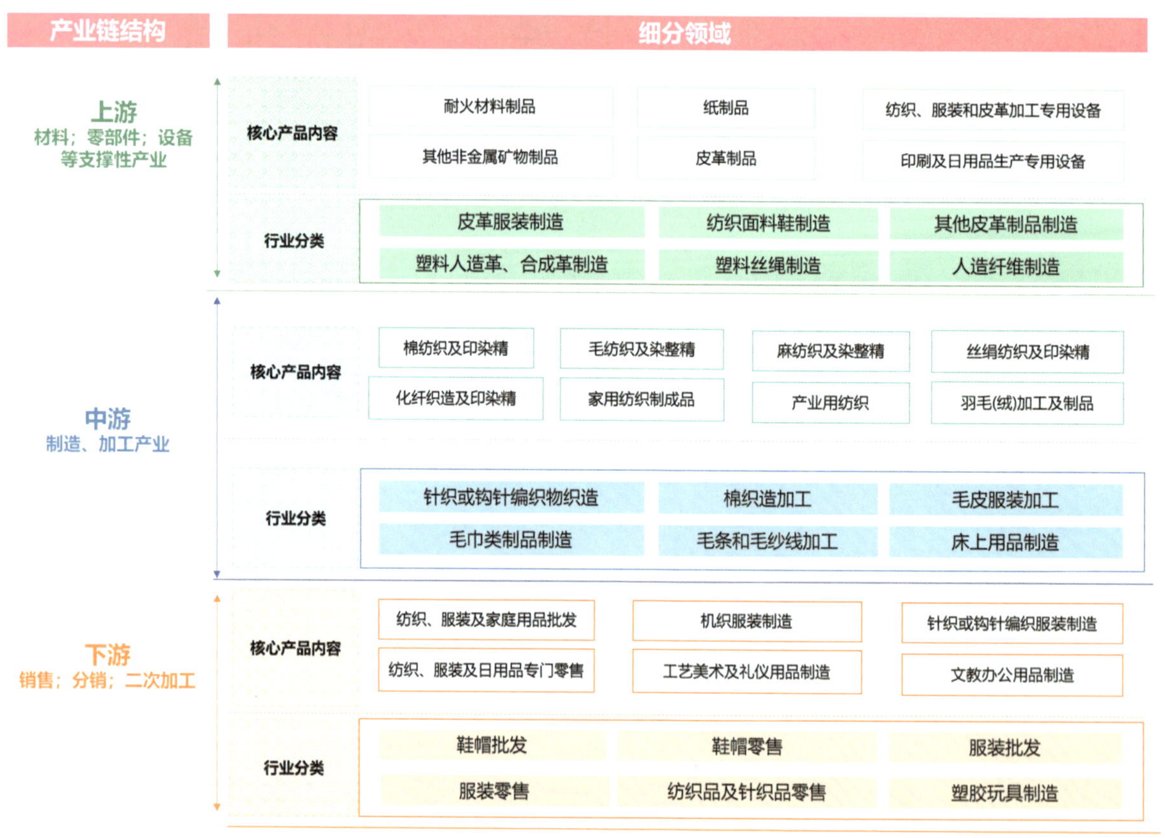

图 8-1：现代轻工纺织全产业供应链图谱

面料的选择、服装的生产加工和销售等环节。家居纺织品方面，它涵盖了床上用品、窗帘、家具面料等各种产品的生产制造和销售。而在工业纺织品方面，轻工纺织产业还涉及汽车、航空航天、建筑等领域中使用的各种纺织材料和技术。

现代轻工纺织产业的发展历史可以追溯到工业革命时期。18世纪末至19世纪初，工业革命的兴起带动了纺织产业的现代化。以英国为中心，纺织工厂采用了新的机械化生产方式，如纺纱机、织布机等，大大提高了生产效率和产量。20世纪以来，轻工纺织产业经历了许多技术的进步和创新。例如，化学纤维的发展，如人造丝、尼龙、涤纶等，为纺织业带来了新的材料选择。随着全球化的推进，轻工纺织产业逐渐形成了跨国公司和全球供应链网络。生产和加工环节在不同国家和地区之间分工合作，使得纺织品可以在全球范围内流通和交易。

由于技术的发展，现代轻工纺织产业发展经历了由垂直整合阶段向垂直分离阶段的过渡，全产业出现了专业化的分工，但各分工环节间仍然具有高度的技术衔接要求，因此不同环节厂商在地理相对临近的区域集聚，强化技术、经济、人才的互动交流，推进了现代轻工纺织产业的集群发展。

现代轻工纺织是高技术复杂度的行业，产业上中下游供应链条较长。为更好厘清现代轻工纺织产业的核心产品、核心技术环节及核心行业等关键要素的结构关系，需深入分析产业上、中、下游结构特征，构建现代轻工纺织产业的供应链全景图谱（图8-1）。

上游是重要的生产支撑环节，核心产品包括纺织原材料的生产和供应，例如纺织纤维（如棉花、丝绸、化纤等）、染料和化学品等。这些原材料供应商通常与纺织品制造商建立了合作关系，向其提供所需的原材料。本环节对应的企业集中分布在国民经济行业分类中的皮革服装制造（1921），纺织面料鞋制造（1951），其他皮革制品制造（1929），塑料人造革、合成革制造（2925），塑料丝、绳及编织品制造（2923），人造纤维（纤维素纤维）制造（2812）6类行业中。

中游是现代轻工纺织成品重要的生产环节，依托上游支撑，涵盖了纺织品的制造和加工过程。这包括纺织品的设计、面料生产、裁剪、缝纫和整理等工艺。在中游环节中，制造商将纺织原材料转化为最终的纺织产品，如服装、家居纺织品和工业纺织品等。本环节对应的企业集中分布在国民经济行业分类中的针织或钩针编织物织造（1761）、棉织造加工（1712）、毛皮服装加工（1932）、毛巾类制品制造（1772）、毛条和毛纱线加工（1721）、床上用品制造（1771）6类行业中。

下游则是现代轻工纺织成品的主要应用环节，主要涉及销售和分销，包括品牌商、零售商和电商平台等。他们负责将制造商生产的纺织产品引入市场，并与消费者直接接触。下游环节还包括销售渠道管理、品牌推广和售后服务等活动。本环节对应的企业集中分布在国民经济行业分类中的鞋帽批发（5133）、鞋帽零售（5233）、服装批发（5132）、服装零售（5232）、纺织品及针织品零售（5231）、塑胶玩具制造（2452）6类行业中。

1.2 发展概况

1.2.1 政策要求

现代轻工纺织产业作为重要的战略新兴产业，国家、广东省密集出台了相关政策支持产业发展，从关键技术突破、产业链补全、产业集聚发展、产业空间供给、创新能力提升、人才体系保障6个方面提出了具体的政策要求。印发部门主要涉及发改、工信、财政、税务等部门，主要激励手段包括财政资金奖励、税收优惠、贷款倾斜、供地保障等。

国家层面主要聚焦行业产业规划和技术创新。国家鼓励轻工纺织产业进行技术创新和研发，提高产品质量、降低生产成本。政府会提供资金支持、设立科研项目和科研机构、鼓励企业与科研院所合作等措施，推动技术进步和创新能力提升。同时，重视培养轻工纺织产业的专业人才，通过设立相关专业课程、提供奖学金、支持高校与企业合作等方式，培养具备专业知识和技能的人才，满足产业发展的需求。另外，在生产过程中注重环境保护和可持续发展，政府会出台环保政策、加强环境监管、鼓励绿色制造和循环经济等，推动产业实现资源节约、减少污染和发展可持续利用（表 8-1）。

广东省层面主要聚焦做大做强本地产业集群。政策涉及面更广，包含产业布局优化、技术发展、产业链补全等。产业布局方面，以转移工业园、专业园为载体，鼓励粤东、粤西、粤北山区承接轻工纺织产业的转移项目，主动对接上游产业链。支持工艺美术、陶瓷、服装等有一定基础、用工较多的产业发展。技术方面，依托现有产业集群的公共服务机构，完善一批技术创新、研发设计、知识产权保护和运用、产学研合作、检测认证、信息检索与咨询、展销及物流、质量品牌等公共服务平台，运用信息化手段，探索异地服务资源共享。产业链供应链方面，依托核心技术的突破，大力发展总部经济，鼓励骨干企业跨国布局产业链，建设棉花、羊毛、纸浆、制革、木材等境外原料基地，稳定原料供应。支持品牌优势企业通过并购和股权资本合作等方式，提高目标市场属地销售品牌和市场渠道的开拓能力，支持轻工纺织外贸企业转型，积极开拓国内消费市场。

表 8-1：政策清单表格样式

层级	时间	政策名称	主要内容或措施要求	印发部门
国家级	2020.08	《关于开展 2020 年纺织服装行业自主品牌建设调查工作的通知》	加快推进纺织服装自主品牌建设，按照每两年对“重点跟踪培育的纺织服装自主品牌企业名单”进行一次动态调整的要求，会同中国纺织工业联合会继续开展纺织服装自主品牌建设情况的调查工作。	工信部
国家级	2022.10	《关于开展 2022 纺织服装“优供给促升级”活动的通知》	1. 加强产业链上下游合作，维护供给体系韧性与稳定。2. 组织行业内对接交流，促进产业升级产品升级。3. 推动智能化绿色化发展，加快新技术新装备应用。4. 提升企业创意设计能力，增强品牌消费引领作用。5. 开展特色产品推广活动，扩大纺织品服装消费。	工信部
省级	2021.08	《广东省制造业高质量发展“十四五”规划》	推动纺织服装、皮革、家具、造纸、日化、塑料、五金、工艺美术等重点行业的创新发展模式，加快与新技术、新材料、文化、创意、时尚等融合，发展智能、健康、绿色、个性化等中高端产品，培育全国乃至国际知名品牌。支持探索 C2M（用户直连制造）、协同生产等个性定制和柔性制造模式，提升现代轻工纺织产业供给水平和供给质量。到 2025 年，现代轻工纺织产业营业收入超 3 万亿元，形成国内领先、具有全球竞争力的现代轻工纺织产业集群。	广东省人民政府
省级	2020.10	《广东省发展现代轻工纺织战略性支柱产业集群行动计划（2021—2025 年）》	重点任务：1. 加速数字化赋能，推动产业重塑；2. 供给创新，改善供给结构；3. 加强质量建设，提升品牌质量；4. 扩大开放合作水平。 重点工程：1. 数字化赋能工程；2. 创新提升工程。	广东省发展改革委 广东省科技厅 广东省工业和信息化厅

1.2.2 市场概况

目前，中国是纺织品生产和出口的大国，中国纺织行业自身经过多年的发展，竞争优势十分明显，具备世界上最完整的产业链和最高的加工配套水平，众多发达的产业集群地应对市场风险的自我调节能力不断增强，给行业保持稳健的发展步伐提供了坚实的保障。进出口方面，2022 年我国纺织品及服装整体进口额为 224.2 亿美元，同比下降 19.14%；出口额为 3233.5 亿美元，同比增长 2.50%。2022 年，纺织行业在“高成本、弱需求”的供需环境下，纺织行业销售及盈利压力持续加大，而出口总额再创新高，连续第三年保持在 3000 亿美元以上，出口价格提升发挥了重要的支撑作用。

广东省轻工纺织产业基础较好，是全球主要的轻工纺织生产基地之一。2019 年，全省轻工纺织产业规模以上企业实现工业增加值 6383.5 亿元，完成主营业务收入 26775.2 亿元[59]，约占全省制造业主营业务收入的 20%。在珠三角、东西两翼形成了一批特色产业集群，其中服装、皮具、家具、造纸及纸制品、珠宝首饰、玩具、乐器、日化产品、塑料制品、陶瓷、金属制品等产品的产量居全国第一，具有较强的国际竞争力。

目前，国家持续加大对轻工纺织产业的支持力度，产业发展环境不断完善，同时，工艺美术与家具、家电、钟表、纺织服装等产品的需求快速增长，这些都为广东现代轻工纺织产业提供了良好的发展机遇。顺应行业发展趋势，广东省将支持纺织服装、家具、造纸及纸制品、陶瓷、珠宝首饰等行业的重大投资项目建设，整合提升现有印染、造纸、制革、电镀等关键环节项目，推动项目落户地和产业集群升级。截至 2023 年 4 月，全省在建、拟建集成电路重大项目近 12 类，为现代轻工纺织产业的未来发展提供了持续的增长动力。

2. 广东省现代轻工纺织产业供应链结构特征

2.1 供应链各环节产业发展规模

全省现代轻工纺织企业数量为 408248 家。从供应链各环节的企业数量规模来看（图 8-2），下游环节规模最大，其次是上游环节，规模最小的是中游环节。

上游环节共有 50311 家企业，在全供应链中企业数量占比为 12.32%。其中其他家具制造类企业数

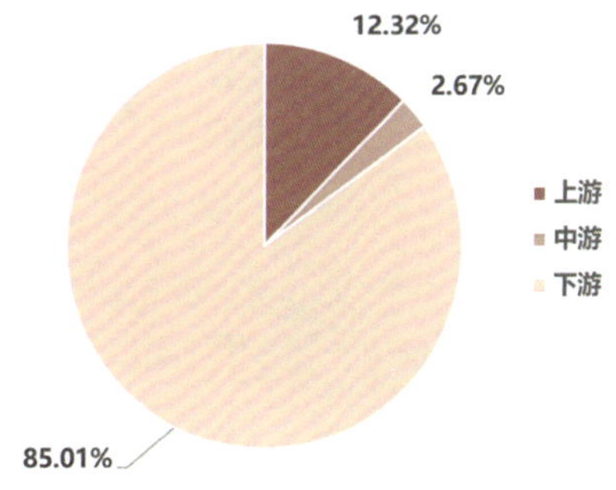

图 8-2：现代轻工纺织全产业企业数量
（数据来源：龙盾企业数据库）

产业类型	上游	中游	下游
服装零售			62832
服饰制造			11128
纺织品及针织品零售			9716
装订及印刷相关服务			7188
鞋帽零售			6787
其他机织服装制造			6068
其他家具制造	5970		
运动机织服装制造			5969
金属家具制造	4424		
包装装潢及其他印刷			4221
其他纸制品制造	3246		
纸和纸板容器制造	3235		
木质家具制造	3048		
教学用模型及教具制造			2557
珠宝首饰及有关物品制造			2238
皮革服装制造	2202		
针织或钩针编织物织造		2175	
纺织面料鞋制造	1973		
日用塑料制品制造	1813		
塑料包装箱及容器制造	1672		
书、报刊印刷			1663
其他工艺美术及礼仪用品制造			1541
运动防护用具制造			1411
化妆品制造	1390		
其他玩具制造			1377
其他皮革制品制造	1318		
塑料零件及其他塑料制品制造	1195		
棉织造加工		1121	
其他制鞋业	1010		
皮鞋制造	995		
木片加工		927	
皮箱、包（袋）制造	920		
塑料薄膜制造	847		
机制纸及纸板制造	833		
棉印染精加工		727	
日用玻璃制品制造	674		
其他家用纺织制成品制造		632	
专项运动器材及配件制造			622
天然植物纤维编织工艺品制造			596
棉纺纱加工		581	
针织或钩针编织品制造		577	
金属工艺品制造			561
雕塑工艺品制造			554
抽纱刺绣工艺品制造			544
肥皂及洗涤剂制造	531		
加工纸制造	520		
橡胶零件制造	473		
塑料板、管、型材制造	456		
日用陶瓷制品制造	439		
其他非金属矿物制品制造	434		
文具制造			416
绳、索、缆制造		409	
橡胶板、管、带制造	387		
其他毛皮制品加工		352	
建筑用木料及木材组件加工	311		
其他产业用纺织制成品制造		296	
金属船舶制造	295		
纺织带和帘子布制造		279	
床上用品制造		272	
其他玻璃制造	269		
日用及医用橡胶制品制造	266		
其他金属制日用品制造	258		
泡沫塑料制造	257		
塑胶玩具制造			239
印刷专用设备制造	223		
羽毛（绒）制品加工		221	
化纤织造加工		218	
木制容器制造	217		

产业环节

图 8-3：现代轻工纺织产业全供应链企业数量分析
（数据来源：龙盾企业数据库）

量稍多，数量为5970家，在上游环节的数量占比为12.67%，是上游环节的主导发展企业类型。生物基化学纤维制造类企业数量最少，数量为1家，在上游环节的数量占比为0.002%。

中游环节共有10893家企业，在全供应链中企业数量占比为2.67%。其中针织或钩针编织物织造类企业数量最多，数量为2175家，在中游环节的数量占比为19.96%，是中游环节的主导发展企业类型。麻染整精加工类企业数量最少，数量为2家，在中游环节的数量占比为0.19%，是中游环节发展最不充分的企业类型。

下游环节共有347044家企业，在全供应链企业中的企业数量占比为85.01%。其中服装批发类企业数量最多，为130606家，在下游环节的数量占比为40.07%，是下游环节主导发展的企业类型。金属玩具制造类企业数量最少，数量为5家，在下游环节的数量占比为0.00015%，是下游环节发展最不充分的企业类型。

2.2 供应链各环节产业的经济价值

现代轻工纺织产业全供应链2018年的整体平均利润率为5.56%。从供应链各环节的企业平均利润来看，上、中、下游环节的平均利润率差距不大，其中上游环节利润率最高，其次是下游环节，规模最小的是中游环节。

分环节来看，上游环节平均利润率最高，为5.74%。其中香料、香精制造类企业利润率最高，为16.8%，比上游环节利润率平均值高11.06个百分点。皮箱、包（袋）制造类企业利润率最低，为-47.51%，比上游环节利润率平均值低53.25个百分点。

中游环节在供应链三个环节中平均利润率最低，平均利润率达到5.2%。其中床上用品制造类企业利润率最高，为20.67%，比中游环节利润率平均值高15.47个百分点。羽毛（绒）制品加工类企业利润率最低，为-27.06%，比中游环节利润率平均值低32.26个百分点，盈利能力不能得到很好的体现。

下游环节在供应链三个环节中平均利润率居中，平均利润率达到5.5%。其中露天娱乐场所游玩设备制造类企业利润率最高，为14.57%，比下游环节利润率平均值高9.07个百分点。记录媒介复制类企业利润率最低，为-0.6%，比下游环节利润率平均值低6.1个百分点。本类企业整体尚未实现盈利，有待采取措施进一步降低生产成本、开拓市场，提升盈利空间。

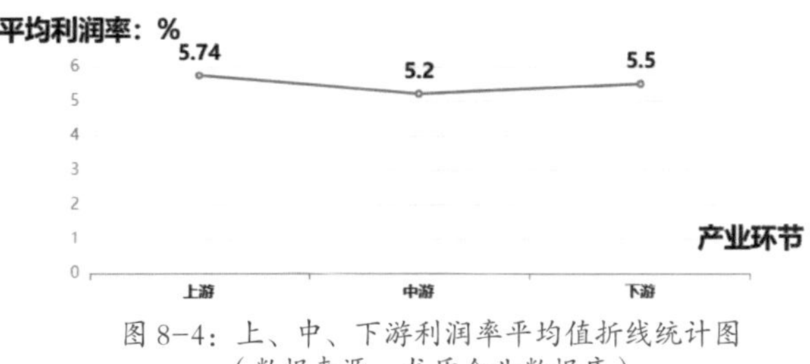

图8-4：上、中、下游利润率平均值折线统计图
（数据来源：龙盾企业数据库）

2.3 供应链各环节产业的产权联系网络特征

全省现代轻工纺织产业供应链各环节间存在一定的产权联系（表8-2、图8-5）。

总体上，同一环节内同类行业间联系频数为2375，其中服装批发的联系最为紧密。同一环节内不同行业间联系较为紧密，联系频数为2479，其中服装批发与服装零售之间的联系较为紧密。

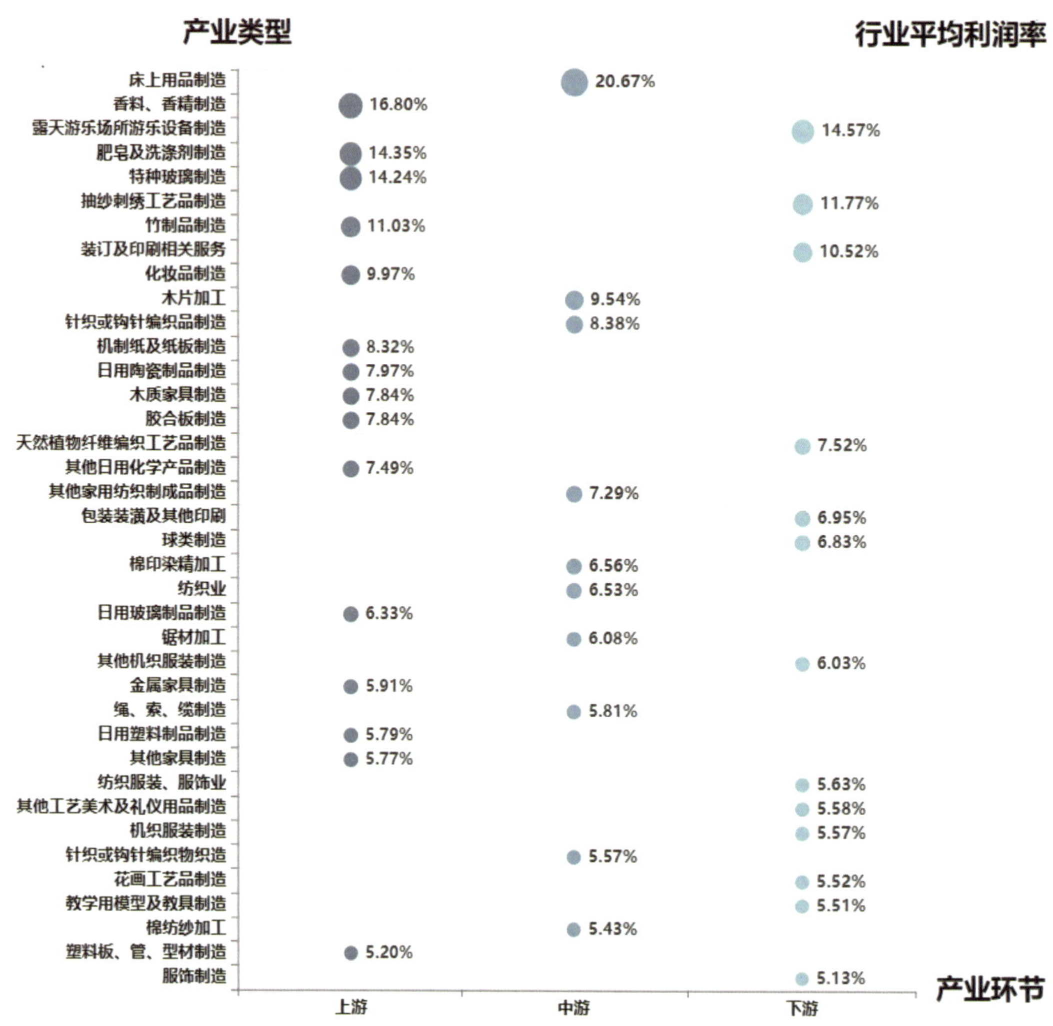

图 8-5：现代轻工纺织产业全供应链经济价值分析

（续上图）

产业类型	上游	中游	下游
专项运动器材及配件制造			5.06%
塑料包装箱及容器制造	5.02%		
棉织造加工		4.99%	
其他非金属矿物制品制造	4.94%		
塑料零件及其他塑料制品制造	4.88%		
纸和纸板容器制造	4.75%		
加工纸制造	4.47%		
塑料薄膜制造	4.35%		
皮革鞣制加工		4.18%	
其他纸制品制造	4.11%		
运动休闲针织服装制造			4.10%
皮革服装制造	3.83%		
竹、藤家具制造	3.82%		
运动机织服装制造			3.74%
化纤织造加工		3.74%	
化纤织物染整精加工		3.72%	
珠宝首饰及有关物品制造			3.55%
塑料家具制造	3.43%		
金属工艺品制造			3.36%
泡沫塑料制造	3.25%		
皮鞋制造	3.17%		
书、报刊印刷			3.11%
日用及医用橡胶制品制造	3.02%		
纺织面料鞋制造	2.59%		
其他玻璃制造	2.33%		
其他玩具制造			2.26%
鞋帽零售			2.08%
运动防护用具制造			1.68%
其他皮革制品制造	1.56%		
纺织品及针织品零售			0.30%
家具制造业	0%		
服装零售			0%
记录媒介复制			-0.6%
毛皮鞣制加工		-1.1%	
化纤浆粕制造	-3.0%		
麻染整精加工		-3.9%	
金属船舶制造	-14.%		
羽毛（绒）制品加工		-27.%	
皮箱、包（袋）制造	-47.%		

行业平均利润率　产业环节

图 8-5：现代轻工纺织产业全供应链经济价值分析（续）

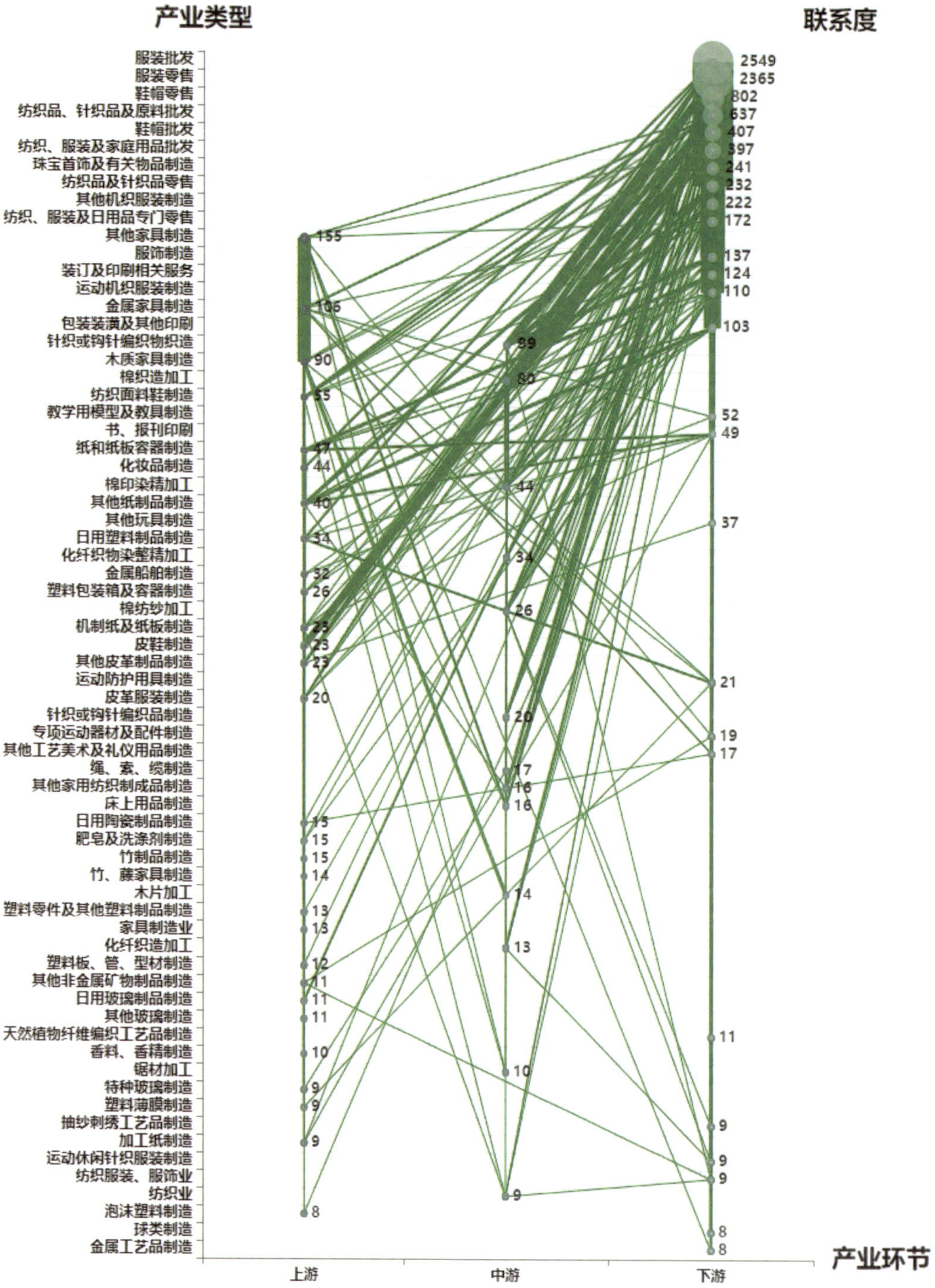

图 8-6：现代轻工纺织产业全供应链产权联系分析图
（数据来源：龙盾企业数据库）

表 8-2：广东省轻工纺织各行业产权联系表

联系类型	总部或投资企业类型	分支或被投资企业类型	联系频数
同一环节内部联系（同类行业间）联系频数：2375	服装批发	服装批发	582
	服装零售	服装零售	568
	鞋帽零售	鞋帽零售	228
	珠宝首饰及有关物品制造	珠宝首饰及有关物品制造	118
	纺织品、针织品及原料批发	纺织品、针织品及原料批发	89
	其他家具制造	其他家具制造	54
	纺织、服装及家庭用品批发	纺织、服装及家庭用品批发	53
	装订及印刷相关服务	装订及印刷相关服务	43
	金属家具制造	金属家具制造	38
	包装装潢及其他印刷	包装装潢及其他印刷	33
同一环节内部联系（不同类行业间）联系频数：2479	服装批发	服装零售	630
	鞋帽批发	鞋帽零售	186
	服装零售	服装批发	158
	纺织品、针织品及原料批发	服装零售	101
	纺织品、针织品及原料批发	服装批发	77
	服装批发	纺织、服装及家庭用品批发	74
	服装批发	纺织品、针织品及原料批发	60
	纺织、服装及家庭用品批发	服装批发	57
	鞋帽批发	服装零售	51
	服装批发	纺织、服装及日用品专门零售	50
不同环节间联系 联系频数：310	针织或钩针编织物织造	服装零售	6
	皮鞋制造	鞋帽批发	6
	纺织品、针织品及原料批发	棉织造加工	5
	棉织造加工	纺织品、针织品及原料批发	4
	针织或钩针编织物织造	纺织品、针织品及原料批发	4
	棉织造加工	纺织品及针织品零售	3
	针织或钩针编织物织造	其他机织服装制造	3
	针织或钩针编织物织造	服饰制造	3
	针织或钩针编织物织造	纺织品及针织品零售	3
	服饰制造	针织或钩针编织物织造	3
总计			87

不同环节之间的企业产权联系较薄弱，联系频数为310。针织或钩针编织物织造与服装零售之间的联系较为紧密。上游环节与中游环节联系较为薄弱。

2.4 供应链结构多要素的耦合特征

统计现代轻工纺织产业供应链各环节的发展规模、经济价值、产权联系三要素对应指标的皮尔逊相关系数，可以发现企业数量比率与产权联系频数比率指标的皮尔逊相关系数为0.61，发展规模与产权联系两要素间存在极强的正相关性，企业数量规模越多的行业有更多的企业设立分支机构或对外投资，形成相对密集的产权联系网络。其他要素间则不存在较强的相关性（表8-3）。

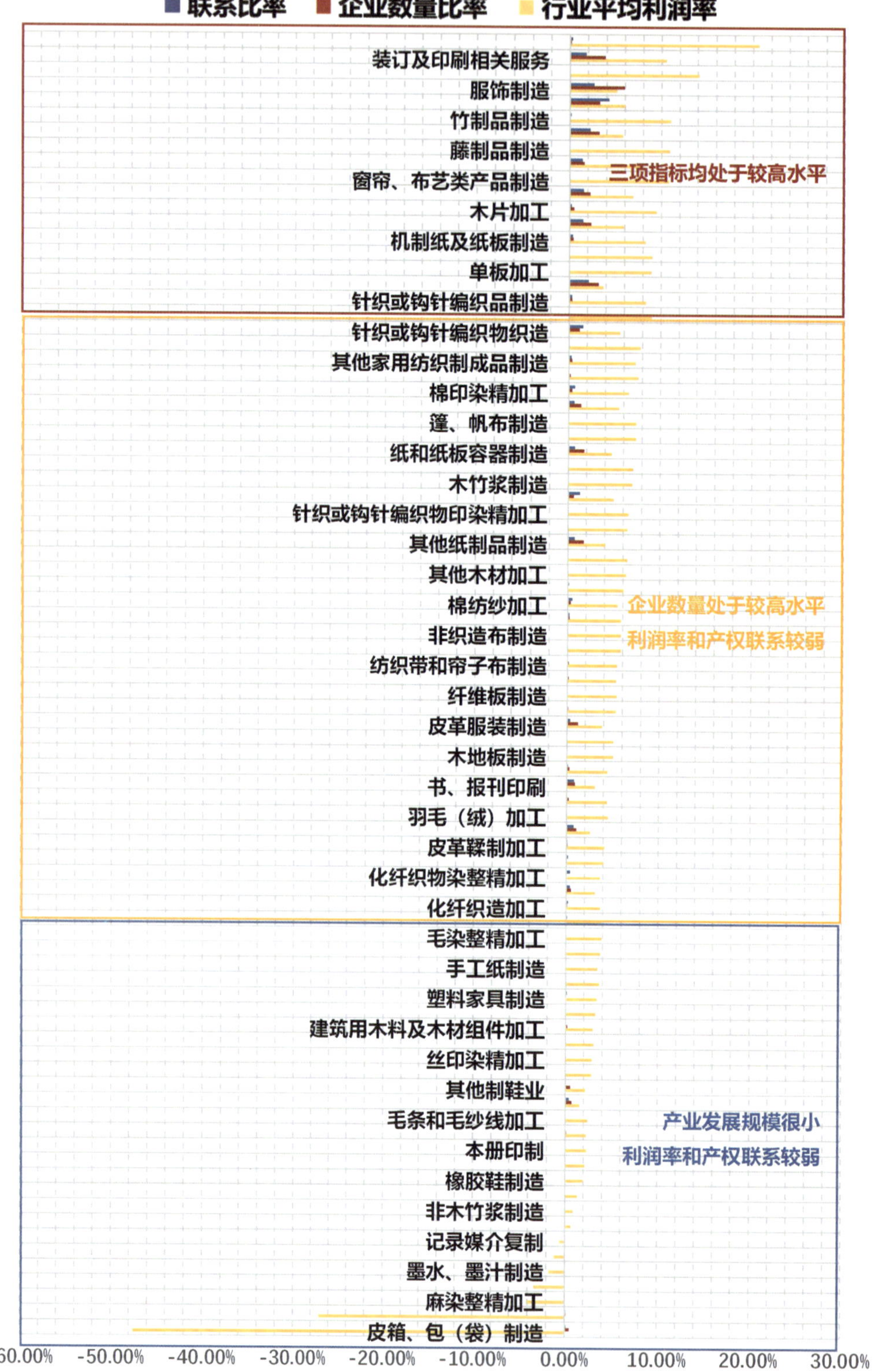

图 8-7：现代轻工纺织产业全供应链四级分类产业要素指标分析图
（数据来源：龙盾企业数据库、《广东省经济普查年鉴（2018）》）

表 8-3：三要素相关系数表

要素指标	皮尔逊相关系数
企业数量比率与利润率	0.42（中等程度正相关）
企业数量比率与产权联系频数比率	0.61（正相关）
行业平均利润率与产权联系频数比率	0.15（弱正相关）

根据三要素指标的分布情况（图 8-6），现代轻工纺织产业供应链内各环节企业发展状态大致可分为三种情况：

一是三要素指标均处于较高水平，表现为企业数量多，平均利润率高，企业间联系频数高，包含服装制作、纺织品及针织品零售、鞋帽零售、运动机织服装制造等，主要处于中游和下游环节。整体来看，这几类产业发展处于增长期或成熟期，市场规模和潜在需求较大，但较高利润与较大的企业数量规模现状也存在市场竞争加剧的风险。目前省内现代轻工纺织设计企业普遍规模偏小，高水平设计能力不足，企业应组织批量生产以降低成本，建立分销渠道和销售网点，确保市场供给，尽早形成产品系列并向相邻市场渗透，可以考虑进入国际市场开展跨国经营。

二是发展规模较大，但经济指标和产权联系指标相对较弱的企业，包含玻璃纤维增强塑料制品制造、木竹浆制造、塑料丝、绳及编织品制造等，主要处于上游环节。从整体来看，这几类产业发展处于成熟期，存在一定的行业技术门槛、进入成本门槛或法律法规门槛等，市场集中度高，需求增长较快而供给量相对稳定。企业宜采用维持战略，并投入资金支持新的核心能力开发计划，在战略、组织结构、人员、技术等方面为转向新领域作准备，抓住时机通过转型、重组、再造和技术、制度、管理创新战略来推动企业及早进入新一轮的生命周期。

三是三要素指标均处于较低水平，表现为企业数量少、平均利润率及企业间联系频数低，包含腈纶纤维制造、生物基化学纤维制造、麻染整精加工、化纤浆粕制造等，主要处于上游环节。整体来看，这两类产业处于初创发展阶段，市场需求不够成熟，存在技术落后或成本投入较大等问题。企业在这一阶段需要承担较高的研发成本和风险，并需要进行市场调研、产品定位等工作，加强研发争取市场主导权，及早进入市场与申请专利，强化竞争优势。

3. 广东省现代轻工纺织产业集群空间特征

3.1 企业数量集聚的空间特征

分区域来看（图 8-7），珠三角地区是全省现代轻工纺织企业的主要集聚区域，包含的上、中、下游各环节以及全供应链的企业数量规模均占比分别为 91.76%、86.14%、95.08% 和 94.43%，均超过 85% 以上，在产业规模发展方面具有绝对的数量规模优势。粤东地区是现代轻工纺织企业的次级集聚区域，尤其是中游制造生产等企业，数量占比超过 7%。粤东地区和粤西地区的现代轻工纺织产业发展规模相对较小，合计数量占比未超过 5%，产业发展基础相对薄弱。

分地市来看（图 8-8），广州、深圳、东莞、珠海、佛山等地是现代轻工纺织产业的主要集聚地，上、中、下游各环节企业分布均较为密集，但各地市集聚的产业环节特点略有差异，东莞、深圳和广

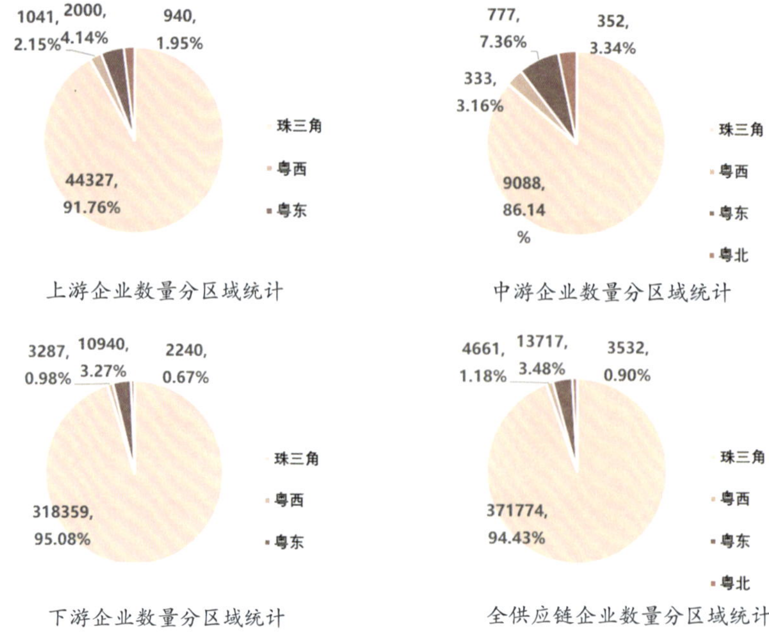

上游企业数量分区域统计　中游企业数量分区域统计

下游企业数量分区域统计　全供应链企业数量分区域统计

图 8-8：全省现代轻工纺织产业分区域企业数量统计
（数据来源：龙盾企业数据库）

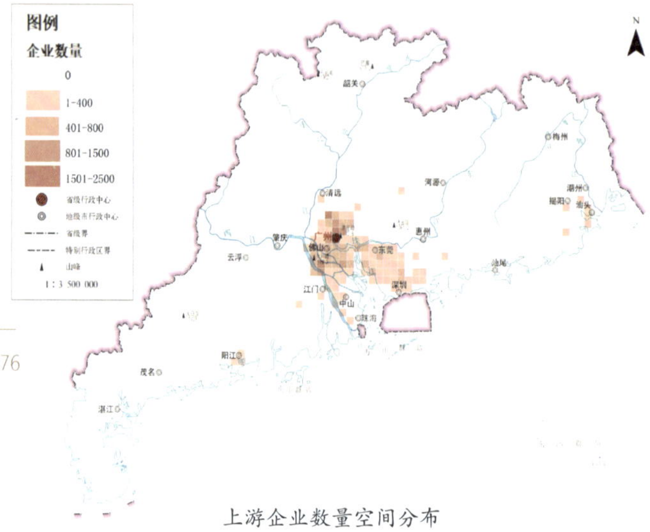

上游企业数量空间分布 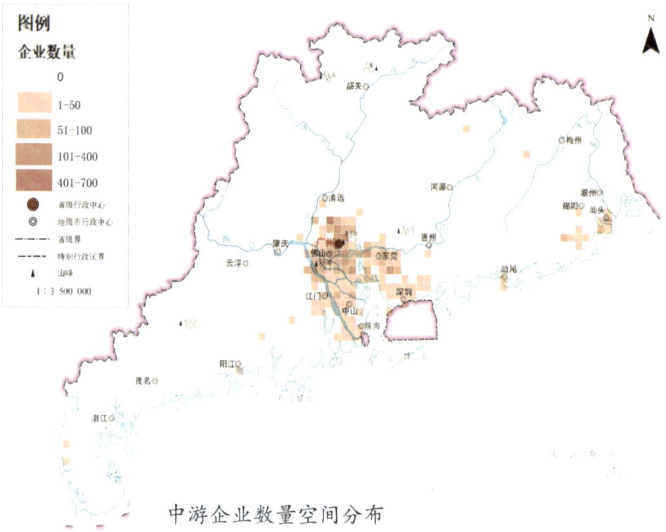　中游企业数量空间分布

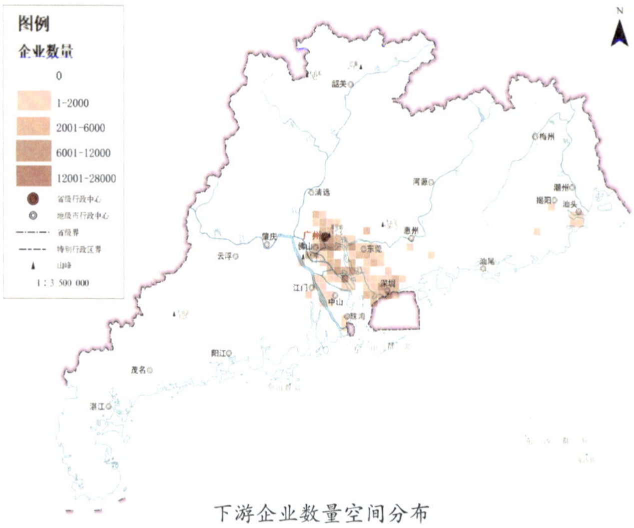

下游企业数量空间分布 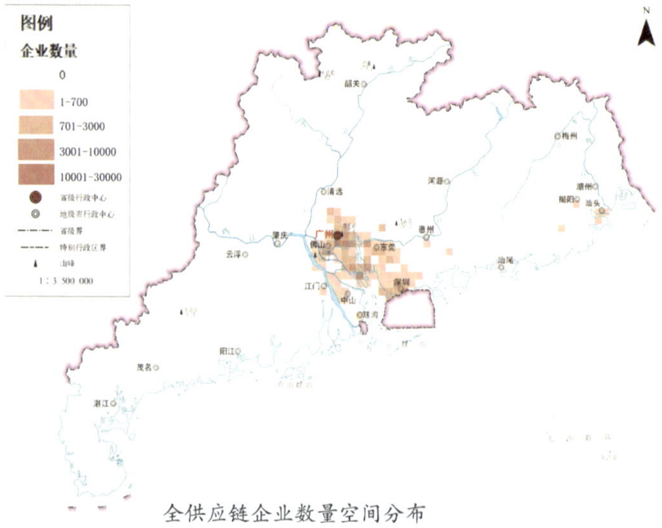　全供应链企业数量空间分布

图 8-9：全省现代轻工纺织产业企业数量分布
（数据来源：龙盾企业数据库）

州是上游企业数量最多的 3 个地市，是现代轻工纺织原料生产以及支撑软硬件设备的主要产地；深圳、广州和东莞是中游企业数量最多的 3 个地市，中山、惠州、珠海、佛山、河源、梅州、汕头等地的企业数量依次递减，承载着现代轻工纺织设计、制造等生产工作；广州、东莞和佛山是下游企业数量最多的 3 个地市，深圳、惠州、江门、珠海、中山、梅州、清远等地企业的数量依次递减，是现代轻工纺织产品的销售企业的主要集中区域。

3.2 企业联系集聚的空间特征

分区域来看（图 8-9），珠三角地区是全省现代轻工纺织产业中设置分支机构或进行投资的企业的主要集聚区域，上、中、下游各环节以及全供应链的产权联系度占比分别为 88.02%、59.35%、94.75% 和 92.69%，均超过 50% 以上，具有较大的产权布局优势，依托产权部署，在经济、技术、知识、人才等要素交流方面具有更大的潜力。粤东地区具有一定的产权联系规模，尤其是中游的制造等企业，联系度占比超过 20%。粤北地区和粤西地区的现代轻工纺织产业的产权联系度相对较小，合计数量占比未超过 15%，发展基础相对薄弱，其中粤西地区略强于粤北地区。

分地市来看（图 8-10），广州、深圳、东莞、珠海等地是现代轻工纺织产业上游、中游、下游各环节企业产权联系较多区域，有较强的产业合作拓展能力，但各环节企业产权的联系度排序略有变化。深圳、广州、佛山是上游企业产权联系度较高的区域，珠海、惠州、汕头、中山、佛山、韶关、阳江产权联系度依次递减；深圳、广州、东莞是中游企业产权联系度较高区域，佛山、珠海、中山、江门、惠州、梅州、揭阳依次递减；广州、深圳是下游企业产权联系度较高区域，东莞、珠海、梅州、佛山、惠州、江门、中山、清远依次递减。

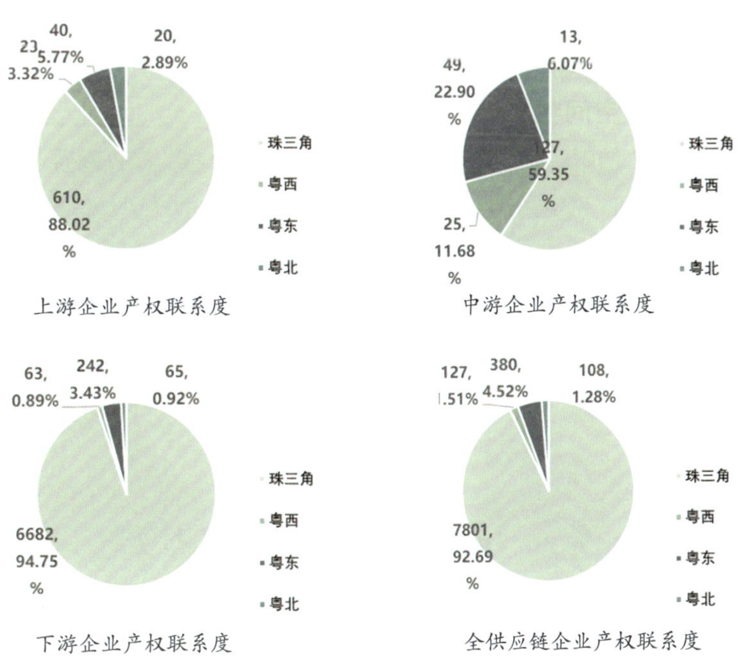

图 8-10：全省现代轻工纺织产业分区域企业产权联系度统计
（数据来源：龙盾企业数据库）

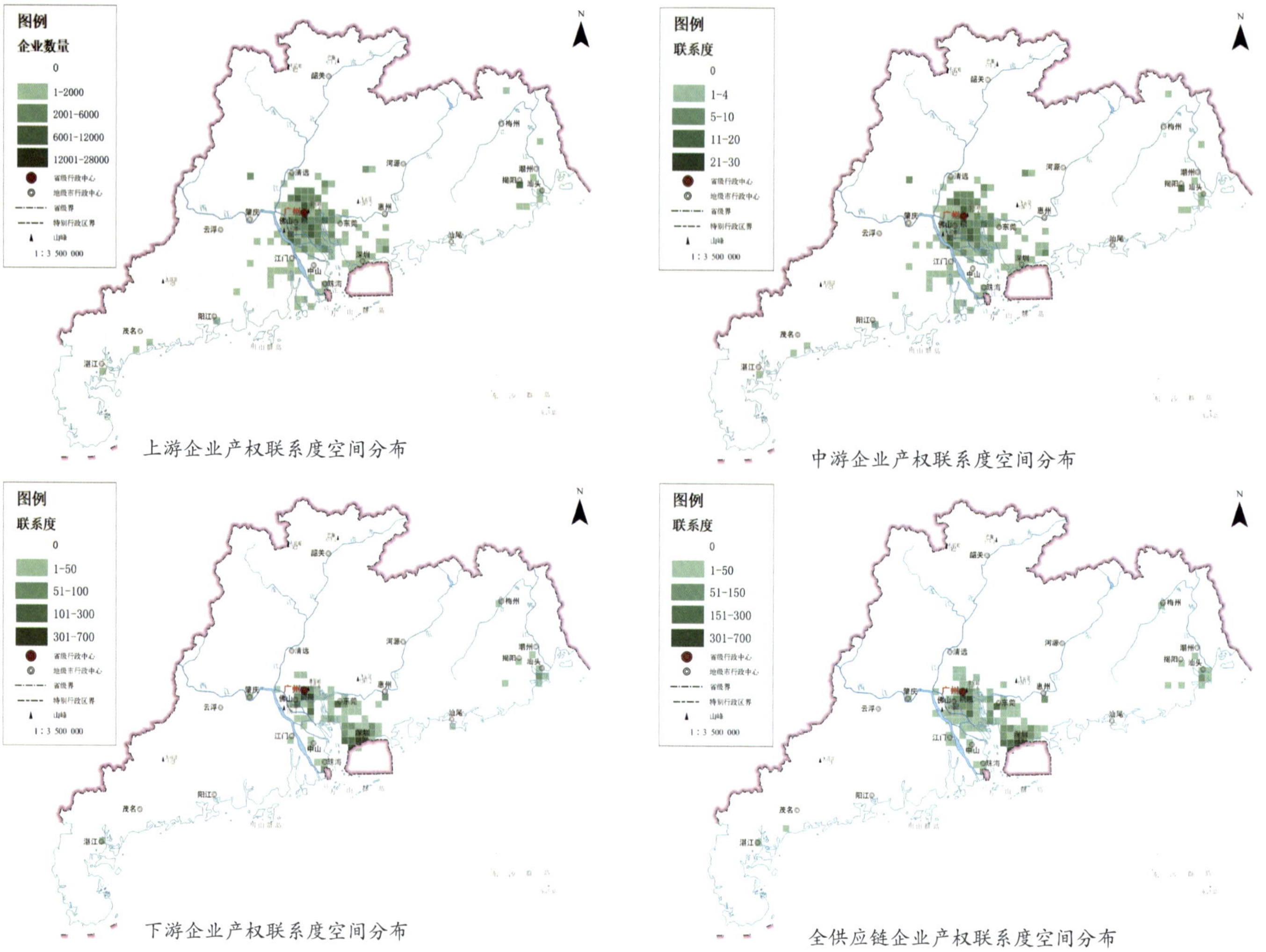

上游企业产权联系度空间分布

中游企业产权联系度空间分布

下游企业产权联系度空间分布

全供应链企业产权联系度空间分布

图 8-11：全省现代轻工纺织产业企业产权联系度分布
（数据来源：龙盾企业数据库）

3.3 产业集群的空间特征

综合分析现代轻工纺织产业全供应链的企业数量空间分布、产权联系度情况，筛选两项指标处于前 15% 的格网做叠加分析，筛选企业密度较高、产权联系紧密的产业集群潜在空间格网共 52 个。

分区域来看（图 8-11），全省现代轻工纺织产业集群的潜在空间主要分布在珠三角地区，包含 47 个格网空间，面积占比为 90.38%。粤东地区则包含 5 个格网空间，粤西、粤北暂无产业集群潜在空间。

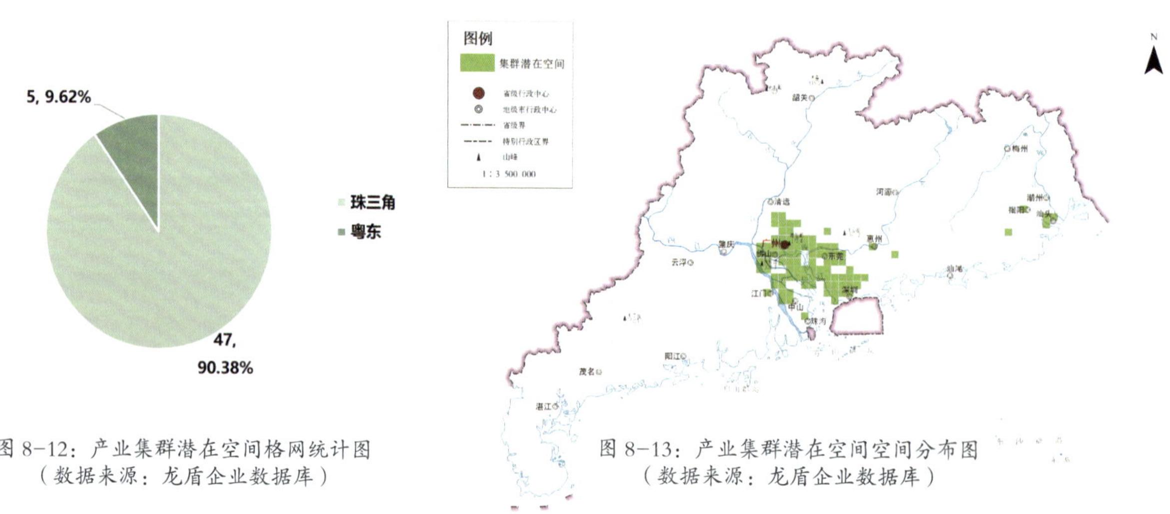

图 8-12：产业集群潜在空间格网统计图
（数据来源：龙盾企业数据库）

图 8-13：产业集群潜在空间空间分布图
（数据来源：龙盾企业数据库）

分地市来看（图 8-12），省现代轻工纺织产业集群的潜在空间主要分布在广州市南沙区、海珠区、黄埔区、番禺区，深圳市南山区、宝安区，珠海市香洲区、斗门区以及汕头市等地，这些区域是全省现阶段现代轻工纺织产业集群发展较为成熟的潜在区域。

4. 广东省现代轻工纺织产业典型案例

4.1 典型园区案例

海珠同创汇位于海珠生态中心——“鸡心岛”，具体位置为广州市海珠区新滘中路 88 号，处于广州城市中轴与海珠生态绿轴的交会处，是海珠区的核心区域。园区生态环境得天独厚，是全维度时尚赋能的产业平台，涵盖办公、商业、展示、社交、生态等多元复合业态，将时尚生活办公方式集约于此。目前，海珠同创汇已成为时尚创意产业的聚集地，依托区域性产业基础及优势，打造一个科技驱动型时尚产业的示范园区，成为了广州时尚产业新聚集地和崭新的名片。

目前，园区入驻企业 400 家，基本为服装设计、科技类企业。其中有全球最大的 FDC 面料图书馆华南区旗舰店，中国著名十大服装设计名师、中国服装设计师最高荣誉奖“金顶奖”获得者刘洋工作室、知名设计品牌 BANXIAOXIE、奕色服饰、大东鞋业、cider、速量全速、高端婚礼定制的银禧庆典等国内知名品牌。

与国内发展较好的青岛东方时尚中心、湖北汉正服装工业城相比，广州海珠同创汇规模企业数量较多，年度营收、地均营收与企业营收均属于较高水平；交通条件上，三家产业园区交通区位良好，毗邻机场，轨道交通或公路交通线均有贯通；产业布局上，三家产业园都基本形成了以高端设计为核

图 8-14：广州海珠同创汇遥感影像
（数据来源：百度地图）

心的产业集群。园区先后被评为“广州市市级文化示范产业园区”“2019 年度广东服装行业成长型专业园区”“粤港澳大湾区风云创意园区”“国家纺织服装创意设计试点园区”“广州市产业园区提质增效试点”“亚洲房地产设计大奖城市更新项目组别铜奖”以及 2021 年度中国城市更新和既有建筑改造优秀案例。据统计，园区先后获得 pop 服装趋势学院授予的“战略合作伙伴时尚研发基地”“Esmod 法国高等服装设计学院授予战略合作伙伴”“广东广纺检测计量技术股份有限公司授予广纺检测（海珠同创汇）工作站”“广东省服装服饰行业协会理事单位”“亚太设计师联盟会会员单位”等资质。在促进经济增长、改善省内轻工纺织企业普遍规模偏小和高水平产品设计能力不足等方面具有示范引领作用（表 8-4）。

表 8-4：典型园区关键要素对比表

园区对比要素	广州海珠同创汇	青岛东方时尚中心	湖北汉正服装工业城
地理位置	广州市海珠区	青岛市西海岸新区	湖北汉川经济开发区
开发面积	8.5 万平方米	11 万平方米	49.6 万平方米
入驻企业数（家）	400+	670+	200+
年度营收	11.13 亿元	8.48 亿元	2.13 亿元
地均营收（亿元 / 平方公里）	130.94	77.09	4.29
企均营收（亿元 / 家）	0.028	0.013	0.011
交通条件	10 分钟可到达国际金融城和中央商务区，15 分钟直达国际会展中心，18 分钟可达广州大学城，30 分钟内可达广州白云国际机场，与珠三角主要城市形成 1.5 小时经济圈	15 分钟直达青岛市区	距武汉市市中心 38 公里，距 107 国道 5 公里，距京珠高速公路 15 公里，与杭兰高速公路不过 2 公里，而且汉川电厂、汉川铁路货场位于新河镇境内
产业布局	涉及办公、商业、展示、社交、生态等多元复合业态，致力于成为代表广州时尚形象的全新名片	原创设计产品、原创设计综合服务、原创设计版权、原创设计面料 / 新材料 / 新技术	已建成服装工业厂房 30 万平方米（计 120 套），辅料商铺 3 万平米，商业街商铺 2.8 万平方米
产业链核心环节	中游及下游，设计与生产	中游及下游，设计与生产、展示	上游及下游，打版与生产、展示
代表企业	BANXIAOXIE、奕色服饰、大东鞋业、cider、速量全速	华谊兄弟、中纺亿联	汉正、同兴福

4.2 典型企业发展概况

4.2.1 企业概况

佛山市顺德金纺集团有限公司位于珠江三角洲腹地的广东省佛山市顺德区，已发展成拥有英、日、意、德、韩等国先进纺织技术和设备，以染整为龙头，集织造、染整、服装、热电于一体的综合性纺织集团企业，固定资产超 4 亿元。主要产品包括荣获“中国名牌产品”称号的“金纺”牌西裤，西装，衬衫，休闲服；服装面料；染整加工等。公司不断科技创新，并积极与中国纺织研究院、中国纺织大学（东华大学）等科研机构合作进行系统技术和产品的开发，成功开发出了吸湿排汗、抗紫外线、远红外、抗菌防臭、阻燃等高科技纤维和面料，以及免烫防皱、防水透气、防水拒污、阻燃、抗菌等染色后整理技术。这些技术多项被列为“广东省重点科技攻关项目”。公司于 1994 年被评为“中国明星企业”；1996 年被最高人民法院定为“法院系统指定产品定点生产厂家”；1997 年，被最高人民检察院定为“人民检察被装专用品指定生产厂”；2000 年，被农业部授予“全国质量管理先进单位”称号；2003 年，被广东省工商行政管理局评为“连续十年重合同守信用企业”。

表 8-5：金纺集团有限公司产权联系类型

（数据来源：龙盾企业数据库）

产权关联类型	总数	涉及省份	行业类型	代表企业
全资控股	1	广东	创业投资业务	广东金纺创业投资有限公司
非全资控股	3	广东、江西、黑龙江	新材料、创业投资、金属冶炼	深圳富春成长投资有限公司、宝泰隆新材料股份有限公司、江西永盛矿冶股份有限公司

4.2.2 企业产权联系的网络特征

构建金纺集团有限公司的产权联系网络，有 4 家企业与金纺集团有限公司直接关联，构建了覆盖供应链上、下游环节的产权联系网络（图 8-14）。

空间分布方面，发生产权联系的企业分别位于广东、江西、黑龙江 3 个省级行政区，其中属于广东省的企业数量最多，有 2 家。

供应链接结构方面，产权联系网络主要覆盖上、下游环节，且衍生出商务、金融以及产品应用等下游配套服务。其中，上游企业主要位于江西、广东和黑龙江，下游企业中设计产品应用的企业分布在广东。

产权联系方式方面。金纺集团有限公司主要通过投资控股的方式构建企业间合作，全资控股企业 1 家，主要位于广东省，非全资控股企业 3 家，分别位于广东、江西和黑龙江。其中重点投资上游企业为全资控股。对于拓展的金融、商务等企业投资比例则比较低（表 8-5）。

总体来看，金纺集团有限公司进行了一定产业拓展布局，在供应链各环节的部署模式都具有参考价值。首先重点通过全资控股形式重点把握本土企业的优势方向；同时在新材料、创业投资业务、金属冶炼等多个水平领域开展投资活动，有利于拓展全国中部、西部市场，提升品牌效应，并增强收入的多元性。

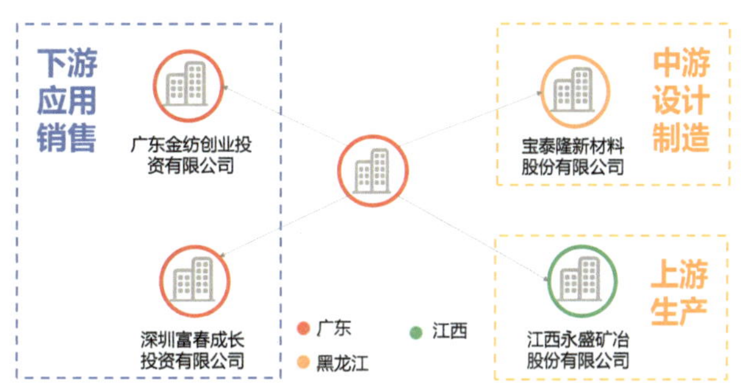

图 8-15：金纺集团有限公司产权联系企业类型

（数据来源：龙盾企业数据库）

第九章

战略性支柱产业集群：

软件和信息服务产业集群

软件和信息服务产业包括软件开发、信息技术咨询、互联网服务等一系列活动的产业领域。其供应链包括软件算法研发、网络设备和服务器等开发软硬件环境建设、基础软件开发、专业软件开发、互联网安全服务、信息技术咨询服务、地理遥感信息服务等环节。

广东省软件与信息服务企业主要集中在中游软件开发与系统集成和下游运营维护服务与信息技术咨询服务环节，上游研发和设备制造环节企业较少。但上游环节企业的平均利润率远高于中下游企业。产权联系中，软件开发类企业是产权联系网络中的核心节点，中游环节和下游环节联系较为紧密，上游环节与中游环节联系较为薄弱。软件开发和服务与上游硬件设备生产联系较少，不利于软硬件一体化发展，形成自主产业生态。

广东省软件与信息服务企业主要集中在珠三角地区，特别是上游设备制造和中游软件开发部分，主要集中在广州、深圳、佛山、东莞等科研资源集聚、电子信息产业发达的地市。因此，软件与信息服务产业园往往选址在大型互联网服务企业及电子信息终端制造业企业周边，园区环境优美、生活服务配套完善、交通方便，为技术交流提供开放空间，如以网易为龙头带动的广州天河软件园。

1. 软件和信息服务产业集群概述

1.1 基本概念

软件与信息服务产业是指以软件技术和信息服务为核心，包括软件开发、信息技术咨询、互联网服务等一系列活动的产业领域。其中，软件开发包括设计、编程、测试和维护各种软件应用程序，涵盖了从个人电脑软件到企业级应用软件的开发。信息技术咨询则提供关于信息技术系统和解决方案的咨询服务，帮助企业和组织进行技术规划、系统集成和业务流程优化等方面的决策和实施。另外，该产业还涉及数据的采集、存储、管理和分析等活动，包括大数据处理、数据挖掘、数据仓库和数据中心。

数字中国战略作为中国在数字化时代推进全面深化改革的重要举措，对软件与信息服务业的发展具有深远的意义。这一战略旨在以数字技术为核心，加速构建数字社会，推动经济高质量发展，实现现代化治理和现代化国家治理体系建设。在这一背景下，软件与信息服务业作为数字化转型的重要支撑，在现代经济中发挥着重要作用，它不仅是推动其他产业升级和转型的重要驱动力，也是信息社会发展和数字经济发展的重要支撑。

软件与信息服务产业起源于美国，伴随着全球分工及技术迭代，表现为全球范围的产业转移。起初，美国是计算机技术和研发的领先国家，许多早期的美国软件公司如 IBM、微软等开始为计算机提供操作系统、编程语言和应用软件等服务。21 世纪以来，互联网的普及和商业化为软件与信息服务产业带来了新的机遇和挑战，日本、韩国和中国台湾地区成为亚洲的新兴软件产业中心，吸引了大量的软件开发和信息服务外包业务。如今，伴随着人工智能与大数据的融合，软件与信息服务产业进一步呈现出全球化的特点，在全球范围内进行产业转移的趋势日益明显。

随着技术的进步，软件与信息服务产业的发展经历了从垂直整合阶段向垂直分离阶段的转变，导致整个产业出现了专业化的分工现象。尽管不同分工环节之间存在着高度的技术衔接要求，但厂商们倾向于在地理上相邻的区域内集聚，以加强技术、经济和人才之间的互动和交流。这种趋势推动了软件与信息服务产业集群的发展，同时也加强了各环节之间的协同合作。未来，随着5G技术的普及，高速、低延迟的网络连接将推动更多领域的创新，虚拟现实（VR）和增强现实（AR）、人工智能和机器学习、智能医疗和健康科技等行业将成为软件信息服务产业新的发展重点。

为更好厘清软件与信息服务产业的核心产品、核心技术环节及核心行业等关键要素的结构关系，需深入分析产业上、中、下游结构特征，构建软件与信息服务产业供应链全景图谱（图9-1）。

研发端是供应链的最顶层，是该产业的核心和驱动力。在我国，开展软件产品研发的主体多样，主要包括大型科研机构、高校实验室、企业研发中心等，这一层次主要涉及软件和信息技术的研发、创新和应用，旨在开发新的技术、产品和解决方案来满足市场需求，并进一步推动整个产业的进步和发展。其中，人工智能（AI）和大数据、云计算和边缘计算、区块链技术等是我国重点聚焦攻坚的领域。

上游是重要的生产支撑环节，供应的核心产品包含构建开发环境、保证生产安全的大数据和人工智能技术、网络设备和服务器等。其中开发工具和集成开发环境包括Visual Studio、Eclipse、

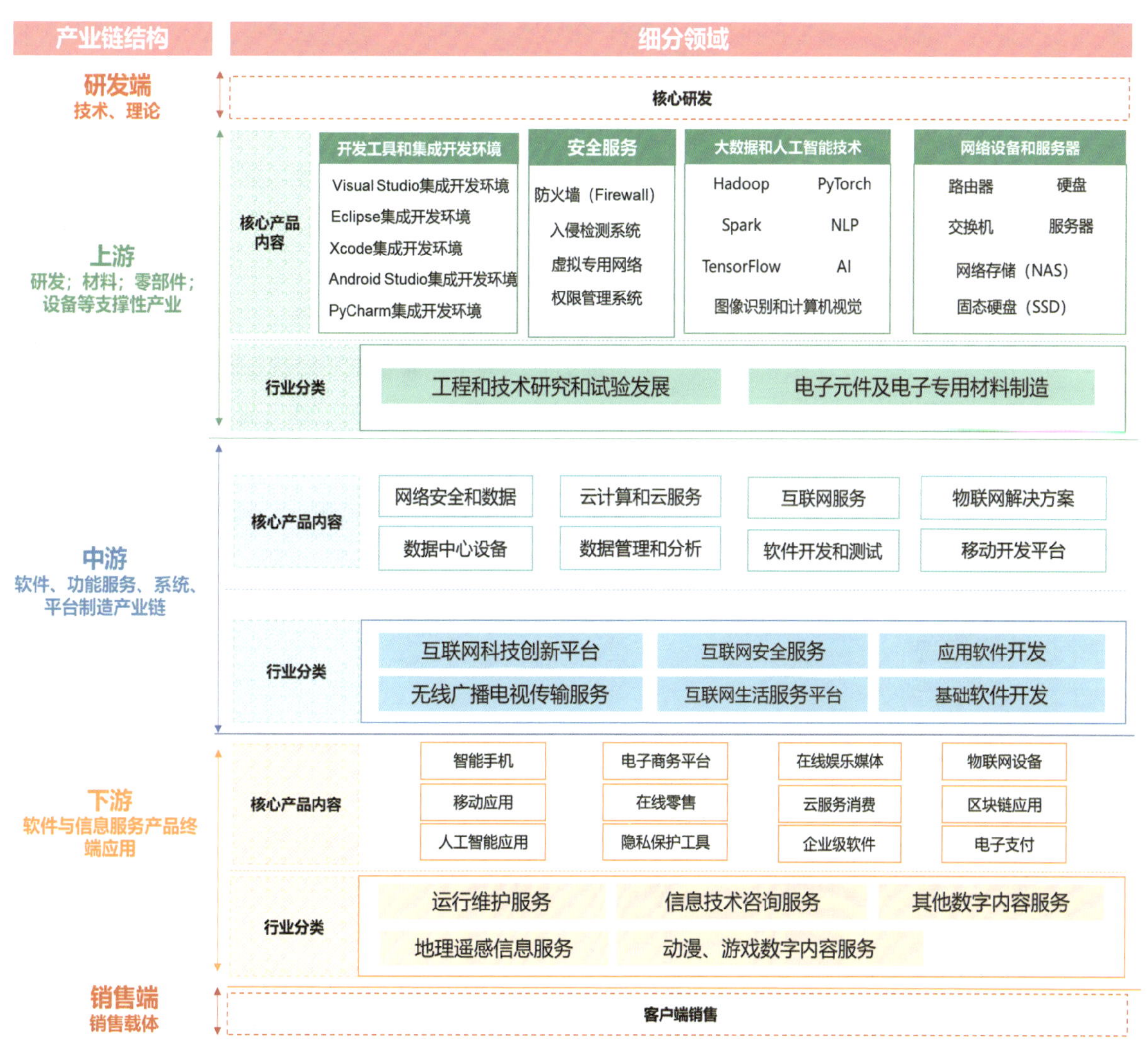

图9-1：软件与信息服务全产业供应链图谱

Xcode、Android Studio、PyCharm 等；安全和网络服务主要指网络安全技术相关平台，包括防火墙（Firewall）、入侵检测系统（IDS）、虚拟专用网络（VPN）、权限管理系统（IAM）等；大数据和人工智能技术主要指用于处理和分析大规模数据以及实现人工智能的应用，包括 Hadoop、Spark、TensorFlow、PyTorch、NLP 等。网络设备和服务器主要指用于网络通信和数据传输的硬件设备，包括路由器、交换机与硬盘等。本环节对应的企业集中分布在国民经济行业分类中的工程和技术研究和试验发展（7320，国民经济行业分类代码，下同）、电子元件及电子专用材料制造（398）两类行业中。

中游是软件与信息服务产业重要的生产环节，依托上游的支撑，通过软件开发、系统集成等系列流程，将技术方案和需求转化为具体的软件产品和解决方案，核心产品包含企业应用软件、数据管理系统、网络与通信软件等。在这一阶段，软件开发人员、系统工程师、测试工程师等专业人才发挥关键作用，通过需求分析、架构设计、编码开发和系统集成，将软件和信息技术转化为实际可用的产品和解决方案。

本环节对应的企业集中分布于国民经济行业分类中的应用软件开发(6513)、基础软件开发(6511)、互联网安全服务（6440）、互联网生活服务平台（6432）、互联网科技创新平台（6433）与无线广播电视传输服务（6322）等行业。值得一提的是，广东省目前在基础软件自主研发行业方面已经积累了丰富的科研和人才资源，出现了如赛意信息科技等一批脱颖而出的新企业；同时，广东软件与信息服务产业在大数据和安全领域中横跨交通、物流、城市建设、跨境贸易、金融科技、农业、医疗健康等多个领域，其中突出企业包括华晟安全等。通过大数据的应用，广东正不断推动着各个领域的创新发展，为实现数字中国战略贡献着独特的力量。

下游则是软件与信息服务产业成品的主要应用环节，将软件产品应用于计算机、通信设备、工业电子、物联网、电子商务等行业领域。本环节对应的企业集中分布在国民经济行业分类中的运行维护服务（6540）、信息技术咨询服务（6560）、其他数字内容服务（6579）、地理遥感信息服务（6571）和动漫、游戏数字内容服务（6572）5 类行业中。

供应链的最末端是销售端，通过市场销售等机构，将软件与信息服务的应用产品销售给有需求的客户。

1.2 发展概况

1.2.1 政策要求

软件与信息服务产业作为重要的战略新兴产业，在国家和广东省都得到了充分的政策支持，包括提供财政资金奖励、给予税收优惠政策、倾斜贷款支持以及保障土地供给等。针对产业发展的关键问题，相关部门从不同角度提出了具体的政策要求，以推动“卡脖子”关键技术的突破、完善产业链、促进产业集聚发展、提供产业空间供给、提升创新能力和保障人才体系。

国家层面主要聚焦软件与信息服务行业的创新发展，提升国家在信息技术领域的竞争力和影响力。关注的关键技术包括人工智能（AI）和机器学习、云计算、大数据与区块链技术等。为鼓励引导关键技术发展，推进实施推动创新研发和技术成果转化两条路径。推动创新研发方面，包括加大科研经费的投入、建设创新平台、支持科技成果转化等措施，以推动软件与信息服务产业关键技术的研发和创新。

表 9-1：政策清单表格样式

层级	时间	政策名称	主要内容或措施要求	印发部门
国家级	2020.07	《新时期促进集成电路产业和软件产业高质量发展的若干政策》	分别从财税、投融资、研究开发、进出口、人才、知识产权、市场应用、国际合作等多个方面推动软件与信息服务产业发展，优化软件产业发展环境，深化产业国际合作。	国务院
国家级	2020.7	《新时期促进集成电路产业和软件产业高质量发展的若干政策》	（1）国家鼓励的软件企业，自获利年度起，第一年至第二年免征企业所得税，第三年至第五年按照 25% 的法定税率减半征收企业所得税。（2）国家鼓励的软件企业，自获利年度起，第一年至第五年免征企业所得税，接续年度减按 10% 的税率征收企业所得税。（3）软件企业在本政策实施以前年度的企业所得税，按照国发〔2011〕4 号文件明确的企业所得税“两免三减半”优惠政策执行。	国务院
国家级	2020.12	《关于促进集成电路产业和软件产业高质量发展企业所得税政的公告》	国家鼓励的集成电路设计、装备、材料、封装、测试企业和软件企业自获利年度起，第一年至第二年免征企业所得税，第三年至第五年按照 25% 的法定税率减半征收企业所得税。	财政部、税务总局、发改委、工信部
国家级	2021.12	《“十四五”数字经济发展规划》	在“数字技术创新突破工程”方面，提出要抢先布局前沿技术融合创新，推进前沿学科和交叉研究平台建设，重点布局下一代移动通信技术、量子信息、第三代半导体等新兴技术，推动信息、生物、材料、能源等领域技术融合和群体性突破。	国务院
国家级	2022.03	《关于做好 2022 年享受税收优惠政策的集成电路企业或项目、软件企业清单制定工作有关要求的通知》	被正式申请列入 2020 年度享受企业所得税优惠政策的国家鼓励的重点集成电路设计企业和重点软件企业清单的软件企业可享受税收优惠政策。	发改委、工信部、财政部、海关总署、税务总局
省级	2020.10	《广东省发展软件与信息服务战略性支柱产业集群行动计划（2021—2025 年）》	重点任务：1. 提升产业创新能力。2. 优化产业发展布局。3. 培育特色产业园区。4. 发展新技术新业态。5. 创新发展工业软件。6. 构建自主产业生态。 重点工程：1. 基础软件建设工程。2. 工业软件突破工程。3. 新兴技术培育工程。4. 名城名园提质工程。5. 龙头企业引育工程。6. 产业生态构筑工程。7. 信息服务提升工程。8. 网络与信息安全保障工程。	广东省发展改革委 广东省科技厅 广东省工业和信息化厅
省级	2021.08	《广东省制造业高质量发展“十四五”规划》	《规划》提出，到 2025 年，新一代电子信息产业营业收入达到 6.6 万亿元，形成世界级新一代电了信息产业集群。 1. 以广州、深圳、珠海为核心，打造涵盖基础操作系统、行业应用软件、系统集成运维、互联网在线服务、信息安全、嵌入式应用一软件检测认证的完整产业链条。 2. 支持广州创建国家人工智能创新应用先导区， 建设国家新型工业化产业示范基地（大数据）。 支持深圳推进建设国家人工智能创新应用先导区等创新平台建设。支持惠州、佛山、中山围绕电子信息等特色产业领域，加强大型平台企业合作。	广东省人民政府

同时，鼓励企业加强技术创新能力建设，培育高水平科研团队，提供优惠政策和税收激励，推动技术创新成果的转化和应用。技术成果转化方面，包括推动数字化转型、加强产业与信息技术的深度融合、支持行业应用示范项目等。国家积极引导软件与信息服务产业的关键技术在各行业的应用，推动智慧城市、工业互联网、数字农业等领域的发展，提升产业的应用能力和竞争力（表 9-1）。

广东省层面主要聚焦构建自主产业生态。重点突破 CAD（计算机辅助设计）、CAM（计算机辅助制造）、CAE（计算机辅助工程）、EDA（电子设计自动化）等工业软件，推动工艺软件化和制造技术数字化，面向电子信息、装备制造、石化、汽车、家电等重点行业提升系统解决方案的供应能力，打造自主可控的工业软件产品及解决方案。开展工业 APP 开发与应用创新，加强新兴平台软件研发，提升面向大数据、云计算、人工智能、VR/AR、区块链等领域关键技术的服务能力。发展智慧医疗、智慧教育、智慧交通、智慧金融、智慧能源、智慧环保、智慧旅游、智慧生活、公共安全等领域的智能化解决方案和服务。支持信息安全产品的研发和产业化应用。扩大信息技术应用创新产品在重要领域和重点行业的应用推广，布局建设产业集聚区，构建自主可控的信息产业生态体系。

1.2.2 市场概况

近年来，中国软件和信息服务产业实现了长足发展，销售额不断提升，我国已经成为全球最大的软件和信息服务市场之一。数据显示，自 2016 以来年我国软件与信息技术服务业收入规模持续快速增长，复合年均增长率达 14.5%[60]。未来，在人工智能、云计算、物联网、区块链等新兴应用的驱动下，我国软件和信息服务产业的市场需求仍将不断增长。

广东省软件与信息服务产业综合实力和发展规模连续多年位居全国前列，已形成广州、深圳两个中国软件名城为中心，珠三角地区为主体的产业发展格局。创新能力和综合实力不断提升，软件著作权登记量、PCT（专利合作条约）申请量多年排名全国第一。产业结构不断优化，云计算、大数据、人工智能、工业互联网等新技术新业态快速发展和融合创新，涌现出一批细分领域的领军企业和国家级试点示范应用，产业加快向网络化、平台化、服务化、智能化、生态化演进。2019 年，我省软件业务收入 11875 亿元，同比增长 11.1%，18 家、企业入选“中国软件业务收入前百家企业名单”，16 家企业入选“中国互联网百强企业名单”[61]，为打造中国软件产品第三极迈出了坚实步伐。

目前，国家持续加大对软件和信息服务产业的支持力度，产业发展环境不断完善，同时，数字经济、新一代电子信息、智能家电、汽车等产业对软件产品的需求快速增长，这些都为广东发展软件及信息服务产业提供了良好的发展机遇。为顺应行业发展趋势，广东积极重点培育发展软件及信息服务战略性新兴产业集群，积极构建软件与信息服务产业“生态系统”，为超万亿元产业集群，如新一代电子信息、智能家电、汽车等产业提供软件支撑。

2. 广东省软件与信息服务产业供应链结构特征

2.1 供应链各环节产业的发展规模

全省软件与信息服务企业数量为 651723 家。从供应链各环节的企业数量规模来看（图 9-2），中游环节规模最大，下游环节规模略低于中游环节，规模最小的是上游环节。

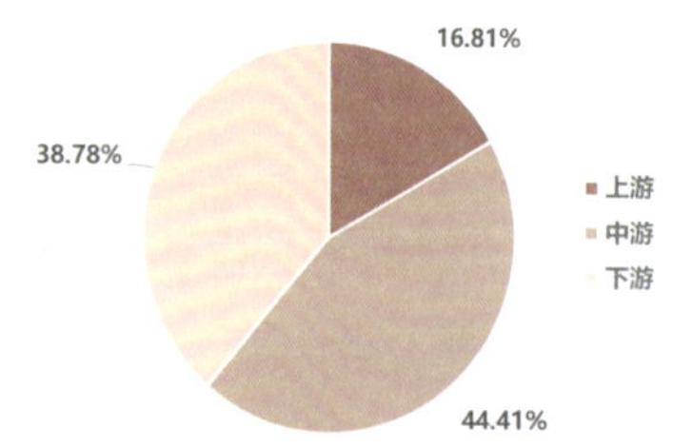

图 9-2：软件和信息服务全产业企业数量
（数据来源：龙盾企业数据库）

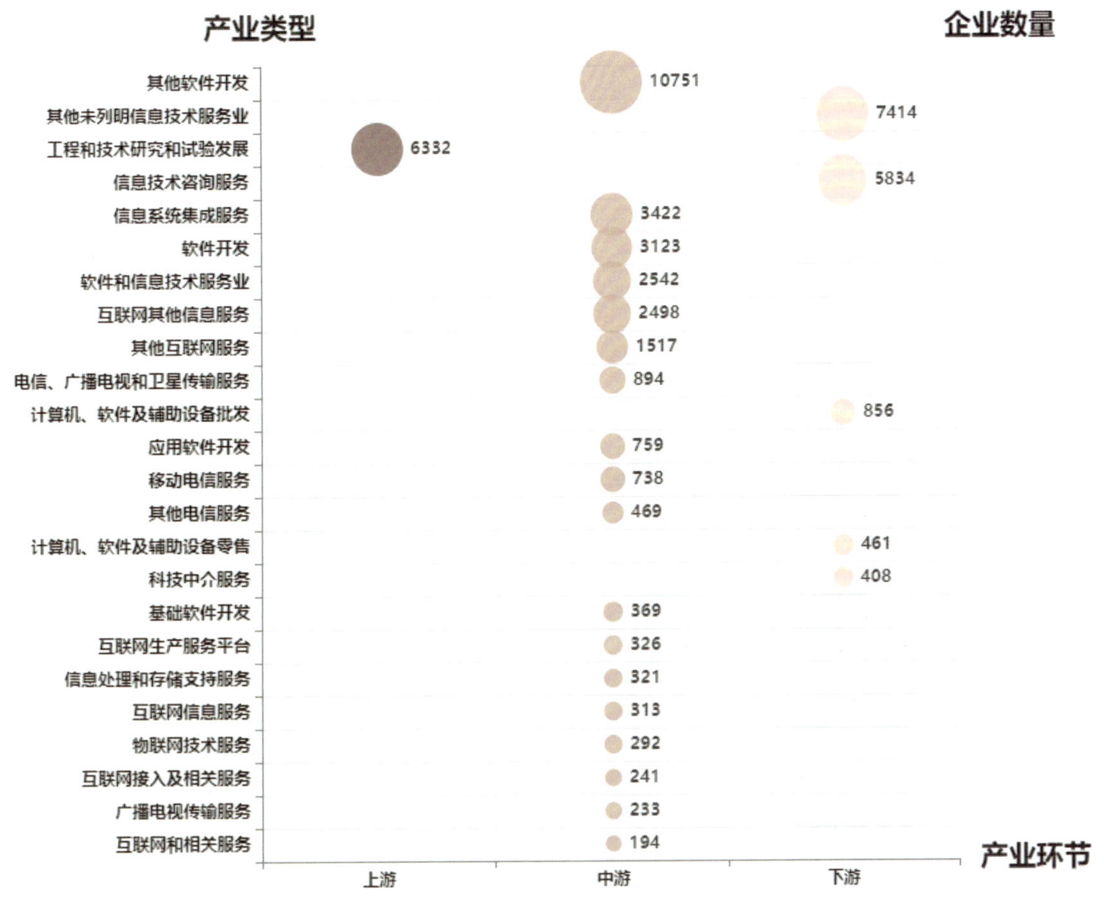

图 9-3：软件与信息服务产业全供应链企业数量分析
（数据来源：龙盾企业数据库）

上游环节共有 109524 家企业，在全供应链中企业数量占比为 16.81%。上游包含 62 个小类（为国民经济行业分类代码中第四级分类），主要分为硬件设施制造与关键设施研发两部分。其中，工程和技术研究和试验发展的企业占比最大，为 92911 家，在上游环节的数量占比为 84.83%，是上游环节主导发展企业类型。硬件设施制造类企业数量稍少，所有小类总加和为 16613 家，在上游环节的数量占比为 15.17%。

中游环节共有 289430 家企业，在全供应链中企业数量占比为 44.41%。中游包括 35 个小类，主要分为软件基础服务、软件开发与系统集成三部分。其中，其他软件开发类企业数量最多，数量为 108118 家，在中游环节的数量占比为 37.36%，是中游环节主导发展的企业类型。广播电视传输服务类的企业数量最少，为 11 家，在中游环节的数量占比为 0.00003%，是中游环节发展最不充分的企业类型。

下游环节共有 252769 家企业，在全供应链企业中企业数量占比为 38.78%。下游包括 11 个小类，主要分为运维服务与销售两部分。其中，其他未列明信息技术服务业类企业最多，数量为 121112 家，在下游环节的数量占比为 47.91%，是下游环节主导发展的企业类型。地理遥感信息服务类企业数量最少，数量为 15 家，在下游环节的数量占比为 0.00005%，是下游环节发展最不充分的企业类型。

（续上图）

产业类型	产业环节	企业数量
其他信息技术服务业	下游	167
集成电路制造	上游	133
互联网数据服务	中游	123
有线广播电视传输服务	中游	121
电子真空器件制造	上游	121
运行维护服务	下游	91
固定电信服务	中游	91
家用厨房电器具制造	上游	85
电信	中游	69
信息系统集成和物联网技术服务	中游	64
数字内容服务	下游	50
互联网科技创新平台	中游	46
通信系统设备制造	上游	45
其他数字内容服务	下游	38
音响设备制造	上游	33
显示器件制造	上游	28
工业机器人制造	上游	27
制冷、空调设备制造	上游	27
互联网生活服务平台	中游	26
呼叫中心	下游	25
动漫、游戏数字内容服务	下游	21
电子测量仪器制造	上游	19
其他电子设备制造	上游	19
其他互联网平台	中游	18
互联网安全服务	中游	17
其他卫星传输服务	中游	17
卫星传输服务	中游	16
计算机零部件制造	上游	16
计算机外围设备制造	上游	14
互联网游戏服务	中游	13
无线广播电视传输服务	中游	12
通信终端设备制造	上游	11
计算机整机制造	上游	10
信息安全设备制造	上游	9
互联网公共服务平台	中游	8
半导体照明器件制造	上游	7
半导体分立器件制造	上游	7
影视录放设备制造	上游	7
电子专用材料制造	上游	6
可穿戴智能设备制造	上游	6
家用空气调节器制造	上游	6
计算机、通信和其他电子设备制造业	上游	5
其他电子器件制造	上游	5
光电子器件制造	上游	4
电子器件制造	上游	4
其他智能消费设备制造	上游	4
电视机制造	上游	4
太阳能器具制造	上游	4
家用清洁卫生电器具制造	上游	4
家用制冷电器具制造	上游	4
支撑软件开发	中游	3
其他计算机制造	上游	3
智能照明器具制造	上游	3
家用电力器具专用配件制造	上游	3
广播电视卫星传输服务	中游	2
工业控制计算机及系统制造	上游	2
服务消费机器人制造	上游	2
其他家用电力器具制造	上游	2
通信设备制造	上游	1
智能消费设备制造	上游	1
敏感元件及传感器制造	上游	1
雷达及配套设备制造	上游	1
地理遥感信息服务	下游	1
电阻电容电感元件制造	上游	1
电子乐器制造	上游	1
电光源制造	上游	1

图 9-3：软件与信息服务产业全供应链企业数量分析（续）
（数据来源：龙盾企业数据库）

2.2 供应链各环节产业的经济价值

软件与信息服务产业全供应链 2018 年的整体平均利润率为 1.76%。从供应链各环节的企业平均利润来看，上游环节利润率最高，其次是中游环节，规模最小的是下游环节。

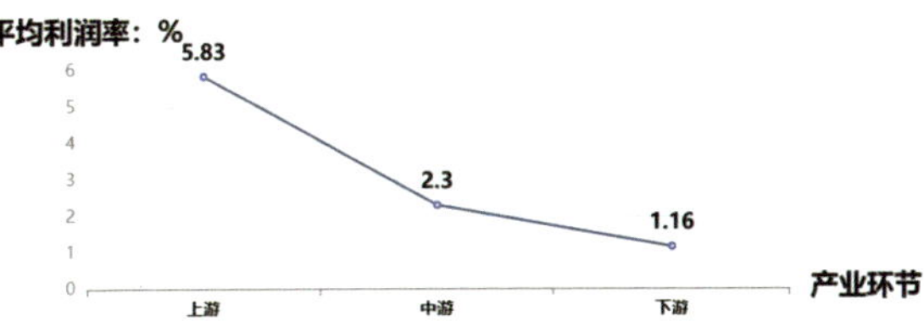

图 9-4：上、中、下游利润率平均值折线统计图
（数据来源：龙盾企业数据库）

分环节来看（图 9-4），上游环节平均利润率最高，为 5.83%。其中电子测量仪器制造类企业利润率最高，为 22.18%，比上游环节利润率平均值高出 16.35 个百分点。太阳能器具制造类企业利润率最低，为 -3.86%，比上游环节利润率平均值低了 9.69 个百分点。本类企业整体尚未实现盈利，有待采取措施进一步降低生产成本、开拓市场，提升盈利空间。

中游环节在供应链三个环节中平均利润率居中，平均利润率达到 2.3%。其中互联网数据服务类企业利润率最高，为 57.14%，比中游环节利润率平均值高出 54.84 个百分点。其他电信服务类企业利润率最低，为 -124.42%，比中游环节利润率平均值低了 127.72 个百分点。

下游环节在供应链三个环节中平均利润率最低，平均利润率为 1.16%。其中科技中介类企业利润

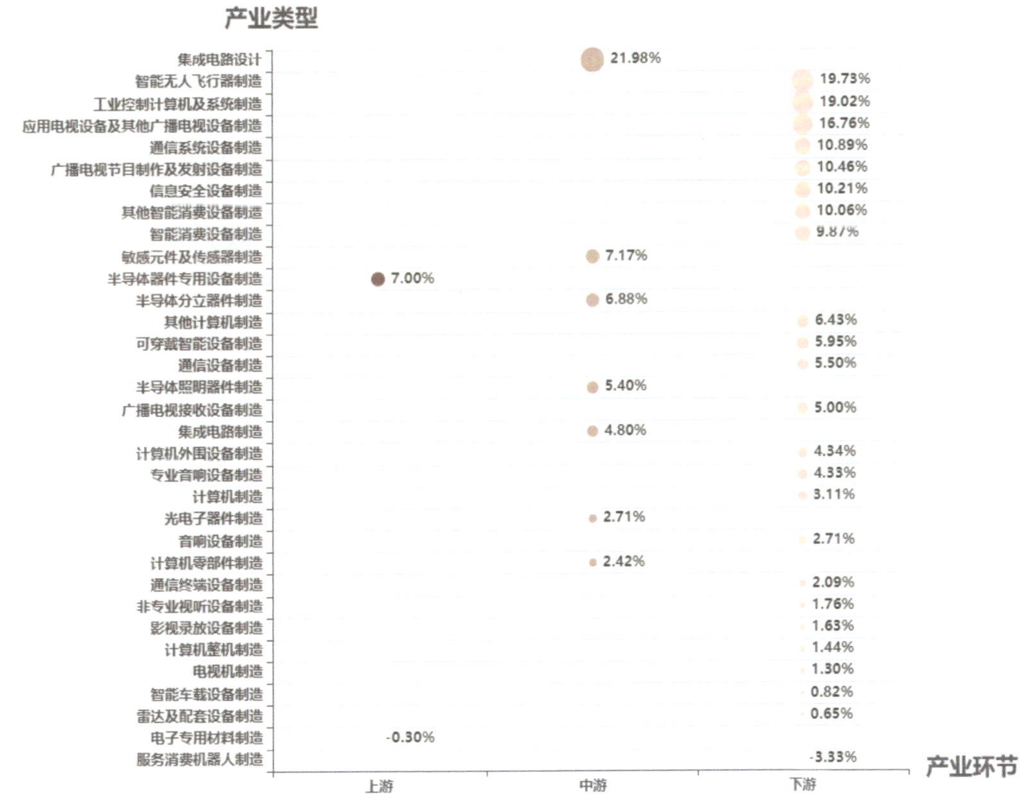

图 9-5：软件和信息服务产业全供应链经济价值分析
（数据来源：《广东省经济普查年鉴（2018）》）

率最高，为16.18%，比下游环节利润率平均值高15.02个百分点。其他数字内容服务类企业利润率最低，为-640%，比下游环节利润率平均值低641.16个百分点。本类企业整体尚未实现盈利，有待采取措施进一步降低生产成本、开拓市场，提升盈利空间。

2.3 供应链各环节产业产权联系网络特征

全省软件与信息服务产业供应链各环节间存在一定的产权联系（图9-6）。

表9-2：广东省软件与信息服务各行业产权联系表

（数据来源：龙盾企业数据库）

联系类型	总部或投资企业类型	分支或被投资企业类型	联系频数
同一环节内部联系（同类行业间、节选部分）联系频数：8439	其他软件开发	其他软件开发	2410
	工程和技术研究和试验发展	工程和技术研究和试验发展	1689
	其他未列明信息技术服务业	其他未列明信息技术服务业	1230
	信息技术咨询服务	信息技术咨询服务	958
	其他未列明信息技术服务业	软件开发	349
	互联网其他信息服务	互联网其他信息服务	335
	信息系统集成服务	信息系统集成服务	325
	软件和信息技术服务业	软件和信息技术服务业	198
	其他互联网服务	其他互联网服务	162
	电信、广播电视和卫星传输服务	电信、广播电视和卫星传输服务	121
同一环节内部联系（不同类行业间、节选部分）联系频数：7783	电信、广播电视和卫星传输服务	移动电信服务	532
	信息技术咨询服务	其他未列明信息技术服务业	454
	其他软件开发	信息系统集成服务	411
	信息系统集成服务	其他软件开发	365
	其他软件开发	互联网其他信息服务	364
	其他未列明信息技术服务业	信息技术咨询服务	362
	互联网其他信息服务	其他软件开发	212
	其他软件开发	软件和信息技术服务业	210
	其他软件开发	其他互联网服务	193
	软件和信息技术服务业	其他软件开发	192
不同环节间联系（节选部分）联系频数：9799	其他软件开发	其他未列明信息技术服务业	588
	其他软件开发	信息技术咨询服务	557
	其他未列明信息技术服务业	其他软件开发	463
	信息技术咨询服务	其他软件开发	453
	工程和技术研究和试验发展	其他未列明信息技术服务业	379
	软件开发	其他未列明信息技术服务业	341
	工程和技术研究和试验发展	软件开发	267
	信息系统集成服务	其他未列明信息技术服务业	265
	工程和技术研究和试验发展	其他软件开发	231
	其他未列明信息技术服务业	工程和技术研究和试验发展	207
总计			26021

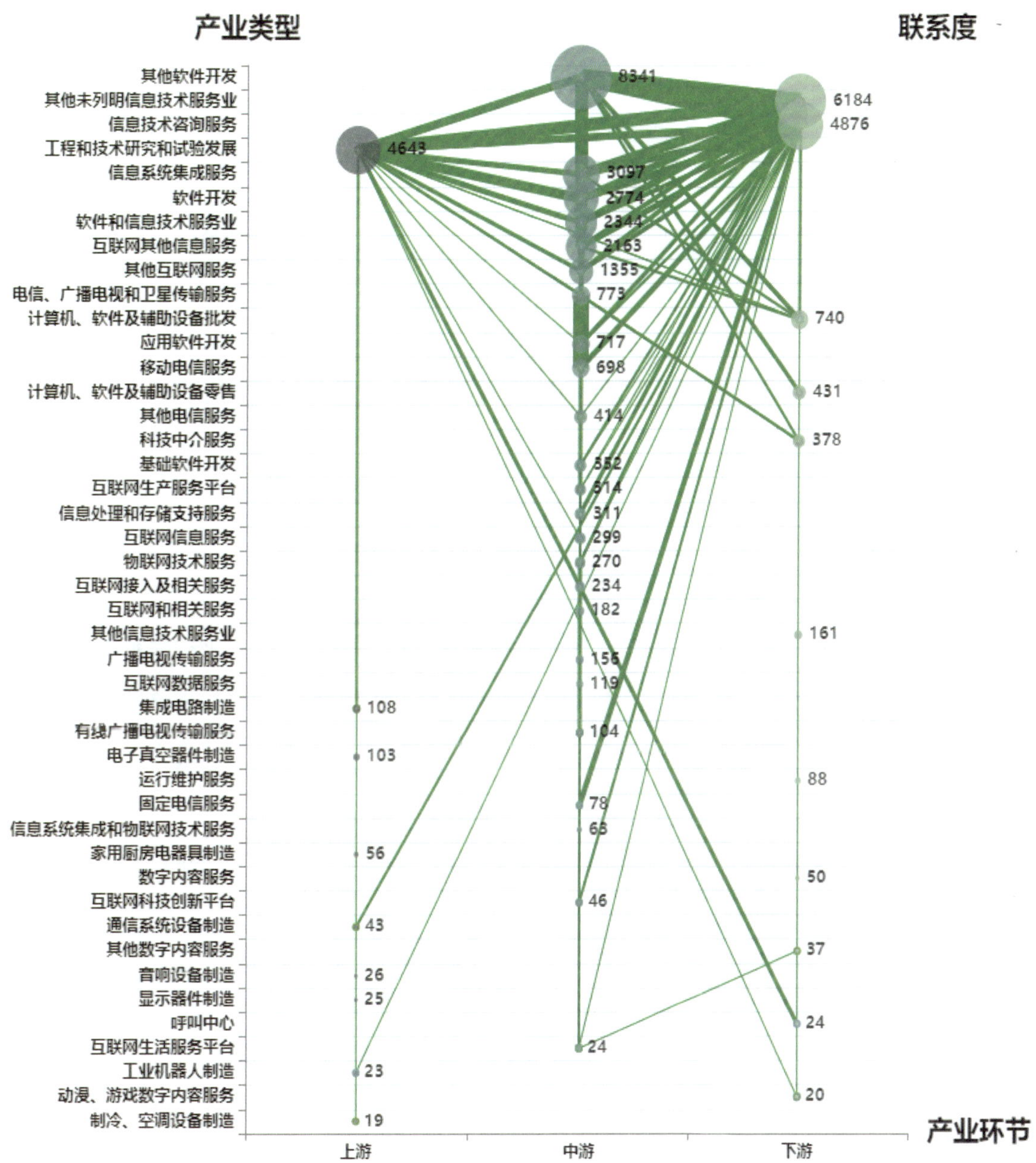

图 9-6：软件与信息服务产业全供应链产权联系分析图
（数据来源：龙盾企业数据库）

总体上，同一环节内部企业产权联系较为紧密，联系频数为16222。同一环节内同类行业间联系频数为8439，其中，其他软件开发行业的内部联系最为紧密。同一环节内不同行业间的联系频数为7783，其中电信、广播电视、卫星传输服务和移动电信服务之间的联系较为紧密。

不同环节之间的企业产权联系相对较低，联系频数为9799。其中中游环节与下游环节联系较为紧密，软件开发类企业是产权联系网络中的核心节点。上游环节与中游环节联系较为薄弱（表9-2）。

2.4 供应链结构多要素的耦合特征

统计软件与信息服务产业供应链各环节的发展规模、经济价值、产权联系三要素对应指标的皮尔逊相关系数，可以发现企业数量比率与利润率指标的皮尔逊相关系数为0.68，发展规模与利润率两要素间存在着中等程度的正相关性，利润率越高的行业有更多的企业涌入，形成较大的企业数量规模。其他要素间则不存在较强的相关性（表9-3）。

表9-3：三要素相关系数表

要素指标	皮尔逊相关系数
企业数量比率与利润率	0.68（中等程度正相关）
企业数量比率与产权联系频数比率	0.33（弱正相关）
行业平均利润率与产权联系频数比率	0.38（弱正相关）

根据三要素指标的分布情况（图9-7），软件和信息服务产业供应链内各环节企业发展状态大致可分为三种情况。

一是三要素指标均处于较高水平，表现为企业数量多、平均利润率高、企业间联系频数高，包含互联网数据服务、其他未列明信息技术服务业、智能无人飞行器制造、应用电视设备及其他广播电视设备制造、信息技术咨询服务5类，分布在上、中、下游环节。整体来看，这几类产业发展处于增长期或成熟期，市场规模和潜在需求较大，但较高利润与较大的企业数量规模现状也存在市场竞争加剧的风险。目前省内互联网数据服务企业普遍规模偏小，高水平设计能力不足，企业应组织批量生产以降低成本，建立分销渠道和销售网点，确保市场供给，并尽早形成产品系列并向相邻市场渗透，可以考虑进入国际市场开展跨国经营。

二是经济价值指标表现良好，而发展规模和产权联系指标较弱的企业，包含通信系统设备制造、广播电视节目制作及发射设备制造、其他智能消费设备制造等25类，主要处于上游及中游环节。整体来看，这几类产业发展处于成熟期，存在一定的行业技术门槛、进入成本门槛或法律法规门槛等，市场集中度高，需求增长较快而供给量相对稳定。企业宜采用维持战略并投入资金支持新的核心能力开发计划，在战略、组织结构、人员、技术等方面为转向新领域作准备，抓住时机通过转型、重组、再造和技术、制度、管理创新战略来推动企业及早进入新一轮的生命周期。

三是三要素指标均处于较低水平，表现为企业数量少、平均利润率为负、企业间联系频数低，包含计算机软件及辅助设备零售、影视录放设备制造、计算机整机制造、电子乐器制造、智能车载设备制造、其他电子器件制造、广播电视专用配件制造7类，分别处于上游及下游环节。整体来看，这类

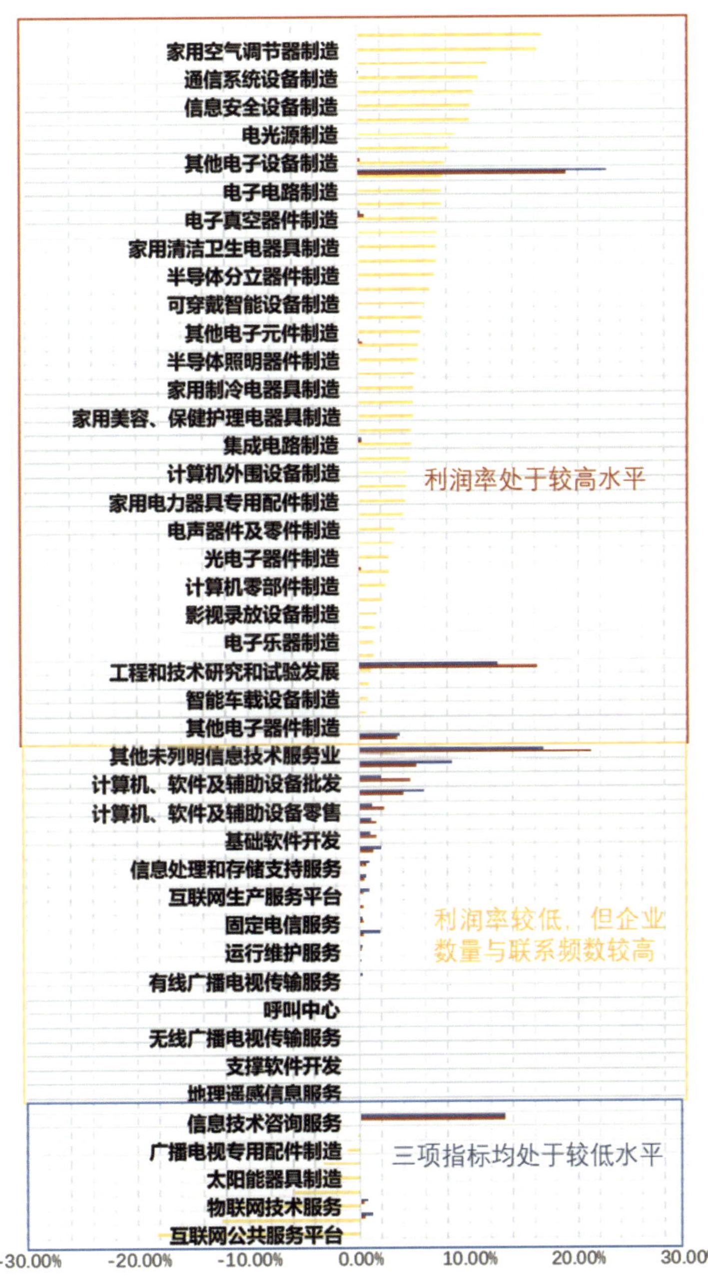

图 9–7：软件与信息服务产业全供应链四级分类产业要素指标分析图
（数据来源：龙盾企业数据库、《广东省经济普查年鉴（2018）》）

产业处于初创发展阶段，市场需求不够成熟，存在技术落后或成本投入较大等问题。企业在这一阶段需要承担较高的研发成本和风险，并需要进行市场调研、产品定位等工作，以加强研发争取市场主导权，及早进入市场与申请专利，强化竞争优势。

3. 广东省软件与信息服务产业集群空间特征

3.1 企业数量集聚的空间特征

分区域来看（图 9-8），珠三角地区是全省软件与信息服务企业的主要集聚区域，包含的上、中、下游各环节以及全供应链的企业数量规模均占比分别为 97.79%、94.2%、97.62%、96.13%，均超过 90% 以上，在产业规模发展方面具有绝对的数量规模优势。粤北地区是软件与信息服务企业的次级集聚区域，尤其是中游软件生产等企业，数量占比超过 2.25%。粤东地区和粤西地区的软件及信息服务产业发展规模相对较小，合计数量占比未超过 2%，产业发展基础相对薄弱。

分地市来看（图 9-9），广州、深圳、东莞、珠海、佛山等地是软件及信息服务产业的主要集聚地，上、中、下游各环节企业分布均较为密集，但各地市集聚的产业环节特点略有差异：东莞、深圳和中山是上游企业数量最多的 3 个地市，佛山、惠州、广州、珠海、清远、江门、韶关等地企业数量依次递减，是软件及信息服务原料生产以及支撑软硬件设备的主要产地；深圳、广州和东莞是中游企业数量最多

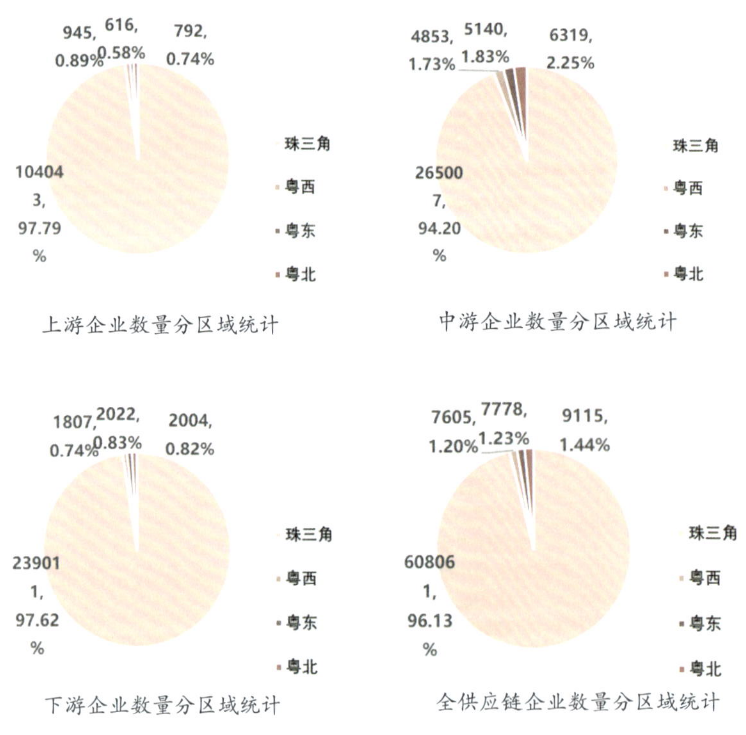

图 9-8：全省软件及信息服务产业分区域企业数量统计
（数据来源：龙盾企业数据库）

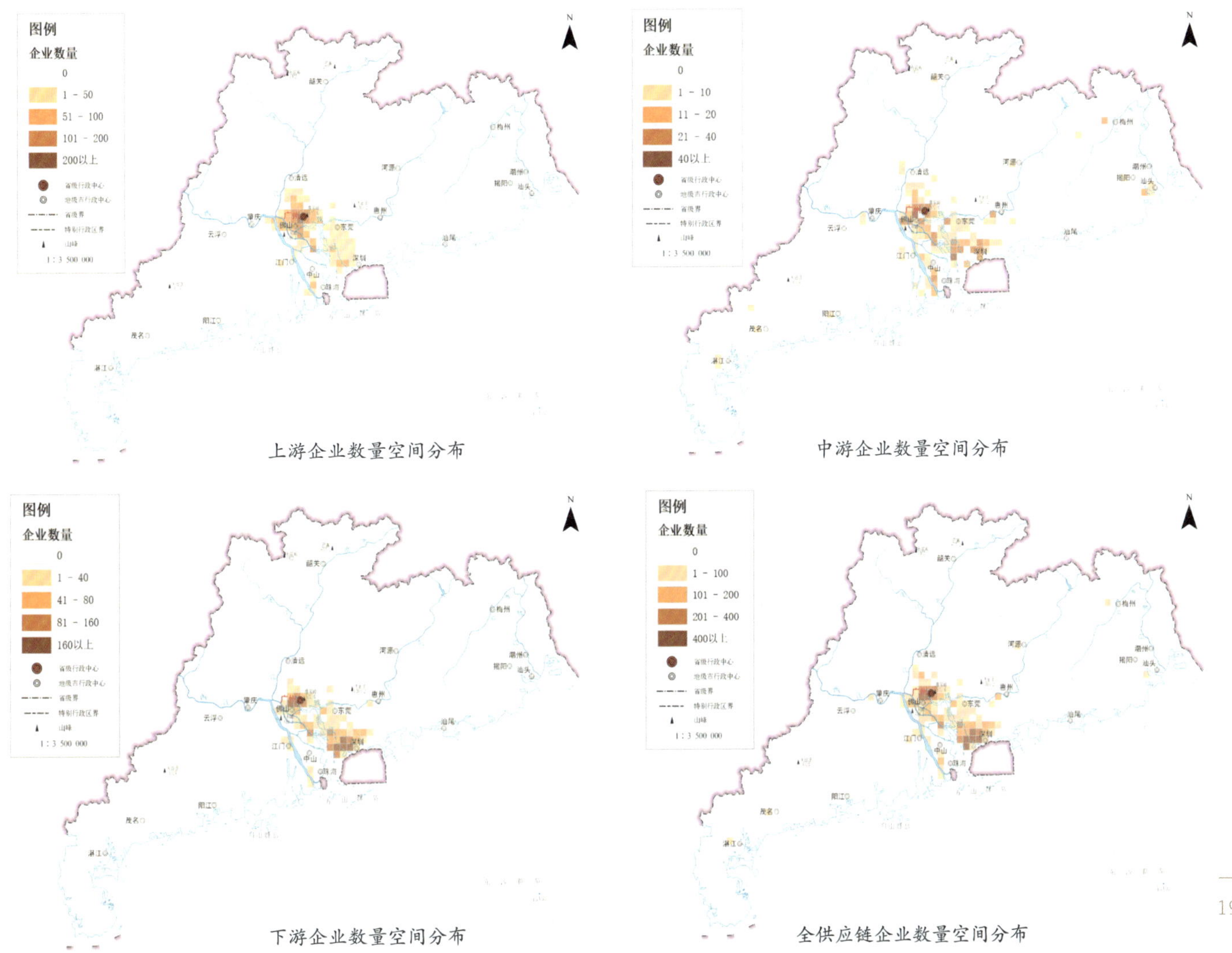

图 9-9：全省软件与信息产业企业数量分布
（数据来源：龙盾企业数据库）

的 3 个地市，中山、惠州、珠海、佛山、河源、梅州、汕头等地企业数量依次递减，承载着软件及信息服务设计、测试等生产工作；广州、东莞和佛山是下游企业数量最多的 3 个地市，深圳、惠州、江门、珠海、中山、梅州、清远等地企业数量依次递减，是软件及信息服务产品的应用端衍生企业的主要集中区域。

3.2 企业联系集聚的空间特征

分区域来看（图 9-10），珠三角地区是全省软件及信息服务产业中设置分支机构或进行投资的企业的主要集聚区域，上、中、下游各环节以及全供应链的产权联系度占比分别为 96.25%、92.32%、97.91%、95.16%，均超过 90% 以上，具有绝对的产权布局优势，依托产权部署，在经济、技术、知识、人才等要素交流方面具有更大的潜力。粤东地区、粤西地区和粤北地区的软件及信息服务产业的产权联系度相对较小，合计数量占比未超过 3%，发展基础相对薄弱，其中粤东地区略强优于粤西、粤北地区。

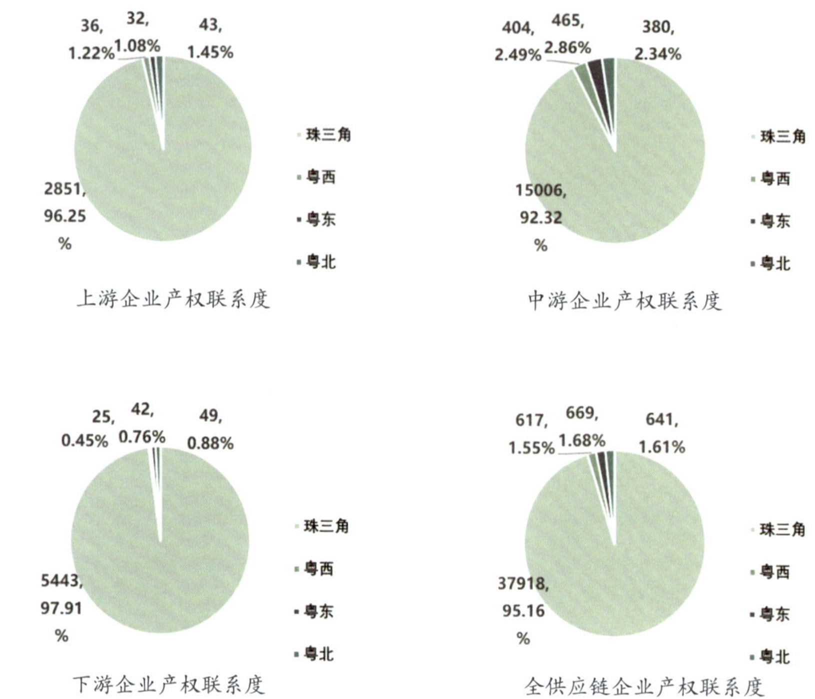

上游企业产权联系度　中游企业产权联系度

下游企业产权联系度　全供应链企业产权联系度

图 9-10：全省软件及信息服务产业分区域企业产权联系度统计
（数据来源：龙盾企业数据库）

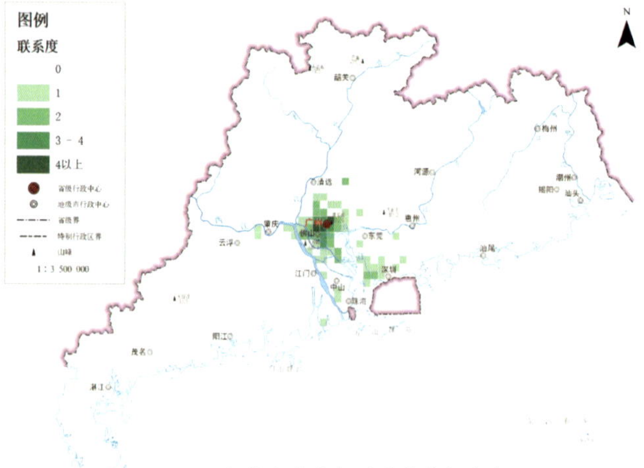

上游企业产权联系度空间分布

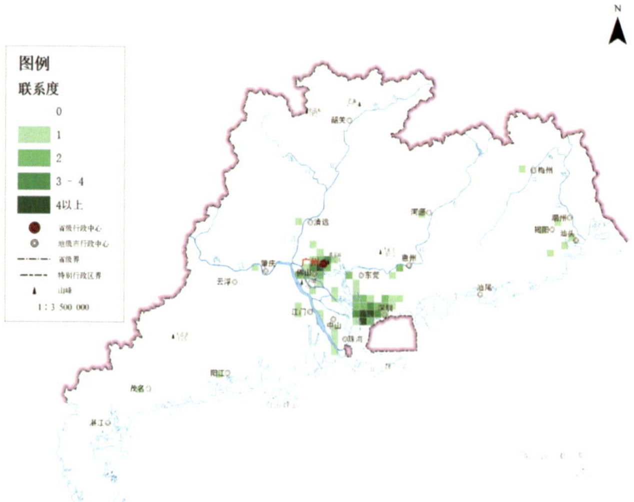

中游企业产权联系度空间分布

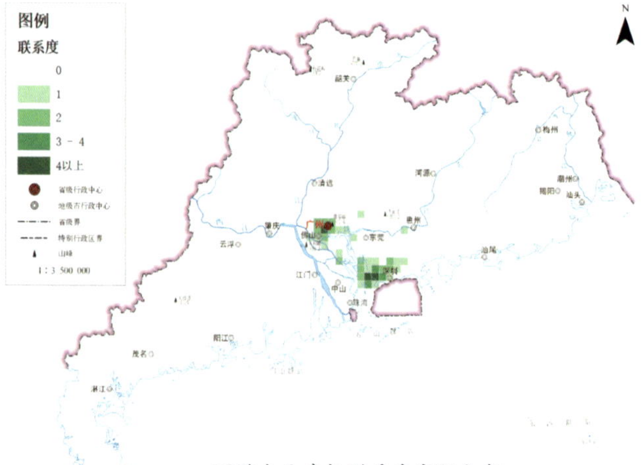

下游企业产权联系度空间分布

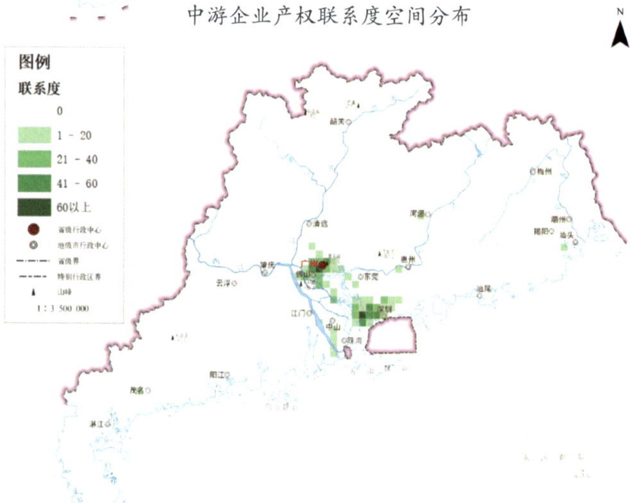

全供应链企业产权联系度空间分布

图 9-11：全省软件及信息服务产业企业产权联系度分布
（数据来源：龙盾企业数据库）

分地市来看（图 9-11），广州、深圳、东莞、珠海等地是软件及信息服务产业上游、中游、下游各环节企业产权联系较多区域，有较强的产业合作拓展能力，但各环节企业产权联系度排序略有变化。其中深圳、清远、东莞是上游企业产权联系度较高区域，珠海、惠州、汕头、中山、佛山、韶关、阳江产权联系度依次递减；深圳、广州、东莞是中游企业产权联系度较高区域，珠海、中山、江门、惠州、梅州、揭阳、佛山依次递减；广州、深圳、东莞是下游企业产权联系度较高区域，珠海、梅州、佛山、惠州、江门、中山、清远依次递减。

3.3 产业集群的空间特征

综合分析软件及信息服务产业全供应链企业数量空间分布、产权联系度情况，筛选两项指标处于前 10% 的格网做叠加分析，筛选企业密度较高、产权联系紧密的产业集群潜在空间格网共 43 个。

分区域来看（图 9-12），全省软件及信息服务产业集群的潜在空间主要分布在珠三角地区，包含 43 个格网空间，面积占比为 100%；粤东、粤西、粤北暂无产业集群潜在空间。

分地市来看（图 9-13），省软件及信息服务产业集群的潜在空间主要分布在广州市花都区、白云区、黄埔区、番禺区，深圳市南山区、宝安区，珠海市香洲区、斗门区，东莞市等地，这些区域是全省现阶段软件和信息服务产业集群发展较为成熟的潜在区域。

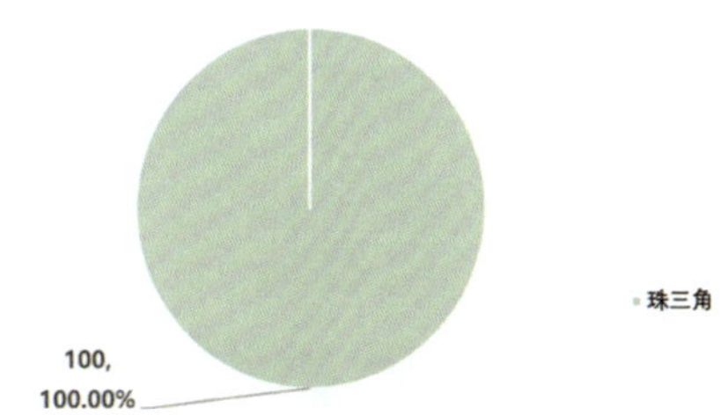

图 9-12：产业集群潜在空间格网统计图
（数据来源：龙盾企业数据库）

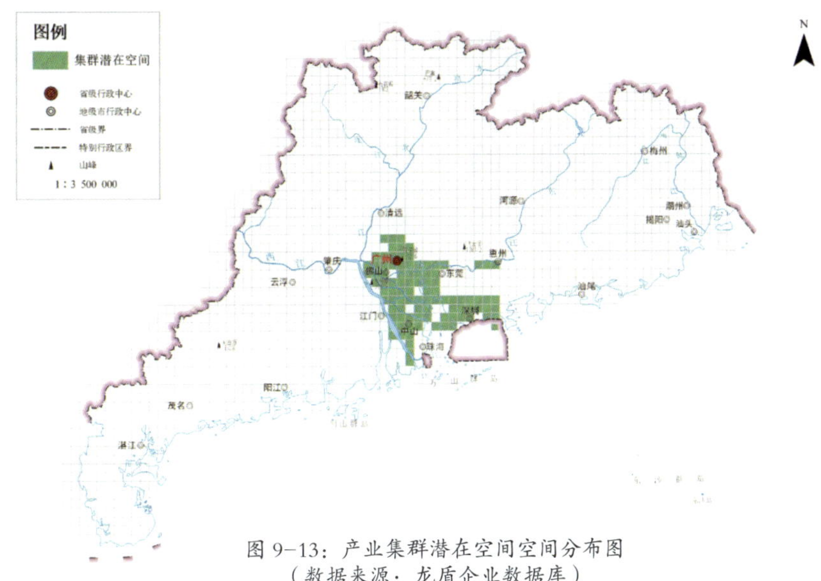

图 9-13：产业集群潜在空间空间分布图
（数据来源：龙盾企业数据库）

4. 广东省软件与信息服务产业典型案例

4.1 典型园区案例

广州天河软件园位于广东省广州市天河区五山路，占地面积约 12.4 平方公里。其前身是全国首批国家级高新技术产业开发区——广州天河高新技术产业开发区，于 1988 年 6 月经国家科委和广东省人民政府批准成立，1991 年 3 月经国务院批准为首批国家级高新技术产业开发区。现有入园企业 1000 余家，其中软件企业 700 多家。2000 年实现技工贸总收入 102 亿元，其中软件企业总收入 56 亿元。2001 年技工贸总产值同比增幅将超过 20%。初步形成了以电子信息、生化制药、新材料、光机电一体化为主的高新技术产业群。区域内有 8 家电脑市场，其中全国最大的太平洋电脑市场年营业额达 30 亿元，是科技园软件园发展的重要的市场依托。另外，园区周边集中了 56 家高校和科研院所，聚集了约 2.5 万名专业技术人才，以信息技术为主的专业技术人才比例高达 70%，周边高校理工科在校生约 8 万人，为天河科技园、软件园的发展提供了充足的技术资源。

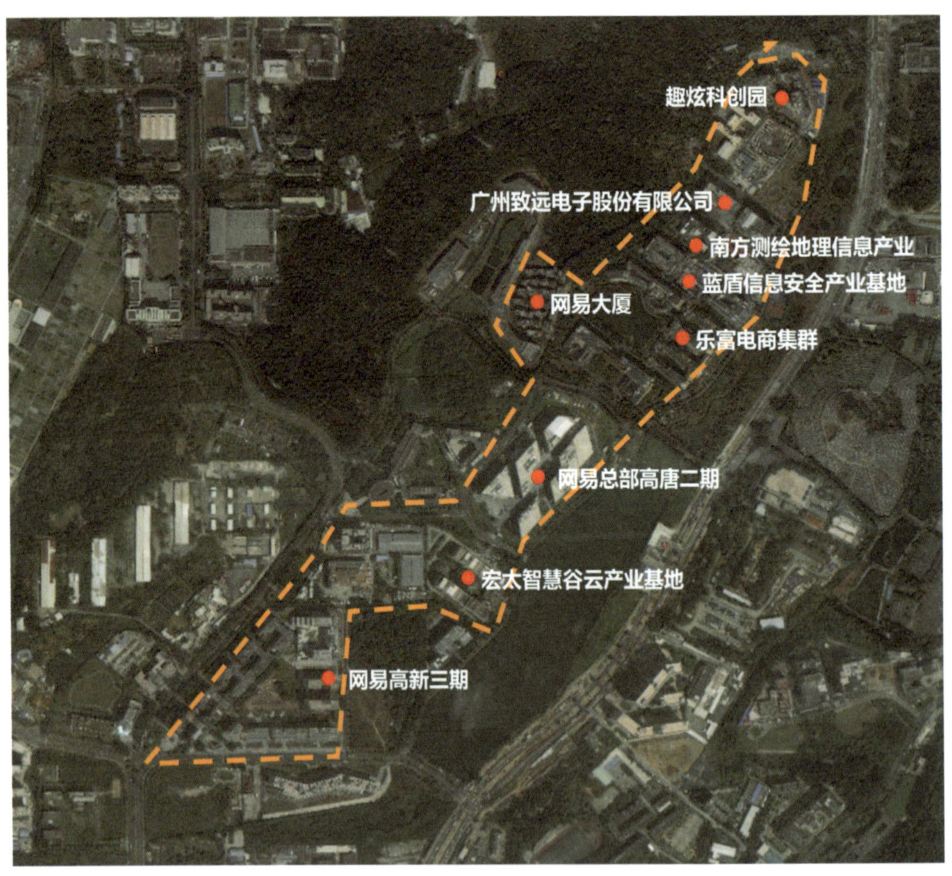

图 9-14：广州天河软件园遥感影像
（数据来源：百度地图）

表 9-4：典型园区关键要素对比表

（数据来源：园区招商网页客户端）

园区对比要素	广州天河软件园	成都天府软件园	中关村科技园
地理位置	广州市天河区	成都市高新区	北京市海淀区
开发面积	12.4 平方公里	1 平方公里	217 平方公里
入驻企业数	约 2000	约 250	约 9000
年度营收	2020 年，营收约 1280 亿元	2020 年，营收约 620 亿元	2022 年，营收约 4759 亿元
地均营收（亿元/平方公里）	103.23	620	21.93
企均营收（亿元/家）	0.64	2.48	0.53
交通条件	10 分钟可到达国际金融城和中央商务区，15 分钟直达国际会展中心，18 分钟可达广州大学城，30 分钟内可达广州白云国际机场，与珠三角主要城市形成 1.5 小时经济圈。	距离火车南站 8 公里，天府广场 14 公里。	公共交通设施基础完善，中关村西区规划道路 27 条，有 40 余条公交线路直达。地铁 4 号线、10 号线南北、东西横贯西区。
产业布局	科技创新核心区、高端现代服务业的集聚区、总部结算与展示中心区和生态软件社区	软件与服务外包产业的核心聚集区，形成应用软件、通信技术、IC 设计、大数据、云计算、移动互联、数字娱乐、共享服务中心等产业集群	形成了下一代互联网、移动互联网和新一代移动通信、卫星应用、生物和健康、节能环保、轨道交通六大优势产业集群，集成电路、新材料、高端装备与通用航空、新能源和新能源汽车四大潜力产业集群和高端发展的现代服务业
产业链核心环节	中游，软件及信息服务开发	中游，软件及信息服务开发	中游与下游，软件开发、运维服务
代表企业	网易、佳都、极飞、南方测绘、酷狗	IBM、SAP、NEC、GE、新电、华为、阿里巴巴	联想、百度、博奥生物、中星微电子、科兴生物

与国内发展较好的中关村科技园、成都天府软件园相比，广州天河软件园起步最早，规模上，园区面积较大，企业数量较多；盈利水平上，广州天河软件园的年度营收、地均营收与企业营收均属于较高水平；交通条件上，三家产业园区交通区位良好，毗邻机场，轨道交通或公路交通线均有贯通；产业布局上，三家产业园都基本形成了以软件及信息服务为核心的产业集群。与北京和成都的典型园区相比，广州天河软件园也具有一定特点，园区主导软件设计行业发展，平均利润率处于较高水平。园区先后被评为国家火炬计划软件产业基地、国家软件产业基地、国家网络游戏动漫产业发展基地、国家海外高层次人才创新创业基地、国家新型工业化产业示范基地（软件和信息服务业）等国家级发展平台。据统计，广州市 80% 的游戏企业位于天河软件园，90% 以上的游戏企业在天河软件园孕育发展。放眼全国，75% 以上游戏企业的创始人或企业高管都是从天河软件园出发，走上新的创新创业之路。天河软件园在促进经济增长、改善省内软件及信息服务企业普遍规模偏小和高水平软件设计能力不足等方面都具有示范引领作用（表 9-4）。

4.2 典型企业案例

4.2.1 企业概况

在 30 年的发展历程中，天河软件园始终将培育内生动力作为第一目标，将本土企业的发展壮大作为工作使命和根本任务。其中，网易是中国领先的互联网公司之一，是全球领先的在线游戏开发与发行公司，也是中国最大的电子邮件服务商，在开发互联网应用、服务及其他技术方面，始终保持着中国业界领先地位，推出了门户网站、在线游戏、电子邮箱、在线教育、电子商务、在线音乐、网易 CC 直播等多种服务。

公司总部位于广州市，是国家级高新技术企业，多年连续入选中国企业 500 强榜单、福布斯全球企业 2000 强榜单和全球未来 50 强企业榜单。公司 2022 全年研发投入超过 150 亿元，占比营收 15.6%，研发强度保持行业领先。网易将持续加码自主研发投入，加快 AIGC、元宇宙、智能机器人、数字孪生等前沿技术的自研突破，创新数实融合应用模式，服务数字经济发展、智能制造、东数西算等国家战略建设目标。

4.2.2 企业产权联系网络特征

构建广州网易计算机系统有限公司的产权联系网络，有 13 家企业与广州网易计算机系统有限公司直接关联，构建了覆盖供应链上、中、下游各环节的产权联系网络（图 9-15）。

空间分布方面，发生产权联系企业分别位于广东、上海、北京、浙江、贵州 3 个省和 2 个直辖市。

表 9-5：广州网易计算机系统有限公司产权联系类型

（数据来源：龙盾企业数据库）

产权关联类型	总数	涉及省份	行业类型	代表企业
全资控股	3	浙江、贵州	应用软件开发、基础软件开发、互联网生活平台、动漫、游戏及数据内容服务	贵州网易数维科技有限公司、杭州网易影视传媒有限公司、网易宝有限公司
非全资控股	10	广东、上海、北京、浙江	应用软件开发、基础软件开发、互联网生活平台、运行维护服务、信息技术咨询服务、其他数字内容服务	惠人贷商务顾问（北京）有限公司、上海私祥网络科技有限公司、北京云上音乐有限公司、浙江翼信科技有限公司、唐盟（北京）科技有限公司、北京云材科技有限公司、上海赢领眼镜有限公司、上海网映文化传播股份有限公司、北京软告科技股份有限公司、东莞市尚游投资管理有限公司

其中属于北京的企业数量最多，有 4 家，浙江省、上海市企业数量次之，分别有 3 家。

供应链接结构方面，产权联系网络中上、中、下游各环节企业完整，集中面向中游环节布局，且衍生出商务、金融以及产品应用等下游配套服务。其中，上游企业主要位于浙江，中游企业布局在北京、上海、贵州，下游企业中设计产品应用的企业分布在上海和北京。

产权联系方式方面，广州网易计算机系统有限公司主要通过投资控股的方式构建企业间合作，全资控股企业 3 家，分别位于浙江、贵州；非全资控股企业 10 家，分别位于广东、上海、北京、浙江，其中重点投资上游环节的企业（表 9-5）。

总体来看，广州网易计算机系统有限公司进行了一定的产业拓展布局，在供应链各环节的部署模式具有参考价值。首先重点通过全资控股形式在深圳本地新增中游环节企业，发挥本地的集群优势；同时在上海、北京布局研发企业，充分利用上海富集的创新资源和人力资源；在浙江、贵州等地布局设计中游企业，有利于拓展全国东部、中部市场，提升品牌效应。

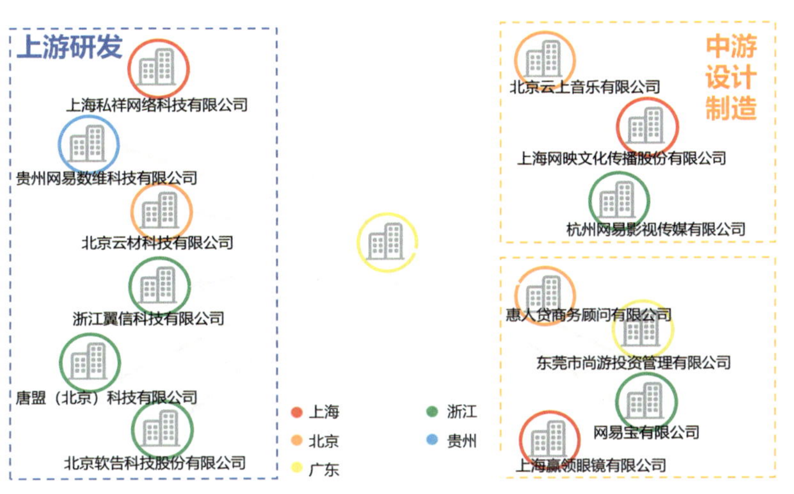

图 9-15：广州网易计算机系统有限公司产权联系企业类型
（数据来源：龙盾企业数据库）

第十章

战略性支柱产业集群：

超高清视频显示产业集群

超高清视频显示产业是提升观众收视体验，优化工业、安防、医疗、文教等领域可视化场景应用的行业。其供应链包括元器件和关键芯片制造，内容制播设备、网络传输设备、终端呈现设备制造，超高清视频内容的集成服务、内容服务、分发服务、增值服务、安全服务等。

广东省超高清视频显示企业主要集中在下游视频内容制作与服务环节。中游整机制造环节企业的数量较少，约占1%。同时下游环节利润率远高于上游和中游环节。由于中游环节的企业数量少，企业产权联系主要发生在上游和下游之间以及下游企业之间，这种模式有利于形成研发和市场的良性互动以及与新产品应用场景的拓展。

广东省超高清视频显示企业主要聚集在珠三角地区，特别是上游元器件和中游整机制造以及下游内容制作与服务部分，主要集中在广州、深圳等科研资源集聚、经济实力较强地市。因此，超高清视频显示产业园往往选址在研发资源较为富集、相关领域产业发达的地区，以方便设备制造与内容制作，同时结合不同领域的需求研发定制化产品，这一点也可以从深圳市创维数字技术有限公司的分支机构布局中得以体现。

1. 超高清视频显示产业集群概述

1.1 基本概念

随着高清电视（1920×1080 像素结构）在世界范围内得到了相当程度的普及，观众对收视体验提出了更高的要求，超高清视频显示标准及产品应运而生。国际电信联盟（ITU）为广播级超高清电视定义了 UHDTV1 和 UHDTV2 两个层级，UHDTV1 的每帧像素数为 3840×2160（通常标识为 4K），UHDTV2 的每帧像素数为7680×4320（通常标识为8K）。超高清视频是具有4K（3840×2160像素）或8K（7680×4320像素）分辨率，符合高帧率、高位深、广色域、高动态范围等技术要求的新一代视频。

超高清视频显示产业主要包括设备制造、节目制作、传输服务、行业应用等领域和环节。为更好地厘清超高清视频显示产业的核心产品、核心技术环节及核心行业等关键要素的结构关系，需深入分析产业上、中、下游结构特征，构建超高清视频显示产业供应链的全景图谱（图 10-1）。

上游是重要的生产支撑环节，供应核心产品主要包含超高清视频显示设备的元器件和关键芯片。其中元器件包含液晶面板、光学元件、镜头等，关键芯片包含应用处理器、图形处理器、CMOS 图像传感器、视频处理芯片、显示驱动芯片、存储芯片等。本环节对应的企业集中分布在国民经济行业分类中的光学玻璃制造（3052）、广播电视专用配件制造（3933）、专业音响设备制造（3934）、音响设备制造（3952）、电子真空器件制造（3971）、半导体分立器件制造（3972）、集成电路制造（3973）、显示器件制造（3974）、半导体照明器件制造（3975）、光电子器件制造（3976）、其他电子器件制造（3979）、电阻电容电感元件制造（3981）、电子电路制造（3982）、敏感元件及传感器制造（3983）、电声器件及零件制造（3984）、电子专用材料制造（3985）、其他电子元件制造（3989）、其他电子设备制造（3990）、光学仪器制造（4040）19 类行业。

中游是超高清视频显示整机成品重要的生产环节，依托上游支撑，核心产品包含内容制播设备、网络传输设备、终端呈现设备等。本环节对应的企业集中分布于国民经济行业分类中的广播电视接收设备制造（3932）、雷达及配套设备制造（3940）、电影机械制造（3471）、幻灯及投影设备制造（3472）、照相机及器材制造（3473）、广播电视节目制作及发射设备制造（3931）、影视录放设备制造（3953）、应用电视设备及其他广播电视设备制造（3939）、电视机制造（3951）9 类行业。

下游则是超高清视频显示成品的主要内容服务环节，包含视频内容的集成服务、内容服务、分发服务、增值服务、安全服务等。本环节对应的企业集中分布在国民经济行业分类中的广播（8710），电视（8720），广播电视集成播控（8740），科技会展服务（7281），旅游会展服务（7282），体育会展服务（7283），文化会展服务（7284），其他会议、展览及相关服务（7289），电影和广播电视节目发行（8750），电影放映（8760），录音制作（8770），影视节目制作（8730）12 类行业。

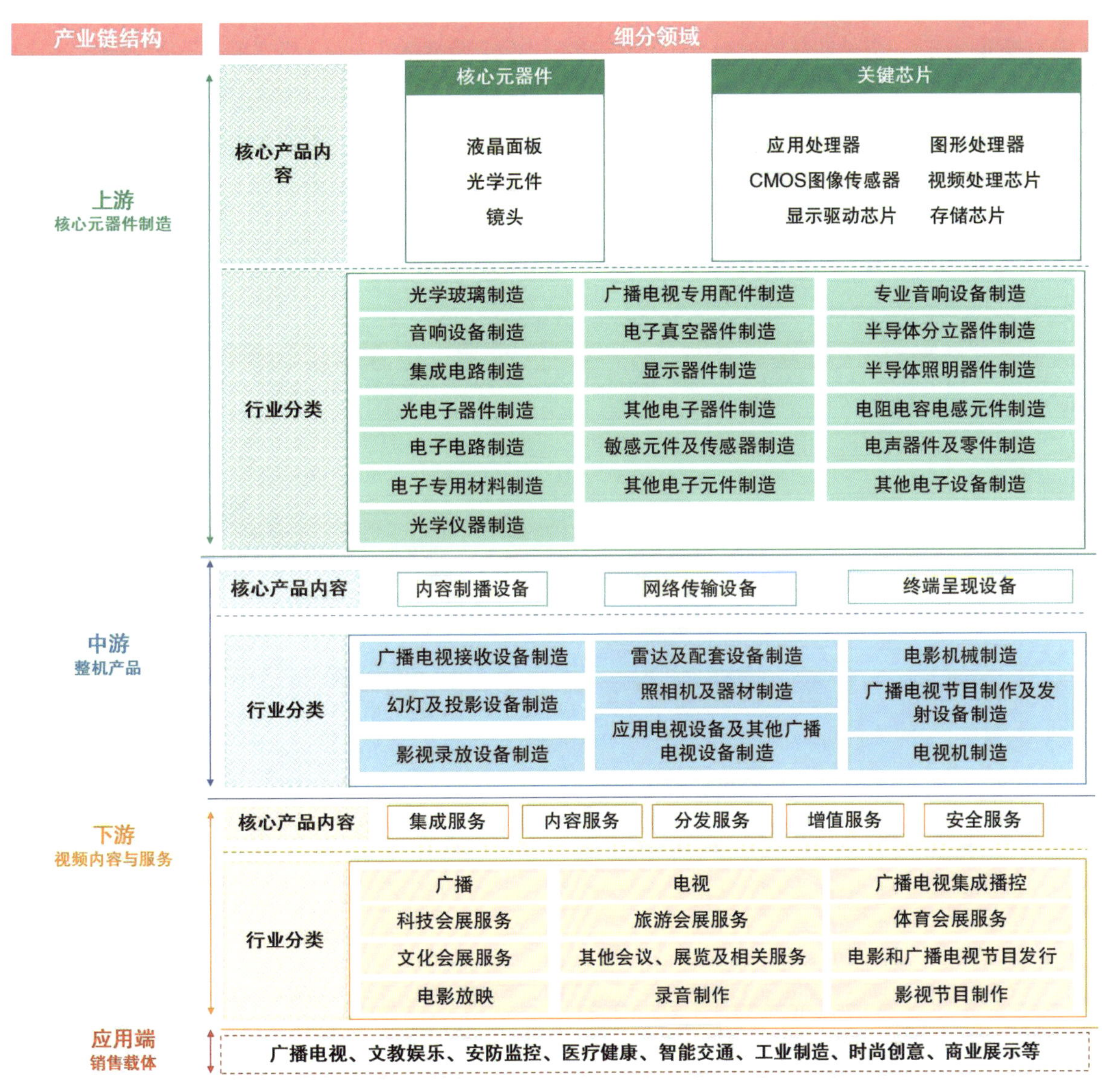

图 10-1：超高清视频显示全产业供应链图谱

供应链的最末端是应用端，产品广泛应用于广播电视、文教娱乐、安防监控、医疗健康、智能交通、工业制造、时尚创意、商业展示等领域。

1.2 发展概况

1.2.1 政策要求

超高清视频显示产业作为重要的战略新兴产业，近几年国家、广东省相继出台了相关政策来支持产业的发展，政策要求主要聚焦推动产业发展和行业标准体系建设。印发部门主要涉及工信、广播电视等部门，主要政策要求包括技术标准体系建设、关键技术突破、视频内容生产以及创新应用等。

国家层面主要聚焦行业技术的发展与应用。提出“4K 先行、兼顾 8K”的总体技术路线，明确突破核心关键器件、推动重点产品产业化、提升网络传输能力、丰富超高清电视节目供给、加快行业创新应用等重点任务。并从超高清视频产业发展的实际出发，坚持标准先行，建立覆盖采集、制作、传输、呈现、应用等全产业链的超高清视频标准体系，加强标准的统筹规划，鼓励国家标准、行业标准和团体标准协同发展，深化标准国际交流与合作，促进我国超高清视频产业的健康可持续发展。为强化超高清视频内容传播，国家和我省明确了加快推进高清超高清电视制播能力建设，有序关停标清电视频道等任务（表 10-1）。

表 10-1：政策清单表格

层级	时间	政策名称	主要内容或措施要求	印发部门
国家级	2017.11	《关于规范和促进 4K 超高清电视发展的通知》	发展 4K 超高清电视，加强 4K 超高清电视技术标准体系建设，持续推进 4K 超高清内容建设，创新内容生产，提高节目有效供给。	广电总局
国家级	2019.03	《超高清视频产业发展行动计划（2019-2022）》	制定行业发展目标，提出“4K 先行、兼顾 8K”的总体技术路线。明确突破核心关键器件、推动重点产品产业化、提升网络传输能力、丰富超高清电视节目供给、加快行业创新应用等重点任务。	工信部、国家广播电视总局、中央广播电视总台
国家级	2022.06	《关于进一步加快推进高清超高清电视发展的意见》	深化广播电视供给侧结构性改革，对电视台、电视频道、电视节目等提出超高清应用变革的具体要求。	国家广播电视总局
省级	2019.04	《关于印发广东省超高清视频产业发展行动计划（2019-2022 年）的通知》	结合国家对应的计划要求，制定省内的产业发展目标，明确加快核心关键技术和标准研发、推进重点产品产业化和产业集聚、提升制播能力和节目内容供给、提升网络传输承载能力、加快重点行业创新应用、推进支撑体系建设等重点任务。	广东省人民政府办公厅
省级	2020.09	《关于印发广东省发展超高清视频显示战略性支柱产业集群加快建设超高清视频产业发展试验区行动计划（2021—2025 年）的通知》	提出超高清视频显示产业集群的工作目标、重点任务、重点工程与保障措施。	广东省工业和信息化厅、广东省发展和改革委员会、广东省科学技术厅 、广东省广播电视局、广东省通信管理局

广东省层面主要聚焦于做大做强本地产业集群、产业链和供应链。政策内容更加细化，包含构建产业链生态、技术与服务创新，产业布局优化等。产业链条方面，实施补链强链工程。支持 4K/8K 创新载体，全实施重点技术攻关计划，加快超高清视频产业链亟须的新装备、新材料、新工艺、新软件

研发，补齐补强产业链。开展超高清视频自主关键技术研发及应用，支持企业和科研机构加快超高清视频 SoC 芯片、数据传输芯片、高端 CMOS 图像传感器芯片、操作系统、液晶显示高端材料、音视频编解码、信号传输、终端显示及监测监管等关键技术产品的研发和产业化。

技术与服务创新方面，实施标准先行工程、整机带动工程、新型显示突破工程、节目内容跃升工程、网络提升工程等。产业布局方面，以《粤港澳大湾区发展规划纲要》为指引，借助粤港澳大湾区优质资源，促进珠三角核心区超高清视频产业各有侧重、紧密协作。依托广州、佛山、惠州打造世界级的超高清视频和智能家电产业集群，广州重点发展新型显示制造、内容制作产业等，打造世界“显示之都”、超高清视频的应用示范区、超高清视频产业内容制作基地；佛山积极发展超高清应用产品生产；惠州重点发展终端垂直一体化制造，推广扩大超高清视频示范应用。深圳以建设中国特色社会主义先行示范区为契机，重点发展核心器件、整机产品、关键技术及标准等，建设具有全球影响力的超高清视频技术创新策源地。珠海、中山、东莞根据各自的产业特点发展特色产业，带动汕头、湛江等沿海经济带地市和韶关、梅州等北部生态发展区的地市配套，发展超高清视频上下游产业。

1.2.2 市场概况

近年来，超高清视频和新型显示技术不断升级发展，超高清视频成为信息呈现、传播、存储的重要载体，超高清视频显示产业成为推动网络技术、先进制造和信息消费发展的有力支撑。

截至 2022 年，中国超高清视频产业规模超 3 万亿元，其中广东突破 6000 亿元 [62]。中国超高清视频产业主要环节的产业化目标基本完成，8K 超高清摄像机、8K 监视器、8K 图像传感器、光学镜头等取得了突破并实现产业化应用。同年，广东超高清视频产业营收达到 6000 多亿元，产业规模领跑全国，4K 电视用户近 2600 万户，占全省总电视用户的 82%，可提供 4K 节目时长 4.2 万小时，均居全国前列，已形成覆盖视频采集、视频制作、网络传输、终端呈现、行业应用的全产业链体系。

2. 广东省超高清视频显示产业供应链结构特征

2.1 供应链各环节产业的发展规模

全省超高清视频显示企业数量为 41622 家。从供应链各环节的企业数量规模来看（图 10-2），下游环节规模最大，其次是上游环节，规模最小的是中游环节。

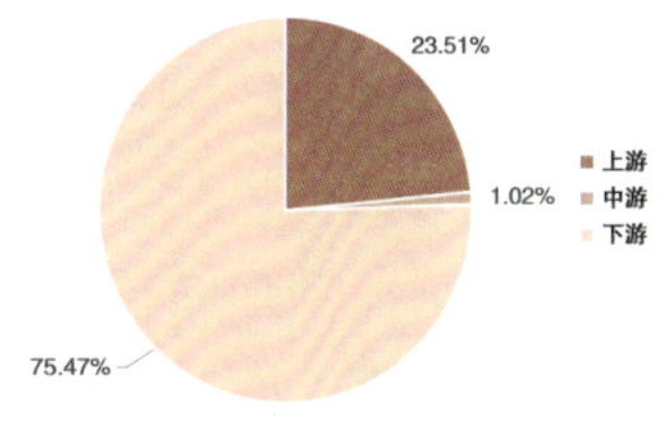

图 10-2：超高清视频显示全产业企业数量
（数据来源：龙盾企业数据库）

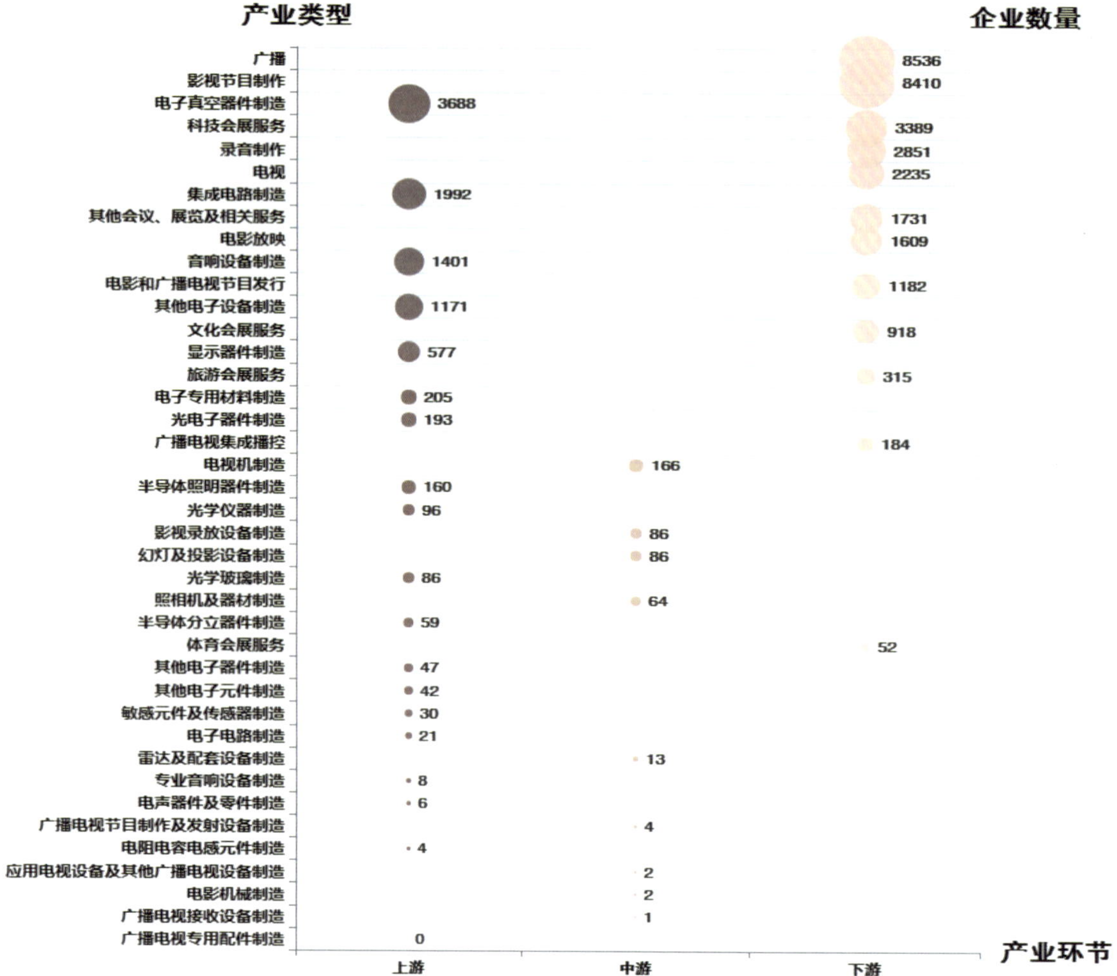

图 10-3：超高清视频显示产业全供应链企业数量分析
（数据来源：龙盾企业数据库）

上游环节共有 9786 家企业，在全供应链中企业数量占比为 23.51%。上游包含 19 个小类（为国民经济行业分类代码中第四级分类）企业，数量规模存在较大差异。其中电子真空器件制造类企业数量最多，为 3688 家，在上游环节的数量占比为 37.69%，是上游环节主导的发展企业类型。

中游环节共有 424 家企业，在全供应链中企业数量占比为 1.02%。其中电视机制造类企业数量最多，数量为 166 家，在中游环节的数量占比为 39.15%，是中游环节主导的发展企业类型。广播电视接收设备制造类企业数量最少，为 1 家，在中游环节的数量占比为 0.24%，是中游环节发展最不充分的企业类型。

下游环节共有 31412 家企业，在全供应链企业中企业数量占比为 75.47%。其中广播类企业数量最多，数量为 8536 家，在下游环节的数量占比为 87.22%，是下游环节主导的发展企业类型。体育会展服务类企业数量最少，数量为 52 家，在下游环节的数量占比为 0.53%，是下游环节发展最不充分的企业类型。

2.2 供应链各环节产业的经济价值

超高清视频显示产业全供应链 2018 年的整体平均利润率为 4.82%。从供应链各环节的企业平均利润来看，下游环节利润率最高，中游与上游环节的平均利润率较为接近，中游环节略高。

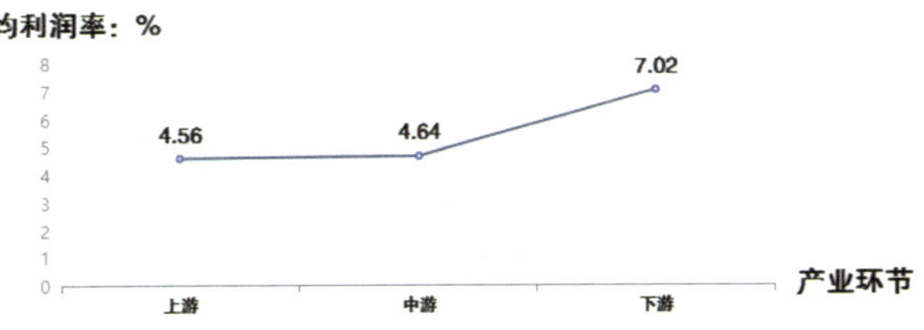

图 10-4：上、中、下游利润率平均值折线统计图
（数据来源：龙盾企业数据库）

分环节来看（图 10-4），上游环节平均利润率最低，为 4.56%。其中电阻电容电感元件制造类企业利润率最高，为 11.73%，比上游环节利润率平均值高 7.17 个百分点。广东电视专用配件制造类企业利润率最低，为 -1.22%，比上游环节利润率平均值低 5.78 个百分点。本类企业整体尚未实现盈利，有待采取措施进一步降低生产成本，开拓市场，提升盈利空间。

中游环节在供应链三个环节中平均利润率居中，平均利润率为 4.64%。其中应用电视设备及其他应用电视设备制造类企业的利润率最高，为 16.76%，比中游环节利润率平均值高出 12.12 个百分点。

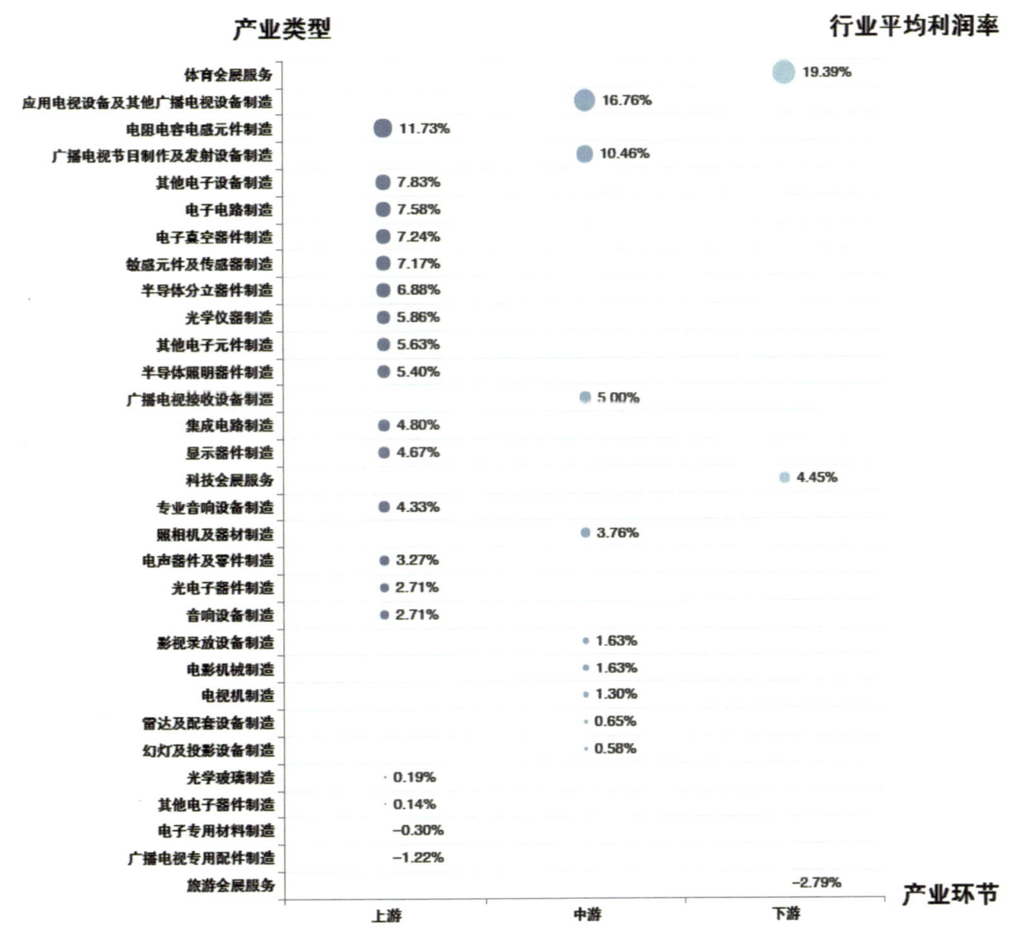

图 10-5：超高清视频显示产业全供应链经济价值分析（数据来源：《广东省经济普查年鉴（2018）》）
（部分行业利润数据缺失，未作展示）

幻灯及投影设备制造类企业的利润率最低，为 0.58%，比中游环节利润率平均值低 5.22 个百分点。

下游环节在供应链三个环节中的平均利润率最高，平均利润率达到 7.02%。其中体育会展类企业利润率最高，为 19.39%，比下游环节利润率平均值高 12.37 个百分点。旅游会展类企业利润率最低，为 -2.79%，比下游环节的利润率平均值低 9.81 个百分点。本类企业整体尚未实现盈利，有待采取措施进一步降低生产成本，开拓市场，提升盈利空间。

2.3 供应链各环节产业的产权联系网络特征

全省超高清视频显示产业供应链各环节间存在一定的产权联系（图 10-6）。

表 10-2：广东省超高清视频显示各行业产权联系表

联系类型	总部或投资企业类型	分支或被投资企业类型	联系频数
同一环节内部联系（同类行业间）联系频数：512	电影放映	电影放映	237
	影视节目制作	影视节目制作	90
	广播	广播	53
	集成电路制造	集成电路制造	25
	科技会展服务	科技会展服务	24
	电子真空器件制造	电子真空器件制造	18
	电视	电视	17
	电影和广播电视节目发行	电影和广播电视节目发行	12
	录音制作	录音制作	10
	音响设备制造	音响设备制造	7
同一环节内部联系（不同类行业间）联系频数：277	广播	影视节目制作	38
	广播	电影放映	23
	影视节目制作	电影和广播电视节目发行	20
	影视节目制作	广播	18
	电影和广播电视节目发行	电影放映	16
	影视节目制作	电影放映	13
	电影和广播电视节目发行	影视节目制作	10
	广播	电影和广播电视节目发行	9
	电视	影视节目制作	9
	录音制作	广播	9
不同环节间联系 联系频数：15	电视	电子真空器件制造	2
	电视	显示器件制造	2
	集成电路制造	文化会展服务	1
	显示器件制造	电视	1
	其他电子设备制造	影视录放设备制造	1
	科技会展服务	显示器件制造	1
	广播	电子真空器件制造	1
	电视	电视机制造	1
	电视	集成电路制造	1
	电影机械制造	影视节目制作	1
总计			804

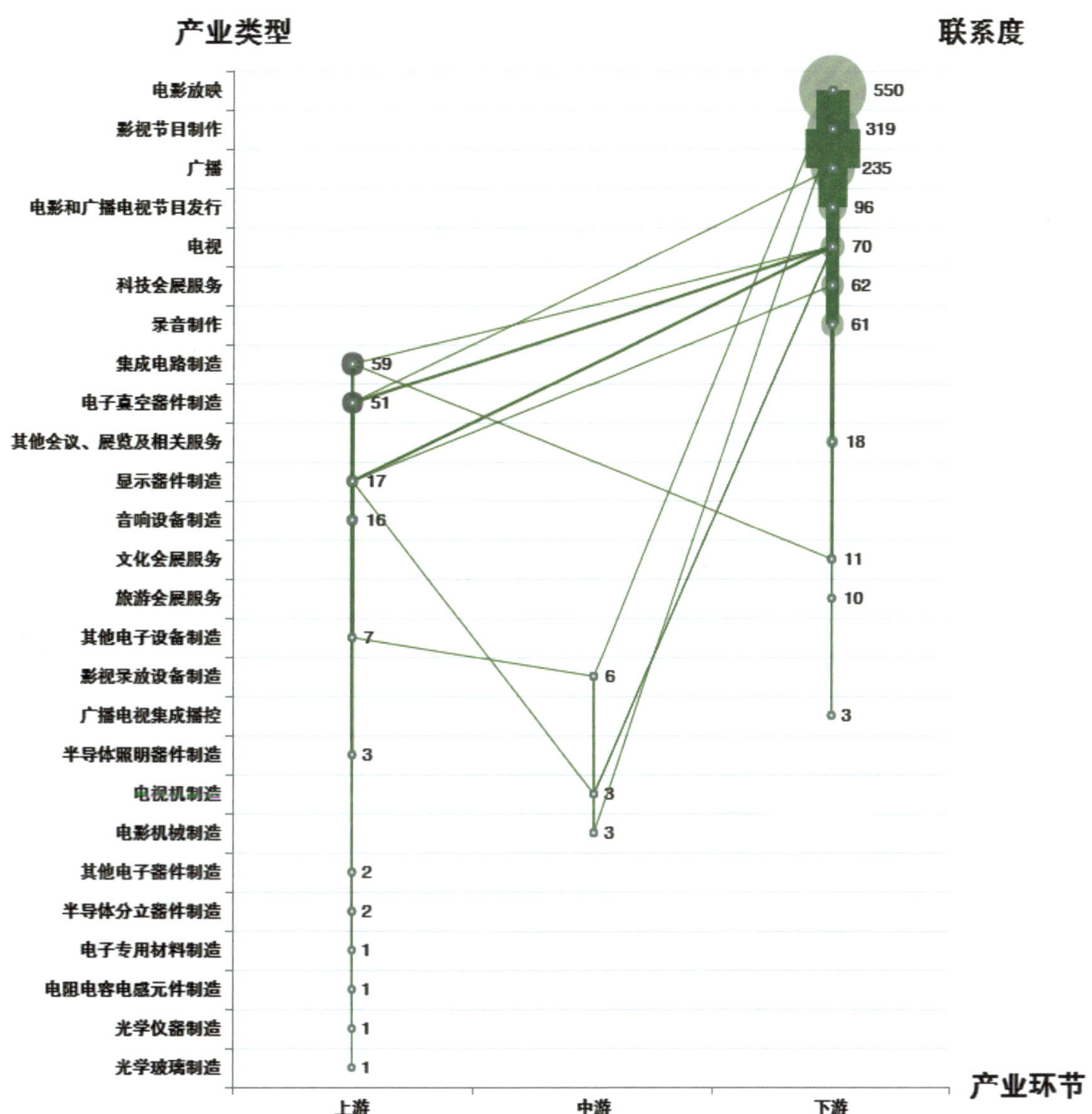

图 10-6：超高清视频显示产业全供应链产权联系分析图
（数据来源：龙盾企业数据库）

总体上，同一环节内部企业的产权联系较为紧密，联系频数为789。同一环节内同类行业间联系频数为512，其中电影放映行业内部联系最为紧密。同一环节内不同行业间联系频数为277，其中广播和影视节目制作行业之间的联系较为紧密。

不同环节之间的企业产权联系较薄弱，联系频数为15。其中上游环节与下游环节联系较为紧密，电影放映类企业是产权联系网络中的核心节点。上游环节与中游环节联系较为薄弱（表10-2）。

2.4 供应链结构多要素的耦合特征

统计超高清视频显示产业供应链各环节的发展规模、经济价值、产权联系三要素对应指标的皮尔逊相关系数，可以发现企业数量比率与产权联系频数比率指标的皮尔逊相关系数为0.93，发展规模与产权联系两要素间存在极强的正相关性，企业数量规模越多的行业有更多的企业设立分支机构或对外投资，形成相对密集的产权联系网络。其他要素间则不存在较强的相关性（表10-3）。

表10-3：三要素相关系数表

要素指标	皮尔逊相关系数
企业数量比率与利润率	0.03（中等程度正相关）
企业数量比率与产权联系频数比率	0.93（极度正相关）
行业平均利润率与产权联系频数比率	-0.01（弱正相关）

根据三要素指标的分布情况（图10-7），超高清视频显示产业供应链内各环节企业发展状态大致可分为三种情况。

一是三要素指标均处于较高水平，表现为企业数量多、平均利润率高、企业间联系频数高，包含科技会展服务、电子真空器件制造、集成电路制造、音响设备制造4类，主要处于上游环节。整体来看，几类产业发展处于增长期或成熟期，市场规模和潜在需求较大，但较高的利润与较大的企业数量规模现状也存在市场竞争加剧的风险。

二是三要素指标均处于较低水平，表现为企业数量少、平均利润率为负、企业间联系频数低，包含广播电视专用配件制造、电子专用材料制造、旅游会展服务3类，分别处于上游及下游环节。整体来看，两类产业处于初创发展阶段，市场需求不够成熟，存在技术落后或成本投入较大等问题。企业在这一阶段需要承担较高的研发成本和风险，并需要进行市场调研、产品定位等工作，加强研发以争取市场主导权，及早进入市场与申请专利，强化竞争优势。

三是经济价值指标表现良好，而发展规模和产权联系指标较弱的企业，包含体育会展服务、应用电视设备及其他广播电视设备制造、电阻电容电感元件制造等26类，主要处于中游及下游环节。整体来看，几类产业发展处于成熟期，存在一定的行业技术门槛、进入成本门槛或法律法规门槛等，市场集中度高，需求增长较快而供给量相对稳定。企业宜采用维持战略，并投入资金支持新的核心能力开发，在战略、组织结构、人员、技术等方面为转向新领域作准备，抓住时机通过转型、重组、再造和技术、制度、管理创新战略来推动企业及早进入新一轮的生命周期。

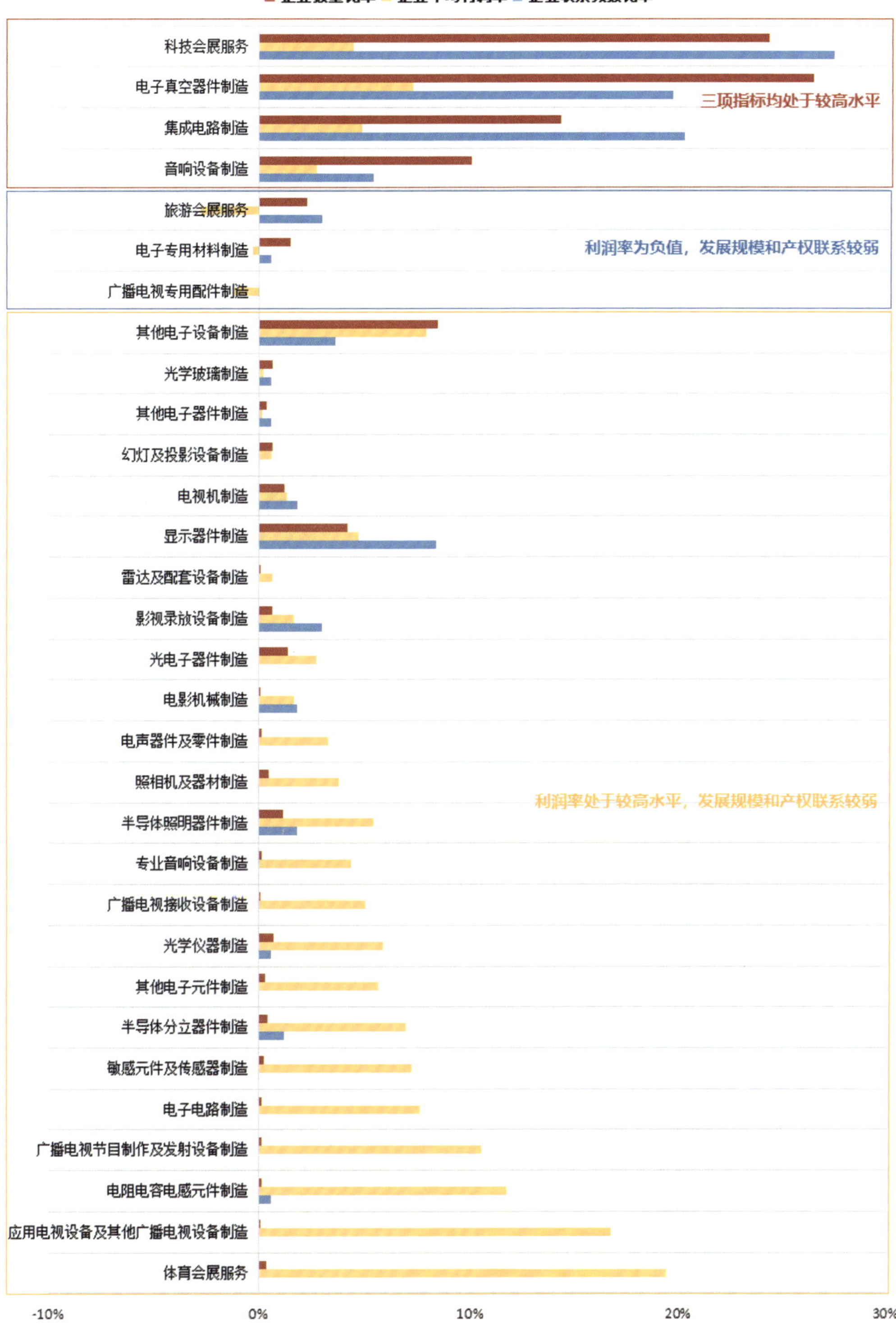

图 10-7：超高清视频显示产业全供应链四级分类产业要素指标分析图
（数据来源：龙盾企业数据库、《广东省经济普查年鉴（2018）》）

3. 广东省超高清视频显示产业集群空间特征

3.1 企业数量集聚的空间特征

分区域来看（图 10-8），珠三角地区是全省超高清视频显示企业的主要集聚区域，包含的上、中、下游各环节以及全供应链的企业数量规模均占比分别为 95.6%、98.32%、92.47% 和 93.12%，在产业规模发展方面具有绝对的数量规模优势。粤北地区是超高清视频显示企业的次级集聚区域，上游元器件生产和下游视频内容和服务等企业数量占比超过 3%。粤东地区和粤西地区的半导及集成电路产业发展规模相对较小，合计数量占比未超过 4%，产业发展基础相对薄弱。

分地市来看（图 10-9），广州、深圳、东莞、佛山、珠海等地是超高清视频显示产业的主要集聚地，上、中、下游各环节企业分布均较为密集，但各地市集聚的产业环节特点略有差异：东莞、广州、深圳是上游企业数量最多的 3 个地市，佛山、惠州、珠海、中山、江门、河源、梅州等地企业数量依次递减，是超高清视频显示元器件、核心芯片的主要产地；广州、佛山、深圳是中游企业数量最多的 3 个地市，东莞、中山、珠海、惠州、江门、梅州、清远等地企业数量依次递减，承载着超高清视频显示整机产品的生产工作；广州、深圳、东莞是下游企业数量最多的 3 个地市，佛山、珠海、惠州、中山、茂名、汕头、梅州等地企业数量依次递减，是超高清视频显示内容制作与服务应用端衍生企业的主要集中区域。

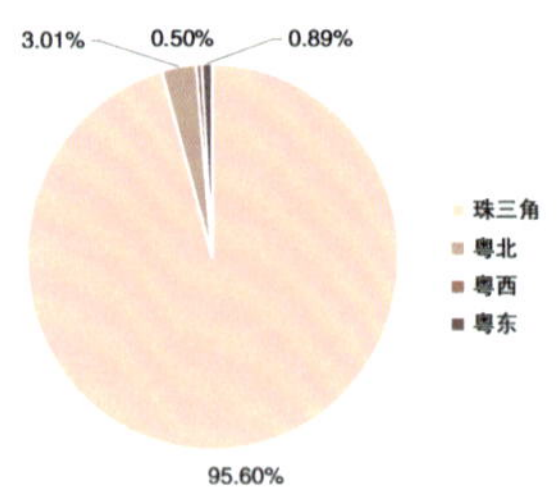

上游企业数量分区域统计

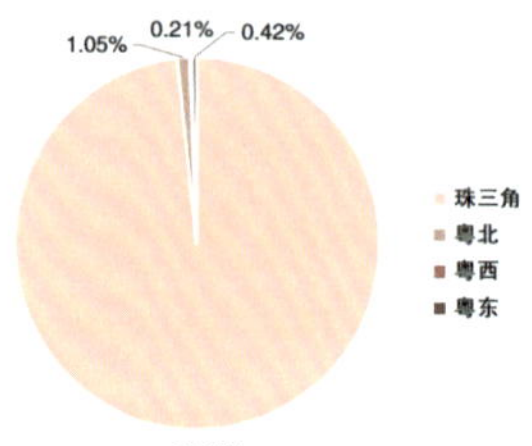

中游企业数量分区域统计

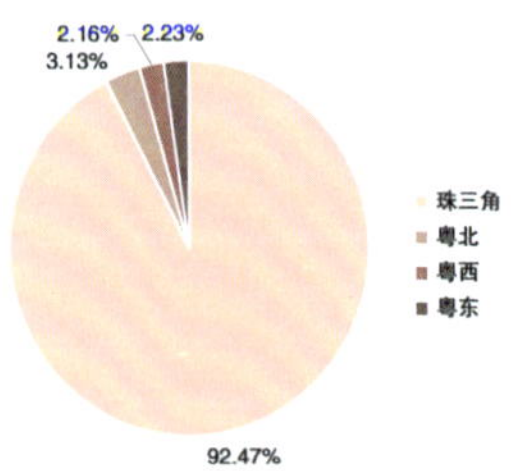

下游企业数量分区域统计

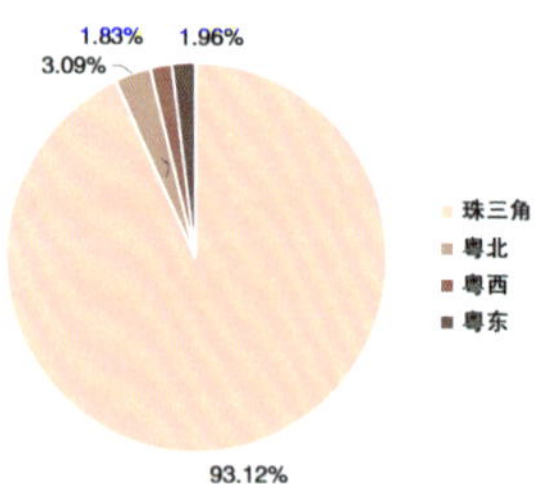

全供应链企业数量分区域统计

图 10-8：全省超高清视频显示产业分区域企业数量统计
（数据来源：龙盾企业数据库）

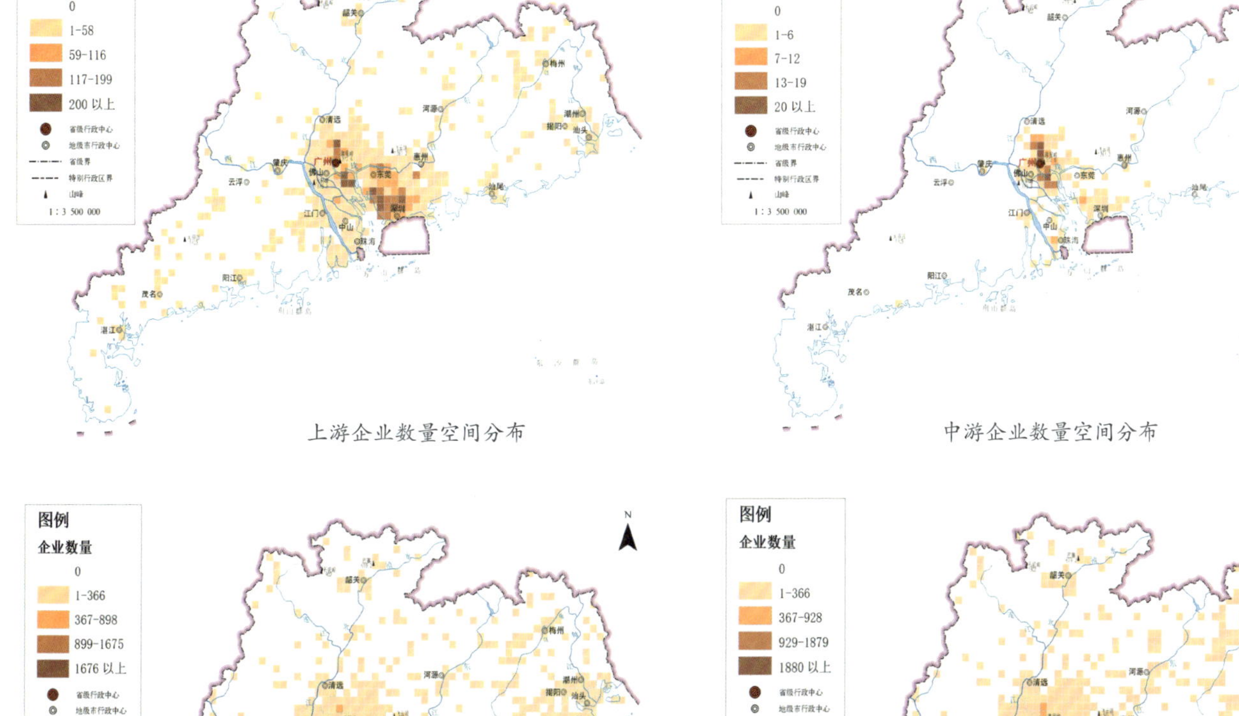

图 10-9：全省超高清视频显示产业企业数量分布
（数据来源：龙盾企业数据库）

3.2 企业联系集聚的空间特征

分区域来看（图 10-10），珠三角地区是全省超高清视频显示产业中设置分支机构或进行投资的企业的主要集聚区域，上、中、下游各环节以及全供应链的产权联系度占比分别为 92.24%、100%、91.58% 及 91.78%，均超过 90% 以上，具有绝对的产权布局优势，依托产权部署，在经济、技术、知识、人才等要素交流方面具有更大的潜力。粤北地区具有一定的产权联系规模，尤其是上游元器件和核心芯片生产等企业，联系度占比超过 7%。粤东地区和粤西地区的超高清视频显示产业产权联系度相对较小，合计数量占比接近 2%，发展基础相对薄弱，其中粤东地区略强于粤西地区。

分地市来看（图 10-11），广州、深圳、东莞、佛山、珠海等地是超高清视频显示产业上游、中游、下游各环节企业产权联系较多的区域，有较强的产业合作拓展能力，但各环节企业产权联系度排序略有变化。广州、深圳、东莞是上游企业产权联系度较高区域，惠州、佛山、江门、清远、珠海、中山、

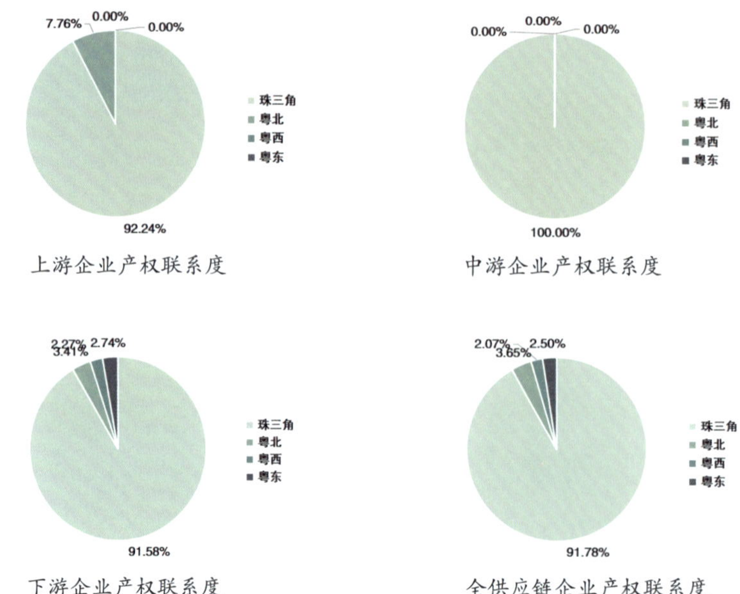

图 10-10：全省超高清视频显示产业分区域企业产权联系度统计
（数据来源：龙盾企业数据库）

上游企业产权联系度空间分布

中游企业产权联系度空间分布

下游企业产权联系度空间分布

全供应链企业产权联系度空间分布

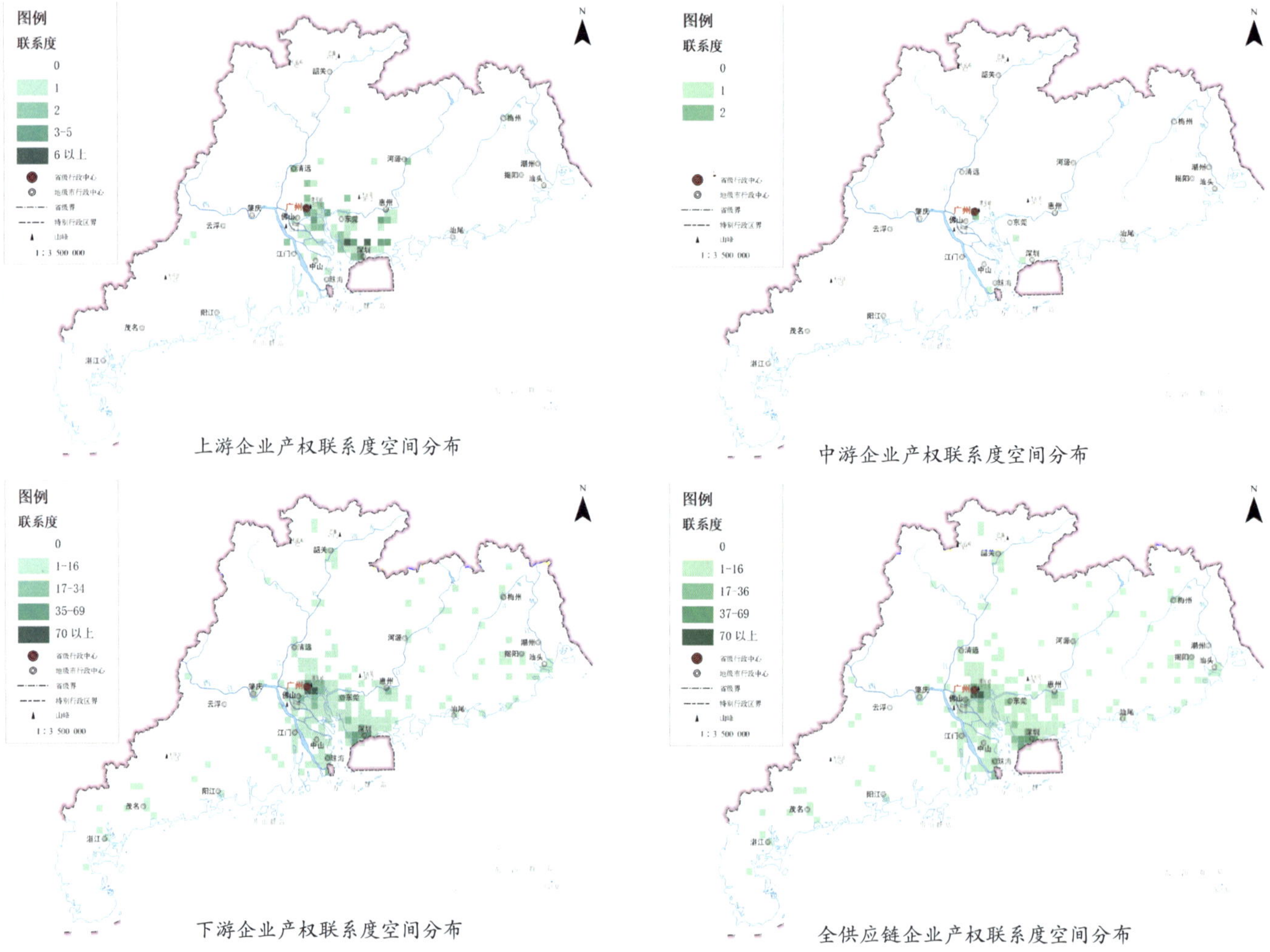

图 10-11 全省超高清视频显示产业企业产权联系度分布
（数据来源：龙盾企业数据库）

河源产权联系度依次递减，其中清远作为元器件和核心芯片原材料生产的集中地，在上游环节企业的产权联系强度超过了绝大部分珠三角地市；广州、深圳、东莞是中游企业产权联系度较高的地市，其他地市未有相关企业具有对外产权联系；广州、深圳、佛山是下游企业产权联系度较高的区域，东莞、珠海、惠州、中山、江门、汕头、揭阳依次递减。

3.3 产业集群的空间特征

综合分析超高清视频显示产业全供应链的企业数量空间分布、产权联系度情况，筛选两项指标处于前 25% 的格网做叠加分析，筛选企业密度较高、产权联系紧密的产业集群潜在空间格网共 21 个。

分区域来看（图 10-12），全省超高清视频显示产业集群的潜在空间主要分布在珠三角地区，包含 49 个格网空间，面积占比为 92.45%；粤北、粤东、粤西产业集群潜在空间分布范围较小。

分地市来看（图 10-13），省超高清视频显示产业集群的潜在空间主要分布在广州市天河区、海珠区、荔湾区、番禺区、黄浦区，深圳市南山区、福田区、罗湖区，珠海市香洲区，惠州市惠城区以及东莞的城区片区等地，这些区域是全省现阶段超高清视频显示产业集群发展较为成熟的潜在区域。

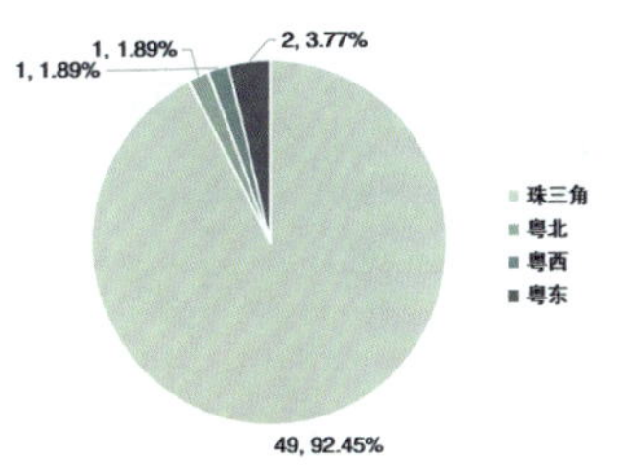

图 10-12：产业集群潜在空间格网统计图
（数据来源：龙盾企业数据库）

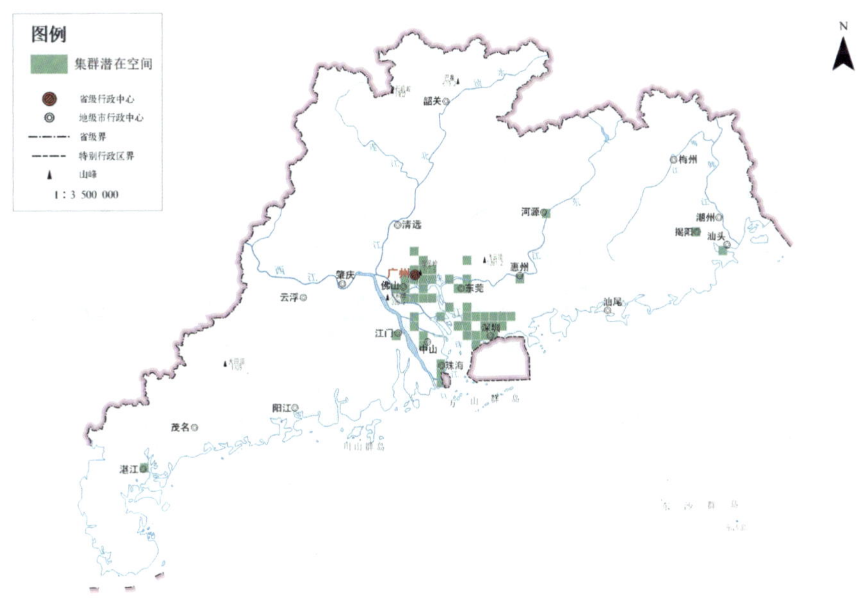

图 10-13：产业集群潜在空间空间分布图
（数据来源：龙盾企业数据库）

4. 广东省超高清视频显示产业典型案例

4.1 典型园区案例特征

花果山超高清视频产业特色小镇位于广东省广州市越秀区。为“2018 年广州市产业园区提质增效试点园区”“2019 年广州市重点建设项目”，由广州广播电视台携手广州市城市建设投资集团有限公司共同打造，是以广州广播电视台花果山台址为核心运营打造的“4K/8K+5G”超高清视频产业集群，以 4K/8K 超高清视频内容制作为核心，按照全产业链招商理念，融入 5G 网络传输，推动产业应用。小镇通过设立超高清视频产业专项基金，扶持入驻企业发展，构建产业生态，力争成为越秀区贯彻落实“老城市新活力”要求的亮点，助力广州“显示之都”建设。

花果山超高清视频产业特色小镇规划总面积约 190 公顷，以“云山珠水双生态”的设计理念和“一

图 10-14：花果山超高清视频产业特色小镇示意图
（数据来源：百度地图）

表 10-4：典型园区关键要素对比表

（数据来源：园区招商网页客户端）

园区对比要素	花果山超高清视频产业特色小镇	上海市超高清视频产业市北高新示范基地
地理位置	广州市越秀区	上海市市北高新技术服务业园区
开发面积	规划 190 公顷	规划 331 公顷
入驻企业数（家）	—	30
交通条件	紧邻近广州地铁 2、5 号线，换乘站广州火车站；距离广州白云国际机场约 30 公里（约 35 分钟车程）；距离广州南站约 25 公里（约 30 分钟车程）；项目周边有机场高速、广州环城高速、内环路、东濠涌高架路等外部路网环绕，交通发达。	坐落于上海中环线北沿和南北中轴线（共和新路南北高架道）两翼，园区 10 公里范围内可至外滩、南京路、五角场、静安寺等繁华商业中心；20 公里范围内则可达虹桥航空枢纽、张华浜国际货运码头。
产业布局	聚焦 4K 内容制作与相关设备、技术研发，抢占产业链顶端。打造 4K/8K+5G+AI 产学研用一体化智媒体聚合平台。	在核心层面，已有园区企业突破了“卡脖子”的关键技术，像“极清慧视”先后研发并制造完成国内第一台 8K 无损影像摄像设备，打破了 8K 影像设备被外国垄断的行业格局。在应用层面，已有园区企业尝试将超高清视频技术应用于自身的产品或服务中，以创造更丰富的信息内容和价值，进一步提升企业的核心竞争力；而在服务层面，园区将与同处“中环两翼产城融合集聚带”的环上大国际影视园区，在超高清视频制作、平台服务等领域进行深度整合与协同，在推动影视业向超高清发展的同时，也带动超高清视频产业市场化。
产业链核心环节	中游、下游，设备与内容制作	中游，整机制造
代表企业	扳手科技、博冠科技、雷曼科技、洲明科技、珠江数码、4K 花园、英皇娱乐、草莓 V 视、当虹科技	极清慧视、高重科技、东方有线

平台、两基地、三中心”一体化的运营支撑，结合广州超高清视频产业促进会的落户，发挥超高清视频产业集群的高地优势，贯彻落实国家省市区级系列产业扶持政策，助力超高清视频产业的快速发展。花果山超高清视频产业特色小镇交通区位良好，紧邻近广州地铁 2、5 号线换乘站广州火车站；距离广州白云国际机场约 30 公里（约 35 分钟车程）；距离广州南站约 25 公里（约 30 分钟车程）；项目周边有机场高速、广州环城高速、内环路、东濠涌高架路等外部路网环绕，交通发达。

目前全国超高视频的专业产业园区整体还处于规划建设的初级阶段，其中上海市超高清视频产业市北高新示范基地是发展相对成熟的园区，与花果山超高清视频产业特色小镇规划建设的方式不同，上海市超高清视频产业——市北高新示范基地依托上海市市北高新技术服务业园区落户，园区内还具有大数据、人工智能等其他产业。规模上，花果山超高清视频产业特色小镇面积较小；交通条件上，两家产业园区交通区位良好，毗邻机场，轨道交通或公路交通线均有贯通；产业布局上，花果山超高清视频产业特色小镇侧重中游设备制造与下游内容制作的结合，市北高新示范基地则侧重技术研发与设备制造，并结合园区的其他产业实现跨领域的服务应用场景拓展（表 10-4）。

4.2 典型企业案例

4.2.1 企业概况

深圳市创维数字技术有限公司（以下简称“创维数字”）是创维数字股份有限公司旗下的全资子公司，市场占有率连续多年稳居国内第一，整体销量居全球第一，是创维集团盈利能力最强的产业公司。先后获得“国家规划布局内重点软件企业”“国家火炬计划重点高新技术企业”“国家高新技术企业”“中国软件业务收入百强”“国家知识产权示范企业”“广东省战略性新兴产业骨干企业”“省级科技进步一等奖”“深圳市科技进步一等奖”“深圳市工业百强”等资质与荣誉。

创维数字围绕新一代信息技术、超高清视频产业、虚拟现实 VR、汽车智能电子、工业互联网、互联网 + 运营等战略新兴产业进行布局。基于全球范围网络 IP 化、光纤化、智能化，5G 技术创新应用，超高清视频产业在终端呈现、网络传输、行业应用等的推进，整体形成了“智能终端、宽带设备、专业显示、运营服务”四大业务板块，致力于打造超高清及智慧互联 + 数字生活。

创维数字拥有年产能超 5000 万台的智能数字终端的产业基地。作为行业领军企业，创维数字每年投入大量技术进行研发，创维数字编制的多模机顶盒行业标准（ITU-T J.298）于 2019 年 3 月获得国际电信联盟正式批准并发布，智能家居网关功能需求（ITU-T J.1611）于 2021 年 1 月获得国际电信联盟正式批准并发布。创维数字还承担了国家重点研发计划“科技冬奥”重点专项，负责多项技术攻关，包括 8K 实时编码器、VR 视频自适应传输系统、8K 机顶盒和超短焦 VR 一体机等创新产品和系统等。

4.2.2 企业产权联系网络特征

构建创维数字的产权联系网络，有 13 家企业与创维数字直接关联，覆盖供应链上、中、下游各环节。

空间分布方面，发生产权联系企业分别位于广东、北京、湖北，其中属于广东省的企业数量最多，有 10 家，北京市的企业数量次之，有 2 家（表 10-5）。

供应链接结构方面，产权联系网络中上、中、下游各环节企业完整，集中面向下游环节布局，且衍生汽车等领域的行业应用服务。其中，上、中、下游各环节企业大部分位于广东省内，在北京有布局前端的技术研发公司以及提供应用服务的公司（图 10-15）。

产权联系方式方面。创维数字主要通过投资控股的方式构建企业间合作，全资控股企业 7 家，分别位于广东、北京；分支机构企业 3 家，分别位于广东、北京、湖北；非全资控股企业 3 家，均位于广东。其中下游环节企业布局较多，前端研发和后端的产品应用均有涉及，后端主要集中在汽车智能应用方面。

总体来看，创维公司进行上、中、下游全产业拓展布局，在供应链各环节的部署模式具有参考价值。聚焦深圳本地布局各环节企业，发挥本地的集群优势；同时在北京布局研发企业，充分利用当地富集的创新资源和人力资源；在湖北等地布局下游服务企业，有利于拓展全国中部市场，提升品牌效应。

表 10-5：深圳市创维数字技术有限公司产权联系类型

（数据来源：龙盾企业数据库）

产权关联类型	总数	涉及省份	行业类型	代表企业
全资控股	7	广东、北京	信息传输、软件和信息技术服务业、科学研究和技术服务业、制造业、科学研究和技术服务业	北京创维海通数字技术有限公司、惠州创维数字技术有限公司、深圳创维汽车智能有限公司、广州创维汽车智能有限公司、深圳蜂驰信息服务有限公司、深圳市创维软件有限公司、深圳创智维兴科技有限公司
非全资控股	3	广东、北京、湖北	信息传输、软件和信息技术服务业、租赁和商务服务业、居民服务、修理和其他服务业	创维液晶器件（深圳）有限公司、深圳蜂驰电子科技有限公司、深圳创维新世界科技有限公司
分支机构	3	广东	制造业	深圳创维数字技术有限公司宝安分厂、深圳创维数字技术有限公司北京分公司、深圳创维数字技术有限公司武汉分公司

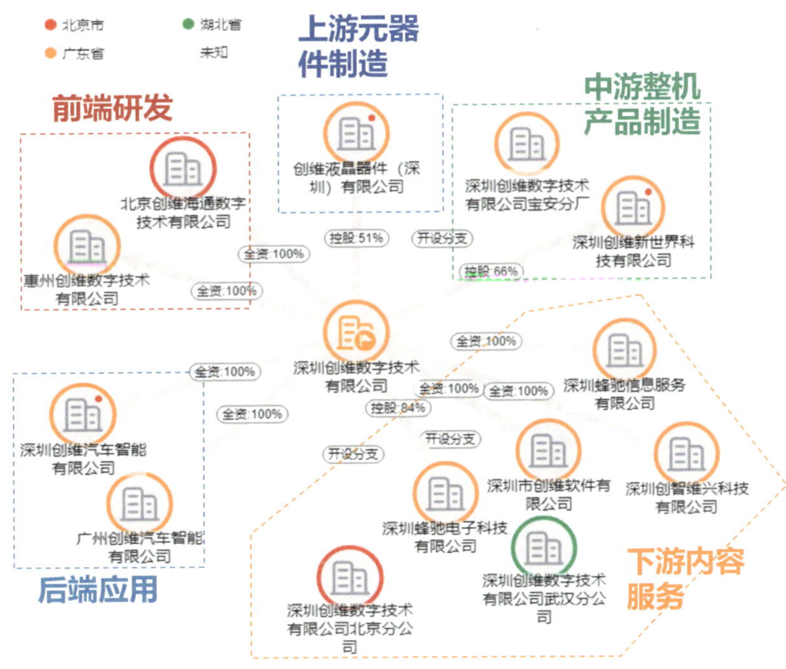

图 10-15：深圳市创维数字技术有限公司产权联系企业类型

（数据来源：龙盾企业数据库）

第十一章

战略性支柱产业集群：

生物医药与健康产业集群

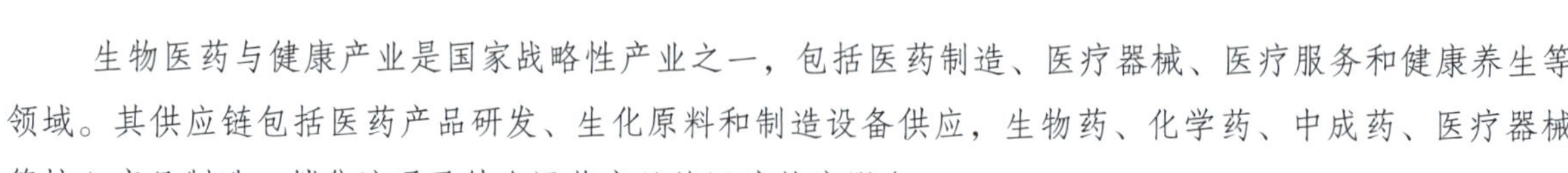

生物医药与健康产业是国家战略性产业之一，包括医药制造、医疗器械、医疗服务和健康养生等领域。其供应链包括医药产品研发、生化原料和制造设备供应，生物药、化学药、中成药、医疗器械等核心产品制造，销售流通及结合医药产品的医疗健康服务。

广东省生物医药企业主要集中在下游医药流通环节和上游医药研发、原料供应、医药设备制造环节。中游医药制造环节企业数量较少，约占2.35%，但中游环节利润率远高于上游和下游环节。由于中游环节企业数量少，企业产权联系主要发生在上游和下游之间，这种模式有利于形成研发和市场的良性互动，但不利于产品量产，扩大产业经济效益，产业结构亟须优化。

广东的生物医药与健康产业企业主要聚集在珠三角地区，特别是上游研发和中游制造部分主要集中在广州、深圳、佛山、东莞等科研资源集聚、经济实力较强的地市，销售和流通环节分布在各市人口聚集地区。因此，生物医药产业园往往选址在地理位置优越、交通物流条件发达、靠近教育资源的高度城市化地区，以方便产品流通、吸引人才并提供广泛的应用场景。这一点也可以从广州医药集团的分支机构布局中得以体现。

1. 生物医药与健康产业集群概述

1.1 基本概念

生物医药与健康产业主要包括医药制造业、医疗仪器设备及器械制造、医疗服务、健康养生等领域，是关系国计民生、经济发展和国家安全的战略性产业之一，是健康中国建设的中药基础[63]。其中中药是指在中医理论指导下，采用天然药材及加工品制成的片剂、汤剂、丸剂等，主要包括中药饮片和中成药两大类。化学药是指是指利用化学合成方法制造的药品，通常是从化学原料中合成出来的小分子有机化合物，主要包括化学原料药和化学药两大类。生物药指利用生物技术制造的药品，通常是从生物源性材料中提取或合成的蛋白质、多肽、抗体、疫苗等大分子药物。医疗器械是指用于预防、诊断、治疗以及监测人体生理状态、病理状态或者对人体进行生理、病理学研究的各种仪器、设备、器具、材料和其他类似物品。医疗器械的种类非常广泛，包括医用影像设备、手术器械、注射器、血压计、血糖仪等。医疗服务是指医疗机构或者医务人员向患者提供的各种医疗保健服务，包括预防保健、诊断治疗、康复护理等方面。

生物医药和健康产业的发展可以追溯到古代文明时期，当时人们使用天然草药和其他植物来治疗疾病。随着时间的推移，人们开始研究化学物质和制药技术，并推广到微生物学和遗传学等领域，这些研究为现代生物医药和健康产业的发展奠定了基础。在20世纪初，人们开始大规模生产制药产品，如青霉素和疫苗等。随着科技的进步，生物医药和健康产业不断发展壮大，现在已经成为全球最重要的产业之一，涉及药品、医疗器械、诊断试剂、生物制品等多个领域。

生物医药与健康产业具有“四高一长”的发展特点，即高技术、高投入、高风险、高收益和长周期。生物医药是一种知识密集、技术含量高、多学科综合互相渗透的产业，因此早期生物医药和健康产业通常聚集在科研机构和高校周围，因为这些地区拥有大量的科学家、研究人员和专业人才，这些人才的聚集促进了医药技术和知识的交流和分享，促进了医药创新和研发。同时公共健康是政府重点关注的领域，政府通常会提供资金和政策支持。生物医药与健康企业为了获得政府提供的税收优惠、减免租金及医疗事业单位的销售渠道支持，会在某些特定的政策影响区内聚集。生物药品从开始研制到最终转化为产品要经过实验室研究阶段、中试生产阶段和临床试验阶段等众多阶段，开发周期一般需要 8～10 年，甚至 10 年以上，其各个环节充满不确定性风险。由于医药研发的高风险性和长周期性，生物医药企业会吸引大量投资和创新企业，这些企业通过相互合作、共同研发来降低风险，因此相关企业围绕医药研发、生产、流通、服务等环节形成知识、资金、原料供应等联系，在空间上形成聚集，以更好地发挥产业规模、聚集效应。

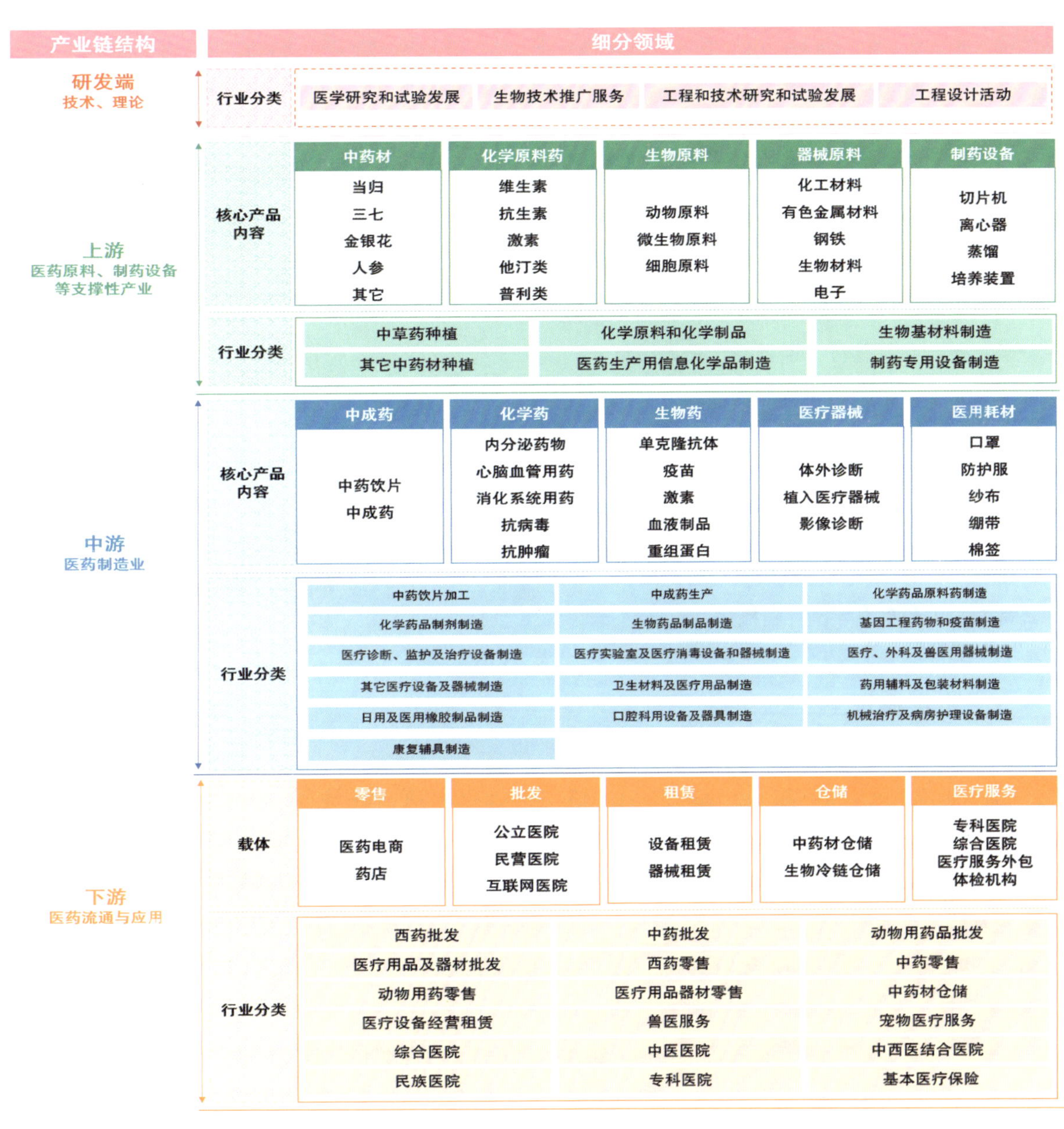

图 11-1：生物医药与健康产业全产业供应链图谱
（数据来源：自绘）

通过生产关系组织成产业集群是产业集群形成的最基本的动力。从医药产品研发、生产原料和设备供应、核心产品制造、销售流通及结合医药产品的医疗健康服务进行梳理，可以构建生物医药与健康产供应链全景图谱（图 11-1）。

处于生物医药与健康产业顶端的是由高校、研究机构、企业实验室等主体进行的相关基础理论研究和技术研发。目前，靶点化学药、抗体药物、基因药物、细胞产品、微生物治疗、细菌治疗、多肽药物、噬菌体药物及酶工程等领域是我国重点聚集的攻坚领域。

上游是医药原料、制药设备等医药制造业支撑性产业。包括生产中成药制造所需的当归、三七、金银花等中草药种植（国民经济行业分类代码，下同）、其他中药材种植等行业；生产化学药制造所需的维生素、抗生素、激素等化学原料和化学制品行业；生产生物药制造所需的动物原料、微生物原料、细胞原料等生物基材制造行业；生产医药过程中所需的医药生产用信息化学品制造、制药专用设备制造等行业。

中游是中成药、化学药、生物药、医疗器械、医用耗材等生物医药与健康产业主要产品的生产环节。其中中成药制造业包括中药饮片加工、中成药生产等行业生产企业；化学药制造业包括内分泌药物、心脑血管用药、消化系统用药等化学原料药制造、化学药品制剂制造等行业生产企业；生物药制造包括单克隆抗体、疫苗、激素、血液制品等生物药品制造、基因工程药物和疫苗制造等行业生产企业；医疗器械制造包括体外诊断器械、植入医疗器械，影像诊断设备等医疗诊断、监护及治疗设备制造，医疗实验室及医疗消毒设备和器械制造，医疗、外科及兽医用器械制造，口腔科用设备及器械制造，机械治疗及病房护理设备制造，康复辅具制造等行业生产企业；医用耗材制造包括卫生材料及医疗用品制造、药用辅料及包装材料制造等行业生产企业。

下游则是中游产成品的零售、批发、租赁流通环节，以及相关医疗服务。涉及医药电商、药店、公立医院、民营医院、专科医院、综合医院、仓储等销售服务机构。对应的国民经济行业分类代码有西药批发、中药批发、医疗器械用品及器材批发等 18 个行业。

1.2 发展概况

1.2.1 政策要求

生物医药与健康行业是关系国计民生、国家安全的战略新兴战略新兴产业，是健康中国建设的重要基础。因此近年来，我国政府对生物医药与健康行业的发展予以了大力支持，国家、广东省密集出台了相关政策支持产业发展，鼓励行业发展与创新，并从“卡脖子”关键技术突破、产业链补全、产业集聚发展、产业空间供给、创新能力提升、人才体系保障等六个方面提出了具体的政策要求。印发部门主要涉及发改、工信、财政、税务等部门，主要激励手段包括财政资金奖励、税收优惠、贷款倾斜、供地保障等。

国家层面则紧紧围绕全面提高医药产业链现代化水平，实现供应链稳定可控，加快创新驱动发展转型，培育新发展新动能，推动产业高端化、智能化和绿色化，构筑国际竞争新优势，健全医药供应保障体系，更好地满足人民群众多元化、多层次的健康需求[64]的目标。对产业提出强化关键核心技术攻关，提升产业链稳定性和竞争力，增强供应保障能力，推动医药制造能力系统提升，创造国际竞争

表 11-1：生物医药与健康产业集群相关政策清单

（数据来源：自绘）

层级	时间	政策名称	主要内容或措施要求	印发部门
国家级	2021.12	《“十四五”医疗装备产业发展规划》	发展新一代医学影像装备，推进智能化、远程化、小型化、快速化、精准化、多模态融合、诊疗一体化发展。发展新型体外诊断装备、新型高通量智能精准用药检测装备，攻关先进细胞分析装备，提升多功能集成化检验分析装备、即时即地检验（POCT）装备性能品质。	工业和信息化部、国家卫生健康委员会等十部委
国家级	2022.01	《“十四五”医药工业发展规划》	提出了“十四五”期间医药工业发展的目标、任务和保障措施。到2035年，医药工业实力将实现整体跃升，创新驱动发展格局全面形成，实现更高水平满足人民群众健康需求，为全面建成健康中国提供坚实保障。	工业和信息化部、国家发展和改革委员会等九部门
国家级	2022.04	《“十四五”国民健康规划》	提出了“十四五”期间健康中国建设目标、要求和保障措施。到2025年，卫生健康体系更加完善，中国特色基本医疗卫生制度逐步健全，重大疫情和突发公共卫生事件防控应对能力显著提升，中医药独特优势进一步发挥，健康科技创新能力明显增强，人均预期寿命在2020年基础上继续提高1岁左右，人均健康预期寿命同比例提高。	国务院办公厅
国家级	2022.05	《“十四五”生物经济发展规划》	《规划》明确，要着力做大做强生物经济，到2025年，生物经济成为推动高质量发展的强劲动力。《规划》提出发展生物医药、生物农业、生物质替代、生物安全大重点发展领域，以及生物医药技术惠民、现代种业提升等7项重大建设工程。	国家发展和改革委员会
省级	2020.05	《广东省人民政府关于培育发展战略性支柱产业集群和战略新兴产业集群的意见》	生物医药与健康产业集群为广东省十大战略性支柱产业集群之一。《意见》提出，推动精准医疗、智慧医疗、海洋医药、医养融合等新业态发展壮大，在岭南中药、化学药、生物药、高端医疗器械、生物医用材料、体外诊断、医疗服务、公共卫生等领域形成若干个优势产业。在精准医学与干细胞、新药创制、生物安全、生物制造等领域突破一批关键核心技术。打造广州、深圳、珠海、佛山、惠州、东莞、中山等创新集聚区。布局建设化学原料药生产基地、道地药材和岭南特色中药材原料产业基地。加快进位赶超，建成具有国际影响力的产业高地。	广东省人民政府
省级	2020.12	《广东省发展生物医药与健康战略性支柱产业集群行动计划（2021-2025年）》	到2025年，实现生物医药与健康产业规模、集聚效应、创新能力国内一流，体制机制、服务体系、市场竞争力国际领先，打造万亿级产业集群，加快进位赶超，建成具有国际影响力的产业高地。	广东省科学技术厅等5厅局
省级	2021.08	《广东省制造业高质量发展“十四五”规划》	加速创新药物战略布局；推动化学药物品质全面提升；重点发展岭南中药，加快推动中医药标准化、国际化；推动高端医疗器械研发产业化；推进医养结合、智慧治疗、互联网诊疗、远程医疗等新型医疗服务模式。到2025年，生物医药与健康产业力争实现营业收入1万亿元，建成具有国际影响力的产业高地。	广东省人民政府办公厅
省级	2021.11	《广东省卫生健康事业发展“十四五”规划》	到2025年，健康广东建设取得显著成效，具有广东特色的基本医疗卫生制度进一步完善，定型优质高效整合型卫生健康服务体系进一步完善，医疗卫生发展和健康服务整体水平保持国内先进水平，居民主要健康指标达到高收入国家平均水平。	广东省人民政府办公厅
省级	2022.01	《广东省人民政府办公厅关于印发广东省推动医疗器械产业高质量发展实施方案的通知》	力争到2023年，医疗器械制造业营业收入年均复合增长率达20%以上，规模以上医疗器械制造业年度营业收入达到1700亿元；获批国家创新医疗器械注册证达到30个；资本市场上市企业达到30家，形成以广州、深圳为双核心的高端医疗器械产业集群，力争到2025年，医疗器械制造业营业收入年均复合增长率达20%以上，规模以上医疗器械制造业年度营业收入达到2500亿元；获批国家创新医疗器械注册证达到50个；培育资本市场上市企业达到35家，上市市值超过千亿元示范企业2～3家，年度营业收入超过100亿元的领车企业3～5家，超过50亿元的龙头企业5～8家；打造一批具有国际影响力的自主品牌骨干企业，形成对标世界一流水平的高端医疗器械产业集群。	广东省人民政府办公厅

（续上表）

层级	时间	政策名称	主要内容或措施要求	印发部门
省级	2022.02	《广东省人民政府办公厅关于推动公立医院高质量发展的实施意见》	优化粤澳合作中医药科技产业园发展路径，建立具有自主知识产权和中国特色的医药创新研发与转化平台。鼓励公立医院与高等院校、科研机构和企业合作，开展以经典复方、中医经方和医疗机构中药制剂为主要来源的研发创新，创制一批对中医优势病种临床价值大、规模效益明显的中药新品种，开展中医医疗器械研发，推动岭南中医药产业高质量发展。支持粤港澳大湾区指定医疗机构按照规定和临床急需原则，进口和使用已在港澳上市的药品，以及已在港澳公立医院采购使用并具有临床应用先进性的医疗器械（大型医用设备除外）。	广东省人民政府办公厅
省级	2022.06	《广东省建设国家中医药综合改革示范区实施方案》	2022 年全面启动示范区建设，围绕重点改革任务出台政策措施，遴选布局试点地市示范区建设框架和改革路径基本形成。到 2023 年，在“五大高地”建设方面取得阶段性成效，在重点领域改革方面形成一批可复制可推广的经验，示范引领作用进一步凸显。到 2025 年，“五大高地”全面建成，中医药重点领域和关键环节改革取得标志性成果，打造成为全国中医药综合改革的示范样板，引领粤港澳大湾区乃至全国中医药高质量发展。	广东省人民政府办公厅
省级	2022.07	《广东省紧密型县域医疗卫生共同体高质量发展行动方案（2022-2025 年）》	加强药事同质化管理。建立县域医共体药事同质化管理机制，落实总药师制度。到 2025 年，全省的县域医共体内部全部实药事服务质量同质化管理。	广东省人民政府办公厅
省级	2022.08	《广东省深化医药卫生体制改革近期重点工作任务》	1）巩固“顶天立地”医疗卫生大格局；2）深化“三医”联动改革；3）强化公共卫生体系建设；4）推进医药卫生高质量发展。	广东省人民政府办公厅

新优势的要求。并提出了政策、财政、人才等方面的保障措施。在政策支持方面，提出各行政机构围绕规划实施建立协调机制形成政策合力，促进规划目标任务落实和医药工业高质量发展；在财政支持方面，引导金融机构创新金融产品，优化供应链金融服务，支持符合条件的企业发行公司信用类债券，引导早期投资支持医药产业科技创新，拓宽医药企业融资渠道；在市场保障方面，强调破除地方保护和市场分割，取消不合理的药品市场准入要求，营造良好营商环境；在人才队伍建设方面，加大优秀人才引进和服务保障力度，鼓励地方和企业加强海外高层次人才引进。

广东省层面，强调壮大产业规模，增强集聚效应，将生物医药与健康产业打造成广东省经济高质量发展的重要引擎。优化产业结构，培育龙头企业，推进精准医疗、智慧医疗、海洋医药、医养融合等新业态发展壮大，在生物药、化学药、现代中药、高端医疗器械、医疗服务、健康养老等领域形成若干优势产业；提升产业创新能力，建成一批合同研发生产、产业中试、药物非临床评价、临床研究等公共服务平台；优化产业生态，提升国际合作水平，吸引世界知名医药企业、医疗机构来粤设立生产基地、区域总部或研发中心，推动重点企业加快开拓国际新兴医药市场，促进国际合作水平不断提升。

1.2.2 市场概况

当前全球全球医药产业规模稳步增长。在经济发展和生活水平提高及医疗卫生支出增加等因素的影响下，全球医药市场规模保持稳定增长，全球医药市场 2017 年至 2021 年年符合增长率为 3.8%，2021 年全球医药市场规模已达到 1.4 万亿美元，较上年同期增长 7.9%[65]。全球生物医药产业呈现聚集发展态势，主要集中分布在美国、欧洲、日本、印度、新加坡、中国等国家和地区。

国内生物医药行业是从20世纪80年代才开始发展，起步较晚但发展迅速。在1993年，取得了第一个基因工程药品的突破；“十一五”期间我国又快速形成了长三角、珠三角和环渤海地区3个综合性生物医药产业基地。此后我国中部地区的河南、湖北，西部地区的四川、重庆也展现出良好的产业基础，并在“十二五”期间超聚焦化、特色化发展。2017年我国正式加入国际人用药品技术注册协调委员会，行业随之开始进入爆发增长阶段，到“十三五”期间国家更是将生物医药行业作为国民经济的支柱产业大力发展。现如今，我国又开始进入“十四五”期间，在“十四五”期间国家将重点强化国家战略科技力量，科技前沿领域攻关，将基因与生物技术纳入前沿领域范畴，生物医药行业发展将继续推进，基因技术将成研发热点。

根据数据显示，2016年我国生物医药行业市场规模约为1.33万亿元；2021年，中国生物医药市场规模达到约1.59万亿元，较上年增加1432亿元，同比增长9.9%。新冠疫情为生物医药行业提速，特别是在疫苗领域。新冠病毒疫情爆发以来，药物产品市场需求迅速提升，随着政府高度重视、企业加大投入和科技不断取得新突破，病毒检测、疫苗与药物开发、防护设备与设施更是出现井喷式增长，使得我国生物医药国内外市场需求均持续增加。预计2023年，中国生物医药市场规模将达到1.80万亿元。

近年来，广东省生物医药与健康产业规模稳步壮大，产业结构不断优化，创新能力不断增强，发展水平位居全国前列。截至2019年，广东省生物医药与健康产业营业收入超过2500亿元，有效发明专利量为9702件。产业发展集聚效应凸显，拥有广州国际生物岛、深圳坪山国家生物产业基地、珠海金湾生物医药产业园、中山国家健康科技产业基地等产业集聚区，拥有3家国家临床医学研究中心、2家省实验室，建有国家基因库等一批重大科技基础设施，拥有中山大学、南方医科大学等一批知名医科大学，以及一大批具有国际竞争力的龙头骨干企业和创新型企业[66]。

2. 广东省生物医药与健康产业供应链结构特征

2.1 供应链各环节产业的发展规模

全省生物医药与健康产业相关企业数量为10.63万家。从供应链各环节的企业数量规模来看，下游医药仓储、批发、零售等流通和健康服务环节企业数量规模最大，为7.24万家，其次是上游研发、

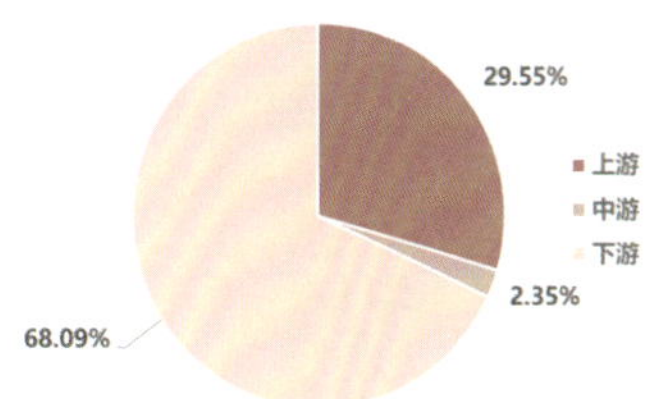

图11-2：生物医药与健康产业全产业链企业数量
（数据来源：龙盾企业数据库）

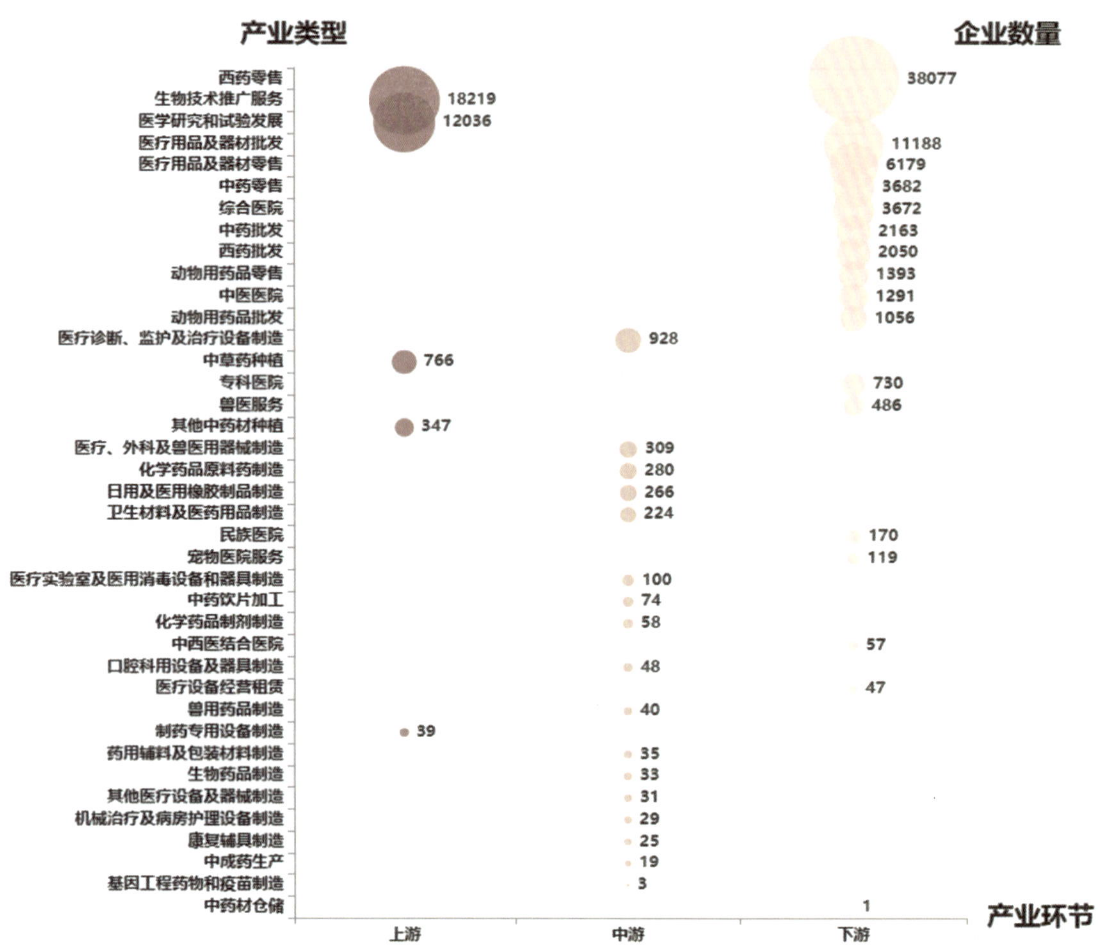

图 11-3：生物医药与健康产业全供应链企业数量分析
（数据来源：龙盾企业数据库）

原料和设备供应环节，有 3.14 万家，中游医药制造业环节企业数量较少，为 2502 家（图 11-2）。

上游环节涉及医药研发、医药原材料供应、医药制造设备供应等活动（图 11-3）。其中以医药研究与试验发展、生物技术推广服务为代表的研发类企业数量较多，达 3.02 万家，约占 96.33%；其次是以医学生产用信息化学品制造，中草药种植、其他中药材种植为代表的原料供应企业，数量为 1113 家，占比 3.54%；制药专用设备制造等设备供应企业数量最少，为 39 家，占比 0.12%。

中游环节主要是化学药、生物药、中成药、医疗器械、医用耗材制造业企业。其中医疗器械制造业企业数量最多，为 1470 家，占比 58.75%；生物药制造业企业数量最少，为 36 家，占比 1.44%；其余医用耗材制造、化学药制造、中成药制造企业分别为 525 家、338 家、93 家，占比分别为 20.98%、13.51%、3.72%。

下游环节主要为医药产品的仓储、批发、零售、租赁等流通环节和医疗健康服务两方面。其中医药流通环节企业占绝对多数，为 6.58 万家，占比 90.98%；医疗健康服务环节企业 6525 家，占比 9.02%。

2.2 供应链各环节产业经济价值

生物医药与健康产业全供应链 2018 年的整体平均利润率为 8.49%。从供应链各环节来看（图 11-4），中游的医药制造业环节利润率最高，为 18.04%，远高于全供应链平均水平。而上游的医药研发环节存在研发周期长、风险和不确定性，能够盈利的企业寥寥，平均利润率为 -22.65%。下游的医疗健康服务略低于全供应链平均利润率水平，为 7.55%。

平均利润率：%
18.04
7.55
-22.65
产业环节
上游
中游
下游

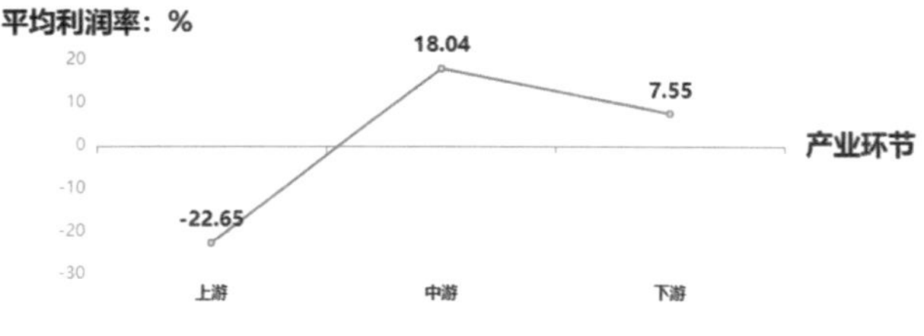

图 11-4：生物医药与健康产业上、中、下游利润平均值折线统计图
（数据来源：龙盾企业数据库）

分环节来看（图 11-5），上游环节中，除医学生产用信息化学品制造行业企业实现高盈利外，其余行业均难以盈利，如医学研究和试验发展、制药专用设备制造、生物技术推广服务行业的企业平均利润率分别为 -108.27%、-82.65% 和 -17.9%。因此作为医药价值创造的上游环节，存在较大的经营风险，极度依赖风险投资的资金支持。

从中游制造环节来看，基因工程药物和疫苗制造、化学药品制剂制造等高技术含量行业企业利润较高。其中生物医药制造业的前沿领域，基因工程药物和疫苗制造企业平均利润率高达 110.67%。而低技术含量的药用辅料及包装材料制造业是制造环节唯一的亏损行业，平均利润率为 -61.11%。其余行业

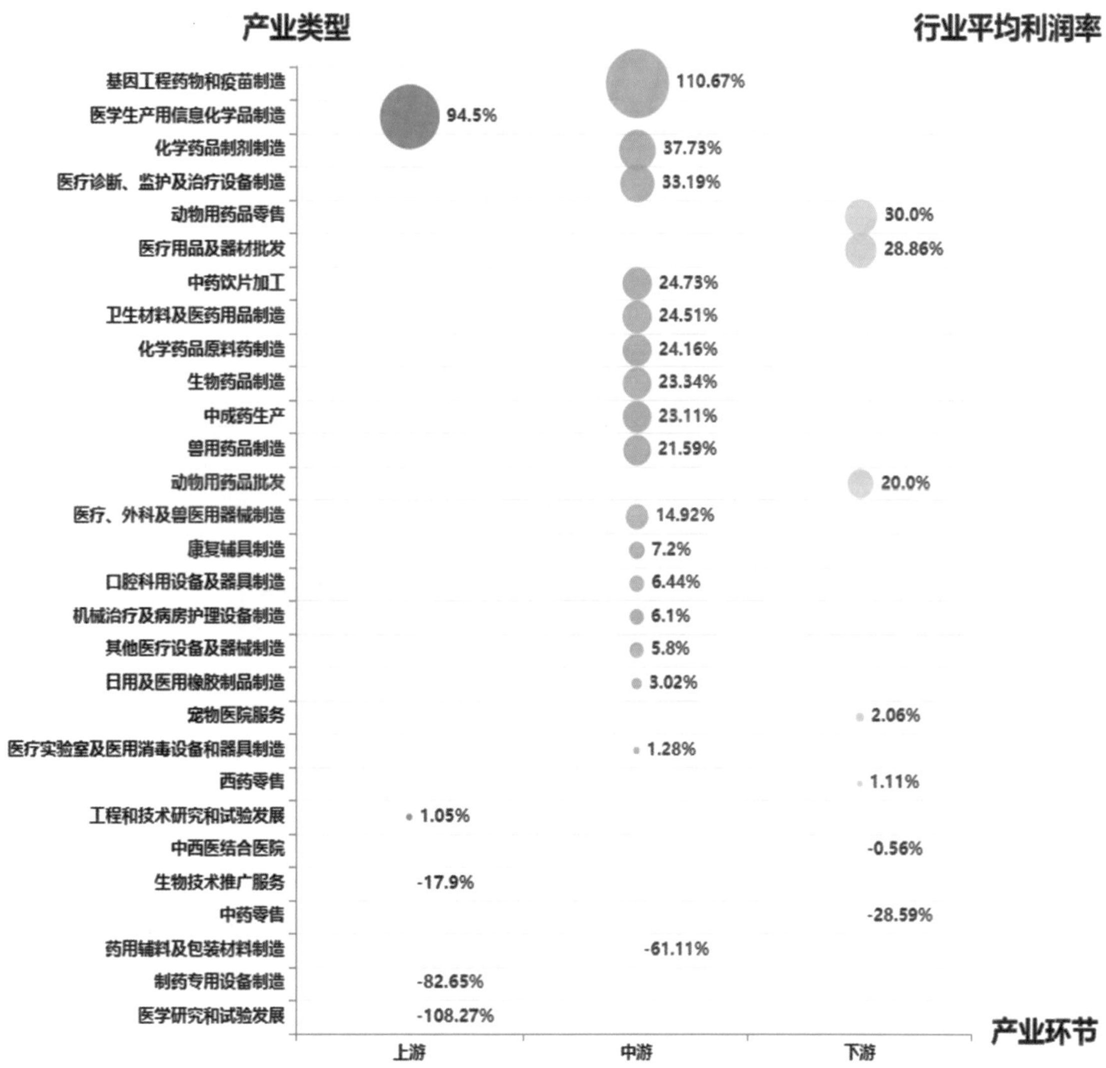

产业类型
行业平均利润率
基因工程药物和疫苗制造 110.67%
医学生产用信息化学品制造 94.5%
化学药品制剂制造 37.73%
医疗诊断、监护及治疗设备制造 33.19%
动物用药品零售 30.0%
医疗用品及器材批发 28.86%
中药饮片加工 24.73%
卫生材料及医药用品制造 24.51%
化学药品原料药制造 24.16%
生物药品制造 23.34%
中成药生产 23.11%
兽用药品制造 21.59%
动物用药品批发 20.0%
医疗、外科及兽医用器械制造 14.92%
康复辅具制造 7.2%
口腔科用设备及器具制造 6.44%
机械治疗及病房护理设备制造 6.1%
其他医疗设备及器械制造 5.8%
日用及医用橡胶制品制造 3.02%
宠物医院服务 2.06%
医疗实验室及医用消毒设备和器具制造 1.28%
西药零售 1.11%
工程和技术研究和试验发展 1.05%
中西医结合医院 -0.56%
生物技术推广服务 -17.9%
中药零售 -28.59%
药用辅料及包装材料制造 -61.11%
制药专用设备制造 -82.65%
医学研究和试验发展 -108.27%
上游
中游
下游
产业环节

图 11-5：生物医药与健康产业全供应链经济价值分析
（数据来源：《广东省经济普查年鉴（2018）》）

则呈现制药行业普遍高于医疗器械制造行业的态势，如平均利润率最低的医药制造行业（中成药生产，23.11%），要高于平均利润率最高的医疗器械行业（医疗、外科及兽医用器械制造，14.92%）。

从下游流通和服务环节来看，医药销售环节的平均利润率远高于健康服务环节，如医疗用品及器材批发行业（28.86%）高于中西医结合医院（-0.56%）。加上健康服务端的医疗机构多为公益事业类性质，盈利能力不能得到很好的体现。

2.3 供应链各环节产权联系的网络特征

生物医药与健康产业企业通过投资控股关系形成集群的内部关联关系，可以反映出集群内部企业的协作关系（表 11-2）。

表 11-2：广东省生物医药与健康产业各行业产权联系表

联系类型	总部或投资企业类型	分支或被投资企业类型	联系频数
同一环节内部联系（同类行业间）联系频数：10524	西药零售	西药零售	8968
	医学研究和试验发展	医学研究和试验发展	453
	生物技术推广服务	生物技术推广服务	308
	中药零售	中药零售	251
	医疗用品及器材批发	医疗用品及器材批发	186
	中药批发	中药批发	116
	医疗用品及器材零售	医疗用品及器材零售	71
	西药批发	西药批发	54
	专科医院	专科医院	29
	中草药种植	中草药种植	28
同一环节内部联系（不同类行业）联系频数：7731	中药批发	西药零售	3428
	医疗用品及器材批发	西药零售	870
	西药批发	西药零售	851
	西药零售	中药零售	515
	中药零售	西药零售	329
	医疗用品及器材零售	西药零售	295
	西药零售	西药批发	172
	西药零售	医疗用品及器材零售	160
	中药批发	中药零售	145
	西药零售	中药批发	128
不同环节间联系 联系频数 :588	医学研究和试验发展	医疗用品及器材批发	27
	医疗用品及器材批发	生物技术推广服务	16
	生物技术推广服务	西药零售	13
	中药批发	医学研究和试验发展	12
	医疗用品及器材零售	医学研究和试验发展	10
	医学研究和试验发展	医疗用品及器材零售	10
	西药零售	医学研究和试验发展	9
	医学研究和试验发展	专科医院	9
	中药批发	生物技术推广服务	8
总计			18843

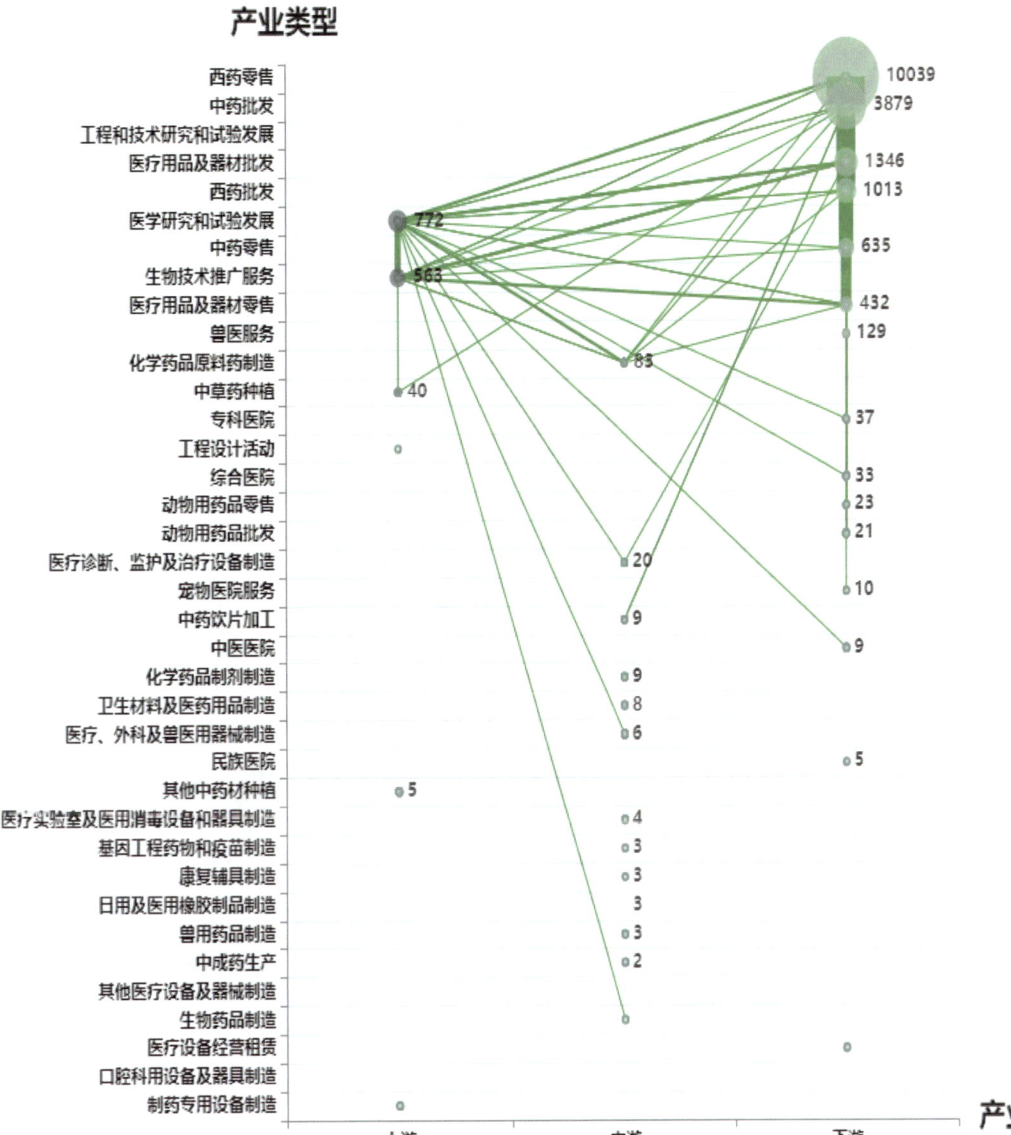

图 11-6：生物医药与健康产业全供应链产权联系分析图
（数据来源：龙盾企业数据库）

总体上，同一环节内部企业产权联系较为紧密，特别是下游医药销售端更倾向于多网点、多品类的联营，联系频数为1.82万对。同一环节内同类行业间频数为8968对，其中西药零售业连锁经营情况较多（图11-6）。

不同环节之间的企业联系较为薄弱，联系频数为588对。其中上游和下游环节联系比较紧密，联系频数为401对。上游和下游之间的联系紧密，有利于形成研发和市场的良性互动，以市场需求推动产品研发。上游研发与中游生产制造间联系较弱，联系频数为125对，间接反映出医药研发多以专利授权的方式给到制造业企业，医药制造业企业极少能承受高风险的医药研发工作，投资研发环节较少。下游与中游间联系最少，为62对，这反映了医药流通渠道自成体系，只有少数医药制造企业拥有自建的销售渠道。

2.4 供应链结构多要素的耦合特征

统计生物医药与健康产业供应链各环节的发展规模、经济价值、产权联系三要素对应指标的皮尔逊相关系数（表11-3），可以发现企业数量比率与产权联系频数比率指标的皮尔逊相关系数为0.89，发展规模与产权联系两要素间存在极强的正相关性，企业数量规模越多的行业有更多的企业设立分支机构或对外投资，形成了相对密集的产权联系网络，其它要素间则不存在较强的相关性。

表11-3：三要素相关系数表

指标要素	皮尔逊相关系数
企业数量比率与利润率	-0.21（弱负相关）
企业数量比率与产权联系频率比率	0.89（高度正相关）
行业平均利润率与产权联系频数比率	-0.08（极弱负相关）

根据三要素指标的分布情况，半导体及集成电路产业供应链内各环节企业发展状态大致可分为三种情况（图11-7）。

一是三要素指标均处于较高水平，表现为企业数量多、平均利润率高、企业间联系频数高，包含医疗诊断、监护及治疗设备制造、医疗用品及器材批发、化学药品原料药制造、动物用药零售等。整体来看，这几类产业发展处于增长期或成熟期，市场规模和潜在需求较大，但较高的利润与较大的企业数量规模的现状也存在市场竞争加剧的风险。

二是三要素中有一项处于较低水平，如中药零售、西药零售、生物技术推广、医药研究与试验发展等行业企业数量和产权联系均较多，但经营效益不足。这四类行业可分两种情况：一方面医药零售行业企业数量多，技术门槛低，形成了无差别竞争，靠网点密度来争取有限的市场；另一方面生物技术推广、医药研发与试验发展处于烧钱试错阶段，通过大量企业各自研发或多个企业联合研发的方式来降低试错成本。还有的行业企业利润很高，但数量规模和产权联系较弱的行业，如基因工程药物和疫苗制造、生物药品制造、医学生产用信息化学品制造等行业，这些行业具有很高的技术门槛，往往只有少数几家企业掌握核心技术，在市场上形成了垄断地位，形成了较高的利润，但技术带动和知识溢出效应没有显现。

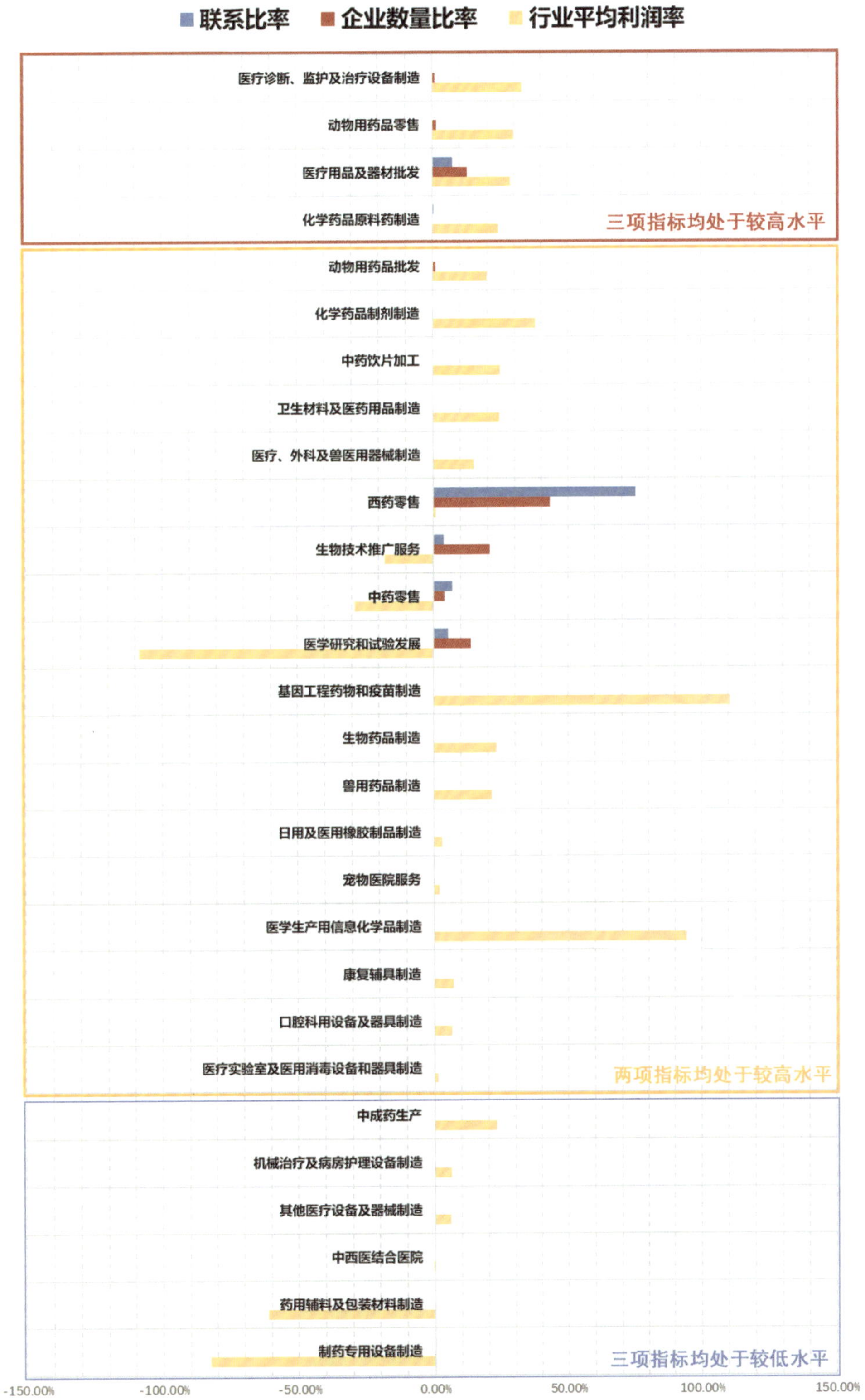

图 11-7：生物医药与健康产业全供应链四级分类产业要素指标分析图
（数据来源：龙盾企业数据库、《广东省经济普查年鉴（2018）》）

三是三要素指标均处于较低水平，表现为企业数量少，平均利润率为负，企业间联系频数低，包含中成药生产、机械治疗及病房护理设备制造、其他医疗设备及器械制造、中西医结合医院、药用辅料及包装材料制造、制药专用设备制造 6 类。整体来看，这 6 类产业处于初创发展阶段，市场需求不够成熟，存在技术落后或成本投入较大等问题。企业在这一阶段需要承担较高的研发成本和风险，并进行市场调研、产品定位等工作，加强研发，争取市场主导权，及早进入市场与申请专利，强化竞争优势。

3. 广东省生物医药与健康产业集群空间特征

3.1 企业数量集聚的空间特征

分区域来看（图 11-8），珠三角地区是全省生物医药与健康产业企业的主要聚集区域，包含的上、中、下游各环节及全产业链的企业数量规模占比分别为 95.69%、84.72%、74.88%、88.18%，上游研发和中游制造部分主要集中在珠三角地区，销售和流通环节分布在全省各地区。其中粤东地区为生物医药与健康制造环节的次要聚集区，中游企业数量占比 9%；粤西地区则为流通环节的次要聚集区，下游企业数量占比 10%。总体上粤北地区生物医药与健康产业企业数量较少，产业发展基础相对薄弱。

分地市来看（图 11-9），广州、深圳、佛山、东莞等地是生物医药与健康产业的主要聚集地，上、中、下游各环节企业分布均较为密集，但各地市在各环节上的聚集特征略有差异，广州、佛山、深圳基于良好的科研资源，在上游研发环节具有较强的规模实力。特别是广州上游企业的数量占全省的 60.6%，其余佛山、深圳上游企业数过万家，东莞、珠海、惠州、中山、江门的上游企业数依次递减，并超过

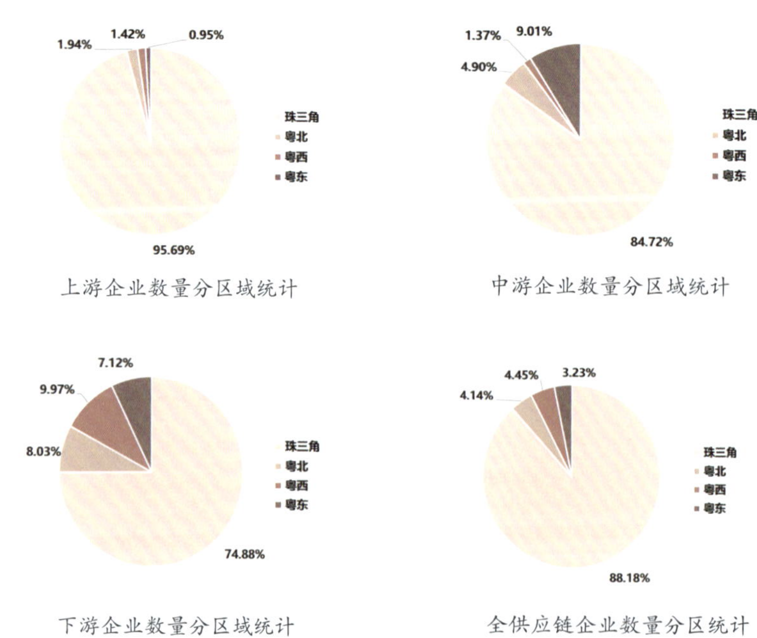

图 11-8：全省生物医药与健康产业分区域数量统计

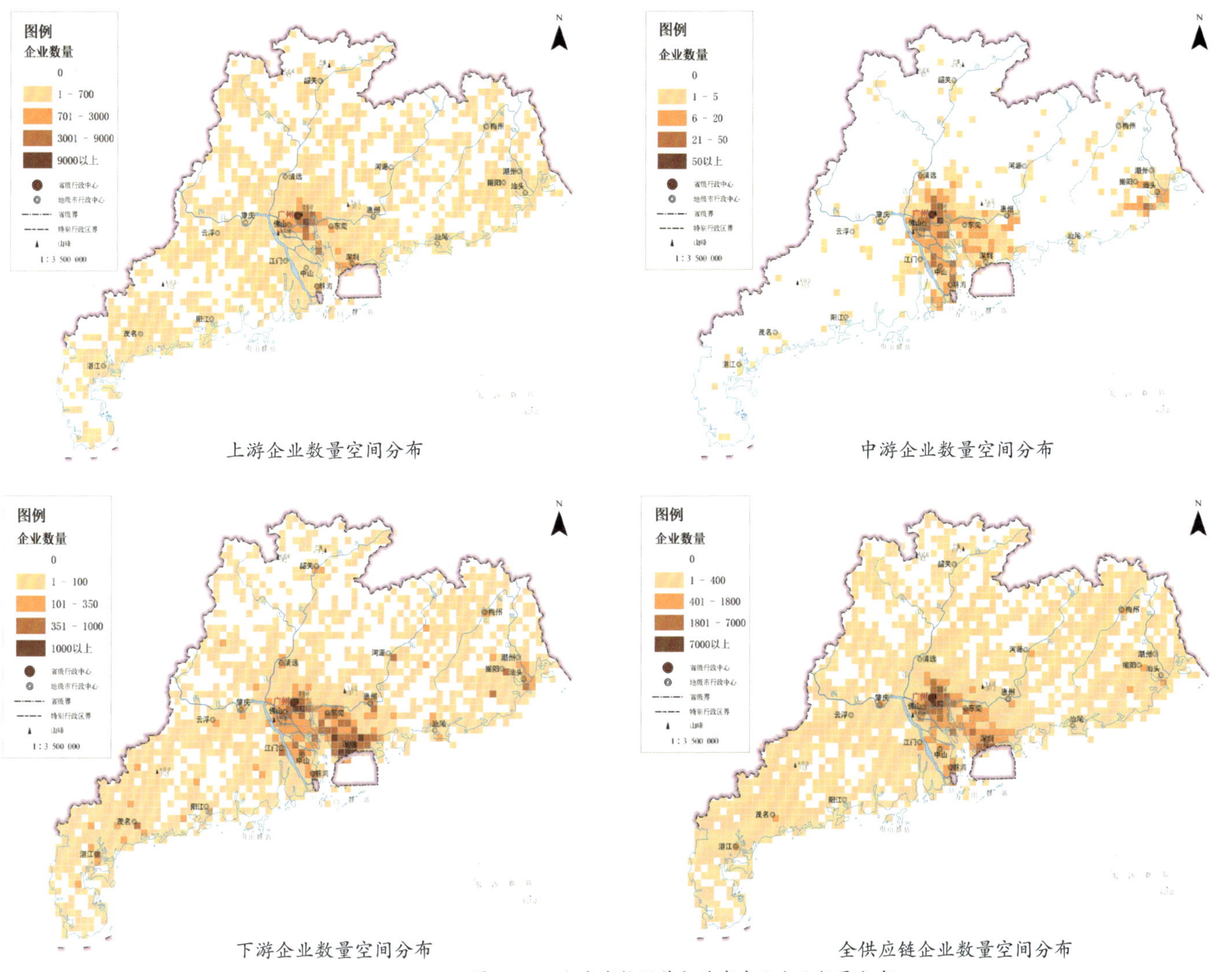

图 11-9：全省生物医药与健康产业企业数量分布
（数据来源：龙盾企业数据库）

千家。广州、佛山、中山、东莞、珠海、汕头是中游制造环节企业的主要聚集城市，聚集企业均超过百家，其中广州在生物医药与健康产品生产环节也具有绝对的规模优势，相关制造业企业占全省的 36.4%。深圳、广州是生物医药与健康产品的两大流通中心，流通环节企业分别占比 23.8% 和 13.9%，且相关企业数量均超过万家。东莞、佛山、惠州、中山、茂密、湛江、江门、揭阳等地相关企业数量依次递减，是生物医药与健康产品流通的主要集中区域。

3.2 企业联系集聚的空间特征

分区域来看（图 11-10），珠三角地区是全省生物与健康产业中设置分支机构或进行投资的企业的主要集聚区域，上、中、下游各环节及全供应链的产权联系度占比分别为 94.37%、80.26%、81.39%、83.21%，均超过了 80% 以上，具有绝对的产权布局优势，依托产权部署，在经济、技术、知识、人才等要素交流方面具有更大的潜力。粤北地区在中游生产环节上具有一定的产权联系规模，联系度占比超过 15%。粤东和粤西地区的生物医药与健康产业产权联系度相对较小，均超过 10%，发展基础相对薄弱，其中粤东地区略强于粤西地区。

分地市来看（图 11-11），深圳、东莞、广州、佛山等地是生物医药与健康产业上游、中游、下

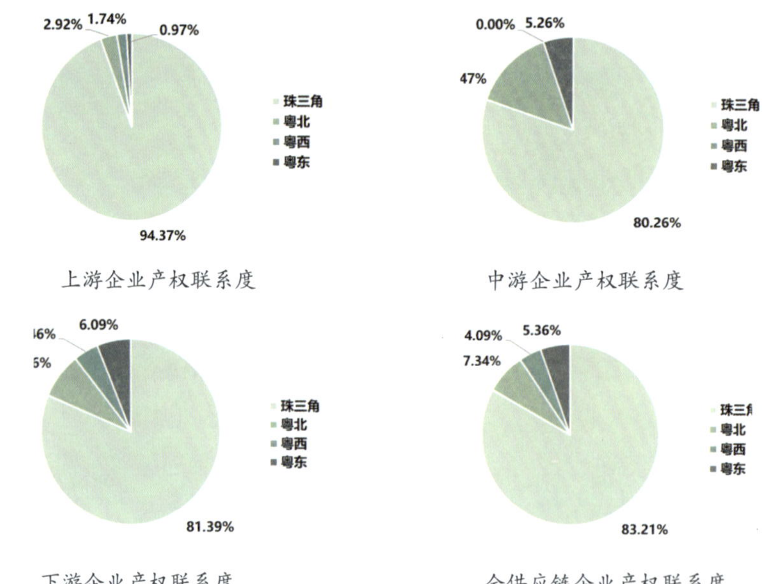

上游企业产权联系度

中游企业产权联系度

下游企业产权联系度

全供应链企业产权联系度

图 11-10：全省生物医药与健康产业分区域企业产权联系度统计

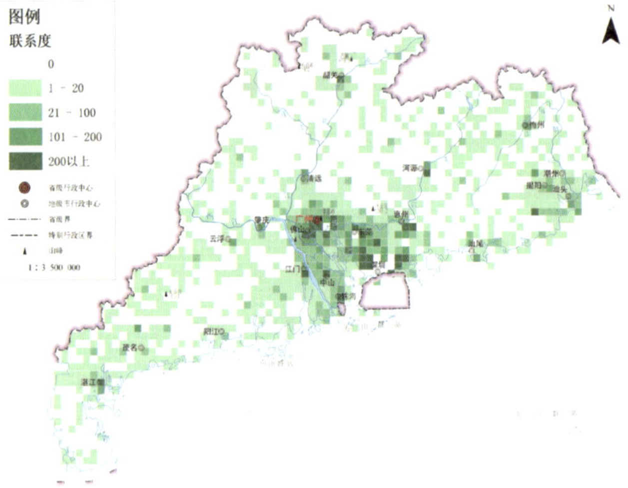

上游企业产权联系度空间分布

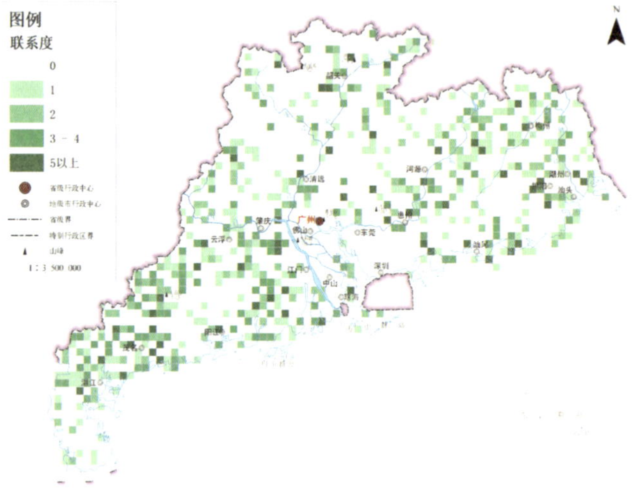

中游企业产权联系度空间分布

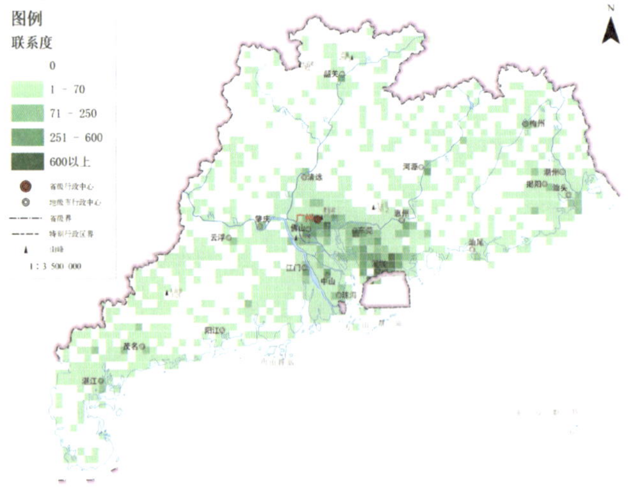

下游企业产权联系度空间分布

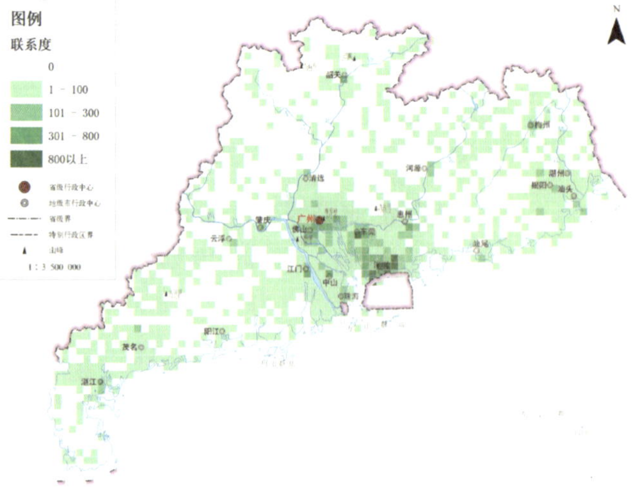

全供应链企业产权联系度空间分布

图 11-11：全省生物医药与健康产业企业产权联系度分布
（数据来源：龙盾企业数据库）

游各环节企业产权联系较多的区域，有较强的产业合作拓展能力，但各环节企业产权联系度排序略有变化。广州、深圳、佛山、东莞是上游企业产权联系度较高的区域，珠海、惠州、肇庆、中山、云浮、湛江产权联系度依次递减，其中广州作为生物医药研发基地，在上游环节企业的产权联系强度超过了绝大部分的珠三角地市；中山、珠海、佛山是中游医药制造环节企业产权联系度较高的区域，广州、深圳、河源、东莞、惠州、汕头、韶关依次递减；深圳、东莞、佛山是下游企业产权联系度较高的区域，惠州、江门、中山、广州、河源、揭阳依次递减。

3.3 产业集群的空间特征

综合分析生物医药与健康产业全供应链企业的数量空间分布、产权联系度等情况，筛选两项指标处于前 10% 的网格做叠加分析，筛选出的企业密度较高、产权联系紧密的产业集群潜在空间共 179 个。

分区域来看（图 11-12），全省生物医药与健康产业集群潜在空间主要分布在珠三角地区，包含 141 个格网空间，面积占比为 78.77%；粤北、粤东、粤西产业聚集空间面积占比分别为 7.28%、7.82%、6.15%。

分地市来看（图 11-13），省生物医药与健康产业集群的潜在空间主要分布在珠三角核心地区及各地市中心城区等地，这些区域与人口空间分布的呈现出一定的耦合关系，这与生物医药与健康产业众多的流通环节企业有关。

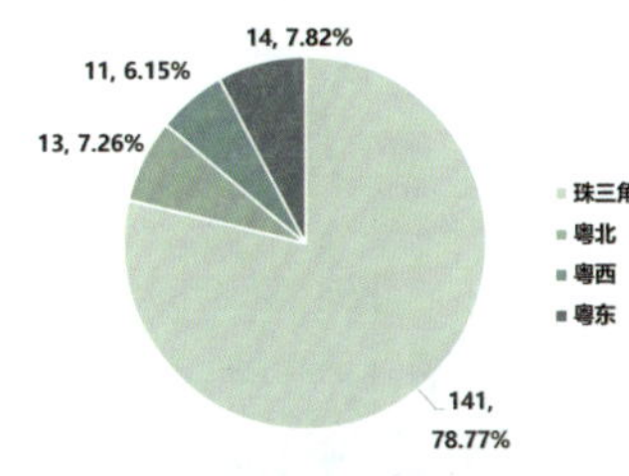

图 11-12：产业集群潜在空间格网统计图
（数据来源：龙盾企业数据库）

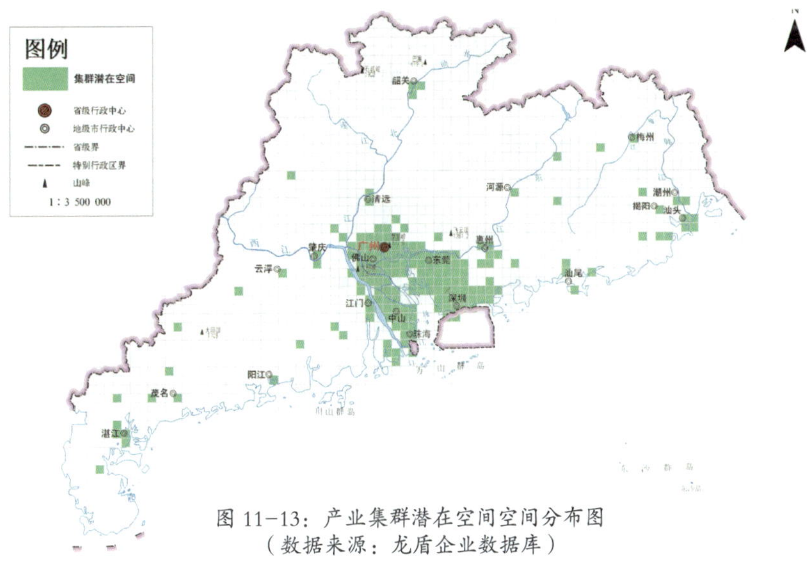

图 11-13：产业集群潜在空间空间分布图
（数据来源：龙盾企业数据库）

4. 广东省生物医药与健康产业典型案例

4.1 典型园区案例

生物医药产业是全球公认的最具发展潜力的高技术新兴产业之一，也是全国各地竞相发展的战略性产业，集群化发展、产学研互动是当下生物医药产业园区建设的主要趋势，其中广州国际生物岛、北京大兴生物医药产业基地及上海张江生物医药基地是具有代表性的典型园区（表 11-4）。

4.1.1 国内典型园区分析

广州国际生物岛是广州市政府为推动生物医药产业发展而打造的重要产业园区。2006 年，广州市被国家发改委批准为国家生物产业基地。广州“十一五”规划指出：“着力打造三大生物医药平台，以广州国际生物岛为核心的研发和中试平台、以广州科学城为核心的产业化平台及应用信息技术整合提升生物医药各特色批发市场，构建现代医药物流平台。”同年，生物岛被认定为国家生物产业基地，完成《广州国际生物岛控制性详细规划》并开始建设。2008 年《珠江三角洲地区改革发展规划纲要》把广州生物岛项目上升为国家战略。经过 5 年的建设，广州国际生物岛于 2011 年 7 月正式开岛，吸引

图 11-14：广州国际生物岛遥感影像

了阿斯利康、丹纳赫、默克、恒瑞、百济神州等500多家生物医药龙头企业入驻，其中世界500强项目7个，上市公司总部5家，研究院所近40家，集聚药物临床机构36家。形成了生物技术、医疗器械、干细胞、基因测序与监测、健康管理五大产业格局。金域等“链主”企业引领全链创新，生物岛正加速融入全球生物科技创新版图。2020年国际生物岛生物医药产业产值已达80亿元，获得了“广州光谷”“国家级科技企业孵化器”等荣誉称号（表11-5）。

广州国际生物岛的成功离不开其选址、用地布局和产业结构等方面的布局和谋划（图11-14）。

（1）区位优势明显

广州国际生物岛位于广州市黄埔区科学城核心区域，距离广州市中心区域仅有30分钟车程，交通十分便捷。此外，生物岛与广州大学城隔水相望，周边有众多高校、科研机构和医疗机构，形成了良好的产学研合作环境。

表11-4：国内典型园区特征总结

名称	广州国际生物岛	北京大兴生物医药产业基地	上海张江生物医药基地
地理位置	广州市黄埔区	北京市大兴区	上海市浦东新区
开发面积	1.83平方公里	13.4平方公里	11.3平方公里
入驻企业数（家）	500+	4000+	1400+
年度营收	80亿元（2020年）	1297亿元（2021年1—8月）	1100亿元（2019年）
地均营收（亿元/平方公里）	43.72	96.79	97.35
企均营收（亿元/家）	0.16	0.32	0.79
产业布局	形成了生物技术、医疗器械、干细胞、基因测序与监测、健康管理等五大产业格局。	形成了以研发检验为主导板块，生物制药、现代中药、创新化药、医疗器械为主体板块，大健康、动物药为拓展板块的“1+4+2”产业格局。	以打造全国领先的生物医药开放式研发孵化公共服务平台和产业化平台为建设目标，引领构建治疗性抗体、细胞治疗、基因治疗等领域的生物医药创新产业集群。
代表企业	赛莱拉、金域医学、冠昊生物、百济神州、一品红	费森尤斯卡比、科兴中维、民海生物、热景生物	辉瑞、诺华、罗氏、强生、葛兰素史克、安进、扬子江药业、上海医药、复星医药、君实生物、逸思医疗

表11-5：广州国际生物岛历史大事件

日期	事件
2006年	“十一五”规划打造以广州生物岛为核心的研发和中试平台
2006年	生物岛被认定为国家生物产业基地，完成了《广州国际生物岛控制性详细规划》并开始建设
2008年	《珠江三角洲地区改革发展规划纲要》把广州生物岛项目上升为国家战略
2011年7月	广州生物岛正式开岛
2013年9月	被授予“广州光谷”光生物医学专业集聚区
2016年1月	广州市委十届八次全会提出广州国际生物岛为“三大战略枢纽”“一江两岸三带”建设的重要支点
2016年4月	获称“国家级科技企业孵化器”
2017年7月	首届官洲国际生物论坛举办，永久会址落户生物岛，将成为立足珠三角，服务全国，影响世界，聚焦全球生物产业发展的生物医药领域“达沃斯论坛”
2017年12月	《广深科技走廊规划》发布，广州国际生物岛被列入广州市13个创新节点之一
2018年6月	被广州市政府列为首批建设的十大价值创新园之一
2019年6月	第十二届中国生物产业大会召开
2020年11月	第四届官洲国际生物论坛举办
2021年5月	终南山院士领衔的广州实验室在生物岛揭牌

（2）用地布局合理

广州国际生物岛规划用地面积约 6.7 平方公里，分为北区、南区、中部地带三个部分。其中，北区主要是高端医疗、医药研发和生产基地，南区主要是以生命健康为主题的生活社区，中部地带则是科研机构、孵化器和创业园区，形成了产业链完整的生物医药产业生态系统。

（3）产业结构多元化

广州国际生物岛的产业结构涵盖了生物医药、医疗器械、保健品等多个领域，涉及研发、生产、销售等多个环节。此外，生物岛还注重发展创新型企业，积极推动技术创新和产业升级。

总之，广州国际生物岛在区位、用地布局和产业结构方面具有明显的优势和特点，为生物医药产业的发展提供了良好的环境和支持。

4.1.2 国际先进科学园区特征总结

纵观国际顶级生物医药产业的发展概况（表 11-6），其一般特点可以总结如下。

（1）靠近交通物流设施

由于生物医药从研发生产到临床试验的运输过程需要依赖严格、完整的冷链技术，需要做到快装快运、平稳运输，此外还涉及活体动物的运输需求，因此生物医药企业的选址需要考察基地周边的交通条件，尤其是基地与国际机场、港口、快速公路联系的便利性。例如孟菲斯国际机场就利用其空港运输效率优势，发展出“一秒达”的临空医疗产业，意在暗示无论临床医疗发生在哪里，医药产品都可以在下单后马上制作并送出。

（2）靠近教育资源，保证人才资源

研发资源与人才资源对生物医药产业园区来说至关重要，不少成功的生物医药产业园区选址都基于其周边的高校与科研资源。全球第一个生物科技园——美国北卡三角研究园区的选址就是以三所全美知名大学（北卡罗来纳州立大学、杜克大学、北卡罗来纳大学）为基点连接而成的一片三角形地段，三所大学为园区提供了丰富的生物科技人才储备。剑桥科技园的成功也与剑桥大学浓厚的科研氛围息息相关，20 世纪 60 年代末，为响应英国政府关于大学和工业界联合的呼吁，剑桥大学圣三一学院在离市中心 3 英里的城市西北角规划出了 24 英亩土地，并以此为基础建立了剑桥科学园。英国科技大臣劳德·山博瑞曾评价剑桥科技园“不是企业，而是知识密集型、学习型的经济组织”。圣地亚哥能够在短短 20 年间从一个偏远的边境小镇发展成为全球最重要的生物技术产业集群，其附近的加州大学圣地亚哥分校及其科学家们起到了至关重要的作用，据统计，这里每三个生物技术公司中就有一个是由加州大学的学者创立的。

（3）产城融合、产城互动

园区配套是吸引和留住科研人才的重要因素，对于依赖基础科研力量的生物医药产业来讲更是如此。配套服务设施包括商业、教育、娱乐设施以及居住配套空间，一般情况下，这些服务与居住设施大约为园区总面积的 25% ～ 35%，就可以满足从业人员基础、普遍的生活需求。配套服务区域可以单独设区布置，也可以依靠园区周边资源与城市联动发展。例如波士顿长木医疗园区就打破了园区、校区和城区的边界，产业园区完全融入城市，形成了社区一体化的高密度发展模式。

表 11-6：国际代表性生物医药产业园区特征

地区	名称	企业数量	成立模式	资源优势	区位与教育资源	园区环境
美国	波士顿长木医学园区	24 家顶级医疗机构，4 所教学医院	依托研发资源和顶级医疗机构	顶级高校与研究机构聚集	距离波士顿中心 3 英里，完全融入城市；临近 MIT、哈佛医学院	典型的医院、学校、研究机构一体的城市空间
	圣地亚哥生物产业黄金三角区	1100 余家生物医药产业及研究机构	依靠政府政策和大学资源	以研发环节为核心，研、产、服一体化的产业发展模式	由三条州际公路围成的三角形，其中有加州大学圣地亚哥分校，距市中心 30 分钟车程	大学城布局，生活成本低，产业生态圈完整
	北卡三角生物研究园	272 家企业入驻，其中生物科技相关 99 家	依靠大学资源和政府政策	美国大学创新体系与产业结合	由杜克大学、北卡州立大学和北卡大学教堂山分校围合而成的三角地带	城市郊区，生活成本相对较低，通勤时间短、教育环境好
欧洲	巴塞尔生物谷	700 多家生命科学企业和 200 多家学术或公共机构	行业巨头带动区域发展	药企巨头扎堆，多国政策支持	法国阿尔萨斯、瑞士西北部和德国南巴登地区三国交界处，临近巴塞尔大学和苏黎世理工	产业用地完全融入城市空间，典型的欧洲城市风貌
	剑桥生物医学园区	20 余家企业入驻	依靠大学资源	利用学校资源提供公共技术平台，扶植中小企业起步	位于剑桥郡，距离剑桥大学 4km，距离伦敦市中心 70km	位于两条高速公路交界处，紧邻剑桥大学
	里昂生物科技园	150 多家企业入驻，其中生物科技相关 70 余家	依靠政府政策支持	协会制运作模式和里昂大学人才资源	距离市中心 5km；距离里昂大学 8km	基于城市生活区兴建而来，周边环境业态丰富，园区内多为产业用地
亚洲	新加坡启奥生物医药园区	7 个生命科学领域研究机构，12 家生物科技企业	依靠政府政策支持	工作、学习、生活、休闲于一体的综合社群	位于新加坡中部，距离主城区 20 分钟车程；毗邻新加坡国立大学和南洋理工大学	突破传统园区分区框架，综合布置工作、学习、生活和休闲空间，增加人与人互动机会
	神户生物医药城	350 家医疗研究机构、医院、教育机构等	依靠政府政策支持	日本最大的医学组团和首个观光医疗产业集群	人工岛距神户市中心 12 分钟；引进神户学院、兵库医疗大学神户女子短期大学等机构进驻	阪神大地震后，以港湾人工岛为中心建设的都市型医疗组团，现代城区规划模式

（4）弹性设计，预留发展空间

生物医药产业是上下游联系密集型产业，一方面，需要形成全面的研发环境、制造基础和应用场景；另一方面，其研发到产业化流程复杂，监管较严，生产与研发紧密，相关仓储、化工、物流、金融等服务公司也会扎堆出现。因此一个综合性的生物医药研发园区占地面积往往较大，并有可能辐射周边大片城市空间形成产业集群，例如圣地亚哥因美纳公司的总部办公园区占地 17 公顷，但其周边有约为 70 公顷用地为相关企业和服务配套；位于巴塞尔的诺华总部园区占地 21 公顷，其周边大于 100 公顷的用地都为生物制药企业和服务配套，因此新建的生物医药园区往往选址在城市边缘靠近交通枢纽的位置，以便未来持续发展。

4.2 典型企业案例

4.2.1 企业概况

广州医药集团有限公司是广州市人民政府授权经营管理国有资产的国有独资公司，主要从事中西药品、大健康产品、医疗器械、生物医药、医疗服务等与医药整体相关的产品的研制开发、生产销售以及医疗健康养生服务的提供。集团旗下有 31 家子公司，拥有“世界最长寿制药厂”——陈李济等 12 家中华老字号企业。

2017 年广药集团营收跻身“千亿俱乐部”，成为广州市属第二家千亿级国有企业航母。2021 年广药集团成为全球首家以中医药为主的进入世界 500 强的企业，位居全球最具价值医药品牌第 19 位。至今，广药集团已连续十年蝉联中国制药工业百强第一位，继续保持中国最大制药工业企业的行业地位。

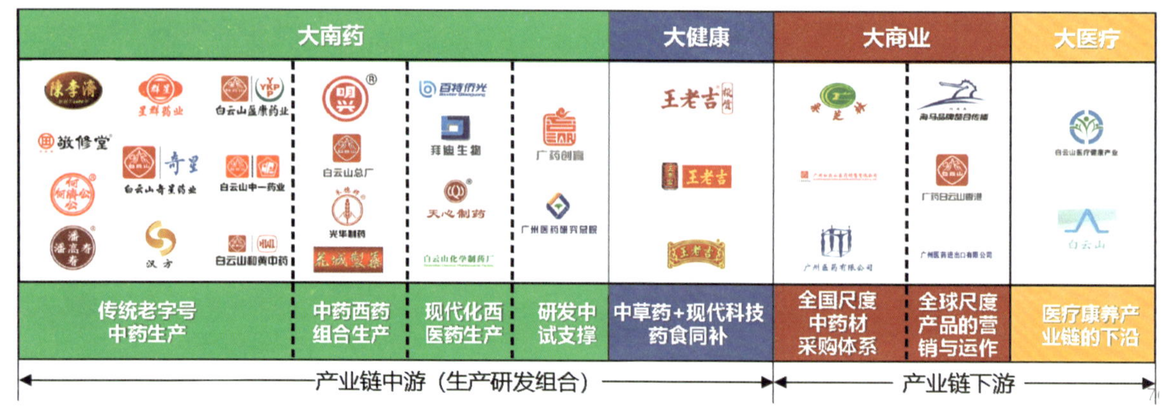

图 11-15：广药集团分支机构图谱
（数据来源：根据企业年报自绘）

广药集团构建了“大南药”“大健康”“大商业”“大医疗”的四大业务板块，并通过纵向一体化战略，构建了从药材种植、生产研发、流通仓储到销售服务的全产业链体系（图 11-15）。

4.2.2 企业产权联系网络特征

广药集团以广州为本部，下辖上市公司广州白云山医药集团股份有限公司，并由广州白云山医药集团股份公司统筹医药研发、制造和流通活动，集团总部以投资、管理、拓展新业务为主（图）。由于其发展历史上涉及众多药厂的兼并和重组，因此广药集团的医药生产多以原厂为主，大部分生产职能分布在越秀、荔湾、天河和海珠等老城区；研发呈现“1+N”的布局，以广药研究总院负责预研和技术合作，各个下属企业附属研发机构解决加工工艺问题（图 11-16）；供应链采用全国布局，进行全国采购和流通（图 11-17）。

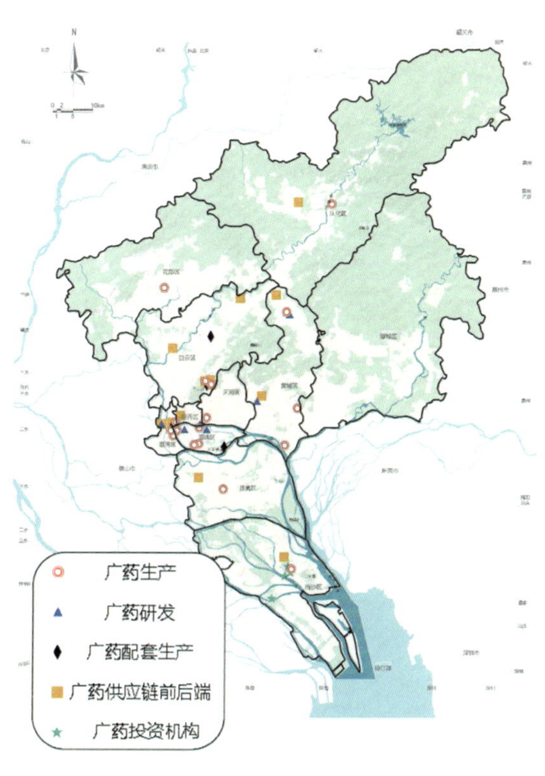

图 11-16：广药集团分支机构的广州市内分布
（数据来源：根据企业年报自绘）

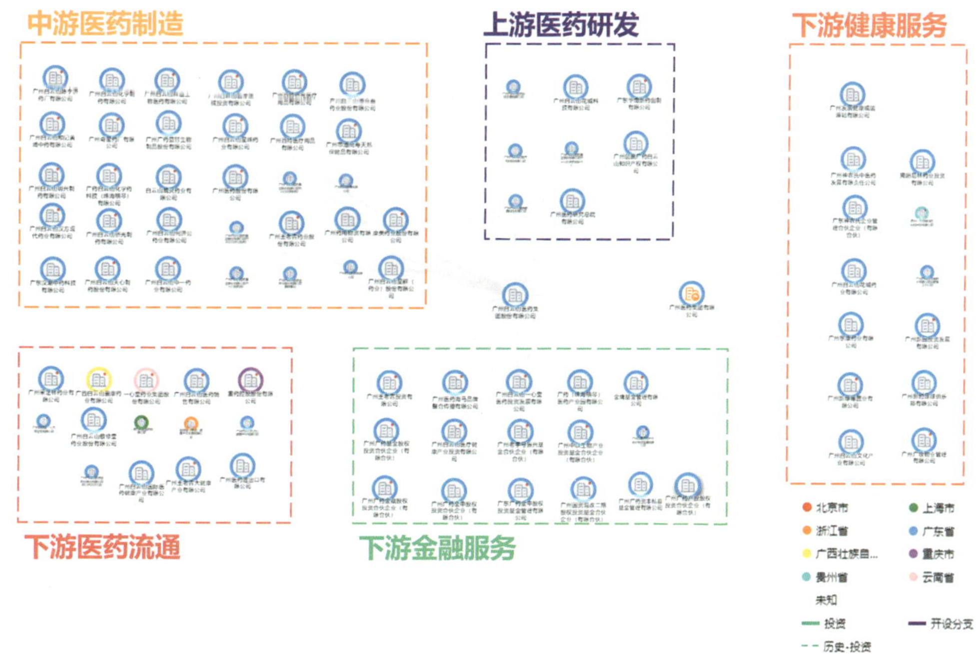

图 11-17：广药集团分支机构图谱
（数据来源：龙盾企业数据库）

第十二章

战略性支柱产业集群：

现代农业与食品产业集群

现代农业与食品产业是一种突破传统水土资源和光热条件，一定程度上摆脱自然，全面提升农业生产效率的新兴产业。其供应链包括农业育种、农业科技研发、农林牧渔生产、农产品加工制造、农药化肥生产、农机农具制造、农业金融服务、农业技术中介等各行业。

广东省既是农业消费大省也是农业生产大省，占据上游的生产研发育种的企业依托农业前沿科技，能够持续产生稳定的利润，形成了一批大而强的农业企业。中游相关的食品加工制造，依托广东这个食品消费大省，造就了种类繁多的食品生产企业。下游餐饮和食品零售企业数量众多，遍布我省每一个角落，保证了我省农业生产末端环节对消费者的持续供应。总体上，在企业数量和利润上呈现出上游企业大而强、掌握高利润生产模式，下游企业小而多、薄利多销的产业局面，产业结构趋于稳定。

广东的现代农业与食品产业企业在全省分布较为均匀，珠三角地区作为中下游企业集聚地，是加工和消费的主要地区，粤东、粤西、粤北依托各类现代农业产业园区，打造多个农产品生产基地，依托大面积的农业产业园，实现了研发生产配送一条龙。因此，现代农业与食品产业园往往选址在地理位置较为偏僻，耕地资源丰富的地区。这一点也可以从我省各级现代农业产业园区的布局中得以体现。

1. 现代农业与食品产业集群概述

1.1 基本概念

农业是指利用动植物生长发育规律，通过人工培育来获得产品的产业。农业生产及在农业活动中获得的植物、动物、微生物等及其产品，是农业的劳动目的和劳动对象。农业包括种植业、林业、畜牧业、渔业、农副业 5 大类产业形式，其生产活动包括粮食作物、经济作物、饲料作物、绿肥等各类农业产物的生产活动。食品是指经过加工、半加工或未加工和意欲加工及可能被人类食用的任何物质或产品。从食物的生产环节上，农产品可粗略划分为食用农产品和非食用农产品。

现代农业是指在传统的种植、养殖、采摘、捕捞等活动的基础上，通过应用现代工业装备、现代科学技术、现代管理理论和经营方法，来实现生产社会化、农业商品化，以保障农产品供给、增加农民收入、使农业生产效率达到现代化世界先进水平、实现农业可持续发展、提高农业劳动生产率和资源产出率、农工贸科紧密衔接、产销一体、多元化产业形态和多元产业体系为目标的新型农业活动。现代农业的主要特征体现在科学化、集约化、商品化、市场化。其与传统农业的特征差异体现在：内涵产业链更为丰富、具有多种功能和多样形式、技术密集型产业模式、以市场为导向、重视生态环保、采用产业化的组织形式。

我国现代农业和食品产业发展历经了三个阶段。改革开放至 20 世纪 90 年代中期为探索阶段，农业生产从探索家庭联产承包责任制，到农贸、集贸市场起步发展，以及第一批农产品行业协会诞生，农副产品价格开始实行市场调节，并逐步脱离“双轨制”，建立起以市场为主导的农产品流通体制。90 年代中期至 21 世纪初为成长阶段，完全解决了农产品供需矛盾，1990 年农业部发布绿色农产品标识，1992 年蝉联中国绿色食品发展中心的称号，1993 年发布绿色食品标志管理办法，我国绿色和有机农产品生产与加工迈出了实质性发展步伐，同时成立了农产品期货市场，农产品冷链行业和批发行业进入快速发展阶段。21 世纪初至新冠疫情前为创新阶段，我国农业市场和农产品市场由数量扩展转向质量提升，农产品批发市场交易规模从 21 世纪初至新冠疫情前增长了近 8 倍，农产品电商市场从历经野蛮生长到逐渐完善，农业产业链品牌化、集团化趋势逐渐明显，农业供给侧结构改革、粮食安全稳步提升、农业生产标准化规模化集约化专业化程度明显提高、农产品物流模式创新发展、农业市场批发向生产和零售两头延伸扩大，农业生产和销售市场化、科技化、产业化、信息化、品牌化、国际化迈上新台阶[67]。

现代农业与食品产业集群的产生，离不开“地理聚集”和“产业分工”的共同作用。在现代农业与食品产业集群的孕育阶段，主要以自然资源优势作为关键要素，形成了自然资源集聚效应。在产业集群的成长阶段，特定区域的空间上的分工与专业化得到发展，专业化分工带来的外部规模经济和范围经济成长带来新流入。产业集群成熟阶段，集群已形成完整的产业价值体系，社会资本和科学技术持续流入，为集群产生更加强大的效应，集群发展使得农产品生产、加工、销售多样化和规模化更加明显，农产品价值链体系更加完整，集群横向推动农业政策倾斜，商会协会联合作战，相关物流、金

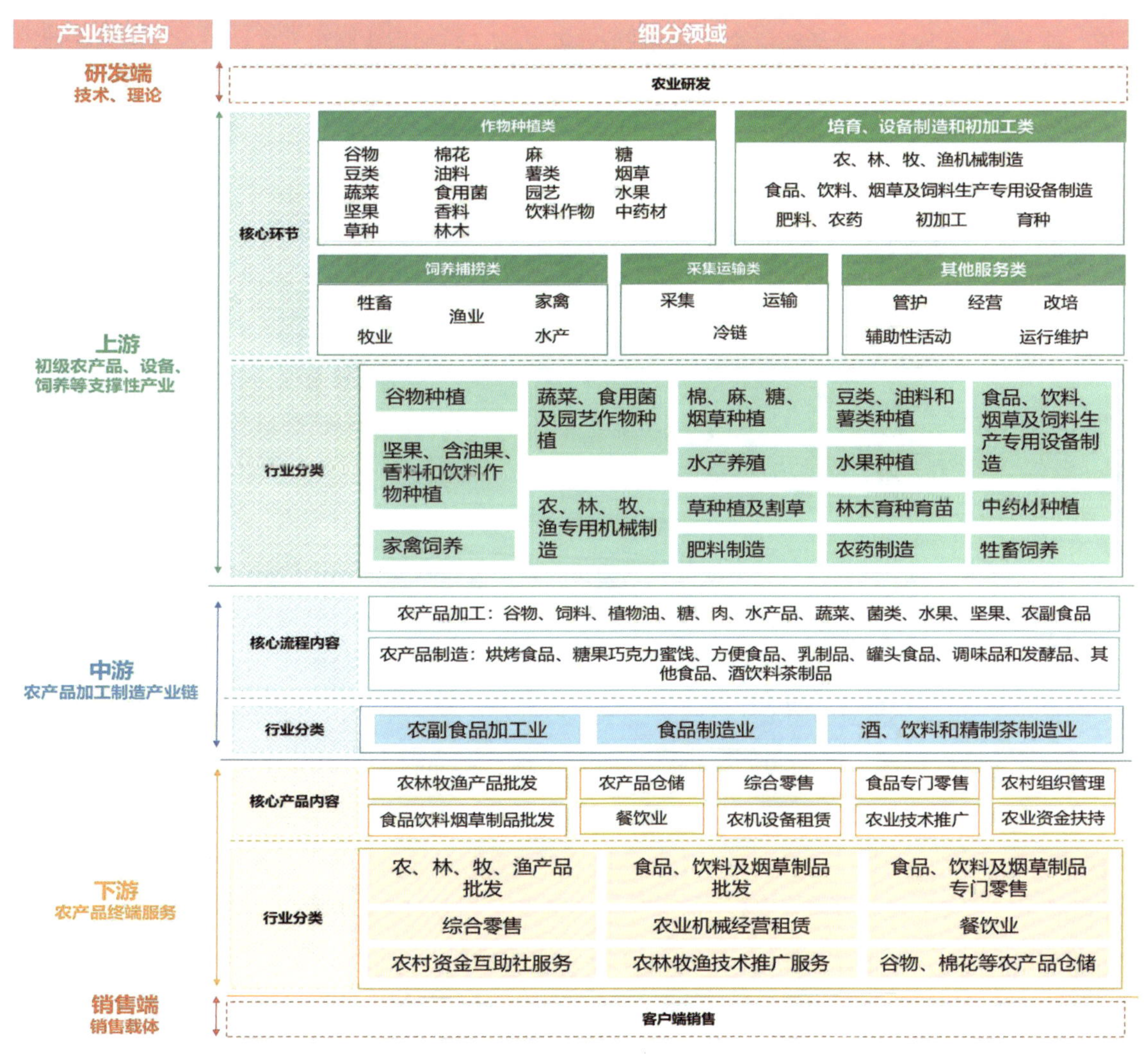

图 12-1：现代农业与食品全产业供应链图谱

融服务、技术创新机构等中介服务配套更加完善。

为更好理清现代农业与食品产业的核心产品、核心技术环节和核心行业等关键要素的结构关系，需要深入分析产业上中下游的结构特征，构建现代农业与食品产业供应链全景图谱。从宏观上看，现代农业与食品作为多行业多样化复合型行业，产业上、中、下游供应链条较长。

供应链的最顶层是研发端，多由高校和研究机构、农业园区开发商和投资商等主体进行相关农业技术研发和农业产业园区规划和建设。在我国供应链顶端，虽然农业市场已经经历了较为充分的市场化发展，但以“小农生产”为主的农业生产格局并未有根本性改观，即供应链顶端高度集中化和高度分散化并存的格局依旧明显。在我国，现代农业所涉及的生物育种、设施农业、观光农业、无土栽培、精准农业、保种育种、基因编排、绿色热循环、堆肥生物发酵、病虫害防治、品质检测、健康管理、冷链运输、卫星无人机、农业机器人等行业都是我国重点聚焦攻坚的领域。

上游是重要的生产支撑环节，供应的产品包含各类种植物的种植，各类林业和草种育种，种植园或森林草原经营、管护、改培，各类农作物采集、采运，各类动物、水产和微生物饲养、狩猎、捕捉、捕捞，种子培育，农业机械活动，灌溉活动，农产品初加工，病虫害防治，森林防火，污粪处理，化肥农药制造，农用设备和机械制造等。

本环节对应的企业集中分布在国民经济行业分类中的谷物种植（11，国民经济行业分类代码，下同），豆类、油料和薯类种植（12），棉、麻、糖、烟草种植（13），蔬菜、食用菌及园艺作物种植（14），水果种植（15），坚果、含油果、香料和饮料作物种植（16），中药材种植（17），草种植及割草（18），林木育种和育苗（21），森林经营、管护和改培（23），木材和竹材采运（24），林产品采集（25），牲畜饲养（31），家禽饲养（32），其他畜牧业（39），水产养殖（41），水产捕捞（42），农业专业及辅助性活动（51），林业专业及辅助性活动（52），畜牧专业及辅助性活动（53），渔业专业及辅助性活动（54），肥料制造（262），农药制造（263），食品、饮料、烟草及饲料生产专用设备制造（353），农、林、牧、渔专用机械制造（357）等。

中游是体现现代农业与食品产业专业化程度的重要环节，依托上游生产，中游环节是体现具体农产品加工制造水平的最主要环节。本环节对应的企业集中分布在国民经济行业分类中的农副食品加工业（13），谷物磨制（131），饲料加工（132），植物油加工（133），制糖业（1340），屠宰及肉类加工（135），水产品加工（136），蔬菜、菌类、水果和坚果加工（137），其他农副食品加工（139），食品制造业（14），焙烤食品制造（141），糖果、巧克力及蜜饯制造（142），方便食品制造（143），乳制品制造（144），罐头食品制造（145），调味品、发酵制品制造（146），其他食品制造（149），酒、饮料和精制茶制造业（15）等。

下游则是农产品与食品销售、流通和服务的环节，主要包括农产品批发零售、农产品仓储、餐饮业及相关餐饮配送、农机租赁、农村集体经济组织管理、农业科学技术推广等。本环节对应的企业集中分布在国民经济行业分类中的农、林、牧、渔产品批发（511），食品、饮料及烟草制品批发（512），综合零售（521），纺织、服装及家庭用品批发（513），食品、饮料及烟草制品专门零售（522），谷物、棉花等农产品仓储（595），餐饮业（62），农村资金互助社服务（6624），农业机械经营租赁（7112），农村集体经济组织管理（7215），农林牧渔技术推广服务（7511）等。

1.2 发展概况

1.2.1 政策要求

中央一号文件原指中共中央每年发布的第一份文件，现在已成为中共中央重视农村问题的专有名词。中共中央在 1982 年至 1986 年连续五年发布以“农业、农村和农民”为主题的中央一号文件，对农村改革和农业发展作出了具体部署。2004 年至 2022 年又连续十九年发布以“三农”（农业、农村、农民）为主题的中央一号文件，成为我国农业农村发展的重要指引。

我国首次在中央一号文件中提到针对“提高农业综合生产能力”是在 2005 年，文中提出“以严格保护耕地为基础，以加强农田水利建设为重点，以推进科技进步为支撑，以健全服务体系为保障，力争经过几年的努力，使农业的物质技术条件明显改善，土地产出率和劳动生产率明显提高，农业综合效益和竞争力明显增强”。2007 年直接明确提出：“要用现代物质条件装备农业，用现代科学技术改造农业，用现代产业体系提升农业，用现代经营形式推进农业，用现代发展理念引领农业，用培养新型农民发展农业，提高农业水利化、机械化和信息化水平，提高土地产出率、资源利用率和农业劳动生产率，提高农业素质、效益和竞争力。”这次是中央一号文件首次明确以“现代农业”的发展目标。2012 年首次以中央一号文件的形式统一全党意志大力推进农业科技改革发展[68]。

广东省积极响应国家号召，贯彻省委、省政府关于加快培育现代农业与食品产业集群的精神。从产业规模、产业技术、产业应用、产业生态等方面为 2025 年广东省现代农业与食品产业设立发展目标，从集聚水平、产业结构优化、做强龙头企业、深化合作、绿色发展、质量安全等几个方面提出了具体的政策要求和发展着力点。印发部门主要涉及农业农村、工信、发改、科技、市场监督等，主要激励手段包括建设农产品稳产保供工程、支持食品产业结构优化工程、构筑集群平台、龙头企业培育工程、实施数字农业提质增效工程、农业科技创新驱动扶持、市场和农产品冷链物流建设实施、绿色农业安全保障工程等。

自 2020 年起，我国针对现代农业出台了一系列针对性的政策。

（1）国家层面政策文件

2020 年 1 月国务院印发的《数字农业农村发展规划（2019-2025 年）》，明确了以产业数字化、数字产业化为发展主线，以数字技术与农业农村经济深度融合为助攻方向，加快农业农村生产经营、管理服务数字化改造，全面提升农业农村生产智能化、经营网络化、管理高效化、服务便捷化水平，用数字化引领驱动农业农村现代化[69]。

同年 1 月由最高人民法院印发的《中共中央、国务院关于坚持农业农村优先发展做好“三农”工作的若干意见》，指出要着力在生物种业、现代农机、智慧农业、绿色投入品等领域，加快关键核心技术攻关与装备的创制应用[70]。

同年 7 月，科技部、农业农村部和教育部共同印发的《关于加强农业科技社会化服务体系建设的若干意见》，指出要加强农业科技服务政策保障和组织实施力度，将存量和新增资金向引领现代农业发展方向的科技服务领域倾斜[71]。

同年 7 月，中国银保监会印发的《关于扩大农业农村有效投资 加快补上“三农”领域突出短板的意见》，指出加快农业农村大数据工程建设，开展农业物联网、大数据、区块链、人工智能、5G 等新型基础设施建设和现代化信息技术应用，全面提升农业农村数字化、智能化水平[72]。

同年10月，发改委、中央农办、财政部等联合印发《关于在农业农村基础设施建设领域积极推广以工代赈方式的意见》，指出完善农田、优势特色产业集群、农业产业强镇、现代农业产业园或生产基地配套机耕道、生产编导、沟渠管网等服务设施建设[73]。

同年11月，农业部、科技部、财政部等联合印发《关于推进返乡入乡创业园建设 提升农村创业创新水平的意见》，明确了返乡入乡创业园建设重点以及农业科技园、优势特色产业集群、现代农业产业园、农业产业强镇等农业项目，依托经济开发区、高新技术园、现代农业产业园、农产品加工园、工业园、电商园、物流园、休闲旅游园等[74]。

同年12月，农业农村部印发《关于促进农产品加工环节减损增效的指导意见》，明确了支持农产品加工企业参与农业产业强镇、现代农业产业园、优势特色产业集群等相关项目建设[75]的主要目标。

2021年4月，农业农村部印发《关于开展现代农业全产业链标准化试点工作的通知》，指出要构建以产品为主线、全程质量控制为核心的现代农业全产业链标准体系，遴选命名现代农业全产业链标准化基地300个，并实施动态管理[76]。

同年4月，科技部、中国农业银行联合印发了《关于加强现代农业科技金融服务创新支撑乡村振兴战略实施的意见》，指出要加大对现代农业科技信贷的支持。中国农业银行将向现代农业科技和基层创新领域提供总金额不低于1000亿元人民币的意向信用额度，专项用于支持现代农业科技创新和农科园区建设等[77]。

同年6月，中国人民银行、银保监会、证监会等联合印发《关于金融支持巩固拓展脱贫攻坚成果全面推进乡村振兴的意见》，提到了关于丰富服务乡村振兴的金融产品体系，促进小农户和现代农业发展有机衔接[78]等内容。

同年12月，中央网络安全和信息化委员会印发的《“十四五”国家信息化规划》中指出，到2025年，数字乡村建设取得重要进展，乡村4G深化普及，5G创新应用，城乡信息化发展水平差距显著缩小，初步建成一批兼具创业孵化、技术创新、技能培训等功能于一体的农村创业园区（基地）[79]。

2022年2月，农业农村部印发《“十四五”全国农业机械化发展规划》，其中明确了着力提升粮食作物生产全程机械化水平，大力发展经济作物生产机械化，加快发展畜禽水产养殖机械化，积极推进农产品初加工机械化，加快补齐丘陵山区农业机械化短板，加快推动农业机械化智能化绿色化，做大做强农业机械化产业群产业链[80]等目标。

同年2月，国务院印发《“十四五”推进农业农村现代化规划》，提出了加快数字乡村建设，聚焦生物育种、耕地质量、智慧农业、农业机械设备、农业绿色投入品等关键领域，发展智慧农业，建立和推广应用农业农村大数据体系，推动物联网、大数据、人工智能、区块链等新一代信息技术与农业生产经营深度融合，建设数字田园、数字灌区和智慧农（牧、渔）场[81]。

同年3月，农业农村部印发《“十四五”全国农业农村信息化发展规划》，提出到2025年，农业农村信息化发展水平明显提升，现代信息技术与农业农村各领域环节深度融合，支撑农业农村现代

表 12-1：政策清单表格

时间	政策名称	主要目的
2020.11	《广东省休闲渔业管理办法》	为规范休闲渔业经营行为，保障休闲渔业活动安全，促进休闲渔业发展。
2020.11	《中南区生猪调运管理办法》《中南区动物及动物产品指定通道检查站规范化建设指引》《中南区动物及动物产品指定通道检查站名单》	引导、规范生猪调运，减少生猪长距离调运；加强区域指定通道的规范化管理，统一公布中南区指定通道信息。统筹协调指定通道检查站规划布局和规范化建设，明确监督检查、应急值守和安全防护等条件保障标准。
2020.11	《广东省农业农村厅行政处罚自由裁量权适用规则》《广东省农业农村厅行政处罚自由裁量标准》	规范农业行政执法行为，保障农业农村主管部门合法、适当地行使行政处罚的自由裁量权，保护公民、法人和其他组织的合法权益。
2020.12	《广东省重点农业龙头企业认定和运行监测管理办法》	规范省重点农业龙头企业的认定和运行监测工作，促进农业龙头企业的高质量发展。
2021.01	《广东省防控红火蚁若干措施》	贯彻国家生物安全工作的决策部署，做好广东省红火蚁防控工作。
2021.04	《广东省农业农村厅关于畜禽产品分销换证工作有关事项的通知》	贯彻省政府“放管服”改革精神，优化营商环境，激发市场活力，确保畜禽产品市场流通顺畅。
2021.07	《2021-2023 年全省现代农业产业园建设工作方案》	落实好省委、省政府要求，高质量建设新一轮的省级现代农业产业园。
2021.09	《广东省推进农业农村现代化“十四五”规划》	明确广东省“三农”工作中心，全面推进乡村振兴，加快农业农村现代化工作。
2021.09	《广东省 2021-2023 年中央财政农机购置补贴实施方案》	支持引导农民购置使用先进适用的农业机械，满足我省农民对机械化生产的需要，引领推动我省农业机械化向全程全面高质高效转型升级，加快提升农业机械化产业链现代化水平，为实施乡村振兴战略、推进农业农村现代化提供坚实支撑。
2021.10	《广东省农产品质量安全信用体系建设采信及评价工作方案（试行）》	推进农产品质量安全信用体系建设，提高农产品生产经营者主体责任意识、诚信意识和自律意识，提升农产品质量安全监管效能。
2021.10	《广东省科技创新“十四五”规划》	其中涉及“现代农业与食品产业集群”的内容，提出全面对标先进，补齐产业发展短板，在现代种业、精准农业、营养健康食品与食品安全等方面为产业集群注入科技力量。培育壮大农业科技创新平台载体，加速科技成果产业化应用，引导和支持现代农业与食品产业引入新技术、新装备、新工艺、新模式，全力保障粮食安全和食品营养健康。
2021.10	《广东省粮食安全和应急物资保障“十四五”规划》	科学实施粮食市场调控、夯实粮食安全和应急物资保障基础、完善保障体系、强化监督管理、提升保障效能。
2021.11	《珠三角百万亩养殖池塘升级改造绿色发展三年行动方案》	加快推进广东省水产养殖业转型升级，促进产业绿色发展，保障优质水产品供给，实现渔民持续增收。
2021.11	《关于大力推动农业保险高质量发展的实施意见》	建设成功能完善、运行规范、基础完备，与广东省农业农村现代化发展阶段相适应、与农户风险保障需求相契合的多层次农业保险体系。
2021.11	《广东省省级畜禽核心场管理办法》《广东省省级畜禽遗传资源保种场保护区和基因库管理办法》	规范广东省种畜禽核心场管理，推动畜禽遗传改良计划实施，增强畜禽种业自主创新能力和企业核心竞争力，实现畜禽种业高质量发展。
2021.12	《广东省人民政府办公厅关于金融支持全面推进乡村振兴的实施意见》	加强农村金融服务，强化广东全面推进乡村振兴的金融要素保障。
2021.12	《广东省养殖水域滩涂规划（2021-2030 年）》	科学开发和合理利用渔业资源，科学布局渔业发展战略，为科学制定渔业转型升级行动方案提供依据和指导。
2022.01	《广东省农业农村厅关于促进农业产业化龙头企业做大做强的实施意见》	引导支持龙头企业优化产业布局，创新发展方式，提升发展质量，完善联农带农利益联结机制，增强市场竞争力和引领产业发展、带动农民增收能力，构建农民主体、企业带动、科技支撑、金融助力的现代乡村产业体系，为全面推进乡村振兴和农业农村现代化夯实产业根基。
2022.01	《广东省财政厅等 5 部门关于进一步做好全省农业信贷担保工作的通知》	完善和创新财政金融扶持政策，切实发挥农担体系的政策性优势，推动形成以“政银担”合作模式为基础、多种合作模式相互促进的联动机制，大力提高农担业务的覆盖面和普惠性，撬动金融资本和社会资本投入农业，全力助推我省乡村产业振兴和农业现代化。

（续上表）

时间	政策名称	主要目的
2022.01	《广东省乡村产业发展规划（2021-2025年）》	以发展精细农业为主攻方向，以一、二、三产业的融合发展为路径，聚焦重点产业，聚集资源要素，强化创新引领，培育发展新动能；延长产业链、提升价值链、打造供应链，构建岭南特色鲜明、承载乡村价值、创业创新活跃、利益联结紧密的现代乡村产业体系。
2022.02	《广东省生猪产能调控实施方案（暂行）》	发挥生猪产能政策调控作用，稳固生猪基础产能，防止生猪产能大幅波动，提升猪肉供应安全保障能力。
2022.02	《广东省自然资源厅 广东省发展和改革委员会 广东省农业农村厅 广东省林业局关于保障农村一、二、三产业融合发展用地促进乡村振兴的指导意见》	实施乡村振兴战略作为做好“三农”工作的总抓手，保障农村一、二、三产业融合发展的合理用地需求，为农村产业发展壮大留出用地空间，推动农村一、二、三产业的融合发展。
2022.03	《加快推进广东预制菜产业高质量发展十条措施》	推进“菜篮子”工程提质增效，建设在全国乃至全球有影响力的预制菜产业高地，推动广东预制菜产业高质量发展走在全国前列。
2022.03	《广东省农业机械化“十四五”发展规划（2021-2025年）》	加快推进农业机械化转型升级，发挥农业机械化对现代农业的支撑作用，探索农机农艺互相匹配、机械化信息化智能化加快融合、农机服务模式与农业适度规模经营相适应、机械化生产与农业发展相适应的发展路径。
2022.04	《广东省农业农村厅关于探索建设农业龙头企业总部基地的指导意见》	以农业产业化工作为切入点，重点培育一支国家、省、市、县四级联动发展的农业龙头企业队伍，顺应现代农业产业全链条打造、功能扩展、集群发展新形势，推动建设一批农业龙头企业总部基地。
2022.04	《广东省乡村休闲产业“十四五”规划》	更好地满足城乡居民多元化、品质化乡村休闲旅游体验需求，为推进全省农业农村现代化工作走在全国前列提供有力支撑。
2022.05	《广东省现代畜牧业发展“十四五”规划（2021-2025年）》	高质量推进畜牧业绿色发展，高水平保障畜产品安全有效供给，高标准构建畜牧全产业链，建立畜禽良种化、养殖规模化、生产标准化、经营产业化、管理数字化、防疫规范化、粪污资源化、服务社会化为基本特征的现代畜牧业生产体系。
2022.06	《广东省人民政府办公厅关于加快推进现代渔业高质量发展的意见》	坚持宜渔则渔、稳产保供、创新增效、绿色生态，不断增强广东渔业质量效益和竞争力，形成产出高效、产品安全、资源节约、环境友好、调控有效、渔民富裕的现代渔业高质量发展新格局。
2022.06	《广东省人民政府办公厅关于进一步加强涉农资金统筹整合的实施意见》	进一步完善涉农资金统筹整合长效机制，理顺涉农资金管理体系，创新涉农资金使用管理机制，探索完善农村投融资体制，切实提升财政支农政策效果和支农资金使用效益。
2022.06	《广东省高标准农田建设规划（2021-2030年）》	深刻领会高标准农田建设对保障国家粮食安全、守住耕地红线的极端重要性，深入实施藏粮于地、藏粮于技的战略，以提升粮食产能为首要目标。
2022.07	《广东省支持2022年晚造粮食生产12条措施》	做好抗灾夺丰收工作，推动“以晚补早”措施落实落地，确保完成国家下达的我省全年粮食生产目标任务。
2022.10	《广东省农业农村领域轻微违法行为免予行政处罚清单》	结合农业综合行政执法工作实际，推进包容审慎监管工作制度建设。
2022.11	《广东省生猪屠宰行业发展规划》	加快我省生猪屠宰行业转型升级，推动生猪屠宰行业高质量发展，提高生猪产品质量安全水平。
2023.03	《广东省动物疫病强制免疫补助政策改革实施方案》	坚持预防为主，预防与控制、净化、消灭相结合的方针，坚持人病兽防、关口前移，完善动物疫病强制免疫补助政策机制，有效防控动物疫病和人畜共患传染病，促进养殖业高质量发展。

化的能力显著增强，智慧农业技术和产品初步实现产业化应用，农业生产信息化率达到27%，农产品年网络零售额超过8000亿元，建设100个国家数字农业创新应用基地，认定200个农业农村信息化示范基地，农业农村大数据体系基本建立，数字乡村建设取得重要进展[82]。

同年10月，国家发改委印发《关于进一步完善政策环境加大力度支持民间投资发展的意见》，支持优势特色产业集群、现代农业产业园、农业产业强镇等项目[83]。

2023 年 2 月，国务院印发《关于落实党中央国务院 2023 年全面推进乡村振兴重点工作部署的实施意见》，提出加快推进农业关键核心技术攻关，优化现代农业产业技术体系，推进国家现代农业产业科技创新中心，农业科技创新联盟建设，分区域建设国家现代农业科技示范展示基地[84]等目的。

（2）广东省层面

广东省作为农业生产和消费大省，农产品市场化程度较高，我省现代农业支持政策出台密集度之高，涉及农业具体产业之细有目共睹。自我省 2020 年 9 月发布《广东省发展现代农业与食品战略性支柱产业集群行动计划（2021—2025 年）》[85]起，延续了对农业活动分区分层次细致指导的政策风格，仅 2020 年 10 月至 2023 年，我省出台的涉及现代农业的政策多达 30 条以上，涵盖了各类生产许可、生产管理办法、检查规范化指南、调运管理办法、指定农产品输送通道、生物防治、企业认定、农机补贴、信用体系等方面，为我省守住粮食安全底线，把住粮食安全主动权，实施藏粮于地、藏粮于技的战略提供了的坚实的政策指导。具体如表。

可以看出，国家层面主要聚焦行业政策性扶持，主要注重农业产业园支撑、农业科学技术创新鼓励、现代农业金融产品制定等工作。技术包含集成电路设计工具、重点装备和高纯靶材等关键材料的研发，广东省层面主要聚焦于对特定的农业产业制定规范化管理办法和针对农村农业生产稳定的相关标准化裁量，通过规范化农业生产销售活动，为我省粮食安全保驾护航。

（3）农业科技策源

广东省农业科学院（以下简称省农科院）作为广东省农业科技的策源地，提供了广东省 63.5% 的农业主导品种和 70.2% 的农业主推技术。省农科院在我省现代农业农业产业的建设中发挥了三点重要作用：一是农业主导品种、主推技术大面积覆盖广东市场；二是全产业链技术支持了粤九成现代农业产业园；三是全员科技特派员推动科技支撑走深走实。近 5 年，省农科院已与地方政府共建了 16 个地方分院，累计派出近 350 多名科技人员长期驻点；在全省建立了 80 个专家工作站、95 家研发机构、500 多个农业示范基地；1200 余名科技特派员深入“三农”工作一线，培训地方科技人员、农民等超 5 万人次；金颖农科孵化器已累计吸引 240 家涉农企业入驻，超 60 家企业成为行业翘楚，13 家企业挂牌上市，企业年产值超 100 亿元[86]。

华南 A 谷作为由省农科院牵头的院企合作农业科技创新孵化联盟，是广东省农科院依托科技资源优势，以现代农业科技为核心引擎，通过人才集聚、要素集约，构建的集“科技企业孵化、关键技术研发、科技人才创业、成果技术转化”功能于一体的现代农业创新专业孵化平台。其扶持政策体现在以下三点：一是围绕省农科院 16 个地方分院（促进中心），30 个产业研究院，441 个示范基地的现代农业产业综合服务网络，辐射带动全省科技服务资源与产业需求对接，形成了开放共享、协同创新的创新生态链和产业生态圈。二是设立了产业孵化基金和科技金融定制化服务方案，携手中国银行广州分行创新推出的省内首个农业孵化载体专属的金融服务方案。三是组建“1+8+10+N”现代农业科技创新孵化服务联盟，围绕“环五山创新策源地”为轴心，协同联动区域内 8 所涉农高校、科研院所和 10 个科技企业孵化载体[87]。

省农科院“十四五”期间为推动全省“三农”工作，将乡村振兴和农业现代化工作重心与农业科技创新、产业支撑深度融合，具体发力方向主要体现在以下两个方面。

第一，守护农业“芯片”，助力种业振兴。省农科院坚持做好种质资源的收集和保存，夯实种业科技发展基础，努力育成一大批优良品种，助力种业振兴和粮食安全，并推动种业功能性产业园建设，打造种业支撑新高地。

第二，激活区域动能，强化产业支撑。不断织密院地合作服务网络，带动提升地市农业科技能力，推进建设全链服务现代农业产业园，推进“跨县集群、一县一园、一镇一业、一村一品”的现代农业产业发展，融入“双区”建设。并通过省市县企协同创新，科技服务进乡村，解决农业主导产业关键技术问题[88]。

可以看出，省农科院充分运用政策和制度红利，完善成果转化激励机制，积极开拓科技成果市场，是我省农业科技的策源地，也是我省现代农业产业园与院地企联动农业科技服务的强力纽带。

1.2.2 市场概况

我国自改革开放以来，农业发展取得了明显成效，农业基本盘牢固，作为我国社会的压舱石，农业为经济社会大局稳定提供了良好的基础支撑。数据显示，2022 年我国粮食逆境再夺丰收，产量再创历史新高。

2022 年粮食播种面积为 17.75 亿亩，全国粮食总产量达 6.87 亿吨，连续 8 年保持在 6.5 亿吨以上。2022 年全国农业科技进步贡献率达到 62.4%，农业机械化水平稳步提高，农作物耕种收综合机械化率达到 73%，供种保障率提高到 75%[89]。

农业作为第一产业，2022 年我国第一产业增加值比上年增长 4.1%，达到 88345 亿元，占国内生产总值 1210207 亿元的 7.30%，相比于 2021 年略有上升。绿色农业方面，全国农产品质量安全例行监测合格率超过 97.6%，农作物秸秆综合利用率、农膜回收利用率和畜禽粪污综合利用率的提高有效推进了农业产业环境的治理，分别达到了 88%、80% 和 78%。

与现代农业息息相关的农业数字化水平显著提升，2022 年全国农村网络零售额达 2.17 万亿元，同比增长 3.6%。全国农产品网络零售额 5313.8 亿元，同比增长 9.2%，增速比 2021 年提升 7.3 个百分点[90]，全国 2021 年农林牧渔总产值达到 147013 亿元，实现 2013 年至 2021 年年均增长 4.2%[91]。以上都反映了我国农业产业在后疫情起步年的良好发展势头。

2022 年广东省农业生产运行状况良好，其中农林牧渔业总产值达 0.89 万亿元，同比增长 5.4%。粮食作物播种面积 3345.43 万亩，增长 0.8%，超额完成了国家下达的约束性任务；粮食产量 1291.54 万吨，增长 0.9%，实现“四连增”。细分到具体农业生产类别，全省蔬菜及食用菌产量增长 3.7%，园林水果产量增长 3.8%，茶叶产量增长 15.3%，中草药材产量增长 18.3%。盆栽观赏植物产量增长 15.6%。生猪存栏增长 5.8%，其中，能繁殖母猪存栏增长 6.9%。生猪出栏增长 4.8%，猪肉产量增长 6.3%。家禽出栏增长 4.4%，禽肉产量增长 4.0%，禽蛋产量增长 8.1%[92]。农林牧渔总产值较 2017 年增长 40%[93]。

目前，广东省正在加大农业生产，力求做到将农业产业总产值水平与广东的经济地位相匹配。根据2023年第一季度全国各省市农林牧渔总产值排行榜，广东省累计产值首次超越其他全国农业大省跃居第一位[94]。广东省经济条件和人口增长的基本社会条件，以及广东省相关的农业产业基础条件，都为广东发展现代农业与食品产业提供了良好的发展机遇。为顺应行业发展趋势，广东积极重点培育发展千亿级和百亿级农业子集群，培育发展若干收入超百亿以上的农业龙头企业。以粮食、蔬菜、岭南水果、禽畜、水产、精制食用植物油、岭南特色食品及功能性食品、调味品、饮料、饲料、茶叶、南药、苗木花卉、现代种业、烟草15个重点农业子方向为抓手[95]，引导省内各地区发挥区域优势和特色产业优势，为现代农业与食品战略性支柱产业提供持续的增长动力。

2. 广东省现代农业与食品产业供应链结构特征

2.1 供应链各环节产业的发展规模

全省现代农业与食品企业数量为740379家。从供应链各环节的企业数量规模来看，下游环节规模最大，其次是上游环节，规模最小的是中游环节。

上游环节共有116575家企业，在全供应链中企业数量占比为15.75%。上游包含127个类别企业，其中蔬菜种植和水果种植以及其他农业企业数量均超过8000家，为企业数量最多的类别。企业数量超过2500家的类别中，主要以农作物种植（化肥、稻谷、蔬菜、水果）占主导，是上游环节发展企业类型。

中游环节共有5895家企业，在全供应链中企业数量占比为0.80%。其中各类型食品制造和加工企业数量介于500家以内，无具体类别呈现明显主导地位，糕点、面包制造企业数量最多，数量为508家，其次是肉制品和副产品加工497家、牲畜土菜459家、精制茶加工368家，企业数量在100家以上的类别20个。

下游环节共有617909家企业，在全供应链企业中企业数量占比为83.46%。其中其他综合销售企业数量最多，数量为279505家，在中游环节的数量占比为45.23%，为下游第一大主导产业。正餐服务类和其他未列明餐饮类企业的数量排名第二和第三，餐饮企业数量共计71321，是下游环节第二大主导行业，数量占比11.54%。各类农产品和食品批发、零售企业，为下游剩余行业。

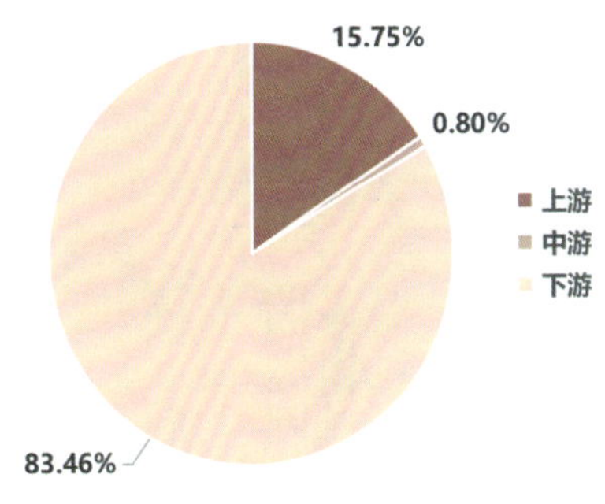

图12-2：现代农业与食品全产业企业数量
（数据来源：龙盾企业数据库）

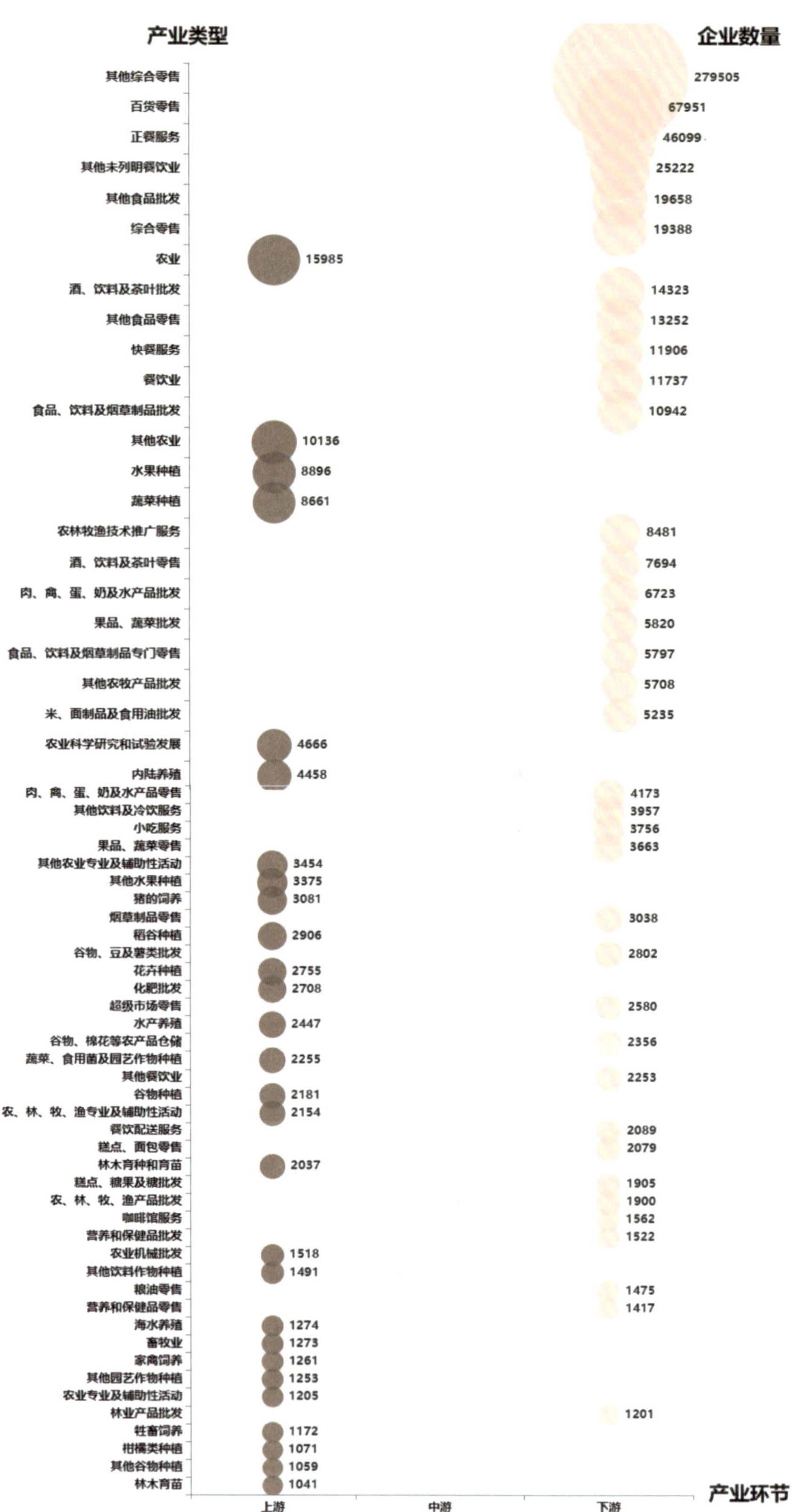

图 12-3：现代农业与食品产业全供应链企业数量分析
（数据来源：龙盾企业数据库）

（续上图）

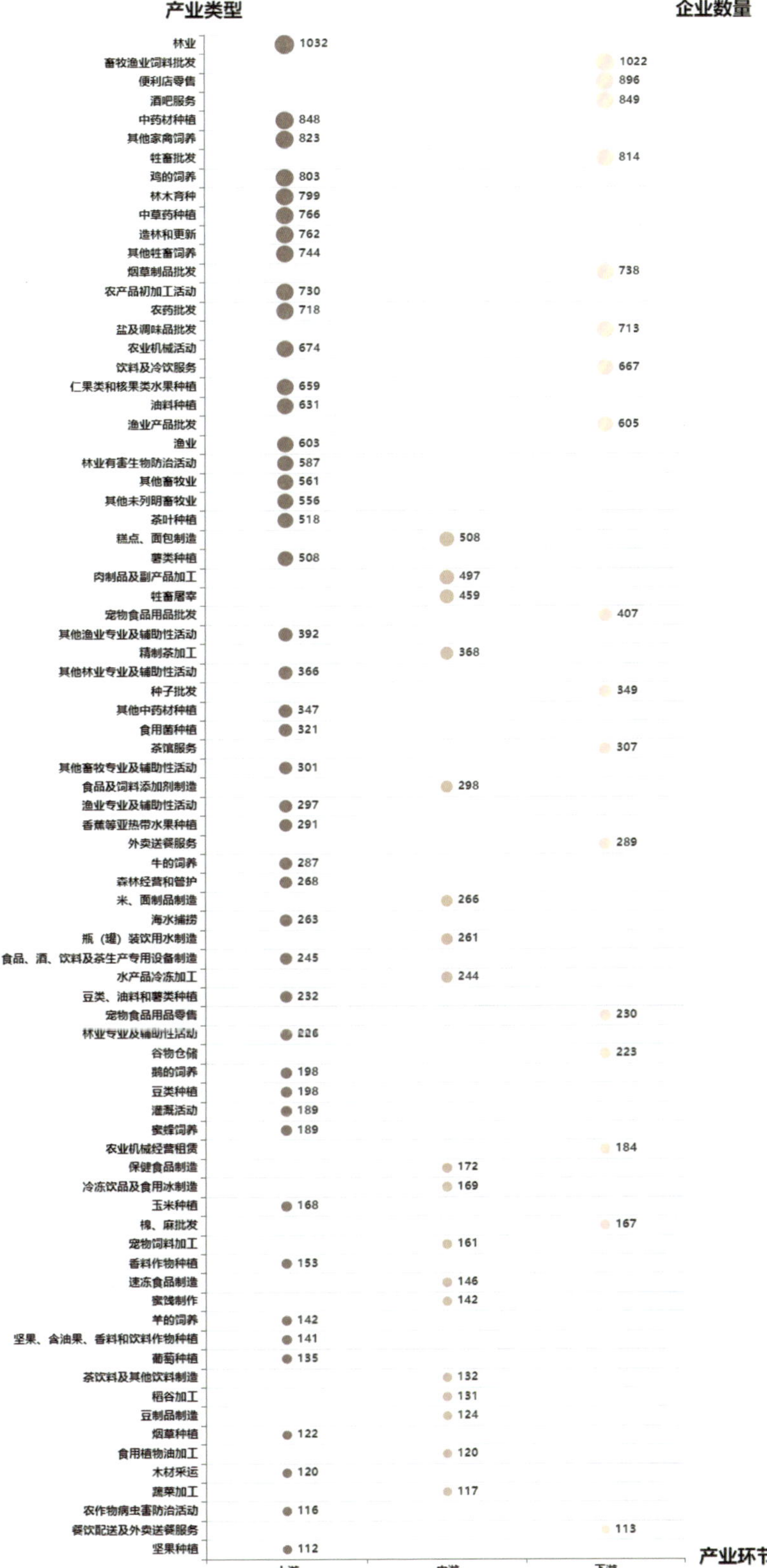

图 12-3：现代农业与食品产业全供应链企业数量分析（续）
（数据来源：龙盾企业数据库）

（续上图）

产业类型 / 企业数量 / 产业环节

产业类型	上游	中游	下游
小麦种植	111		
森林经营、管护和改培	111		
畜牧专业及辅助性活动	108		
糖果、巧克力制造		107	
饼干及其他焙烤食品制造		104	
鱼苗及鱼种场活动	89		
淀粉及淀粉制品制造		85	
水果和坚果加工		84	
含油果种植	84		
制糖业		83	
鸭的饲养	81		
其他调味品、发酵制品制造		78	
白酒制造		73	
糖料种植	72		
农村集体经济组织管理			69
禽类屠宰		69	
内陆捕捞	68		
渔业机械制造	67		
农副食品加工专用设备制造	66		
食品制造业		65	
农用薄膜批发	65		
其他农产品仓储			61
营养食品制造		60	
木竹材林产品采集	59		
其他肥料制造	57		
种子种苗培育活动	57		
其他未列明农副食品加工		50	
其他未列明食品制造		48	
畜牧机械制造	47		
水产捕捞	47		
有机肥料及微生物肥料制造	44		
鱼糜制品及水产品干腌制加工		43	
啤酒制造		41	
农副食品加工业		40	
屠宰及肉类加工		40	
蛋品加工		39	
林产品初级加工活动	37		
酒、饮料和精制茶制造业		36	
固体饮料制造		36	
竹材采运	36		
农村资金互助社服务			35
其他酒制造		35	
机械化农业及园艺机具制造	31		
复混肥料制造	31		
方便面制造		31	
非木竹材林产品采集	30		
林产品采集	28		
农林牧渔机械配件制造	27		
其他乳制品制造		27	
木材和竹材采运	25		
小麦加工		24	
其他食品制造		22	
盐加工		21	
棉、麻、糖、烟草种植	21		
草种植	20		
马的饲养	18		
麻类种植	17		
黄酒制造		16	
酱油、食醋及类似制品制造		16	
其他罐头食品制造		16	
酒精制造		15	
其他谷物磨制		15	
碳酸饮料制造		14	
蔬菜、水果罐头制造		14	
葡萄酒制造		13	
含乳饮料和植物蛋白饮料制造		12	
其他方便食品制造		12	
农用及园林用金属工具制造	11		
生物化学农药及微生物农药制造	10		
化学农药制造	10		
果菜汁及果菜汁饮料制造		10	
水产品加工		10	
畜牧良种繁殖活动	9		
食用菌加工		8	
棉花种植	8		
拖拉机制造	7		
味精制造		7	
兔的饲养	7		
非食用植物油加工		6	
狩猎和捕捉动物	6		

图 12-3：现代农业与食品产业全供应链企业数量分析（续）
（数据来源：龙盾企业数据库）

（续上图）

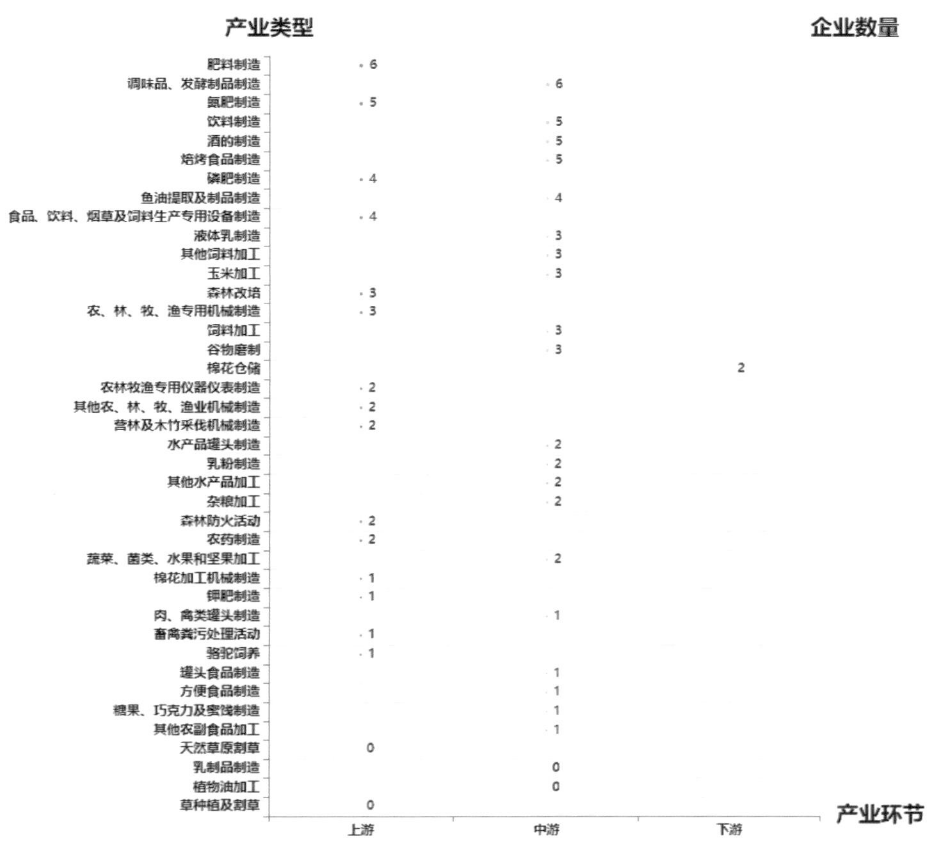

图 12-3：现代农业与食品产业全供应链企业数量分析（续）
（数据来源：龙盾企业数据库）

2.2 供应链各环节产业经济价值

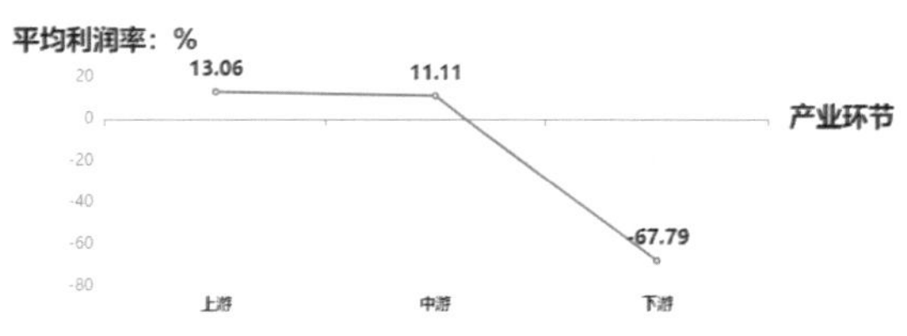

图 12-4：上、中、下游利润率平均值折线统计图
（数据来源：龙盾企业数据库）

现代农业与食品产业全供应链 2018 年的整体平均利润率为 -0.37%。从供应链各环节的企业平均利润来看，上、中游环节利润率较高，下游环节受市场波动，被统计行业利润表现较差。因农业生产特殊性，部分行业未能统计到利润率数据。根据统计，上游共计 127 个行业中，有利润统计的行业仅为 48 个；中游共计 80 个行业中，有利润统计的行业为 79 个；下游共计 57 个行业中，有利润统计的有 23 个。

分环节来看，上游环节平均利润率为 13.06%。其中有 7 个行业利润率超过 40%，这 7 个行业为其他未列明畜牧业（93%）、农作物病虫害防治活动（83%）、农业机械活动（61%）、其他农业专业及辅助性活动（57%）、其他林业专业及辅助性活动（50%）、其他农业（40%）、种子种苗培育活动（40%）。可以看出，以上环节均为农业行业中科技含量较高的行业，说明掌握了农业创新科技的这类企业能够

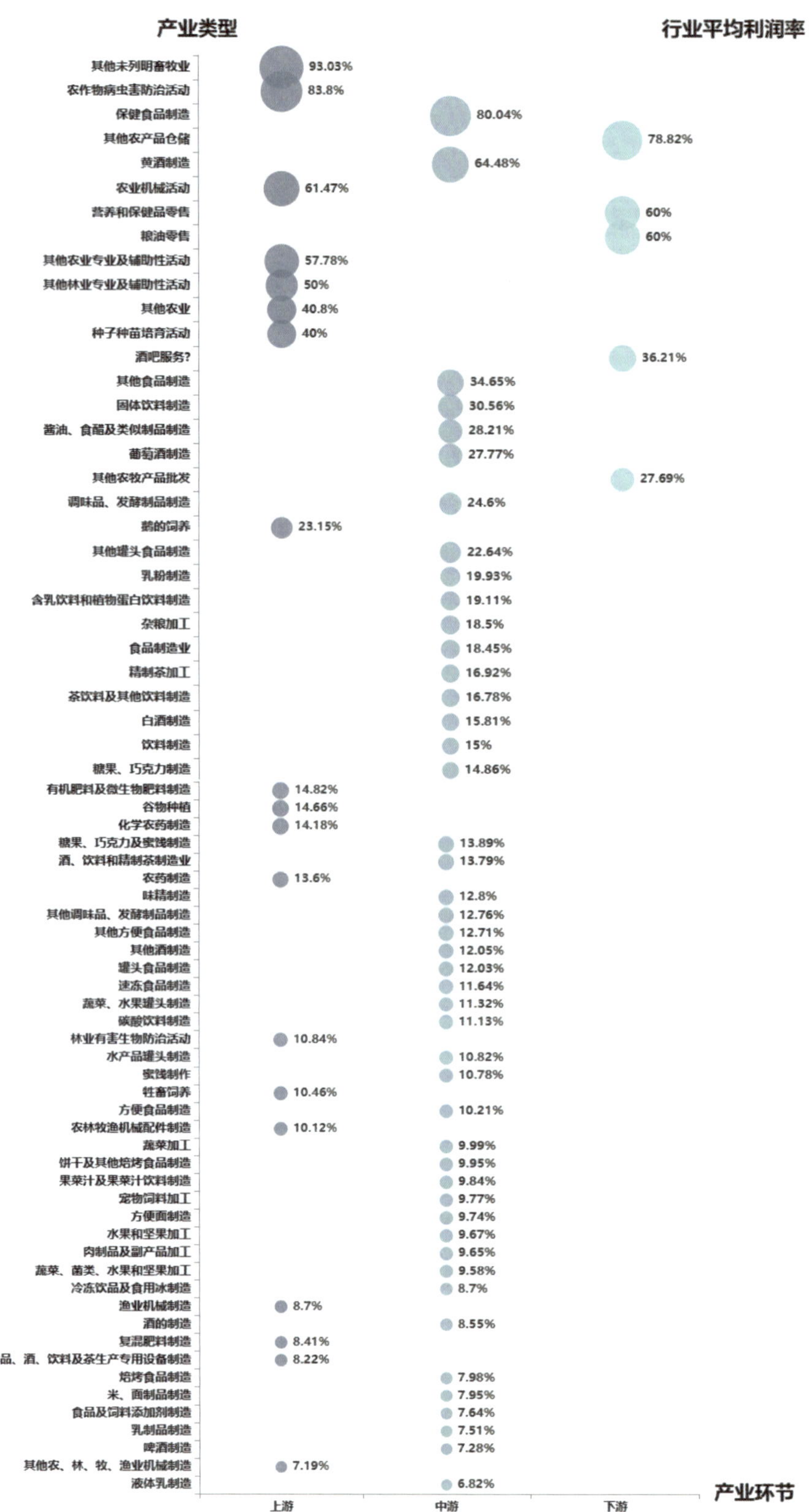

图 12-5：现代农业与食品产业全供应链经济价值分析

（数据来源：《广东省经济普查年鉴（2018）》）

（续上图）

行业平均利润率

产业类型	上游	中游	下游
食品、饮料、烟草及饲料生产专用设备制造	6.81%		
营养食品制造		6.44%	
水产品冷冻加工		6.43%	
氮肥制造	6.41%		
农林牧渔专用仪器仪表制造	5.89%		
屠宰及肉类加工		5.89%	
饲料加工		5.87%	
水产品加工		5.87%	
肉、禽类罐头制造		5.86%	
玉米加工		5.75%	
肥料制造	5.69%		
豆制品制造		5.68%	
糕点、面包制造		5.62%	
生物化学农药及微生物农药制造	5.49%		
其他饲料加工		5.23%	
农药批发	5%		
钾肥制造	4.94%		
稻谷加工		4.88%	
农副食品加工业		4.86%	
棉花种植	4.82%		
机械化农业及园艺机具制造	4.68%		
蛋品加工		4.63%	
鱼糜制品及水产品干腌制加工		4.6%	
其他乳制品制造		4.6%	
其他肥料制造	4.4%		
牲畜屠宰		4.4%	
食用菌加工		4.34%	
农、林、牧、渔专用机械制造	4.25%		
其他未列明农副食品加工		4.23%	
其他农副食品加工		4.2%	
谷物、豆及薯类批发			4.11%
谷物磨制		4.07%	
狩猎和捕捉动物	4.03%		
农用及园林用金属工具制造	4.01%		
小麦加工		3.96%	
鱼油提取及制品制造		3.93%	
其他未列明食品制造		3.88%	
宠物食品用品零售			3.85%
淀粉及淀粉制品制造		3.81%	
其他水产品加工		3.7%	
非食用植物油加工		3.38%	
营林及木竹采伐机械制造	2.98%		
牲畜批发			2.73%
其他谷物磨制		2.43%	
农副食品加工专用设备制造	2.26%		
林业专业及辅助性活动	2.24%		
植物油加工		1.84%	
食用植物油加工		1.82%	
玉米种植	1.59%		
禽类屠宰		1.53%	
渔业专业及辅助性活动	1.35%		
棉花加工机械制造	1.06%		
小吃服务			1%
麻类种植	0.73%		
拖拉机制造	0.73%		
制糖业		0.23%	
其他食品批发			0.12%
化肥批发	0%		
酒、饮料及茶叶批发			0%
棉、麻批发			0%
林产品采集	0%		
其他饮料作物种植	0%		
谷物仓储			-0.03%
豆类种植	-0.11%		
畜牧渔业饲料批发			-0.25%
畜牧机械制造	-0.78%		
其他食品零售			-0.84%
林业	-1.64%		
其他饮料及冷饮服务			-2.89%
米、面制品及食用油批发			-3.06%
渔业	-4.12%		
餐饮配送服务			-5.67%
酒精制造		-9.77%	
盐加工		-11.62%	
正餐服务			-14.5%
磷肥制造	-17.29%		
盐及调味品批发			-30.61%
食品、饮料及烟草制品批发			-183.33%
糕点、糖果及糖批发			-343.03%
棉花仓储			-1249.58%

产业环节

图 12-5：现代农业与食品产业全供应链经济价值分析（续）
（数据来源：《广东省经济普查年鉴（2018）》）

获得非常高的利润。另一个现象是，涉及农机和肥料制造的行业利润率为负数，表现在畜牧机械制造（-0.7%）、林业（-1.6%）、渔业（-4%）、磷肥制造（-17%）。根据统计数据，一般的农业种植和养殖业、捕捞业等活动均未能统计利润率，说明传统的初级农业行业利润率依旧比较惨淡。

中游环节平均利润率为 11.1%。其中黄酒制造利润率为 80%，远超其他中游环节行业。根据统计数据可以看出，利润率在 10% 以上的行业主要集中在需要深加工且具有高附加值的食品制造和加工行业。具体体现在如其他罐头食品制造（22%）、乳粉制造（19%）、含乳饮料和植物蛋白饮料制造（19%）、精制茶加工（16%）、白酒制造（15%）、糖果巧克力制造（14%）、其他调味品和发酵品制造（12%）等产业类型。相对而言，一般的初级食品制造和加工行业也是占中游环节大多数的行业，其利润率一般不超过 10%。

下游环节利润率呈现出明显的两级分化情况，且无明显规律，其中利润率最高的为其他农产品仓储（78%），利润率最低为棉花仓储（-1249%）。根据现有数据统计，营养保健零售、酒吧服务、粮油零售的利润均超过 30% 以上。餐饮配送服务、正餐服务的利润率均低于 -5%。通过数据可以看出，食品和农产品的中间流通环节的利润会导致末端餐饮行业的利润被压缩，因此随着市场经济形式的不断变化，如群众长期反映的外卖变贵等问题，正是这种利润率低下的外在表现。

2.3 供应链各环节产业产权的联系网络特征

全省现代农业与食品产业供应链各环节间存在一定的产权联系。

总体上，同一环节内部企业产权联系呈现上、中游环节内联系一般，下游联系较紧密的表现形式，具体原因可归因为同产业自内部系较多，因不同农作物生产和加工互为原料和副产品，但不同产品的用途去向又不大一致，因此其中上游环节内联系频数为 5284，中游内联系频数为 178，下游内联系频数为 32716。

表 12-2：广东省现代农业与食品各行业产权联系表

联系类型	环节	总部或投资企业类型	分支或被投资企业类型	联系频数
同一环节内部联系（同类行业间）联系频数：8841	下游	正餐服务	正餐服务	3243
	下游	其他综合零售	其他综合零售	2820
	下游	快餐服务	快餐服务	1396
	下游	其他未列明餐饮业	其他未列明餐饮业	1382
同一环节内部联系（不同类行业间）联系频数：23507	下游	其他未列明餐饮业	正餐服务	1458
	下游	其他未列明餐饮业	快餐服务	852
	下游	正餐服务	其他未列明餐饮业	739
	下游	综合零售	其他综合零售	695
	下游	正餐服务	快餐服务	563
不同环节间联系 联系频数：4148	上游 / 下游	农业专业及辅助性活动	农林牧渔技术推广服务	131
	下游 / 中游	肉、禽、蛋、奶及水产品批发	牲畜屠宰	93
	中游 / 下游	糕点、面包制造	糕点、面包零售	56
	下游 / 上游	其他综合零售	化肥批发	55
总计				42326

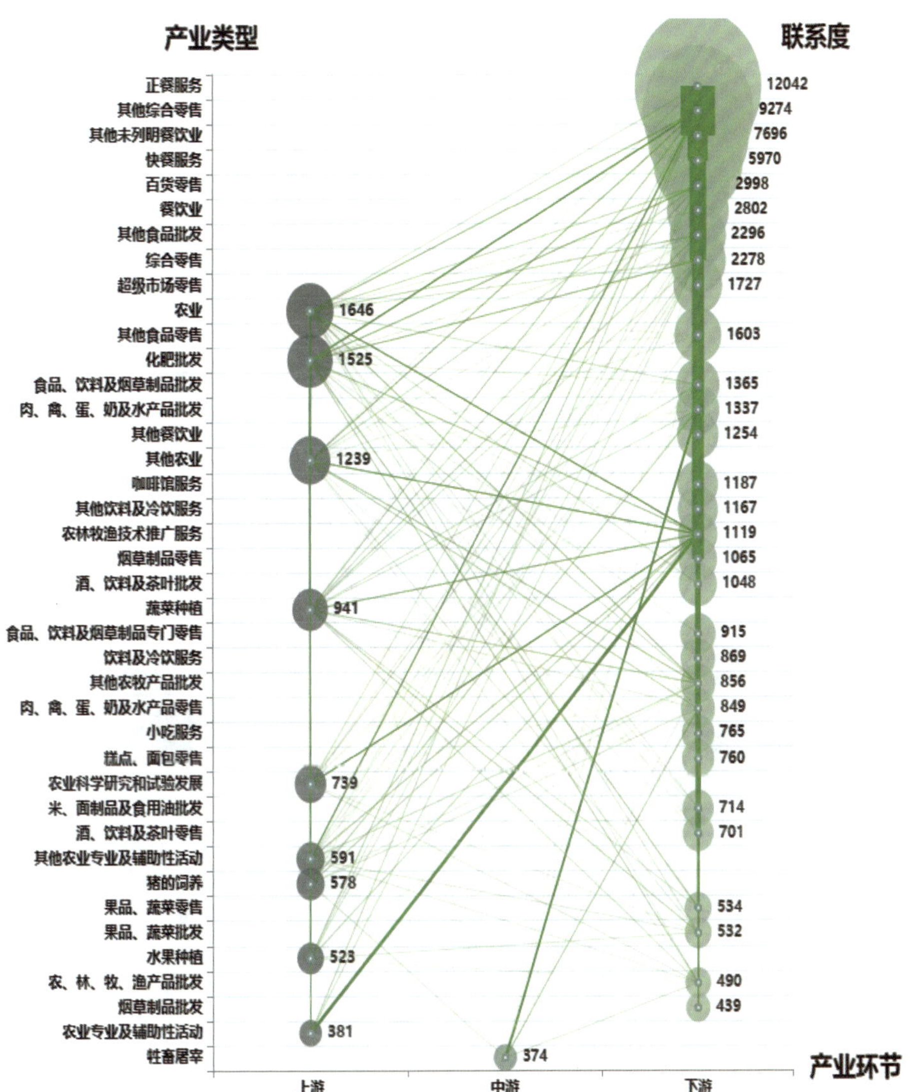

图 12-6：现代农业与食品产业全供应链产权联系分析图
（数据来源：龙盾企业数据库）

同一环节内同类行业间联系频数为8841，其中正餐服务行业内部联系最为紧密，联系频数为3243，另外联系频数超过1000的行业有20个，包括：正餐服务（3243）、其他综合零售（2820）、快餐服务（1396）、其他未列明餐饮（1382）等。

同一环境内不同行业之间的联系情况，与相同行业联系情况相似，零售与餐饮互为姊妹行业，行业分界不明显，因此联系度较高，其他不同行业因相关制造、原材料、工艺、消费对象差异较大，联系度较低。

不同环节之间的企业产权联系较薄弱，联系频数为4148。其中上游环节与下游环节联系较为紧密，中游环节与上下游联系有限。上游的农业专业及辅助性活动与下游的农林牧渔技术推广，是上下游两个联系度最紧密的产业。中游作为农产品加工制造环节，并不是农业全产业链的必要环节，因为农产品在生产后可以直接进入到流通销售。但正因为大量的初级农产品直接进入下游，使得中游环节是一个相对独立但又具有极大利润的环节。

2.4 供应链结构多要素的耦合特征

统计现代农业与食品产业供应链各环节的发展规模、经济价值、产权联系三要素对应指标的皮尔逊相关系数，可以发现企业数量比率与产权联系频数比率指标的皮尔逊相关系数为0.64，发展规模与产权联系两要素间存在高度的正相关性，企业数量规模越多的行业有更多的企业设立分支机构或对外投资，形成相对密集的产权联系网络。其他要素间则不存在较强的相关性。

表12-3：三要素相关系数表

要素指标	皮尔逊相关系数
企业数量比率与利润率	-0.03（弱负相关）
企业数量比率与产权联系频数比率	0.64（高度正相关）
行业平均利润率与产权联系频数比率	-0.03（弱负相关）

根据三要素指标的分布情况，现代农业与食品产业供应链内各环节企业发展状态大致可分为三种情况。

一是三要素指标均处于较高水平，表现为企业数量多、企业间联系频数高，包含其他综合零售、百货零售、正餐服务、其他未列明餐饮业、其他食品批发、综合零售、农业等，主要处于下游环节。整体来看，几类产业本身规模就十分巨大，行业十分成熟，市场规模基本已经饱和，这类行业中企业数量多而规模有限，企业科学技术含量较低，无核心竞争力，这类企业从企业个体角度来看，受市场波动影响较大，整体行业臃肿且固化。

二是经济价值指标表现良好，且具有一定规模的行业，包含其他未列明畜牧业、农作物病虫害防治活动、保健食品制造、其他农产品仓储、农业机械活动、种子种苗培育、酒吧服务、其他农牧产品批发等。整体来看，利润率高的行业存在一定的行业技术门槛、进入成本门槛等，市场集中度高，与其他农业行业联系度一般，表现在行业一般为非传统农业活动，而是辅助性农业活动或其他高利润行业。企业宜采用维持战略，并投入资金支持新的核心能力开发计划，在战略、组织结构、人员、技

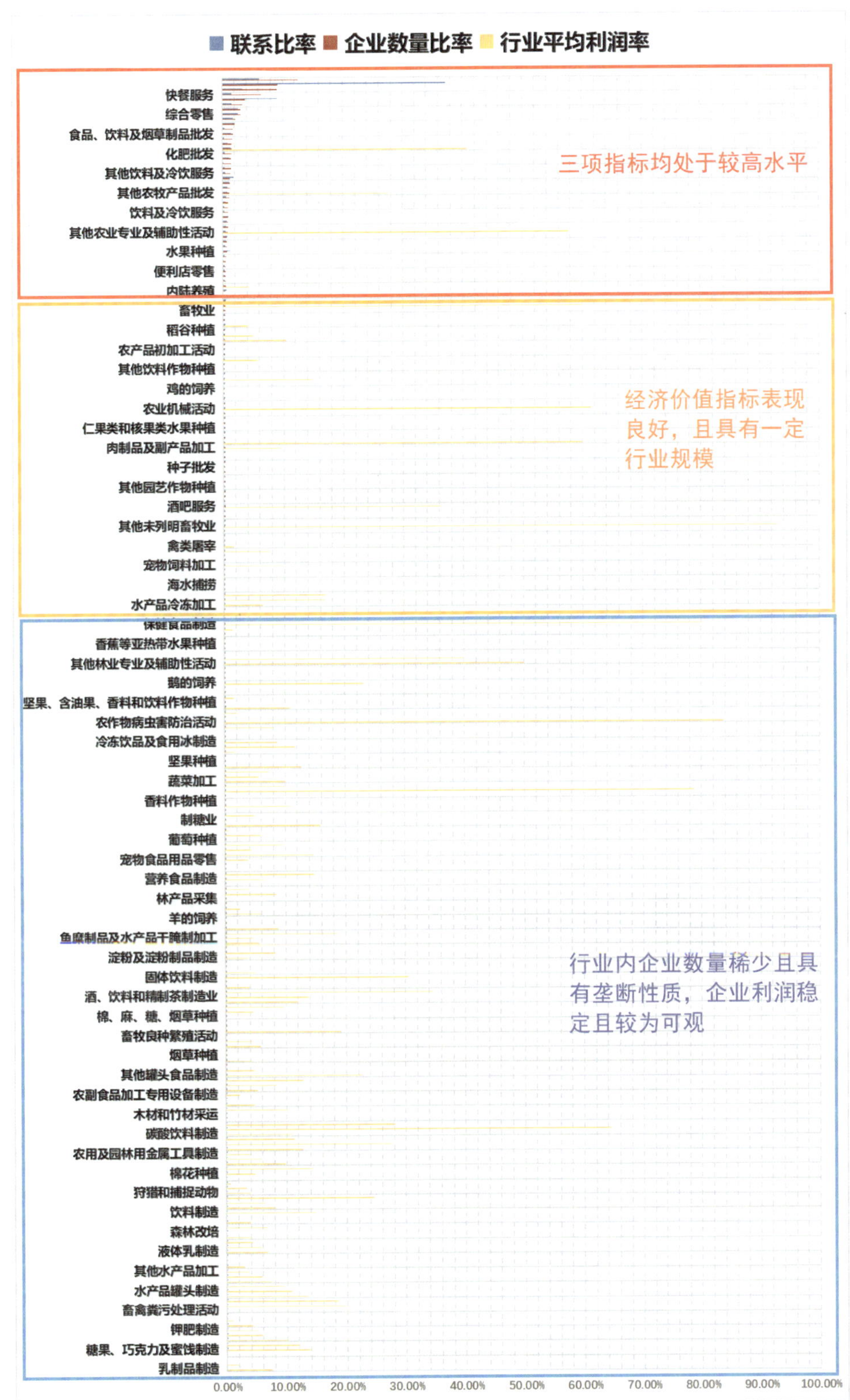

图 12-7：现代农业与食品产业全供应链四级分类产业要素指标分析图
（数据来源：龙盾企业数据库、《广东省经济普查年鉴（2018）》）

术等方面为要运用新技术，树立品牌形象，在绿色农业、生物基因、冷链仓储等现代农业新兴技术上，推动企业及早进入新一轮的生命周期。

三是行业内企业数量稀少且具有垄断性质，企业利润稳定且较为可观的行业。该行业表现为企业数量少、平均利润率稳定且合理、企业间联系基本不发生，包含有糖果巧克力蜜饯制造、罐头食品制造、方便食品制造、钾肥制造、农药制造、蔬菜菌类水果坚果加工、农林牧渔专用机械制造、酒的制造、调味料发酵品制造等，这些行业一般处于中游环节。整体来看，这类产业是现代农业的制造和加工中坚力量，因行业已形成规模化、品牌化，大众对该行业内品牌认同度极高，行业内存活企业基本形成了行业垄断，并掌握该行业的制造生产商业技术。企业在这一阶段需要承担较高品控风险和品牌维持成本，并进行市场调研、产品定位等工作，保障相关农产品及食品产品抓住大众消费者需求，强化市场主导权，通过申请专利强化竞争优势。

3. 广东省现代农业与食品产业集群空间特征

3.1 企业数量集聚的空间特征

分区域来看（图 12-8），珠三角地区是全省现代农业与食品企业的主要集聚区域，但上、中、下游各环节企业数量规模占比有所差异，分别为 47.26%、71.85%、90.62%，在产业规模发展方面具有绝对的数量规模优势，可以看出，越靠近下游，珠三角的企业数量就越多。粤北和粤西是上游产业的次级集聚区域，尤其是上游原料生产等企业，数量占比超过 44.3%。粤东地区是中游产业的次级集聚区域，企业数量占比达到 13.06%。

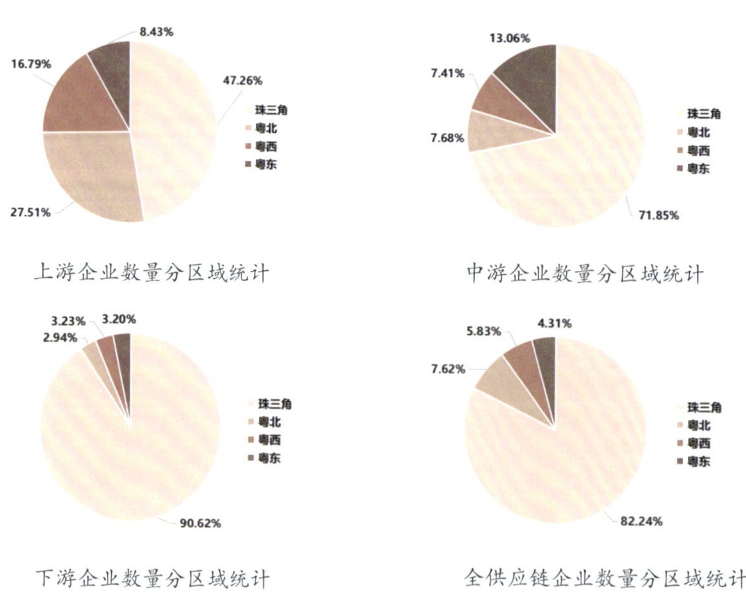

图 12-8：全省现代农业与食品产业分区域企业数量统计
（数据来源：龙盾企业数据库）

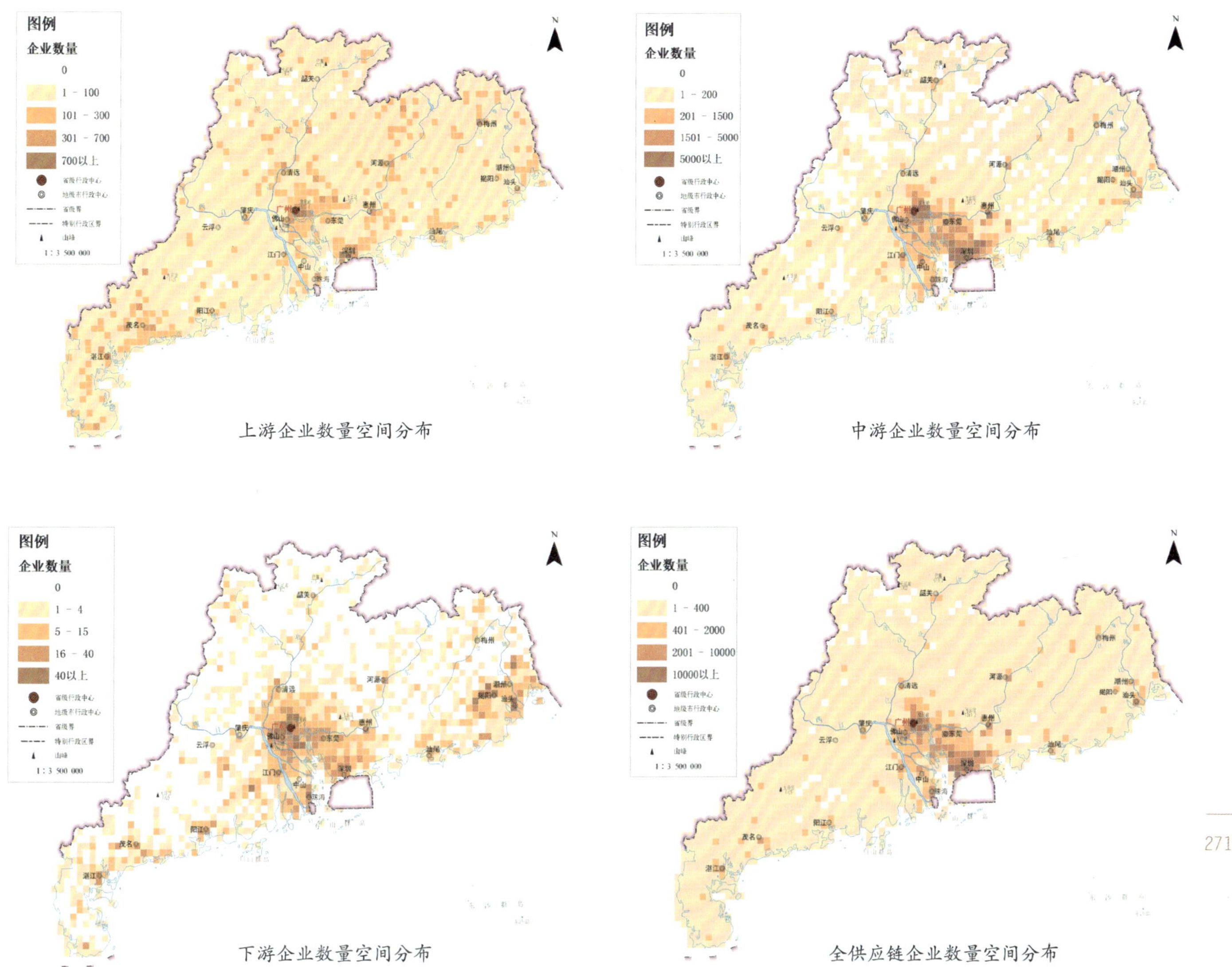

上游企业数量空间分布　中游企业数量空间分布

下游企业数量空间分布　全供应链企业数量空间分布

图 12-9：全省现代农业与食品产业企业数量分布
（数据来源：龙盾企业数据库）

分地市来看（图 12-9），深圳、广州、东莞为农业企业集聚地，紧随其后是惠州和佛山，企业数量分别为 26 万、15 万、5.7 万、3.2 万和 2.9 万家。佛山在农业企业数量上略微落后于惠州。分环节上看，上游企业数量最多的地市仅有广州市作为唯一的珠三角城市能占据一席之地，共有上游企业 1.1 万家。上游环节企业数量较多的地市有：河源 1 万家、湛江和茂名 9000 家、梅州和清远 8000 家。中游环节企业数量最多的城市广州有 883 家企业，“食在广州”这一招牌实至名归，更体现出广州强大的食品和农产品加工制造能力。其次是佛山 637 家和揭阳 473 家，其中揭阳作为粤东地区食品工业唯一代表城市，中游企业数量较多。下游环节深圳以 25 万家企业远超其他地市。可以看出，广东省内企业分布与企业所处产业链环节的位置有着巨大的相关性，各环节之间的企业分布存在明显的地理空间区别。

3.2 企业联系集聚的空间特征

分区域来看（图 12-10），珠三角地区全省现代农业与食品产业中设置分支机构或进行投资的企业的主要集聚区域，但上、中、下游各环节企业数量规模占比有所差异，上、中、下游各环节占比分别为 39.10%、56.07%、90.41%、80.47%，在产业联系度方面与企业数量类似，可以看出越靠近下游珠三角的企业联系度越强。虽然粤北地区在中游环节企业数量不足粤东地区，但企业联系度方面更加紧密，说明粤北地区的农业产业集聚效应比粤东要强得多。这与粤北地区靠近其他内地省份，作为农产品进入广东省的主要中转站有一定关系。

分地市来看（图 12-11），上游环节企业联系度格局与上游企业数量格局一致，广州、茂名、湛江、清远、河源、梅州占据联系度前六名。中游方面，江门企业联系度高居全省榜首，惠州市紧随其后，其他地市无明显联系度特征。下游方面，深圳市因其数量庞大的下游企业占据联系度榜首。可以看出，企业数量与企业联系度虽然依旧有显著的地理空间分布差异，但地市的联系度与其自身企业数量关系不大，而有意思的是，广州和深圳作为辐射全省的经济大市，围绕这两个城市会形成的企业联系度加成。如上游环节清远市企业数量虽然不多，但因为其与广州的地理位置关系，上游联系度跃居全省第四，反映了清远作为广州农产品上游集散地的产业链位置；同理东莞市的下游联系度为全省第三名，说明深圳的辐射作用使得东莞作为农产品中转批发进入深圳的前哨站。而虽然揭阳市食品加工企业数量首屈一指，但其并无与其他地市和行业产生联系，因此联系度较弱。

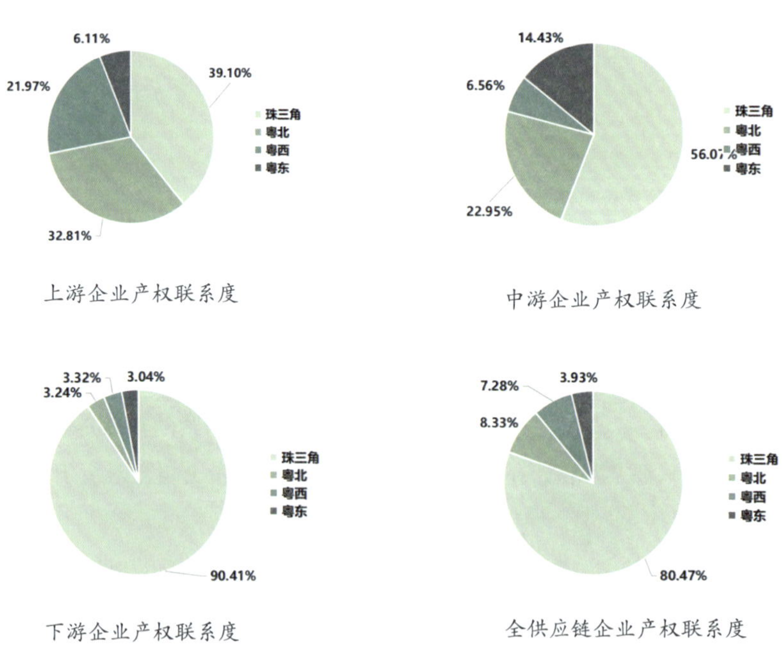

图 12-10：全省现代农业与食品产业分区域企业产权联系度统计
（数据来源：龙盾企业数据库）

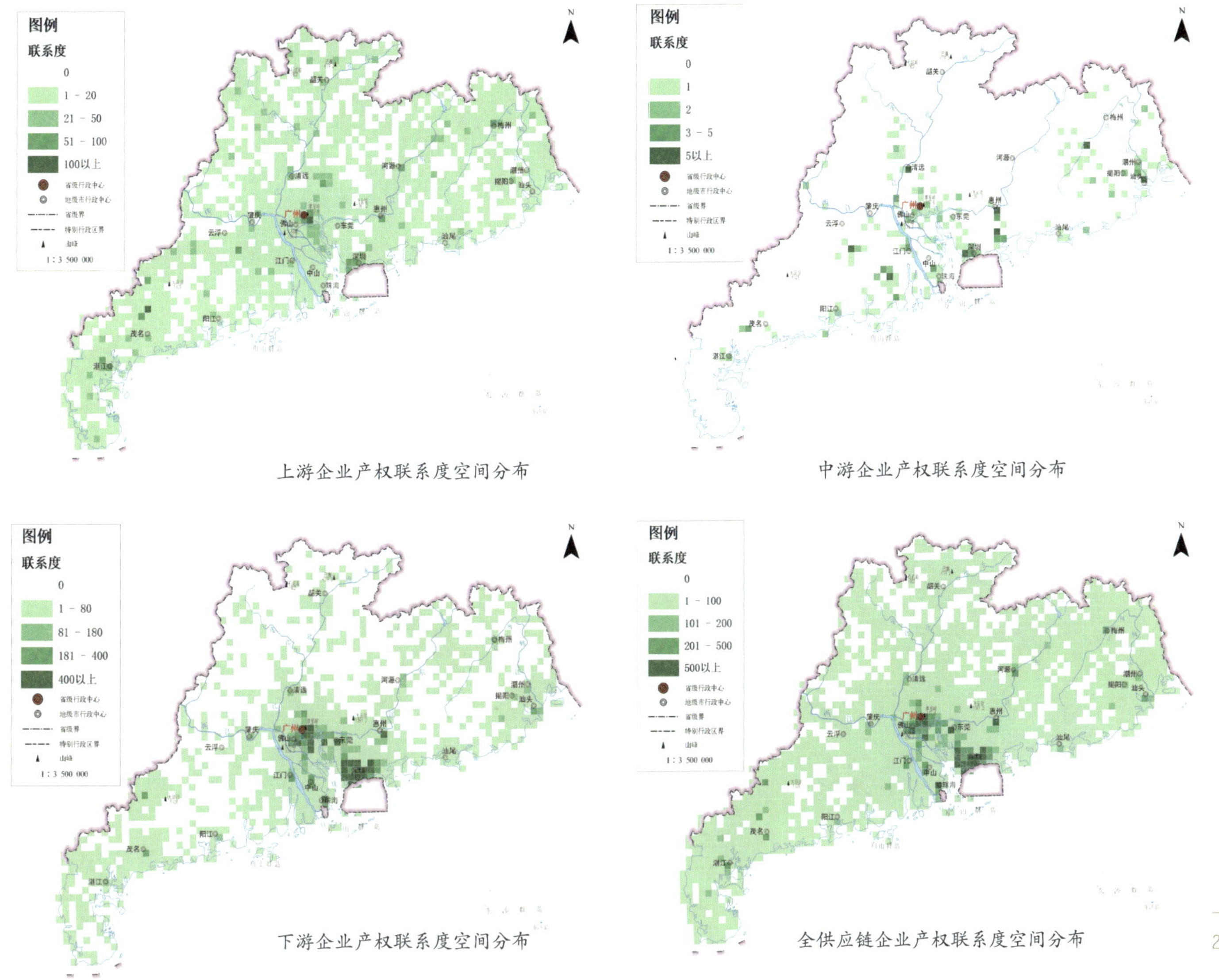

上游企业产权联系度空间分布　中游企业产权联系度空间分布

下游企业产权联系度空间分布　全供应链企业产权联系度空间分布

图 12-11：全省现代农业与食品产业企业产权联系度分布
（数据来源：龙盾企业数据库）

3.3 产业集群的空间特征

综合分析现代农业与食品产业全供应链企业数量空间分布和产权联系度情况，筛选两项指标处于前 25% 的格网做叠加分析，筛选企业密度较高、产权联系紧密的产业集群潜在空间格网共 326 个。

分区域来看（图 12-12），全省现代农业与食品产业集群的潜在空间主要分布在珠三角地区以及部分粤东西北地区，其中珠三角 191 个，占 58.59%；粤西 44 个，占 13.50%；粤东 33 个，占 10.12%；粤北 58 个，占 17.79%。

分地市来看（图 12-13），广东省现代农业与食品产业集群的潜在空间分布于全省各地市，每一个地市都至少有一个潜在产业集群。其中粤北的农业潜在集群集中在韶关市，粤西的农业潜在集群集中在茂名市，粤东的农业潜在产业集群集中在汕头市，其他地市均有零星分布。珠三角地区因作为农业消费和加工生产的主要集中地区，各地市也存在较为密集的现代农业与食品产业集群分布。

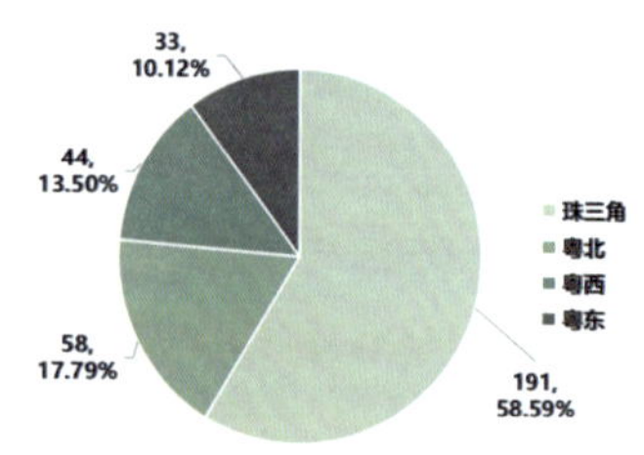

图 12-12：产业集群潜在空间格网统计图
（数据来源：龙盾企业数据库）

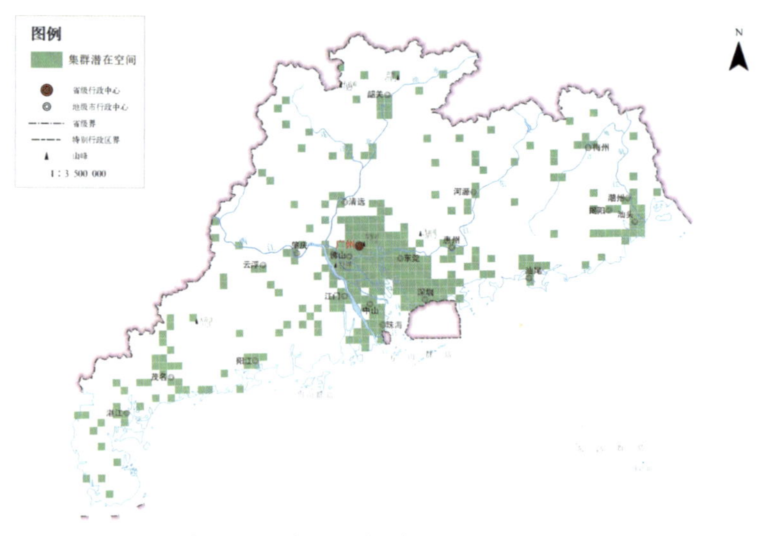

图 12-13：产业集群潜在空间空间分布图
（数据来源：龙盾企业数据库）

4. 广东省现代农业与食品产业典型案例

4.1 典型园区

肇庆市生猪产业园位于肇庆市，是肇庆市通过统筹全市牲畜产业资源，搭建的现代化农业产业园平台。肇庆市生猪产业园并不是特指某一个具体的产业园，而是通过布局现代化生猪养殖、加工流通、冷链物流和零售配送等功能板块，在全市形成链条齐全，产业融合的生猪产业。该产业园以肇庆市怀集县和广宁县为主要布局区域，肇庆市其他区县协同布局，总规划面积 901 万亩，计划总投资 3.5863 亿元，围绕打造一、二、三产业示范融合，集生猪绿色科技发展为一体的示范区。

产业园的建设抓住四个突出：一是突出全产业链，构建大区域生猪养殖、猪肉加工、冷冻、储藏、物流、销售、电商于一体的融合发展区；二是突出科技支撑，以生猪养殖设施化、集约化、智能化、生态化发展打造牲畜科技创新服务平台；三是突出强农带农，构建农户参股利益联结机制；四是突出绩效目标，实现 2021 年出栏生猪 100 万头、实现产值 32 亿元、带动农户 1 万人以上 [96]。2020 年肇庆市生猪产业园入选粤东、粤西、粤北地区第一批特色产业现代农业产业园建设名单，为广东省 9 个生猪省级现代农业产业园中唯一入选的生猪产业园 [97, 98]。

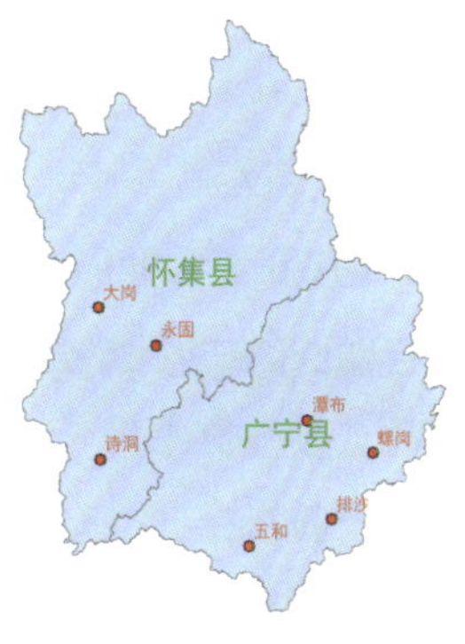

图 12-14：肇庆市生猪省级现代农业产业园核心区示意图[99]
（数据来源：微信公众号）

肇庆市作为广东省生猪生产大市，常年生猪出栏、存栏，以及能繁母猪存栏均占全省 13% 以上，全市共有生猪调出大县 4 个，占全省总数的 20%，怀集县曾连续四年获“国家生猪调出大县”称号。肇庆市生猪产业园并不是特指某一个具体的产业园，而是指肇庆市通过优选农业龙头企业作为实施主体，以多个生猪产业链子产业园为缩影的多产业阵地集合。全市共有 16 个大型生猪养殖项目，包括广宁县 3 个、封开县 2 个、怀集县 6 个，高要区 3 个、四会市 2 个[100]。肇庆市生猪国家级和省级现代农业产业园及 10 万头以上养殖基地主要分布在肇庆市以下区域。

（1）怀集县幸福街道（怀集广东温氏畜禽有限公司马宁种猪场、怀集广东温氏畜禽有限公司闸岗种猪场和闸岗扩繁场）、中洲镇（肇庆兴泰农牧有限公司智能化种猪场）、永固镇（肇庆怀集永固生猪养殖项目）、大岗镇（怀集县广东新辉园农业养猪场、怀集广东温氏畜禽有限公司大岗种猪场）、诗洞镇（怀集县诗洞智慧种猪场项目）。

（2）广宁县南街镇（广东省 2022 年国家级生猪产能调控基地大北农农牧食品）、五和镇（广东永盛集团肉食品加工基地项目、广东永成农牧食品有限公司）、潭布镇（创展博纳潭布 C1 养殖基地）、排沙镇（排沙镇年出栏 10 万头商品猪养殖基地一期建设项目）、清桂镇［展博纳原种猪养殖基地（清桂）建设项目］、洲仔镇（清桂林场的原种猪场）、宾亨镇（农业部办公厅关于公布第一批畜禽标准化示范场名单广三保畜牧有限公司）。

（3）封开县江口镇（肇庆市益信农业发展有限公司畜牧良种场）、金装镇（越秀农牧封开生猪养殖基地 7800kWp 分布式光伏发电项目）、粤桂合作特别试验区（皇上皇肇庆肉制品加工中心）。

（4）鼎湖区广利镇（肇庆市食出公司大旗岭猪场）、莲花镇（肇庆市种畜繁育场莲花原种猪场）。

（5）高要区莲塘镇（广东省 2022 年国家级生猪产能调控基地肇庆市宝元农业发展有限公司、广东加大畜牧有限公司、广东华红畜牧有限公司高要稔岗原种场、广东华红畜牧有限公司高要罗勒养殖场）、回龙镇（广东省 2022 年国家级生猪产能调控基地肇庆市高要农牧美益畜牧发展有限公司）、白诸镇（广东省 2022 年国家级生猪产能调控基地广东加大金山种猪有限公司、广东省新兴县食品企业集团有限公司高要第一分公司）、回龙镇（广东省 2022 年国家级生猪产能调控基地肇庆市高要区鸿通农业有限公司）。

（6）四会市江谷镇（广东省 2022 年国家级生猪产能调控基地四会市康的畜牧养殖有限公司、四会市美加宝畜牧养殖有限公司）。

（7）德庆县高良镇、播植镇、莫村镇、永丰镇、武垄镇（基智农肇庆市德庆县生猪产业链项目，年出栏150万头生猪养殖产业链项目投资框架协议）。

与国内发展较好的广东农垦湛江垦区现代农业产业园、陕西洛川县现代农业产业园等其他现代农业产业园相比，肇庆市生猪省级现代农业产业园在企业数量、产业规模、盈利水平和产业品牌效应上发展有限，但园区面积和产业科技含量上均处于较高水平。盈利水平上，因产业规模导致总产值有限，但肇庆市生猪产业园企业数量较少，企均盈利较好；交通条件上，肇庆市生猪产业园交通区位较差，离高铁站和高速距离都较远；产业布局上，三个产业园均已形成产业规模并发挥集群发展优势。但与四川眉山和陕西洛川典型园区相比，肇庆生猪产业园发展也具有一定特点。由于生猪养殖相比于苹果和泡菜产业，其所需生物科技技术门槛较高，使得农业合作社在没有资金扶持的模式下应用到生猪生产中寸步难行，需要以大型农业企业的大量投资建设才能满足基本生产条件。肇庆市生猪产业园相比于其他两个产业园，更注重打造智能化、绿色化、无害化、生态化、集约化的核心优势，产业园将传统农业合作社升级为农户参股公司化运营，实现与农户利益链接机制和突出绩效考核目标，以企业经营模式，控制生物安全底线和投入育种生产研发，不断引进数字化、智能化养殖设备，以“专注动物健康的根本是为人类健康”的理念，通过产出无抗高品质肉质产品，提高农产品竞争力和附加力。但与另外两个案例园区相比，其品牌口碑宣传上仍然有较大差距，洛川苹果和眉山泡菜从品牌价值和产业规模上均已形成“国际化、品牌化”效果，实现了该类农产品全国集散地功能，进而推动产业规模持续做大做强，并成功申请了国家级现代农业产业园。相比较而言，肇庆市生猪产业园过于专注于生猪上游生产，生猪产品只出不进，未能依托大湾区打造生猪集散交易中心，导致其服务半径仅覆盖大湾区，未能辐射全国。

表12-4：典型园区关键要素对比表

（数据来源：园区招商网页客户端）

园区对比要素	肇庆市生猪省级现代农业产业园	四川省眉山市东坡区国家级现代农业产业园	陕西省洛川县国家级现代农业产业园
地理位置	广东省肇庆市	四川省眉山市	陕西省洛川县
开发面积	9010000亩（总规划面积）	353400亩（耕地总面积）140000亩（生产基地）[101]	19500亩（规划）、5000亩（核心区）
入驻企业数	约6家	约60家	约1000（含个体户）家
年度营收	2021实现产值32亿元[102]	2020全区泡菜加工产值200亿元，占全国三分之一[103]	2018年综合总产值60亿[104]
地均营收（亿元/平方公里）	0.005	0.61	4.62
企均营收（亿元/家）	5.33	3.33	0.06
交通条件	肇庆市生猪省级现代农业产业园距怀集高铁站约20公里，距二广高速约30公里。	四川省眉山市东坡区国家级现代农业产业园距眉山东站高铁站6公里，距太和火车站1公里，毗邻成都都市圈环线高速和成乐高速，距成都天府国际机场65公里。	陕西省洛川县国家级现代农业产业园距洛川东站高铁站7.5公里，位于延西高速洛川收费站出口处500米，距离陕西省会西安市150公里。

（续上表）

园区对比要素	肇庆市生猪省级现代农业产业园	四川省眉山市东坡区国家级现代农业产业园	陕西省洛川县国家级现代农业产业园
产业布局	强化构建生猪全产业链。构建大区域生猪养殖及猪肉加工、冷冻储藏、物流、销售、电商于一体的生猪一、二、三产业融合发展区。强化突出科技支撑，加快生猪养殖设施化、集约化、智能化、生态化发展，搭建生猪科技创新服务平台。	政府主导全国第一个规模最大、功能最全、工艺最新的泡菜产业园区，全国第一个国家级泡菜质量监督检验中心，全国第一个泡菜产业技术研究院，全国第一个中国泡菜博物馆，全国第一个泡菜行业标准，全国第一个泡菜行业4A级景区。	以苹果标准化生产示范、会展中心、交易仓储、物流配送、农资交易、产业加工、科技研发、文化展示、配套服务和金融服务10大功能区为主，使园区成为全国苹果物流集散、价格形成、信息传播、技术交流和会展贸易中心，引领中国苹果产业发展新“航母”。
产业链核心环节	上游猪养殖育种、中游猪产品加工	中游泡菜加工、下游泡菜销售	上游苹果种植，中游苹果初级加工
代表企业	创展博纳、永盛、新辉园、广三保	岷江现代农业集团	陕西洛川苹果合作社

4.2 典型企业案例

4.2.1 企业概况

广东广三保养猪有限公司，是全国最早实行集约化、中国规模化养猪的企业之一，一直专注于优良种猪的繁育和优质商品猪的生产。其前身是由中国广东省、中国香港地区以及美国合资经营的广三保养猪有限公司，成立于1984年，投资2600万美元，从美国引进优良的种猪、成套先进的饲养设备和科学的生产管理技术，于1985年建成年产3万头优质种猪和年产10万头优质商品猪的集约化、现代化养猪场各一个。

广三保公司采取集团化经营，实施标准化、精细化、科学化管理，统一生产规程、统一原材料和药品疫苗采购、统一免疫程序、统一用药方案、统一饲料营养配方，不断优化改进生产工艺流程，不断完善生产管理操作规程及人才队伍建设。目前，公司拥有年出栏5万头曾祖代、祖代及父母代的增城原种猪场，年出栏各6万头曾祖代、祖代及父母代的广宁原种猪场、阳江原种猪场及开平原种猪场和年出栏1.5万头商品猪的顺德商品猪场，配套有年测定种猪5000头的种猪测定中心4个，种猪和生猪年上市量达30万头，是华南地区种猪精液供应中心之一。

广三保先后获得：农业部“国家生猪核心育种场”（首批）、“全国猪联合育种协作组成员单位”“农业部无公害农产品”、农业部“生猪标准化示范场”“第一届全国养猪行业百强优秀企业”“中国出入境检验检疫出境动物养殖企业”“AAA级中国质量信用企业”“广东省原种猪场”“广东省重点生猪养殖场”“广东省无公害农产品产地”“广东省健康农业科技示范基地”“中国畜牧业协会猪业分会副会长单位”“广东省养猪行业协会副会长单位”。公司培育的“广三保”牌（获商标注册）长白、杜洛克、大白种猪被认定为“中国国际农业博览会名牌产品”“广东省名牌产品”。广三保公司通过多年的引进、消化、吸收、创新，摸索出了一套适合广东实际的现代集约养猪生产和管理模式，形成了独特的优良种猪繁育体系，为我国养猪业从传统型向现代集约化、产业化，从肥肉型向瘦肉型转变做出了巨大贡献，起到了先导、示范和龙头的作用，被誉为中国集约化、现代化的养猪先驱。

4.2.2 企业产权联系的网络特征

构建广三保产权联系网络，有 12 家企业与广东广三保养猪有限公司直接关联，构建了覆盖供应链上、中、下游各环节的产权联系网络。

空间分布方面，发生产权联系企业均位于广东，说明广东广三保养猪有限公司是一家扎根于广东省的养猪企业，体现了农林牧渔行业的地理特殊性。

供应链接结构方面，产权联系网络中上、中、下游各环节企业完整，该公司集中面向上游环节布局，中游和下游环节为公司配套衍生环节。上游包括农林牧渔生产类，主要分为畜牧业公司和猪场，上游作为生产基地，母公司又全资或者控股设立了肇庆广宁、江门开平、阳江、佛山顺德四家畜牧公司以及肇庆广宁种猪场、江门开平和广州增城养猪场，形成了规模庞大的现代生猪养殖生产基地群。中游环节其中分别在广州和深圳开设制造业节点，形成了含畜牧机械制造、货物进出口（专营专控商品除外）、技术进出口、畜批发、猪的饲养等一系列生猪养殖配套服务和加工基地。下游环节通过成立投资有限公司，以母公司所在地广州市为主要经营区域，涵盖物业租赁、农业投融资、企业上市等相关业务，实现了公司资金流的良好运作。

表 12-5：广东广三保养猪有限公司产权联系类型

（数据来源：龙盾企业数据库）

产权关联类型	总数	涉及省份	行业类型
全资控股	3	广东	畜牧业
参股	4	广东	农业金融服务、投融资、物业租赁、畜牧机械制造、专营货物进出口、农业技术进出口、畜批发、饲料
分支机构	4	广东	养殖业

产权联系方式方面，广东广三保养猪有限公司主要通过全资控股或者开设分支的方式，构建自身养猪产业链。全资控股企业 3 家，70% 控股公司 2 家，参股公司 2 家，开设分支机构 4 家。可以看出，广东广三保养猪有限公司主要聚焦于第一产业生猪生产，通过金融投资服务为母公司创造利润，对第二及第三产业投入有限，在生产完第一产业初级农产品后就通过销售渠道售出。该产业链布局体现了广三保作为国有企业集团控股旗下的公司一贯稳健的产业布局策略，即专精于生猪生产，通过掌握核心农业科技使得自身利润始终保持优良，并有能力实现养猪场建设投资，农业科技引进和研发试验等大资金投入业务。

总体来看，广东广三保养猪有限公司进行了一定的产业拓展布局，在供应链各环节的部署模式具有参考价值。首先重点通过抓住现代农业生产中最高技术含量、最高利润的环境，抢占现代农业生产高地，从源头把控农业生产质量和成本，通过提早掌握领先于竞争对手的养殖技术，实现可持续的高投入高回报经营模式，再以全资控股或者开设分支机构的形式在广东省内各地市，选取地理条件较好、拿地成本较低、政策扶持到位的地方投资建设现代农业养殖基地。作为现代农业龙头企业，发挥以点带面作用，专注掌握高利润生产环节，并将农业产业链条上其他业务分包或让利，带动区域整体可持续发展，并逐渐形成品牌效应和垄断农业初级产品源头。因其国企背景，通过稳定的生猪供给，建设并挂牌成为了广东省菜篮子基地[105]，有力保障了我省粮食安全和食品安全。

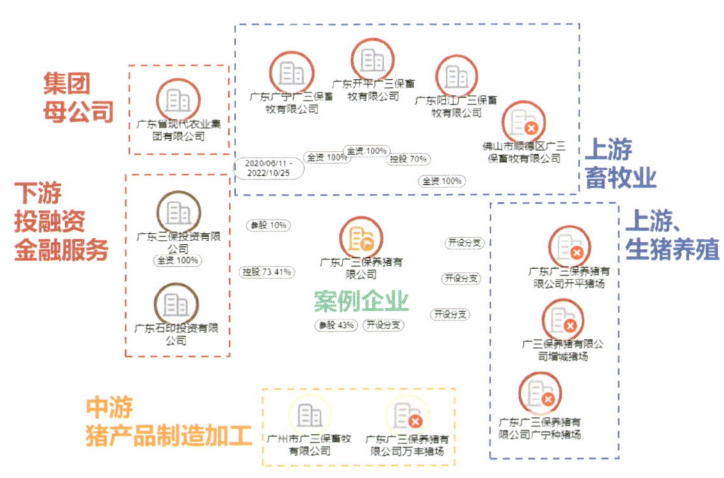

图 12-15：广东广三保养猪有限公司产权联系企业类型
（数据来源：龙盾企业数据库）

第十三章

战略性新兴产业集群：

半导体与集成电路产业集群

半导体与集成电路产业是国家战略性新兴产业，其供应链包括生产材料、设备、软件等研发制造，集成电路与半导体成品制造和成品终端应用。广东省半导体与集成电路企业主要集中在中游成品制造环节。上游原料、设备、生产软件研发的企业数量较少，约占2.83%，同时中游环节利润率远高于上游和下游环节。中游环节企业是引导产权联系的核心环节，与上游和下游发生联系，这种模式有利于成品制造与研发以及应用市场构建的正向反馈，但上游环节的规模化拓展需进一步引导。

广东省半导体与集成电路企业主要聚集在珠三角地区，特别是上游研发和中游制造部分主要集中在广州、深圳、东莞、珠海、佛山等科研资源集聚、经济实力较强、应用市场较广的地市。因此，半导体与集成电路产业园往往选址在地理位置优越、创新资源丰富、靠近教育资源的高度城市化地区，以方便产品研发创新和探索市场应用场景。这一点也可以从深圳芯海科技（深圳）股份有限公司的分支机构设置与投资布局中得以体现。

1. 半导体与集成电路产业集群概述

1.1 基本概念

半导体是指一种导电性可控，范围从绝缘体到导体之间的材料。常见的半导体材料有硅、锗、砷化镓等，是制作集成电路电子元件的主要材料。集成电路是把一定数量的常用电子元件，如电阻、晶体管等以及这些元件之间的连线，通过半导体工艺集成在一起的具有特定功能的电路。

集成电路技术包括芯片制造技术与设计技术，主要体现在加工设备、加工工艺、封装测试、批量生产及设计创新的能力上。从核心产品角度来看，半导体与集成电路产业主要包括半导体器件的设计、制造、封装测试，以及相关原材料、辅助材料、装备等。

半导体与集成电路产业起源于美国，伴随着全球分工及技术迭代，呈现出三次产业转移，价值链中附加值较低环节在世界范围内进行地域迁徙的迹象。20 世纪 80 年代，半导体与集成电路产品制造向日本转移，90 年代向韩国和中国台湾地区转移，2000 年以后，中国成为全球半导体与集成电路产业的转移重心。

由于技术的发展，半导体与集成电路产业发展经历了由垂直整合阶段向垂直分离阶段的过渡，全产业出现专业化的分工，但各分工环节间仍然具有高度的技术衔接要求，因此不同环节的厂商在地理相对临近的区域集聚，强化技术、经济、人才的互动交流，推进了半导体与集成电路产业集群的发展。

半导体与集成电路是高技术复杂度的行业，产业上、中、下游供应链条较长。为了更好厘清半导体与集成电路产业的核心产品、核心技术环节和核心行业等关键要素的结构关系，需要深入分析产业上、中、下游的结构特征，构建半导体与集成电路产业供应链全景图谱。

供应链的最顶层是研发端，多由高校和研究机构等主体进行相关基础理论研究和技术研发，在我国，高端芯片、集成电路装备和工艺技术、集成电路关键材料、集成电路设计工具、先进存储、先进计算、先进制造、高端封装测试、关键装备材料、新一代半导体技术等是重点聚焦攻坚的领域。

上游是重要的生产支撑环节，供应核心产品包含半导体材料，以及支撑生产的软件、IP 核、生产设备等。其中半导体材料主要包含生产硅片、光刻胶、电子特种气体、抛光材料等；研发 EDA 设计软件涉及印制电路板（PCB）设计与校验技术、集成电路（IC）版图设计技术、芯片上系统（SoC）设计技术、可编程逻辑器件（PLD）设计技术、可编程系统芯片（SOPC）设计技术等；IP 核是一段具有特定电路功能的硬件描述语言程序，通过将数字电路中常用但比较复杂的功能块设计成可修改参数的模块，提升设计效率，缩短产品上市时间，主要分为软核、固核和硬核 3 个部分。半导体生产设备主要包含刻蚀机、光刻机、清洗机、检测装备等。本环节对应的企业集中分布在国民经济行业分类中的电子专用材料制造（3985，国民经济行业分类代码，下同）、半导体器件专用设备制造（3562）两类行业中。

中游是半导体与集成电路成品重要的生产环节，依托上游支撑，通过设计、制造、封装、测试等系列流程，将原材料加工成通用型或定制化成品，核心产品包含分立器件、传感器、集成电路等。本环节对应的企业集中分布于国民经济行业分类中的半导体分立器件制造（3972）、集成电路制造（3973）、半导体照明器件制造（3975）、光电子器件制造（3976）、敏感元件及传感器制造（3983）、集成电路设计（6520）6 类行业。

下游则是半导体与集成电路成品的主要应用环节，将芯片、存储器等成品应用于计算机、通信

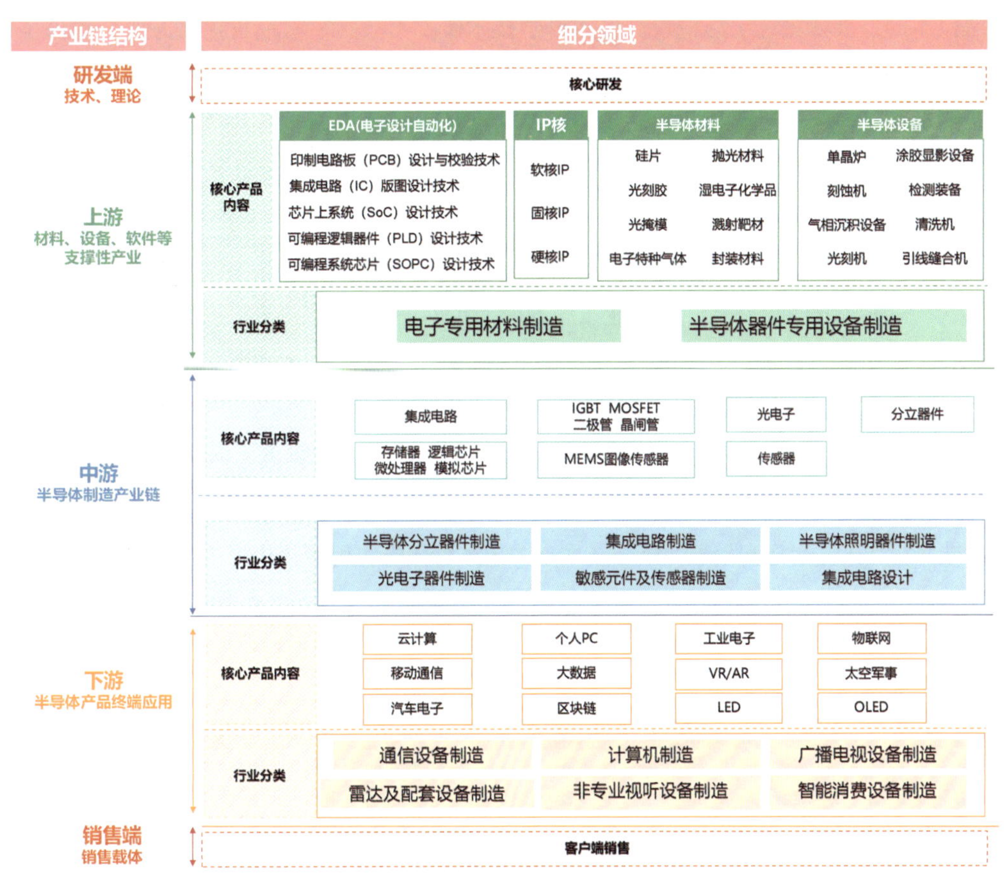

图 13-1：半导体与集成电路全产业供应链图谱

设备、工业电子、物联网等行业领域。本环节对应的企业集中分布在国民经济行业分类中的计算机制造（391）、通信设备制造（392）、广播电视设备制造（393）、雷达及配套设备制造（394）、非专业视听设备制造（395）、智能消费设备制造（396）六类行业中。

供应链的最末端是销售端，通过市场销售等机构，将半导体及集群电路的应用产品的销售需求给到客户。

1.2 发展概况

1.2.1 政策要求

半导体与集成电路产业作为重要的战略新兴产业，国家、广东省密集出台了相关政策支持产业发展，从“卡脖子”关键技术突破、产业链补全、产业集聚发展、产业空间供给、创新能力提升、人才体系保障六个方面提出了具体的政策要求。印发部门主要涉及发改、工信、财政、税务等部门，主要激励手段包括财政资金奖励、税收优惠、贷款倾斜、供地保障等（表 13-1）。

国家层面主要聚焦于行业技术发展。关注的关键技术包含集成电路设计工具、重点装备和高纯靶材等关键材料研发、绝缘栅双极型晶体管（IGBT）、微机电系统（MEMS）、先进制程晶圆制造等。为鼓励引导关键技术的发展，推进实施税收优惠和科学技术研发两条路径。税收优惠方面，提出了行业发展的重点领域、重点技术的企业扶持清单，明确企业税收的优惠量化措施，同时为鼓励本土企业与国际技术接轨，对关键技术企业因技术发展需要进口的高技术产品予以免征进口关税的优惠。科学技术研发推进方面，依托前沿学科和交叉研究平台建设，实施数字技术创新突破工程、重点产品高端提升行动等，以推进技术研发和技术攻坚。

广东省层面主要聚焦做大做强本地产业集群、产业链和供应链。其中政策涉及面更广，包含产业布局优化、技术发展、产业链补全等。产业布局方面，注重产业的集聚布局，基本推动形成以广州、深圳、珠海为核心，带动佛山、东莞等地协同发展的“3+N”产业格局。技术方面，关注核心技术研发突破，积极推进特色制程和先进制程集成电路制造，加快培育化合物半导体，在晶圆制造工艺、FPGA、DSP、数模混合芯片、模拟信号链芯片、射频前端、EDA 工具、关键 IP 核等领域实现突破。产业链供应链方面，依托核心技术的突破，积极补充打造涵盖设计、制造、封测等环节的全产业链，支持终端应用龙头企业通过数据共享、人才引进和培养、核心技术攻关、产品优先应用等合作方式培育国内高水平供应链，带动芯片设计、原材料、核心电子元器件、设备、关键软件等上下游配套企业协同发展。

表 13-1：政策清单表格样式

层级	时间	政策名称	主要内容或措施要求	印发部门
国家级	2020.07	《新时期促进集成电路产业和软件产业高质量发展的若干政策》	分别从财税、投融资、研究开发、进出口、人才、知识产权、市场应用、国际合作等多个方面推动集成电路发展，优化集成电路产业和软件产业发展环境，深化产业国际合作。	国务院
国家级	2020.12	《关于促进集成电路产业和软件产业高质量发展企业所得税政的公告》	对集成电路能制造 28 纳米、65 纳米、130 纳米技术的企业，以及集成电路优质企业进行了不同程度的减税和免税处理。 国家鼓励的集成电路设计、装备、材料、封装、测试企业和软件企业自获利年度起，第一年至第二年免征企业所得税，第三年至第五年按照 25% 的法定税率减半征收企业所得税。	财政部、税务总局、发改委、工信部

（续上表）

层级	时间	政策名称	主要内容或措施要求	印发部门
国家级	2021.01	《基础电子元器件产业发展行动计划（2021-2023年）》	在重点产品高端提升行动的电路类元器件中，提出要重点发展微型化、片式化阻容感元件，高频率、高精度频率元器件，耐高温、耐高压、低损耗、高可靠的半导体分立器件及模块，小型化、高可靠、高灵敏度的电子防护器件，高性能、多功能、高密度混合集成电路。	工信部
国家级	2021.03	《关于支持集成电路产业和软件产业发展进口税收政策的通知》	《通知》明确了免征进口关税的几种情况，其中涉及半导体的主要有：集成电路线宽小于65纳米的逻辑电路、线宽小于0.25微米的特色工艺集成电路生产企业，进口国内不能生产或性能不能满足需求的自用生产性集成电路生产设备零配件。集成电路线宽小于0.5微米的化合物集成电路生产企业和先进封装测试企业，进口国内不能生产或性能不能满足需求的自用生产性原材料及消耗品。	财政部、海关总署、税务总局
国家级	2021.12	《“十四五”数字经济发展规划》	在“数字技术创新突破工程”方面，提出要抢先布局前沿技术融合创新，推进前沿学科和交叉研究平台建设，重点布局下一代移动通信技术、量子信息、第三代半导体等新兴技术，推动信息、生物、材料、能源等领域技术的融合和群体性突破。	国务院
国家级	2022.03	《关于做好2022年享受税收优惠政策的集成电路企业或项目、软件企业清单制定工作有关要求的通知》	重点集成电路设计领域：高性能处理器和FPGA芯片；存储芯片；智能传感器；工业、通信、汽车和安全芯片；EDA、IP和设计服务。如业务范围涉及多个领域，仅选择其中一个领域进行申请。选择领域的销售（营业）收入占本企业集成电路设计销售（营业）收入的比例不低于50%。	发改委、工信部、财政部、海关总署、税务总局
省级	2020.02	《广东省加快半导体与集成电路产业发展的若干意见》	主要提出优化发展IC设计业，提升产业优势；重点发展特色工艺制造，补齐产业短板；积极发展封测、设备及材料，完善产业链条；提升研发创新能力；强化人才队伍支撑；推动产业合作发展六个方面的指导内容。	广东省人民政府办公厅
省级	2020.10	《广东省培育半导体与集成电路战略性新兴产业集群行动计划（2021-2025年）》	重点任务：1. 推动产业集聚发展。2. 突破产业关键核心技术。3. 打造公共服务平台。4. 保障产业链供应链安全稳定。5. 构建高水平产业创新体系。 重点工程：1. 底层工具软件培育工程。2. 芯片设计领航工程。3. 制造能力提升工程。4. 高端封装测试赶超工程。5. 化合物半导体抢占工程。6. 材料及关键电子元器件补链工程。7. 特种装备及零部件配套工程。8. 人才集聚工程。	广东省发展改革委 广东省科技厅 广东省工业和信息化厅
省级	2021.08	《广东省制造业高质量发展“十四五”规划》	《规划》提出，到2025年，新一代电子信息产业营业收入达到6.6万亿元，形成世界级新一代电子信息产业集群。 1. 以广州、深圳、珠海为核心，打造涵盖设计、制造、封测等环节的半导体与集成电路全产业链。 2. 支持广州开展“芯火”双创基地建设，建设制造业创新中心。 3. 支持深圳、汕头、梅州、肇庆、潮州建设新型电子元器件产业集聚区，推进粤港澳大湾区集成电路公共技术研究中心建设。 4. 推动粤东、粤西、粤北地区主动承接珠三角地区产业转移，发展半导体元器件配套产业。	广东省人民政府

1.2.2 市场概况

近年来，中国集成电路产业实现了长足发展，销售额不断提升，我国已经成为全球最大的集成电路市场之一。数据显示，我国集成电路销售额由2016年的4336亿元增长至2021年的10458亿元，年均复合增长率达19.25%[106]。未来，在5G、智能网联汽车、人工智能、超高清视频等新兴应用驱动下，我国集成电路产业的市场需求仍将不断增长。

广东是我国信息产业第一大省，在消费电子、通信、人工智能、汽车电子等领域都拥有国内最大的半导体与集成电路终端应用市场，集成电路进口金额占全国的 40% 左右。2019 年集成电路产业主营业务收入超过 1200 亿元，其中集成电路设计业营业收入超过 1000 亿元。至 2022 年，广东半导体集成电路产业集群营收超过了 2200 亿元[107]，年均复合增长率达 20.83%，为打造中国集成电路第三极迈出了坚实步伐。

目前，国家持续加大对集成电路产业的支持力度，产业发展环境不断完善，同时，5G、人工智能、智能网联汽车、工业互联网、超高清视频等产业对半导体与集成电路的需求快速增长，这些都为广东发展半导体与集成电路产业提供了良好的发展机遇。为顺应行业发展趋势，广东积极重点培育发展半导体与集成电路战略性新兴产业集群，科学精准实施了“广东强芯”工程，积极构建集成电路产业“四梁八柱”，为包括新一代电子信息、智能家电、汽车等超万亿元产业集群提供了核心芯片支撑。在高端模拟、化合物半导体、MEMS 传感器等特色工艺方面布局了一批重大产线项目。截至 2023 年 4 月，全省在建、拟建集成电路重大项目近 40 个，总投资超 5000 亿元[108]，为半导体与集成电路产业的未来发展提供了持续的增长动力。

2. 广东省半导体与集成电路产业供应链结构特征

2.1 供应链各环节产业的发展规模

全省半导体与集成电路企业数量为 12118 家。从供应链各环节的企业数量规模来看，中游环节规模最大，其次是下游环节，规模最小的是上游环节（图 13-2）。

上游环节共有 343 家企业，在全供应链中企业数量占比为 2.83%。上游包含两个小类（为国民经济行业分类代码中第四级分类），企业数量规模接近。其中电子专用材料制造类企业数量稍多，数量为 179 家，在上游环节的数量占比为 52.19%，是上游环节主导发展企业类型；半导体器件专用设备制造类企业数量稍少，数量为 164 家，在上游环节的数量占比为 47.81%。

中游环节共有 8630 家企业，在全供应链中企业数量占比为 71.22%。其中集成电路设计类企业数量最多，为 6203 家，在中游环节的数量占比为 71.88%，是中游环节主导发展的企业类型。敏感元件

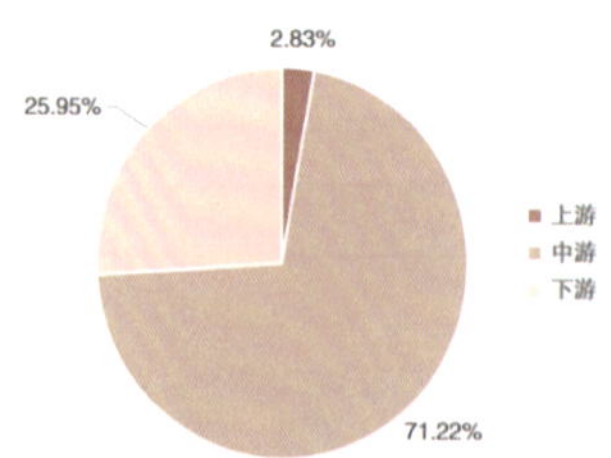

图 13-2：半导体与集成电路全产业企业数量
（数据来源：龙盾企业数据库）

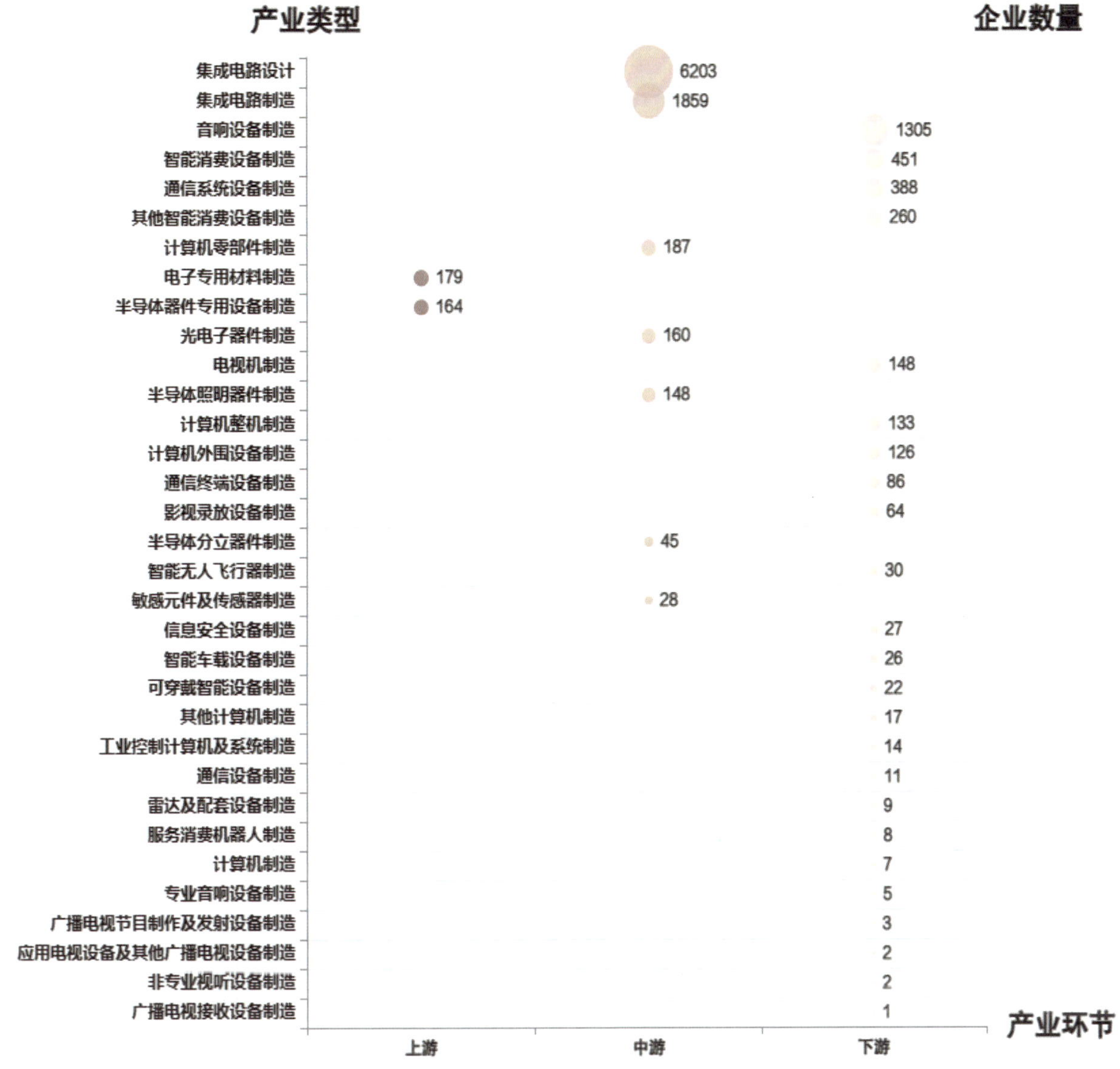

图 13-3：半导体与集成电路产业全供应链企业数量分析
（数据来源：龙盾企业数据库）

及传感器制造类企业数量最少，为 28 家，在中游环节的数量占比为 0.32%，是中游环节发展最不充分的企业类型。

下游环节共有 3145 家企业，在全供应链企业中企业数量占比为 25.95%。其中音响设备制造类企业数量最多，数量为 1305 家，在下游环节的数量占比为 41.49%，是下游环节主导发展的企业类型。广播电视接收设备制造类企业数量最少，为 1 家，在下游环节的数量占比为 0.03%，是下游环节发展最不充分的企业类型。

2.2 供应链各环节产业经济价值

半导体与集成电路产业全供应链 2018 年的整体平均利润率为 6.33%。从供应链各环节的企业平均利润来看，中游环节利润率最高，其次是下游环节，利润率最小的是上游环节（图 13-4）。

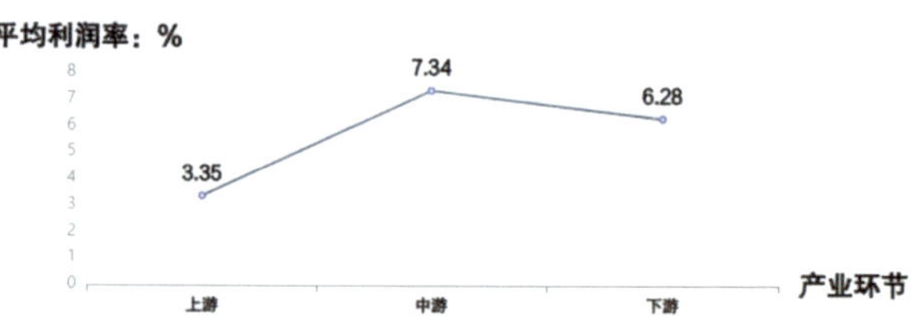

图 13-4：上、中、下游利润率平均值折线统计图
（数据来源：龙盾企业数据库）

分环节来看（图 13-5），上游环节平均利润率最低，为 3.35%。其中半导体器件专用设备制造类企业利润率最高，为 7.00%，比上游环节利润率平均值高 3.65 个百分点。电子专用材料制造类企业利润率最低，为 -0.30%，比上游环

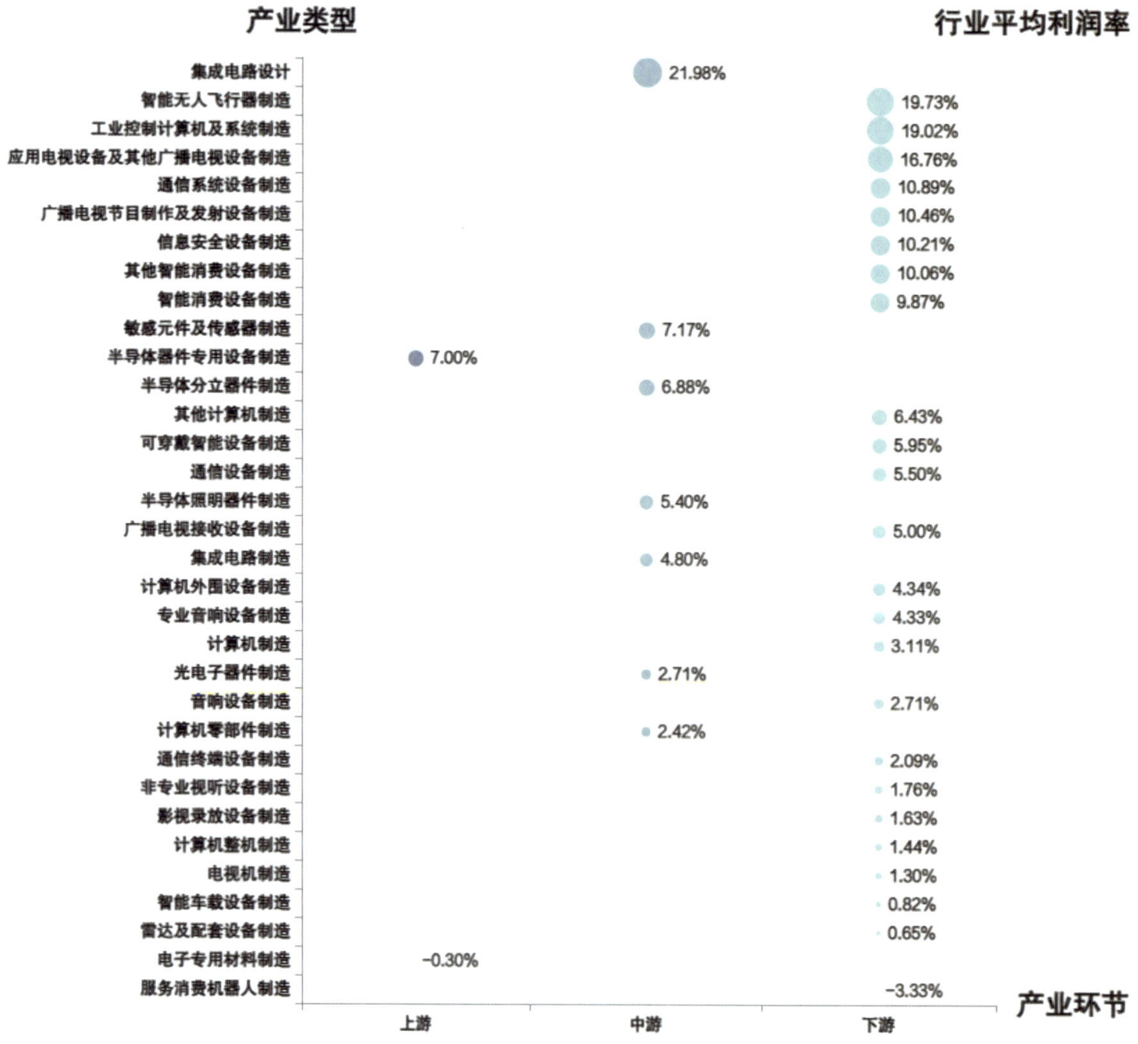

产业类型	产业环节	行业平均利润率
集成电路设计	中游	21.98%
智能无人飞行器制造	下游	19.73%
工业控制计算机及系统制造	下游	19.02%
应用电视设备及其他广播电视设备制造	下游	16.76%
通信系统设备制造	下游	10.89%
广播电视节目制作及发射设备制造	下游	10.46%
信息安全设备制造	下游	10.21%
其他智能消费设备制造	下游	10.06%
智能消费设备制造	下游	9.87%
敏感元件及传感器制造	中游	7.17%
半导体器件专用设备制造	上游	7.00%
半导体分立器件制造	中游	6.88%
其他计算机制造	下游	6.43%
可穿戴智能设备制造	下游	5.95%
通信设备制造	下游	5.50%
半导体照明器件制造	中游	5.40%
广播电视接收设备制造	下游	5.00%
集成电路制造	中游	4.80%
计算机外围设备制造	下游	4.34%
专业音响设备制造	下游	4.33%
计算机制造	下游	3.11%
光电子器件制造	中游	2.71%
音响设备制造	下游	2.71%
计算机零部件制造	中游	2.42%
通信终端设备制造	下游	2.09%
非专业视听设备制造	下游	1.76%
影视录放设备制造	下游	1.63%
计算机整机制造	下游	1.44%
电视机制造	下游	1.30%
智能车载设备制造	下游	0.82%
雷达及配套设备制造	下游	0.65%
电子专用材料制造	上游	-0.30%
服务消费机器人制造	下游	-3.33%

图 13-5：半导体与集成电路产业全供应链经济价值分析
（数据来源：《广东省经济普查年鉴（2018）》）

节利润率平均值低 3.65 个百分点。本类企业整体尚未实现盈利，有待采取措施进一步降低生产成本、开拓市场，提升盈利空间。

中游环节在供应链三个环节中平均利润率最高，平均利润率达到 7.34%。其中集成电路设计类企业利润率最高，为 21.98%，比中游环节利润率平均值高出 14.64 个百分点。计算机零部件制造类企业利润率最低，为 2.42%，比中游环节利润率平均值低 5.08 个百分点。

下游环节在供应链三个环节中平均利润率居中，平均利润率达到 6.28%。其中智能无人飞行器制造类企业利润率最高，为 19.73%，比下游环节利润率平均值高 13.45 个百分点。服务消费机器人制造类企业利润率最低，为 -3.33%，比下游环节利润率平均值低 9.61 个百分点。本类企业整体尚未实现盈利，有待采取措施进一步降低生产成本，开拓市场，提升盈利空间。

2.3 供应链各环节产业产权联系的网络特征

全省半导体与集成电路产业供应链各环节间存在一定的产权联系（表 13-2）。

总体上，同一环节内部企业产权联系较为紧密，联系频数为 81。同一环节内，同类行业间联系频数为 71，其中集成电路设计行业内部联系最为紧密。同一环节内不同行业间联系频数为 10，其中集成电路设计和集成电路制造之间的联系较为紧密。

不同环节之间的企业产权联系较薄弱，联系频数为 6。其中，中游环节与下游环节联系较为紧密，集成电路制造类企业是产权联系网络中的核心节点。上游环节与中游环节联系较为薄弱。

表 13-2：广东省半导体与集成电路各行业产权联系表

（数据来源：龙盾企业数据库）

联系类型	总部或投资企业类型	分支或被投资企业类型	联系频数
同一环节内部联系（同类行业间）联系频数：71	半导体器件专用设备制造	半导体器件专用设备制造	1
	集成电路设计	集成电路设计	49
	集成电路制造	集成电路制造	15
	服务消费机器人制造	服务消费机器人制造	1
	计算机外围设备制造	计算机外围设备制造	2
	通信终端设备制造	通信终端设备制造	1
	音响设备制造	音响设备制造	2
同一环节内部联系（不同类行业间）联系频数：10	集成电路设计	集成电路制造	8
	通信终端设备制造	通信系统设备制造	1
	音响设备制造	计算机外围设备制造	1
不同环节间联系 联系频数：6	集成电路制造	半导体器件专用设备制造	1
	集成电路制造	电子专用材料制造	1
	集成电路制造	工业自动控制系统装置制造	3
	集成电路设计	通信系统设备制造	1
总计			87

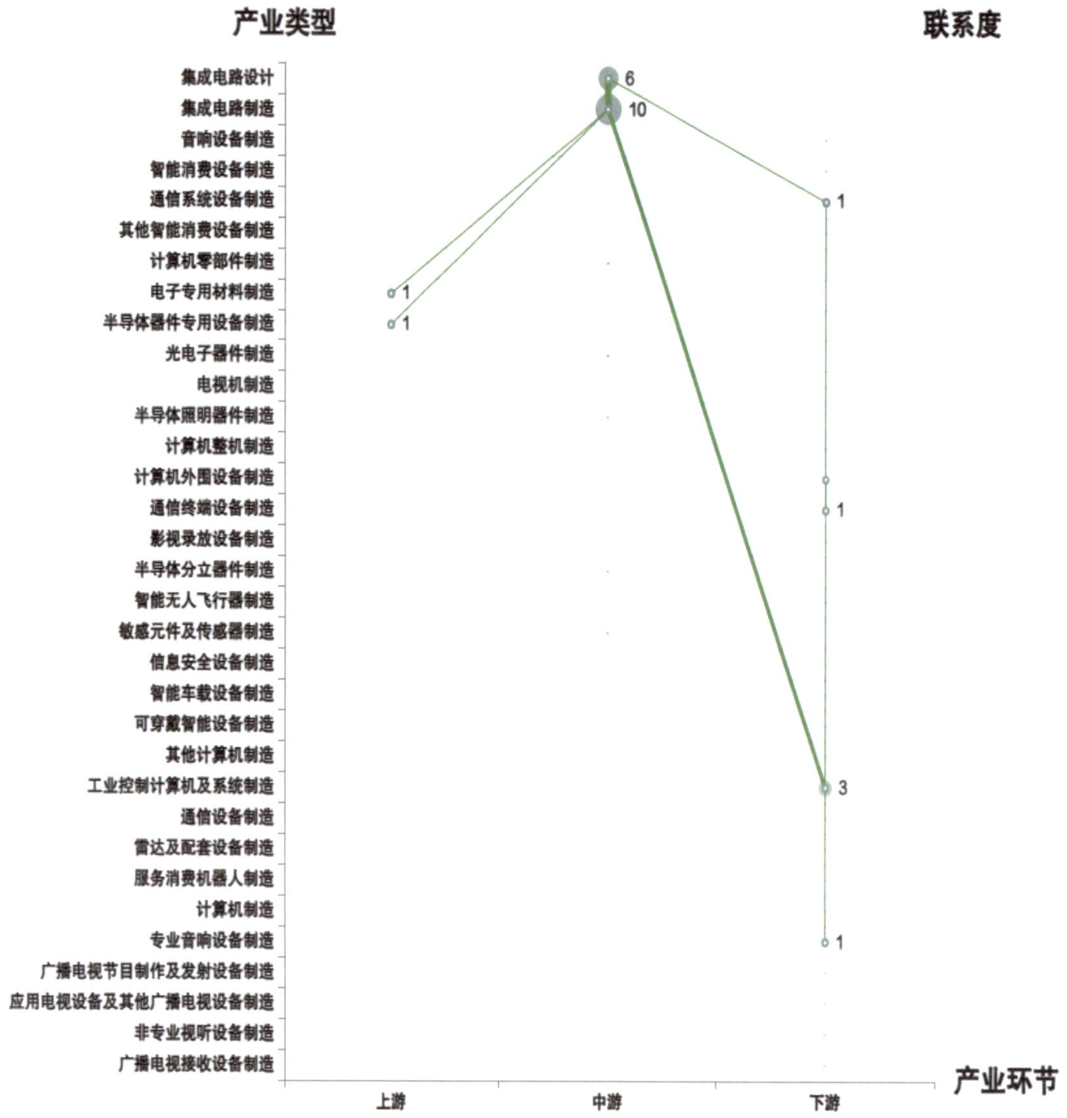

产业类型

联系度

集成电路设计
集成电路制造
音响设备制造
智能消费设备制造
通信系统设备制造
其他智能消费设备制造
计算机零部件制造
电子专用材料制造
半导体器件专用设备制造
光电子器件制造
电视机制造
半导体照明器件制造
计算机整机制造
计算机外围设备制造
通信终端设备制造
影视录放设备制造
半导体分立器件制造
智能无人飞行器制造
敏感元件及传感器制造
信息安全设备制造
智能车载设备制造
可穿戴智能设备制造
其他计算机制造
工业控制计算机及系统制造
通信设备制造
雷达及配套设备制造
服务消费机器人制造
计算机制造
专业音响设备制造
广播电视节目制作及发射设备制造
应用电视设备及其他广播电视设备制造
非专业视听设备制造
广播电视接收设备制造

6
10
1
1
1
1
3
1

产业环节

上游
中游
下游

图 13-6：半导体与集成电路产业全供应链产权联系分析图
（数据来源：龙盾企业数据库）

2.4 供应链结构多要素的耦合特征

统计半导体与集成电路产业供应链各环节的发展规模、经济价值、产权联系三要素对应指标的皮尔逊相关系数，可以发现，企业数量比率与产权联系频数比率指标的皮尔逊相关系数为0.93，发展规模与产权联系两要素间存在极强的正相关性，企业数量规模越多的行业有更多的企业设立分支机构或对外投资，从而形成相对密集的产权联系网络。其他要素间则不存在较强的相关性（表13-3）。

表13-3：三要素相关系数表

要素指标	皮尔逊相关系数
企业数量比率与利润率	0.42（中等程度正相关）
企业数量比率与产权联系频数比率	0.93（极度正相关）
行业平均利润率与产权联系频数比率	0.35（弱正相关）

根据三要素指标的分布情况，半导体与集成电路产业供应链内各环节企业发展状态大致可分为三种情况。

一是三要素指标均处于较高水平，表现为企业数量多，平均利润率高，企业间联系频数高，包含音响设备制造、集成电路制造和设计3类，主要处于中游环节。整体来看，几类产业发展处于增长期或成熟期，市场规模和潜在需求较大，但较高利润与较大的企业也存在市场竞争加剧的风险。目前省内半导体与集成电路设计企业普遍规模偏小，高水平设计能力不足，企业应组织批量生产以降低成本，建立分销渠道和销售网点，确保市场供给，尽早形成产品系列并向相邻市场渗透，可以考虑进入国际市场开展跨国经营。

二是经济价值指标表现良好，而发展规模和产权联系指标较弱的企业。包含电视机制造、计算机制造、光电子器件制造等28类，主要处于中游及下游环节。整体来看，这几类产业发展处于成熟期，存在一定的行业技术门槛、进入成本门槛或法律法规门槛等，市场集中度高，需求增长较快而供给量相对稳定。企业宜采用维持战略，并投入资金支持新的核心能力开发计划，在战略、组织结构、人员、技术等方面为转向新领域作准备，抓住时机通过转型、重组、再造和技术、制度、管理创新战略来推动企业及早进入新一轮的生命周期。

三是三要素指标均处于较低水平的企业，表现为企业数量少，平均利润率为负，企业间联系频数低，包含电子专用材料制造、服务消费机器人制造2类，分别处于上游及下游环节。整体来看，两类产业处于初创发展阶段，市场需求不够成熟，存在技术落后或成本投入较大等问题。企业在这一阶段需要承担较高的研发成本和风险，并需要进行市场调研、产品定位等工作，加强研发，争取市场主导权，及早进入市场与申请专利，强化竞争优势。

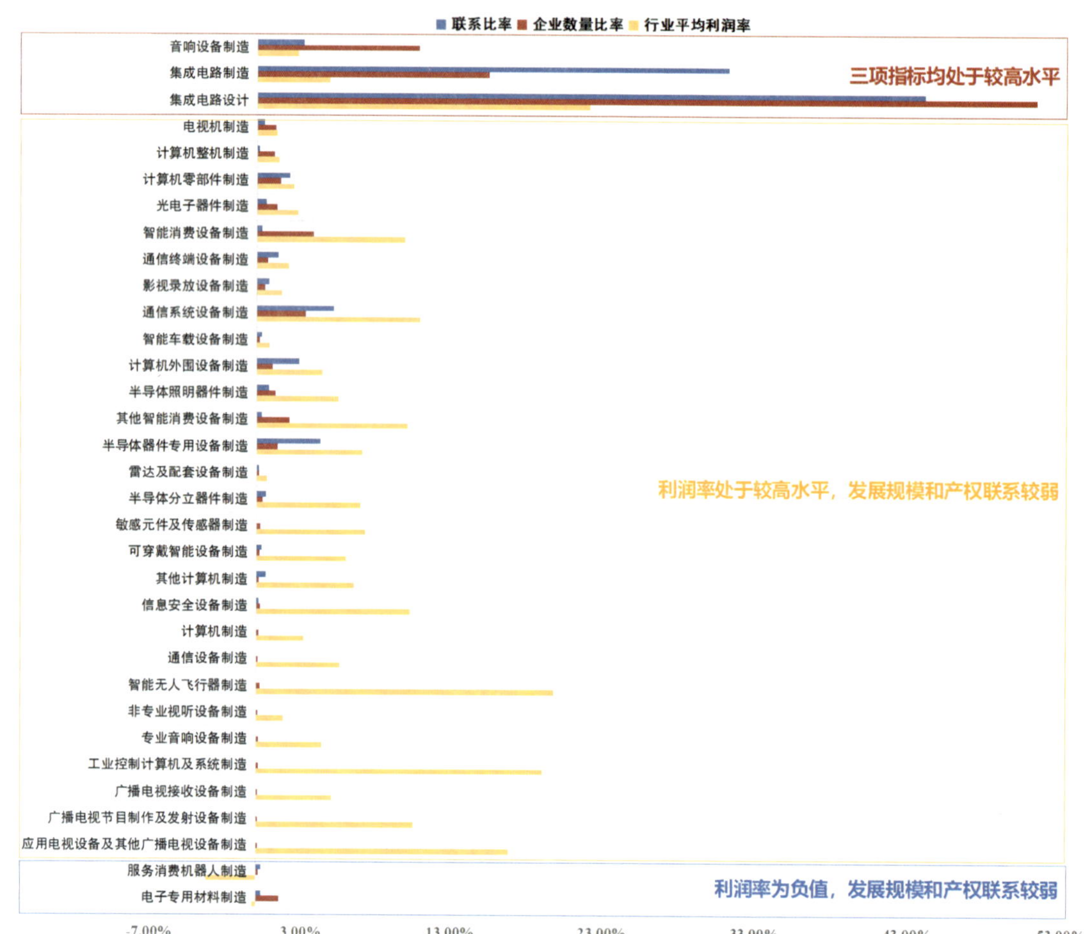

图 13-7：半导体与集成电路产业全供应链四级分类产业要素指标分析图
（数据来源：龙盾企业数据库、《广东省经济普查年鉴（2018）》）

3. 广东省半导体与集成电路产业集群空间特征

3.1 产业数量集聚的空间特征

分区域来看（图 13-8），珠三角地区是全省半导体与集成电路企业的主要集聚区域，包含的上、中、下游各环节以及全供应链的企业数量规模均占比分别为 91.25%、97.87%、92.99% 和 94.28%，均超过 90% 以上，在产业规模发展方面具有绝对的数量规模优势。粤北地区是半导体与集成电路企业的次级集聚区域，尤其是上游原料生产等企业，数量占比超过 5%。粤东地区和粤西地区的半导及集成电路产业发展规模相对较小，合计数量占比未超过 3%，产业发展基础相对薄弱。

分地市来看（图 13-9），广州、深圳、东莞、珠海、佛山等地是半导体与集成电路产业的主要集聚地，上、中、下游各环节企业分布均较为密集，但各地市集聚的产业环节特点略有差异。东莞、深圳和中山是上游企业数量最多的 3 个地市，佛山、惠州、广州、珠海、清远、江门、韶关等地企业数量依次递减，是半导体与集成电路原料生产以及支撑软硬件设备的主要产地；深圳、广州和东莞是中游企业数量最多的 3 个地市，中山、惠州、珠海、佛山、河源、梅州、汕头等地企业数量依次递减，承载着半导体与集成电路设计、制造、封测等生产工作；广州、东莞和佛山是下游企业数量最多的 3 个地市，深圳、惠州、江门、珠海、中山、梅州、清远等地企业数量依次递减，是半导体与集成电路产品的应用端衍生企业的主要集中区域。

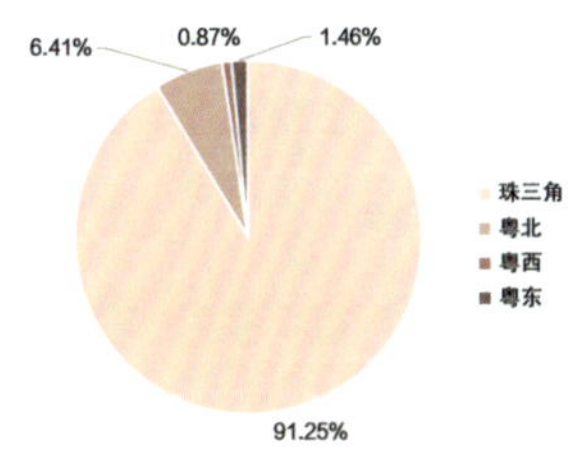

上游企业数量分区域统计

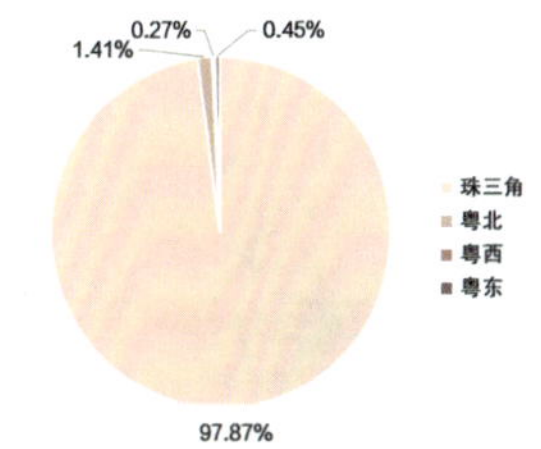

中游企业数量分区域统计

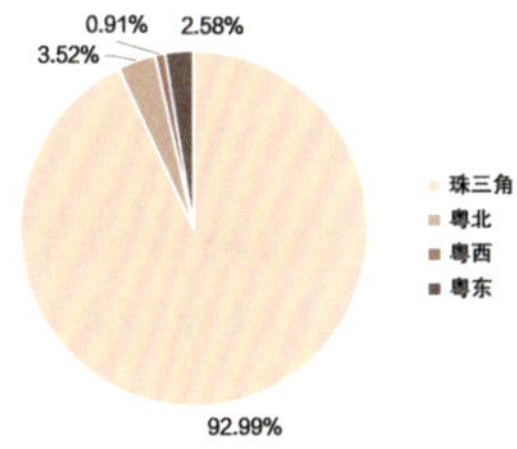

下游企业数量分区域统计

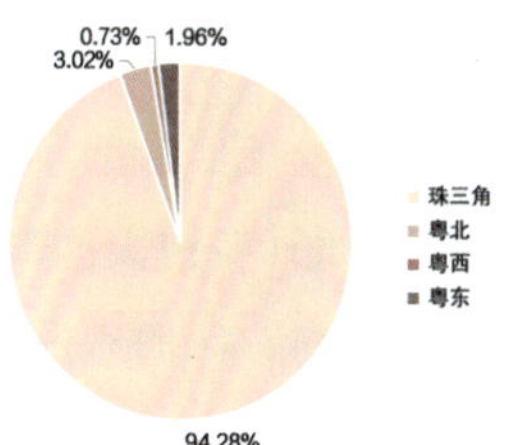

全供应链企业数量分区域统计

图 13-8：全省半导体与集成电路产业分区域企业数量统计
（数据来源：龙盾企业数据库）

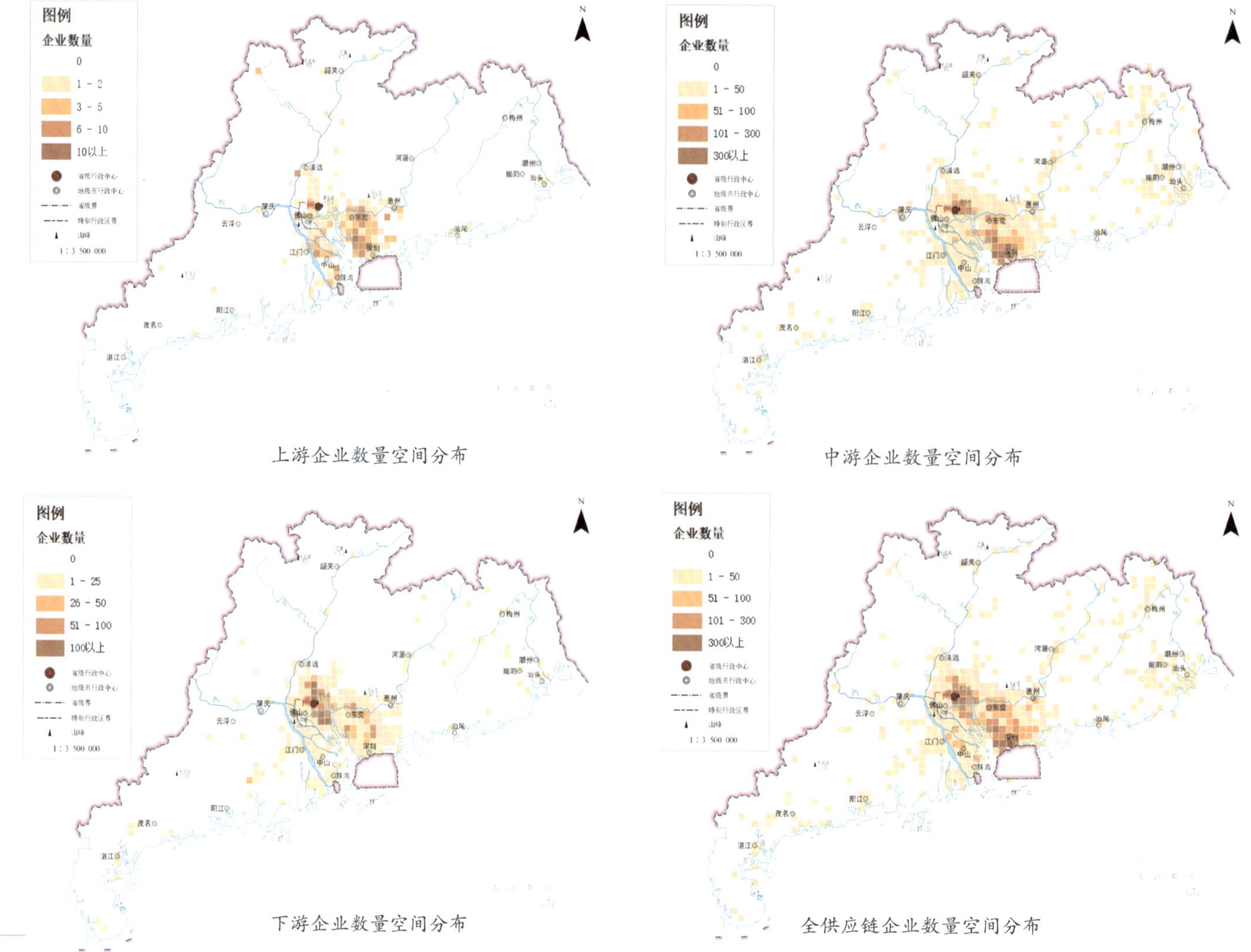

图 13-9：全省半导体与集成电路产业企业数量分布
（数据来源：龙盾企业数据库）

3.2 产业联系集聚的空间特征

分区域来看（图 13-10），珠三角地区是全省半导体与集成电路产业中设置分支机构或进行投资的企业的主要集聚区域，上、中、下游各环节以及全供应链的产权联系度占比分别为 80.68%、95.24%、96.52% 和 94.79%，均超过 80% 以上，具有绝对的产权布局优势，依托产权部署，在经济、技术、知识、人才等要素交流方面具有更大的潜力。粤北地区具有一定的产权联系规模，尤其是上游原料生产等企业，联系度占比超过 15%。粤东地区和粤西地区的半导及集成电路产业产权联系度相对较小，合计数量占比未超过 2%，发展基础相对薄弱，其中粤东地区略优于粤西地区。

分地市来看（图 13-11），广州、深圳、东莞、珠海等地是半导体与集成电路产业上游、中游、下游各环节企业产权联系较多区域，有较强的产业合作拓展能力，但各环节企业产权联系度排序略有变化。深圳、清远、东莞是上游企业产权联系度较高的区域，珠海、惠州、汕头、中山、佛山、韶关、阳江产权联系度依次递减，其中清远作为半导体原材料生产的集中地，在上游环节企业的产权联系强度超过了绝大部分珠三角地市；深圳、广州、东莞是中游企业产权联系度较高区域，珠海、中山、江门、

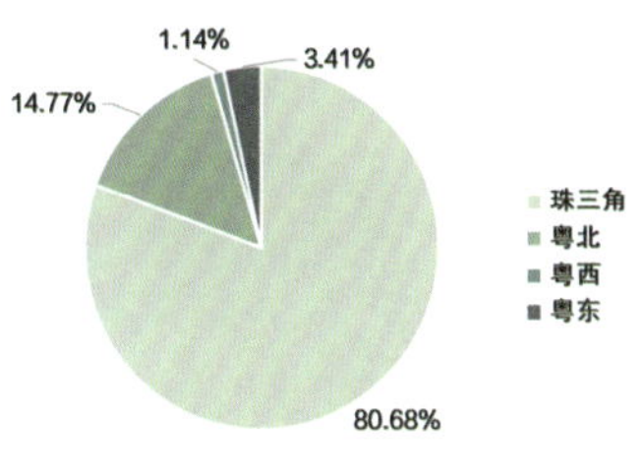

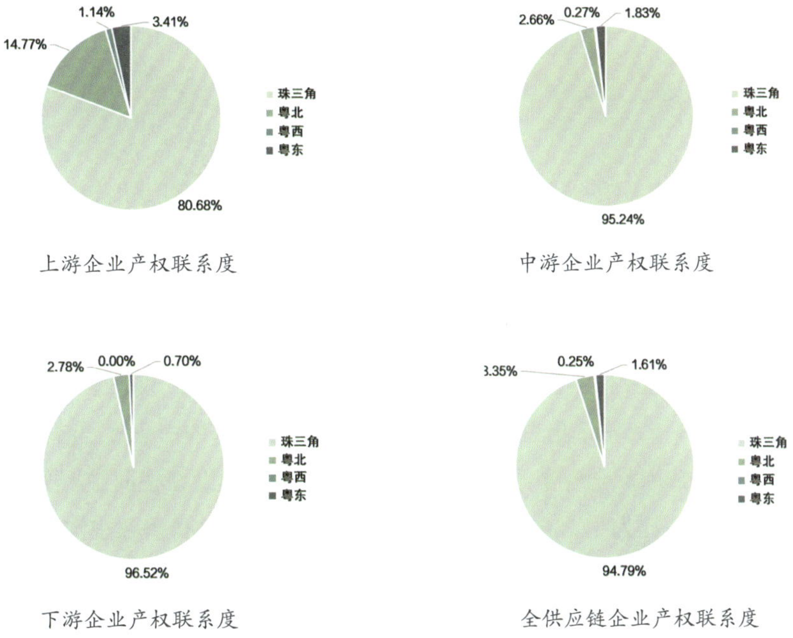

上游企业产权联系度

中游企业产权联系度

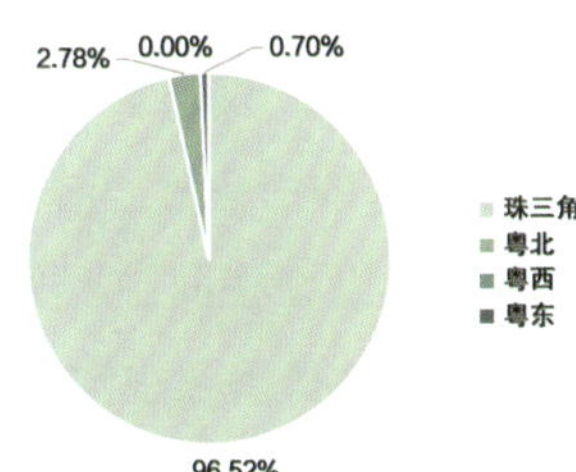

下游企业产权联系度

全供应链企业产权联系度

图 13-10：全省半导体与集成电路产业分区域企业产权联系度统计
（数据来源：龙盾企业数据库）

上游企业产权联系度空间分布

中游企业产权联系度空间分布

下游企业产权联系度空间分布

全供应链企业产权联系度空间分布

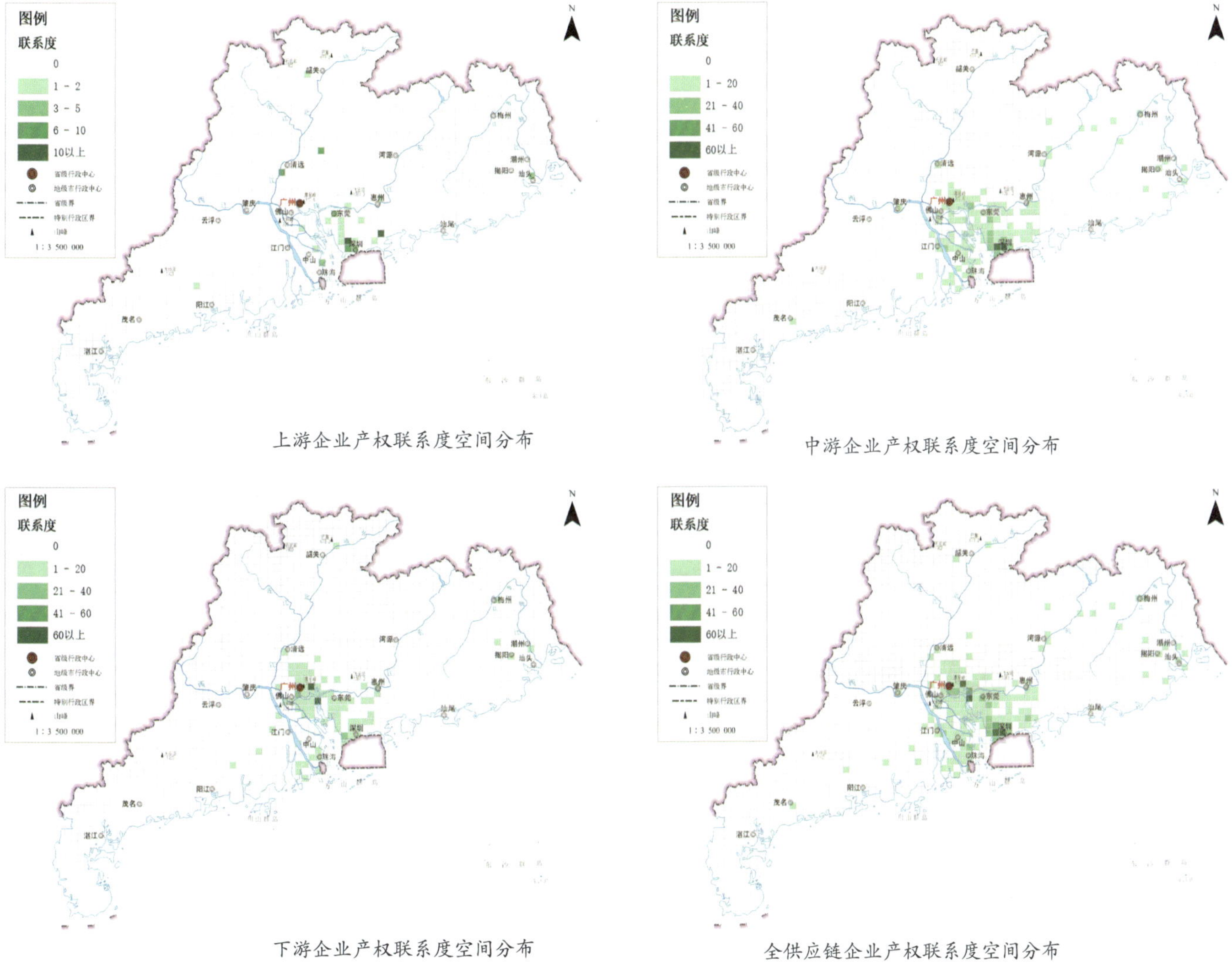

图 13-11：全省半导体与集成电路产业企业产权联系度分布
（数据来源：龙盾企业数据库）

惠州、梅州、揭阳、佛山依次递减；广州、深圳、东莞是下游企业产权联系度较高区域，珠海、梅州、佛山、惠州、江门、中山、清远依次递减。

3.3 产业集群的空间特征

综合分析半导体与集成电路产业全供应链的企业数量空间分布及产权联系度情况，筛选两项指标处于前 25% 的格网做叠加分析，筛选出企业密度较高、产权联系紧密的产业集群潜在空间格网共 37 个。

分区域来看（图 13-12），全省半导体与集成电路产业集群的潜在空间主要分布在珠三角地区，包含 36 个格网空间，面积占比为 97.30%；此外粤北地区有 1 个产业集群潜在空间，面积占比为 2.70%；粤东、粤西暂无产业集群的潜在空间。

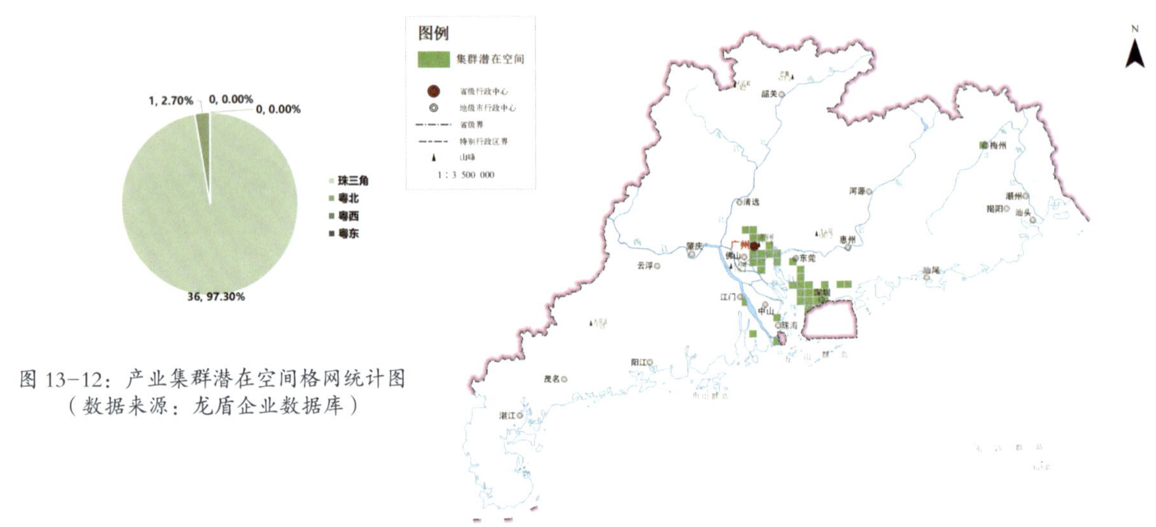

图 13-12：产业集群潜在空间格网统计图
（数据来源：龙盾企业数据库）

图 13-13：产业集群潜在空间空间分布图
（数据来源：龙盾企业数据库）

分地市来看（图 13-13），省半导体与集成电路产业集群的潜在空间主要分布在广州市花都区、白云区、黄埔区、番禺区，深圳市南山区、宝安区，珠海市香洲区、斗门区等地，这些区域是全省现阶段半导体与集成电路产业集群发展较为成熟的潜在区域。

4. 广东省半导体与集成电路产业典型案例

4.1 典型园区案例

深圳南山智园项目位于深圳市南山区留仙洞东和茶光路以北，处在学苑路、留大道与塘长路相交形成的三角地带，由南山区政府投资建设。南山智园整体产业定位为战略性新兴产业，重点引入集成电路及上下游企业。目前，园区已有设计、制造、封测等集成电路产业链上的上下游企业。在芯片设计方面，粤港澳大湾区集成电路设计创新公共平台、深港微电子学院落户园区。在芯片研发制造、封

表 13-4：典型园区关键要素对比表

园区对比要素	深圳南山智园	台湾新竹产业园	上海集成电路设计产业园（集创公园）
地理位置	深圳市南山区	台湾省新竹市	上海市浦东新区
开发面积	18.6 公顷	13.75 平方公里	3 平方公里
入驻企业数（家）	70+	590+	200+
年度营收	2022 年，营收约 1076.5 亿元	2020 年，超过 2247.6 亿元	2019 年，1702.56 亿元
地均营收（亿元 / 平方公里）	5787.63	163.46	567.52
企均营收（亿元 / 家）	15.38	3.81	8.51
交通条件	南山智园毗邻深圳大学城，与南方科技大学隔路相望。深圳地铁 5 号线贯通其中，深圳地铁 27 号线（在建）南山智园站。	距台中港、基隆港约 90 公里，距桃园中正国际机场 55 公里；中山高速公路、北部第二高速公路通过园区。	距离上海虹桥机场 28.4 公里，距浦东国际机场 17.5 公里；地铁 2 号线、地铁 16 号线、磁悬浮列车三轨贯通，地铁 13 号线延伸至园区。
产业布局	南山智园整体产业定位为战略性新兴产业，重点引入集成电路及上下游企业。在芯片设计方面，粤港澳大湾区集成电路设计创新公共平台、深港微电子学院落户园区。	形成集成电路、电脑及周边、通信、光电、精密机械、生物技术 6 大支柱产业	已形成集设计、制造、测试、封装、装备材料、技术服务等于一体的集成电路产业链，聚焦集成电路、人工智能、生物医药、航空航天、新材料、智能制造等 6 大关键领域核心环节。
产业链核心环节	中游，半导体与集成电路设计产业	中游，集成电路，光电子	中游，集成电路
代表企业	芯海科技、威兆半导体、明微电子等	台积电、联华电子、Acer 电脑	紫光展锐、上海微电子装备、格科微、聚辰半导体、AMD

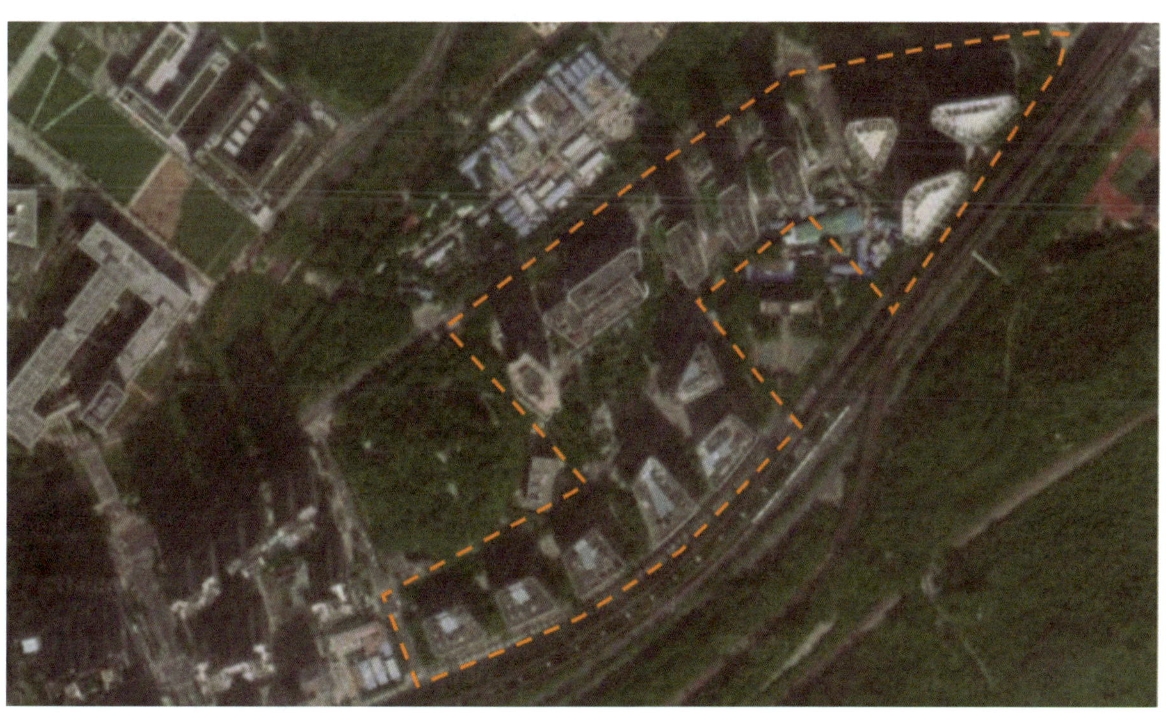

图 13-14：深圳南山智园遥感影像
（数据来源：百度地图）

测方面，截至去年园区入驻集成电路及产业上下游企业70多家，其中国家专精特新“小巨人”5家，省级专精特新中小企业7家，“独角兽”企业1家。2023年，广东省产业园区高质量发展大会上，包含南山智园在内的半导体与集成电路（设计产业）特色产业园入选2022年度广东省特色产业园。园区的高效运营与发展对于推动深圳北部片区经济发展、促进新兴产业的腾飞有着重要的意义。

与国内发展较好的上海集成电路设计产业园（集创公园）、台湾新竹产业园相比，深圳南山智园发展起步较晚，规模上，园区面积较小，企业数量较少。盈利水平上，与其他两家园区相比，南山智园年度营收总量较低，但地均营收与企均营收属于较高水平。交通条件上，三家产业园区交通区位良好，毗邻机场，轨道交通或公路交通线均有贯通。产业布局上，已集成电路为核心，布局智能制造、光电、通信等应用端关联产业，发挥集群发展优势。与上海和台湾典型园区相比，南山智园发展具有一定特点，园区主导集成电路设计行业发展，平均利润率处于较高水平，引进粤港澳大湾区集成电路设计创新公共平台、深港微电子学院落户园区，注重强化设计技术研发。同时园区承载了芯海科技、威兆半导体、明微电子等高新技术企业总部，具有较强的集成电路设计、制造与应用创新能力，在促进经济增长，改善省内半导体与集成电路设计企业普遍规模偏小和高水平设计能力不足等方面具有示范引领作用。

4.2 典型企业案例

4.2.1 企业概况

南山智园中，芯海科技（深圳）股份有限公司发展较快，技术经济实力雄厚。2022年，该公司实现营业总收入6.18亿元，近三年营业总收入复合增长率为33.71%。芯海科技（深圳）股份有限公司成立于2003年9月，是一家集感知、计算、控制、连接于一体的全信号链集成电路设计企业。专注于高精度ADC、高可靠性MCU、测量算法以及物联网一站式解决方案的研发设计。产品和方案广泛应用于工业测量与工业控制、通信与计算机、锂电管理、消费电子、汽车电子、智慧家居、智能仪表、智慧健康等领域。

公司总部位于深圳，是国家级高新技术企业，累计七次获得国家工信部“中国芯”奖项，被广东省科技厅认定为“广东省物联网芯片开发与应用工程技术研究中心”，获得国家级专精特新“小巨人”企业称号。公司年均研发投入超过20%，研发人员占比近70%，核心成员均有10年以上工作经验。截止到2022年年底，芯海科技累计拥有专利申请近900件，累计拥有已授权专利近400件（含美国专利），拥有专利数量在科创板芯片设计上市公司中名列前茅。

4.2.2 企业产权联系网络特征

构建芯海科技（深圳）股份有限公司的产权联系网络，有10家企业与芯海科技（深圳）股份有限公司直接关联，构建了覆盖供应链上、中、下游各环节的产权联系网络。

空间分布方面，发生产权联系企业分别位于广东、上海、安徽、四川、陕西、海南等6个省级行政区，其中属于广东省的企业数量最多，有4家，陕西省企业数量次之，有2家。

供应链接结构方面，产权联系网络中上、中、下游各环节企业完整，集中面向中游环节布局，且衍生出商务、金融以及产品应用等下游配套服务。其中，上游企业主要位于上海，中游企业布局在广东、安徽、四川、陕西，主要集中在广东深圳；下游企业中设计产品应用的企业分布在深圳，衍生的商务、金融等生产性服务业分布在海南和陕西。

产权联系方式方面，芯海科技（深圳）股份有限公司主要通过投资控股的方式构建企业间合作，其中全资控股企业 5 家，分别位于广东、上海、安徽、四川；非全资控股企业 5 家，分别位于广东、陕西、海南。其中重点投资上游与中游环节的企业，投资比例较高，基本为全资控股。对于拓展的金融、商务等企业投资比例则比较低。

表 13-5：芯海科技（深圳）股份有限公司产权联系类型

（数据来源：龙盾企业数据库）

产权关联类型	总数	涉及省份	行业类型	代表企业
全资控股	5	广东、上海、安徽、四川	信息传输、软件和信息技术服务业、科学研究和技术服务业	深圳市芯崛科技有限公司、深圳市芯海创芯科技有限公司、上海芯洲科技有限公司、合肥市芯海电子科技有限公司、成都芯海创芯科技有限公司
非全资控股	5	广东、陕西、海南	信息传输、软件和信息技术服务业、租赁和商务服务业	深圳康柚健康科技有限公司、西安芯联海智商务信息咨询合伙企业、西安芯海微电子科技有限公司、海南火眼曦和股权投资私募基金合伙企业（有限合伙）、深圳市玄同微科技有限公司

总体来看，芯海科技（深圳）股份有限公司进行了一定产业拓展布局，其在供应链各环节的部署模式具有参考价值。首先重点通过全资控股形式在深圳本地新增中游环节企业，发挥本地的集群优势；其次在上海布局研发企业，充分利用上海富集的创新资源和人力资源；然后在成都、合肥等地布局设计中游企业，有利于拓展全国中部、西部市场，提升品牌效应。

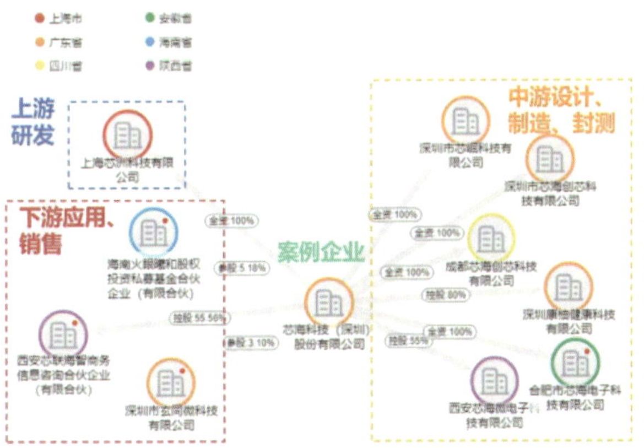

图 13-15：芯海科技（深圳）股份有限公司产权联系企业类型
（数据来源：龙盾企业数据库）

第十四章

战略性新兴产业集群：

智能机器人产业集群

智能机器人是一种可编程和多功能的操作机，或为了执行不同的任务而具有可用电脑改变和可编程动作的专门系统。智能机器人产业是一项具有明显“护城河”效应的产业，其行业上、中、下游不是简单的零部件组装制造应用维修，而是需要有标准化的集成供应商，通过工业设计和系统搭建，为机器人设定具体使用场景的高技术、高精尖行业。其供应链包括工业机器人、服务机器人、特种机器人制造，及其上游研发、零配件生产组装、软硬件人工智能开发，以及下游的机器人检测维修配送、金融服务租赁、定制化改装等行业。

广东省智能机器人产业是一个中游集聚性极强的产业，中游环境仅有四个行业类别，上、中、下游企业数量呈现漏斗形分布。但中游环节利润率并无明显优势，说明智能机器人组装制造环节仍然处于产业发展初级阶段，行业技术仍然以吸收国外先进技术为主。而配套上、下游零部件和服务行业利润率表现总体稳定。

由于中游环节企业数量少，企业产权联系主要发生在上游和下游之间，这种模式有利于形成研发和市场的良性互动，但不利于产品量产和扩大产业经济效益，中游企业数量过少说明核心关键制造环节产业竞争力有限，产业结构亟须优化。

广东的智能机器人产业企业主要聚集在珠三角地区，特别是上游研发和中游制造部分主要集中在广州、深圳、佛山、东莞等科研资源集聚、经济实力较强的地市，且销售和应用下游环节同样分布在经济最发达的地市。因此，智能机器人产业园往往选址在地理位置优越、交通物流条件发达、工业集聚地集中的高度城市化地区，以方便产品流通和就地应用装配。经济基础是支撑智能机器人产业发展的基本条件，这一点也可以从我省著名机器人产业园区的布局中得以体现。

1. 智能机器人产业集群概述

1.1 基本概念

智能机器人是一种可编程和多功能的操作机，或为了执行不同的任务而具有可用电脑改变和可编程动作的专门系统。20 世纪五六十年代是全球智能机器人行业萌芽时期，美国在 1962 年研发出第一台工业机器人。20 世纪 70 年代，随着计算机技术、现代控制技术、传感技术和人工智能技术的发展，智能机器人行业进入密集开发期。20 世纪 80 年代，信息处理技术的发展使得智能机器人行业进入适用化期，这时智能机器人已进入了实用化，在工业生产中得到了广泛应用。进入 21 世纪以来，机器人的环境感知能力更加完善，还具有逻辑思维、判断和决策能力，可根据作业要求与环境信息自主地进行工作，行业正向成熟期迈进。

按照国际机器人联盟的分类，智能机器人一般分为工业机器人和服务机器人。工业机器人一般用于制造业生产环境，以多关节、SCARA 为主，最大的应用领域为汽车制造与 3C 制造。而服务机器人一般用于生活等非制造业环境，按照应用范围、用途和功能上的不同，家用机器人有不同类型，大致分为家务机器人、娱乐机器人和陪护机器人三类。

我国智能机器人产业发展大致可以分为三个阶段：萌芽发展期、快速发展期和智能探索期。

（1）萌芽发展期。20 世纪 50 年代至 60 年代，受苏联批判人工智能和控制论影响，我国基本没有智能机器人相关研究。1978 年全国科学大会在北京召开，大会提出“向科学技术现代化进军”的战略决策。“863 计划”确定了特种机器人与工业机器人并重发展的方针。90 年代起我国实施并形成了一批机器人产业基地，通过技术引进吸收，研制出了包括切割、搬运、包装、喷涂、电焊、弧焊等一系列工业机器人和特种机器人，如深海水下探测机器人。

（2）快速发展期。进入 21 世纪之后，随着中国加入世界贸易组织，以及人工智能技术取得了重大的突破，加上中国产业结构和人口结构发生改变，2013 年我国已成为世界第一大机器人市场，基本实现机器人商品化阶段。2013 年我国国内企业销售工业机器人超 9500 台，同比增长 65.5%，全年共销售工业机器人约 37000 台，约占全球销量的五分之一，总销量超过日本[109]。

（3）智能探索期。随着“懒人经济”、互联网经济等新经济业态的蓬勃发展，我国机器人产业逐渐向服务机器人过渡。机器人智能化的相关定义、要求和需求迎来跨越式发展。2015 年我国提出“中国制造 2025 计划”，中国电子学会发布的《中国机器人产业发展报告（2022 年）》预测，我国机器人市场规模将达到 174 亿美元，其中工业机器人 87 亿美元，服务机器人 65 亿美元，特种机器人 22 亿美元[110]。根据中国机器人产业联盟 2023 年 2 月公布的统计数据，我国规模以上工业企业的工业机器人累计完成产量 44.3 万套，规模以上工业企业的服务机器人累计完成产量 645.8 万套，连续九年稳居第一大工业机器人市场[111]。

由于技术的发展，智能机器人产业的机器人智能化发展历程经历了示教再现机器人、感知反馈机器人、自助决策机器人的发展阶段，智能化水平从单体智能到“云—边—端”一体化智能机器人云平台的发展过程。全产业出现专业化的分工，但各分工环节间仍然具有高度的技术衔接要求，因此不同环节的厂商在地理相对临近的区域集聚，强化技术、经济、人才的互动交流，推进了智能机器人产业的集群发展。

智能机器人行业产业上、中、下游供应链条较长，为更好地厘清智能机器人产业的核心产品、核心技术环节及核心行业等关键要素的结构关系，需深入分析产业上、中、下游结构特征，构建智能机器人产业供应链全景图谱。机器人产业链主要分为上游核心零部件、中游本体制造和下游系统集成三方面。其中，上游核心零部件主要包括各类零部件厂商，提供机器人生产中所需要的核心组件和功能模块。中游负责本体制造和系统集成环节，涵盖机器人本体制造商以及面向应用部署服务的系统集成商。下游应用主要由不同领域的企业客户和个人消费者构成，形成了巨大的机器人应用市场。

供应链的最顶层是研发端，多由高校和研究机构等主体进行相关基础理论研究和技术研发。在我国，智能机器人的研发涉及机械、电子、感应器、计算机、多媒体、网络技术研发，具体研发内容包括指令控制、传感技术、复杂动作协调、结构学、操作力学、材料学、动力驱动、仿生和人体工程、高密度电子器件装配、驱动一体化、高精度定位、云服务、5G、安全生产、机器人伦理学等多个新兴研究行业。本环节对应的企业集中分布在国民经济行业分类中工程和技术研究和试验发展（7320，国民经济行业分类代码，下同）、工程管理服务（7481）和工程设计活动（7484）。

上游是重要的生产支撑环节。本环节对应的企业集中分布在国民经济行业分类中多个产业分类，具体可以分为：

（1）电子、金属、机械制造行业。具体细分包括：

a. 电子类。包括配电开关控制设备制造（3823），电力电子元器件制造（3824），半导体器件专用设备制造（3562），其他电子专用设备制造（3569），发电机及发电机组制造（3811），变压器、整流器和电感器制造（3821），电线、电缆制造（3831），电子专用材料制造（3985），试验机制造（4015），电子测量仪器制造（4028），电子真空器件制造（3971），半导体分立器件制造（3972），电工机械专用设备制造（3561），集成电路制造（3973），显示器件制造（3974），半导体照明器件制造（3975），光电子器件制造（3976），其他电子器件制造（3979），电阻电容电感元件制造（3981），电子电路制造（3982），敏感元件及传感器制造（3983），电声器件及零件制造（3984），其他电子元件制造（3989），其他电子设备制造（3990），电子和电工机械专用设备制造（356），电子元器件与机电组件设备制造（3563），电动机制造（3812），微特电机及组件制造（3813），其他电机制造（3819），输配电及控制设备制造（382），电容器及其配套设备制造（3822），电气信号设备装置制造（3891），其他未列明电气机械及器材制造（3899），雷达及配套设备制造（3940），电子器件制造（397），电子元件及电子专用材料制造（398）。

b. 机械类。包括通用仪器仪表制造（401），其他专用仪器制造（4029），其他专用设备制造（3599），铸造机械制造（3423），金属切割及焊接设备制造（3424），泵及真空设备制造（3441），绘图、计算及测量仪器制造（4013），其他通用仪器制造（4019），专用仪器仪表制造（402），环境监测专用仪器仪表制造（4021），光伏设备及元器件制造（3825），光学仪器制造（4040），结构性金属制品制造（331），金属表面处理及热处理加工（3360），及其他金属制品制造（339），其他未列明金属制品制造（3399），金属加工机械制造（342），金属切削机床制造（3421），金属成形机床制造（3422），机床功能部件及附件制造（3425），其他金属加工机械制造（3429），泵、阀门、压缩机及类似机械制造（344），气体压缩机械制造（3442），阀门和旋塞制造（3443），液压动力机械及元件制造（3444），液力动力机械及元件制造（3445），气压动力机械及元件制造（3446），轴承、齿轮和传动部件制造（345），滚动轴承制造（3451），滑动轴承制造（3452），齿轮及齿轮减、变速箱制造（3453），其他传动部件制造（3459），通用零部件制造（348），金属密封件制造（3481），紧固件制造（3482），弹簧制造（3483），机械零部件加工（3484），其他通用设备制造业（349），其他未列明通用设备制造业（3499）。

c. 计算机类。包括计算机制造（391）、计算机整机制造（3911）、计算机零部件制造（3912）、计算机外围设备制造（3913）、工业控制计算机及系统制造（3914）、信息安全设备制造（3915）、其他计算机制造（3919）、通信设备制造（392）、通信系统设备制造（3921）、通信终端设备制造（3922）、工业自动控制系统装置制造（4011）。

（2）非电子类产业用品制造。包括产业用纺织制成品制造（178），原油加工及石油制品制造（2511），涂料、油墨、颜料及类似产品制造（264），合成材料制造（265），专用化学产品制造（266），合成纤维制造（282），橡胶零件制造（2913），塑料零件及其他塑料制品制造（2929），隔热和隔音材料制造（3034），技术玻璃制品制造（3051），光学玻璃制造（3052），玻璃仪器制造（3053），制镜及类似品加工（3057），其他玻璃制品制造（3059），玻璃纤维及制品制造（3061），耐火材料制品制造（308），物料搬运设备制造（343）。

（3）软件开发类。包括软件开发（651）、基础软件开发（6511）、支撑软件开发（6512）、应用软件开发（6513）、其他软件开发（6519）、集成电路设计（6520）、信息系统集成和物联网技术服务（653）、信息系统集成服务（6531）、物联网技术服务（6532）、运行维护服务（6540）、信息处理和存储支持服务（6550）、信息技术咨询服务（6560）。

中游是智能机器人成品重要的生产环节，依托上游支撑，通过设计、制造、测试等系列流程，将涉及智能机器人的基础配件加工并集成通用型或定制化机器人成品，核心产品包括工业机器人、服务机器人、特殊机器人等各类具体机器人产品。本环节对应的企业集中分布于国民经济行业分类中的工业机器人制造（3491）、特殊作业机器人制造（3492）、服务消费机器人制造（3964）、其他智能消费设备制造（3969）。

下游则是智能机器人配套维修、检测、安装、租赁、运输、测试、售后等相关服务行业，分布于应用行业覆盖各类可能使用到智能机器人的行业和场景，本环节对应的企业集中分布于国民经济行业分类中的通用设备修理（4320），电气设备修理（4350），其他专业咨询与调查（7249），金属制品、机械和设备修理业（43），金属制品修理（4310），专用设备修理（4330），仪器仪表修理（4360），其他机械和设备修理业（4390），其他机械设备及电子产品批发（5179），机械设备经营租赁（711），其他机械与设备经营租赁（7119）。

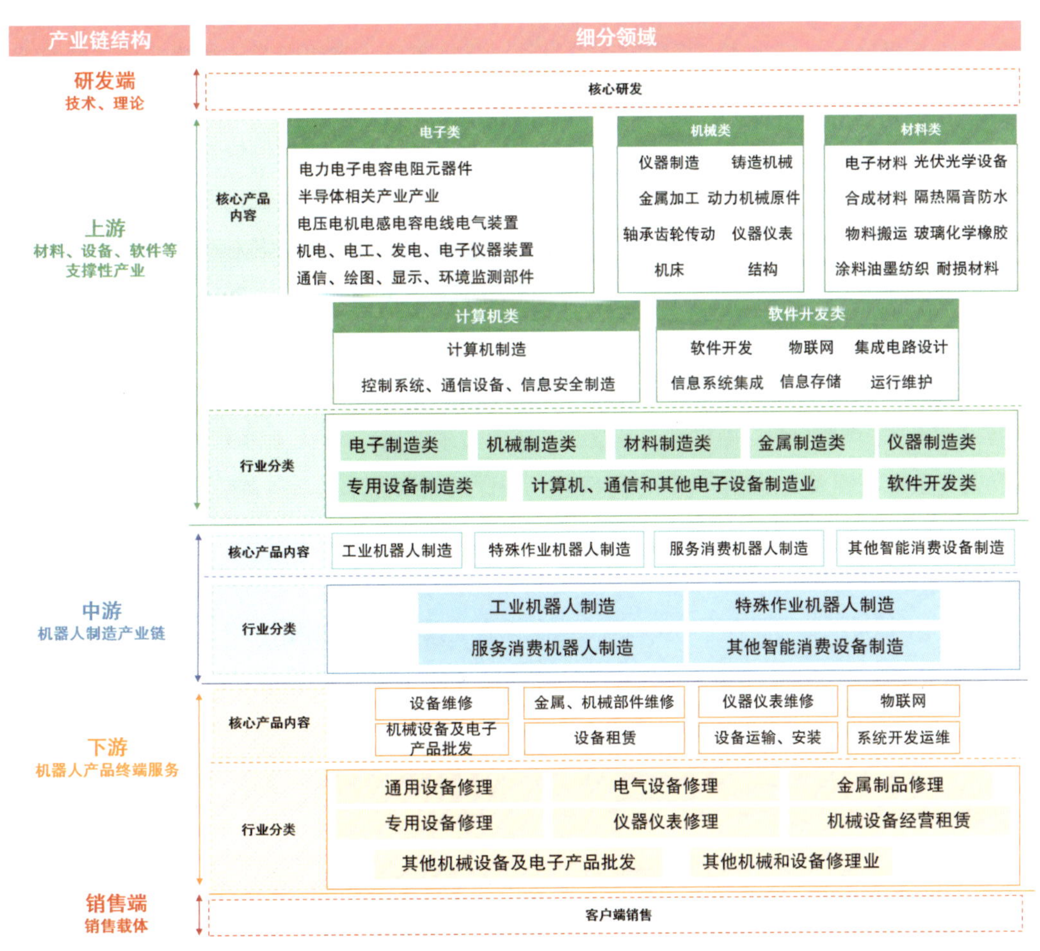

图 14-1：智能机器人全产业供应链图谱

供应链的最末端是销售端，通过市场销售等机构，将智能机器人及相关应用配套服务产品销售给到有需求的客户以及新业态及跨行业应用。

1.2 发展概况

1.2.1 政策要求

我国制造业长期以来还将处于工业 2.0 或工业 3.0 的时代，制造业大而不强，随着国内国际环境的变化日趋复杂，经济环境不景气，工业产业升级，我国将逐渐改变长期以来依靠廉价劳动力、污染环境、消耗资源的粗放发展模式，转向依靠科学技术提高生产效率的发展模式上，将实现更加精细化、智能化、环境友好化的发展模式。

2021 年 12 月，中国政府 15 家机关部门发布了《“十四五”机器人产业发展规划》，明确了机器人产业规划的重大意义并提出了机器人产业规划的目标，将中国机器人产业发展再一次推向新的高度。

随着语音识别、机器视觉、机器学习、自动导航与定位等多种智能技术的不断发展与落地，智能机器人在多领域成为市场的“宠儿”，发展势头迅猛。尽管受限于疫情等外生因素，在整体经济形势相对低迷的背景下，机器人行业仍然表现出较为强势的增长力， 2021 年市场规模突破 250 亿元。

疫情的反复暴发催生了多领域对无人化、自动化、智能化生产力及劳动力的旺盛需求，整个机器人产业呈现出健康走势。技术与需求的碰撞、打磨，促进机器人产品向多样领域渗透。机器人产业作为重要的战略新兴产业，广东省积极响应国家号召，贯彻省委、省政府关于加快培育智能机器人产业集群，促进产业迈向全球高价值链的倡议，从产业规模、产业技术、产业应用、产业生态等为 2025 年广东省智能机器人产业设立发展目标，从聚焦技术创新、优化产业布局、培育优势企业、深入示范推广、强化支撑体系 5 个方面提出了具体的政策要求和发展着力点。印发部门主要涉及科技、发改、工信、市场监督、商务、人社、地方金融监管等部门，主要激励手段包括实施研发计划，加强科技合作，优化创新机制、资源深度融合和共享、应用试点示范与创新业态模式，设立创新、检测、质量监督中心，加强标准化工作和知识产权保护等。

目前，我国工业机器人研发以突破关键核心技术为首要目标，政产学研用加强配合联动，不断提升减速器、控制器、伺服电机、操作系统等核心环节的技术能力。同时，服务机器人创新产品层出不穷，特种机器人复杂环境相关关键技术不断取得突破，中国机器人技术创新成效明显[112]。

（1）国家层面政策文件

自 2013 年我国成为机器人销售世界第一大市场以来，国家出台了一系列政策文件。

2013 年由中国机械工业联合会牵头，80 余家骨干企业共同组成的中国机器人产业联盟正式成立[113]；

2015 年国务院印发《中国制造 2025》明确指出，将“高档数控机床和机器人”作为大力推动的重点领域之一，提出机器人产业的发展要“围绕汽车、机械、电子、危险品制造、国防军工、化工、轻工等工业机器人应用以及医疗健康、家庭服务、教育娱乐等服务机器人应用的需求，积极研发新产品，促进机器人标准化、模块化发展，扩大市场应用。突破机器人本体，减速器、伺服电机、控制器、传感器与驱动器等关键零部件及系统集成设计制造技术等技术瓶颈。”

在重点领域技术创新路线图中明确了我国未来十年机器人产业的发展重点主要为两个方向：一是

开发工业机器人本体和关键零部件系列化产品，推动工业机器人产业化及应用，满足我国制造业转型升级迫切需求；二是突破智能机器人关键技术，开发一批智能机器人，积极应对新一轮科技革命和产业变革的挑战[114]。

2016 年由工信部印发的《机器人产业发展规划（2016-2020）》提出了推动机器人产业理性发展，强化技术创新能力，加强零部件等关键短板的突破，开拓工业机器人应用市场，推进服务机器人试点示范，并首次提出了工业机器人和服务机器人并重发展[115]。同年印发《工业机器人行业规范条件》。

2017 年 11 月，由发改委印发的《增强制造业核心竞争力三年行动计划（2018-2020）》将智能机器人列为九大重点领域之一[116]。

2021 年 3 月，国务院印发的《“十四五”规划纲要》中提到，深入实施智能制造，推动包括机器人等产业的创新发展，建设智能制造示范工厂，完善智能制造标准体系[117]。

2021 年 12 月，由工信部等 8 部门联合发布的《“十四五”智能制造发展规划》中提出，建成 500 个以上引领行业发展的智能制造示范工程；智能制造装备和工业软件市场满足率分别超过 70% 和 50%，培育 150 名以上专业水平高、服务能力强的系统解决方案供应商[118]。同年，工信部等 15 部门联合发布了《“十四五”机器人产业发展规划》，明确了机器人产业规划的重大意义并提出了机器人产业规划的目标，提出到 2025 年，我国要成为全球机器人技术创新策源地、高端制造集聚地和集成应用新高地，机器人产业营业收入年均增长超过 20%，制造业机器人密度实现翻番[119]。

（2）广东省层面

广东省是较早一批通过“机器换人”寻求制造业转型出路的省份之一，为了促进机器人产业的快速发展，从 2014 年开始，深圳、广州、东莞、佛山等地就相继出台了多项相关鼓励政策。

总体上看，广东省主要通过循序渐进式的政策逐步推动机智能机器人产业从粗放发展到聚焦发展，再到逐步形成本地产业集群、产业链和供应链。在政策指导上，采用弱补贴逐渐向去补贴转变的模式，在产业发展前期通过引进落地、形成产业集聚，并开始制定产业标准化、规范化，再到自主化、国产化的发展路径。广东省各地市因地制宜，出台适合自身地市特色的机器人产业促进政策，形成了政策百花齐放的良好探索局面。

产业布局方面，注重产业的集聚布局，基本推动形成以广州、深圳为核心，带动佛山、东莞协同发展的“2+2”产业格局。技术方面，在相关政策出台前，采用市场换技术的模式。2013 年我国即成为全球最大机器人销售市场，而相关政策 2014 年才开始制定，虽然相关政策出台较晚，但智能机器人产业技术发展呈现井喷式发展，从内容服务（云端服务、数据挖掘、模块设计）、具体应用（工业应用、服务应用）、机器人整机（电路集成、复合软硬件）、系统软硬件（电机驱动、材料、底盘系统、操作系统和软件库）、扩展交互（定位导航、雷达、人机交互、环境交互）等方面，积极推进多技术融合和特色先进制程集成和机械制造制造，在位置估计、全局控制指令、传感器技术、激光 SLAM 技术、信号射频、软件开发等关键领域实现突破。产业链供应链方面，依托核心技术的突破，积极补充打造涵盖设计、制造、配送、销售等环节的全产业链，支持终端应用龙头企业通过数据共享、人才引进和培养、核心技术攻关、产品优先应用等合作方式培育国内高水平供应链，带动制程设计、原材料、核心电子元器件、设备、关键软件、应用业态培育等上下游配套企业协同发展。具体政策情况如下。

表 14-1： 政策清单表格样式

层级	时间	政策名称	主要内容或措施要求	印发部门
国家级	2015	《中国制造 2025》	将“高档数控机床和机器人”作为大力推动的重点领域之一，提出机器人产业的发展要“围绕汽车、机械、电子、危险品制造、国防军工、化工、轻工等工业机器人应用以及医疗健康、家庭服务、教育娱乐等服务机器人应用的需求，积极研发新产品，促进机器人标准化、模块化发展，扩大市场应用。突破机器人本体、减速器、伺服电机、控制器、传感器与驱动器等关键零部件及系统集成设计制造技术等技术瓶颈。”	国务院
国家级	2016	《机器人产业发展规划（2016-2020）》	提出了推动机器人产业理性发展，强化技术创新能力，加强零部件等关键短板突破，开拓工业机器人应用市场，推进服务机器人试点示范，并首次提出工业机器人和服务机器人并重发展。	工信部
国家级	2017	《增强制造业核心竞争力三年行动计划（2018-2020）》	将智能机器人列为九大重点领域之一	发改委
国家级	2021	《“十四五”规划纲要》	深入实施智能制造，推动包括机器人等产业的创新发展，建设智能制造示范工厂，完善智能制造标准体系。	国务院
国家级	2021	《“十四五”智能制造发展规划》	建成 500 个以上的引领行业发展的智能制造示范工程，智能制造装备和工业软件市场满足率分别超过 70% 和 50%，培育 150 名以上专业水平高、服务能力强的系统解决方案供应商。	工信部
国家级	2021	《“十四五”机器人产业发展规划》	到 2025 年，我国要成为全球机器人技术创新策源地、高端制造集聚地和集成应用新高地，机器人产业营业收入实现年均增长超过 20%，制造业机器人密度实现翻番。	工信部
省级	2015	《广东省智能制造发展规划（2015-2025 年）》	培育一批具备整体设计能力和解决方案提供能力的专业化机器人及智能装备系统集成企业。	广东省人民政府办公厅
省级	2015	《广东省机器人产业发展专项行动计划（2015-2017 年）》	提出三个重点任务：一是建设一批技术创新公共服务平台；二是鼓励企业设立专业研究开发机构；三是实施智能机器人科技重大专项。启动 5 个机器人研究院的建设工作和国家机器人检测评定中心、国家机器人质量监督检验中心、国家智能控制系统制造产业计量测试中心的重点任务。	广东省人民政府办公厅
省级	2017	《广东省先进制造业发展“十三五”规划》	重点打造机器人等智能制造装备产业基地、实施智能制造试点示范工程、实施“机器人应用”计划，以及发展智能制造服务业新业态和智能产品。	广东省人民政府办公厅
省级	2017	《广东省工业机器人保费补贴试点工作方案》《关于做好 2017 年机器人保费补贴试点工作的通知》	对全省工业机器人保险保费予以补贴。	广东省人民政府办公厅
省级	2018	《2018-2019 年度广东省重点领域研发计划“智能机器人和装备制造”重大专项申报指南》	为全社会充分调动资源投入智能机器人行业相关研发工作提供补贴，并鼓励企业与高校、科研院所以产学研合作形式联合申报。	广东省人民政府办公厅
省级	2019	《广东省工业企业技术改造三年行动计划（2018-2020 年》	明确提出实施机器人产业发展专项计划，重点在电子、汽车、机械、家电以及民爆等行业领域中推广应用机器人。推广应用工业机器人装备，鼓励企业应用广东省内自主品牌机器人。	广东省人民政府办公厅
省级	2020	《广东省制造业高质量发展“十四五”规划》	以广州、深圳、珠海、佛山、东莞、中山为依托， 推动工业机器人在高端制造及传统支柱产业的示范应用。到 2025 年，广东省智能机器人产业营业实现收入达到 800 亿元，建设国内领先、世界知名的机器人产业创新、研发和生产基地。并首次在《规划》中提出除广州、深圳、东莞、佛山以外的地市发展机器人产业。	广东省人民政府办公厅
省级	2020	《广东省培育智能机器人战略性新兴产业集群行动计划（2021-2025 年）》	确定智能机器人为我省战略性新兴产业集群。	广东省人民政府办公厅
省级	2022	《关于征求 2022 年度广东省重点领域研发计划“高端装备制造”“智能机器人”重大专项项目需求建议的通知》	启动了涉及智能机器人产业领域的关键核心技术攻关工作。	广东省人民政府办公厅
省级	2022	《广东省新一代人工智能创新发展行动计划(2022-2025 年）》	围绕智能机器人、智能手机、无人驾驶系统等领域，加快研发具有自主知识产权的通用人工智能操作系统、服务器级人工智能操作系统、智能终端人工智能操作系统和开源基础软件。	广东省人民政府办公厅
省级	2023	《广东省智能制造生态合作伙伴行动计划（2023 年）》	为能够提升我省战略性支柱产业集群和战略性新兴产业集群智能制造水平，以及提供各类要素资源的单位提供申报环境。	广东省人民政府办公厅

2015年广东省公布的《广东省智能制造发展规划（2015-2025年）》明确指出，要培育一批具备整体设计能力和解决方案提供能力的专业化机器人及智能装备系统集成企业。重点抓好一批效果突出、带动性强、关联度高的典型应用示范工程，在机器人用量最大的汽车及其零部件行业，劳动强度大的3C和纺织物流行业，危险程度高的国防军工民爆行业，以及产品生产环节洁净度要求高的制药、半导体、食品等行业，开展自主品牌机器人和智能装备的应用示范和系统集成服务[120]。

2015年底，为更好地支撑智能机器人产业发展，广东省印发的《广东省机器人产业发展专项行动计划（2015-2017年）》中明确提出三个重点任务：一是建设一批技术创新公共服务平台；二是鼓励企业设立专业研究开发机构；三是实施智能机器人科技重大专项。该文明确提出建设机器人产业发展重大技术支撑平台，并启动了5个机器人研究院的建设工作和国家机器人检测评定中心、国家机器人质量监督检验中心、国家智能控制系统制造产业计量测试中心的重点任务[121]。

2017年广东省公布的《广东省先进制造业发展“十三五”规划》，明确指出要重点打造机器人等智能制造装备产业基地，实施智能制造试点示范工程，实施“机器人应用”计划以及发展智能制造服务业新业态和智能产品[122]。同年广东省出台《广东省工业机器人保费补贴试点工作方案》及配套通知《关于做好2017年机器人保费补贴试点工作的通知》，以正式文件的形式对全省工业机器人保险保费予以补贴[123]。

2018年及2019年，广东省通过部署广东省重点领域研发计划“智能机器人和装备制造”重大专项申报工作，为全社会充分调动资源投入相关研发工作提供补贴，并鼓励企业与高校、科研院所以产学研合作形式进行联合申报[124]。

2019年广东省实施《广东省工业企业技术改造三年行动计划（2018-2020年》，明确提出了实施机器人产业发展专项计划，重点在电子、汽车、机械、家电以及民爆等行业领域中推广应用机器人和应用工业机器人装备，鼓励企业应用广东省内自主品牌机器人[125]。

2020年广东省印发的《广东省制造业高质量发展“十四五”规划》中指出，要以广州、深圳、珠海、佛山、东莞、中山为依托，推动工业机器人在高端制造及传统支柱产业中的示范应用。到2025年，广东省智能机器人产业营业收入达到800亿元，建设国内领先、世界知名的机器人产业创新、研发和生产基地。并首次在《规划》中提出除广州、深圳、东莞、佛山以外的地市发展机器人产业，文中提出中山加快推进高端无人装备的产业化，支持揭阳、江门、肇庆、汕头、潮州等市发展机器人整机、配套部件及集成应用项目[126]。同年广东省印发《广东省人民政府关于培育发展战略性支柱产业集群和战略性新兴产业集群的意见》，正式将智能机器人产业列为“十大战略性新兴产业集群”[127]，根据该文件精神，广东省工业和信息化厅牵头制定了《广东省培育智能机器人战略性新兴产业集群行动计划（2021-2025年）》，该计划突出“产业链”建设重点，紧扣“稳链、补链、强链、延链、控链”等，明确了发展目标、重点任务、重点工程和保障措施[128]。

2022年由广东省科学技术厅牵头的《关于征求2022年度广东省重点领域研发计划“高端装备制造”“智能机器人”重大专项项目需求建议的通知》，正式启动了涉及智能机器人产业领域的关键核心技术攻关工作。同年，广东省印发《广东省新一代人工智能创新发展行动计划（2022-2025年）》，其中专栏3明确指出，围绕智能机器人、智能手机、无人驾驶系统等领域，要加快研发具有自主知

识产权的通用人工智能操作系统、服务器级人工智能操作系统、智能终端人工智能操作系统和开源基础软件，加强人工智能领域开源软件生态建设，夯实人工智能发展的软件基础。并首次提出支持包括面向智能机器人在内的人工智能领域构建基于开源开放技术的公共数据资源库、标准测试数据库、云服务平台等各类通用开源软件和开放技术平台[129]。

2023 年，伴随我国经济全面复苏的步伐，广东省印发了《广东省智能制造生态合作伙伴行动计划（2023 年）》，并组织开展相关申报工作。为能够提升我省战略性支柱产业集群和战略性新兴产业集群智能制造水平，以及为各类要素资源的单位提供申报环境[130]。

1.2.2 市场概况

（1）智能机器人市场现状

近年来，中国智能机器人产业实现了长足发展。自 2013 年我国成为机器人第一大销售市场以来，世界第一大机器人市场的“宝座”已经稳坐了 9 年，全球销量占比已经达到 50%[131]。

根据观研报告网发布的《中国智能机器人行业发展现状研究与投资前景预测报告（2022-2029 年）》[132]显示，目前智能机器人应用已经覆盖轻工、石化、医药等 52 个行业大类，在应用范围的拓宽背景下智能机器人销量快速增长。数据显示，2017—2021 年，我国智能机器人销量由 15.93 万台增长至 37.87 万台。

2020 年我国智能机器人产量为 33.63 万台，较上年同比增长 27.8%；2021 年我国智能机器人产量为 41.62 万台，较上年同比增长 23.8%；2022 年受经济下行影响，我国智能机器人产量为 44.3 万台，较上年同比增长为 6%。即使是疫情期间，我国智能机器人产量增长仍然保持强劲态势[133]。

广东省已发展成为国内规模最大的智能机器人产业集聚区之一，产业营收稳步增长。2022 年，产业集群实现增加值 111.4 亿元，同比增长 12.1%，产业发展处于全国第一梯队。工业机器人方面，2022 年产量 16.57 万台（套），占全国产量 41.2%，同比增长 2.1%，连续三年稳居全国第一[134]。

目前，国家持续加大对智能机器人产业的支持力度，产业发展环境不断完善，同时，语音识别、机器视觉、机器学习、虚拟现实、情绪识别、自动高精度定位导航、人工智能等产业为智能机器人产业提供了井喷式技术革新和技术积累。同时，新能源汽车、自动装配、懒人服务、现代农业、建筑工地、医疗看护、绿色产业、半导体及集成电路等其他产业对智能机器人巨大的需求为全国及广东智能机器人产业发展提供了良好的发展机遇。

顺应行业发展趋势，广东省积极打造机器人产业集群和产业园区，聚集最高精尖的机器人相关产业，构建以园区和龙头企业为依托合力推动形成产业集聚。广东省各地地方政府围绕本体制造、系统集成、零部件生产等机器人产业链核心环节，主导建设各具特色、优势互补的机器人产业园区，并出台了具有地方特色的智能机器人产业指导政策。通过打造技术与资本高地，以及具有吸引力和布局合理的产业园区，形成辐射带动作用强、资本吸引力高的机器人小镇或者产业园区，吸引了相当一部分有发展前景的项目和企业积极入驻。

（2）智能机器人劳动力替代

智能机器人在工业上的应用，特别是与劳动力替换方面的应用，是各行各业对于智能机器人最主要关注点。机器替代人工的两大主要动力分别是人口红利消失和制造业产业升级。其中涉及人的因素即劳动力替换方面的问题。因人口数量下降、劳动力需求下降、劳动环境要求提升、劳动道德、机器胜任危险劳动环境、机器人精确高效不间断工作等优势，使得所有应用型工业机器人的创新出发点都是为解决或优化上述劳动力替换问题。

机器人代替劳动力在提高生产效率和解决人力短缺等问题上发挥了积极作用。传统观念认为，即便从长期来说，智能机器人技术进步是有益的，但在短期内，劳动会被资本替代，导致“技术性失业”，加剧了不平等。

随着企业不断数字化转型，一个地区的机器人安装密度越高，当地企业的工作岗位对抗压能力、动手操作能力的需求越低，对创新能力、学习能力和逻辑思维能力的需求越高。从空间迁移的角度来说，机器人浪潮不会导致外来务工在城市间流离失所，相反，机器人所释放的生产力能够创造更多的工作岗位以吸纳他们进入，与机器人在城市空间里实现“人机共存”。但从雇佣期限的角度来说，在机器人的冲击下，外来务工的雇佣合同在整体上呈现出短期化的趋势。这种影响反映到智能机器人市场的应用和开拓上，会造就不仅是企业，甚至雇员、需求方、乃至政策制定者等全社会对应用机器人劳动力替代产生一种既渴望又矛盾的心态。可以说智能机器人市场的发展始终离不开智能机器人与人关系这一话题。而这一话题的影响之深远，使得智能机器人相关从业者即使不断研究仍然未有定论，相关人机道德学说研究五花八门，这也是智能机器人市场能否真正实现如科幻小说一般蓬勃发展的最大不确定性因素。

2. 广东省智能机器人产业供应链结构特征

2.1 供应链各环节产业的发展规模

全省智能机器人相关企业数量为700675家。从供应链各环节的企业数量规模来看，上游环节规模最大，其次是下游环节，规模最小的是中游环节（图14-2）。

上游环节共有462779家企业（图14-3），在全供应链中企业数量占比为66.05%。上游企业共包括118个类别（为国民经济行业分类代码中第四级分类），企业数量规模巨大，因智能机器人产业涉及的相关上游产业较多，上游相对于中下游属于零部件和设备提供商，同时也是软件供应商。在上游环节中企业数量超过10000家的子类包括：其他机械设备及电子产品批发（小类5179，企业

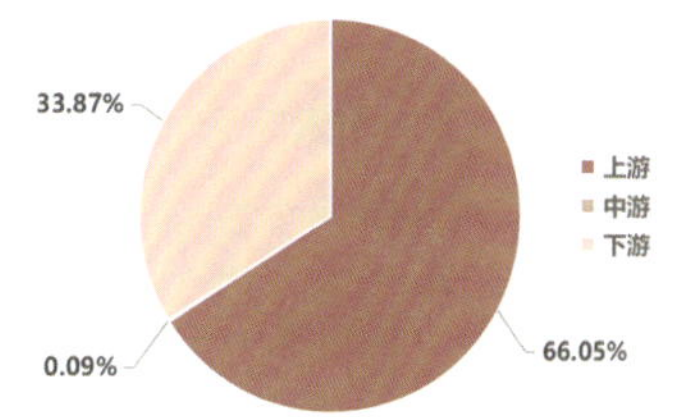

图14-2：智能机器人全产业企业数量
（数据来源：龙盾企业数据库）

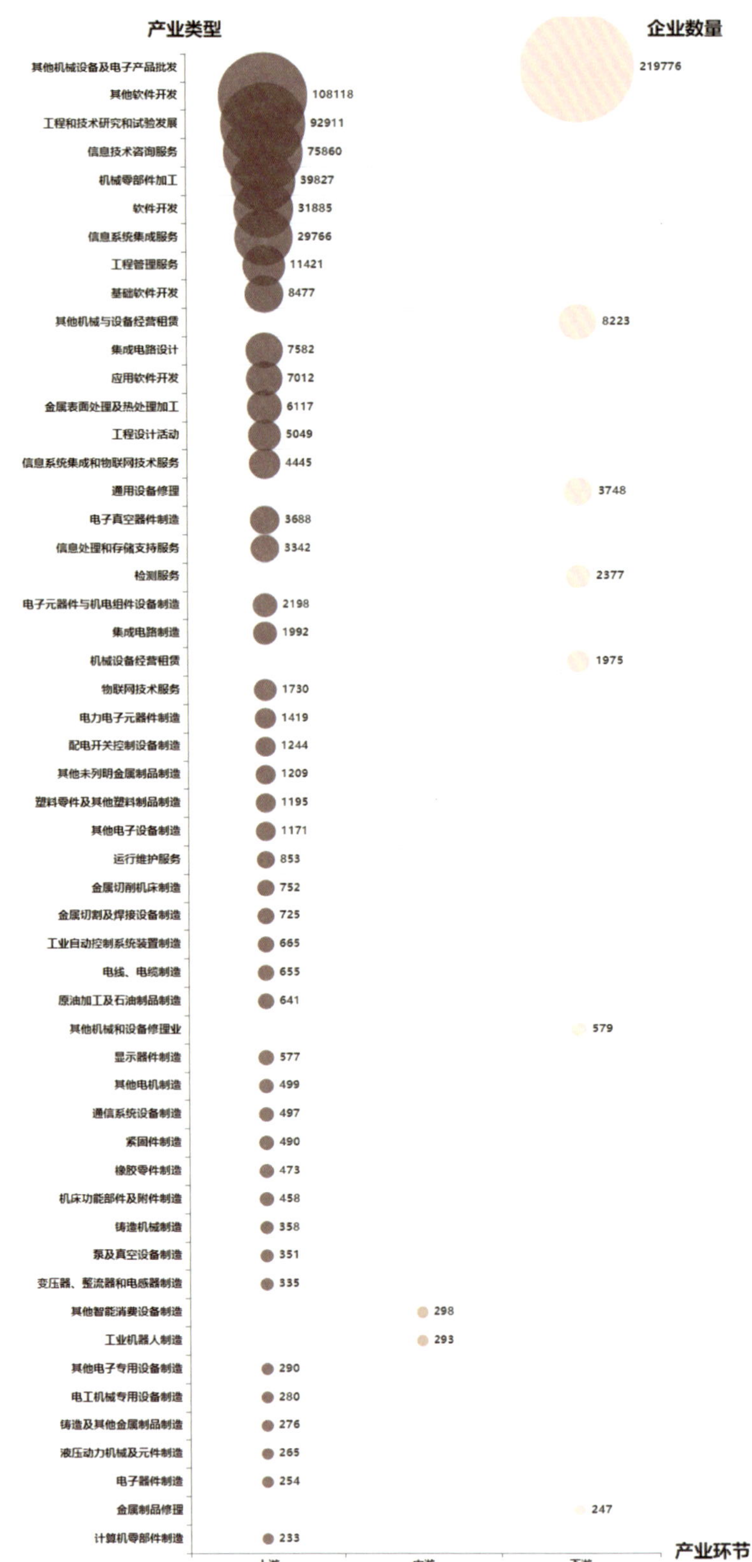

图 14-3：智能机器人产业全供应链企业数量分析
（数据来源：龙盾企业数据库）

（续上图）

产业类型	产业环节	企业数量
其他未列明通用设备制造业	上游	226
金属成形机床制造	上游	224
计算机整机制造	上游	214
电子专用材料制造	上游	205
光电子器件制造	上游	193
半导体器件专用设备制造	上游	189
隔热和隔音材料制造	上游	181
计算机外围设备制造	上游	170
气压动力机械及元件制造	上游	169
半导体照明器件制造	上游	160
技术玻璃制品制造	上游	155
电容器及其配套设备制造	上游	150
发电机及发电机组制造	上游	147
其他通用零部件制造	上游	144
专用设备修理	下游	139
电气设备修理	下游	136
电动机制造	上游	132
弹簧制造	上游	131
玻璃纤维及制品制造	上游	121
通信终端设备制造	上游	112
微特电机及组件制造	上游	110
阀门和旋塞制造	上游	110
金属密封件制造	上游	102
其他专用设备制造	上游	99
光学仪器制造	上游	96
光伏设备及元器件制造	上游	95
其他专用仪器制造	上游	94
电子测量仪器制造	上游	94
其他通用设备制造业	上游	88
其他未列明电气机械及器材制造	上游	88
气体压缩机械制造	上游	86
光学玻璃制造	上游	86
电气信号设备装置制造	上游	80
半导体分立器件制造	上游	59
其他金属加工机械制造	上游	58
信息安全设备制造	上游	51
滚动轴承制造	上游	50
其他传动部件制造	上游	48
支撑软件开发	上游	47
其他电子器件制造	上游	47
仪器仪表修理	下游	46
其他电子元件制造	上游	42
制镜及类似品加工	上游	42
通用零部件制造	上游	41
其他玻璃制品制造	上游	41
金属制品、机械和设备修理业	下游	39
齿轮及齿轮减、变速箱制造	上游	32
敏感元件及传感器制造	上游	30
其他通用仪器制造	上游	29
试验机制造	上游	26
结构性金属制品制造	上游	25
工业控制计算机及系统制造	上游	25
电子和电工机械专用设备制造	上游	24
金属加工机械制造	上游	23
合成材料制造	上游	21
电子电路制造	上游	21
其他计算机制造	上游	21
液力动力机械及元件制造	上游	21
玻璃仪器制造	上游	19
涂料、油墨、颜料及类似产品制造	上游	13
雷达及配套设备制造	上游	13
服务消费机器人制造	中游	13
通信设备制造	上游	12
电子元件及电子专用材料制造	上游	8
计算机制造	上游	7
特殊作业机器人制造	中游	7
泵、阀门、压缩机及类似机械制造	上游	6
专用化学产品制造	上游	6
产业用纺织制成品制造	上游	6
电声器件及零件制造	上游	6
输配电及控制设备制造	上游	5
电阻电容电感元件制造	上游	4
物料搬运设备制造	上游	3
耐火材料制品制造	上游	3
通用仪器仪表制造	上游	2
轴承、齿轮和传动部件制造	上游	2
绘图、计算及测量仪器制造	上游	2
合成纤维制造	上游	1
滑动轴承制造	上游	1
专用仪器仪表制造	上游	0

图 14-3：智能机器人产业全供应链企业数量分析（续）
（数据来源：龙盾企业数据库）

数量 219776 家企业，占比 47.49%），其他软件开发（小类 6519，企业数量 108118 家企业，占比 23.36%），工程和技术研究和试验发展（小类 7320，企业数量 92911 家企业，占比 20.07%），信息技术咨询服务（小类 6560，企业数量 75860 家企业，占比 16.39%），机械零部件加工（小类 3484，企业数量 39827 家企业，占比 8.6%），软件开发（小类 6510，企业数量 31885 家，占比 8.6%），信息系统集成服务（小类 6531，企业数量 29766 家，占比 6.88%），工程管理服务（小类 7481，企业数量 11421 家，占比 2.46%）。

中游环节共有 611 家企业，在全供应链中企业数量占比为 0.09%。智能机器人中游产业相对于上游产业存在一定的技术集成和壁垒，因此企业数量和涉及产业类别十分有限。其中其他智能消费设备制造制造类企业数量最多，数量为 298 家，工业机器人制造类企业为 293 家。以上两个类别在中游环节的数量占比为 96.73%，是中游环节主导的发展企业类型。服务消费机器人制造类企业和特殊作业机器人制造企业数量分别为 13 家和 7 家，在中游环节的数量占比为 3.27%，说明服务型机器人是智能机器人产业中的一个朝阳产业，不过相比于工业机器人制造业，发展仍然处于萌芽阶段。

下游环节共有 237285 家企业，在全供应链企业中企业数量占比为 33.87%。其中，其他机械设备及电子产品批发类企业数量最多，数量为 219776 家，在下游环节的数量占比为 92.62%，其余企业数量超过 1000 家的类别包括：其他机械与设备经营租赁（小类 7119，企业数量 8223 家企业，占比 3.46%），通用设备修理（小类 4320，企业数量 3748 家，占比 1.58%），检测服务（小类 7452，企业数量 2377 家，占比 1%），机械设备经营租赁（小类 7110，企业数量 1975 家，占比 0.83%）。

2.2 供应链各环节产业的经济价值

智能机器人产业全供应链的整体平均利润率为 6.23%。从供应链各环节的企业平均利润来看，上游环节利润率最高，其次是中游环节，利润规模最小的是下游环节（图 14-4）。

分环节来看（图 14-5），上游环节在供应链三个环节中平均利润率最高，平均利润率达到了 6.7%。其中工程管理服务类企业利润率为 100%，利润率超过 20% 的类别包括：玻璃纤维及制品制造（23.3%）、其他专用仪器制造（23.1%）、电子测量仪器制造（22.2%）、试验机制造（21.3%）。在上游的 118 个类别中，利润率超过 10% 的类别有 17 个，该 17 个类别除了工程管理服务类以外，均为上游零部件和设备制造业，无相关研发和服务行业。有三个类别企业利润为负数，分别为信息技术咨询服务（-0.04%）、电子专用材料制造（-0.3%）、物联网技术服务（-113.79%）。从整体上看，由于智能机器人产业上游涉及的类别较多，不同上游制造业的利润分布无相关规律。

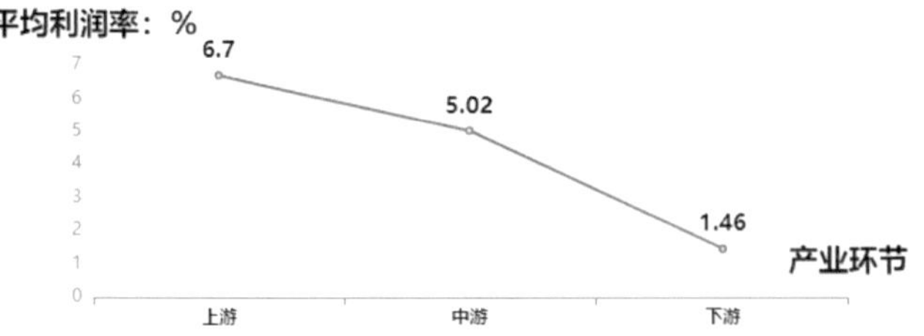

图 14-4：上、中、下游利润率平均值折线统计图
（数据来源：龙盾企业数据库）

中游环节在供应链三个环节中平均利润率居中，达到 5.02%。其中特殊作业机器人制造类企业利润率最高，为 8.28%，比中游环节利润率平均值高 1.5 个百分点。服务消费机器人制造类企业利润率最低，为 -3.33%，比中游环节利润率平均值低 8.35 个百分点。本类企业整体尚

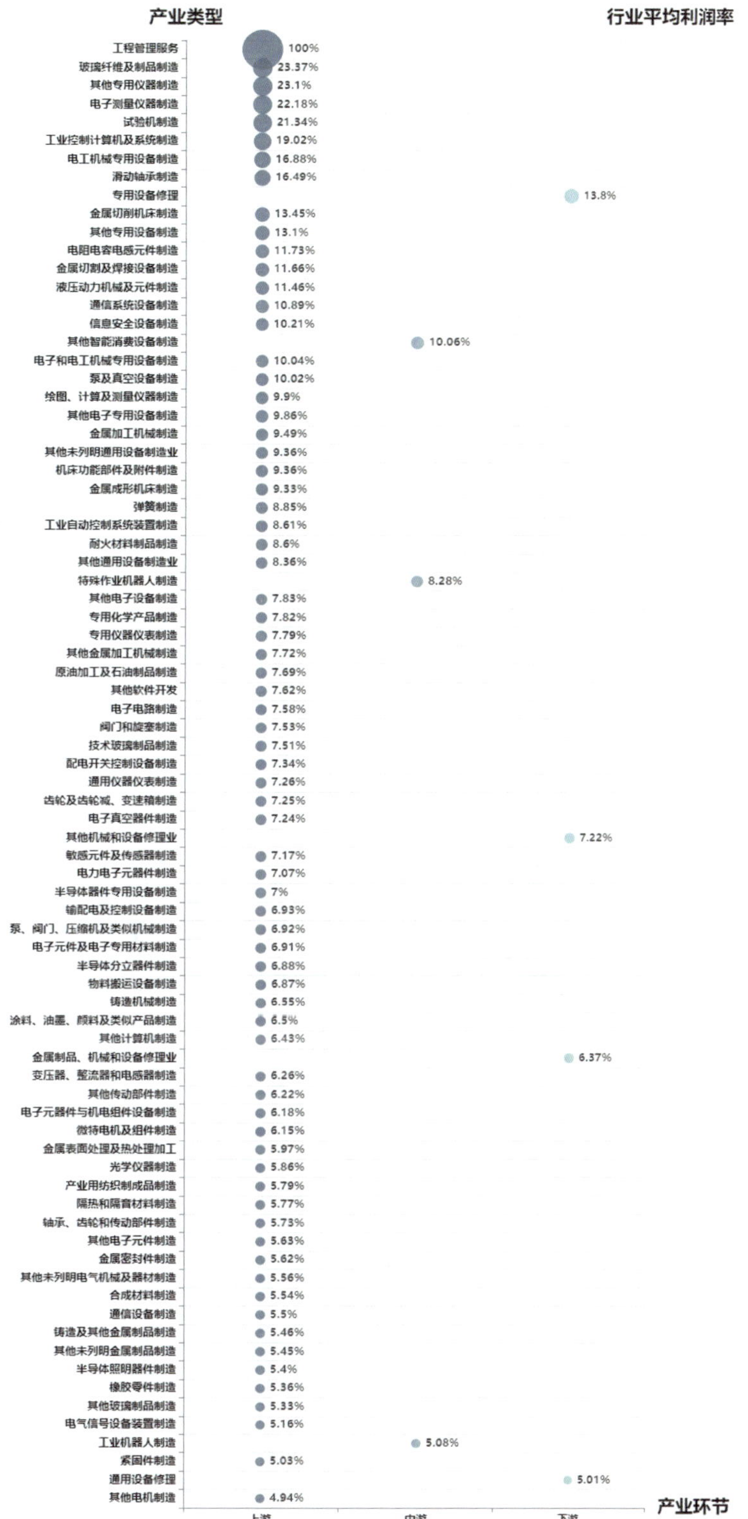

图 14-5：智能机器人产业全供应链经济价值分析
（数据来源：《广东省经济普查年鉴（2018）》）

（续上图）

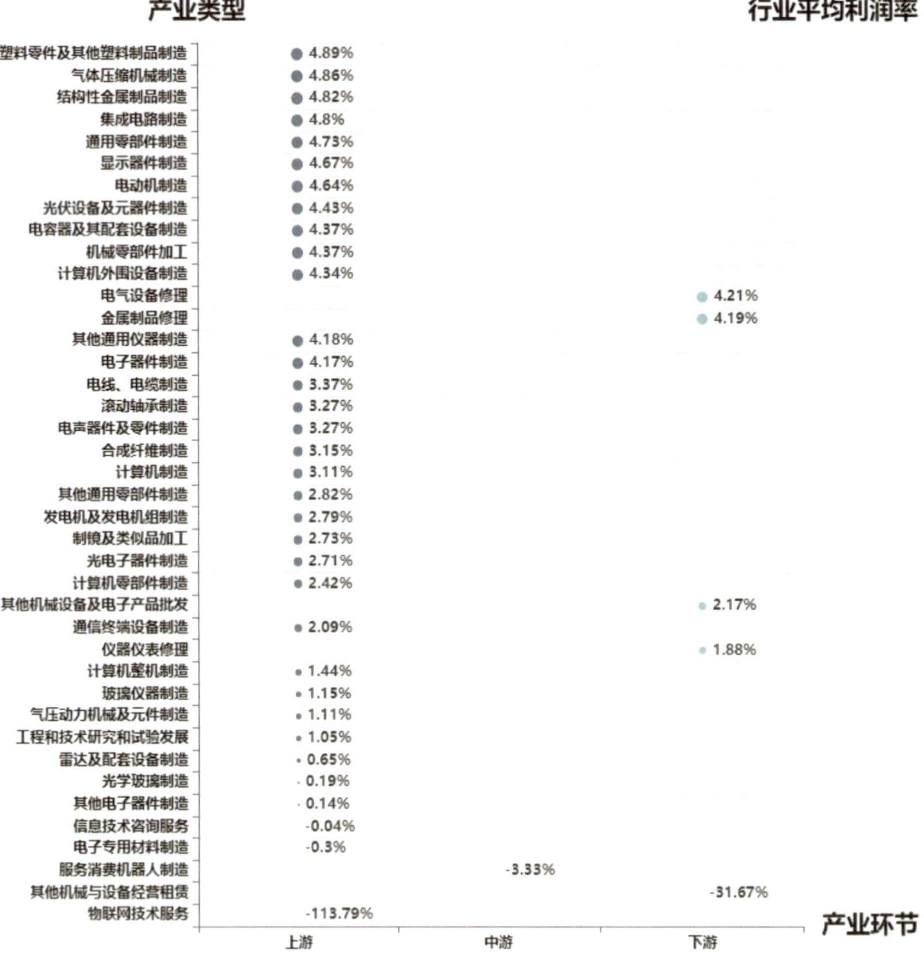

图 14-5：智能机器人产业全供应链经济价值分析（续）
（数据来源：《广东省经济普查年鉴（2018）》）

未实现盈利，也进一步反映了服务消费机器人制造业与在现有智能机器人制造业中的企业数量稀缺有一定关联，有待采取措施进一步降低生产成本、开拓市场，提升盈利空间。

下游环节平均利润率最低，为 1.46%。其中专用设备修理类企业利润率最高，为 13.8%，同时利润率超过 5% 的类别包括：其他机械和设备修理业（7.22%），金属制品、机械和设备修理业（6.37%），通用设备修理（5.01%）。而拉低整个下游利润率的行业为其他机械与设备经营租赁产业，该类别利润率仅为 -31.67%。

液力动力机械及元件制造、软件开发、基础软件开发、支撑软件开发、应用软件开发、集成电路设计、信息系统集成和物联网技术服务、信息系统集成服务、运行维护服务、信息处理和存储支持服务、工程设计活动、机械设备经营租赁、检测服务类无利润率数据记录。

2.3 供应链各环节产业产权联系的网络特征

全省智能机器人产业供应链各环节间存在一定的产权联系（图 14-6）。

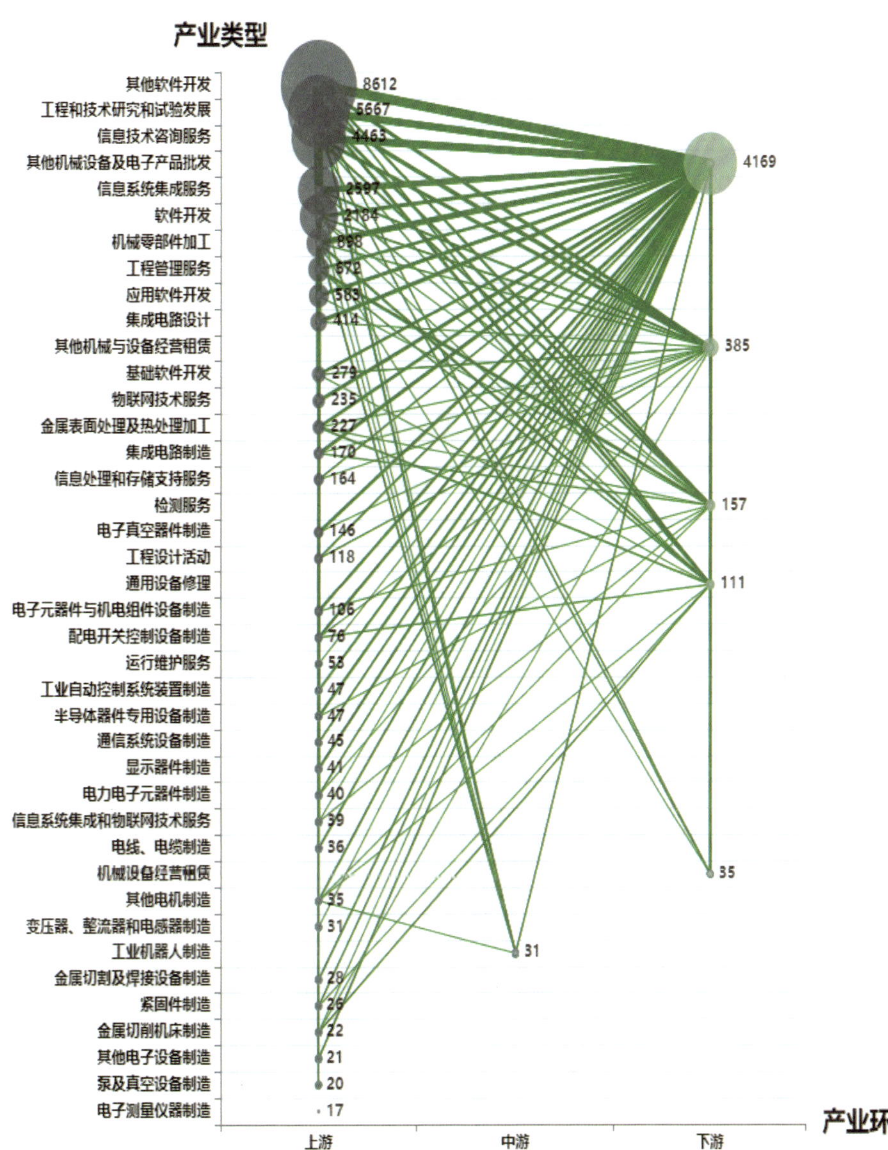

图 14-6：智能机器人产业全供应链产权联系分析图
（数据来源：龙盾企业数据库）

总体上（表 14-2），同一环节内部企业产权联系呈现出上游内和下游内紧密、中游环节联系松散的情况，其中上游环节内联系频数为 13196，中游内联系频数为 5，下游内联系频数为 1397。因智能机器人产业中游环节与按机器人制造业种类分类相似，所以中游内的各环节关联系不大。

同一环节内同类行业间联系频数为 8024，其中其他软件开发行业内部联系最为紧密，联系频数为 2410，另外联系频数超过 100 的行业包括：工程和技术研究和试验发展（1689）、其他机械设备及电子产品批发（1134）、信息技术咨询服务（958）、软件开发（349）、信息系统集成服务（325）、机械零部件加工（276）、工程管理服务（258）、其他机械与设备经营租赁（106）。

不同环节之间的企业产权联系较薄弱，联系频数为 2120。其中上游环节与下游环节联系较为紧密，中游环节与上下游联系有限。上游的其他软件开发与下游的其他机械设备及电子产品批发是上下游两个联系度最紧密的产业。

表 14-2：广东省智能机器人各行业产权联系表

联系类型	环节	总部或投资企业类型	分支或被投资企业类型	联系频数
同一环节内部联系（同类行业间）联系频数：8024	上游	其他软件开发	其他软件开发	2410
	上游	工程和技术研究和试验发展	工程和技术研究和试验发展	1689
	下游	其他机械设备及电子产品批发	其他机械设备及电子产品批发	1134
	上游	信息技术咨询服务	信息技术咨询服务	958
	上游	软件开发	软件开发	349
	上游	信息系统集成服务	信息系统集成服务	325
	上游	机械零部件加工	机械零部件加工	276
	上游	工程管理服务	工程管理服务	258
	下游	其他机械与设备经营租赁	其他机械与设备经营租赁	106
同一环节内部联系（不同类行业间）联系频数：6574	上游	其他软件开发	信息技术咨询服务	557
	上游	信息技术咨询服务	其他软件开发	453
	上游	其他软件开发	信息系统集成服务	411
	上游	信息系统集成服务	其他软件开发	365
	上游	工程和技术研究和试验发展	软件开发	267
	上游	工程和技术研究和试验发展	其他软件开发	231
不同环节间联系 联系频数：2120	下游 / 上游	其他机械设备及电子产品批发	其他软件开发	329
	上游 / 下游	其他软件开发	其他机械设备及电子产品批发	272
	下游 / 上游	其他机械设备及电子产品批发	信息技术咨询服务	163
	上游 / 下游	信息技术咨询服务	其他机械设备及电子产品批发	154
	下游 / 上游	其他机械设备及电子产品批发	工程和技术研究和试验发展	139
	上游 / 下	工程和技术研究和试验发展	其他机械设备及电子产品批发	129
总计				16718

2.4 供应链结构多要素的耦合特征

统计智能机器人产业供应链各环节的发展规模、经济价值、产权联系三要素对应指标的皮尔逊相关系数，可以发现企业数量比率与产权联系频数比率指标的皮尔逊相关系数为 0.82，发展规模与产权联系两要素间存在极强的正相关性，企业数量规模越多的行业有更大更多的企业设立分支机构或对外

图 14-7：智能机器人产业全供应链四级分类产业要素指标分析图
（数据来源：龙盾企业数据库、《广东省经济普查年鉴（2018）》）

投资，形成相对密集的产权联系网络。与之对应，利润率与其他两项（企业数量和联系度）基本无相关性。

表 14-3：三要素相关系数表

要素指标	皮尔逊相关系数
企业数量比率与利润率	-0.03（极弱负相关）
企业数量比率与产权联系频数比率	0.82（极度正相关）
行业平均利润率与产权联系频数比率	-0.02（极弱负相关）

根据三要素指标的分布情况，智能机器人产业供应链内各环节企业发展状态大致可分为两种情况。

一是行业规模巨大，行业利润率稳定，与其他行业联系度较多的行业，具体表现为企业数量多，利润率不高，行业联系度因行业规模与其他行业发生关系较多。包含其他软件开发、机械零部件加工、金属表面处理及热加工，等等。整体来看，这类产业发展处于成熟期，市场规模和潜在需求较大，但较高利润与较大的企业数量规模现状也存在市场竞争加剧的风险，产业发展处于成熟期，技术门槛较低、市场集中度低，受其他行业影响大，市场波动性强。其总体利润率上升空间有限，甚至可能因为产业升级或行业变更存在利润率下降可能性。目前省内智能机器人的相关企业，特别是上游企业普遍规模臃肿，高水平设计能力不足，企业转型升级动力不足，应尽早抢占高利润生产环节，或做大中游行业规模，带动上游产品迭代升级。

二是企业数量中等或者小而精，平均利润率高、企业间联系频数低的行业，包含工程管理服务、金属切削机床制造、工业控制计算机及系统制造、其他软件开发、电子测量仪器制造等许多行业。这类行业均属于相对于其他低端行业而言具有一定技术门槛，行业发展规模适中，行业联系度与其他行业因技术门槛形成了一定壁垒，但又不完全与其他行业割裂。整体来看，这类产业处于初创发展阶段，市场需求前景巨大。企业在这一阶段需要承担较高的研发成本和风险，并进行市场调研、产品定位等工作，加强研发争取市场主导权，及早进入市场与申请专利，强化竞争优势，越早占据行业有利地位行业利润率越高。

3. 广东省智能机器人产业集群空间特征

3.1 企业数量集聚的空间特征

分区域来看（图 14-8），珠三角地区是全省智能机器人企业的主要集聚区域，包含的上、中、下游各环节以及全供应链的企业数量规模均占比分别为 96.54%、97.23%、97.72% 和 96.94%，均超过 90% 以上，在产业规模发展方面具有绝对的数量规模优势。粤北地区是智能机器人企业的次级集聚区域，尤其是上游原料生产等企业，数量占比超过 5%。粤东地区和粤西地区的智能机器人产业发展规模相对较小，合计数量占比未超过 3%，产业发展基础相对薄弱。

分地市来看（图 14-9），广州、深圳、东莞、佛山等地是智能机器人产业的主要集聚地，上、中、下游各环节企业分布均较为密集，但各地市集聚的产业环节特点略有差异，如深圳市下游企业数量比

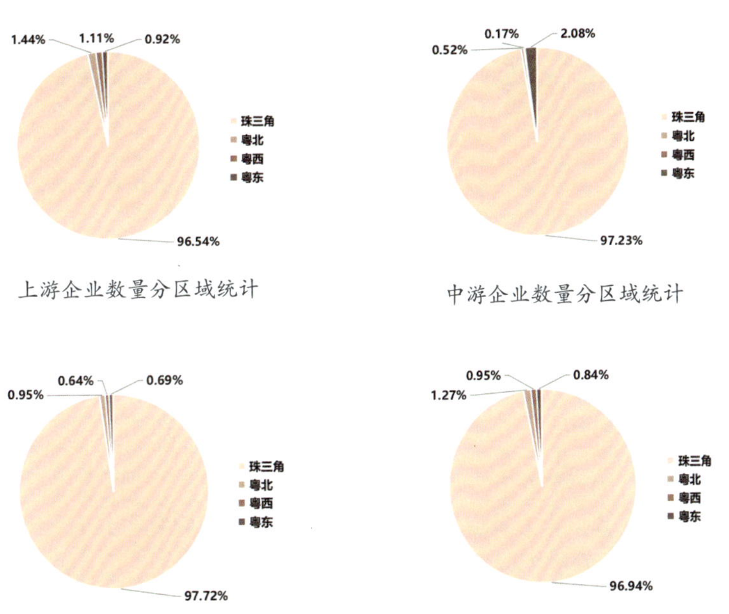

1.44%
1.11%
0.92%
96.54%
珠三角
粤北
粤西
粤东

上游企业数量分区域统计

0.52%
0.17%
2.08%
97.23%
珠三角
粤北
粤西
粤东

中游企业数量分区域统计

0.95%
0.64%
0.69%
97.72%
珠三角
粤北
粤西
粤东

下游企业数量分区域统计

1.27%
0.95%
0.84%
96.94%
珠三角
粤北
粤西
粤东

全供应链企业数量分区域统计

图 14-8：全省智能机器人产业分区域企业数量统计
（数据来源：龙盾企业数据库）

图例
企业数量
0
1 - 80
81 - 800
801 - 8000
8000以上
1 : 3 500 000

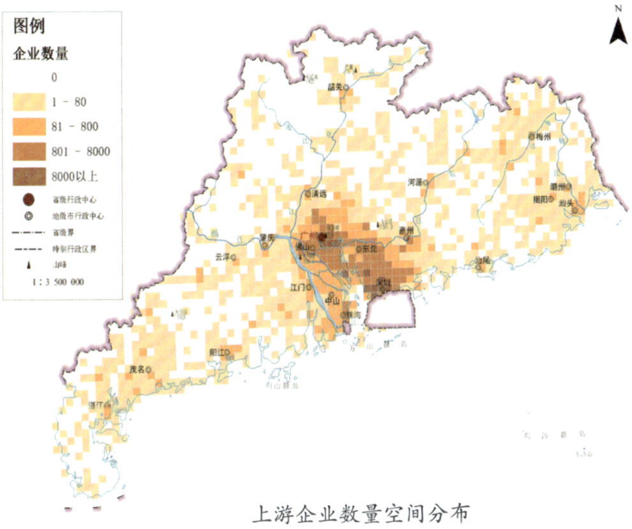

上游企业数量空间分布

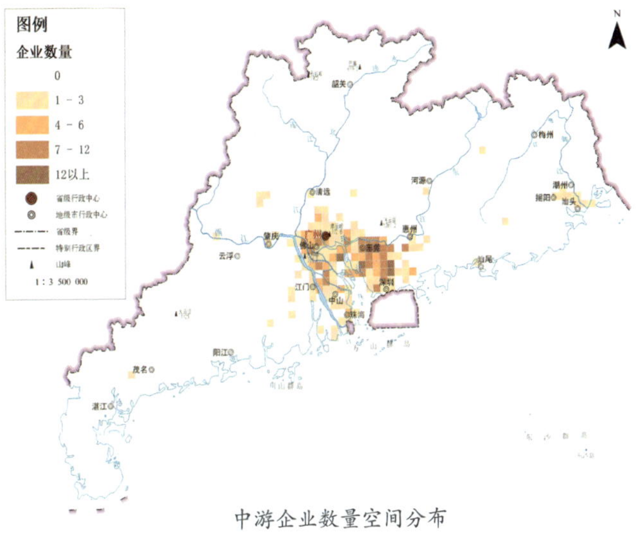

图例
企业数量
0
1 - 3
4 - 6
7 - 12
12以上
1 : 3 500 000

中游企业数量空间分布

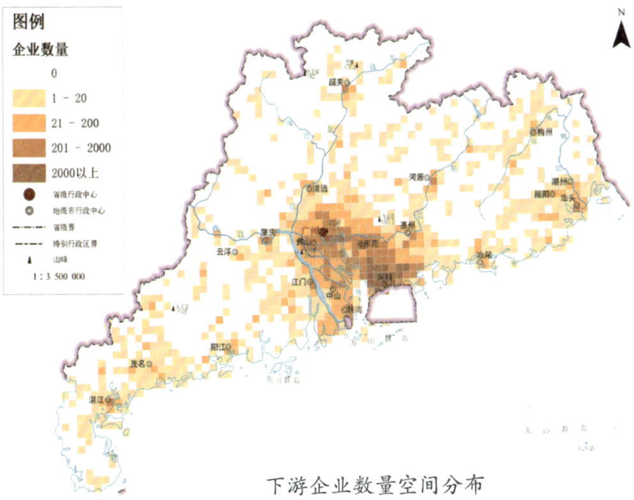

图例
企业数量
0
1 - 20
21 - 200
201 - 2000
2000以上
1 : 3 500 000

下游企业数量空间分布

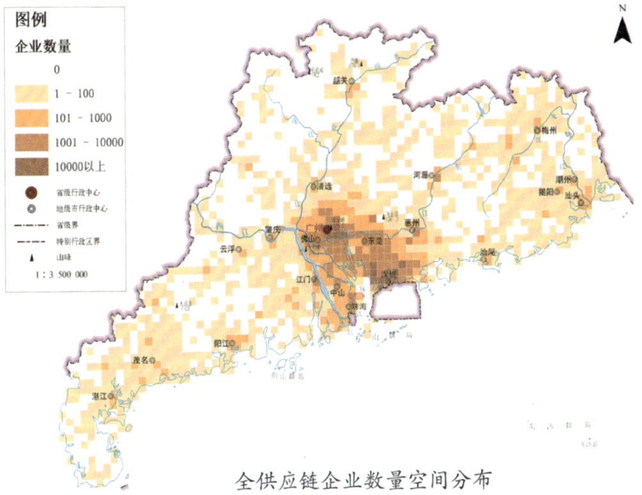

图例
企业数量
0
1 - 100
101 - 1000
1001 - 10000
10000以上
1 : 3 500 000

全供应链企业数量空间分布

图 14-9：全省智能机器人产业企业数量分布
（数据来源：龙盾企业数据库）

上游多，且远远多于其他地市。东莞市的下游企业数量比广州多。可以看出广佛是上游环节的集聚城市，而中、下、游则集中在深圳和东莞，即珠江口东岸城市的上、中、下游产业发展相对均衡，而珠江口西岸城市则基本是上游环节聚集地。这一点同样体现在惠州和珠海上，惠州市的下游企业数量多于珠海，而企业总数量少于珠海。

深圳、广州、东莞、佛山为我省企业数量前四名地市，均以超过 3 万家企业数量组成第一梯队。在这四个城市中，数量级依次递减，深圳共有超 30 万家企业，广州超 15 万家，东莞超 6 万家，佛山超 3 万家。第二梯队城市以惠州、珠海为代表，均有 1 万家企业，其次是中山 7000 家、江门 4000 家，其他省内地市为末档。可以看出，珠三角地区企业在智能机器人产业链上具有压倒性优势，企业数量占全省 96% 以上。省内其他地市因企业数量不足，未能形成企业规模和供应链条。

3.2 企业联系集聚的空间特征

分区域来看（图 14-10），珠三角地区是全省智能机器人产业中设置分支机构或进行投资的企业的主要集聚区域，上、中、下游各环节以及全供应链的产权联系度占比分别为 96.79%、100%、96.48% 和 96.89%，均超过 96% 以上，具有绝对的产权布局优势，依托产权部署，在经济、技术、知识、人才等要素交流方面具有更大的潜力。与粤北、粤东、粤西地区相比，粤北和粤东具有一定的产权联系规模，其中粤北在上游生产等企业联系度占比为 1.5%。在下游环节，粤北和粤东地区占比接近为 1.43% 和 1.28%。粤西地区相对产权联系较低。三地区合计产权联系度占比未超过 2%，发展基础相对薄弱，其中粤北、粤东地区略强，优于粤西地区。

分地市来看（图 14-11），广州、深圳、东莞、佛山等地是智能机器人产业上游、中游、下游各

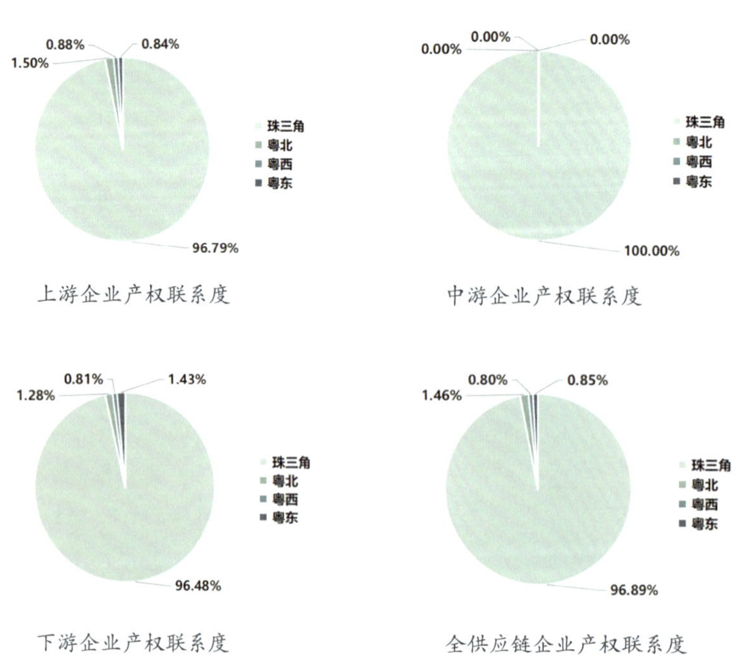

图 14-10：全省智能机器人产业分区域企业产权联系度统计
（数据来源：龙盾企业数据库）

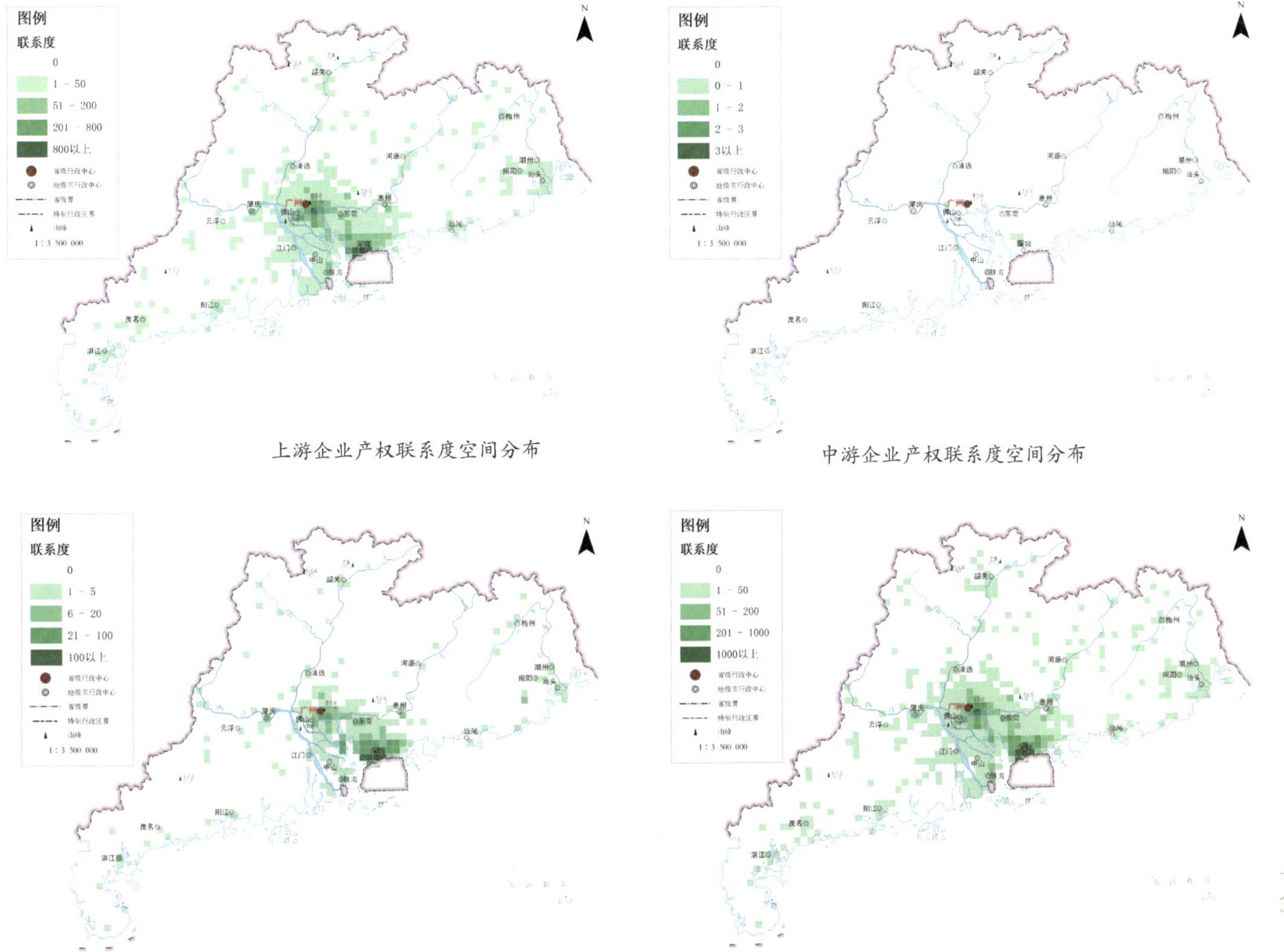

上游企业产权联系度空间分布　　中游企业产权联系度空间分布

下游企业产权联系度空间分布　　全供应链企业产权联系度空间分布

图 14-11：全省智能机器人产业企业产权联系度分布
（数据来源：龙盾企业数据库）

环节企业产权联系较多区域，有较强的产业合作拓展能力。珠三角其他地市一般仅能够在上、中、下游环节中的某一环节有一定联系度，其中惠州、珠海、中山、江门、肇庆的产权联系度依次递减，非珠三角地市则仅有上下游环节企业能够产生产权联系强度。

3.3 产业集群的空间特征

综合分析智能机器人产业全供应链企业数量空间分布和产权联系度情况来看，筛选两项指标处于前 25% 的格网做叠加分析，筛选企业密度较高、产权联系紧密的产业集群潜在空间格网共 102 个。

分区域来看（图 14-12），全省智能机器人产业集群的潜在空间目前主要分布在珠三角地区，包含 95 个格网空间，占潜在集群的 93.14%，粤北有 3 个潜在集群空间，粤东有 1 个潜在集群空间，粤西有 3 个潜在集群空间。

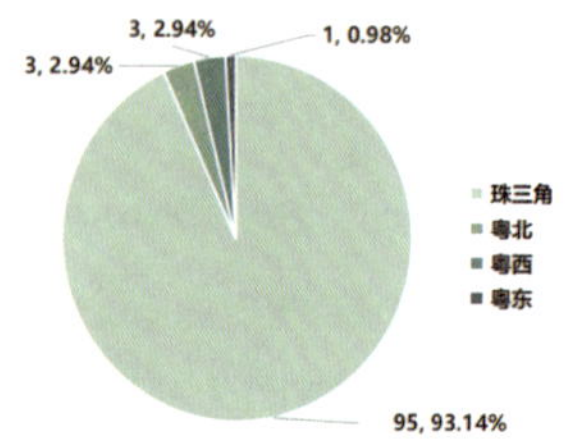

图 14-12：产业集群潜在空间格网统计图
（数据来源：龙盾企业数据库）

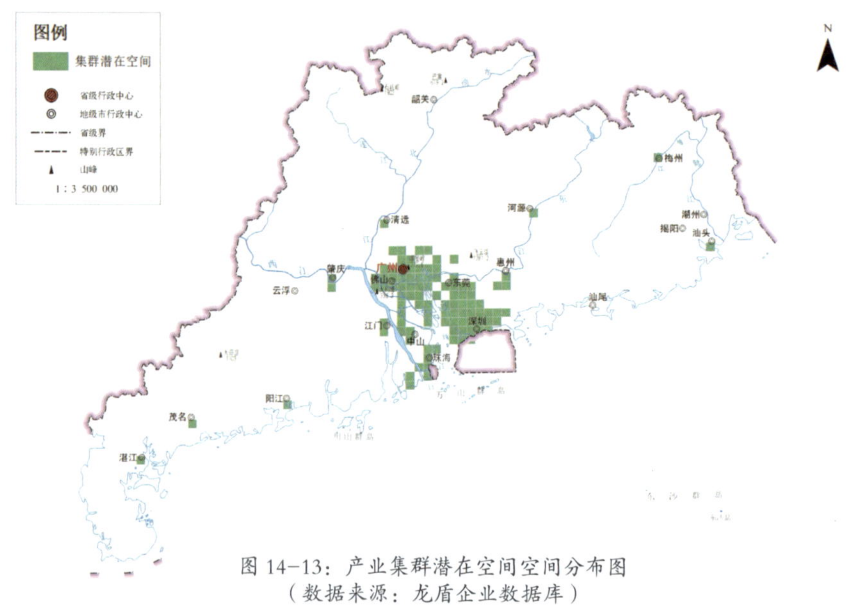

图 14-13：产业集群潜在空间空间分布图
（数据来源：龙盾企业数据库）

分地市来看（图 14-13），全省智能机器人产业集群的潜在空间主要分布在广州市天河区、黄埔区、白云区、越秀区、海珠区、花都区、番禺区以及南沙区，深圳市南山区、宝安区、罗湖区、福田区、龙华区，东莞市，佛山市南海区、珠海市香洲区、惠州市仲恺区、肇庆市鼎湖区以及中山市和江门市等地，这些区域是全省现阶段智能机器人产业集群发展较为成熟的潜在区域。

4. 广东省智能机器人产业典型案例

4.1 典型园区

松山湖机器人产业基地位于广东省东莞市松山湖管委会松山湖 1 号，面积约 175.85 亩，目前已成功孵化科技企业 60 多家，累计总产值超 50 亿元，扎堆聚集了 400 来家机器人企业。松山湖机器人产业基地的核心位于 XbotPark 机器人基地，于 2014 年由香港科技大学李泽湘教授、香港科技大学原工学院院长高秉强教授、长江商学院副院长甘洁教授等一众优秀创业导师联合发起。

在广东省和东莞市政府及松山湖管委会的大力支持下，基地通过联结内地、香港及全球高校、研究所、企业和上下游供应商等资源，充分理解创业者需求，通过打造完整机器人及智能硬件生态体系，使被投团队和企业具备核心竞争优势。松山湖机器人产业基地在东莞市政府、松山湖国家高新区的支

图 14-14：松山湖机器人产业园遥感影像
（数据来源：百度地图）

持下，成立了松山湖国际机器人研究院作为信息研发机构，获颁国家级科技企业孵化器。

松山湖机器人产业基地采用完全互联网 + 夏令营等全新孵化模式，通过举办各类创新训练营、技术交流会和机器人大赛，给予产业园区内所有企业和创业者最大的自由度，为各类企业提供实验室设备，以用户为中心为从业人员提供融合技术、工程、商业和设计思维的头脑风暴夏令营，并为校企提供实习计划项目，辅以大咖讲座，不定期举办各类交流会和机器人创新大赛，将年轻化融入到园区的每一个角落，培养了一批国际国内知名企业，如大疆、云鲸、霍曼科技、逸动科技等大众耳熟能详的相关行业“独角兽”。

得益于松山湖机器人产业园区的巨大成功，松山湖机器人产业集聚区作为松山湖机器人产业基地二期，目前也进入快速发展阶段，该园区位于松山湖工业东路 24 号，面积约 95.05 亩。目前已有 25 家企业进驻。

松山湖智能机器人产业园专注于“一个系统”“二大产业”和“三个链条”的构建：“一个系统”，即健康的、可持续的学院派创业支持生态系统；“二大产业”，指机器人和智能装备产业；“三个链条”，即世界一流的潜质青年创业家培养链、机器人与智能核心技术和核心零部件研发研制链、世界一流企业孵化和产业培育链。产业园通过联结香港、内地及全球的高校、研究所、上下游供应链等资源，搭建了完整的机器人生态体系，为团队提了供全方位资源支持，建设一个面向内地、香港乃至全球的机器人和智能硬件创业平台，打造了一个国际一流的机器人产业集群。

松山湖园区的入驻企业主要专注于机器人和智能硬件方向，重点围绕智能 C 端、工业 4.0、农业 4.0 以及智慧城市等板块发展，园区的主要发展目标是打造以人才培养、技术研发、创业孵化、生产制造、终端应用、展示展览、会议论坛、休闲娱乐等多功能为一体的机器人产业示范园区，集综合区（包括会议中心、图书馆、展览厅）、研发中试车间、高精密装配 / 研发实验室、研发孵化区、国际机器人研究院、创意生活区六大功能区域。

园区致力于为初创机器人企业提供最优质的服务，以打造“机器人专业人才工作首选地”为己任，逐步摸索出一条具有自身区域特色的发展道路。从机器人研究院、专业产业孵化器、加速器、产业集聚区，到大型龙头企业，产业生态链条已初步成形；从高水平检测机构、产业供应链、产业基金、产业协会、产业政策，再到政府的专业服务团队，已形成研发培育—初创扶持—壮大助推的一条龙体系 [135]。

与国内发展较好的上海市机器人产业园（富联路）、芜湖机器人产业园相比，松山湖机器人产业起步较晚，但园区面积、企业数量均处于较高水平；盈利水平上，与其他两家园区相比，松山湖机器人产业园产值较低，且地均产值低；交通条件上，三家产业园区交通区位良好，毗邻机场，轨道交通或公路交通线均有贯通；产业布局上，均已形成产业规模并发挥集群发展优势。

与上海和芜湖典型园区相比，松山湖机器人产业园发展也具有一定特点，园区智能机器人创新平台发展凭借较高的品牌宣传和知名度，吸引了一大批年轻初创企业到产业园区内进行孵化主导。松山湖机器人产业园相比于其他两个产业园，规模适中，利润率表现优秀，注重打造智能化、绿色化、高端化的核心优势，将智能制造、人工智能和 5G 技术融合在一起，推进产业的专精特新。同时，产业园秉承“国际化、集成化、高科技”，以“打造中国智能制造摇篮”为出发点，以国内最纯粹的机器人创新头脑风暴和最开放的技术交流，辅以最优秀的人才培养、企业孵化机制和公共科技共享平台，打造出最有世界影响力的中国机器人企业，让松山湖机器人产业园的知名度遥遥领先于国内其他所有机器人产业园，成为了其他两个国内知名机器人产业园所无法匹配的创新高地。

表 14-4：典型园区关键要素对比表

（数据来源：园区招商网页客户端）

园区对比要素	松山湖机器人产业园	上海机器人产业园	芜湖机器人产业园
地理位置	东莞市松山湖	上海市	安徽省芜湖市
开发面积（亩）	175.85 亩	4.67 亩	54.47 亩
入驻企业数（家）	400+	140+	220+
年度营收	2022 年累计总产值超过 50 亿元 [136]	2021 年园区完成工业总产值 210.5 亿元。[137]	2022 年，基地实现产值 253 亿元。[138]
地均营收（亿元 / 平方公里）	426.50	67612.42	6967.14
企均营收（亿元 / 家）	0.13	1.50	1.15
交通条件	松山湖机器人产业园毗邻华为松山湖园区。距离深圳机场 36 公里，距离深圳市仅 15 公里，在东莞地铁 1 号线松山湖站（在建）上盖，毗邻珠三角环线高速。	上海机器人产业园距上海虹桥机场 20 公里、距上海地铁 1 号线宝安公路地铁站 2.5 公里，距上海外环高速 1 公里。	芜湖机器人产业园距芜湖宣州机场 35 公里，距芜湖轨道交通一号线 2.5 公里，距宁芜高速芜东收费站出口 500 米。
产业布局	完全开放打造机器人生态，专注发现、培育、投资早期硬科技企业，重点培育智能机器人初创、研发、孵化企业和“独角兽”企业。	政府主导的集聚智能机器人产业发展标杆企业，以智能硬件和机器人装备制造为主导，注重智能园区及智能公共服务平台建设。	互联网 + 和中小微企业，构建机器人装备制造、研发、金融、商业配套、产学研、联合实验室、教育培训、检测维修的完整产业链，细分机器人本体及零部件产业链市场。
产业链核心环节	中游机器人组装制造，下游机器人应用推广	上游机器人研发，中游机器人制造	上游机器人零配件生产制造，下游机器人应用
代表企业	大疆、云鲸、霍曼科技、逸动科技等	发那科、快仓、鑫燕隆、赛赫	埃夫特、哈特、瑞祥、希美埃、赛宝

4.2 典型企业案例

4.2.1 企业概况

海柔创新作为唯一入选 2022 年 RBR50 创新奖的松山湖孵化企业，创立于 2016 年，是全球领先的物流仓储机器人公司，致力于通过机器人技术和人工智能算法，提供高效、智能、柔性的物流仓储行业解决方案，帮助全球各行业的企业提升物流仓储效率。其 ACR 潜伏式机器人在“货架到人”的基础上，通过完成对货箱的精准识别，用自动化解决了仓储作业流程中的最后一环，实现“货箱到人”。兼顾了可移动机器人更加“柔性”和刚性仓库结构更高“存储密度”的双重优点，刚柔并济，能帮助客户提升 80% ～ 400% 存储密度，提高 3 ～ 4 倍人工拣选效率等关键指标。此外，海柔创新 ACR 的解决方案还可根据业务变化灵活改造扩张，极大地降低了仓储自动化改造的成本和难度。机器人行业权威媒体《机器人商业评论》（*Robotics Business Review*）是美国 B2B 媒体集团 WTWH Media 旗下的出版物之一，在过去 12 年中一直坚持 RBR50 的评选。世界级科技巨头公司，如 Google、Amazon、Intel 和 NVIDIA 等都曾入选该榜单 [139]。

4.2.2 企业产权联系网络特征

构建海柔创新科技有限公司的产权联系网络，有7家企业与海柔创新科技有限公司直接关联，均为海柔科技自身分支机构，覆盖供应链上、中、下游各环节的产权联系网络。

空间分布方面，发生产权联系企业分别位于广东、北京、上海、江苏、浙江、湖北6个省级行政区，其中属于广东省的企业数量最多，有3家，其他直辖市和省企业数量次之，有1家。

供应链接结构方面，产权联系网络中上、中、下游各环节企业完整，集中面向中游制造业环节布局，且衍生出批发零售租赁等下游配套服务。其中，上游信息技术研发企业主要位于广东、上海、江苏，中游制造业企业布局在广东、浙江、湖北，下游批发零售企业分布在广东和北京。

产权联系方式方面，7家企业均为海柔创新科技有限公司分支机构。其中作为发源自松山湖机器人产业园的孵化企业，海柔科技将上、中、下游均保留分布在广东省内，并持续扎根深圳和东莞形成前店后厂模式，已形成自有品牌上、中、下游全产业链，及时服务粤港澳大湾区客户，同时在其他省份的分支机构布局。其中江浙沪布局了上游研发和中游制造业，形成依托面向长三角市场的自主研发和制造基地；在湖北省单独开设了制造业分支机构，说明该企业看好湖北省后续制造业的发展势头；在北京单独开设下游批发零售，作为抢占国内北方市场的主要门户。总体而言，海柔创新科技有限公司是一家具有完整智能机器人产业链的综合性公司。

表 14-5：海柔创新科技有限公司产权联系类型

（数据来源：龙盾企业数据库）

产权关联类型	总数	涉及省份	行业类型	代表企业
全资控股	7	广东、北京、上海、江苏、浙江、湖北	制造业、信息传输、软件和信息技术服务业、科学研究和技术服务业信息传输、软件和信息技术服务业、批发和零售业	全资子公司分支机构

总体来看，海柔创新科技有限公司进行了一定的产业拓展布局，在供应链各环节的部署模式具有参考价值。首先重点通过全资控股形式在粤港澳大湾区本地上、中、下游环节构建完整产业链，发挥本地的集群优势；同时在上海、江苏、浙江布局研发和制造业企业，充分利用上海富集的创新资源和人力资源，并长期打入扎根长三角智能机器人市场；在湖北设立制造业分支机构，提早布局生产基地；在北京设立零售机构，抢占北方智能机器人销售市场。以上布局无论从地理位置上，还是产业环节上来看，布局十分合理，有利于拓展全国市场，提升品牌效应。

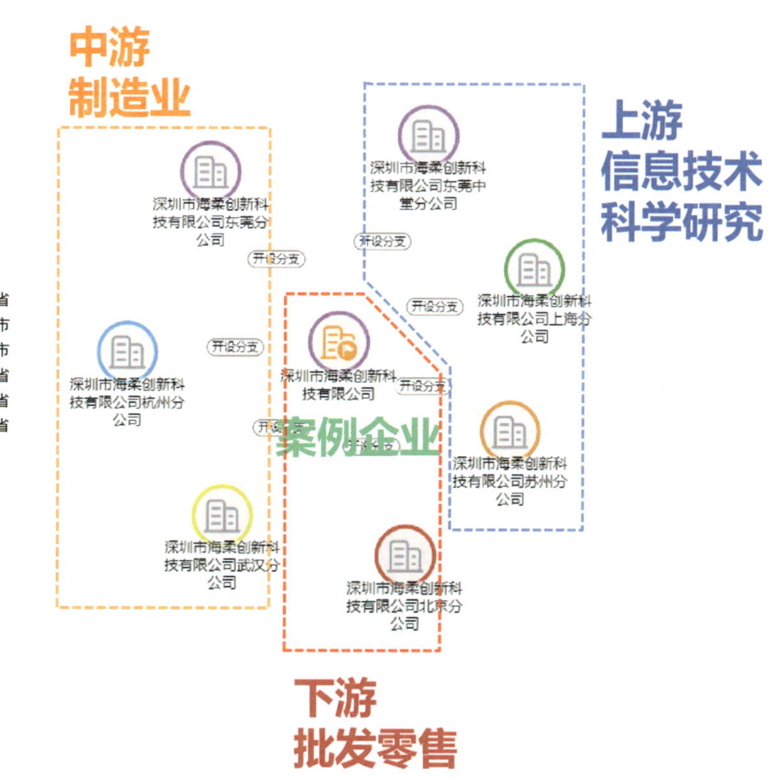

图 14-15：海柔创新科技有限公司产权联系企业类型
（数据来源：龙盾企业数据库）

第十五章

战略性新兴产业集群：

新能源产业集群

新能源产业包括风能、太阳能、水能、生物质能、地热能、海洋能等非化石能源等。其供应链包括含生产支撑原料、发电设施建造、发电、控制、传输设备技术研发，新能源转化生产、存储与传输，新能源成品的主要应用以及服务。

广东省新能源企业主要集中在下游产品应用及服务环节和上游研发、原料供应、设备制造环节。中游新能源转化生产、存储与传输环节企业具有规模大、数量少的特点，约占2.5%。但中游环节利润率远高于上游和下游环节，呈现出漏斗形垄断竞争格局。企业产权联系在上、中、下游之间均较为频繁，这种模式体现出中游环节的市场化不足，效率有待提升的特点。

广东新能源企业主要聚集在珠三角地区，其中相对集中在广州、深圳、佛山、东莞等地市。新能源产业园往往聚焦在全供应链的上游或者下游，这些以研发、生产和产品服务为主导的园区常常选址在地理位置优越、交通物流条件发达、靠近教育资源的高度城市化地区，以方便产品流通、吸引人才和具备广泛的应用场景。这一点也可以从珠海横琴粤澳深度合作区高景太阳能股份有限公司的分支机构布局中得以体现。

1. 新能源产业集群概述

1.1 基本概念

“新能源”一词是1981年8月联合国在内罗毕召开的新能源和可再生能源会议上提出的，会议对新能源进行了界定，即“新的可更新的能源资源。它可以通过新技术和新材料加以开发利用，而且消耗后可得到恢复和补充，不产生或很少产生污染，对环境无多大损害，有利于生态良性循环”[140]。

在我国，新能源定义发生了动态变化。2005年通过的《可再生能源法》中，将可再生能源定义为“风能、太阳能、水能、生物质能、地热能、海洋能等非化石能源”。2013年国务院印发的《能源发展“十二五”规划》中，将风能、太阳能和生物质能列入到新能源和可再生能源目录中。2016年制定的《能源发展“十二五”规划》将新能源和可再生能源进一步扩展为风能、水能、太阳能、海洋能和地热能等能源。

与传统能源相比，新能源具有安全、绿色、清洁等特点。2020年，广东省印发《广东省培育新能源战略性新兴产业集群行动计划（2021—2025年）》，指出新能源产业主要包括核能、风能、天然气及其水合物、太阳能、氢能、生物质能、地热能、海洋能、智能电网、储能等领域。从学术研究的范畴来看，不同学者对于新能源的具体范围界定存在一定的差异。高兴、翟柯宇将核能、太阳能、风能、生物质能、地热能、海洋能、氢能列入新能源的概念范畴[141]。高晓燕、王治国（2017）认为新能源是指在新技术和新材料的支持下用现代化的技术和方法开发利用的可再生能源，主要包括风能、水能、核能、太阳能、生物能、地热能、潮汐能等，是一种绿色清洁能源[142]。综合梳理来看，新能源是一个动态概念，其理论外延在不断变化，本文面向产业集群研究，采用《广东省培育新能源战略性新兴产业集群行动计划（2021—2025年）》中界定的新能源产业概念。

20世纪70年代，世界石油危机爆发，世界各国开始积极地寻找新能源，并以此来逐渐代替传统能源，西方发达国家加快了新能源的开发与利用步伐[143]。步入21世纪以来，面对能源短缺、能源价格大幅攀升、全球气候变暖等日益严峻的形势，世界各国对新能源的需求更为迫切。

在中国，发展新能源是一项重要的发展战略，是完成“2030 年碳达峰，2060 年碳中和”目标、驱动经济绿色复苏的现实选择，也是秉持新发展理念、统筹发展与安全、加快构建国内国际双循环相互促进的新发展格局的必然要求[144]。中国坚定不移地推进能源革命，能源生产和利用方式发生重大变革，能源发展取得了历史性成就，基本形成了煤、油、气、电、核、新能源和可再生能源多轮驱动的能源生产体系[145]。随着新能源产业的逐步发展，产业规模不断壮大，产业技术水平加快提升，产业集

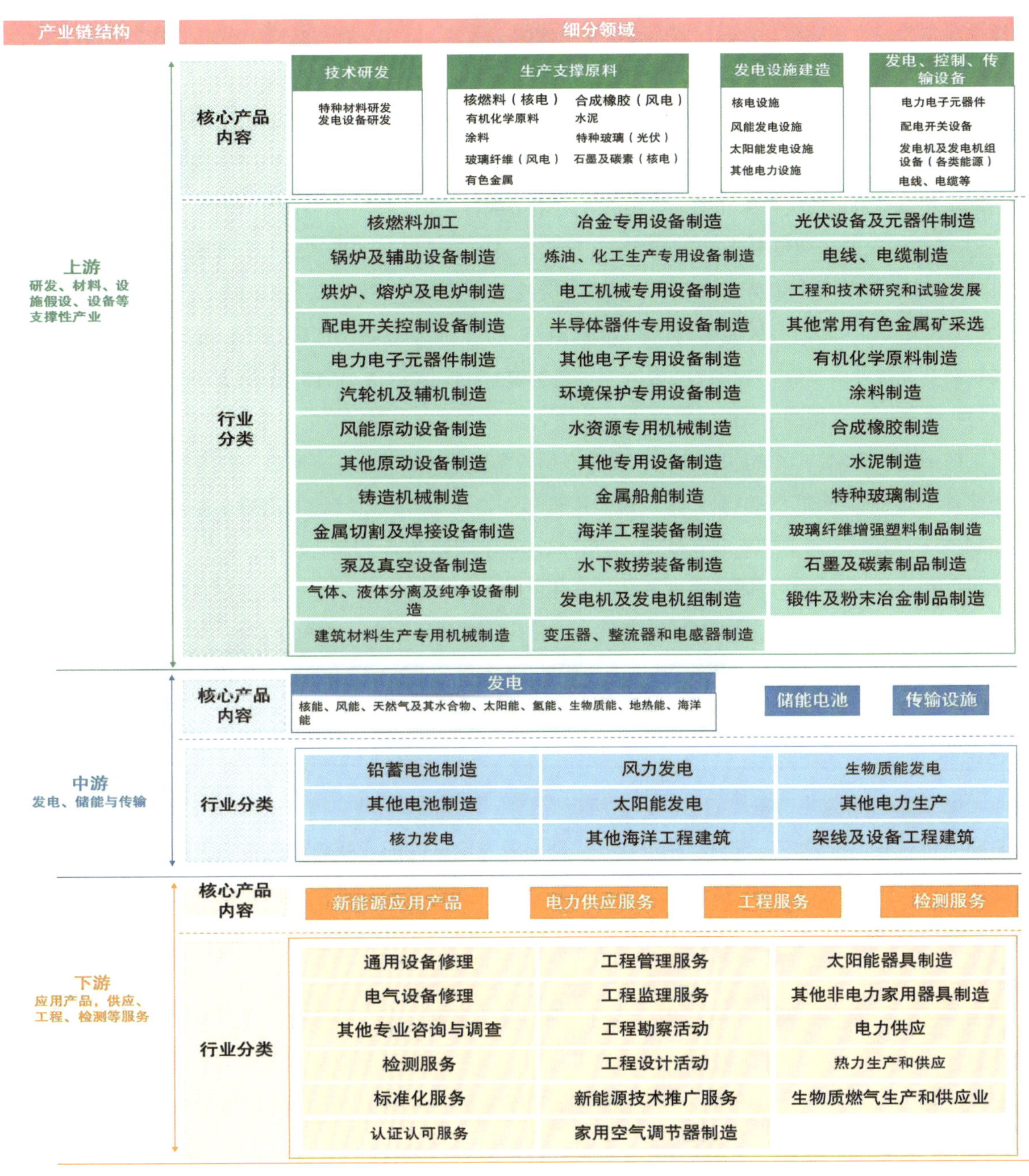

图 15-1：新能源全产业供应链图谱

聚效应逐步显现，集群化发展的趋势日益凸显。

新能源是高资源依赖型企业，同时产能的高效存储、消纳等也是产业发展的关键核心。为更好厘清新能源产业的核心产品、核心技术环节和核心行业等关键要素的结构关系，必须深入分析产业上、中、下游结构特征，构建新能源产业供应链全景图谱。

上游是重要的生产支撑环节，供应核心产品包含生产支撑原料、发电设施建造、发电、控制、传输设备技术研发等。其中技术研发主要包含支撑生产的特种材料和发电设备的理论及技术研发。生产支撑原料主要包含核燃料、合成橡胶、有机化学原料、水泥、涂料、特种玻璃、玻璃纤维、石墨及碳素、有色金属等，均为支撑新能源发电的生产原料及辅助生产材料。

发电设施建造主要包含核电设施、风能发电设施、太阳能发电设施、其他电力设施等发电设施的建造，形成支撑发电的建筑实体载体。发电、控制、传输设备等主要包含电力电子元器件、配电开关设备、发电机及发电机组设备（各类能源）、电线、电缆等配件。

本环节对应的企业集中分布在国民经济行业分类中的核燃料加工（2530），锅炉及辅助设备制造（3411），烘炉、熔炉及电炉制造（3461），配电开关控制设备制造（3823），电力电子元器件制造（3824），汽轮机及辅机制造（3413），风能原动设备制造（3415），其他原动设备制造（3419），铸造机械制造（3423），金属切割及焊接设备制造（3424），泵及真空设备制造（3441），气体、液体分离及纯净设备制造（3463），建筑材料生产专用机械制造（3515），冶金专用设备制造（3516），炼油、化工生产专用设备制造（3521），电工机械专用设备制造（3561），半导体器件专用设备制造（3562），其他电子专用设备制造（3569），环境保护专用设备制造（3591），水资源专用机械制造（3597），其他专用设备制造（3599），金属船舶制造（3731），海洋工程装备制造（3737），水下救捞装备制造（3792），发电机及发电机组制造（3811），变压器、整流器和电感器制造（3821），光伏设备及元器件制造（3825），电线、电缆制造（3831），工程和技术研究和试验发展（7320），其他常用有色金属矿采选（919），有机化学原料制造（2614），涂料制造（2641），合成橡胶制造（2652），水泥制造（3011），特种玻璃制造（3042），玻璃纤维增强塑料制品制造（3062），石墨及碳素制品制造（3091），锻件及粉末冶金制品制造（3393）38 类行业。

中游是新能源发电的重要的生产、存储与传输环节。依托上游支撑，进行各类新能源发电，并制造储能与传输等工程设施，核心产品包含各类新能源发电、储能设备与电能传输设施建造等。本环节对应的企业集中分布于国民经济行业分类中的铅蓄电池制造（3843）、风力发电（4415）、生物质能发电（4417）、其他电池制造（3849）、太阳能发电（4416）、其他电力生产（4419）、核力发电（4414）7 类行业。

下游则是新能源成品的主要应用以及服务环节，主要产品包含新能源应用产品、电力供应服务、工程服务、检测服务。本环节对应的企业集中分布在国民经济行业分类中的通用设备修理（4320）、工程管理服务（7481）、太阳能器具制造（3862）、其他专业咨询与调查（7249）、工程勘察活动（7483）、电力供应（4420）、检测服务（7452）、工程设计活动（7484）、热力生产和供应（4430）、标准化服务（7454）、新能源技术推广服务（7515）、生物质燃气生产和供应业（4520）、认证认可服务（7455）、家用空气调节器制造（3852）。

1.2 发展概况

1.2.1 政策要求

新能源产业作为重要的战略新兴产业，国家和广东省密集出台了相关政策支持产业发展，在能源绿色低碳转型行动、大力发展绿色低碳产业等方面提出了明确的政策要求，同时面向新能源汽车应用，给予了大力支持。印发部门主要涉及中共中央、国务院，以及发改、工信、财政、税务等部门，主要激励手段包括财政资金奖励、税收优惠等。

表 15-1：政策清单表格

层级	时间	政策名称	主要内容或措施要求	印发部门
国家级	2023.03	《加快油气勘探开发与新能源融合发展行动方案 2023-2025 年）》	大力推动油气勘探开发与新能源融合发展，积极扩大油气企业开发利用绿电规模，主要发展目标是：油气供给稳步增长，绿色发展效果显著，行业转型明显加快，并提出优化发展方式与保障措施。	国家能源局
国家级	2022.05	《关于促进新时代新能源高质量发展的实施方案》	提出促进新时代新能源高质量发展的 7 项措施：创新新能源开发利用模式；加快构建适应新能源占比逐渐提高的新型电力系统；深化新能源领域“放管服”改革；支持引导新能源产业健康有序发展；保障新能源发展合理空间需求；充分发挥新能源的生态环境保护效益；完善支持新能源发展的财政金融政策。	国务院办公厅转发，国家发展改革委、国家能源局印发
国家级	2021.1	《国务院关于印发 2030 年前碳达峰行动方案的通知》	在能源绿色低碳转型行动中，明确大力发展新能源，积极安全有序的发展核电，构建新能源占比逐渐提高的新型电力系统，推动清洁电力资源大范围优化配置。	国务院
国家级	2021.09	《关于完整准确全面贯彻新发展理念做好碳达峰碳中和工作的意见》	在实现碳达峰、碳中和目标下，提出深度调整产业结构的措施、加快构建清洁低碳安全高效能源体系等措施，明确新能源是大力发展绿色低碳产业的重要内容，同时构建以新能源为主体的新型电力系统。	中共中央国务院
国家级	2021.06	《国家发展改革委关于 2021 年新能源上网电价政策有关事项的通知》	明确光伏发电、风电等新能源的电价政策，财政补贴减少，鼓励市场化运作。	国家发改委
国家级	2021.05	《关于做好新能源配套送出工程投资建设有关事项的通知》	在碳达峰、碳中和目标背景下，风电、光伏发电装机将快速增长，出台加强电网和电源规划统筹协调、允许新能源配套送出工程由发电企业建设、做好配套工程回购工作、确保新能源并网消纳安全等 4 项具体措施强化新源配套送出工程建设，提升并网消纳能力，促进新能源高质量发展。	国家发展改革委办公厅、国家能源局综合司
省级	2021.12	《关于加快建立健全绿色低碳循环发展经济体系的实施意见》	构建清洁低碳安全高效能源体系。规模化开发利用海上风电，打造粤东粤西千万千瓦级海上风电基地。积极发展氢能，因地制宜发展光伏发电、陆上风电、地热能、海洋能、生物质能，安全高效发展核电。加快推进抽水蓄能、新型储能等调节电源建设和技术研发推广，提升电网汇集、外送能力和新能源消纳水平。合理发展天然气发电，完善天然气管网体系，加强接收及储气能力建设，加快天然气管道建设。推进煤炭的清洁高效利用，降低煤炭在能源消费中的比重，发挥煤电调峰和托底保障作用。积极引入省外绿色低碳能源。加快智慧能源系统建设。完善能源产供储销体系和能源输送网络，构建多元安全的现代能源保障体系。深化电力体制改革，构建以新能源为主体的新型电力系统。	广东省人民政府
省级	2022.1	《广东省循环经济发展实施方案（2022-2025 年）》	大力发展包含新能源服务业在内的绿色低碳循环服务业。	广东省发展改革委
省级	2022.02	《关于印发广东省碳达峰实施方案的通知》	提出大力发展绿色低碳产业。加快发展先进核能、海上风电装备等优势产业，打造沿海新能源产业带和新能源产业集聚区。明确能源绿色低碳转型行动，严格控制化石能源消费，大力发展新能源，传统能源逐步退出必须建立在新能源安全可靠替代的基础上，建设以新能源为主体的新型电力系统，加快构建清洁低碳安全高效的能源体系。	广东省人民政府
省级	2022.07	《关于完整准确全面贯彻新发展理念推进碳达峰碳中和工作的实施意见》	明确到 2050 年，新能源为主的新型电力系统全面建立，能源利用效率整体达到国际先进水平。	广东省人民政府

国家层面主要聚焦绿色低碳发展，关注油气勘探开发、新能源汽车与新能源融合发展。提出新能源高质量发展的7项措施，同时在碳达峰、碳中和的国家战略背景下，提出明确新能源是大力发展绿色低碳产业的重要内容和构建以新能源为主体的新型电力系统等主要措施。对新能源的并网消纳以及电价均提出政策支持，但对电价的政策支持近年有所减退，鼓励市场化竞争。

广东省层面主要聚焦在做大做强本地绿色低碳产业，构建清洁低碳安全高效的能源体系。政策更加聚焦，包含以新能源为主的新型电力系统建立、发展新能源产业集聚区、构建多元安全的现代能源保障体系等。新型电力系统建立方面，规模化开发利用海上风电，打造粤东粤西千万千瓦级海上风电基地。积极发展氢能，因地制宜发展光伏发电、陆上风电、地热能、海洋能、生物质能，安全高效发展核电，传统能源的逐步退出必须建立在新能源安全可靠替代的基础上，建设以新能源为主体的新型电力系统。发展新能源产业集聚区方面，加快发展先进核能、海上风电装备等优势产业，打造沿海新能源产业带和新能源产业集聚区。构建多元安全的现代能源保障体系方面，完善能源产供储销体系和能源输送网络，构建多元安全的现代能源保障体系。

1.2.2 市场概况

近年来，中国坚定不移推进能源革命，能源生产和利用方式发生了重大变革，能源发展取得了历史性成就。能源生产和消费结构不断优化，能源利用效率显著提高，生产生活用能条件明显改善，能源安全保障能力持续增强[146]。新能源消费占比逐步提升，初步核算，2022年，全年能源消费总量为54.1亿吨标准煤，比上年增长2.9%。其中天然气、水电、核电、风电、太阳能发电等清洁能源消费量占能源消费总量的25.9%，上升了0.4个百分点[147]。新能源产品生产高速增长，数据显示，2022年，充电桩、光伏电池、风力发电机组等新能源产品产量分别增长80.3%、47.8%、45.5%[148]。

广东省能源供应行业产业规模快速增长。截至2019年底，全省新能源发电装机规模5153万千瓦（其中核电装机1614万千瓦，气电装机2250万千瓦，风电、光伏、生物质发电装机1289万千瓦），较“十二五”末增长93%，非化石能源消费约占全省能源消费总量的29%；建成天然气主干管网2200公里，LNG（液化天然气）接收站4座，充电站约2350座，充电桩约12万个，加氢站34座；2019年全省新能源产业营业收入约4100亿元[149]。

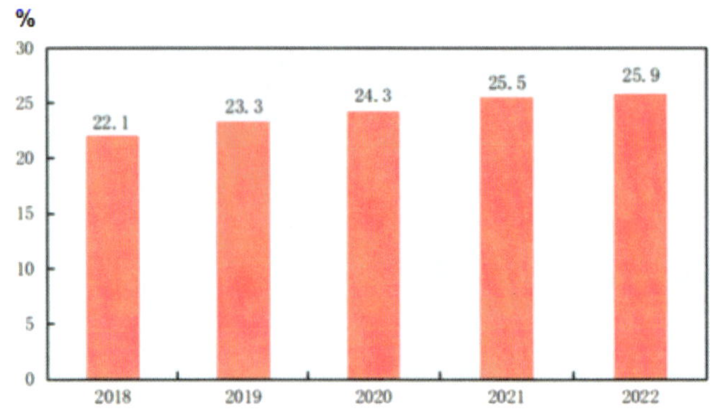

图15-2：2018—2022年全国清洁能源消费量占能源消费总量的比重

广东省能源供应行业产值规模巨大并保持快速增长。2022 年，电力、热力、燃气及水生产和供应业销售产值为 12287.6 亿元，增长率为 13%，其中电力、热力生产和供应业销售产值为 9120.8 亿元，增长率为 11.2%[150]。广东低碳等新动能产品产量保持强劲增长态势，2023 年 1—2 月，充电桩增长 89.0%，风力发电机组增长 164.6%[151]。

广东省是经济大省，能源消费需求大，随着粤港澳大湾区和“一核一带一区”发展战略的全面实施，为新能源产业发展提供了更加有利的政策和市场环境。新能源产业已具备较好的发展基础和较强的竞争能力，海洋能、地热能、生物质能资源和技术优势突出，商业化开发应用进程有望加速。港口资源和海洋油气资源丰富，在海上天然气及其水合物开采和 LNG 接收站建设等方面发展潜力巨大。省内良好的制造业基础和凸显的电子信息产业优势，为新能源制造业提升、产业融合发展提供了有力的支撑。

2. 广东省新能源产业供应链结构特征

2.1 供应链各环节产业的发展规模

全省新能源企业数量为 218312 家。从供应链各环节的企业数量规模来看（图 15-3），下游环节规模最大，上游环节规模与下游接近，规模最小的是中游环节。

上游环节共有 105264 家企业（图 15-4），在全供应链中企业数量占比为 48.22%。上游包含 48 个小类（为国民经济行业分类代码中第四级分类），企业数量规模差异较大，其中工程与技术研究和试验发展类企业数量稍多，数量为 92911 家，在上游环节的数量占比为 88.26%，是上游环节主导发展的企业类型。

中游环节共有 5529 家企业，在全供应链中企业数量占比为 2.53%。其中架线及设备工程建筑类企业数量最多，为 2623 家，在中游环节的数量占比为 47.44%，是中游环节主导发展的企业类型。

下游环节共有 107519 家企业，在全供应链企业中企业数量占比为 49.25%。其中其他专业咨询与调查类企业数量最多，数量为 72719 家，在下游环节的数量占比为 67.63%，是下游环节主导发展的企业类型；其他非电力家用器具制造类企业数量最少，数量为 13 家，在下游环节的数量占比为 0.01%，是下游环节发展最不充分的企业类型。

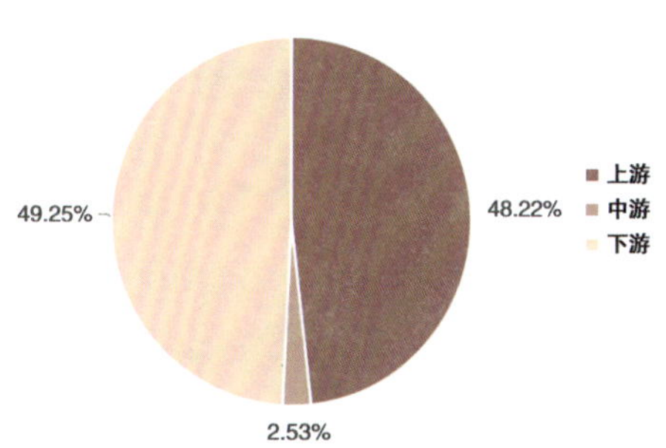

图 15-3：新能源全产业企业数量
（数据来源：龙盾企业数据库）

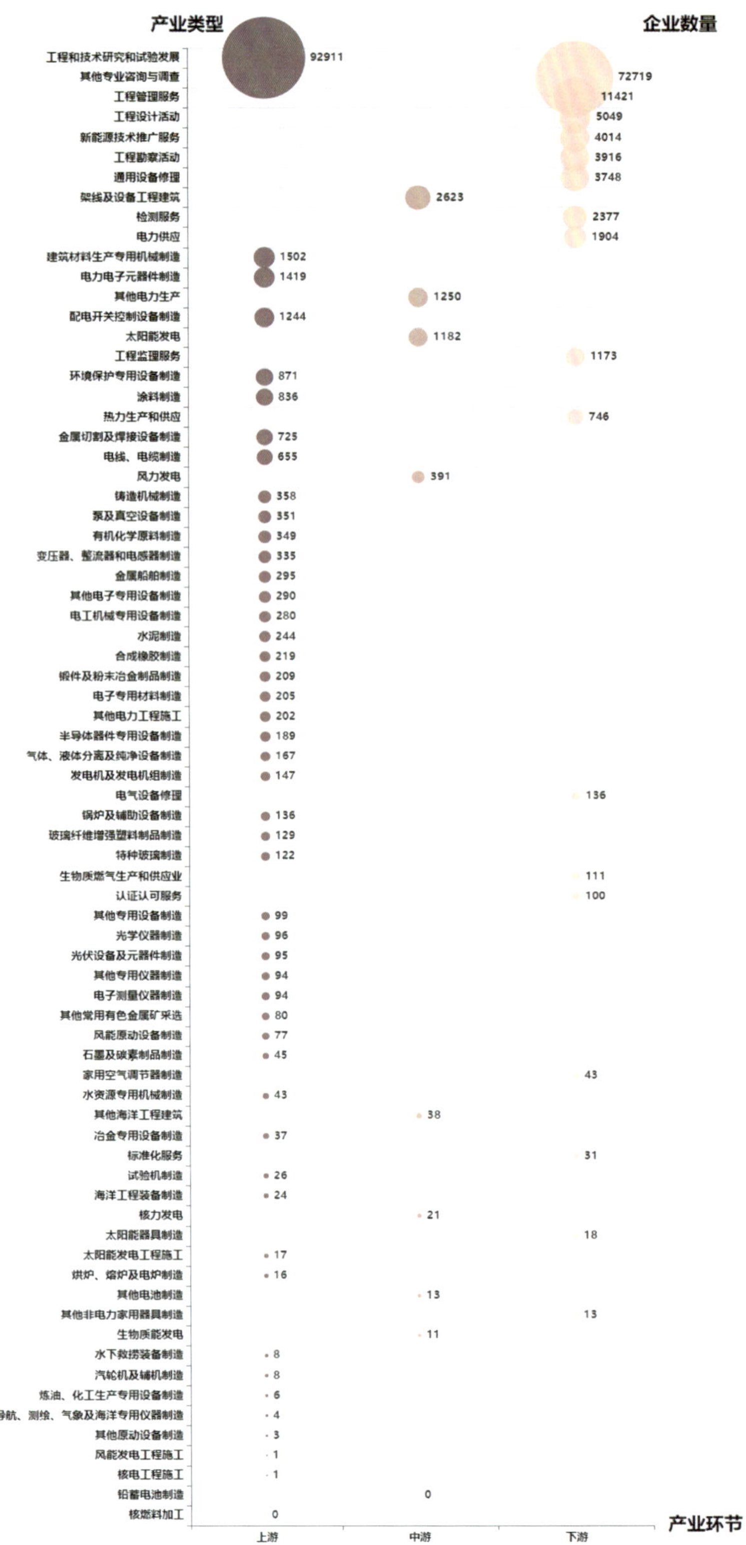

图 15-4：新能源产业全供应链企业数量分析
（数据来源：龙盾企业数据库）

2.2 供应链各环节产业的经济价值

新能源产业全供应链 2018 年的整体平均利润率为 12.07%。从供应链各环节的企业平均利润来看，中游环节利润率最高，其次是下游环节，利润率最低的是上游环节（图 15-5）。

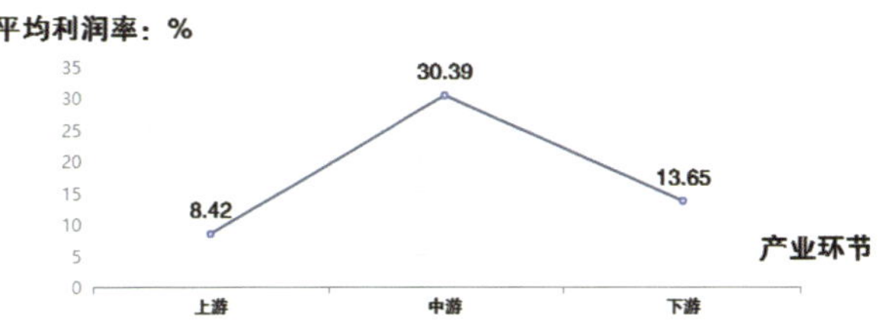

图 15-5：上、中、下游利润率平均值折线统计图
（数据来源：龙盾企业数据库）

分环节来看（图 15-6），上游环节平均利润率最低，为 8.42%。其中汽轮机和辅机制造类企业利润率最高，为 48.02%，比上游环节利润率平均值高 29.6 个百分点。金属船舶制造类企业利润率最低，为 -14.89%，比上游环节利润率平均值低 23.31 个百分点。本类企业整体尚未实现盈利，有待采取措施，进一步降低生产成本，开拓市场，提升盈利空间。

中游环节在供应链三个环节中平均利润率最高，平均利润率达到 30.39%。其中核力发电类企业利润率最高，为 72.46%，比中游环节利润率平均值高 42.07 个百分点。铅蓄电池制造类企业利润率最低，为 1.09%，比中游环节利润率平均值低了 29.3 个百分点。

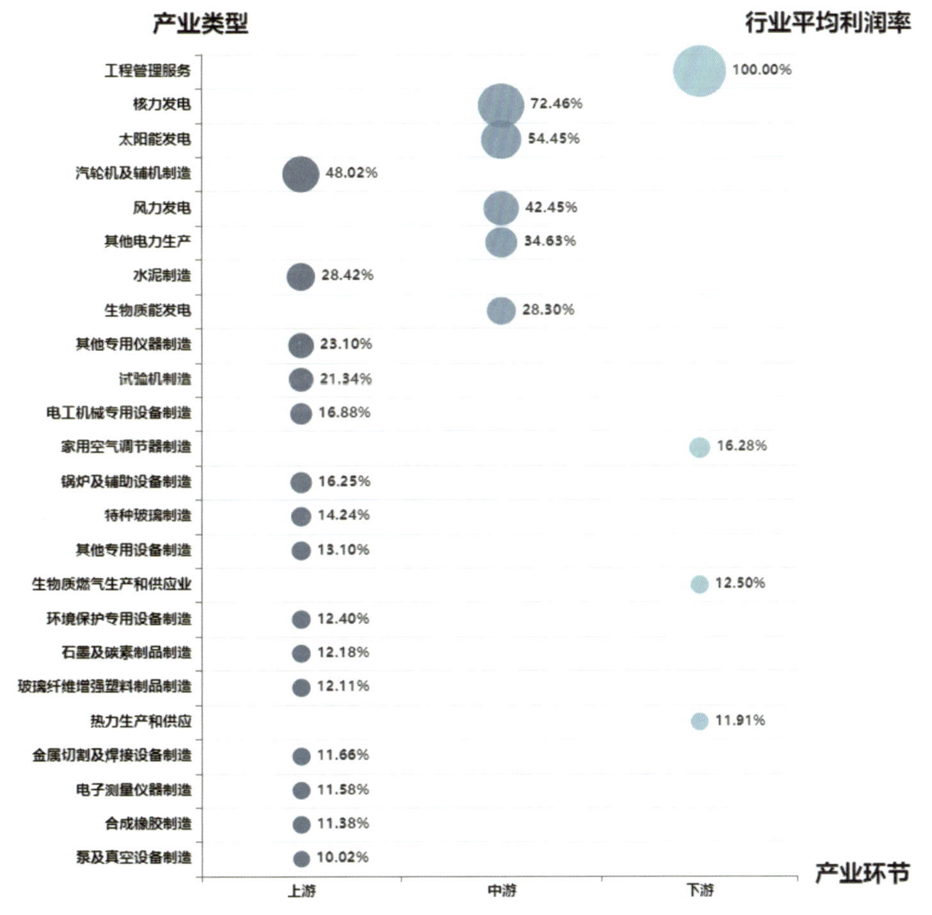

图 15-6：新能源产业全供应链经济价值分析
（数据来源：《广东省经济普查年鉴（2018）》）

（续上图）

产业类型	产业环节	行业平均利润率
其他电子专用设备制造	上游	9.86%
有机化学原料制造	上游	9.67%
炼油、化工生产专用设备制造	上游	9.52%
冶金专用设备制造	上游	9.40%
气体、液体分离及纯净设备制造	上游	7.70%
配电开关控制设备制造	上游	7.34%
电力电子元器件制造	上游	7.07%
半导体器件专用设备制造	上游	7.00%
架线及设备工程建筑	中游	6.88%
涂料制造	上游	6.66%
铸造机械制造	上游	6.55%
变压器、整流器和电感器制造	上游	6.26%
光学仪器制造	上游	5.86%
建筑材料生产专用机械制造	上游	5.34%
电力供应	下游	5.12%
通用设备修理	下游	5.01%
烘炉、熔炉及电炉制造	上游	4.96%
风能原动设备制造	上游	4.75%
光伏设备及元器件制造	上游	4.43%
电气设备修理	下游	4.21%
核燃料加工	上游	3.91%
其他常用有色金属矿采选	上游	3.78%
其他非电力家用器具制造	下游	3.63%
电线、电缆制造	上游	3.37%
锻件及粉末冶金制品制造	上游	3.27%
水下救捞装备制造	上游	3.00%
其他电池制造	中游	2.88%
发电机及发电机组制造	上游	2.79%
水资源专用机械制造	上游	2.46%
其他原动设备制造	上游	1.97%
铅蓄电池制造	中游	1.09%
工程和技术研究和试验发展	上游	1.05%
其他专业咨询与调查	下游	0.66%
导航、测绘、气象及海洋专用仪器制造	上游	0.65%
其他电力工程施工	上游	0.00%
电子专用材料制造	上游	-0.30%
太阳能器具制造	下游	-3.87%
工程勘察活动	下游	-5.24%
海洋工程装备制造	上游	-7.13%
金属船舶制造	上游	-14.89%

图 15-6：新能源产业全供应链经济价值分析（续）
（数据来源：《广东省经济普查年鉴（2018）》）

下游环节在供应链三个环节中平均利润率居中，平均利润率达到了 13.65%。其中工程管理服务类企业利润率最高，为 100%，比下游环节利润率平均值高 83.65 个百分点。工程勘察活动类企业的利润率最低，为 -5.24%，比下游环节利润率平均值低 18.89 个百分点。本类企业整体尚未实现盈利，有待采取措施进一步降低生产成本、开拓市场，提升盈利空间。

其他海洋工程建筑、核电工程施工、风能发电工程施工、太阳能发电工程施工、检测服务、标准化服务、认证认可服务、工程监理服务、工程设计活动、新能源技术推广服务等类型企业暂无利润率数据支撑。

2.3 供应链各环节产业产权联系的网络特征

全省新能源产业供应链各环节间存在一定的产权联系。总体上，同一环节内部企业产权联系较为紧密，联系频数为 4839。

同一环节内同类行业间联系频数为 4032（表 15-2），其中工程和技术研究和试验发展、其他专业咨询与调查、工程管理服务、电力供应、工程勘察活动等行业内部联系最为紧密，行业内部存在着

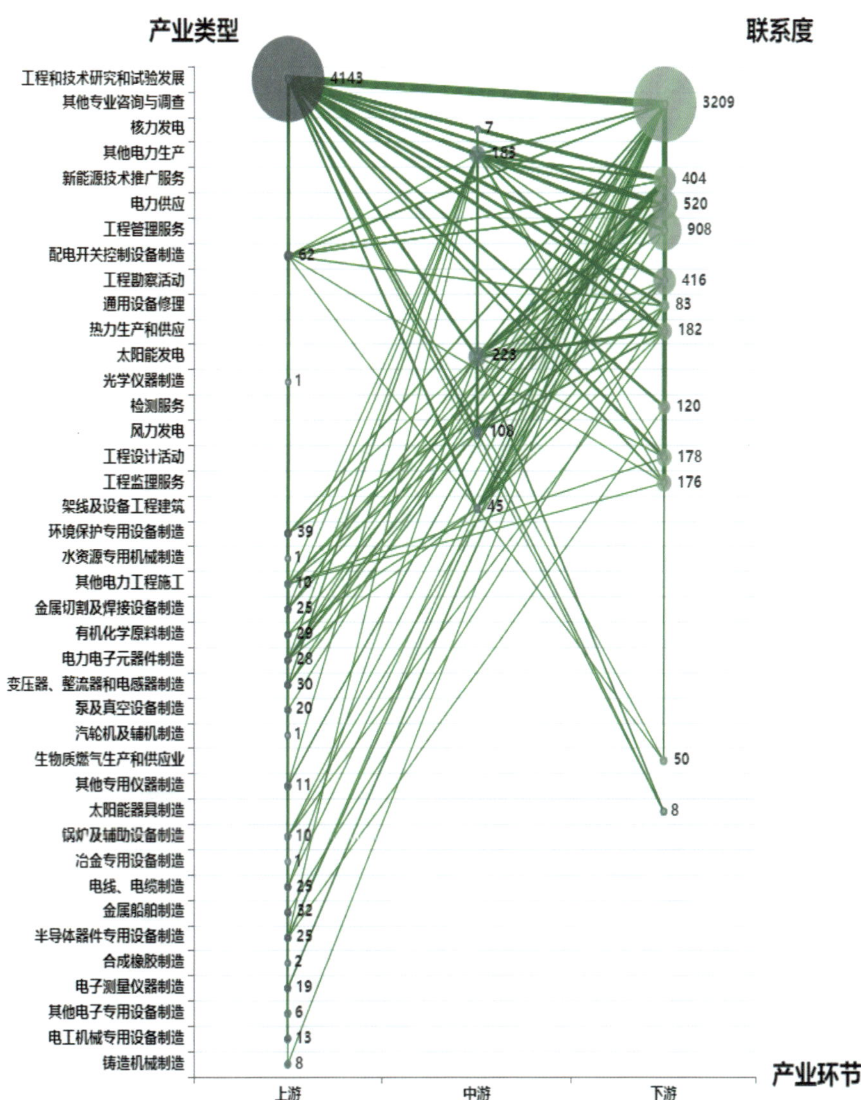

图 15-7：新能源产业全供应链产权联系分析图
（数据来源：龙盾企业数据库）

较强的产权联系。同一环节内不同行业间联系频数为807，其中工程管理服务与其他专业咨询与调查、工程管理服务与工程监理服务、工程勘察活动与工程设计活动、其他专业咨询与调查与新能源技术推广服务、工程勘察活动与工程管理服务之间的联系较为紧密。不同环节之间也具有一定的企业产权联系，联系频数为901，其中工程和技术研究和试验发展为核心，与其他专业咨询与调查、其他专业咨询与调查、新能源技术推广服务、工程管理服务、电力供应等行业联系较为紧密。

表 15-2：广东省新能源各行业产权联系表

（数据来源：龙盾企业数据库）

联系类型	总部或投资企业类型	分支或被投资企业类型	联系频数
同一环节内部联系（同类行业间）联系频数：4032	工程和技术研究和试验发展	工程和技术研究和试验发展	1689
	其他专业咨询与调查	其他专业咨询与调查	1268
	工程管理服务	工程管理服务	258
	电力供应	电力供应	184
	工程勘察活动	工程勘察活动	118
	新能源技术推广服务	新能源技术推广服务	115
	太阳能发电	太阳能发电	47
	检测服务	检测服务	35
	其他电力生产	其他电力生产	35
	工程设计活动	工程设计活动	27
同一环节内部联系（不同类行业间）联系频数：807	工程管理服务	其他专业咨询与调查	102
	其他专业咨询与调查	工程管理服务	66
	工程管理服务	工程监理服务	48
	工程勘察活动	工程设计活动	42
	其他专业咨询与调查	新能源技术推广服务	27
	工程勘察活动	工程管理服务	26
	工程监理服务	工程管理服务	25
	电力供应	热力生产和供应	20
	电力供应	新能源技术推广服务	19
	热力生产和供应	电力供应	19
不同环节间联系 联系频数：901	其他专业咨询与调查	工程和技术研究和试验发展	226
	工程和技术研究和试验发展	其他专业咨询与调查	119
	工程和技术研究和试验发展	新能源技术推广服务	25
	工程管理服务	工程和技术研究和试验发展	24
	新能源技术推广服务	工程和技术研究和试验发展	24
	工程和技术研究和试验发展	工程管理服务	22
	电力供应	工程和技术研究和试验发展	18
	工程勘察活动	工程和技术研究和试验发展	18
	工程和技术研究和试验发展	太阳能发电	17
	热力生产和供应	工程和技术研究和试验发展	16

2.4 供应链结构多要的素耦合特征

通过计算比对新能源产业供应链各环节的发展规模、经济价值和产权联系三要素对应指标的皮尔逊相关系数，可以发现企业数量比率与产权联系频数比率指标的皮尔逊相关系数为0.98，发展规模与产权联系两要素间存在极强的正相关性，企业数量规模越多的行业有更多的企业设立分支机构或对外

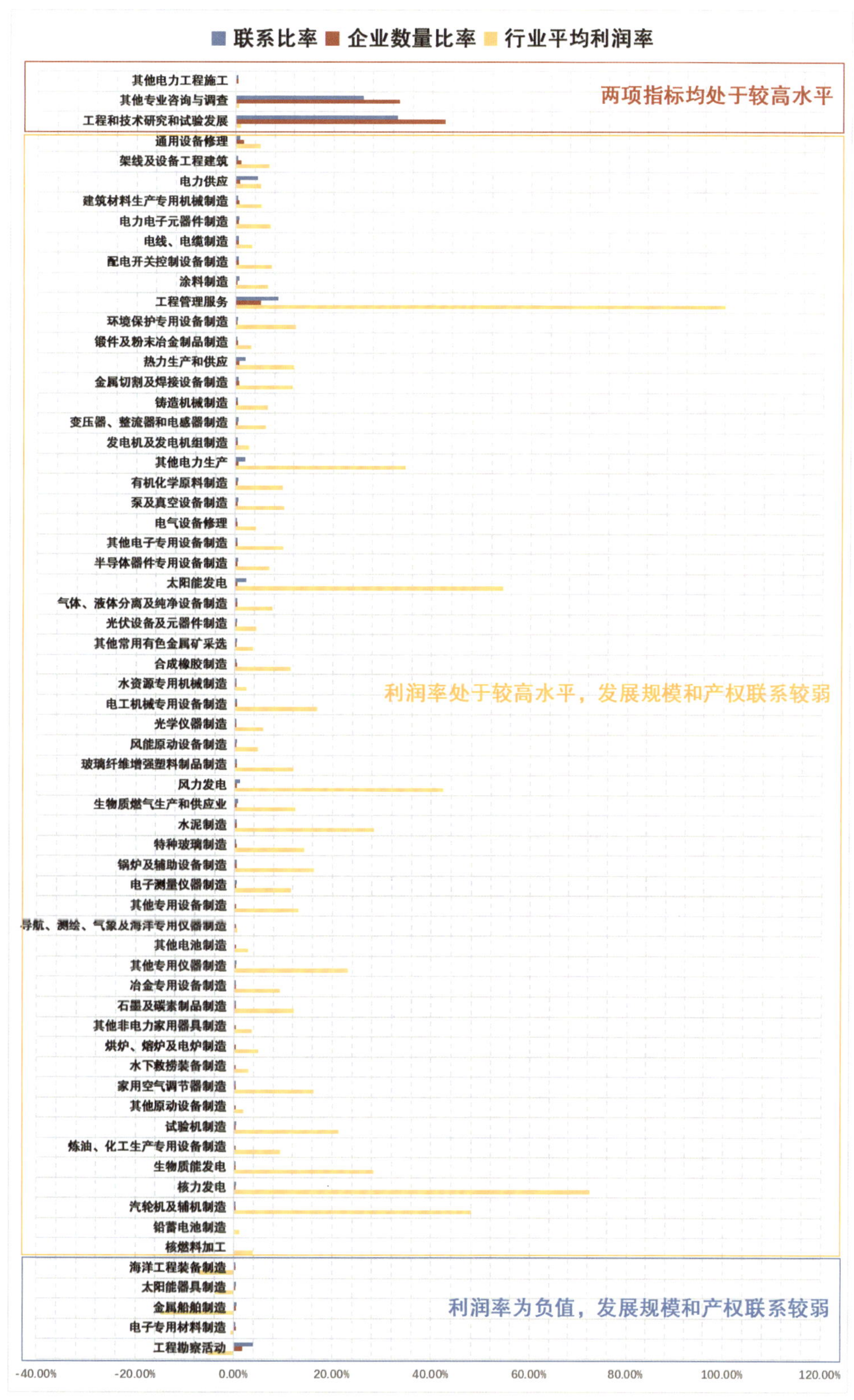

图 15-8：新能源产业全供应链四级分类产业要素指标分析图
（数据来源：龙盾企业数据库、《广东省经济普查年鉴（2018）》）

投资，形成相对密集的产权联系网络。其他要素间则不存在较强的相关性。

表 15-3：三要素相关系数表

要素指标	皮尔逊相关系数
企业数量比率与利润率	-0.05（极弱相关）
企业数量比率与产权联系频数比率	0.98（极度正相关）
行业平均利润率与产权联系频数比率	0.28（弱正相关）

根据三要素指标的分布情况，新能源产业供应链内各环节企业发展状态大致可分为三种情况。

一是企业数量与企业产权联系指标均处于较高水平，表现为企业数量多，企业间联系频数高，而对应的行业利润率处于较低水平，包含其他专业咨询与调查、工程技术研究和试验发展 2 类，分别属于下游和上游。整体来看，几类产业发展处于成熟期，市场规模和潜在供应商规模均较大，市场竞争存在加剧的风险，在市场竞争激烈的情况下，企业间会进行价格战、技术竞争等，从而促使产业内部企业数量增长，同时降低利润空间。

二是经济价值指标表现良较好，而发展规模和产权联系指标较弱的企业，包含工程管理服务、太阳能发电、风力发车、核力发电等 45 类，基本覆盖全供应链所有环节。整体来看，几类产业发展处于成熟期，特别是中游的电力生产行业存在一定的行业技术门槛、进入成本门槛或法律法规门槛等，市场集中度高，需求增长较快而供给量相对稳定。企业宜采用维持战略，并投入资金支持新的核心能力开发计划，为转向新的能源领域作准备，抓住时机通过转型、重组、再造和技术、制度、管理创新战略来推动企业及早进入新一轮的生命周期。

三是三要素指标均处于较低水平，表现为企业数量少，平均利润率为负，企业间联系频数低，包含海洋工程装备制造、太阳能器具制造、金属船舶制造、电子专用材料制造、工程勘察活动 5 类，主要位于上游环节。该项数据特征主要与行业特征相关，如造船是典型的资本、人力密集型的重工业。资产中固定资产占比高，且成本结构中人员成本和设备原材料成本占比高，该产业在前期有着较大规模的资金消耗。由于商业模式原因致资金需求体量大，间接融资是造船业主要融资方式，因此全行业资产负债率都处于较高水平。利润水平不稳定，主要由两个层面导致：一是船舶交付周期长，交付过程中不确定因素较多；二是与前端海运需求紧密相关，导致船舶行业本身便是强周期性行业。

3. 广东省新能源产业集群空间特征

3.1 企业数量集的聚空间特征

分区域来看（图 15-9），珠三角地区是全省新能源企业主要集聚区域，包含的上、中、下游各环节以及全供应链的企业数量规模占比分别为 97.36%、76.29%、91.06% 和 93.73%，除中游外均超过 90% 以上，在产业规模发展方面具有绝对的数量规模优势。粤北地区是新能源企业的次级集聚区域，尤其是中游发电、储能和传输等企业，数量占比超过 10%。粤东地区和粤西地区的新能源产业发展规模相对较小，合计数量占比未超过 3%，产业发展基础相对薄弱。

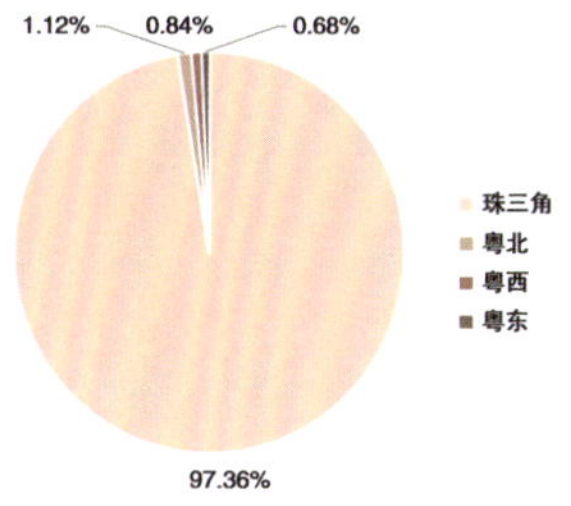

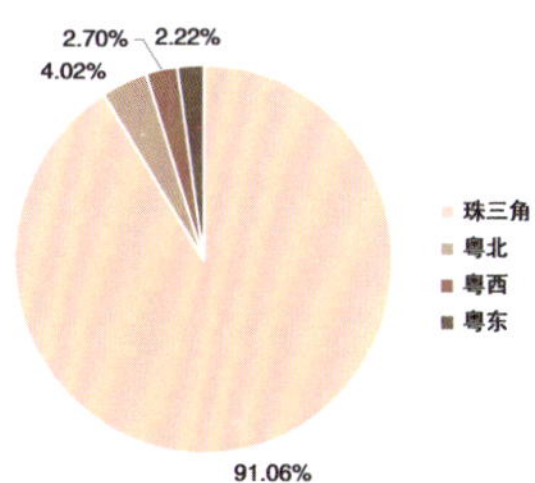

上游企业数量分区域统计

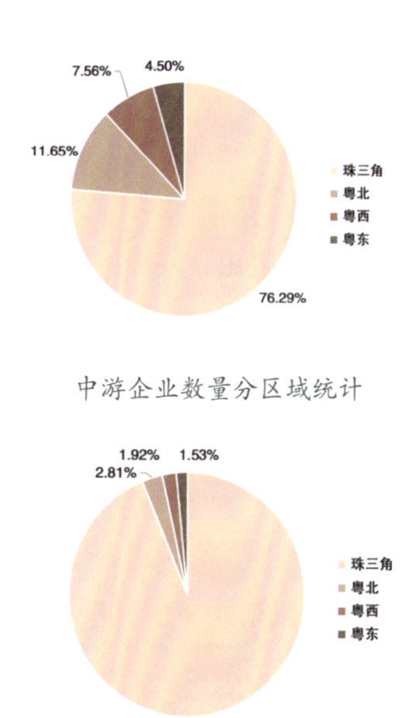

中游企业数量分区域统计

2.70% 2.22%
4.02%
珠三角
粤北
粤西
粤东
91.06%

下游企业数量分区域统计

1.92% 1.53%
2.81%
珠三角
粤北
粤西
粤东
93.73%

全供应链企业数量分区域统计

图 15-9：全省新能源产业分区域企业数量统计
（数据来源：龙盾企业数据库）

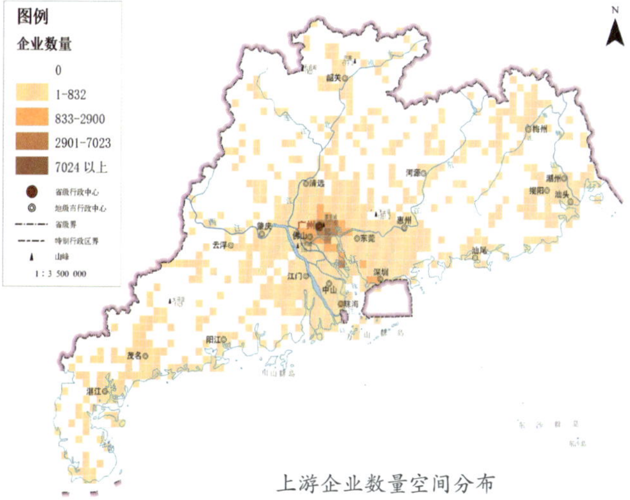

上游企业数量空间分布

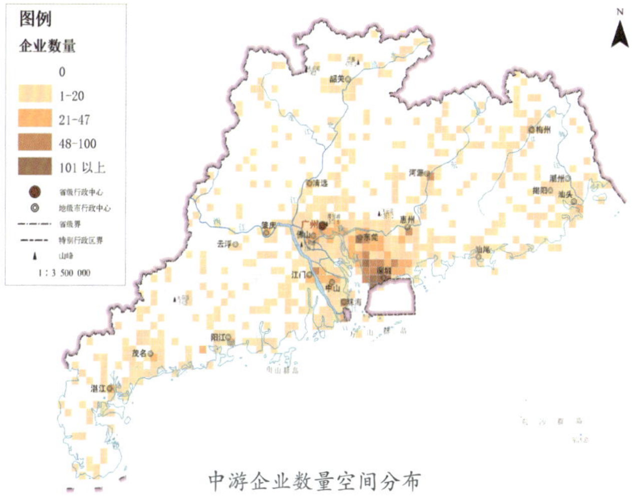

中游企业数量空间分布

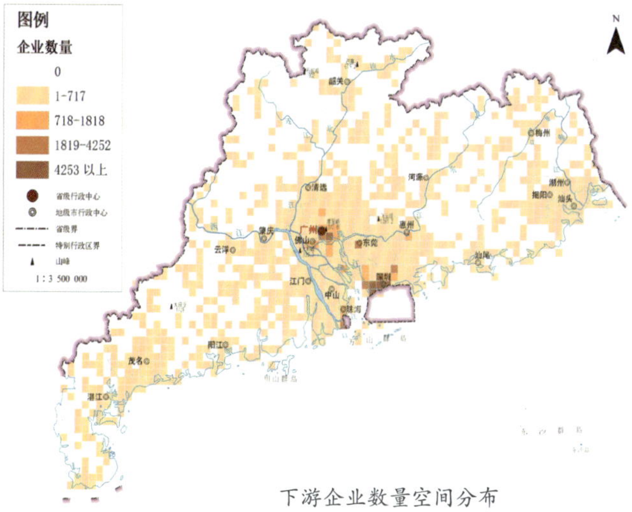

下游企业数量空间分布

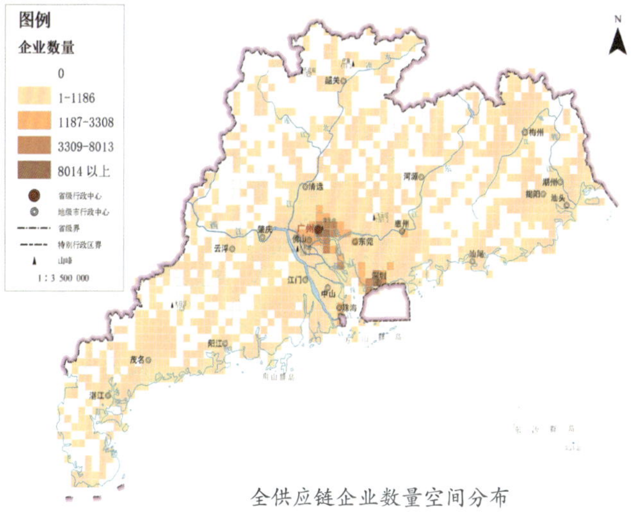

全供应链企业数量空间分布

图 15-10：全省新能源产业企业数量分布
（数据来源：龙盾企业数据库）

分地市来看（图 15-9），广州、深圳、佛山、东莞、珠海等地是新能源产业的主要集聚地，上、中、下游各环节企业分布均较为密集，但各地市集聚的产业环节特点略有差异，广州、佛山和深圳是上游企业数量最多的 3 个地市，东莞、珠海、江门、中山、惠州、肇庆、湛江等地企业数量依次递减，是新能源技术研发、原料以及生产设施设备的主要生产地区；深圳、东莞、广州是中游企业数量最多的 3 个地市，惠州、佛山、中山、珠海、湛江、江门、河源等地企业数量依次递减，是新能源发电、储能和传输的主要区域；深圳、广州和佛山是下游企业数量最多的 3 个地市，东莞、珠海、惠州、中山、肇庆、江门、湛江等地企业数量依次递减，是新能源应用产品、供应等衍生服务的主要集中区域。

3.2 企业联系集聚的空间特征

分区域来看（图 15-10），珠三角地区是全省新能源产业中设置分支机构或进行投资的企业的主要集聚区域，上、中、下游各环节以及全供应链的产权联系度占比分别为 95.53%、62.21%、84.45% 和 88.32%，除中游之外均超过 80% 以上，具有绝对的产权布局优势，依托产权部署，在经济、技术、知识、人才等要素交流方面具有更大的潜力。粤西地区在中游环节具有一定的产权联系规模，联系度占比超过 20%。粤北地区在下游环节具有一定的产权联系规模，合计数量占比超过 7%。粤东地区则发展基础相对薄弱，产权联系也较弱。

分地市来看（图 15-11），广州、深圳、佛山等地是新能源产业上游、中游、下游各环节企业产

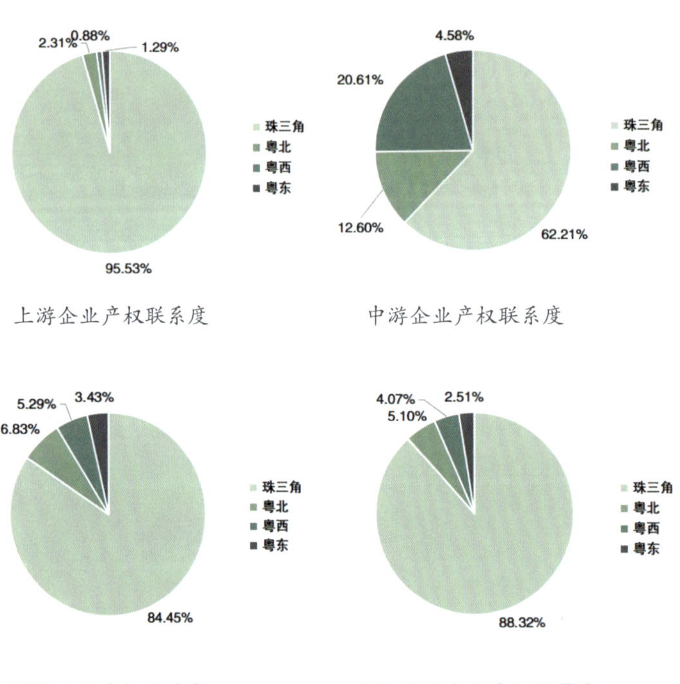

图 15-11：全省新能源产业分区域企业产权联系度统计
（数据来源：龙盾企业数据库）

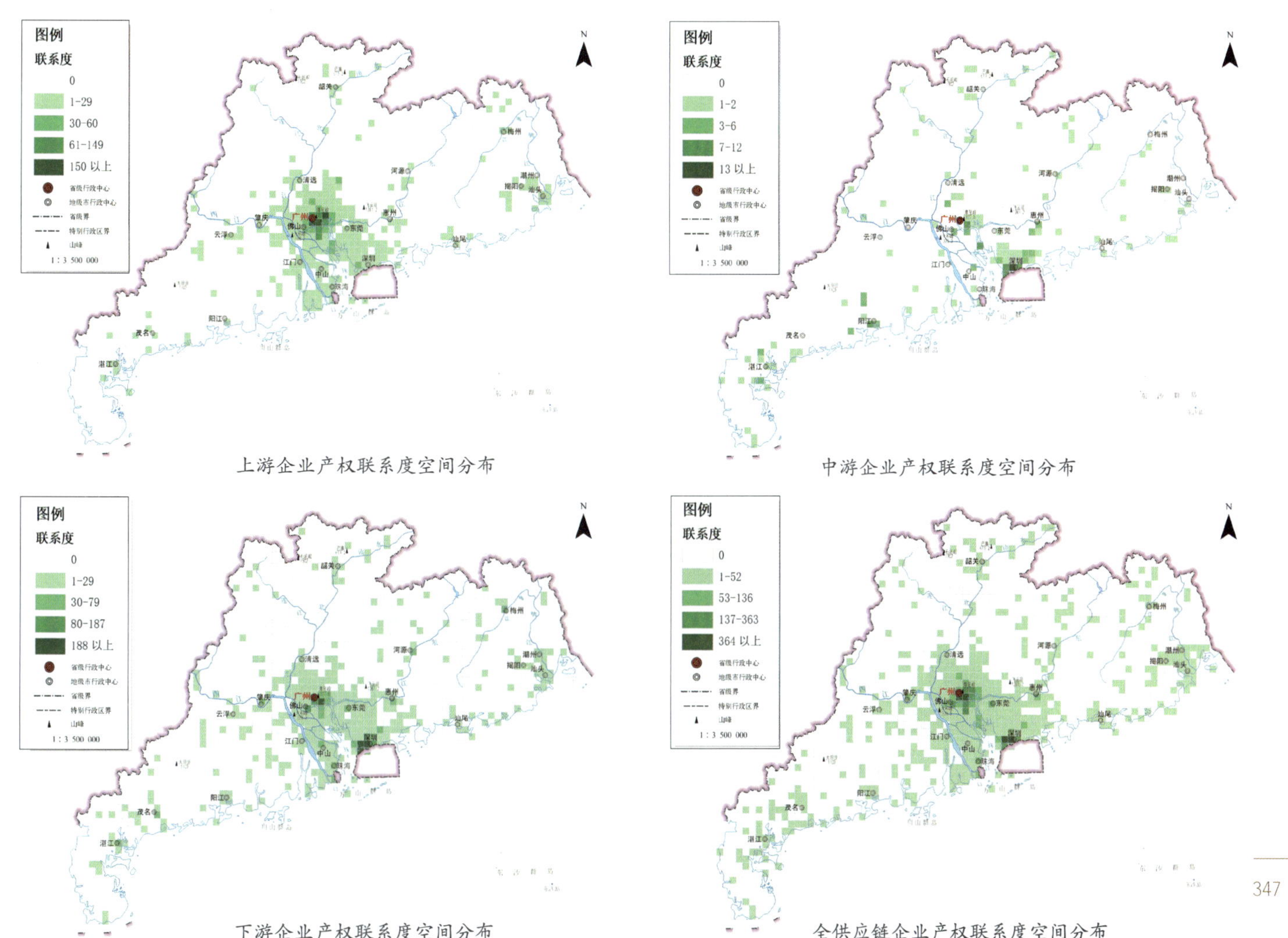

图 15-12：全省新能源产业企业产权联系度分布
（数据来源：龙盾企业数据库）

权联系较多的区域，有较强的产业合作拓展能力，但各环节企业产权联系度排序略有变化。广州、佛山、深圳是上游企业产权联系度较高区域，东莞、珠海、肇庆、中山、惠州、江门、云浮产权联系度依次递减；深圳、广州、阳江是中游企业产权联系度较高区域，湛江、惠州、清远、韶关、东莞、河源、中山依次递减；深圳、广州、佛山是下游企业产权联系度较高区域，东莞、珠海、惠州、肇庆、中山、茂名、湛江依次递减。

3.3 产业集群的空间特征

综合分析新能源产业全供应链企业数量的空间分布和产权联系度情况，筛选两项指标处于前 25% 的格网做叠加分析，筛选企业密度较高、产权联系紧密的产业集群潜在空间格网共 120 个。

分区域来看（图 15-12），全省新能源产业集群的潜在空间大部分集中在珠三角地区，包含 95 个

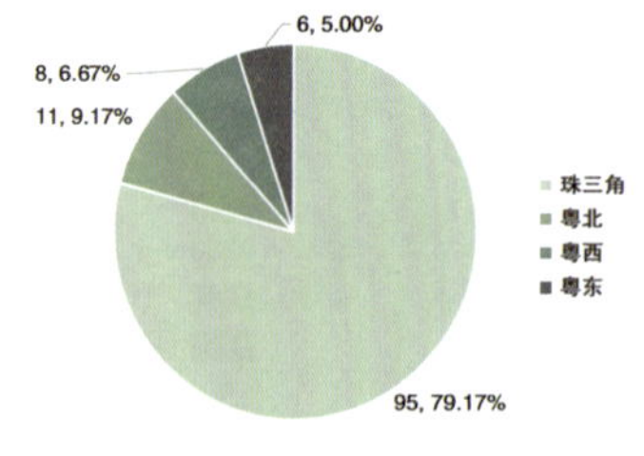

图 15-13：产业集群潜在空间格网统计图
（数据来源：龙盾企业数据库）

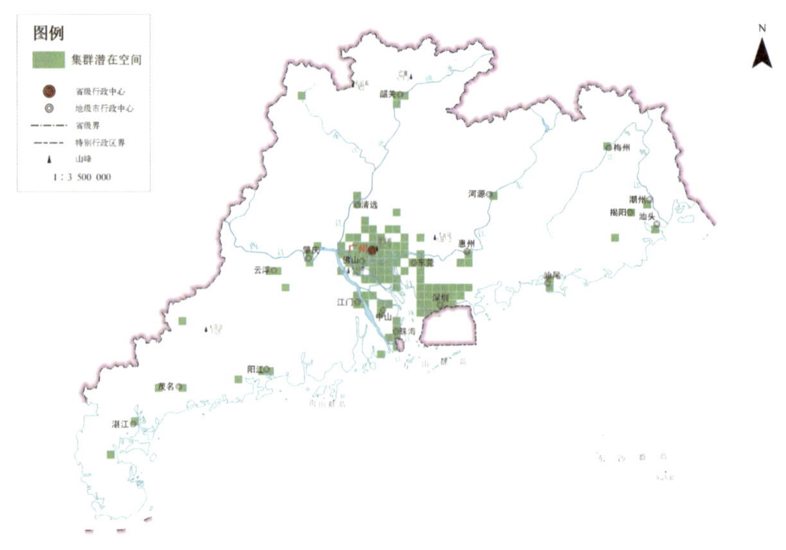

图 15-14：产业集群潜在空间空间分布图
（数据来源：龙盾企业数据库）

格网空间，面积占比为 79.17%；粤北、粤西、粤东地区产业集群潜在空间依次递减，面积占比分别为 9.17%、6.67% 和 5%。

分地市来看（图 15-13），省新能源产业集群的潜在空间主要分布在广州市白云区、黄埔区、番禺区、天河区、海珠区、南沙区，佛山市南海区、禅城区、顺德区，深圳市绝大部分区域，以及珠海、中山、肇庆、江门、粤东西北城市均有零星分布，这些区域是全省现阶段新能源产业集群发展较为成熟的潜在区域。

4. 广东省新能源产业典型案例

4.1 典型园区案例

深圳市新能源创新产业园位于深圳市南山区科技园北侧，于 2011 年开园，属于“大沙河创新走廊”的核心区域和主力园区，是深圳市首个新能源产业方面的专业孵化园区。园区占地面积 10197.9 ㎡，建筑面积 28227.63 ㎡，周边全面聚合了从源头知识创新到产业孵化，再到总部经济等创新资源。深圳市新能源创新产业园作为新能源产业基地和研发基地，以聚集效应吸引新能源企业、服务机构和公共平台入驻，为新能源产业开辟了技术交易、技术转让、技术服务、产品推荐、人力资源招聘、辅助专利

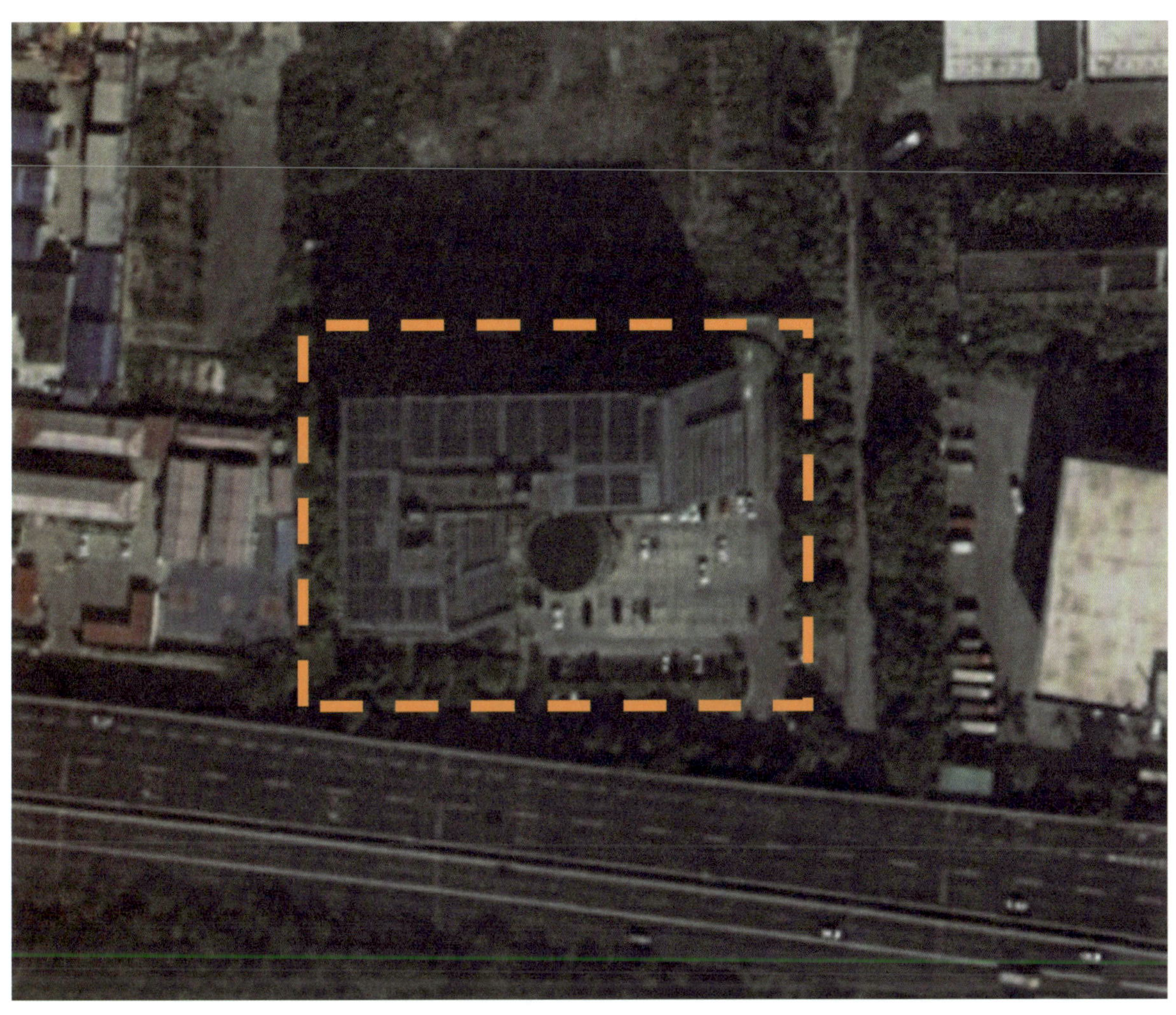

图 15-15：深圳市新能源创新产业园遥感影像
（数据来源：百度地图）

申请等项目对接市场，推动新兴产业的孵化，帮助更多的新能源企业发展壮大。

规模上，与国内发展较好的无锡风电科技园相比，深圳南山智园规模较小；盈利水平上，与其他两家园区相比，南山智园年度营收总量较低，但地均营收与企业营收均属于较高水平；交通区位条件上，两家产业园区均为位于地区产业发展地区的核心地带；产业布局上，深圳市新能源创新产业园是太阳能、煤炭、石化电力等企业的集聚区孵化集聚区。但与江苏典型园区相比，南山智园发展也具有一定特点，园区注重技术研发与创新，鼓励外来人才本地创业，规划出 5000 平方米设立“深圳市外国人创新创业中心”，同时还规划了 2000 平方米设立“深港青年创新创业基地”。

表 15-4：典型园区关键要素对比表

园区对比要素	深圳市新能源创新产业园	无锡风电科技园
地理位置	深圳市南山区	无锡市惠山经济开发区
开发面积（亩）	15.3	2700
入驻企业数	约 223	—
交通区位条件	属于“大沙河创新走廊”的核心区域和主力园区	建设于沪宁高速、锡北运河和锡澄二路交会的三角区域内，由核心区和扩展区两大部分组成，其中，核心区北起沪宁高速、南临南环路、西至锡澄二路、东靠堰桥港
产业布局	新能源产业基地和研发基地	着眼打造“国产风电装备制造业制高点”，以生产风力发电设备以及相关配套零部件生产为主，同时兼顾研发功能、孵化功能、交易功能、实验功能等为一体的大型现代化产业园区
产业链核心环节	上游，技术研发为主导	上游，风力发电设备及零部件
代表企业	高点（深圳）科技有限公司	上海电气、中国运载火箭研究院、一汽铸造、无锡叶片厂、乘风新能源设备公司

4.2 典型企业案例

4.2.1 企业概况

高景太阳能股份有限公司是广东省新能源领域发展较好的“独角兽”企业，公司总部位于珠海横琴粤澳深度合作区。技术经济实力雄厚，近年来企业营收快速增长，营收从 2020 年的 8.91 万元飙升至 2022 年的 175.70 亿元，近三年营业总收入增长率为 33.71%。高景太阳能股份有限公司成立于 2019 年 7 月，是一家专业化光伏硅片企业，聚焦光伏绿色能源，主要开展单晶大尺寸硅棒和硅片的研发、制造及销售一体化业务。高景太阳能在大尺寸硅片研发及制造方面掌握多项核心技术，运用数字化与智能化制造平台，主要产品包括 182mm、210mm 等大尺寸单晶硅棒和单晶硅片。

4.2.2 企业产权联系网络特征

构建高景太阳能股份有限公司的产权联系网络，有 5 家企业与高景太阳能股份有限公司直接关联，构建了集研发、制造销售一体化的产权联系网络。

空间分布方面，发生产权联系企业分别位于广东、青海、四川、天津等 4 个省级行政区，其中属于广东省和四川省的企业数量最多，分别有 2 家，其他省份均有 1 家企业。

供应链接结构方面，产权联系网络聚焦新能源上游环节布局，在青海、四川等地布局了生产基地，并在江苏布局销售中心进行集中销售。

产权联系方式方面，高景太阳能股份有限公司主要通过投资控股的方式构建企业间合作，5 家控股企业均为全资控股，分别位于广东、青海、四川、天津，均为上游环节的企业。

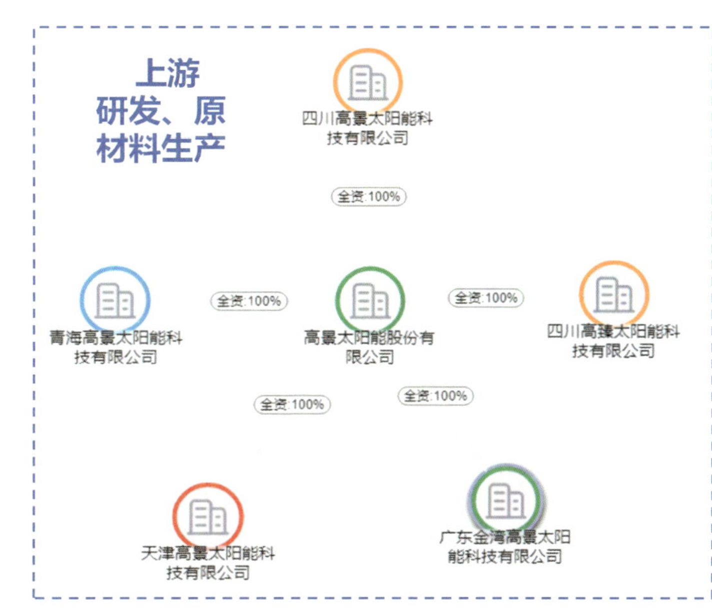

图 15-16：珠海市高景太阳能股份有限公司产权联系网络
（数据来源：龙盾企业数据库）

表 15-5：珠海市高景太阳能股份有限公司产权联系类型
（数据来源：龙盾企业数据库）

产权关联类型	总数	涉及省份	行业类型	代表企业
全资控股	5	广东、青海、四川、天津	科学研究和技术服务业	青海高景太阳能科技有限公司、四川高景太阳能科技有限公司、四川高臻太阳能科技有限公司、广东金湾高景太阳能科技有限公司、天津高景太阳能科技有限公司

总体来看，高景太阳能股份有限公司聚焦光伏绿色能源，深耕上游技术研发和核心原材料生产，并布局销售端，在供应链上的一体化业务部署模式具有参考价值。注重总部研发，通过全资控股形式在珠海本地以及青海、四川、天津等地布局分散的生产基地，并在长三角地区设立了销售中心，有利于实现关键技术创新，并拓展全国中部、西部、南部市场，拓展了品牌销售范围，提升了市场竞争力。

第十六章

战略性新兴产业集群：

激光与增材制造产业集群

激光与增材制造产业包括激光加工、激光制造、增材制造等领域。其供应链包括光源材料、光学元器件制造，激光器、机械系统、数控系统生产，成套的激光加工设备制造与销售服务。

广东省激光与增材制造企业主要集中在原材料和零部件生产支撑环节，中游环节企业占比较少，约占6.97%。下游环节平均利润率最高，是上游和中游环节的两倍左右。三环节间的产权联系较为复杂，形成了上、中、下游协同发展的产业模式，以下游终端制造和流通企业为特色。

广东省激光与增材制造企业主要聚集在珠三角地区，特别是中游零配件制造和下游成套激光设备制造部分主要集中在广州、深圳、佛山、东莞等科研资源集聚、经济实力较强的地市，并分布在各市工业集聚区。因此，激光与增材制造产业园往往选址在地理位置优越、交通物流条件发达、靠近教育资源的高度城市化地区，以方便产品流通、吸引人才和具备广泛的应用场景。这一点也可以从大族激光集团的分支机构布局中得以体现。

1. 激光与增材制造产业集群概述

1.1 基本概念

激光和增材制造是两个紧密相关的领域，它们在现代制造业中扮演着重要的角色。

激光是一种高度集中的能量形式，具有如单色性、相干性、定向性和高能量密度等独特的特性，这些特性使激光得以在各种领域中广泛应用，包括通信、医疗、生物学、材料加工、制造业等。激光在制造业中的应用主要涉及激光加工和激光制造两个方面：激光加工是一种利用激光对材料进行加工的技术，包括激光切割、激光钻孔、激光焊接、激光打标等。其具有高精度、高效率、无接触、无污染等优点，因此在汽车、航空航天、电子、医疗器械等领域得到了广泛应用。激光制造则是一种利用激光对材料进行加工制造的技术，主要包括激光熔化沉积、激光固化、激光烧结等。其中，激光熔化沉积技术是增材制造的一种形式，是一种通过逐层堆积材料来制造三维物体的技术。其具有高度的灵活性、高效率、低浪费等优点，因此在航空航天、医疗、汽车、机械等领域得到了广泛应用。

增材制造（又称“3D 打印”，Additive Manufacturing，AM），是一种以三维数字模型为基础，通过逐层添加材料的方式制造物体的技术。相对于传统的材料去除－切削加工技术，其是一种“自下而上”的制造方法，可以制造出复杂的形状和结构，如薄壁结构、内部空腔、几何复杂的零部件等。

增材制造技术的发展历程可以追溯到 20 世纪 80 年代，当时主要应用于快速原形制造。随着技术的不断发展，增材制造逐渐应用于生产实践中，并形成了多种不同的技术路线，如激光熔化沉积、电子束熔化、喷墨打印、激光烧结等。增材制造作为目前制造领域的前沿技术，集合了多种技术，包括分层制造技术、机械工程、数控技术、CAD、激光技术、逆向工程技术、材料科学等，因此相较于传统加工技术，增材制造能缩短产品设计周期，简化制造程序，高效实现复杂结构，并且理论上可以减少材料浪费等，但由于设备成本和材料成本较高等原因，一般作为传统加工制造的重要补充。增材制造的应用范围主要包括航空航天、医疗、汽车、机械、电子等领域。具体的应用包括制造飞机零部件、医疗器械、汽车零部件、工业工具、电子元件等。

激光与增材制造产业的发展历程可以追溯到 20 世纪 60 年代，1960 年 5 月 16 日，世界上第一台激光器诞生，接下来十年里，不同类型的激光器陆续诞生，如半导体激光器、CO2 激光器、固体激光器等。随着激光技术和材料科学的不断进步，激光加工技术得到了广泛应用，20 世纪 80 年代，增材制造技术出现，成为了激光加工技术中的一项重要分支。

在激光技术方面，激光的功率和精度不断提高，同时新型激光器如光纤激光器和半导体激光器也得到了发展。这些技术的发展推动了激光在制造业中的应用和发展。在增材制造方面，随着材料科学和制造工艺的不断发展，增材制造的材料种类和制造速度也不断增加。此外，智能制造的发展也推动了增材制造的发展，如通过人工智能和大数据技术对制造过程进行优化和控制，提高制造效率和质量。近年来，激光与增材制造产业在快速发展的同时也将面临着新的挑战和机遇。例如，如何降低生产成本、提高生产效率、增强生产安全等问题，仍然需要进一步研究和解决。

激光与增材制造产业形成产业集群的原因较多，包括技术的发展、专业化的人才和设备、政府支持和市场营销等方面的因素。首先，激光与增材制造技术不断发展，在诸多领域得到了广泛应用，如航空航天、汽车、医疗、电子、机械等。随着技术应用的不断扩大，激光与增材制造产业逐步有了巨大的市场需求和商业机会。产业界和政府对于这种技术的投入也在不断增加，以促进技术的发展和应用。其次，激光与增材制造技术需要高度专业化的人才和设备。在这种情况下，可以提供更好的人才和设

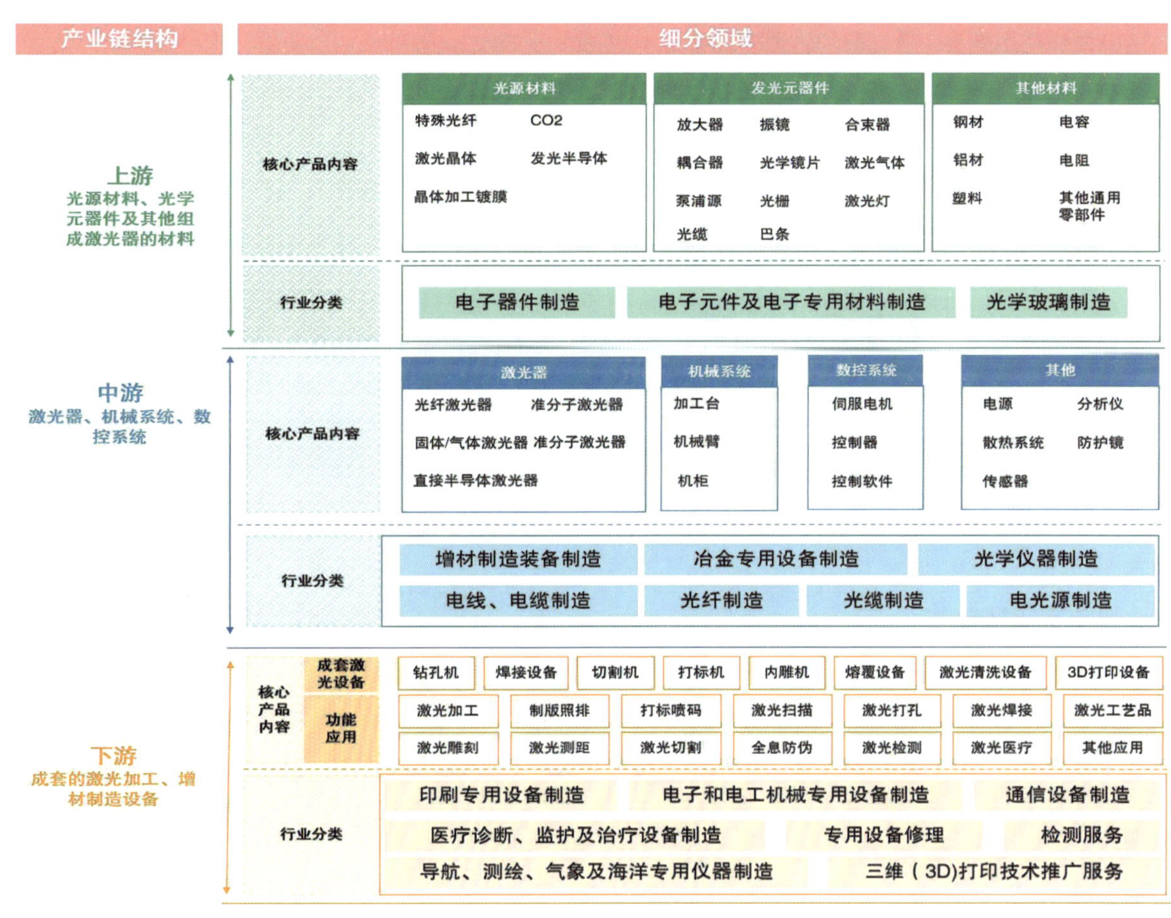

图 16-1：激光与增材制造全产业供应链图谱

备支持的产业集群逐渐自发形成，以推动产业的发展。产业集群可以促进企业之间的技术交流和合作，共享资源和经验，降低生产成本和提高生产效率。再次，政府对于激光与增材制造产业的支持也是形成产业集群的重要原因。政府通过提供财政支持、税收优惠、土地和基础设施等方面的支持，以吸引和鼓励相关企业在特定工业园区集聚发展。最后，产业集群的形成也可以带来更好的市场营销和品牌效应。集群内的企业可以共同参加展会和会议，提高知名度和影响力。品牌效应可以吸引更多的客户和投资者，促进整个产业的发展。

激光与增材制造是高技术复杂度的行业，产业上、中、下游供应链条较长。为更好厘清激光与增材制造产业的核心产品、核心技术环节及核心行业等关键要素的结构关系，需深入分析产业上、中、下游结构特征，构建激光与增材制造产业供应链全景图谱。

供应链的上游是重要的原材料和零部件生产支撑环节，主要包括光源材料、光学元器件及其他组成激光器的材料。上游研发的激光材料及配套元器件是中游各种激光器及其配套设备的基础。本环节对应的企业主要集中分布于《国民经济行业分类代码》中的电子器件制造（397）、电子元件及电子专用材料制造（398）、光学玻璃制造（3052）等。

供应链的中游主要为各种激光器、机械系统、数控系统，其他例如电源、散热器、传感器、分析仪、防护镜等配件生产等。中游激光器是激光加工设备的核心部件，激光器的性能直接影响到激光加工设备的品质和使用效果，激光器约占激光设备成本的 30% ～ 50%。

在各类激光器中，光纤激光器占据了最大的市场份额，在全球激光器市场中，光纤激光器占据了 52.7% 的市场份额；在中国激光器市场中，光纤激光器也占据了约 53% 市场份额，也已成为主要的激光器类型[152]。本环节的企业主要集中分布于《国民经济行业分类代码》中的增材制造装备制造（3493），冶金专用设备制造（3516），光学仪器制造（4040），电线、电缆制造（3831），光纤制造（3832），光缆制造（3833），电光源制造（3871）等。

供应链的下游则是成套的激光加工设备，如激光切割机、激光焊接设备、激光打标机等。下游应用领域中，工业加工、通信与信息和科研与军事是最主要三个应用方向。本环节的企业主要集中分布于《国民经济行业分类代码》中的印刷专用设备制造（3542），电子和电工机械专用设备制造（356），通信设备制造（392），医疗诊断、监护及治疗设备制造（3581），专用设备修理（4330），导航、测绘、气象及海洋专用仪器制造（4023），检测服务（7452），三维（3D）打印技术推广服务（7517）。

1.2 发展概况

1.2.1 政策要求

激光与增材制造产业作为广东省重要的战略性新兴产业，近年来，为促进石油和化工产业健康稳步发展，国家、广东省密集出台了相关政策规范和支持产业发展，从优化区域布局、培育优势企业、强化创新驱动、加强应用推广、建设平台载体五个方面提出了具体的政策要求。政策印发部门主要涉及发改、工信、能源、生态环境、科创等部门。主要政策手段包括强制性和激励性两类，总体以激励性手段为主、强制性手段为辅。强制性手段主要包括出台技术规范等，激励性手段主要包括资金奖励、贷款倾斜、税收优惠、供地保障等。

表 16-1：政策清单（2020 年至今）

层级	时间	政策名称	主要内容或措施要求	印发部门
国家级	2020.12	《关于进一步促进服务型制造发展的指导意见》	以上海张江、安徽合肥综合性国家科学中心为依托，加快硬 X 射线自由电子激光装置、未来网络试验设施等重大科技基础构建。	国务院
国家级	2021.01	《基础电子元器件产业发展行动计划（2021-2023 年）》	重点发展高速光通信芯片、高速高精度光探测器、高速直调和外调制激光器、高速调制器芯片、高功率激光器等。	工信部
国家级	2021.12	《“十四五”智能制造发展规划》	《规划》指出大力发展智能制造装备，通过智能车间 / 工厂建设，带动通用、专用智能制造装备加速研制和迭代升级。智能装备包括：激光 / 电子束高效选区熔化装备、激光选区烧结成形装备等增材制造装备、超快激光等先进激光加工装备。	发改委、工信部等八部委
国家级	2022.06	《工业能效提升行动计划》	推进重点行业节能提效改造升级。加快一体化压铸成形、无模铸造、超高强钢热成形、精密冷锻、异质材料焊接、轻质高强合金轻量化、激光热处理等先进近净成形工艺技术产业化应用。	工信部
广东省级	2020.10	广东省培育激光与增材制造战略性新兴产业集群行动计划（2021-2025 年）》	产业不断发展壮大，企业国际竞争力和影响力全面提升。到 2025 年，产业规模保持在全国领先，年营收超 1800 亿元，年均增长超 15%；累计培育拥有自主知识产权、年营收超 50 亿元的龙头骨干企业 5 家以上，超 10 亿元企业 30 家以上；坚持错位发展原则，突出战略新兴产业和高端制造定位，打造以广州、深圳为核心，以珠海、佛山、惠州、东莞、中山、江门等地为重要节点的产业发展格局，建成激光与增材制造产业园区 5 个以上，建设材料、器件、装备与应用基地 10 个以上，推动产业逐步向价值链高端攀升，形成具有国际竞争力的激光与增材制造产业集群。	广东省科学技术厅、广东省发展和改革委员会、广东省工业和信息化厅、广东省商务厅、广东省市场监督管理局
广东省级	2021.08	《广东省制造业高质量发展“十四五”规划》	围绕光纤激光器和半导体激光器生产、增材制造装备制造等产业重点环节，重点研制大模场光纤、高品质晶体等专用材料高功率合束器、光纤光栅等核心零部件，半导体激光器、万瓦级工业用光纤激光器等关键器件，数据处理、工艺规划与控制等专用软件，以及精密激光智能装备、增材制造高端装备等重大装备，组织实施省重点领域研发计划重大专项。加快推动激光与增材制造在汽车、模具、核电、船舶等传统产业以及新一代信息技术、超高清视频显示、智能机器人、量子信息等新兴产业领域的融合应用。到 2025 年，激光与增材制造产业规模保持全国领先，营业收入超过 1800 亿元，逐步形成具有国际竞争力的激光与增材制造产业集群。	省人民政府
市级	2022.10	《深圳市培育发展激光与增材制造产业集群行动计划（2022-2025 年）》	深圳提出，到 2025 年，在基础材料、核心零部件、支撑软件、高端器件等关键领域取得实质性突破，新增 1 家省级或以上制造业创新中心、10 家企业技术中心，创新能力稳步提升，同时，行业应用深度融合。到 2025 年，围绕 3C 电子、新能源、新型显示等优势领域，打造一批“激光 +”和“3D 打印 +”智能制造的应用示范项目。建成若干检验检测、试验验证、应用研发等产业基础设施和公共服务平台，推动专业展会、高端论坛等行业活动的开展，形成覆盖源头创新、智能制造、创新应用的产业发展生态。	深圳市工信局、深圳市发改委、深圳市科创委

从国家层面来看，针对激光与增材制造产业的出台的政策主要集中在完善创新体系、推动技术跨越发展方面，以激励激光与增材制造企业把更多力量投入到产品研发当中，如工业与信息化部提出的《工业能效提升行动计划》，要加快一体化压铸成形、无模铸造、超高强钢热成形、精密冷锻、异质材料焊接、轻质高强合金轻量化、激光热处理等先进近净成形工艺技术产业化的应用。

广东省层面，针对激光与增材制造产业出台的政策更加注重产业发展的激励和引导，如广东省发展和改革委员会等六部门联合印发的《广东省培育激光与增材制造战略性新兴产业集群行动计划（2021-2025年）》提出强链补链工程、园区增效工程、创新领航工程、应用示范工程、平台聚势工程、质量品牌培育工程、知识产权提升工程七大重点工程，打造以广州、深圳为核心，以珠海、佛山、惠州、东莞、中山、江门等地为重要节点的产业发展格局。

1.2.2 市场概况

激光与增材制造是两种相互关联却又不同的产业类型，近年来，我国激光与增材制造产业发展十分迅猛，市场前景良好。激光产业方面，受益于新能源汽车、消费电子等终端消费需求的增长，动力电池、OLED、汽车、钣金、PCB等加工设备的需求也随之增加，我国激光设备市场销售规模呈现出良好的上升趋势。

根据《2022中国激光产业发展报告》，2021年我国激光设备市场销售总收入达到 821 亿元，较2020年同比增长18.64%[153]。2022年以来，我国上海、深圳等激光产业重要城市受到疫情影响，预计2022年我国激光设备市场销售收入增速有所回落，全年销售收入约为876亿元，在行业规模基数较高的情况下，仍保持较高的增长率，市场前景良好。

增材制造方面，经过30多年发展，增材制造产业正从产业发展起步阶段迈入高速成长阶段，呈现出加速增长的态势。2022年全球增材制造产品和服务的市场规模达到180亿美元，同比增长18.3%，低于去年19.5%的增长率。预计2023年底将增长到200亿美元。其中，来自3D打印服务的收入约为75亿美元，占比接近60%；全球3D打印设备销售额约30亿美元，占比24%；全球3D打印材料销售额约21亿美元，占比17%。中国作为全球最大的增材制造市场之一，也面临着巨大的需求和机遇。2022年中国增材制造市场规模达到了212亿元，同比增长15%，预计2023年底将超过250亿元[154]。中国增材制造行业的发展主要受益于国家政策的支持、技术创新的推动、市场需求的拉动和行业协作的加强。

广东省是国内最大的激光与增材制造产业集聚区，2019年全省产业规模和企业数量均占全国30%以上，有效专利量4.4万件，约占全国17%，列国内首位；全省相关企业营收超900亿元，拥有10余家上市企业，年营收超1亿元的企业90余家，超1000万元的企业1000余家[155]。近年来激光与增材制造产业链各环节不断完善，初步形成了激光与增材制造材料、扫描振镜、激光器、整机装备、应用开发、公共服务平台等协同发展的产业链，整个产业已成为驱动广东省迈向“制造强省”的核心动力源泉。

广州增材制造产业发展走在全省前列，拥有相关企业超过130家，包括迈普医学、爱司凯等上市企业，在2022年工业和信息化部发布的《首批增材制造典型应用场景名单》中，广州市3家企业入选4个场景。在广州3D打印产业园改扩建项目中，规划出建筑面积约为16万平方米的3D打印产业集聚区。

2. 广东省激光与增材制造产业供应链结构特征

2.1 供应链各环节产业的发展规模

全省激光与增材制造企业数量为17139家。从供应链各环节的企业数量规模来看，上游环节规模最大，其次是下游环节，规模最小的是中游环节。

上游环节共有8281家企业，在全供应链中企业数量占比为48.32%。上游包含15个小类（为国民经济行业分类代码中第四级分类）企业。其中，电子真空器件制造企业最多，数量为3688家，在上游环节的数量占比为44.54%，是上游环节的主导发展企业类型；电阻电容电感元件制造企业数量最少，数量为4家，在上游环节的数量占比为0.05%。

中游环节共有1164家企业，包含7个小类，在全供应链中企业数量占比为6.79%。其中电线、电缆制造类企业数量最多，数量为655家，在中游环节的数量占比为56.27%，是中游环节主导发展企业类型。增材制造装备制造类企业数量最少，数量为33，在中游环节的数量占比为2.84%，是中游环节发展最不充分的企业类型。

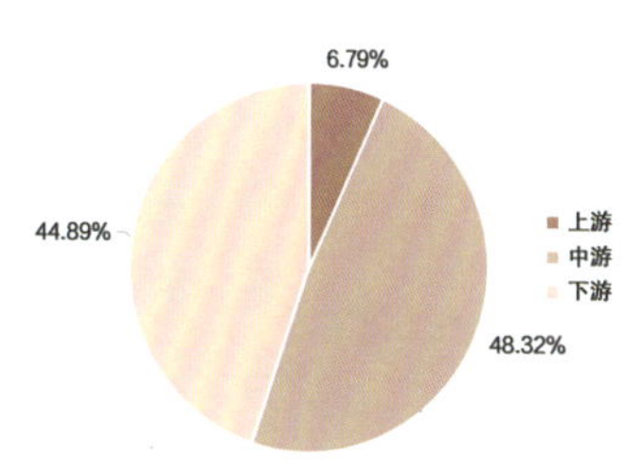

图16-2：激光与增材制造全产业链企业数量
（数据来源：龙盾企业数据库）

下游环节共有7694家企业，包含11个小类，在全供应链企业中企业数量占比为44.89%。其中检测服务类企业数量最多，为2377家，在下游环节的数量占比为30.89%，是下游环节的主导发展企业类型。导航、测绘、气象及海洋专用仪器制造类企业数量最少，为4家，在下游环节的数量占比为0.05%，是下游环节发展最不充分的企业类型。

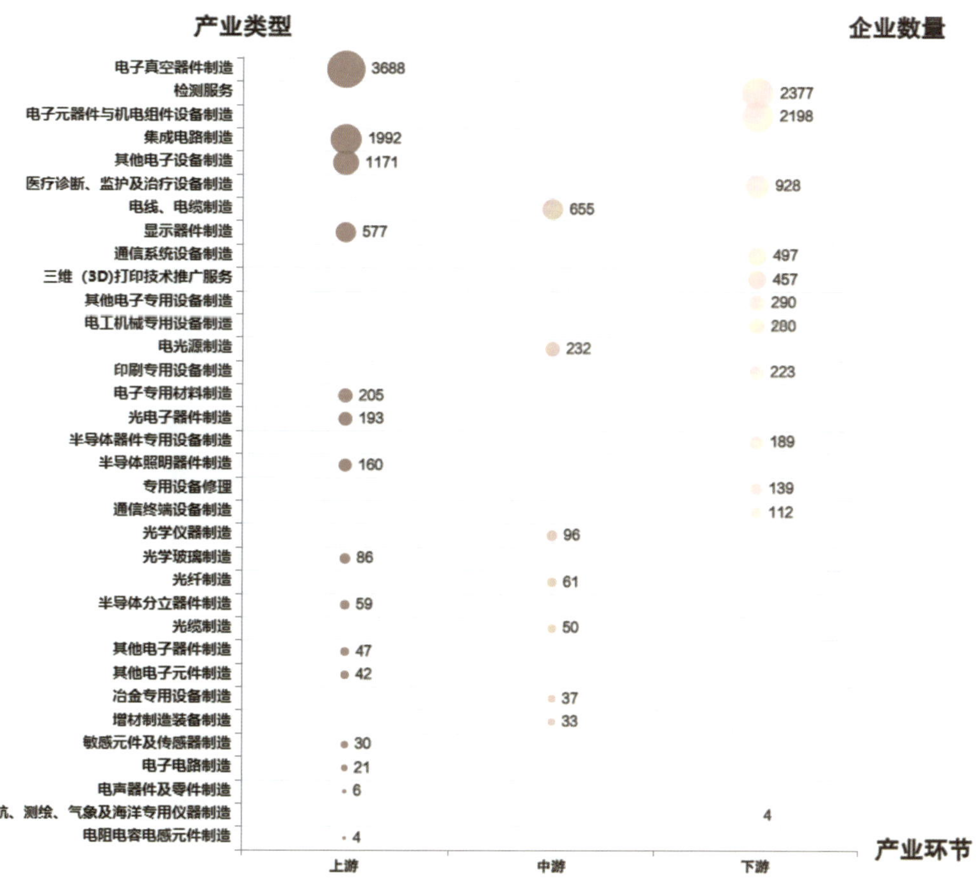

图16-3：激光与增材制造产业全供应链企业数量分析
（数据来源：龙盾企业数据库）

2.2 供应链各环节产业的经济价值

激光与增材制造产业全供应链 2018 年的整体平均利润率为 9.83%。从供应链各环节的企业平均利润来看，下游环节利润率最高，其次是中游环节，利润率最低的是上游环节。

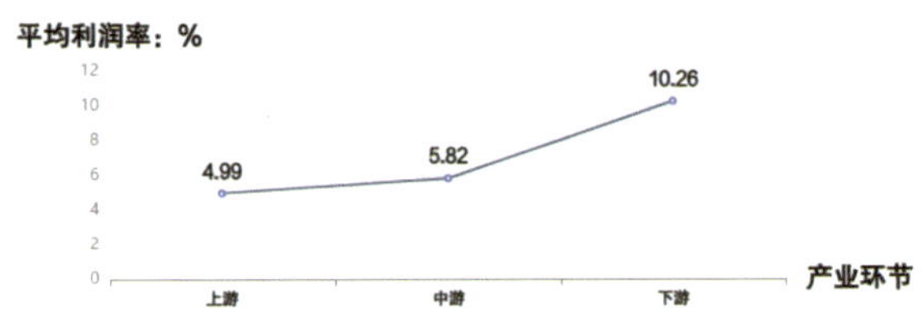

图 16-4：激光与增材制造产业上、中、下游利润率平均值折线统计图
（数据来源：龙盾企业数据库）

分环节来看，上游环节平均利润率最低，为 4.99%。其中电阻电容电感元件制造类企业利润率最高，为 11.73%，比上游环节利润率平均值高 6.74 个百分点。电子专用材料制造类企业利润率最低，为 -0.30%，比上游环节利润率平均值低 5.29 个百分点。本类企业整体尚未实现盈利，有待采取措施进一步降低生产成本、开拓市场，提升盈利空间。

中游环节在供应链三个环节中平均利润率居中，平均利润率达到 5.82%。其中冶金专用设备制造类企业利润率最高，为 9.40%，比中游环节利润率平均值高 3.58 个百分点。电线、电缆制造类企业利

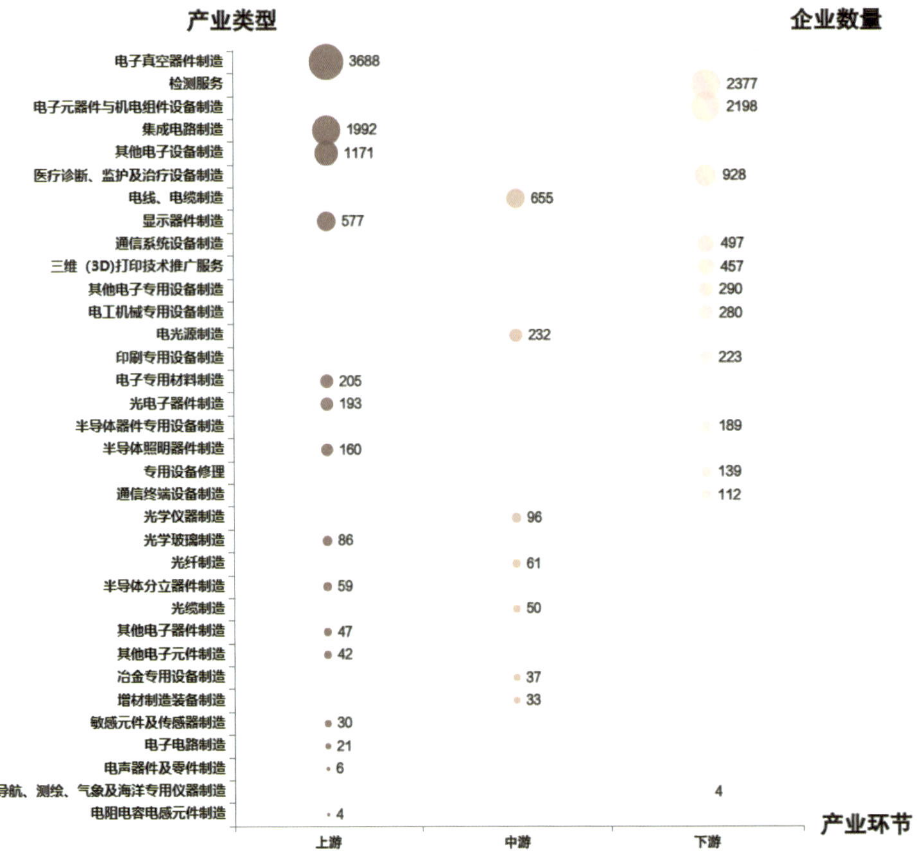

图 16-5：激光与增材制造产业全供应链经济价值分析
（数据来源：《广东省经济普查年鉴（2018）》，龙盾企业数据库）

润率最低，为3.37%，比中游环节利润率平均值低2.45个百分点。本环节所有类型企业行业的评价利润率处在3%～10%之间，发展相对成熟。

下游环节在供应链三个环节中平均利润率最高，达到10.26%。其中医疗诊断、监护及治疗设备制造类企业利润率最高，为33.19%，比下游环节利润率平均值高出22.93个百分点。磷导航、测绘、气象及海洋专用仪器制造类企业利润率最低，为0.65%，比下游环节利润率平均值低9.61个百分点。本类企业整体刚刚实现盈利，有待采取措施进一步降低生产成本，开拓市场，提升盈利空间。

2.3 供应链各环节产业产权联系的网络特征

激光与增材制造产业供应链各环节间存在着一定的产权联系。

总体上，同一环节内部企业产权联系较为紧密，联系频数为158。同一环节内同类行业间联系频数为131，其中检测服务行业内部联系最为紧密。同一环节内不同行业间联系频数为27，联系普遍松散，其中电子真空器件制造类与其他电子设备制造类企业之间的联系稍为紧密，联系频数为3。

不同环节之间的企业产权联系较薄弱，联系频数为30。其中上游环节与下游环节联系较为紧密，电子元器件与机电组件设备制造类、电子真空器件制造类企业是产权联系网络中的核心节点。中游环节与上下游环节联系较为薄弱。

表16-2：广东省激光与增材制造各行业产权联系表

（数据来源：龙盾企业数据库）

联系类型	总部或投资企业类型	分支或被投资企业类型	联系频数
同一环节内部联系（同类行业间）联系频数：131	检测服务	检测服务	35
	集成电路制造	集成电路制造	25
	电子真空器件制造	电子真空器件制造	18
	电子元器件与机电组件设备制造	电子元器件与机电组件设备制造	15
	电线、电缆制造	电线、电缆制造	8
	医疗诊断、监护及治疗设备制造	医疗诊断、监护及治疗设备制造	7
	半导体器件专用设备制造	半导体器件专用设备制造	6
	显示器件制造	显示器件制造	3
	电工机械专用设备制造	电工机械专用设备制造	3
	印刷专用设备制造	印刷专用设备制造	2
	通信系统设备制造	通信系统设备制造	2
	光纤制造	光纤制造	2
同一环节内部联系（不同类行业间）联系频数：27	电子真空器件制造	其他电子设备制造	3
	电子真空器件制造	集成电路制造	2
	显示器件制造	半导体照明器件制造	2
	其他电子专用设备制造	电子元器件与机电组件设备制造	2
不同环节间联系 联系频数：30	电子真空器件制造	电子元器件与机电组件设备制造	5
	集成电路制造	电子元器件与机电组件设备制造	5
	电子元器件与机电组件设备制造	电子真空器件制造	5
	集成电路制造	检测服务	2
	电子元器件与机电组件设备制造	集成电路制造	2
总计			188

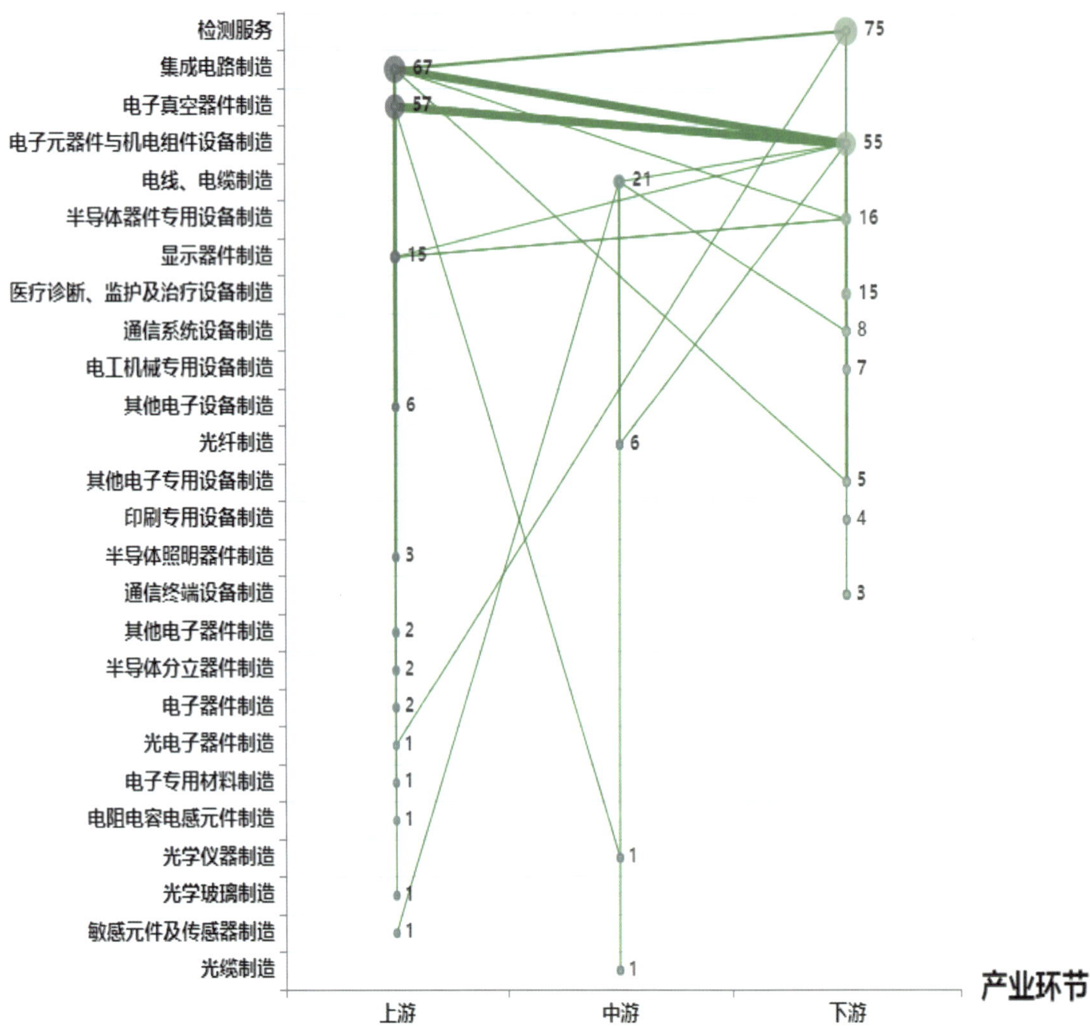

图 16-6：激光与增材制造产业全供应链产权联系分析图
（数据来源：龙盾企业数据库）

2.4 供应链结构多要素的耦合特征

统计激光与增材制造产业供应链各环节的发展规模、经济价值和产权联系三要素对应指标的皮尔逊相关系数，可以发现企业数量比率与产权联系频数比率指标的皮尔逊相关系数为 0.92，发展规模与产权联系两要素间存在极度的正相关性，企业数量规模越多的行业有更多的企业设立分支机构或对外投资，形成相对密集的产权联系网络。其他要素间则基本不存在相关性。

表 16-3：三要素相关系数表

要素指标	皮尔逊相关系数
企业数量比率与行业平均利润率	0.11（弱正相关）
企业数量比率与产权联系频数比率	0.92（极度正相关）
行业平均利润率与产权联系频数比率	0.01（极弱正相关）

根据三要素指标的分布情况，激光与增材制造产业供应链内各环节企业发展状态大致可分为三种情况。

一是三要素指标均处于较高水平，表现为企业数量多，平均利润率高，企业间联系频数高，包含电子真空器件制造，检测服务，电子元器件与机电组件设备制造，集成电路制造，其他电子设备制造，医疗诊断、监护及治疗设备制造 6 类，主要处于中下游环节。整体来看，这几类产业发展处于增长期或成熟期，市场规模较大，但较高利润与较大的企业数量规模现状也存在市场竞争加剧的风险。目前省内激光与增材制造设计企业普遍规模偏小，高水平设计能力不足，企业应组织批量生产以降低成本，建立分销渠道和销售网点，确保市场供给，并尽早形成产品系列并向相邻市场渗透，可以考虑进入国际市场开展跨国经营。

二是经济价值指标表现良好，而发展规模和产权联系指标较弱的企业，包含电视机制造、计算机制造、光电子器件制造等 24 类。从整体来看，这几类产业发展处于成熟期，存在一定的行业技术门槛和进入成本门槛或法律法规门槛等，市场集中度高，需求增长较快而供给量相对稳定。企业宜采用维持战略，并投入资金支持新的核心能力开发计划，在战略、组织结构、人员、技术等方面为转向新领域作准备，抓住时机，通过转型、重组、再造和技术、制度、管理创新战略来推动企业及早进入新一轮的生命周期。

三是三要素指标均处于较低水平，表现为企业数量少、平均利润率为较低、企业间联系频数低，包含光学玻璃制造等 4 类，除导航、测绘、气象及海洋专用仪器制造产业外，其余 3 个产业都位于上游环节。整体来看，这 4 类产业处于初创发展阶段，市场需求不够成熟，存在技术落后或成本投入较大等问题。企业在这一阶段需要承担较高的研发成本和风险，并进行市场调研、产品定位等工作，加强研发，争取市场主导权，及早进入市场与申请专利，强化竞争优势。

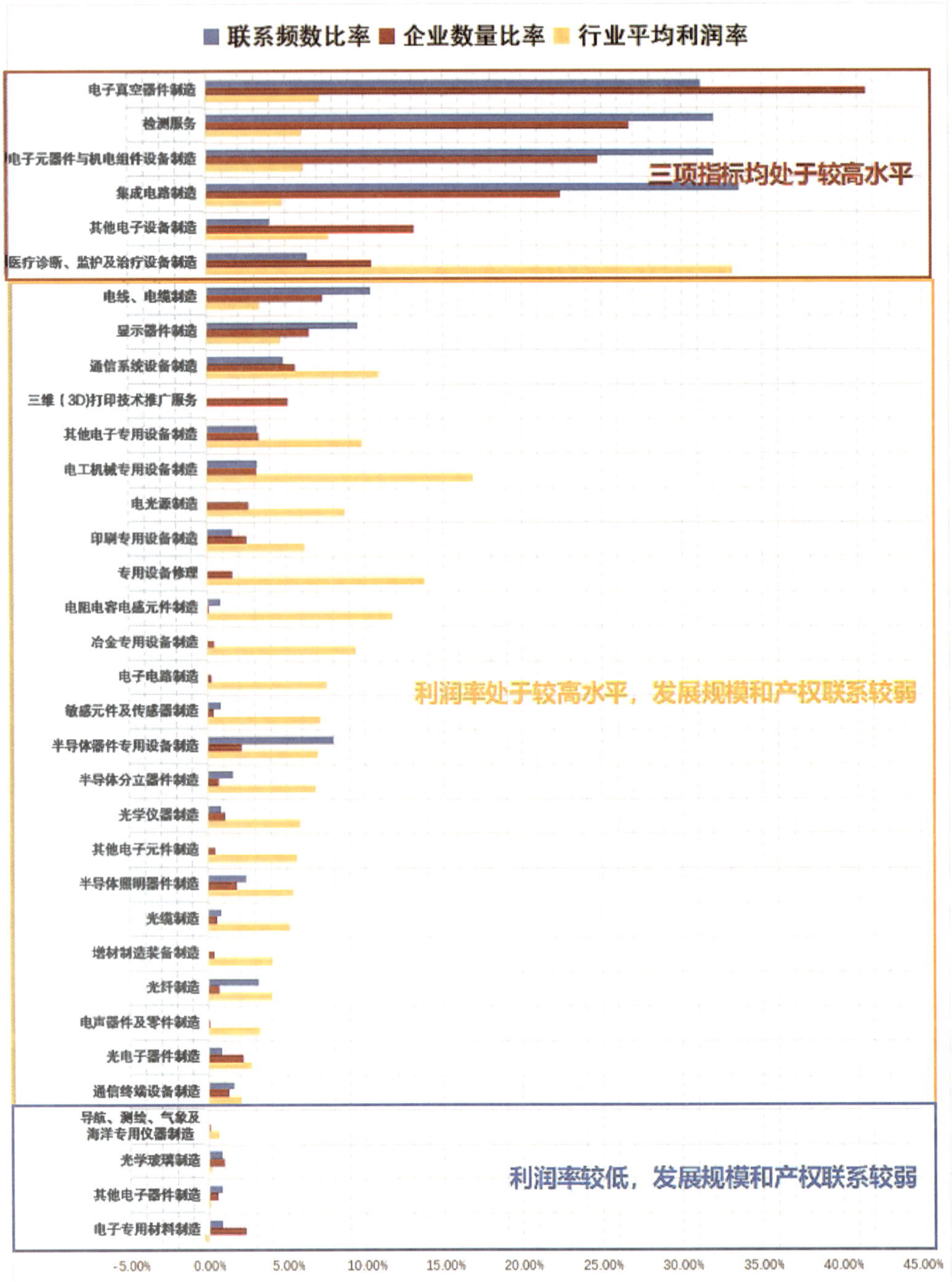

图 16-7：激光与增材制造产业全供应链四级分类产业要素指标分析图
（数据来源：龙盾企业数据库、《广东省经济普查年鉴（2018）》）

3. 广东省激光与增材制造产业集群空间特征

3.1 企业数量集聚的空间特征

分区域来看，珠三角地区是全省激光与增材制造企业主要集聚区域，包含的上、中、下游各环节以及全供应链的企业数量规模均占比分别为 95.31%、87.59%、89.04% 和 92.00%，均超过 85% 以上，在产业规模发展方面具有绝对的数量规模优势。粤东、粤西、粤北地区激光与增材制造企业表现出不同的发展特征，粤东地区是激光与增材制造中游企业的次级集聚区域，中游企业数量占比达到全省中游企业的 9.97%，尤其是揭阳市，激光与增材制造上游企业占全省上游企业的 8% 以上。粤北地区是激光与增材制造下游企业的次级集聚区域，其激光与增材制造产业下游企业数量到达全省的 5.37%。

分地市来看（图 16-9），东莞、广州、深圳、佛山、惠州等地是激光与增材制造产业的主要集聚地，上、中、下游各环节企业分布均较为密集，但各地市集聚的产业环节特点略有差异。东莞、深圳、广州是上游企业数量最多的 3 个地市，佛山、惠州、珠海、中山、江门、河源、梅州等地企业数量依次递减，是激光与增材制造产业原料生产以及支撑软硬件设备的主要产地。东莞、广州、佛山是中游企业数量最多的 3 个地市，深圳、揭阳、惠州、中山、江门、珠海、汕头等地企业数量依次递减，承载着激光与增材制造中各种激光器、机械系统、数控系统制造等中游生产工作。广州、东莞和佛山是下游企业数量最多的 3 个地市，深圳、中山、惠州、珠海、江门、清远、肇庆等地企业数量依次递减，是激光与增材制造产品的应用端衍生企业的主要集中区域。

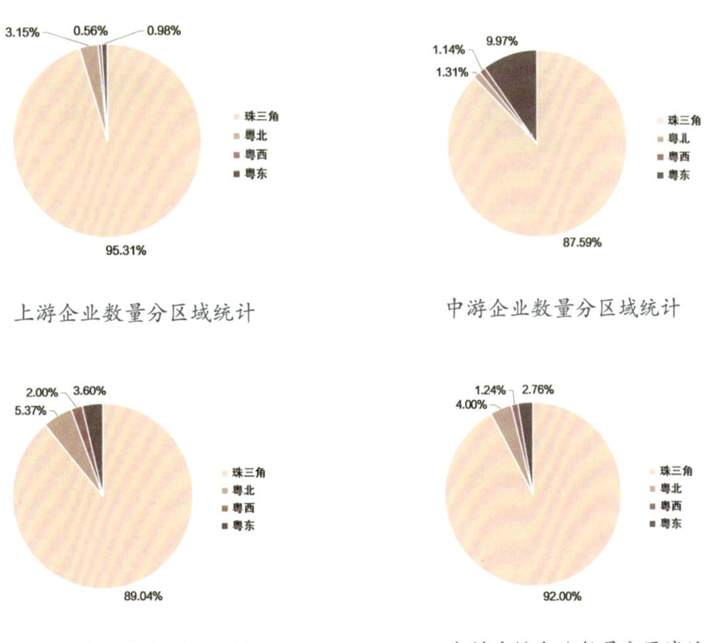

图 16-8：全省激光与增材制造产业分区域企业数量统计
（数据来源：龙盾企业数据库）

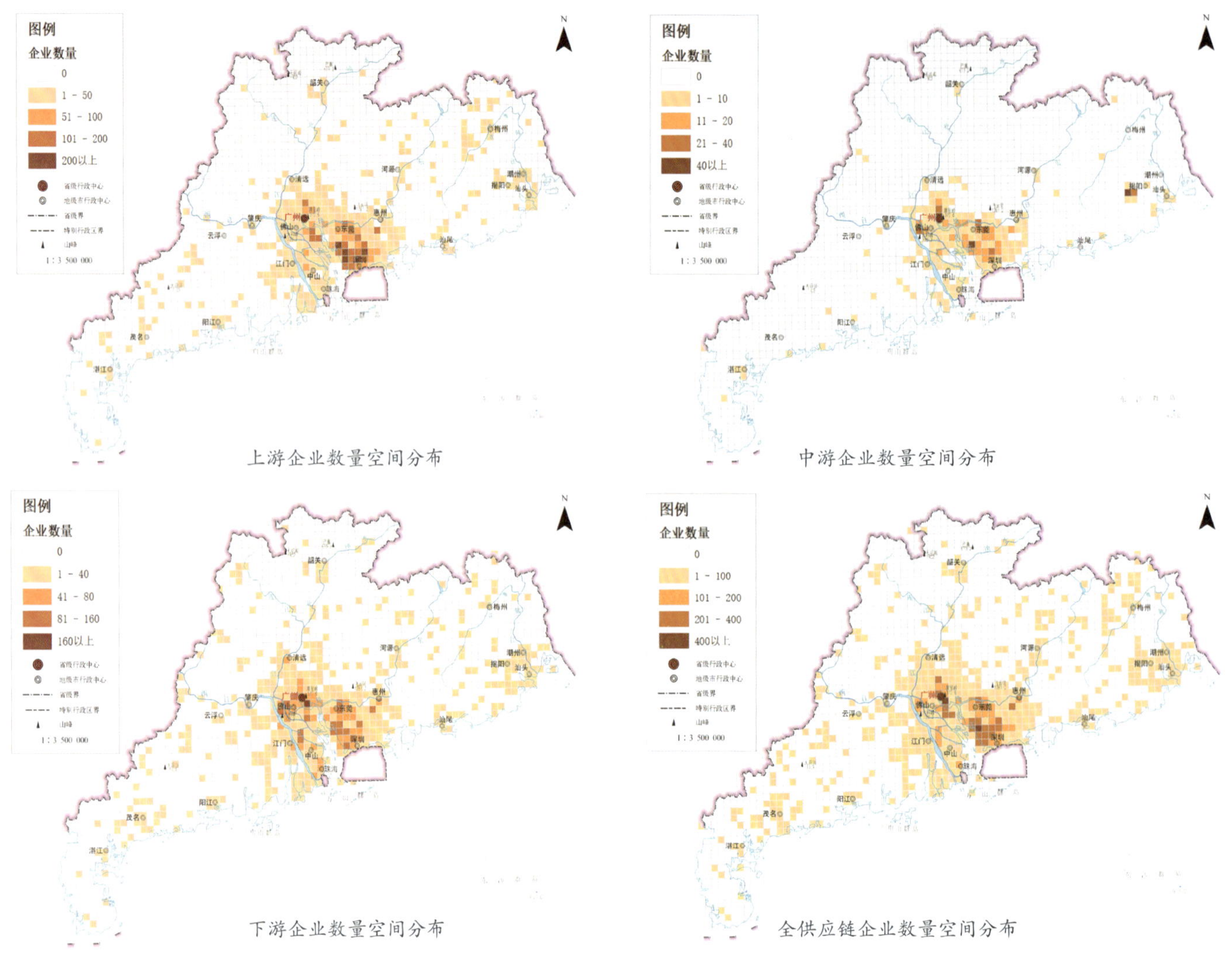

图 16-9：全省激光与增材制造产业企业数量分布
（数据来源：龙盾企业数据库）

3.2 企业联系集聚的空间特征

分区域来看（图 16-10），珠三角地区全省激光与增材制造产业中，设置分支机构或进行投资的企业的主要集聚区域，上、中、下游各环节以及全供应链的产权联系度占比分别为 91.09%、89.47%、83.33% 和 87.10%，粤东、粤西、粤北上、中、下游企业产权布局情况大相径庭。但总体来看，依托产权部署，珠三角地区在经济、技术、知识、人才等要素交流方面具有更大的潜力。粤北地区和粤东地区具有一定的产权联系规模，粤北地区上游企业联系度占全省上游企业的 8.91%，粤东地区中游零配件生产企业和下游激光整机设备生产等企业产权联系规模较大，联系度占比分别达到 10.53% 和 7.02%。粤西地区的激光与增材制造产业产权联系度相对较小，数量占比未超过 2%，发展基础相对薄弱。

分地市来看（图 16-11），深圳、广州、东莞、惠州、佛山等地是激光与增材制造产业上游、中游、下游各环节企业产权联系较多的区域，有较强的产业合作拓展能力，但各环节企业产权联系度排序略有变化。深圳、广州、东莞是上游企业产权联系度较高的区域，惠州、佛山、江门、清远、中山、珠海、河源依次递减；深圳、东莞、广州是中游企业产权联系度较高的区域，揭阳、佛山、中山、珠海、肇庆依次递减，其他地市的中游企业不存在产权联系；深圳、广州、中山是下游企业产权联系度较高区域，清远、中山、河源、惠州、东莞依次递减。

上游企业产权联系度

中游企业产权联系度

下游企业产权联系度

全供应链企业产权联系度

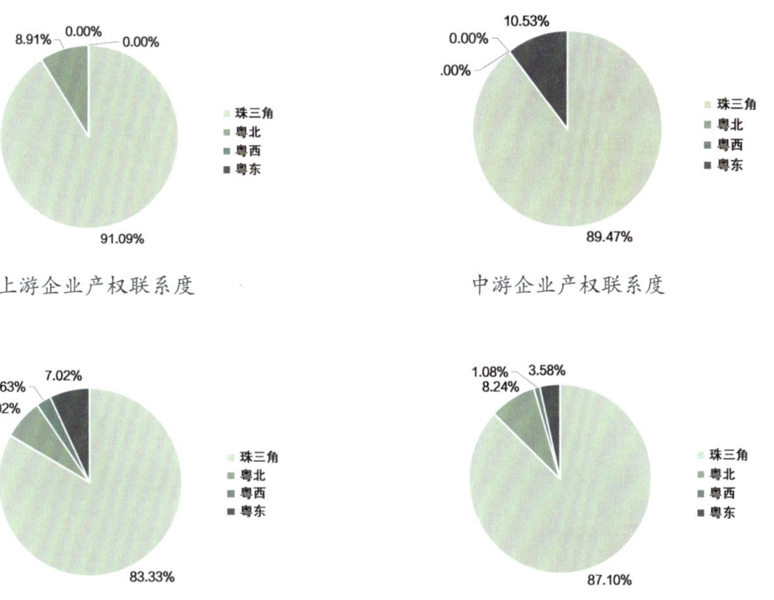

图 16-10：全省激光与增材制造产业分区域企业产权联系度统计
（数据来源：龙盾企业数据库）

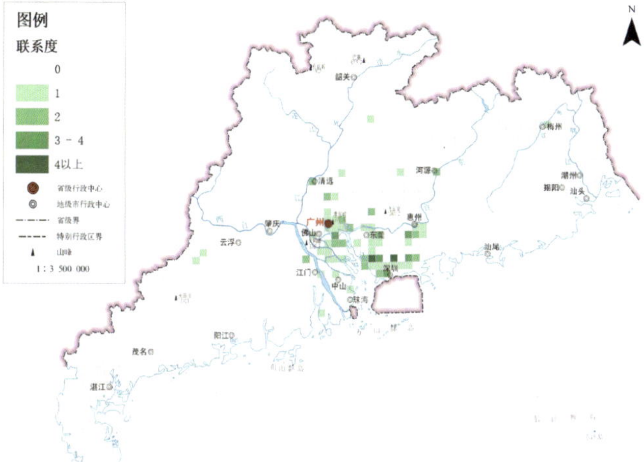

上游企业产权联系度空间分布

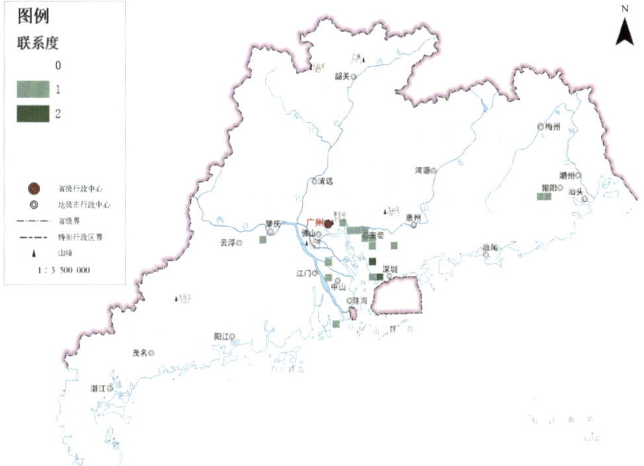

中游企业产权联系度空间分布

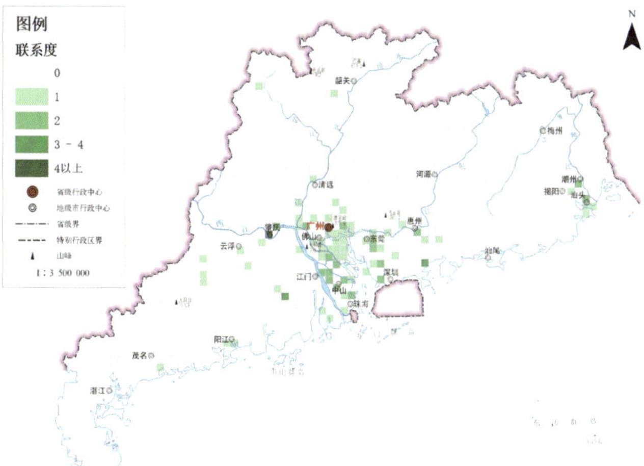

下游企业产权联系度空间分布

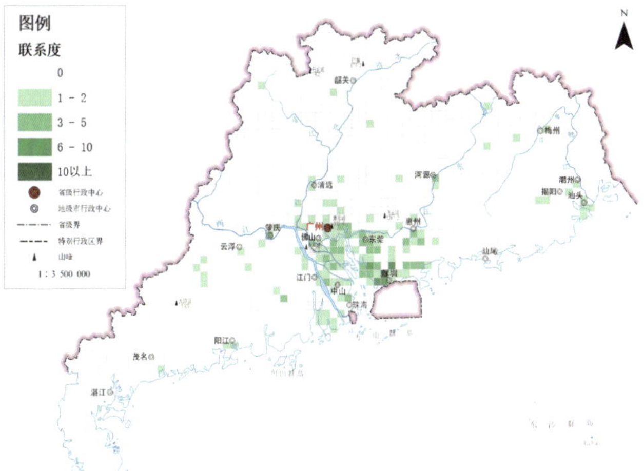

全供应链企业产权联系度空间分布

图 16-11：全省激光与增材制造产业企业产权联系度分布
（数据来源：龙盾企业数据库）

3.3 产业集群的空间特征

综合分析激光与增材制造全供应链企业数量空间分布、产权联系度情况，筛选两项指标处于前25% 的格网做叠加分析，筛选企业密度较高、产权联系紧密的产业集群潜在空间格网共 33 个。

分区域来看（图 16-12），全省激光与增材制造产业集群的潜在空间主要分布在珠三角地区，包含 32 个格网空间，面积占比为 96.97%；此外粤东地区有 1 个产业集群潜在空间，面积占比为 3.03%；粤西地区和粤北地区没有产业集群潜在空间。

分地市来看（图 16-13），全省激光与增材制造产业集群的潜在空间主要分布在广州市天河区、海珠区、番禺区，深圳市南山区、宝安区，东莞市等地，这些区域是全省现阶段激光与增材制造产业集群发展较为成熟的潜在区域。

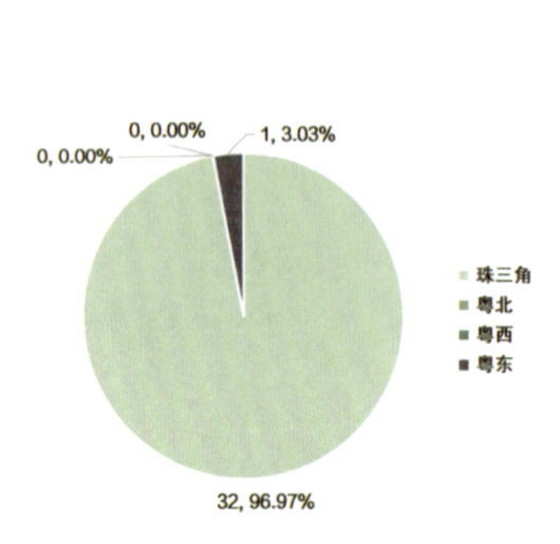

图 16-12：产业集群潜在空间格网统计图
（数据来源：龙盾企业数据库）

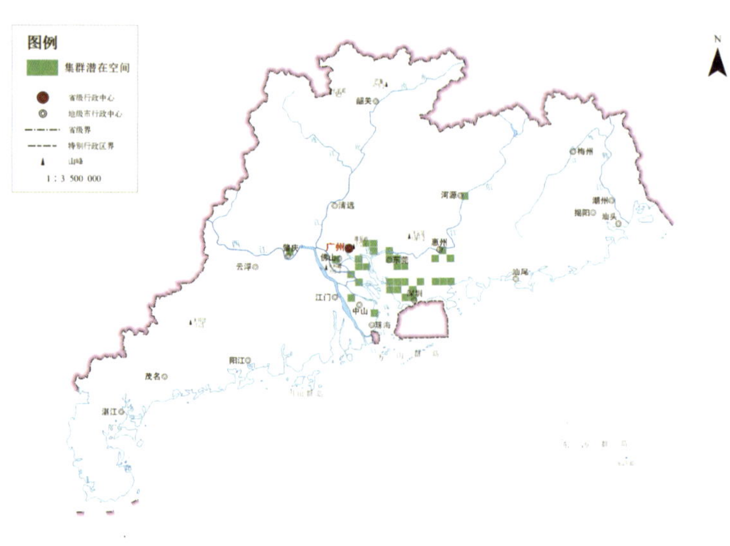

图 16-13：产业集群潜在空间空间分布图
（数据来源：龙盾企业数据库）

4. 广东省激光和增材制造产业典型案例

4.1 典型园区案例

大族激光全球智能制造基地位于深圳市宝安区桥头社区，周边主次干路密集，东侧紧邻永福路，南侧临重庆路，西侧临永灿路，交通便捷，市政条件良好。项目总用地面积为 9.5 万平方米，总建筑面积为 49 万平方米，容积率 3.99，航空建筑限高 48.8 米。大族激光作为中国智能装备及自动化的主要供应商，以创新科技工业为核心，园区规划和建筑设计方方面面都体现出智慧与智能制造的 DNA。从项目的整体规划布局与交通流线组织来看，内部人行、车行、智能物流，制造工艺都以高效、人性化、智能为核心进行布局组织。人性化、绿色生态与智能高效生产相结合，共同构建出全球智能制造基地。

以高效生产与产线组织为布局核心理念，形成了整体厂区超大的建筑尺度，四边长 200 多米的“巨构”保证了产线高效布局，也为建筑景观提出了巨大的挑战。

作为深圳的产业大区和制造大区，深圳宝安汇集了众多激光与增材制造龙头企业，是深圳市“20+8”产业集群中激光与增材制造产业集群的核心承载区，激光上下游产业规模和企业数量均居全国首位，约占全国 30%、全省 70%，是国内激光产业链条最完整、产业基础最雄厚的集聚区[156]。

大族激光产业基地作为宝安区遴选的激光产业专业园区，2017 年正式动工，2021 年正式投产，并形成了工程开发、设计展示、生产制造、项目产业化、技术应用、市场营销、产品检测以及人才培训为一体的激光智能制造产业园区，为宝安建设具有全球影响力的激光与增材制造产业集群高地汇聚了强大动能[157]。

与国内发展较好的武汉光谷激光科技园、江门市蓬江激光产业园相比，深圳大族激光产业基地发展起步较晚，规模上，园区面积较小，企业数量较少；盈利水平上，与其他两家园区相比，大族激光产业园年度营收总量处于中间水平，地均营收与企业营收均属于较高水平；交通条件上，大族激光产业基地交通区位非常良好，毗邻机场，轨道交通或公路交通线均有贯通；产业布局上，大族激光产业基地激光产业布局单一，受规模和企业数量影响，未能覆盖激光全产业链。与武汉和江门园区相比，大族激光产业基地是以单一企业作为主导企业的激光产业园区；武汉光谷激光科技园是采用孵化器模式，为激光初创和配套企业提供创业平台；而江门市蓬江激光产业园和华南激光谷，是采用集中供地建设，政府政策倾斜招商引资的模式，实现高水平激光企业集聚发展。

图 16-14：深圳大族激光产业园
（数据来源：百度地图）

大族激光产业园区历经市场磨炼，产业园抓住激光行业的高利润，采用“以我为主、为我所用”的产业模式，注重强化设计技术研发和激光制造高精尖厂房设备投入，具有较强的激光设计集成、制造与应用创新能力，是我省激光龙头企业引领激光产业发展的代表性产业园区，在打造具有世界影响力的激光制造知名企业上具有示范引领作用。

表 16-4：典型园区关键要素对比表

（数据来源：园区招商网页客户端）

园区对比要素	深圳大族激光产业园	武汉光谷激光科技园	江门市蓬江激光产业园和华南激光谷
地理位置	深圳市宝安区	武汉市洪山区	江门市蓬江区
开发面积	9.5 公顷	约 40 公顷	200 公顷
入驻企业数	9[158]	200[159]	10[160]
年度营收	149.61 亿元[161]	200 亿元[162]	100 亿元规模[163]
地均营收（亿元 / 平方公里）	1574.84	500	50
企均营收（亿元 / 家）	16.62	1	10
交通条件	毗邻深圳地铁 12 号线桥头西站，距深圳北高铁站 25 公里，距离深圳宝安国际机场 6.5 公里，西临广深沿江高速 2 公里。	毗邻武汉地铁 11 号线未来三路站，距左岭高铁 2 公里，距武汉天河机场 50 公里。	距江门高铁站 20 公里，西临珠三角环线高速，北临广中江高速。
产业布局	超重型大跨度激光制造业厂房、布局激光研发中心、激光工程开发、设计展示、生产制造、项目产业化、产品检测。	超大面积一期、二期、三期园区，亚洲最大的国际激光企业总部基地和全国最大的激光企业孵化器，布局自主研发高功率激光切割、焊接机、激光热处理、熔覆成套设备。	广东省及江门市官方全力投入打造的激光产业智造集聚区“华南激光谷”，布局激光与增材、智能装备、信息技术、新材料，配套产学研和搭建政企共建协同创新中心。
产业链核心环节	中游	上游、中游	中游、下游
代表企业	大族激光	团结激光	海目星激光

4.2 典型企业案例

4.2.1 企业概况

大族激光科技产业集团股份有限公司于 1996 年创立于中国深圳，致力于智能制造装备及其关键器件的研发、生产和销售，具备从基础器件、整机设备到工艺解决方案的垂直一体化能力，是全球领先的智能制造装备整体解决方案服务商。大族激光主要为国内外客户提供一整套激光加工解决方案及相关配套设施，主要产品包括激光打标机、光纤激光打标机、激光焊接机系列、激光切割机系列、激光演示系列、PCB 激光钻孔机系列等多个系列 200 余种工业激光设备及其配套产品。

经过 20 多年的发展，作为中国工业激光设备制造的开拓者，大族激光已经发展成为拥有近 30 家子激光企业的大型激光制造集团，并于 2004 年在深圳证券交易所上市。目前大族激光拥有超 230 万平方米的生产车间，超 6000 人的研发团队，拥有超 8000 项有效知识产权，实现 10% 以上年收入投入研发占比。[164] 经过多年的发展，大族激光已经先后获得我国品牌 500 强、国家企业技术中心资格，激光行业“红点奖”等多项荣誉，多位国家领导人曾到访深圳对大族激光企业进行考察。[165][166]

4.2.2 典型企业产权联系的网络特征

构建大族激光科技产业集团股份有限公司的产权联系网络，有 54 家企业与大族激光直接关联，构建了覆盖供应链上、中、下游各环节的产权联系网络。

空间分布方面，发生产权联系企业分别位于广东、北京、上海、江苏、浙江、湖北、重庆、辽宁、内蒙古等 9 个省级行政区，其中属于广东省的企业数量最多，有 40 家，江苏省企业数量次之，有 4 家。

供应链接结构方面，产权联系网络中、上、中下游各环节企业完整，集中面向中游环节布局，且衍生出信息技术、租赁、物业、金融、零售以及产品应用等下游配套服务。其中，上游企业主要位于广东、江苏、浙江、北京、上海，中游企业基本布局在广东，还有一家子公司在辽宁。下游企业中为扩展全国销售应用渠道，在广东、重庆、浙江、江苏、上海布局，衍生的信息技术、商务、零售、租赁、物业等生产性服务业。

表 16-5：深圳市大族激光科技产业集团股份有限公司产权联系类型

（数据来源：龙盾企业数据库）

产权关联类型	总数	涉及省份	行业类型
全资控股	25	广东、江苏	信息传输、软件和信息技术服务业、制造业、批发和零售业、金融业
分支机构	5	广东、北京、上海、浙江	科学研究和技术服务、租赁和商业服务、居民修理和其他服务
非全资控股	24	广东、北京、上海、江苏、浙江、湖北、重庆、辽宁、内蒙古	制造业、批发和零售、信息传输、软件和信息技术服务业、科学研究和技术服务业

产权联系方式方面，深圳市大族激光科技产业集团股份有限公司主要通过投资控股的方式构建企业间合作，全资控股企业 25 家，24 家位于广东，一家位于江苏，分支机构 5 家，非全资控股企业 24 家，基本持股比例达到 50% 以上。其中全资控股重点投资中游制造业与下游信息技术企业。对于拓展的金融、商务、零售等企业投资比例则比较低。

总体来看，大族激光科技产业集团股份有限公司进行了一定产业拓展布局，在供应链各环节的部署模式具有参考价值。首先重点通过全资控股形式在深圳本地中游和下游环节企业布局，发挥了本地的集群优势，做强制造业和信息技术服务业；同时在全国各地布局研发企业，充分利用全国各地创新资源和人力资源，布局上游科学研究和技术服务业；全国各地布局下游其他行业，促进产品销售和应用，并为集团提供金融服务和物业服务，提升品牌效应。

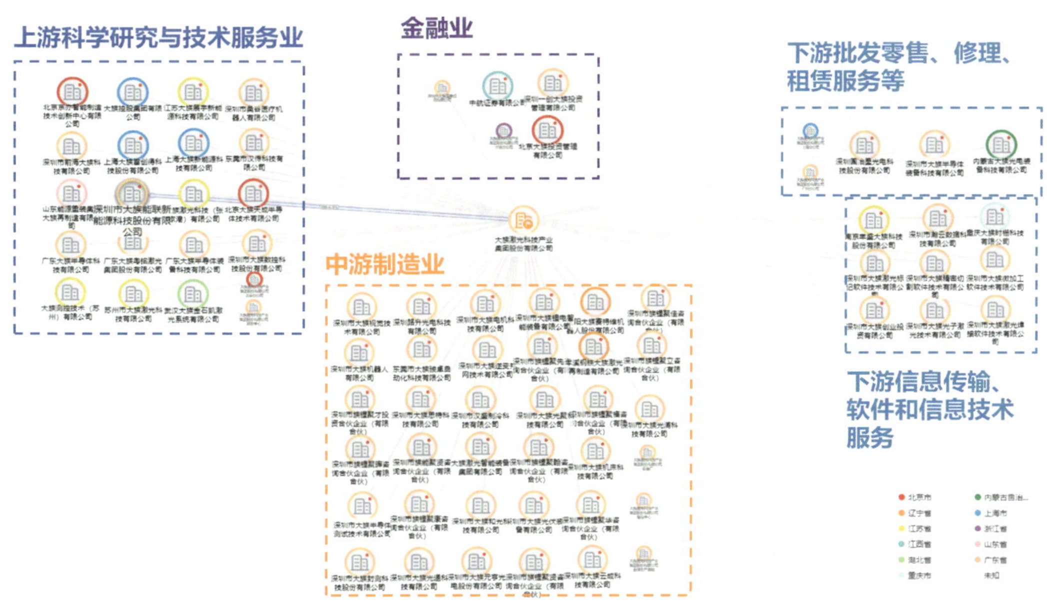

图 16-15：深圳大族激光科技产业集团股份有限公司产权联系企业类型

（数据来源：龙盾企业数据库）

第十七章

战略性新兴产业集群：

数字创意产业集群

数字创意产业是以数字技术为主要驱动力，围绕文化创意内容进行创作、生产、传播和服务而融合形成的新经济形态。和传统文化创意产业以实体为载体进行艺术创作不同，数字创意是以CG(Computer Graphics）等现代数字技术为主要技术工具，强调依靠团队或个人通过技术、创意和产业化的方式进行数字内容开发、视觉设计、策划和创意服务等。数字创意产业分类包括数字创意技术设备制造、数字创意文化活动、数字设计服务以及数字创意与融合服务。其应用主要体现在会展领域、虚拟现实领域等产品可视化领域。

广东省数字创意企业主要集中在下游数字设计活动、数字创意与融合服务环节和中游数字创意文化活动环节。上游数字创意技术设备制造及软件开发环节企业数量较少，约占4.58%。下游环节利润率远高于上游和中环节。由于上游环节企业数量少，企业产权联系主要发生在中游和下游之间，这种模式有利于形成数字创意活动和市场的良性互动，但不利于数字创意设备专门化设计制造，产业结构仍需优化。

广东的数字创意产业企业主要聚集在珠三角地区，特别是上游数字创意设备制造和中游创意活动主要集中在广州、深圳、佛山、东莞等文化、创意资源集聚和经济实力较强的地市。因此，数字创意产业园往往选址在地理位置优越、交通条件发达的高度城市化地区，以方便信息交流、吸引人才和具备广泛的应用场景。这一点也可以从广州四三九九信息科技有限公司的分支机构布局中得以体现。

1. 数字创意产业集群概述

1.1 基本概念

数字创意产业诞生的技术源头可以追溯到1946—1958年第一代电子管数字计算机的发明以及1969年阿帕网的开创性组建。这些技术发明是综合数学、计算科学、信息科学、工程学、密码学、语言学、逻辑学和图形学等多学科的成果。20世纪60年代末期，美国发明了可供千人同时在线的PLATO远程教育系统，并在此基础上开发了第一款远程连线网络游戏“SPACEWAR”，可以看作是数字创意产业的开端。20世纪70年代，科学、技术与文化的互动融合进入产业化阶段。1971年微处理器技术的发明，催生了人类历史上第一部个人电脑和第一部手机，文化内容创意有了广阔而坚实的载体和平台。1972年，街机游戏《Pong》开始出现于美国大街小巷的酒吧、游乐场等休闲娱乐场所。1978年，街机游戏《太空入侵者》在日本一经发布便异常火爆，引起了日元硬币的短缺。20世纪80年代，随着桌面式计算机操作系统的出现，各类电子出版物、数字音乐、数字电影、数字电视等创新活跃。进入20世纪90年代，随着互联网技术、数字技术、移动技术的爆发式应用普及，网络新闻、出版、电影、电视、动漫、游戏、音乐等一系列数字创意内容业态如雨后春笋般呈现在大众面前。21世纪以来，现代信息科技、大众传播科技，特别是2010年以来的移动互联网、大数据等新兴科技的产业化、商业化应用性创新，促使数字创意产业爆发式发展，成为了世界各国人们日常生活娱乐和学习工作离不开的基础产业。

产业基础、创意人群、创新氛围、城市设施、政策环境等是决定数字创意产业集群形成的重要因素。作为一个多领域、多专业的产业，数字创意产业涵盖了创意设计、媒体制作、软件开发、市场推广等各个环节。一方面，移动互联网时代的到来，需要大量新业态、新模式和新设备来推动“数字+文化”

的融合创意，以革新产业发展模式；另一方面，数字创意产业的发展需要不断增长的消费市场，需要不断创新的文化创意产品和服务。这就需要通过数字创意产业集群建立与传统产业的链接，形成文化企业、科技企业、政府机构、非营利组织及创意阶层的地理集聚和互动生态，延长产业链条、催生各类衍生产品，因此，在区位选择与发展方向上更容易依附于其所服务的企业。故数字创意企业在发展初期更多是面向所服务的产业而呈现有选择性的集聚。随着集聚的增加，发展成熟的数字创意产业集群便可强化规模报酬递增优势，进一步促进产业或企业间的知识交流和扩散。

为更好地厘清数字创意产业的核心产品、核心技术环节和核心行业等关键要素的结构关系，深入分析产业上中下游结构特征，构建数字创意产业供应链全景图谱。数字创意产业以现代数字技术为主要工具，强调通过技术、创意和产业化发展数字内容、视觉设计、规划和创意服务，这与数字技术、文化等诸多领域密切相关，具有高附加值的特点。

供应链上游是重要的技术设备供应以及软件开发，是资本密集型行业。供应的核心产品包含创意

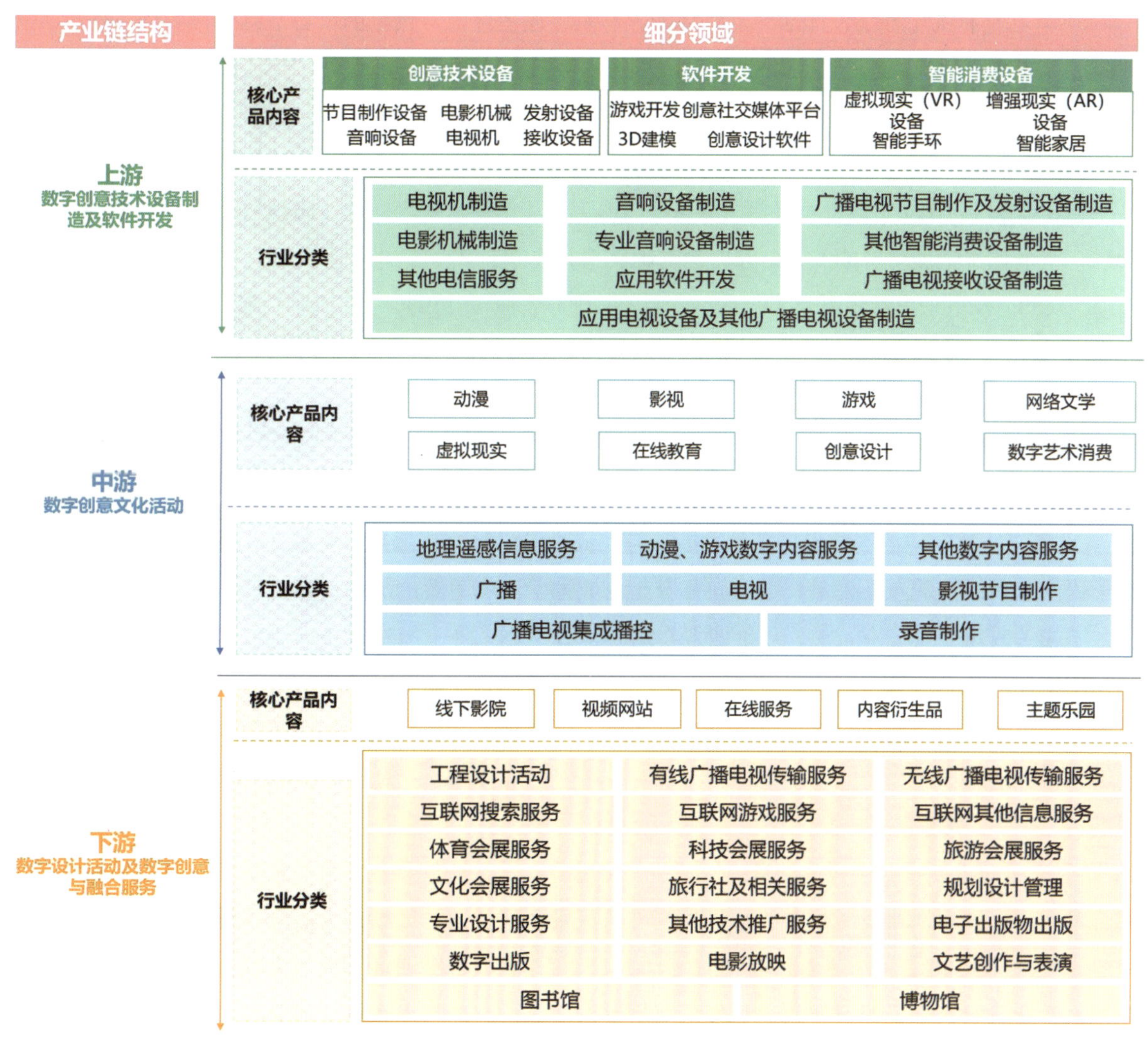

图 17-1：数字创意产业全产业供应链图谱

技术设备、软件开发和智能消费设备三类。具体的创意技术设备包括节目制作设备、电影机械、发射设备、音响设备、电视机、接收设备等，软件开发包括游戏开发、3D 建模、创意社交媒体平台和创意设计软件等，智能消费设备包括虚拟现实（VR）设备、增强现实（AR）设备、智能手环和智能家居。本环节对应的企业集中分布在国民经济行业分类中的电视机制造（3951，国民经济行业分类代码，下同）、电影机械制造（3471）、其他电信服务（6319）、音响设备制造（3952）、专业音响设备制造（3934）、应用软件开发（6513）、广播电视节目制作及发射设备制造（3931）、其他智能消费设备制造（3969）、广播电视接收设备制造（3932）、应用电视设备及其他广播电视设备制造（3939）等行业。

中游主要是数字创意文化活动，覆盖创意设计内容软体和产品实体等领域，核心产品包括动漫、虚拟现实、影视、在线教育、游戏、创意设计、网络文学、数字艺术消费等。本环节对应的企业集中分布于国民经济行业分类中的地理遥感信息服务（6571），动漫、游戏数字内容服务（6572），其他数字内容服务（6579），广播（8710），电视（8720），影视节目制作（8730），广播电视集成播控（8740）；录音制作（8770）8 类行业。

下游则是有关电数字设计活动及数字创意与融合服务环节。供应的核心产品主要有线下影院、视频网站、在线服务、内容衍生品、主题乐园等，本环节对应的企业集中分布在国民经济行业分类中的工程设计活动（7484），互联网搜索服务（6421），体育会展服务（7283），文化会展服务（7284），专业设计服务（7492），数字出版（8626），有线广播电视传输服务（6321），互联网游戏服务（6422），科技会展服务（7281），旅行社及相关服务（7291），其他技术推广服务（7519），电影放映（8760），无线广播电视传输服务（6322），互联网其他信息服务（6429），旅游会展服务（7282），规划设计管理（7485），电子出版物出版（8625），文艺创作与表演（8810），图书馆（8831），博物馆（8850）20 类行业。

1.2 发展概况

1.2.1 政策要求

近年来，数字内容产业保持蓬勃发展态势，成为了引领文化振兴、实施文化强国的重要产业，构成了我国数字经济的重要力量。数字创意产业也成为了我国重要的战略新兴产业，国家、广东省密集出台了相关政策支持产业发展。“十四五”期间，数字创意产业将在以下 5 个方面获得重要支持，分别为创新设计体系、数字内容生产体系、数字内容传播体系、泛信息消费体系、泛沟通交互体系，政策支持部门主要涉及发改、工信、财政、科技等，同时将享受到相关的优惠政策，并被纳入国家技术创新工程、战略性新兴产业发展基金、国家新兴产业创业投资引导基金、战略性新兴产业融资风险补偿试点工作等政策措施的支持范围。

国家层面主要从数字文化创意技术装备创新提升、数字内容创新发展、创新设计发展、相关产业融合发展 4 个方面，对我国数字创意产业的长远发展进行了顶层规划。为鼓励引导关键技术发展，推进实施税收优惠和科学技术研发两条路径，税收优惠方面，数字创意领域的大部分行业都已被纳入高新技术企业认定范围，数字创意企业可以据此申报认定为高新技术企业从而享受到相应的税收优惠政策。科学技术研发方面，鼓励数字创意产业与生产制造、文化教育、旅游体育、健康医疗与养老、智慧农业等领域融合发展，以激发市场消费活力。建设一批数字创意产业集群，加强数字内容供给和技术装备研发平台建设。

表 17-1：政策清单表格样式

层级	时间	政策名称	主要内容或措施要求	印发部门
国家级	2020.9	《关于扩大战略性新兴产业投资培育壮大新增长点增长极的指导意见》	加快数字创意产业融合发展。鼓励数字创意产业与生产制造、文化教育、旅游体育、健康医疗与养老、智慧农业等领域融合发展，激发市场消费活力。	国家发展改革委、科技部、工业和信息化部、财政部
国家级	2020.11	《关于推动数字文化产业高质量发展的意见》	支持文化文物单位与融媒体平台、数字文化企业合作，运用5G、VR/AR、人工智能、多媒体等数字技术开发馆藏资源，发展“互联网＋展陈”新模式，打造一批博物馆、美术馆数字化展示示范项目，开展虚拟讲解、艺术普及和交互体验等数字化服务，提升美育的普及性和便捷性。支持展品数字化采集、图像呈现、信息共享、按需传播、智慧服务等云展览共性、关键技术的研究与应用。	文化和旅游部
国家级	2022.5	《关于推进实施国家文化数字化战略的意见》	发展数字化文化消费新场景，大力发展线上线下一体化、在线在场相结合的数字化文化新体验；加快文化产业数字化布局，在文化数据采集、加工、交易、分发、呈现等领域，培育一批新型文化企业，引领文化产业数字化建设方向。	中共中央办公厅、国务院办公厅
国家级	2022.8	《“十四五”文化发展规划》	加快发展数字出版、数字影视、数字演播、数字艺术、数字印刷、数字创意、数字动漫、数字娱乐、高新视频等新型文化业态，改造提升传统文化业态，促进结构调整和优化升级。推动文化与旅游、体育、教育、信息、建筑、制造等融合发展，延伸产业链。建设国家文化产业发展项目库、全国广播电视和网络视听产业公共服务平台。	中共中央办公厅、国务院办公厅
国家级	2022.12	《“十四五”扩大内需战略实施方案》	培育文化消费，依托文化文物单位大力开发文化创意产品，扩大优质文化产品和服务供给。实施文化产业数字化战略，壮大数字创意、网络视听、数字出版、数字娱乐、线上演播等产业。推动互动视频、沉浸式视频、虚拟现实视频、云游戏等高新视频和云转播应用。发展第五代移动通信（5G）广播电视，推动广播电视终端通、移动通、人人通。	国家发改委
省级	2020.9	《广东省培育数字创意战略性新兴产业集群行动计划(2021—2025 年)》	一是大力推进数字技术应用。二是促进游戏动漫产业健康发展。巩固原有移动游戏、低幼动漫等产业优势，同时鼓励拓宽产品类别，开发超休闲游戏、功能性游戏、全年龄向动漫等广阔市场，加快布局云游戏。三是促进电竞、直播、短视频产业创新发展。四是大力提升创新设计能力。五是深化数字创意融合服务。推动数字创意与生产制造、文化教育、旅游会展、生活健康等各领域的融合渗透，助力品牌塑造，提高产品附加值。	广东省工业和信息化厅、中共广东省委宣传部、广东省文化和旅游厅、广东省广播电视局、广东省体育局
省级	2021.4	《广东省国民经济和社会发展第十四个五年规划和2035年远景目标纲要》	建设数字创意产业集群。以珠三角地区为核心，辐射带动粤东、粤西、粤北地区的推广应用，大力推进5G、AI（人工智能）、大数据、VR/AR（虚拟现实／增强现实）等新技术深度应用，巩固提升游戏、动漫、设计服务等优势产业，提速发展电竞、直播、短视频等新业态，培育一批具有全球竞争力的数字创意头部企业和精品 IP（知识版权）。	广东省人民政府
省级	2021.7	《广东省制造业高质量发展“十四五”规划》	依托广州、深圳、汕头等市发展数字技术应用及融合服务发展。广州、深圳发挥“双核引擎作用”，带动珠三角地区发展数字技术应用及数字创意联合服务，重点建设数字电视（深圳）国家工程实验室、数字家庭互动应用国家地方联合工程实验室、广东省数字创意技术工程实验室等创新平台。汕头重点发展玩具、服装等数字创意衍生品制造等。到2025年，数字创意产业营业收入突破6000亿元，打造全球数字创意产业发展高地。	广东省人民政府

广东省层面主要聚焦于数字技术创新应用、原创 IP 培育、新业态培育、工业设计能力提升和产业集聚发展五个方面。数字技术创新应用方面，加强关键核心技术攻关，开展数字技术创新应用示范，并发展数字创意设备制造三大方面。IP 培育方面，建设优质 IP 资源库，同时推动直播、短视频优质发展，并扩大数字创意新消费。工业设计能力提升方面，加快建设工业设计中心和研究院。粤东、粤西、粤北地区创建 1 ～ 2 家省级工业设计研究院。并支持广州、深圳、佛山等地分别设立区域设计对接服务中心。产业集聚发展方面，要引导区域特色化发展，推动全省形成“双核多点”的数字创意产业发展格局。支持广深发挥“双核”引擎作用，辐射带动全省数字创意产业高质量发展。支持珠海、东莞重点发展游戏动漫、演艺娱乐、数字会展等；佛山重点发展影视制作、工业设计等；汕头重点发展玩具、服装等衍生品制造等；中山重点加快游戏游艺设备业数字化转型，建设国际设计港。同时，高标准建设 15 个以上的数字技术驱动型的省级数字创意产业园，集聚优质人才、科技、资金等要素资源，培厚“独角兽”发展土壤，打造完善的产业生态。并支持头部企业在内容原创、IP 运营、赛事组织等薄弱环节取得突破进展。

1.2.2 市场概况

2012 年以来，在数字技术融合发展以及新业态的快速发展带动下，数字创意产业实现了爆发式增长。从数字内容领域来看，2021 年数字音乐市场规模为 790.7 亿元；国内游戏市场规模 2021 年为 2965.1 亿元，2012—2021 年年均增长 19.4%。截至 2021 年底，我国网络文学用户总规模达到 5.02 亿，占网民总数的 48.6%。从数字创意装备领域来看，2021 年“可穿戴”市场的出货量为 1.4 亿部，而 2012 年仅为 230 万部。从创意设计领域来看，2021 年中国工业设计行业规模达到 2071 亿元[167]。未来，数字创意行业在推动社会信息化在各领域的渗透融合发展，通过提升数字创意技术和创新设计能力，推动传统文化创意产业的转型升级，为数字经济高质量发展提供了重要支撑，也正在推动经济、政治、文化、社会、生态等领域发生颠覆性的变革。

广东大力培育数字创意产业集群，数字创意产业规模和发展水平全国领先，初步了建成文化科技创新体系，游戏、动漫、电竞、数字音乐居全国首位，直播、短视频等新业态发展迅猛，数字技术加速渗透，国际化程度不断提高。据不完全统计，2019 年全省数字创意产业营业收入约 4200 亿元。其中，游戏产业约 1898 亿元，占全国 76.9%；动漫产业约 610 亿元，占全国 32.8%。2021 年，广东省数字创意产业集群实现增加值 1351 亿元，同比增长 5.1%。广东数字出版产值超 2300 亿元，动漫产值超 600 亿元，均居全国首位；4K/8K 超高清视频、电竞、直播和网络视听等领先全国[168]。

中国的数字创意产业虽然处于起步阶段，但借鉴了欧美、日、韩等国和地区数字创意产业的发展经验，国内政府也纷纷出台相关政策，逐步形成以政府为引导、多方驱动、企业参与的文化创意产业体系，为数字创意的发展提供了良好的政策基础。催生并鼓励各队加快发展新型文化企业、文化业态、文化消费模式，壮大数字创意、网络视听、数字出版、数字娱乐、线上演播等产业，为我省数字创意产业实现跨越发展带来了战略机遇。

广东积极重点培育发展数字创意战略性新兴产业集群，以数字技术为核心驱动力，以高端化、专业化、国际化为主攻方向，巩固提升优势产业，加速发展新业态，打造全球数字创意产业发展高地。2021 年上半年，广东 6800 家规模以上数字创意产业集群企业发展势头良好，实现营业收入 2257.07 亿元，增长 24.5%。其中，数字创意技术设备制造业 281.21 亿元，增长 44.7%；数字文化创意活动 1500.06 亿元，增长 15.8%；数字创意与融合服务 350.02 亿元，增长 59.1%。营业收入前十的企业主要分布在深圳（7 家）、广州（3 家），上半年合计完成营业收入 997.71 亿元，增长 25.2%。从整个制造业到文化业，数字创意产业全面开花。2025 年，广东省将在产业规模上数显数字创意产业营收突破 6000 亿元；并打造 50 个以上知名数字创意品牌；此外，提出高标准建设 15 个以上省级数字创意产业园，打造 1 ～ 2 个国际知名游戏动漫展会，培育或引进 1 ～ 2 个国际顶级电竞赛事等 [169]。

2. 广东省数字创意产业供应链结构特征

2.1 供应链各环节产业的发展规模

当前，全省数字创意产业企业数量为 248364 家。从供应链各环节的企业数量规模来看，下游环节规模最大，其次是中游环节，规模最小的是上游环节。从供应链各环节的企业平均利润来看，下游环节利润率最高，其次是中游环节，规模最低的是下游环节。

上游环节共有 11368 家企业，在全供应链中企业数量占比为 4.58%。上游包含 10 个小类（为国民经济行业分类代码中第四级分类），企业数量规模差异较大，其中应用软件开发的企业数量最多，为 7012 家，在上游环节的数量占比为 61.69%，是上游环节主导发展的企业类型；其次为其他电信服务类企业，在上游环节的数量占比为 21.76%，其余如电影机械制造、专业音响设备制造及广播电视接收设备制造等种类企业则较少，数量均为几家。

中游环节共有 22611 家企业，在全供应链中企业数量占比为 9.1%。其中广播类企业数量最多，数

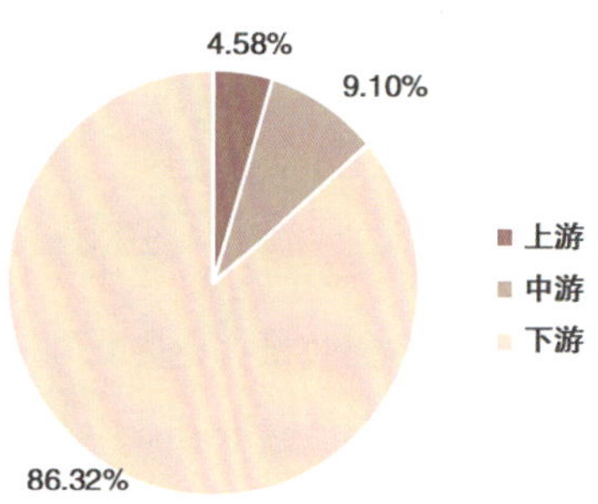

图 17-2：数字创意产业全产业链企业数量
（数据来源：龙盾企业数据库）

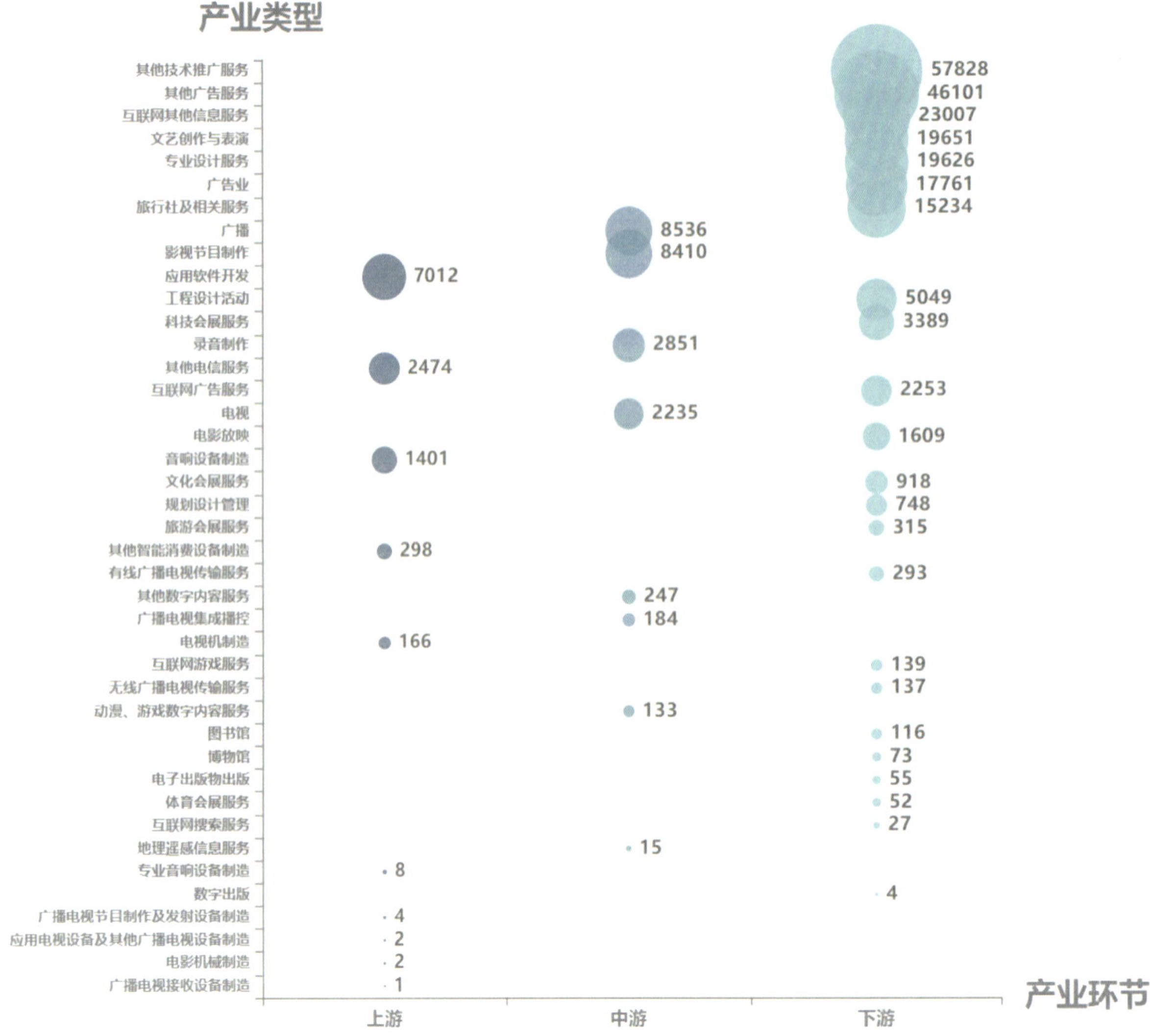

图 17-3：数字创意产业全供应链企业数量分析
（数据来源：龙盾企业数据库）

量为 8536 家，在中游环节的数量占比为 37.75%，是中游环节主导发展企业类型。地理遥感信息服务类企业数量最少，为 15 家，在中游环节的数量占比为 0.067%，是中游环节发展中最不充分的企业类型。

下游环节共有 214385 家企业，在全供应链企业中企业数量占比为 86.32%。其中其他技术推广服务类企业数量最多，为 57828 家，在下游环节的数量占比为 26.97%，是下游环节主导发展的企业类型。数字出版类企业数量最少，为 4 家，是下游环节发展最不充分的企业类型。

2.2 供应链各环节产业经济价值

数字创意产业全供应链 2018 年的整体平均利润率为 1.24%。从供应链各环节的企业平均利润来看，下游环节利润率最高，其次是中游环节，规模最小的是下游环节。

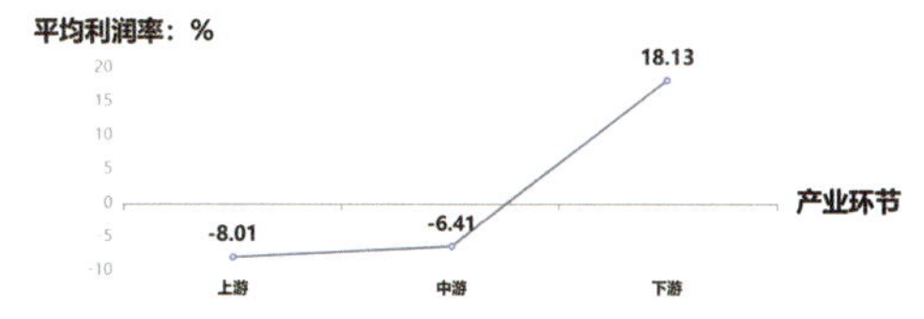

图 17-4：数字创意产业上、中、下游利润率平均值折线统计图（部分利润统计数据缺失）（数据来源：龙盾企业数据库）

分环节来看，上游环节平均利润率最低，为 -8.01%。其中应用电视设备及其他广播电视设备制造类企业利润率最高，为 16.76%，比上游环节利润率平均值高 24.77 个百分点。其他电信服务类企业利润率最低，为 -124.42%，比上游环节利润率平均值低 116.41 个百分点。本类企业整体盈利较少，未来需要采取措施进一步降低生产成本、开拓市场，提升盈利空间。

下游环节在供应链三个环节中平均利润率最高，平均利润率达到 18.13%。其中其他技术推广服务类企业利润率最高，为 69.61%，比下游环节利润率平均值高 68.48 个百分点。旅游会展服务类企业利润率最低，为 -2.79%，比下游环节利润率平均值低 20.92 个百分点。

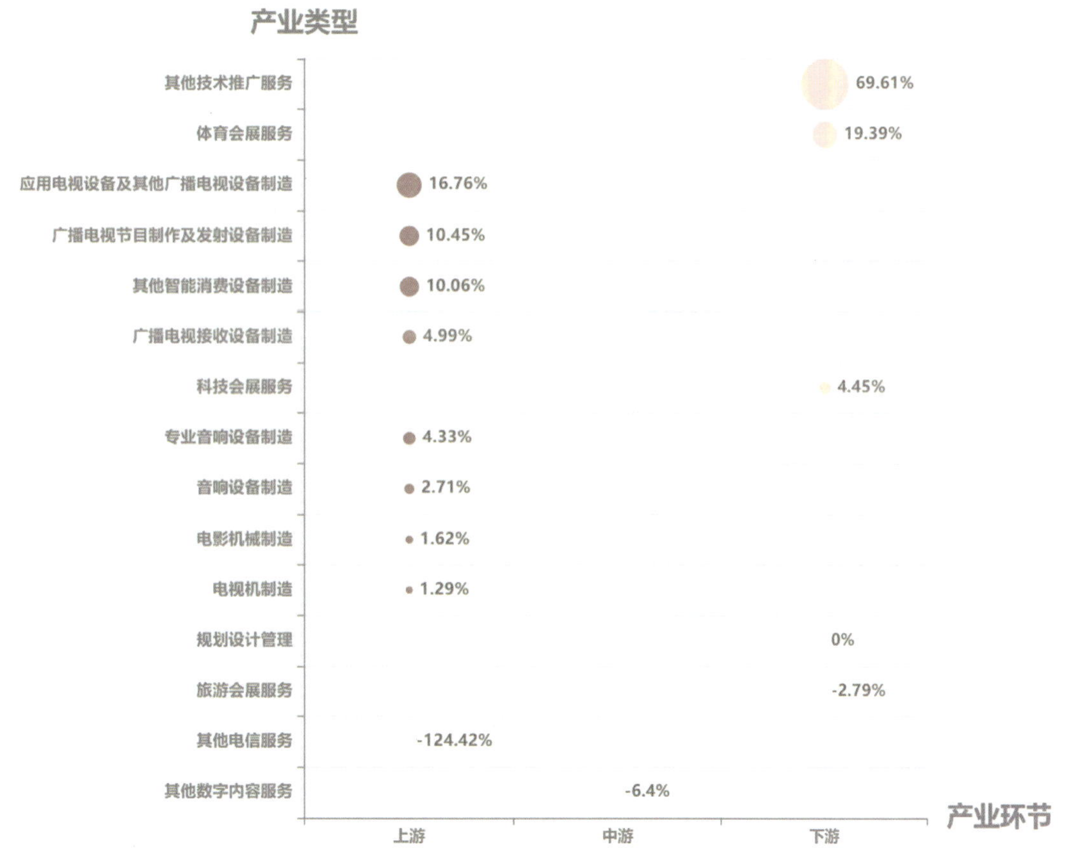

图 17-5：数字创意产业全供应链经济价值分析（部分利润统计数据缺失）
（数据来源：《广东省经济普查年鉴（2018）》）

中游环节在供应链三个环节中平均利润率居中，平均利润率达到 -6.4%。主要由其他数字内容服务行业构成，未来仍需要降低生产成本，同时，采取多种措施来提高营销效率，如采用网络营销的方式，可以有效地提高营销效率，提升盈利空间。

2.3 供应链各环节产业产权联系网络特征

全省数字创意产业供应链各环节间存在一定的产权联系。总体上，同一环节内部企业产权联系较为紧密，联系频数为 5254。同一环节内同类行业间联系频数为 4367，其中旅行社及相关服务行业内部

表 17-2：广东省数字创意产业各行业产权联系表（各联系类型前十）

（数据来源：龙盾企业数据库）

联系类型	总部或投资企业类型	分支或被投资企业类型	联系频数
同一环节内部联系（同类行业间）联系频数：4367	旅行社及相关服务	旅行社及相关服务	2284
	其他广告服务	其他广告服务	503
	互联网其他信息服务	互联网其他信息服务	335
	其他技术推广服务	其他技术推广服务	307
	电影放映	电影放映	237
	文艺创作与表演	文艺创作与表演	192
	影视节目制作	影视节目制作	90
	专业设计服务	专业设计服务	73
	广告业	广告业	72
	其他电信服务	其他电信服务	55
同一环节内部联系（不同类行业间）联系频数：887	其他广告服务	广告业	41
	其他广告服务	互联网其他信息服务	40
	其他广告服务	互联网广告服务	40
	广播	影视节目制作	38
	广告业	其他广告服务	37
	旅行社及相关服务	旅游会展服务	33
	其他广告服务	电影放映	30
	互联网广告服务	其他广告服务	25
	其他广告服务	文艺创作与表演	25
	旅游会展服务	旅行社及相关服务	24
不同环节间联系 联系频数：593	广播	文艺创作与表演	47
	其他广告服务	影视节目制作	36
	互联网其他信息服务	其他电信服务	23
	广播	电影放映	23
	文艺创作与表演	广播	21
	广告业	影视节目制作	19
	其他技术推广服务	应用软件开发	19
	广播	其他广告服务	18
	影视节目制作	文艺创作与表演	17
	其他电信服务	互联网其他信息服务	16

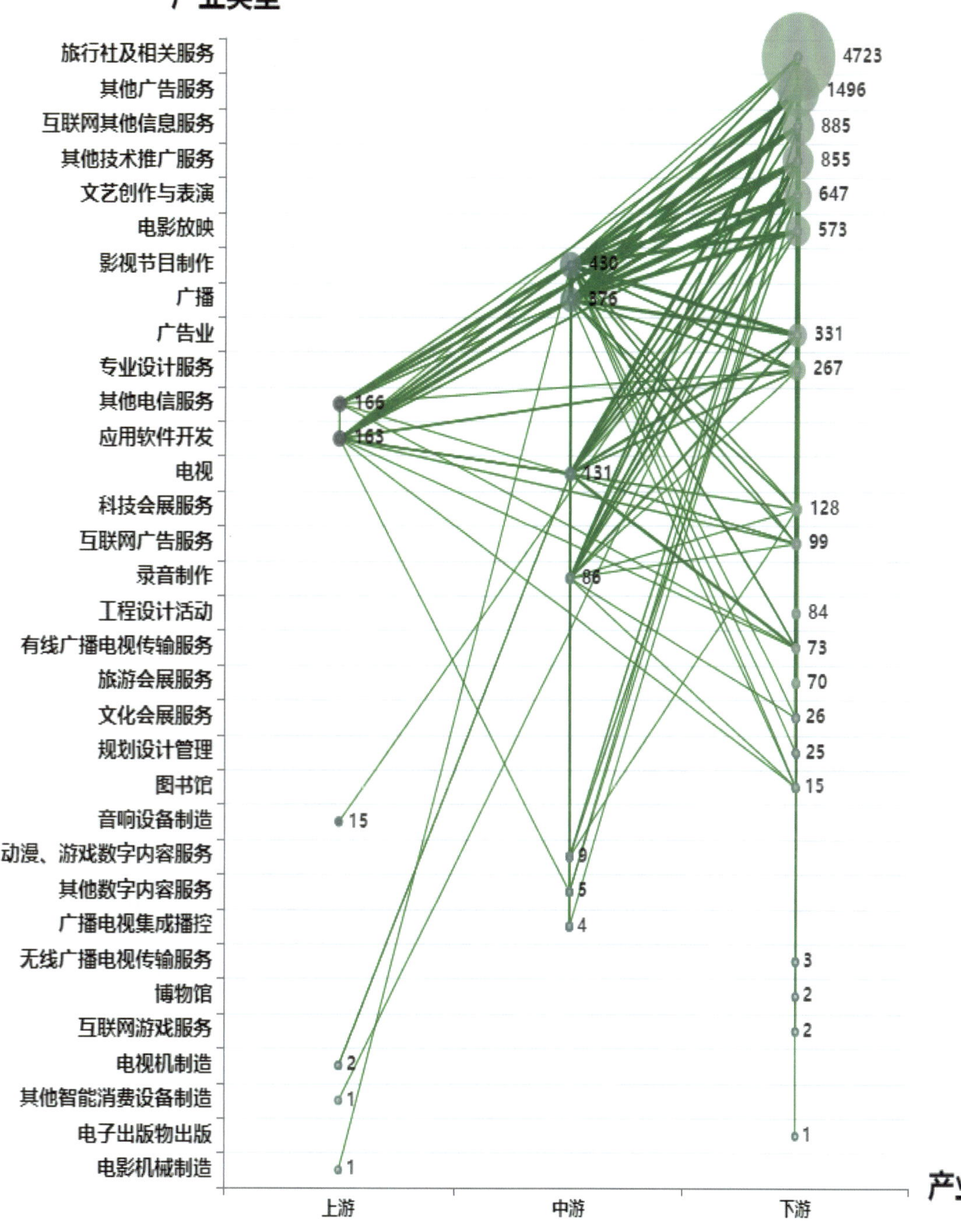

图 17-6：数字创意产业全供应链产权联系分析图
（数据来源：龙盾企业数据库）

联系最为紧密。同一环节内不同行业间联系频数为887，其中其他广告服务和广告业之间的联系较为紧密。

不同环节之间的企业产权联系较薄弱，联系频数为593。其中中游环节与下游环节联系较为紧密，广播类企业是产权联系网络中的核心节点。上游环节与中游环节联系较为薄弱。

2.4 供应链结构多要素的耦合特征

统计数字创意产业供应链各环节的发展规模、经济价值、产权联系三要素对应指标的皮尔逊相关系数，可以发现企业数量比率与产权联系频数比率指标的皮尔逊相关系数为0.530，发展规模与产权联系两要素间存在明显正相关性，企业数量规模越多的行业有更多的企业设立分支机构或对外投资，形成相对密集的产权联系网络。其他要素间则不存在较强的相关性。

表 17-3：三要素相关系数表

要素指标	皮尔逊相关系数
企业数量比率与利润率	0.456（正相关）
企业数量比率与产权联系频数比率	0.530（正相关）
行业平均利润率与产权联系频数比率	0.311（弱正相关）

根据三要素指标的分布情况，数字创意产业供应链内各环节企业发展状态大致可分为三种情况。

一是三指标均表现较强的企业，包含其他技术推广服务、其他广告服务、互联网其他信服务、文艺创作与表演、专业设计服务、广告业、旅行社及相关服务、广播、影视节目制作9类，主要处于下游环节。

整体来看，多数产业如文艺创作与表演、专业设计服务、广告业等处于成熟期，行业门槛较低，创意能力、技术能力、专业知识和良好的设计感是在这类行业中取得成功的重要条件。市场集中度较低，且由于行业竞争激烈，供给略多于需求，企业宜不断提升创意能力和技术水平，与客户建立长期合作关系，积极追踪市场和消费者趋势，创造有吸引力和有效的服务内容。而如互联网其他信息服务产业发展则处于平稳较快的增长态势，存在一定的行业技术门槛、进入成本门槛或法律法规门槛等，技术能力、创新能力、用户规模和品牌影响力是在这个行业中取得成功的重要因素。该行业的客户对可靠、准确、高效的信息服务有需求，供应商需要不断提供优质的信息，保持内容更新和技术创新。对于企业而言，需持续技术创新，提升用户体验，建立良好的品牌声誉，与内容提供方建立合作关系，开发个性化的服务等。

二是企业发展规模和产权联系表现适中，但是经济价值指标较弱的企业，包含应用软件开发、工程设计活动、科技会展服务、录音制作、其他电信服务、互联网广告服务、电视、电影放映等8类，其中下游环节最多，上中游环节相近。

整体来看，这几类产业发展处于成熟期，市场规模和潜在需求较大，互联网广告服务、科技会展服务和应用软件开发的门槛相对较高，需要具备较高的创新能力、技术实力和细分领域的专业知识，供应商需要不断在技术、设计和研发能力上提升和创新，注重客户定制化需求，加强与合作伙伴的关系。

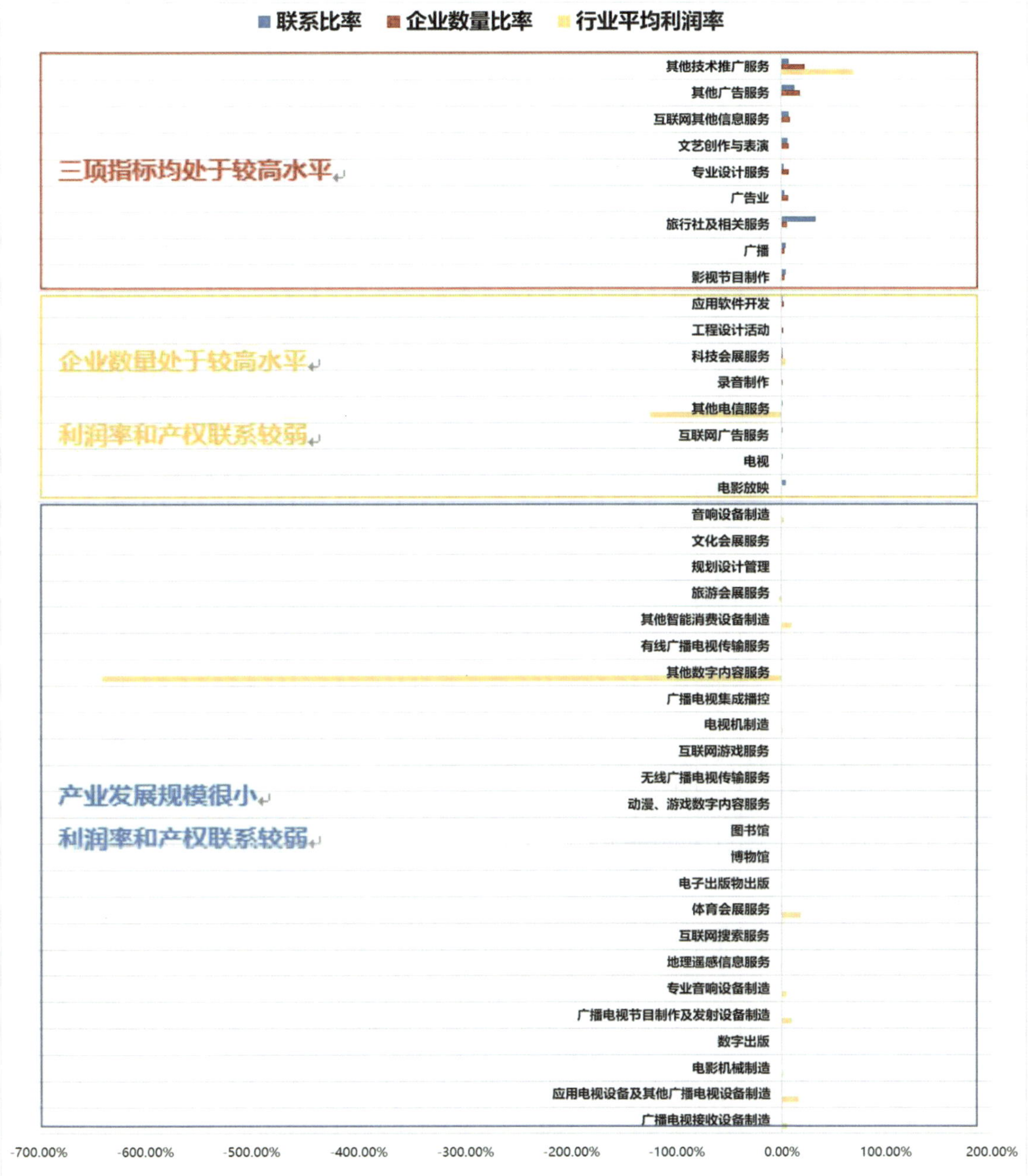

图 17-7：数字创意产业全供应链四级分类产业要素指标分析图

（数据来源：龙盾企业数据库、《广东省经济普查年鉴（2018）》）

录音制作行业、影视节目制作行业、电视行业和电影放映行业的门槛较高，且需要具有专业的制作技术、设备和媒体创作者，市场规模较大且竞争激烈。其中，电视行业和电影放映行业需要关注观众需求、提供有吸引力的节目内容、建立合作伙伴关系是重要措施。此外，影视节目制作行业的竞争力取决于节目质量、市场营销及投资能力。需求波动大，制作公司需灵活调整内容以满足观众需求。目前，广东省的影视行业发展现状良好，但仍面临着市场竞争激烈、人才培养和技术创新等方面的挑战。通过加强基础设施建设、人才培养、产业链整合以及国际合作交流等措施，积极推动数字影视技术的应用和创新，包括虚拟现实、增强现实、云计算等领域的研发和应用，广东省的影视行业将进一步提升市场竞争力，推动行业的持续发展和创新。

三是利润率较高但发展规模与产权联系较弱，包括体育会展服务、互联网搜索服务、地理遥感信息服务、专业音响设备制造、数字出版、广播电视节目制作及发射设备制造、应用电视设备及其他广播电视设备制造、电影机械制造、广播电视接收设备制造 9 类，主要处于上游环节。

整体来看，各行业发展均相对成熟，市场需求较大，但以互联网搜索服务、地理遥感信息服务为代表的部分行业需要具备技术实力、大量的计算资源和数据资产，以及用户规模的积累。此外，专业音响设备制造、广播电视节目制作及发射设备制造、应用电视设备及其他广播电视设备制造、电影机械制造等行业需要具备先进的技术能力和专业知识，包括信号处理、视频编码、传输技术等，且存在资金门槛，需要具备相当规模的资金支持。技术导向方面，该类行业需要与不断更新的播放、传输和编码技术保持同步，以满足广播电视行业对高质量内容的需求。未来，相关企业需跟踪行业技术发展，加大研发力度，推出具有竞争力的新产品和解决方案。同时加强品牌建设，提升产品在市场上的知名度和认可度，通过市场推广活动拓展市场份额。

3. 广东省数字创意产业集群空间特征

3.1 企业数量集聚的空间特征

分区域来看，珠三角地区是全省数字创意产业企业的主要集聚区域，包含的上、中、下游各环节以及全供应链的企业数量规模均占比分别为 95.21%、96.03%、89.03% 和 89.95%，均超过 89% 以上，在产业规模发展方面具有绝对的数量规模优势。粤北地区是数字创意产业企业的次级集聚区域，尤其是下游的数字设计活动与数字创意融合服务类企业，数量占比超过 3.93%。粤东地区和粤西地区的数字创意产业发展规模相对较小，产业发展基础相对薄弱。

分地市来看（图 17-9），广州、深圳、东莞、佛山等地是数字创意产业的主要集聚地，上、中、下游各环节企业分布均较为密集，但各地市集聚的产业环节特点略有差异。深圳、广州和东莞是上游企业数量最多的 3 个地市，佛山、中山、惠州、江门、珠海、汕头等地企业数量依次递减，是数字创意技术设备制造及软件开发等企业的主要聚集地；广州、佛山和深圳是中游企业数量最多的 3 个地市，东莞、中山、惠州、珠海、茂名、汕头等地企业数量依次递减，承载着数字创意文化活动业务工作；深圳、东莞和广州是下游企业数量最多的 3 个地市，佛山、惠州、中山、江门、湛江、珠海等地企业数量依次递减，是数字设计活动、数字创意与融合服务类企业的主要集中区域。

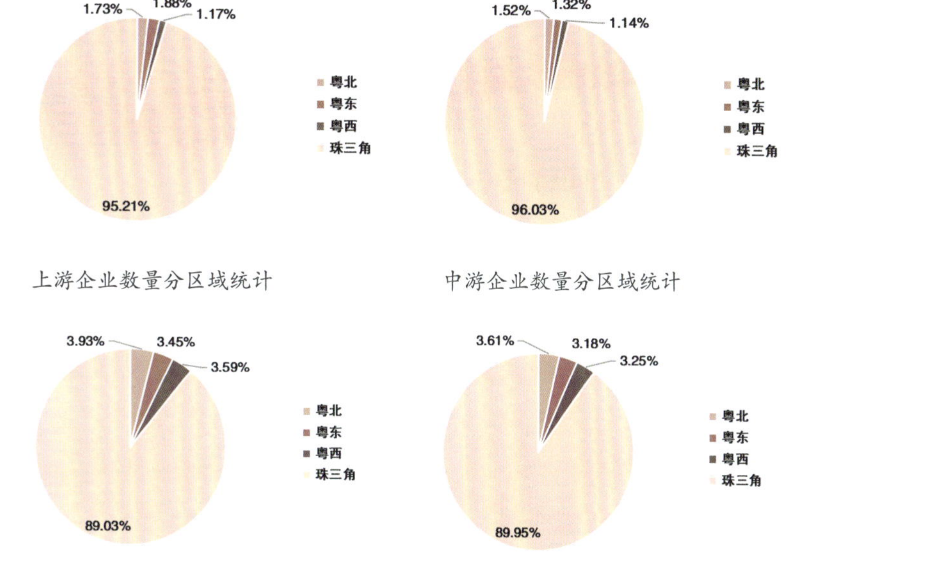

上游企业数量分区域统计　　中游企业数量分区域统计

下游企业数量分区域统计　　全供应链企业数量分区域统计

图 17-8：全省数字创意产业分区域企业数量统计
（数据来源：龙盾企业数据库）

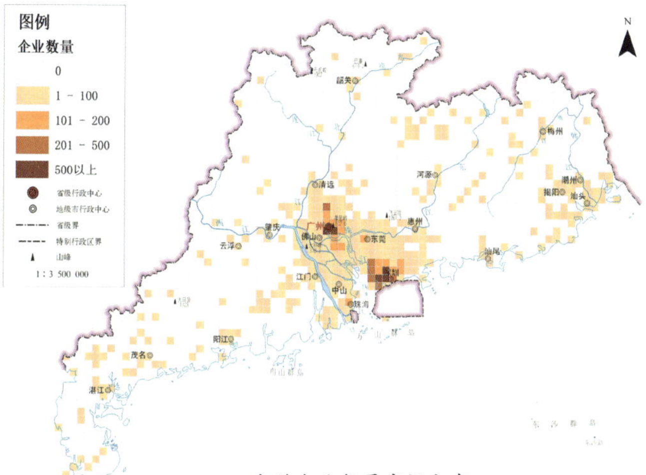

上游企业数量空间分布 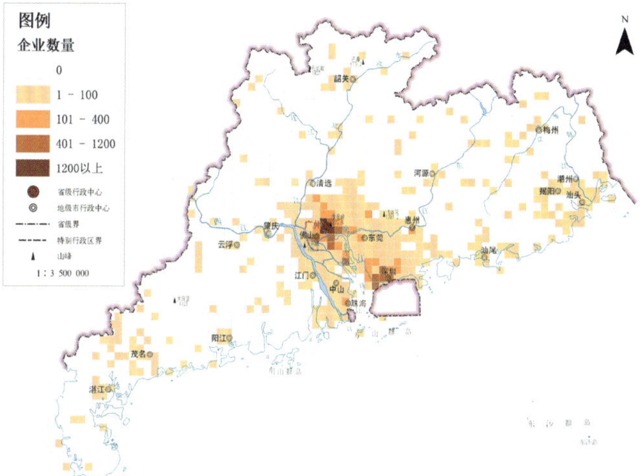　　中游企业数量空间分布

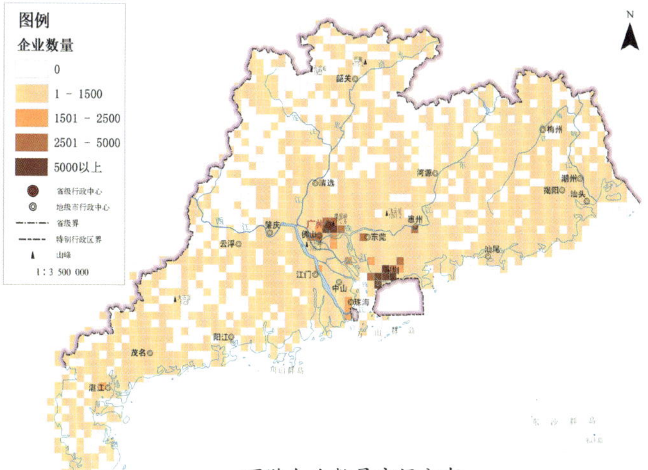

下游企业数量空间分布 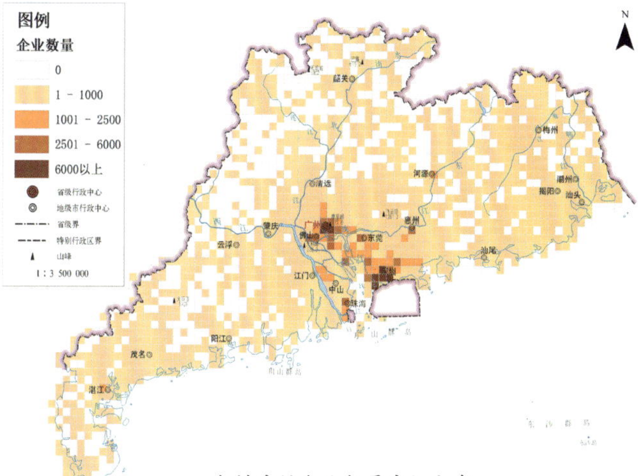　　全供应链企业数量空间分布

图 17-9：全省数字创意产业企业数量分布
（数据来源：龙盾企业数据库）

3.2 企业联系集聚的空间特征

分区域来看（图 17-10），珠三角地区是全省数字创意产业中设置分支机构或进行投资的企业的主要集聚区域，上、中、下游各环节以及全供应链的产权联系度占比分别为 94.05%、96.30%、88.72% 和 89.75%，均超过 88% 以上，具有绝对的产权布局优势，依托产权部署，在经济、技术、知识、人才等要素交流方面具有更大的潜力。粤北地区具有一定的产权联系规模，尤其是数字创意技术设备制造及软件开发方面，联系度占比超过 4.23%。粤东地区和粤西地区的数字创意产业产权联系度相对较小，合计数量占比约 5%，发展基础相对薄弱，其中粤东地区略强优于粤西地区。

分地市来看（图 17-11），深圳、佛山、东莞、广州等地是数字创意产业上游、中游、下游各环节企业产权联系较多的区域，有较强的产业合作拓展能力，但各环节企业产权联系度排序略有变化。深圳、东莞、广州是上游企业产权联系度较高的区域，佛山、惠州、揭阳、中山、珠海、江门产权联系度依次递减；广州、佛山、深圳是中游企业产权联系度较高的区域，东莞、中山、惠州、珠海、汕头、湛江市依次递减；深圳、佛山、东莞是下游企业产权联系度较高的区域，广州、中山、惠州、湛江、河源、珠海依次递减。

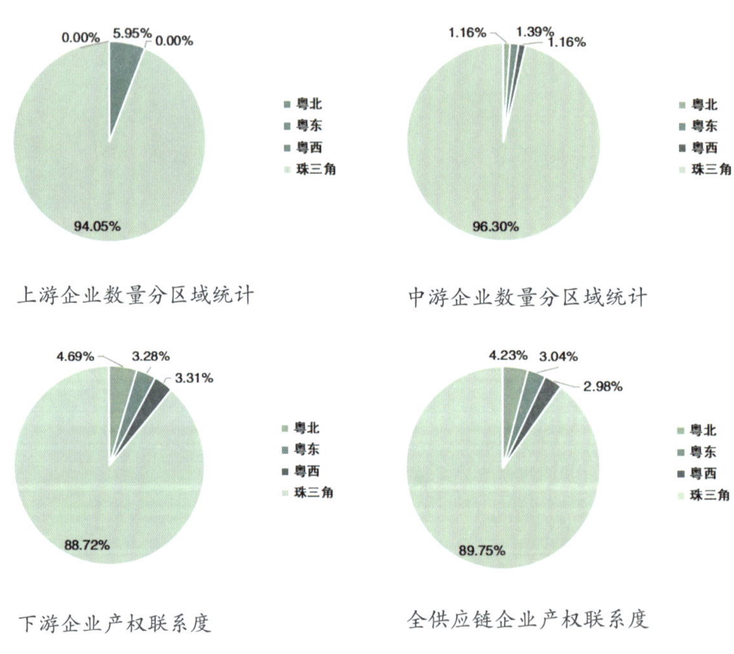

图 17-10：全省数字创意产业分区域企业产权联系度统计
（数据来源：龙盾企业数据库）

3.3 产业集群空间特征

综合分析数字创意产业全供应链企业数量空间分布、产权联系度情况，筛选两项指标处于前 25% 的格网做叠加分析，筛选企业密度较高、产权联系紧密的产业集群潜在空间格网共 594 个。

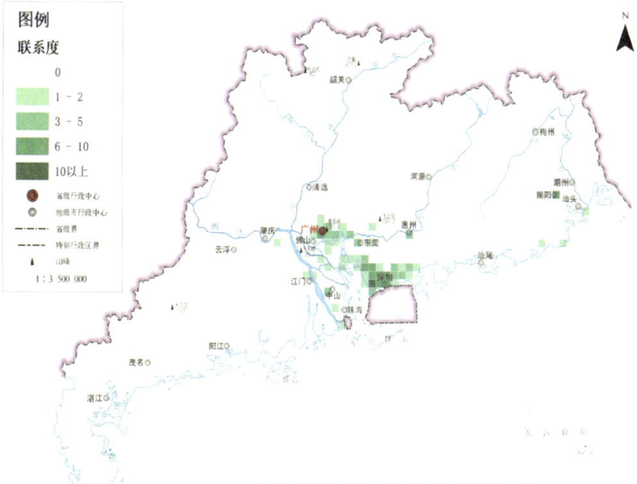

上游企业产权联系度空间分布

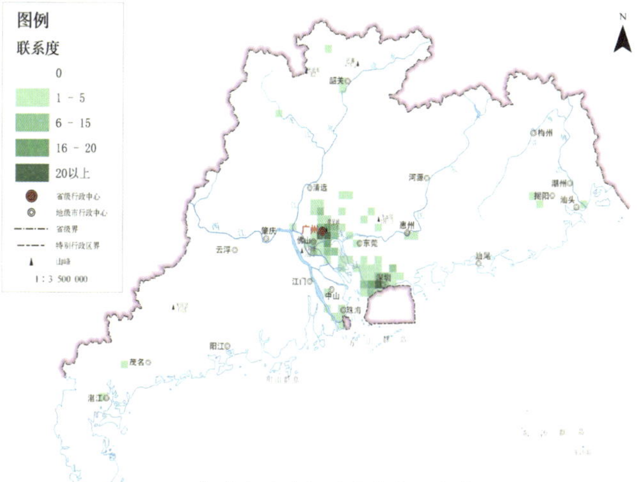

中游企业产权联系度空间分布

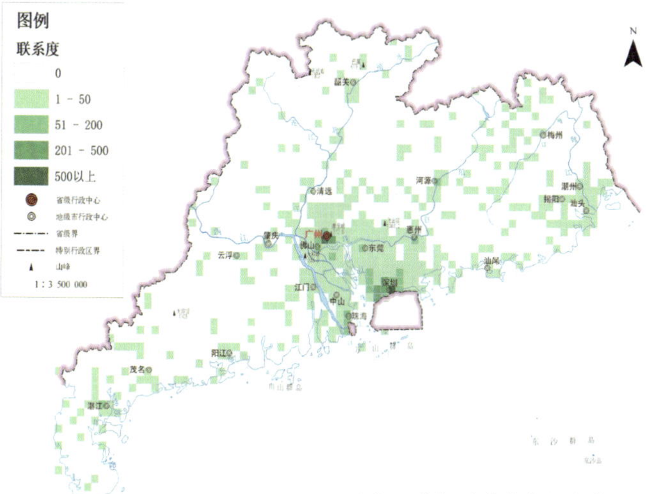

下游企业产权联系度空间分布

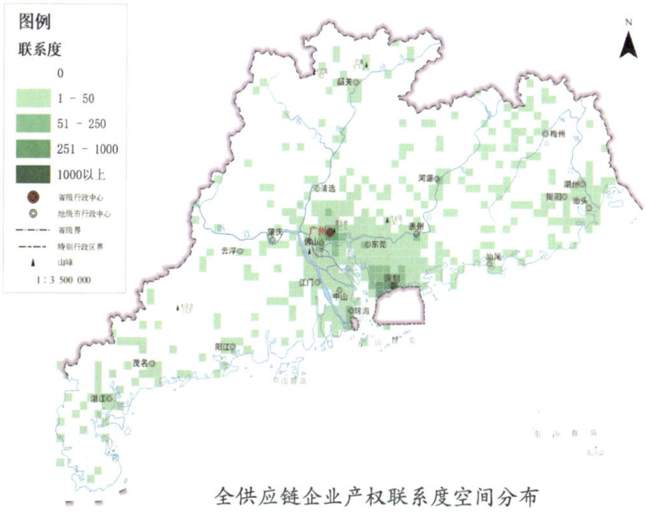

全供应链企业产权联系度空间分布

图 17-11：全省数字创意产业企业产权联系度分布
（数据来源：龙盾企业数据库）

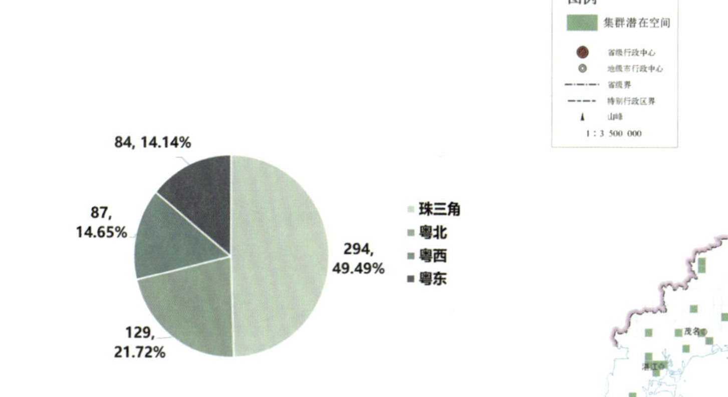

图 17-12：产业集群潜在空间格网统计图
（数据来源：龙盾企业数据库）

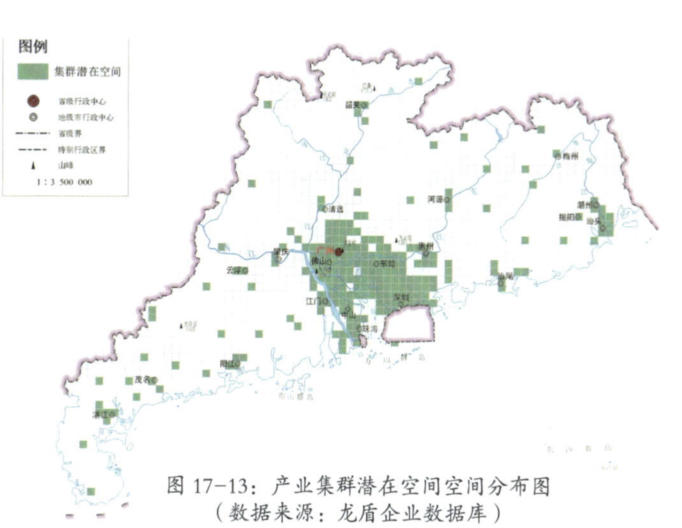

图 17-13：产业集群潜在空间空间分布图
（数据来源：龙盾企业数据库）

分区域来看（图 17-12），全省数字创意产业集群的潜在空间主要分布在珠三角地区，包含 294 个格网空间，面积占比为 49.49%；此外粤北地区有 129 个产业集群潜在空间，面积占比为 21.72%；粤西有 87 个产业集群潜在空间，面积占比为 14.65%；粤东有 84 个产业集群潜在空间，面积占比为 14.14%。

分地市来看（图 17-13），全省数字创意产业集群的潜在空间主要分布在东莞、广州、佛山、惠州、深圳、中山、江门等地，这些区域是全省现阶段数字创意产业集群发展较为成熟的潜在区域。此外，粤东西北地区的湛江、河源、汕头、汕尾等地也存在一定的产业集群发展的潜在空间。

4. 广东省数字创意产业典型案例

4.1 典型园区案例

羊城创意产业园位于广东省广州市天河区黄埔大道中 309、311、315 号，由黄埔大道、科新路、车陂路和骏南街围合而成，面积约 192.75 亩，地处广州东部新城区中心地带。2012 年被广州市政府划入广州国际金融城的扩展区，毗邻广州国际金融城的起步区。羊城创意产业园是由羊城晚报报业集团于 2007 年创建的大型文化创意产业园，自建园以来，羊城创意产业园战略定位为文化创意和数字经济产业。近年来，园区大力发展文创新业态，集聚了 100 多家企业，基本涵盖了文化科技的全部新业态，并重视产业集聚，以数字产业为核心，不断输出优质平台型企业，成为了拥有互联网音乐、直播、动漫游

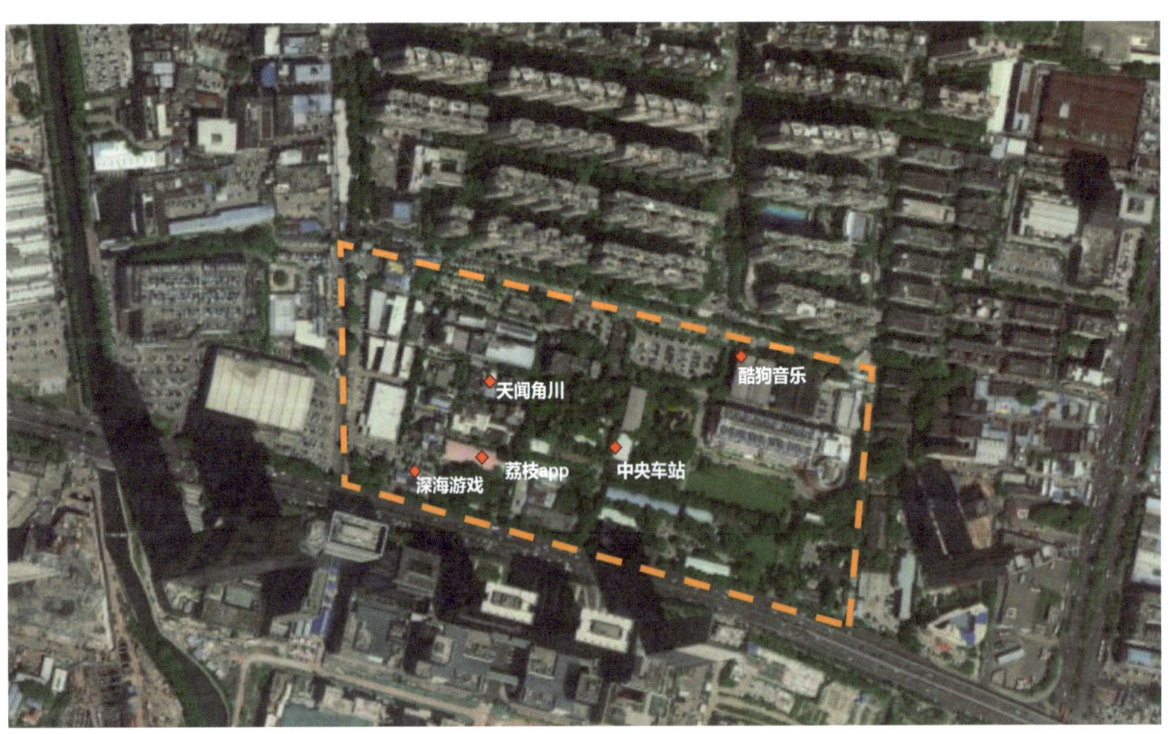

图 17-14：广州羊城创意产业园遥感影像
（数据来源：百度地图）

戏等多个大型产业链，以及集电子商务、在线教育、云计算、大数据等多个“互联网+”“人工智能+”创新型应用模式于一体的现代文化科技融合产业园，累计培育上市公司9家。是国家文化产业示范基地、国家音乐创意产业基地，国家文化出口基地也在园区挂牌，形成颇具影响力的数字文化产业集群。园区代表性的企业有互联网音乐领域的酷狗音乐、中央车站等，互联网直播领域的荔枝、网易CC等，游戏动漫领域的天闻角川、西山居游戏、深海游戏、祺曜游戏等，已为数字经济企业发展提供了沃土。

表17-4：典型园区关键要素对比表

（数据来源：园区招商网页客户端）

园区对比要素	广州羊城创意产业园	阳澄湖数字文化创意产业园	圈外数字创意产业园（圈外创智中心）
地理位置	广州市天河区	苏州市相城区	武汉市江汉区
开发面积	192.75亩	80.42亩	21.98亩
入驻企业数（家）	140+	271+	100+
年度营收	2020年营收约300亿元	2019年营收约23.3亿元	2021年营收约10亿元
地均营收（亿元/平方公里）	2334.63	434.59	682.44
企均营收（亿元/家）	2.14	0.09	0.10
交通条件	广州羊城创意产业园南邻广州国际金融城，广州地铁五号线在南侧经过，四号线位于东侧。	东侧为阳澄湖及阳澄湖休闲旅游度假区，北侧为盛泽湖生态休闲度假区。距苏南国际机场仅35公里、上海虹桥国际机场80公里，东西向有沪宁高速公路、312国道。园区周边拥有三条轨道交通，京沪高铁苏州站，苏州地铁2号线，沪宁高铁苏州站。	位于江汉经济开发区江兴路11号，西近武汉园博园，西侧有武汉地铁7号线经过，北靠武汉三环线，东近常青路。距汉口火车站3.5公里，距武汉机场23公里。
产业布局	羊城创意产业园整体产业定位为文化创意和数字经济产业，园区大力发展文创新业态，集聚的企业，基本涵盖文化科技的全部新业态，是国家音乐创意产业基地，国家文化出口基地也在此挂牌。	以数字出版产业为核心，重点发展游戏、电子商务、应用软件、互联网产业，初步形成“1+X”产业发展模式。	园区聚焦“网”“云”“智”“链”等数字经济产业，积极引进区块链研发及应用、数字创意文化领域的科技新锐企业，逐步形成数字科技、数字文创、数字金融三大产业发展格局。
产业链核心环节	中游，数字创意文化活动；下游，数字设计活动及数字创意与融合服务	下游，数字设计活动及数字创意与融合服务	下游，数字设计活动及数字创意与融合服务
代表企业	酷狗、中央车站、荔枝、洋葱时尚集团、西山居游戏、天闻角川、爆米花动画	苏州摩吧网络科技有限公司、江苏连邦信息技术有限公司、星云网络科技有限公司、鹏讯网络有限公司、电龟网络科技有限公司	华中区块链科技融合创新中心、中国联通云启智慧、武汉大数据产业发展有限公司、“5G+数字经济展示中心”

2010年，羊城创意产业园被命名为“国家文化产业示范基地”；2016年，羊城创意产业园被纳入广东省首批10个“互联网+”小镇（产业型）核心区；2017年，羊城创意产业园成为广东国家音乐创意产业基地广州主园区和国家级孵化器培育单位；2018年12月，天河区国家文化出口基地服务中心落户于此；2020年，天河区出台的《天河区加快发展数字经济若干措施》提出，依托以羊城创意产业园为核心的“互联网+”小镇的数字创意产业集聚优势，争创国家级数字创意产业发展示范区。园区的

高效运营与发展对于推动广州东部新城片区经济发展、促进新兴产业的腾飞有着重要的意义。

与国内其余发展较好的阳澄湖数字文化创意产业园、武汉圈外数字创意产业园（圈外创智中心）相比，广州羊城创意产业园发展起步较早，规模上，园区面积较大，但企业数量适中；盈利水平上，与其他两家园区相比，广州羊城创意产业园的企业营收水平、年度营收总量与地均营收都属于较高水平；交通条件上，羊城创意产业园与武汉圈外数字创意产业园（圈外创智中心）交通区位良好，毗邻轨道交通或公路交通线均有贯通；产业布局上，三家企业均围绕核心环节布局游戏、数字文创、互联网等创意与融合服务类产业，发挥集群发展优势。

与苏州和武汉典型园区相比，羊城创意产业园发展更具一定特点，在互联网新业态发展的大潮中，园区时刻把握住了数字经济的发展动向，不断调整自身定位与之相符合。凭借“媒体办园区”的特质与精神内核——主流媒体直接参与文化创意产业的核心领域建设，发挥媒体覆盖面广、渗透力强的特点，这对文创园区的发展壮大作用明显。此外，羊城创意产业园区中拥有过亿用户的文化产品超过 6 个，在这些用户中，绝大部分是 Z 时代的年轻群体，是未来建设的主力军。产业园在集聚数字经济产业的同时，也把握住了年轻一代的互联网用户，影响青年，团结青年，是文化产业建设的使命与担当。

4.2 典型企业案例

4.2.1 企业概况

广州四三九九信息科技有限公司成立于 2011 年，技术经济实力雄厚，于 2014 年申请并通过了广州市总部企业认定，迄今为止旗下平台累计注册用户已突破 6 亿人次。“4399 游戏盒”下载量超一亿次，月活跃用户数突破 1900 万次，连续三年被评为“中国互联网企业 40 强”。广州四三九九信息科技有限公司是一家集互联网游戏和投资于一体的综合型互联网企业，在主营游戏板块方面，具有“游戏开发—游戏发行—在线平台”各个业务环节的比较优势，旗下包括以“4399.com”为主的 PC 端和以“4399 游戏盒”为核心的移动端网络游戏运营平台，“双端平台”拥有庞大的游戏用户群体和月活跃用户，并保持着高速发展趋势。该公司专业从事包括互联网页面游戏、移动终端游戏、在线网站平台和移动终端平台的研发及运营等业务，并致力于将旗下各游戏平台打造成为统一的以休闲娱乐互动内容为核心的多终端垂直型交互社区。

该公司位于广州，2015 年、2018 年、2021 年均通过了高新技术企业认定，连续三年都跻身中国互联网企业 100 强。企业有超过 1500 人的研发团队，30 多款高品质产品制作，以及业界领先的研发技术。成为中国高关注度的游戏研发与运营机构，是全球领先的中文娱乐平台之一。

4.2.2 企业产权联系网络特征

广州四三九九信息科技有限公司有 24 家企业与其直接关联，构建了覆盖供应链上、中、下游各环节的产权联系网络。

空间分布方面，发生产权联系企业位于上海、江苏、福建、广东、海南和四川 6 个省级行政区，其中属于广东的企业数量最多，有 19 家，为广州、深圳和珠海。

供应链结构方面，产权联系网络中上、中、下游各环节企业完整，集中面向下游环节布局，且衍生出数字产品开发应用等下游配套服务。其中，上游企业主要位于广东、福建、海南和上海，中游企业布局在广东，下游企业中设计产品应用的企业分布在广州、无锡和成都。

产权联系方式方面。广州四三九九信息科技有限公司主要通过投资控股的方式构建企业间的合作，全资控股企业 8 家，分别位于广东、海南和上海，非全资控股企业 16 家，分别位于广东、江苏、四川和福建。其中重点投资上游与下游的企业投资比例较高，全资控股较多。

表 17-5：广州四三九九信息科技有限公司产权联系类型

（数据来源：龙盾企业数据库）

产权关联类型	总数	涉及省份	行业类型	代表企业
全资控股	8	广东、海南、上海	其他 IT 与互联网服务、软件开发	广州山泰信息科技有限公司、广州爱游之城信息科技有限公司
非全资控股	16	广东、江苏、四川、福建	计算机运用、其他 IT 与互联网服务	广州火柴人网络科技有限公司、广州雪曼科技信息有限公司

总体来看，广州四三九九信息科技有限公司进行了丰富的产业拓展布局，在供应链各环节的部署模式都具有参考价值。首先，重点通过全资控股形式在广州新增上下游环节企业，发挥广州当地的数字创意及软件信息产业集群优势；同时在海南、上海布局上游软件开发类企业，深入利用上海地区丰富的创新资源；此外，强化中游环节的数字创意活动创作能力，也在本地投资布局设计中游企业，有利于提升供应链稳定性和增强产品竞争力。

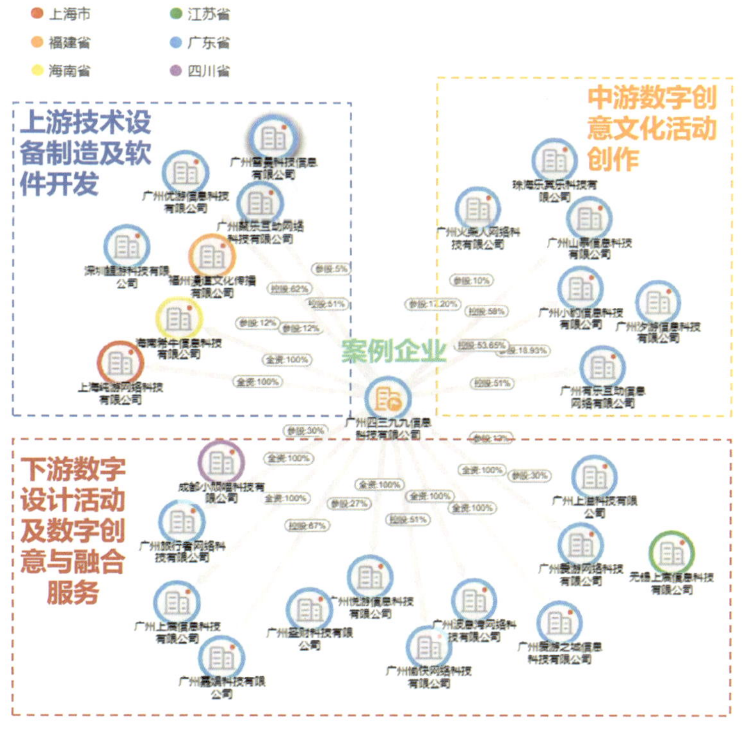

图 17-15：广州四三九九信息科技有限公司产权联系企业类型
（数据来源：龙盾企业数据库）

第十八章

战略性新兴产业集群：

安全应急与环保产业集群

安全应急与环保产业包括安全应急、节能环保等领域，具有行业跨界大的特征。本章节选其中的环保产业作为研究对象，其供应链包括原材料供应、零部件生产和试剂原料供应、环保设备和处理剂的制造和生产、环保施工工程、环境保护及污染治理、环境评估与监测等服务。

广东省环保产业企业主要集中在下游的环保服务环节以及上游原料和零部件供应环节。中游环保设备制造和处理剂生产环节企业的数量较少，约占9.26%，且中游环节利润率低于上游和下游环节。此外，中游环节与下游环节联系相对紧密，有利于促成环保设备制造、使用和环保服务的一体化发展，提高环保产业集群综合经济效益。

广东的环保产业企业主要聚集在珠三角地区，呈现出珠三角东西两岸环节分异的产业链空间分布格局，上游原料和零部件供应部分集中在广州、佛山、中山等珠三角中部和西岸地区，中游环保设备制造部分集中在深圳、东莞等珠三角东岸地区。环保产业园往往选址在具有生态保护和环境治理需求的区域，方便就近提供环保治理服务。这一点也可以从瀚海集团的企业经营模式中得以体现。

1. 安全应急与环保产业集群概述

1.1 基本概念

安全应急与环保产业主要包括安全应急、节能环保领域的专用产品、设备和服务。由于安全应急产业与环保产业之间的行业跨界大，行业属性特征区别明显，为便于研究，本章节仅选取环保产业作为安全应急和环保产业集群的代表开展详细研究。

环保，全称是环境保护，是指为控制环境污染，保护自然资源可持续利用，开展污染物清理和废弃物无害化处理，以促进节能减排、资源节约集约利用、循环经济发展、生态环境保护等所采取的一系列综合性治理和建设手段。

随着我国“碳达峰”“碳中和”等中远期行动目标的推进，我国环保行业领域现已从单纯的满足人民生存环境需要的生态环境治理，逐步发展成为促进社会经济高质量发展，满足人民美好生活需求，提升社会整体价值必不可少的一环。表现在具体治理措施和行动上，已逐步由从围绕水污染、大气污染、固体废弃物污染、土壤污染等提供治理设备的传统、单一的末端治理，转向以环境全周期监控、打造清洁技术和低碳技术为主的前端综合性治理。

环保产业是由环境保护需要所催生，并与环境保护行动相伴相生的战略性新兴产业。环保产业是指为生态保护、环境治理和自然资源保护开发提供环保技术研发、治理设备和产品等物质基础生产、技术工程和保障服务的行业领域。环保产业针对水污染、大气污染、固体废弃物污染等单一性的或综合性的环境污染问题和治理需求，通过环境保护专用机械设备、专用仪器仪表和专用药剂材料等治理工具，开展特定的环境建设和施工工程，提供环境保护及污染治理服务以及评估与监测服务，包括前端预防性、中端监测性、末端治理性的全生命周期服务。环保产业最为显著的特征是具备公益性质，生态环境治理往往有赖于政府的重视程度，因此环保产业的发展规模跟政府对环境治理的投资力度密切相关。

进入19世纪以来，伴随着工业化和城镇化进程的快速推进，全球范围内的环境问题日益凸显，环保产业也日益备受关注。20 世纪 50 年代，以欧洲环保运动的开始作为标志，出现了部分以废弃物回收、环境治理为主的环保企业，环保产业随之生根发芽。20 年纪 70 年代开始，美国举行第一届全球环保日活动，环保逐渐成为全球性活动，日益受到各国政府重点关注，进入高速发展阶段，其行业范围进一步扩展至水、空气、固体、土壤等领域，同时环保技术进一步提升，对应环保设备也随之迭代

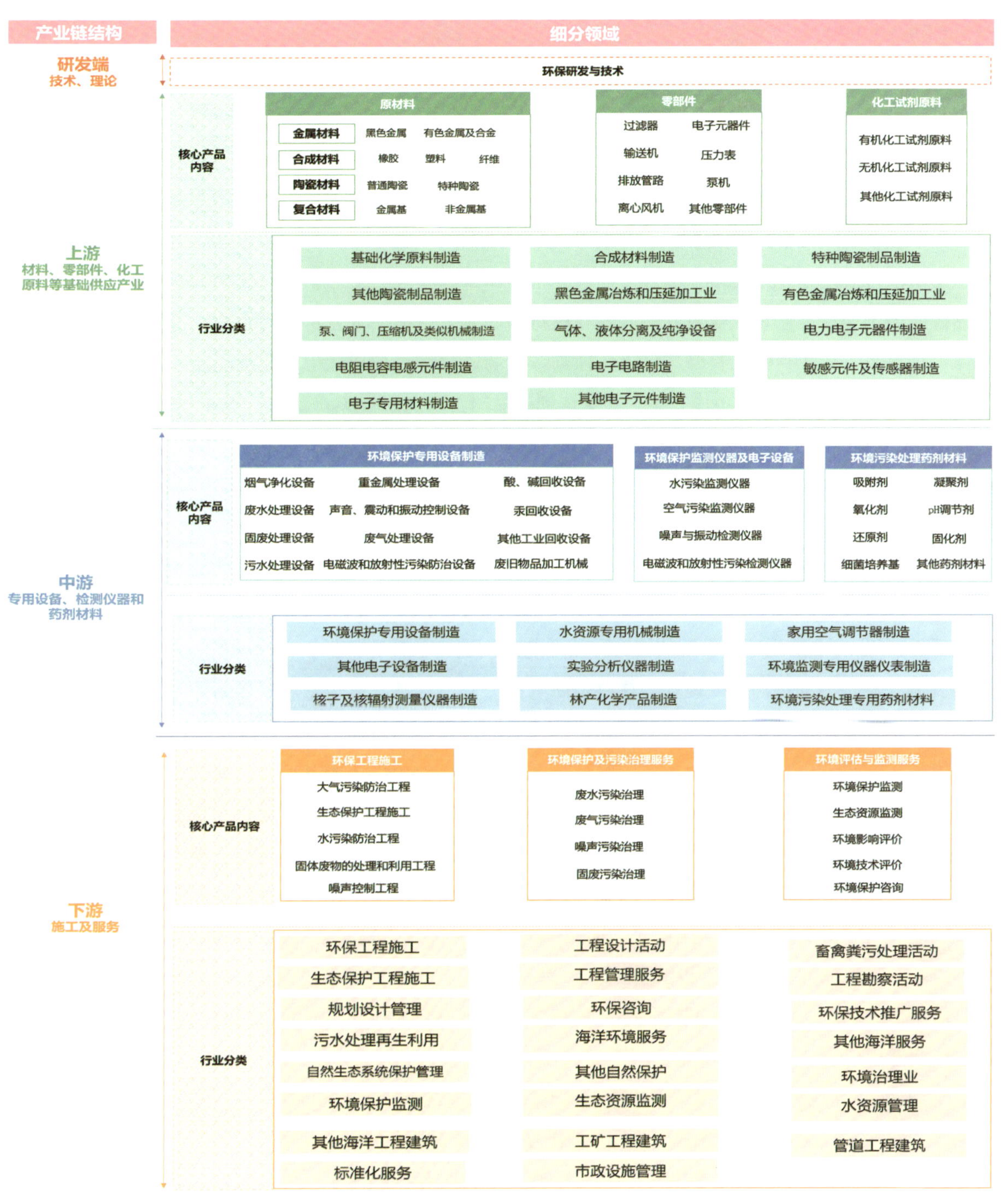

图 18-1：环保全产业供应链图谱

升级。进入 21 世纪以来，伴随着科技革新，环保产业进入了全新时期，该阶段不仅关注环境保护，也开始注重资源的可持续利用，绿色经济、循环经济、清洁能源等成为该阶段环保行业的鲜明特征。我国政府高度重视环境保护的治理工作，近 60 多年来，我国工业化与城市化快速发展，促使我国逐步加大力度开展环境治理工作，从初期的以“三废治理”为主，发展为包括环保产品、环境服务、洁净产品、废物循环利用的跨行业、跨地区，产业门类基本齐全的产业体系，中国环保产业已初具规模。

环保产业专业化、业务化特性明显，各产业链环节对专业技术、业务衔接的要求更高。在集群培育阶段，依托区域核心企业的优势专业技术和市场规模能力，吸引互补产品、类似产品生产的环保专业企业或提供环保服务的企业向核心企业聚集，从而推动了环保产业集群的形成和发展。

环保产业是高度专业化、业务化、多样化的行业，产业上、中、下游供应产品类型多，链条较长。为更好地厘清环保产业的核心产品、核心技术环节、核心行业等关键要素的结构关系，需深入分析产业上、中、下游结构特征，构建环保产业供应链全景图谱。

环保产业的上游包括原材料供应、零部件生产和试剂原料供应三个子环节。原材料供应商由钢铁、有色金属等金属材料，以及橡胶、塑料等合成材料、陶瓷材料和复合材料等组成。零部件供应商包括过滤器，水泵、风机、排放管路、电子元件等。试剂原料包括与环保检测和处理相关的有机、无机化工原料等。这些行业为环保专用设备、环保试剂产品的生产及工程实施提供了物质来源基础。

本环节对应的企业集中分布于国民经济行业分类中的基础化学原料制造（261），合成材料制造（265），特种陶瓷制品制造（3073），其他陶瓷制品制造（3079），黑色金属冶炼和压延加工业（31），有色金属冶炼和压延加工业（32），泵、阀门、压缩机及类似机械制造（344），气体、液体分离及纯净设备（3463），电力电子元器件制造（3824），电阻电容电感元件制造（3981），电子电路制造（3982），敏感元件及传感器制造（3983），电子专用材料制造（3985），其他电子元件制造（3989）14 种产业类型。

环保产业的中游为环保设备的制造和处理剂的制造，包括环境保护专用设备制造、环境保护监测仪器及电子设备和环境污染处理药剂材料。环境保护专用设备制造是指用于控制环境污染、改善环境质量而由生产单位或建筑安装单位制造和建造出来的机械产品、构筑物及系统，核心产品，包括污染处理设备、废弃物管理和回收设备、废旧物品加工机械设备等。环境保护监测仪器及电子设备是为保证污染防治设施正常运行的监测控制仪表、仪器监测仪器和设备，如水污染检测仪器、空气污染监测仪器、噪声与振动检测仪器，以及电磁波、放射性污染检测仪器等；环保药剂是指用于清除有害物质的环保化学药剂药品，包括吸附剂、凝聚剂、氧化剂、还原剂等。环保专用设备和仪器设备、污染处理要求能够为环保工程施工、污染治理和监测等工作提供工具支持。

本环节对应的企业集中分布于国民经济行业分类中的环境保护专用设备制造（3591）、水资源专用机械制造（3597）、家用空气调节器制造（3852）、其他电子设备制造（3990）、实验分析仪器制造（4014）、环境监测专用仪器仪表制造（4021）、核子及核辐射测量仪器制造（4027）、林产化学产品制造（2663）、环境污染处理专用药剂材料（2666）9 种产业类型。

环保产业的下游为环保施工及相关的服务，主要为环保施工工程、环境保护及污染治理服务、环境评估与监测服务三类。其中环保施工工程主要用于预防和控制需要，包括水、大气、固体废弃物和噪声等各类环境污染要素的防治和控制工程，以及生态保护工程施工。环境保护及污染治理服务则是为已发生污染的各类环境污染要素提供治理措施的服务。环境评估与监测服务是指运用物理、化学、生物等现代科学技术方法，间断或连续地对区域内各类环境污染影响因素进行现场监测和测定，从而作出环境质量评价的服务，具体包括环境保护监测、生态资源监测、环境影响评价、环境技术评价和环境保护咨询等。政府部门是环保治理的重要需求方，这是因为环保行业具有很强的公益属性，其需求变化在很大程度上取决于产业政策。

本环节对应的企业集中分布于国民经济行业分类中的环保工程施工4862）、工程设计活动（7484）、畜禽粪污处理活动（0532）、生态保护工程施工（4863）、工程管理服务（7481）、工程勘察活动（7483）、规划设计管理（7485）、环保咨询（7245）、环保技术推广服务（7516）、污水处理再生利用（4620）、海洋环境服务（7432）、其他海洋服务（7439）、自然生态系统保护管理（7711）、其他自然保护（7719）、环境治理业（772）、其他海洋工程建筑（4839）、工矿工程建筑（4840）、管道工程建筑（4852）、标准化服务（7454）和市政设施管理（7810）等23种产业类型。

1.2 发展概况

1.2.1 政策要求

环保产业是广东省的战略性新兴产业，在“碳达峰”“碳中和”的中远期环保、减碳目标下，国家逐步进入了以降碳为重点战略方向、围绕减污降碳协同增效、促进经济社会发展全面绿色转型、实现生态环境质量改善由量变到质变的关键时期。近年来，国家、省市等多部门陆续印发了支持环保行业的发展政策，内容着力于产业分类标准化、关键核心技术攻关、产业智慧应用、环境保护重点工程实施、产业结构与布局优化、产业集群培育等各个方面。同时推进环保产业与循环经济、清洁能源、高效节能装备和智慧、全要素全生命周期综合治理技术等新材料、新技术和新领域的融合，扩展环保产业的应用场景，建立健全绿色、低碳、循环综合发展的环保经济体系，推动环保产业新领域、新链条的快速发展。印发部门涉及国务院、发改委、工信部和生态环境部等部门，主要激励手段为财政支持（提供财政补贴、给予税收优惠、设立环保产业基金）等、技术支持（组织技术培训、开展技术研究、鼓励技术创新）等、市场支持（优先采购环保产品、设立环保产业园区、鼓励环保企业上市）等。

国家层面重点聚焦于关键核心技术的攻关。围绕减污降碳协同增效、细颗粒物（PM2.5）和臭氧协同控制、非电行业多污染物处置、海洋污染治理、有毒有害污染物识别和检测以及生态环境应急等领域，开展重大技术装备联合攻关。聚焦长期存在的环境污染治理难点问题，攻克高盐有机废水深度处理、污泥等有机固废减量化、资源化技术装备。聚焦基础零部件和材料药剂等“卡脖子”问题，加快环境污染治理专用的高性能风机、水泵、阀门、过滤材料、低频吸声隔声材料、绿色药剂以及环境监测专用模块、控制器、标准物质的研发。聚焦新污染物治理、监测、溯源等，抓紧部署前沿技术装备研究。

广东省层面则进一步细化落实国家“碳达峰”“碳中和”的行动要求，出台了多项支持环保产业发展的战略规划和发展意见，全力聚焦于环保产业链优化、产业空间布局优化两大方面，逐步构建全要素、全产业链和产品全生命周期的环保制造和服务体系。在产业链优化方面，重点聚焦中游环保技术装备制造与下游服务提升工程，明确广东省在环保产业上、中、下游各细分领域的重点发展方向，

表 18-1：环保产业政策清单表

层级	时间	政策名称	主要内容或措施要求	印发部门
国家级	2022.06	《环保装备制造业高质量发展行动计划（2022- 2025 年）》	加强关键核心技术攻关。聚焦“十四五”期间环境治理新需求，围绕减污降碳协同增效、细颗粒物（PM2.5）和臭氧协同控制、非电行业多污染物处置、海洋污染治理、有毒有害污染物识别和检测以及生态环境应急等领域，开展重大技术装备联合攻关。核心技术装备重点方向包括成套装备、仪器仪表、通用设备、材料与药剂、关键零部件等。	工信部、科技部、生态环境部
国家级	2022.06	《加快推进生态环保产业高质量发展深入打好污染防治攻坚战全力支撑碳达峰碳中和行动纲要（2021-2030 年》	主要任务： 1. 聚焦服务深入打好污染防治攻坚战；2. 优化产业结构与布局；3. 提高技术创新水平；4. 加大产业标准供给；5. 提升产业智慧化水平；6. 创新发展生态环境服务业；7. 增强市场主体竞争力；8. 营造良好市场环境。	中国环境保护产业协会
国家级	2021.12	《环境保护、节能节水项目企业所得税优惠目录（2021 年版）》	明确了环保企业的税收优惠政策，包括免征环保税、减免环保税等。	财政部 国税总局、发改委、生态环境部
国家级	2021.10	《2030 年前碳达峰行动方案》	将碳达峰贯穿于经济社会发展全过程和各方面，重点实施能源绿色低碳转型行动、节能降碳增效行动、工业领域碳达峰行动、城乡建设碳达峰行动、交通运输绿色低碳行动、循环经济助力降碳行动、绿色低碳科技创新行动、碳汇能力巩固提升行动、绿色低碳全民行动、各地区梯次有序碳达峰行动“碳达峰十大行动”。	国务院
国家级	2021.07	《“十四五”循环经济发展规划》	三大重点任务：1. 构建资源循环型产业体系，提高资源利用效率；2. 构建废旧物资循环利用体系，建设资源循环型社会；3. 深化农业循环经济发展，建立循环型农业生产方式。 十一大重点工程和行动：1. 城市废旧物资循环利用体系建设工程；2. 园区循环化发展工程；3. 大宗固废综合利用示范工程；4. 建筑垃圾资源化利用示范工程；5. 循环经济关键技术与装备创新工程；6. 再制造产业高质量发展行动；7. 废弃电器电子产品回收利用提质行动；8. 汽车使用全生命周期管理推进行动；9. 塑料污染全链条治理专项行动；10. 快递包装绿色转型推进行动；11. 废旧动力电池循环利用行动。	发改委
国家级	2019.03	《绿色产业指导目录（2019 年版）》	对绿色环保产业边界进行标准化分类，包括固体废物装备制造、水污染防治装备制造、超低排放改造、挥发性有机物整治等产业类型。	发改委等七部委
省级	2023.04	广东省人民政府办公厅关于促进节能环保产业发展的意见	聚焦安全应急监测预警技术装备、应急处置救援技术装备、安全应急服务、高效节能技术装备、节能服务、山水林田湖草综合治理、大气污染治理、水污染治理、土壤污染治理、环境监测、环保设备、新型环保材料、市政垃圾处置利用、一般工业固体废物处置利用、危险废物处置利用、畜禽粪污处置利用、资源再生利用和再制造等细分领域，提出了各细分领域技术装备重点发展方向。	广东省人民政府办公厅
省级	2021.08	《广东省制造业高质量发展“十四五”规划》	到 2025 年，安全应急与环保产业总产值超 3800 亿元，形成龙头带动、 产业集聚、协同创新的安全应急与环保产业体系。 1. 广州、深圳、佛山、东莞：发展高效节能电气装备、 污水处理和水生态修复技术装备、重污染土壤成套化技术装备、 环境监测技术装备、固体废物处置利用技术装备、节能环保综合服务等。 2. 汕头、韶关、江门、 湛江、茂名、肇庆、河源、清远、云浮：发展固体废物综合利用项目。	广东省人民政府
省级	2020.09	《广东省培育安全应急与环保战略性新兴产业集群行动计划（2021-2025 年）》	环保产业领域重点聚焦： （一）环保技术装备与服务提升工程：1. 山水林田湖草综合治理；2. 大气污染治理；3. 水污染治理；4. 土壤污染治理；5. 环境监测；6. 环保设备；7. 新型环保材料。 （二）资源综合利用提升工程：1. 市政垃圾处置利用；2. 一般工业固体废物处置利用；3. 危险废物处置利用；4. 畜禽粪污处置利用；5. 资源再生利用和再制造。	广东省工业和信息化厅等六部门

其中上游重点发展新型环保材料生产供应，中游环节重点发展重大环保技术装备，下游聚焦山水林田湖草综合治理、大气污染治理、水污染治理、土壤污染治理、环节监测等工程和服务领域，扩展下游资源综合利用提升工程等。在空间布局上，充分发挥龙头企业的带动作用，大力培育生态工业园区、绿色产业园、节能产业园区、低碳产业园区、LED 产业集聚区、环保产业园区、循环经济产业园区、资源循环利用产业园区，形成环保产业园区试点示范，进而辐射带动并引导环保企业空间集群化和专业分工化发展。依托珠三角地区，打造节能环保技术装备研发基地；依托粤东粤西粤北地区，打造资源综合利用示范基地。广州、深圳、佛山、东莞等市发展高效节能电气装备、污水处理和水生态修复技术装备、重污染土壤成套化技术装备、环境监测技术装备、固体废物处置利用技术装备、节能环保综合服务等；汕头、韶关、江门、湛江、茂名、肇庆、河源、清远、云浮等市发展固体废物综合利用项目。

1.2.2 市场概况

近年来，国家持续推进生态环境保护治理的有效实施，持续加大生态环保、绿色节能发展领域的市场投入。同时，随着环保技术和产品技术的持续更新换代升级，环保治理效率也在不断提升。在国家资金投入和技术升级的双重驱动下，中国环保市场规模也由此不断扩大。数据显示，我国环保产业市场规模由 2019 年的 1.78 万亿元增长至 2022 年的 2.22 万亿元[170]，年均复合增长率达 7.64%。未来，环保产业将进一步扩展到清洁能源、节能设备、智能设备、循环经济、绿色消费等新领域产品，促使我国环保产业的市场需求不断增长。

作为全国经济、人口第一大省，广东省的环保产业发展与广东省产业结构调整优化密切相关，快速的城镇化、工业化使得广东省高度重视以城市固体废弃物防治为主体的环保治理建设，无废城市、污染防治攻坚战、绿美广东等生态环境领域高质量发展都离不开环保产业的支撑，也为环保产业发展带了来具体的发展空间。环境服务业营收收入全国排名第一，固体废物污染防治、土壤修复、水污染防治、环境监测均在全国前三。2019 年广东环保产业营业收入约为 3000 亿元，其中固体处置与资源化营收收入约为 2000 亿元，占比约 69.2%。至 2021 年，广东环保产业营收超过了 4300 亿元[171]，约占全国环保产业营业收入总额的 20%，排名达到全国第一，年均复合增长率达 19.72%，稳步推进形成先进环保产业集群。

特别是随着人民群众、企业环保意识和需求的日益增长，在绿色消费升级推动下，环保产业市场规模将进一步扩大，为广东环保产业发展提供了稳定的市场支撑。同时加强环保产业各个领域的技术研发，多类环保技术达到了国内领先水平，部分技术更是国际领先，如固废处理技术、环境监测技术及电镀、线路板、印染、造纸废水处理技术、噪声控制与振动技术等。

另外，随着新材料、高端装备、互联网、电子信息等领域与环保设备生产和服务领域的融合，推动了环保产业跨行业、多领域协同发展，集成化、系统化、智能化趋势日益明显，推动了环保家电产品价值链增值。在此基础上，广东持续加大对环保产业的支持力度，布局了以环保技术装备与服务提升工程、资源综合利用提升工程为主的重点工程，持续巩固和加快发展环保战略性新兴产业集群。

广东省高度重视城市固体废物治理，截至 2023 年 3 月，全省安排续建、投产、新开工的智能家电类重点项目和前期预备项目 44 个，涉及水环境综合整治工程、污水处理工程、生活垃圾资源化处理工程等多个环保领域，总投资超 1300 亿元，为智能家电产业未来发展及环保产业未来的发展提供了持续的增长动力[172]。

2. 广东省安全应急与环保产业供应链结构特征

2.1 供应链各环节产业的发展规模

全省现有安全应急与环保企业数量为 55894 家。从供应链各环节的企业数量规模来看，下游环节规模最大，其次是上游环节，规模最小的是中游环节。

上游环节共有 11101 家企业，在全供应链中企业数量占比为 19.86%。上游初级形态塑料及合成树脂制造类企业数量较多，数量为 5164 家，在上游环节的数量占比为 46.52%，是上游环节规模最大的企业类型。镍钴冶炼、锑冶炼、其他稀有金属冶炼类企业数量最少，数量均仅为 2 家，在上游环节的数量合计占比不足 0.02%。

中游环节共有 2309 家企业，在全供应链中企业数量占比为 4.13%。其中其他电子设备制造、环境保护专用设备制造类企业数量较多，数量分别为 1171 和 871 家，在中游环节的数量占比为 50.71% 和 37.72%，是中游环节主导发展企业类型。林产化学产品制造、环境监测专用仪器仪表制造类企业数量较少，数量分别 18 和 19 家，在中游环节的数量占比为 0.77%，是中游环节发展最不充分的企业类型。

下游环节共有 42484 家企业，在全供应链中企业数量占比为 76.01%。其中工程管理服务类企业数量较多，数量为 11421 家，在下游环节的数量占比为 26.88%，是下游环节主导发展的企业类型。畜禽粪污处理活动、放射性废物治理、噪声与振动控制服务类企业数量较少，数量分别为 1 家、5 家和 6 家，在下游环节的数量合计占比仅 0.03%，是下游环节发展最不充分的企业类型。

2.2 供应链各环节产业的经济价值

环保产业全供应链 2018 年的整体平均利润率为 13.75%。从供应链各环节的企业平均利润来看，上游环节利润率最高，其次是下游环节，规模最小的是中游环节。

分环节来看，上游环节在供应链三个环节中的平均利润率最高，为 14.33%。其中炼钢类企业的利润率最高，高达 264.72%，比上游环节利润率平均值高出 250.39 个百分点。稀土金属冶炼类企业的利润率最低，为 -16.73%，比上游环节利润率平均值低了 31.06 个百分点，本类企业整体存在较大亏损。

中游环节在供应链三个环节中的平均利润率最低，平均利润率达到 10.71%。其中核子及核辐射测量仪器制造类的企业利润率最高，为 30.58%，比中游环节利润率平均值高 19.87 个百分点。环境监测专用仪器仪表制造类的企业利润率最低，为 -0.62%%，比中游环节利润率平均值低 11.33 个百分点。本类企业整体尚未盈利，有待采取措施进一步降低生产成本、开拓市场，提升盈利空间。

下游环节在供应链的三个环节中平均利润率居中，平均利润率达到 13.38%。其中工程管理服务类企业利润率最高，为 100%，比下游环节利润率平均值高出 86.62 个百分点。工程勘察活动类企业利润率最低，为 -5.24%，比下游环节利润率平均值低 18.62 个百分点。本类企业整体存在较大亏损，有待采取措施进一步降低生产成本、开拓市场，提升盈利空间。

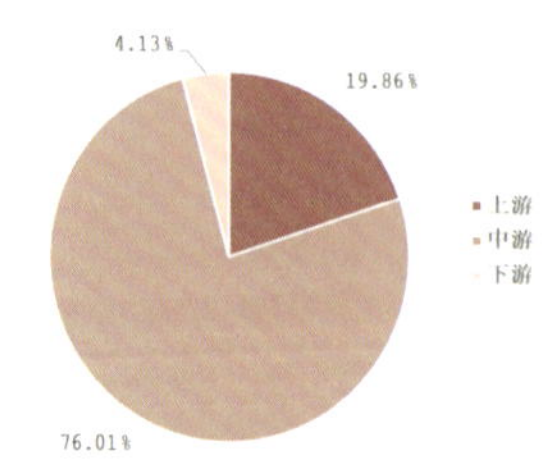

图 18-2：环保全产业企业数量（数据来源：龙盾企业数据库）

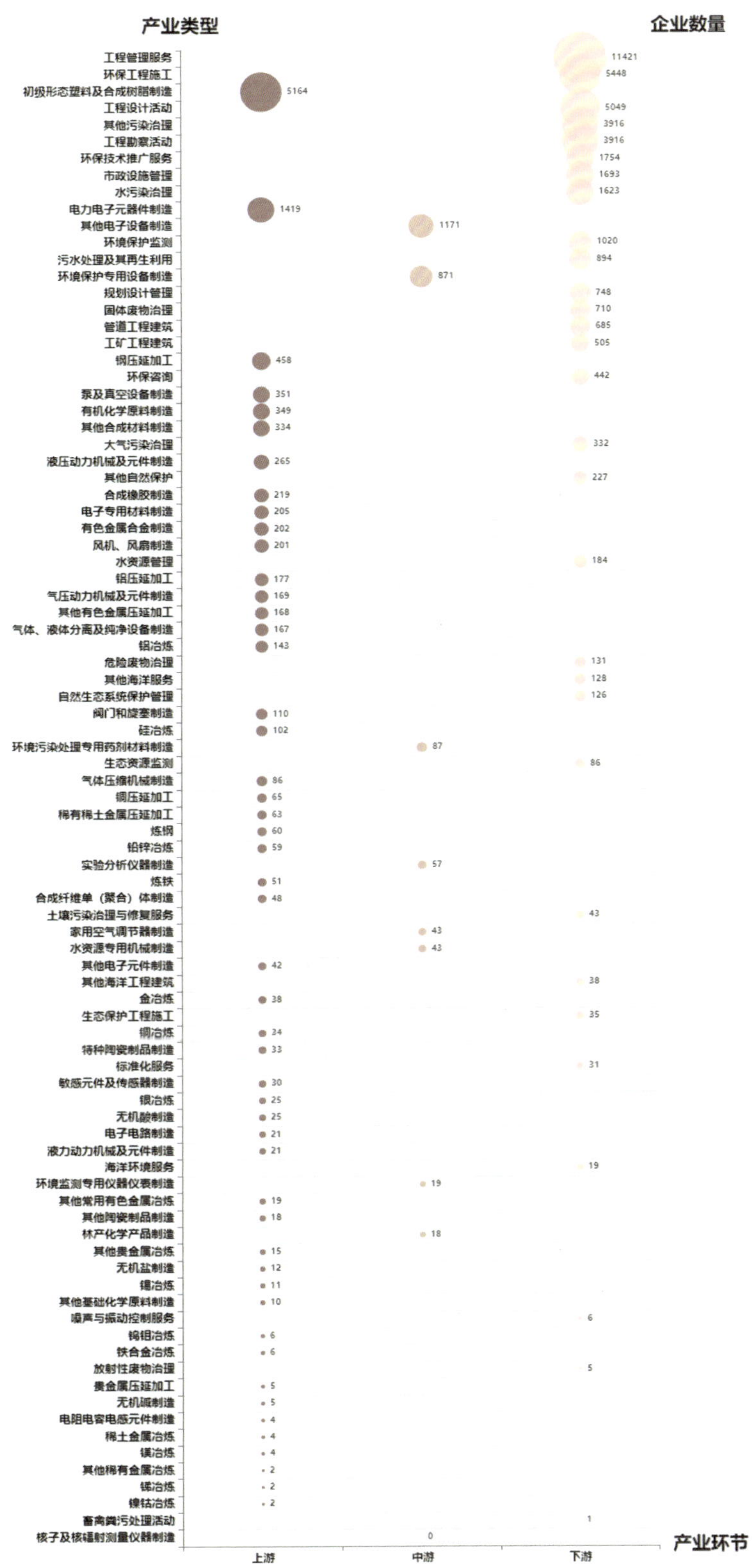

图 18-3：环保产业全供应链企业数量分析
（数据来源：龙盾企业数据库）

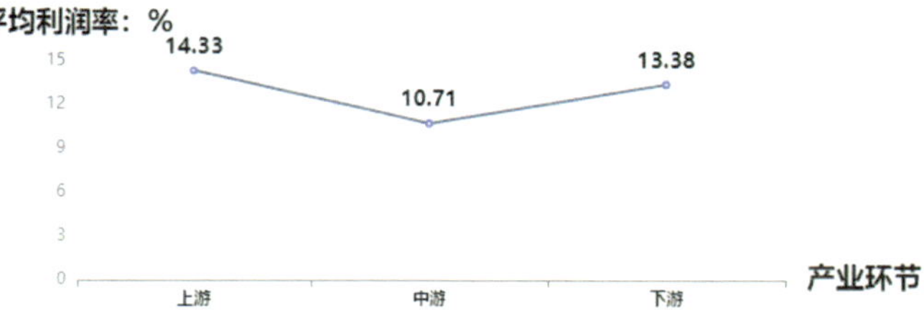

图 18-4：上、中、下游利润率平均值折线统计图
（数据来源：龙盾企业数据库）

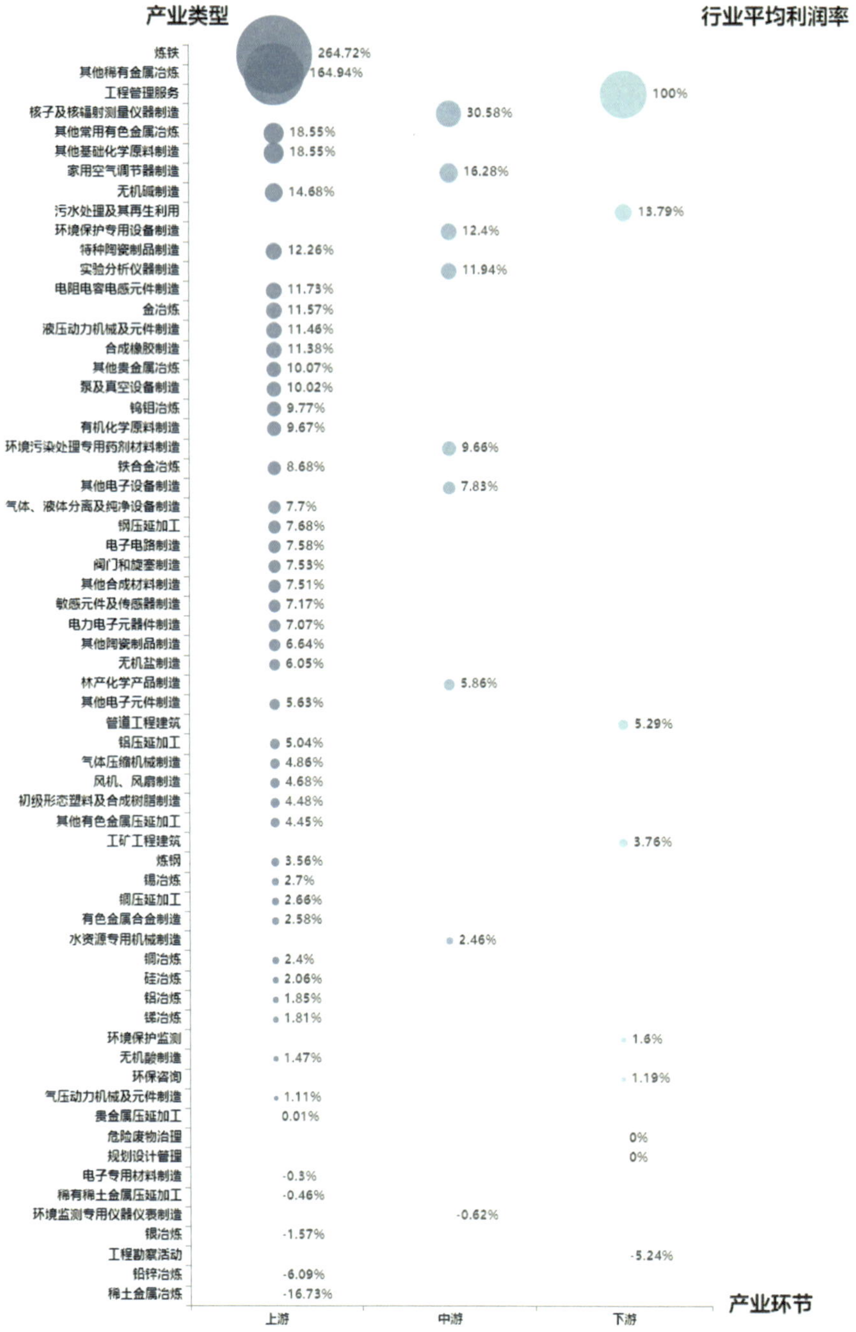

产业类型	上游	中游	下游
炼铁	264.72%		
其他稀有金属冶炼	164.94%		
工程管理服务			100%
核子及核辐射测量仪器制造		30.58%	
其他常用有色金属冶炼	18.55%		
其他基础化学原料制造	18.55%		
家用空气调节器制造		16.28%	
无机碱制造	14.68%		
污水处理及其再生利用			13.79%
环境保护专用设备制造		12.4%	
特种陶瓷制品制造	12.26%		
实验分析仪器制造		11.94%	
电阻电容电感元件制造	11.73%		
金冶炼	11.57%		
液压动力机械及元件制造	11.46%		
合成橡胶制造	11.38%		
其他贵金属冶炼	10.07%		
泵及真空设备制造	10.02%		
钨钼冶炼	9.77%		
有机化学原料制造	9.67%		
环境污染处理专用药剂材料制造		9.66%	
铁合金冶炼	8.68%		
其他电子设备制造		7.83%	
气体、液体分离及纯净设备制造	7.7%		
钢压延加工	7.68%		
电子电路制造	7.58%		
阀门和旋塞制造	7.53%		
其他合成材料制造	7.51%		
敏感元件及传感器制造	7.17%		
电力电子元器件制造	7.07%		
其他陶瓷制品制造	6.64%		
无机盐制造	6.05%		
林产化学产品制造		5.86%	
其他电子元件制造	5.63%		
管道工程建筑			5.29%
铝压延加工	5.04%		
气体压缩机械制造	4.86%		
风机、风扇制造	4.68%		
初级形态塑料及合成树脂制造	4.48%		
其他有色金属压延加工	4.45%		
工矿工程建筑			3.76%
炼钢	3.56%		
锡冶炼	2.7%		
铜压延加工	2.66%		
有色金属合金制造	2.58%		
水资源专用机械制造		2.46%	
铜冶炼	2.4%		
硅冶炼	2.06%		
铝冶炼	1.85%		
镁冶炼	1.81%		
环境保护监测			1.6%
无机酸制造	1.47%		
环保咨询			1.19%
气压动力机械及元件制造	1.11%		
贵金属压延加工	0.01%		
危险废物治理			0%
规划设计管理			0%
电子专用材料制造	-0.3%		
稀有稀土金属压延加工	-0.46%		
环境监测专用仪器仪表制造		-0.62%	
银冶炼	-1.57%		
工程勘察活动			-5.24%
铅锌冶炼	-6.09%		
稀土金属冶炼	-16.73%		

行业平均利润率
产业环节

图 18-5：环保产业全供应链经济价值分析
（数据来源：《广东省经济普查年鉴（2018）》）

2.3 供应链各环节产业产权联系的网络特征

全省环保产业供应链各环节内部、各环节间存在一定的产权联系。

总体上，同一环节内部企业产权联系较为紧密，联系频数为1507。同一环节内同类行业间联系频数为809，其中，工程管理服务行业内部联系最为紧密。同一环节内不同行业间联系频数为258，其中环保工程施工和水污染治理类企业之间的联系较为紧密，联系频数为43。

不同环节之间的企业产权联系相对薄弱，联系频数为35。其中，中游环节与下游环节联系较为紧密，环境保护专用设备制造和环保工程施工、环境监测专用仪器仪表制造和水污染治理、水污染治理和环境保护专用设备制造是产权联系网络中的核心组成部分。上游环节与中下游环节联系较为薄弱。

表18-2：广东省环保各行业产权联系表

联系类型	总部或投资企业类型	分支或被投资企业类型	联系频数
同一环节内部联系(同类行业间)联系频数：809	工程管理服务	工程管理服务	258
	工程勘察活动	工程勘察活动	118
	水污染治理	水污染治理	54
	初级形态塑料及合成树脂制造	初级形态塑料及合成树脂制造	48
	污水处理及其再生利用	污水处理及其再生利用	43
	环保工程施工	环保工程施工	37
	其他污染治理	其他污染治理	37
	市政设施管理	市政设施管理	33
	工程设计活动	工程设计活动	27
	环境保护监测	环境保护监测	25
	……	……	……
同一环节内部联系（不同类行业间）联系频数：698	环保工程施工	水污染治理	43
	工程勘察活动	工程设计活动	42
	水污染治理	污水处理及其再生利用	34
	工程勘察活动	工程管理服务	26
	污水处理及其再生利用	水污染治理	21
	环保工程施工	污水处理及其再生利用	16
	工程管理服务	工程勘察活动	16
	环保工程施工	环境治理业	15
	工程设计活动	工程管理服务	15
	环境治理业	水污染治理	15
	……	……	……
不同环节间联系联系频数：35	环境保护专用设备制造	环保工程施工	2
	环境监测专用仪器仪表制造	水污染治理	2
	环保工程施工	初级形态塑料及合成树脂制造	2
	水污染治理	环境保护专用设备制造	2
	有机化学原料制造	环境保护专用设备制造	1
	环境污染处理专用药剂材料制造	污水处理及其再生利用	1
	环境污染处理专用药剂材料制造	环境治理业	1
	环境保护专用设备制造	污水处理及其再生利用	1
	环境保护专用设备制造	水污染治理	1
	环境保护专用设备制造	其他污染治理	1
	……	……	……

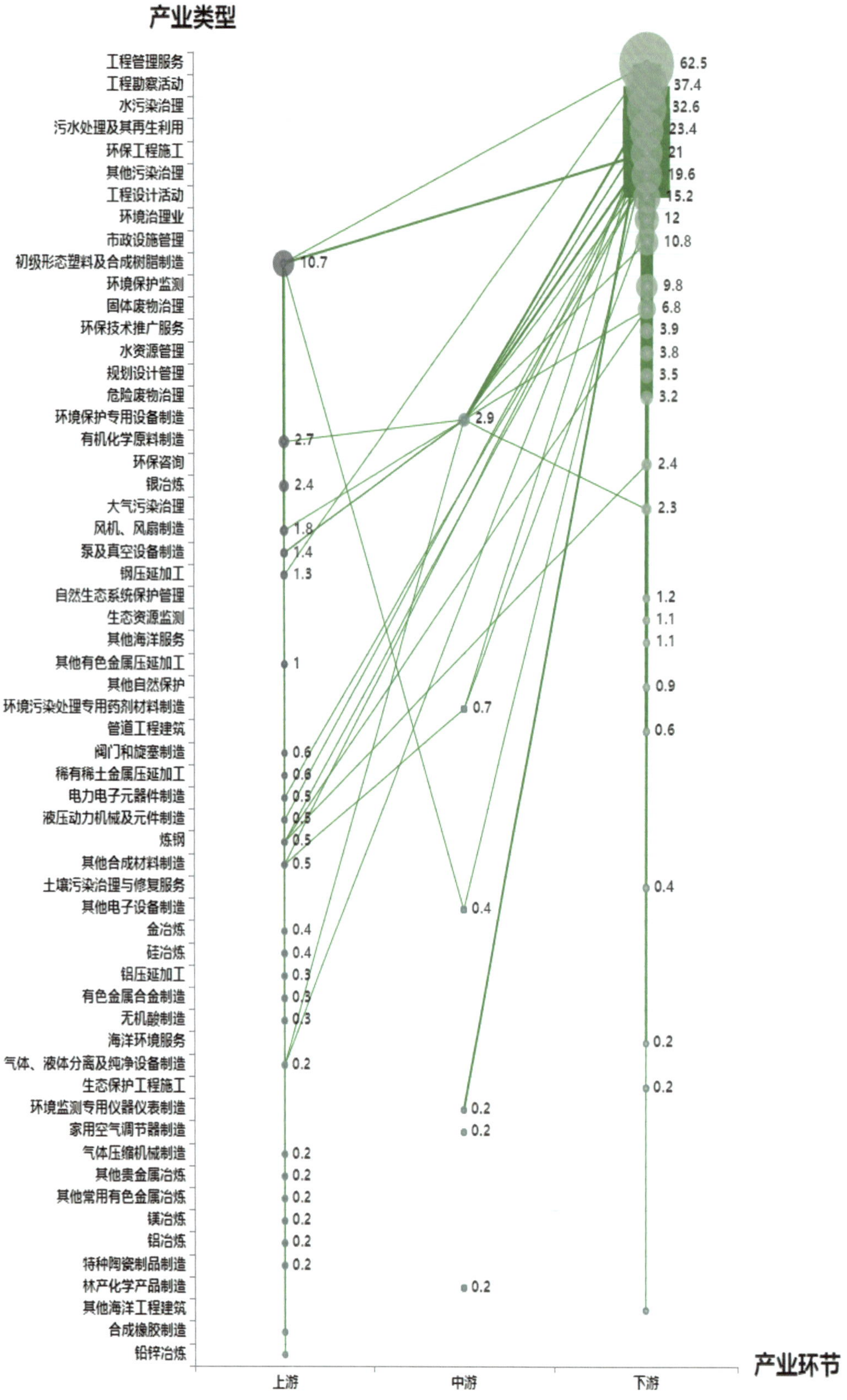

产业类型

工程管理服务
工程勘察活动
水污染治理
污水处理及其再生利用
环保工程施工
其他污染治理
工程设计活动
环境治理业
市政设施管理
初级形态塑料及合成树脂制造
环境保护监测
固体废物治理
环保技术推广服务
水资源管理
规划设计管理
危险废物治理
环境保护专用设备制造
有机化学原料制造
环保咨询
银冶炼
大气污染治理
风机、风扇制造
泵及真空设备制造
钢压延加工
自然生态系统保护管理
生态资源监测
其他海洋服务
其他有色金属压延加工
其他自然保护
环境污染处理专用药剂材料制造
管道工程建筑
阀门和旋塞制造
稀有稀土金属压延加工
电力电子元器件制造
液压动力机械及元件制造
炼钢
其他合成材料制造
土壤污染治理与修复服务
其他电子设备制造
金冶炼
硅冶炼
铝压延加工
有色金属合金制造
无机酸制造
海洋环境服务
气体、液体分离及纯净设备制造
生态保护工程施工
环境监测专用仪器仪表制造
家用空气调节器制造
气体压缩机械制造
其他贵金属冶炼
其他常用有色金属冶炼
镁冶炼
铝冶炼
特种陶瓷制品制造
林产化学产品制造
其他海洋工程建筑
合成橡胶制造
铅锌冶炼

上游：10.7 2.7 2.4 1.8 1.4 1.3 1 0.6 0.6 0.5 0.5 0.5 0.5 0.4 0.4 0.3 0.3 0.3 0.2 0.2 0.2 0.2 0.2 0.2 0.2

中游：2.9 0.7 0.4 0.2 0.2 0.2

下游：62.5 37.4 32.6 23.4 21 19.6 15.2 12 10.8 9.8 6.8 3.9 3.8 3.5 3.2 2.4 2.3 1.2 1.1 1.1 0.9 0.6 0.4 0.2 0.2

上游　中游　下游

产业环节

图 18-6：环保产业全供应链产权联系分析图
（数据来源：龙盾企业数据库）

2.4 供应链结构多要素的耦合特征

统计环保产业供应链各环节的发展规模、经济价值、产权联系三要素对应指标的皮尔逊相关系数，可以发现企业数量比率与产权联系频数比率指标的皮尔逊相关系数为0.86，发展规模与产权联系两要素间存在极强的正相关性，企业数量规模越大的行业有更多的企业设立分支机构或对外投资，形成相对密集的产权联系网络。其他要素间则不存在较强的相关性。

根据三要素指标的分布情况，环保产业供应链内各环节企业发展的状态大致可分为5种情况。

一是三要素指标均处于较高水平，表现为企业数量多、平均利润率高、企业间联系频数高，包含

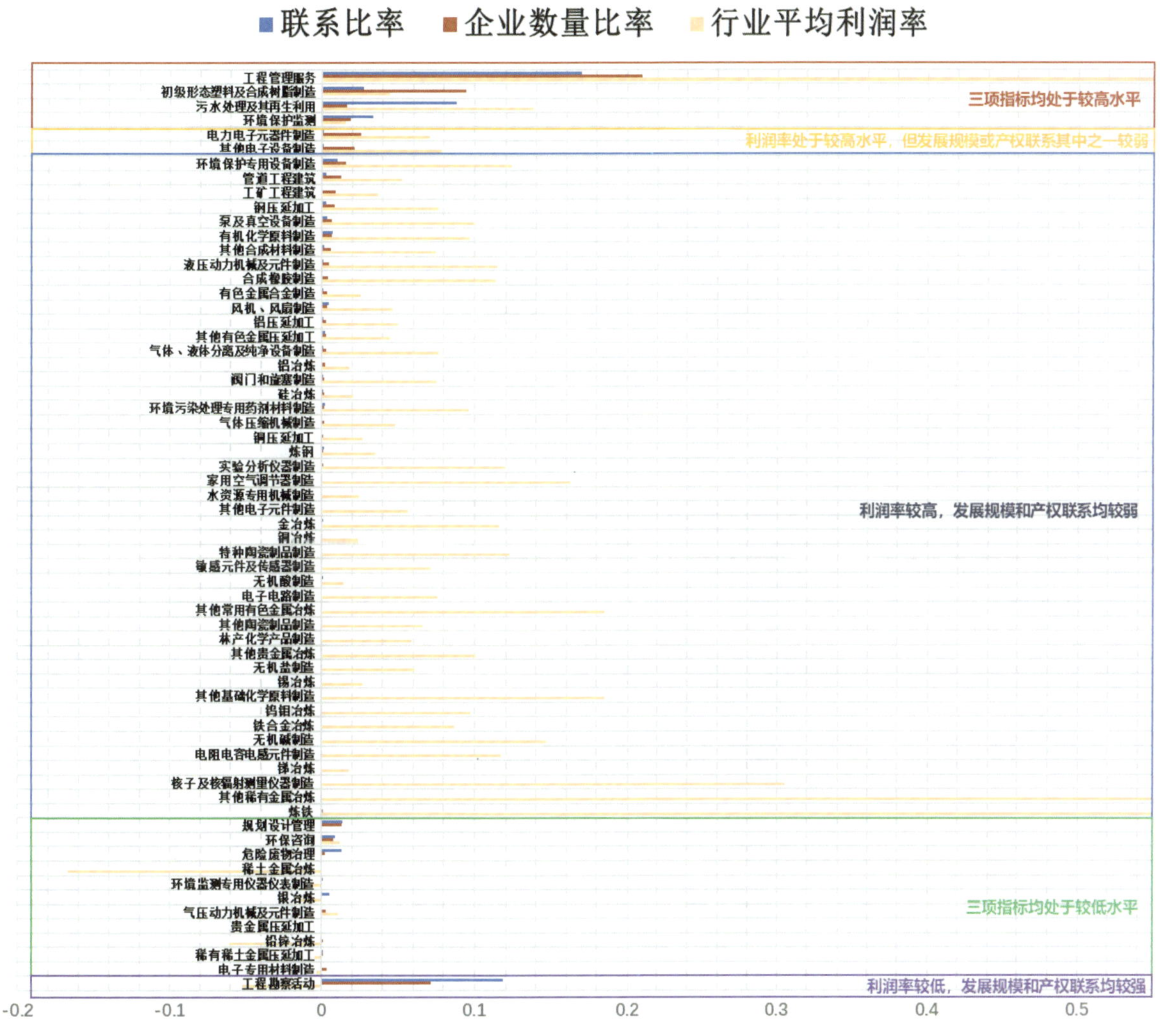

图18-7：环保产业全供应链四级分类产业要素指标分析图
（数据来源：龙盾企业数据库、《广东省经济普查年鉴（2018）》）

表 18-3：三要素相关系数表

要素指标	皮尔逊相关系数
企业数量比率与利润率	0.19（弱正相关）
企业数量比率与产权联系频数比率	0.86（极度正相关）
行业平均利润率与产权联系频数比率	0.15（弱正相关）

工程管理服务、初级形态塑料及合成树脂制造、环境保护监测、污水处理及其再生利用和环境保护利用 4 类，涉及上下游环节。整体来看，这几类产业发展处于增长期或成熟期，市场规模和潜在需求较大，但较高利润与较大的企业数量规模现状也存在着市场竞争加剧的风险。

二是经济价值指标表现良好，发展规模较强，而产权联系较弱的企业，包括电力电子元器件制造、其他电子设备制造 2 类，主要涉及上游零部件生产环节。

三是经济价值指标表现良好，而发展规模和产权联系指标较弱的企业，包含环境保护专用设备制造、管道工程建筑、工矿工程建筑等 45 类，上、中、下游均有涉及。整体来看，这几类产业发展的处于成熟期，存在着一定的行业技术门槛、进入成本门槛或法律法规门槛等，市场集中度高，需求增长较快而供给量相对稳定。企业宜采用维持战略并投入资金支持新的核心能力开发计划，在战略、组织结构、人员、技术等方面为转向新领域作准备，抓住时机通过转型、重组、再造和技术、制度、管理创新战略来推动企业及早进入新一轮的生命周期。

四是三要素指标均处于较低水平，表现为企业数量少、平均利润率为负、企业间联系频数低，包含规划设计管理、环保咨询、危险废物治理等 11 类，大多处于上下游两个环节。整体来看，此类产业产业分散，企业数量较少且规模较小，生产和技术水平低，企业之间存在竞争，合作渠道有限，并且缺乏关键领域的龙头企业，缺乏完整的产业链和协同效应。缺乏自主创新能力和统筹协调机制，需依靠政府的引导和扶持。企业在这一阶段要加强研发，争取市场主导权与及早进入市场与申请专利，强化竞争优势。政府在这一阶段的主要任务是推进资源整合、重点引导和政策扶持。

五是利润率指标较低，而发展规模和产权联系指标较强的企业。包含工程勘察活动类，处于下游环节。此类产业发展已进入成熟期，现有存续企业存在饱和过剩的趋势，企业之间需要通过争夺市场份额、客户资源、人才等方面的资源来获得竞争优势，因此企业利润率非常低。

3. 广东省安全应急与环保产业集群空间特征

3.1 企业数量集聚的空间特征

分区域来看，全省的安全应急与环保产业高度集中在珠三角地区，区域发展不均衡。珠三角地区包含的上、中、下游各环节以及全供应链的企业数量规模均占比分别为 88%、96%、84% 和 86%，均超过 80% 以上，在产业规模方面主导全省环保产业发展。粤东、粤北地区是环保企业的次级集聚区域，其中粤东地区的上游环保设备和试剂零部件、原料生产等企业数量占比超过 6%，粤北地区下游的环保服务和监测企业数量占比超过 8%。粤西地区的环保产业发展规模相对较小，其上、中、下游企业数量占比未超过 4%，产业发展基础相对薄弱。

上游企业数量分区域统计

中游企业数量分区域统计

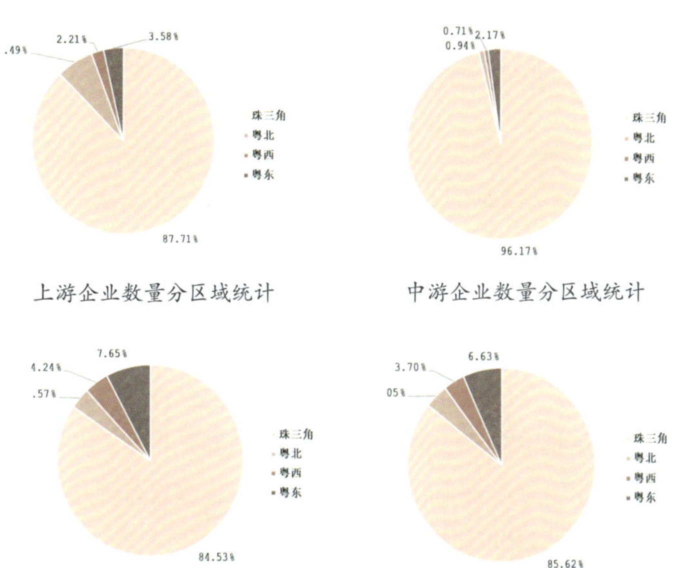

下游企业数量分区域统计

全供应链企业数量分区域统计

图 18-8：全省环保产业分区域企业数量统计
（数据来源：龙盾企业数据库）

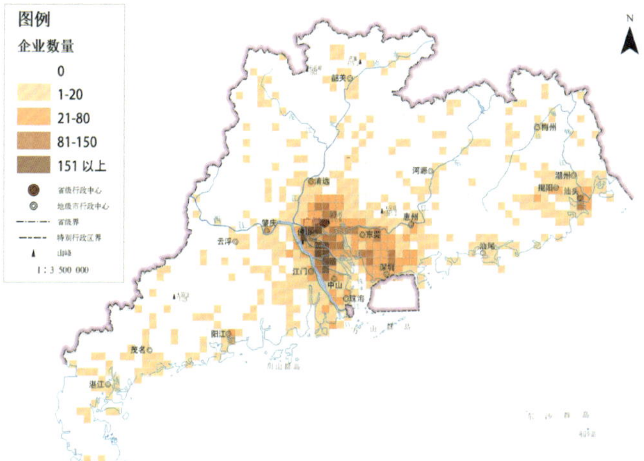

上游企业数量空间分布

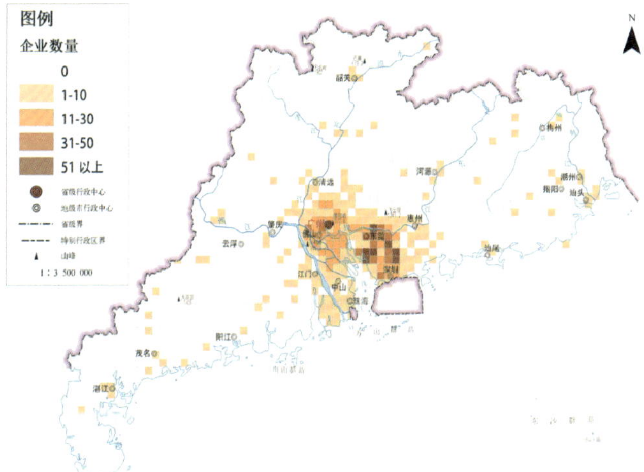

中游企业数量空间分布

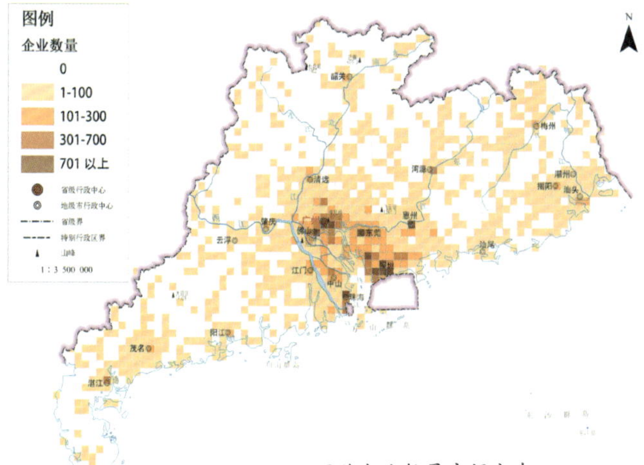

下游企业数量空间分布

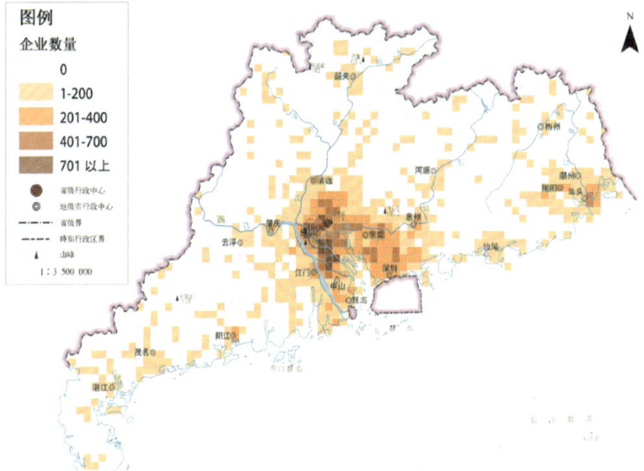

全供应链企业数量空间分布

图 18-9：全省环保产业企业数量分布
（数据来源：龙盾企业数据库）

分地市来看（图 18-9），广州、深圳、东莞、佛山等核心城市是珠三角环保产业的主要集聚地，已形成连片集中的空间格局。粤东、粤西和粤北地区则呈散点聚集的态势，粤东地区的高聚集点分布在汕头，粤北地区高聚集点分布在河源、清远、梅州三地，粤西地区的高聚集点分布在茂名、湛江两地。上、中、下游各环节地市集聚的产业环节特点略有差异，在珠三角东西岸呈现出不同的产业链环节分工合作布局。其中上游企业高度集中在珠三角西岸，广州、佛山、中山是上游企业数量最多的 3 个地市，粤东地区的潮州、汕头两地同样分布着较多环保企业，是环保产业零部件、原材料和试剂原料生产的主要产地。中游企业则高度集中在珠三角东岸，深圳、东莞是中游企业数量最多的 2 个地市，并向珠三角西岸的广州、佛山、中山等地企业数量依次递减，是环保设备制造和成品封测、试剂生产等核心工作的主基地，粤东、粤西和粤北地区中游企业分布则极为零散稀疏。下游企业高度集中在广州、深圳两大核心城市，并围绕广州、深圳向外围城市扩散至全省。两地区域经济发达，伴生着对城市环保治理和监测的较高需求。珠海、惠州则是下游企业次一级的聚集区，同时清远、河源和梅州等粤北地区城市是下游企业的第三级聚集区，三地生态资源丰富，存在对生态保护和治理的现实需求。下游企业是销售端及服务端衍生企业的主要集中区域。

3.2 企业联系集聚的空间特征

环保家电企业产权联系与数量分布在空间聚集特征上基本一致，分区域来看（图 18-10），珠三角地区是全省环保产业中设置分支机构或进行投资的企业的主要集聚区域，上、中、下游各环节以及全供应链的产权联系度占比分别为 87.82%、93.75%、80.64% 和 81.34%，均超过 80% 以上，具有绝对的产权布局优势，但与企业数量规模分布占比相比略有下降。粤北地区具有一定的产权联系规模，尤其是下游环保治理和监测服务企业，联系度占比超过 9%。粤北地区是广东省重要的生态保护区，能够依

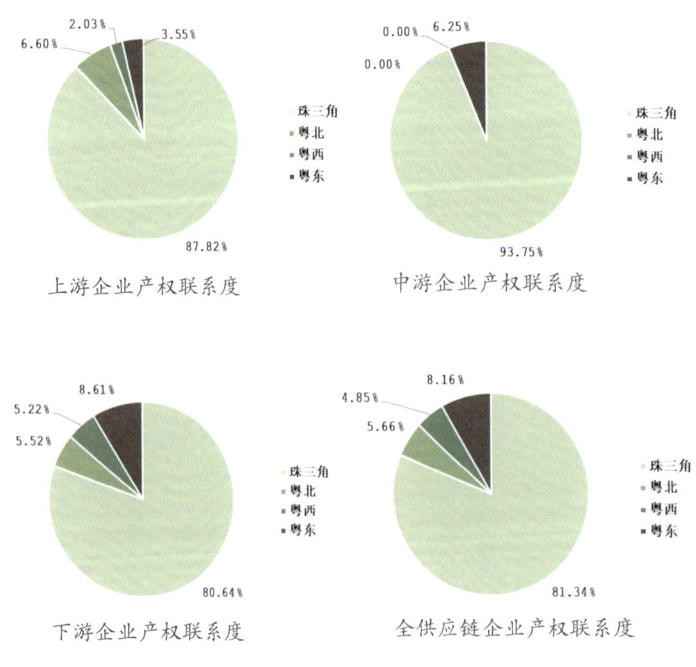

图 18-10：全省环保产业分区域企业产权联系度统计
（数据来源：龙盾企业数据库）

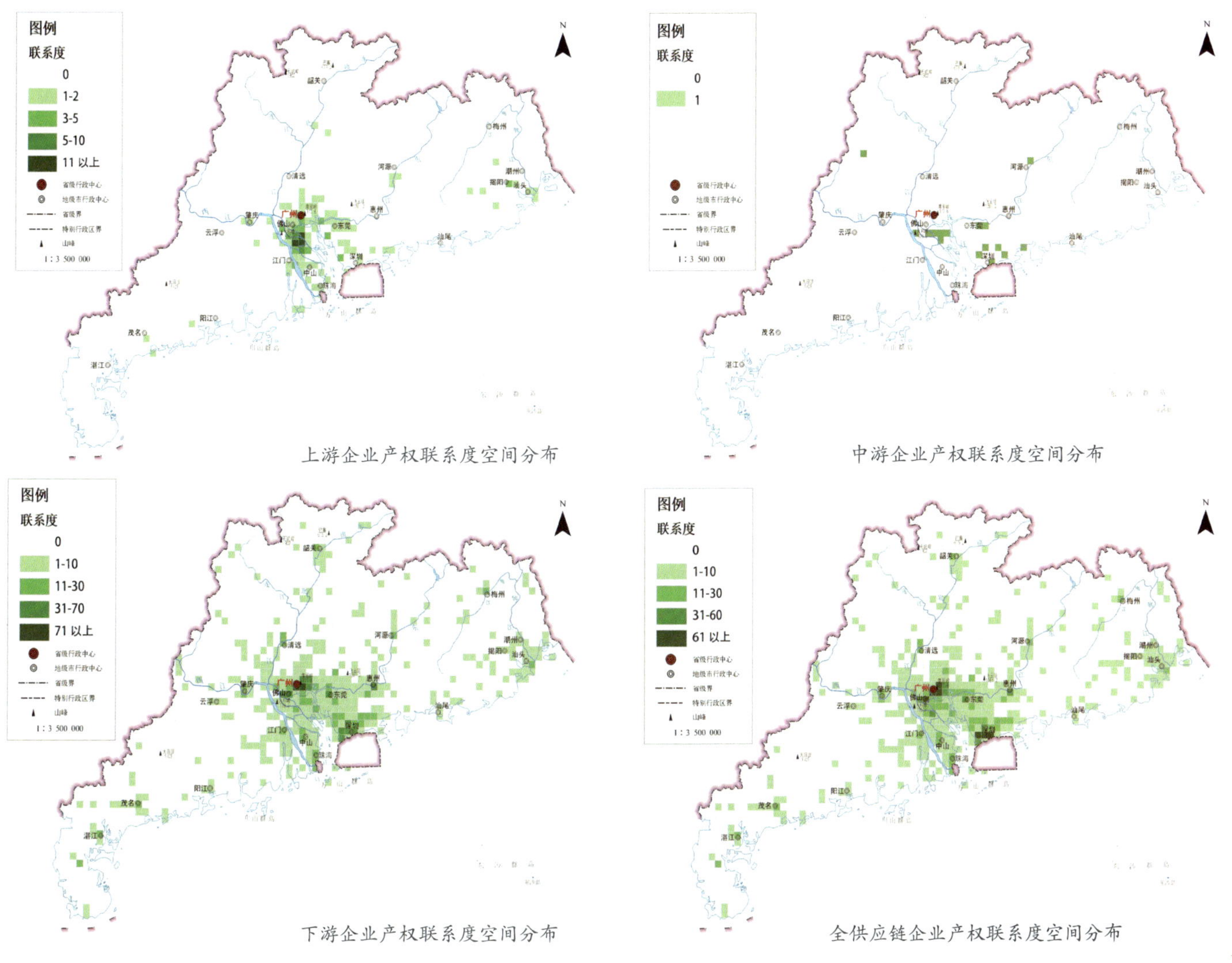

上游企业产权联系度空间分布

中游企业产权联系度空间分布

下游企业产权联系度空间分布

全供应链企业产权联系度空间分布

图 18-11：全省环保产业企业产权联系度分布
（数据来源：龙盾企业数据库）

托产权部署，发挥经济、技术、知识、人才等要素在重要生态工程实施、修复和监测等工作中的支撑作用。粤东地区和粤西地区的环保产业产权联系度均相对较小，粤东地区略强优于粤西地区，其中粤东企业在上游零部件和试剂原料生产供应企业中具有一定的产权联系规模，联系度占比超过 7%。而中游的设备制造和试剂生产企业在粤东、粤北地区暂未产生产权联系。

分地市来看（图 18-11），广州、深圳两地作为广东省总部的经济高地，是环保产业上游、中游、下游各环节企业产权联系的核心区域，有较强的产业合作拓展能力，但各环节企业产权联系度排序略有变化。广州、佛山是上游企业产权联系度较高区域，中山、珠海、东莞、深圳的产权联系度依次递减，其中佛山是环保产业零部件和试剂材料生产的产权集中地，在上游环节企业的产权联系强度超过了绝大部分的珠三角地市，珠三角地市之外则零散分布，仅揭阳市具有一定的产权联系规模。中游企业产权联系规模普遍较小，在全省分布极少，仅分布在广州、佛山、东莞、深圳、惠州、肇庆和河源等地，且各地产权联系度均为 1，仅广佛地区形成小规模成片的产权联系地带。广州、深圳、佛山是下游企业产权联系度较高区域，围绕珠海、中山、东莞、惠州、肇庆、江门等珠三角地市，以及清远、韶关、云浮等粤北地市依次递减。粤东地区产权联系初具规模，以汕头为中心向外递减，但扩展规模较小。

3.3 产业集群空间特征

综合分析环保产业全供应链企业数量空间分布、产权联系度情况，筛选两项指标处于前 25% 的格网做叠加分析，筛选企业密度较高、产权联系紧密的产业集群潜在空间格网共 112 个。

分区域来看(图 18-12)，全省环保产业集群的潜在空间主要分布在珠三角地区，包含 87 个格网空间，面积占比为 77.68%；非珠三角地区产业集群潜在空间分布较均衡，粤东、粤西和粤北地区分别有 7、9 和 9 个产业集群潜在空间，合计面积占比为 22.33%。

分地市来看（图 18-13），广东省环保产业集群的潜在空间大部分成片集中分布在广州、深圳、佛山和东莞等核心城市，包括广州市天河区、越秀区、海珠区、荔湾区、番禺区、黄埔区等中部、南部地区，以及与广州市相邻的佛山市禅城区、南海区和顺德区等东部地区；深圳市基本覆盖全域，东莞市则集中分布在市区中东部。非珠三角地区中，除云浮市外，产业集群潜在空间相对零散分布在其余 11 个城市中，这些区域是全省现阶段环保产业集群发展较为成熟的潜在区域。

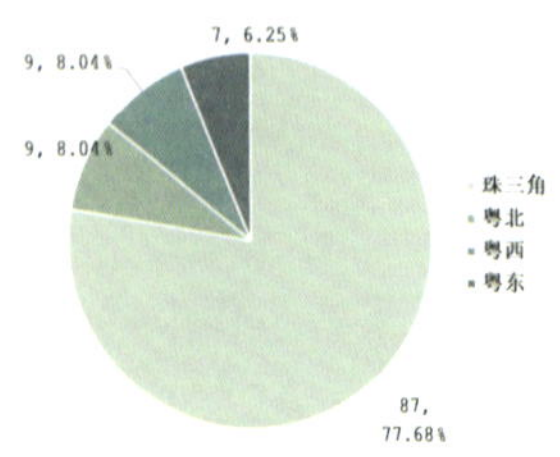

图 18-12：产业集群潜在空间格网统计图
（数据来源：龙盾企业数据库）

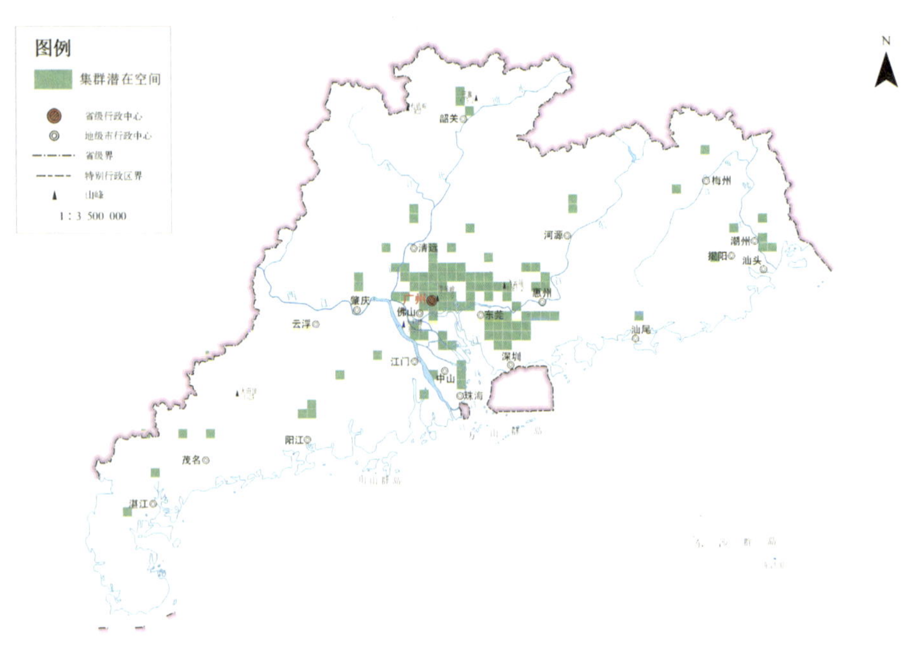

图 18-13：产业集群潜在空间空间分布图
（数据来源：龙盾企业数据库）

4. 广东省安全应急与环保产业典型案例

4.1 典型园区案例特征

南海固废处理环保产业园位于佛山市南海区桃园东路以北，狮山林场以南，南海大学城以东，松夏西南延长线以西，由瀚蓝绿电固废处理（佛山）有限公司投资并主要建设运营。南海固废处理环保产业园产业定位为战略性新兴产业园区，以瀚蓝集团为主导建设，重点投资下游环保服务企业。目前，园区集中了以固废物处理为核心的下游企业，提供固废处理和资源化利用的综合服务。园区主要建设和运营项目包括生活垃圾压缩转运系统、垃圾焚烧发电厂、污泥处理厂和餐厨垃圾处理厂等环保项目，同时建成了烟气处理设施、飞灰固化设施、污水处理设施等环保设施。集团深耕于园区精细化运作，在入驻企业方面，截至去年，集团投资该园区下游企业 10 余家，产业类型涵盖固废处理、环境服务、再生能源、生物科技、生态资源科技等环保新旧领域，同时还大力拓展物业管理、物流服务、燃气供应等配套服务产业。在就业岗位方面，园区位于南海大学城旁，背靠广东省轻工职业技术学院南海校

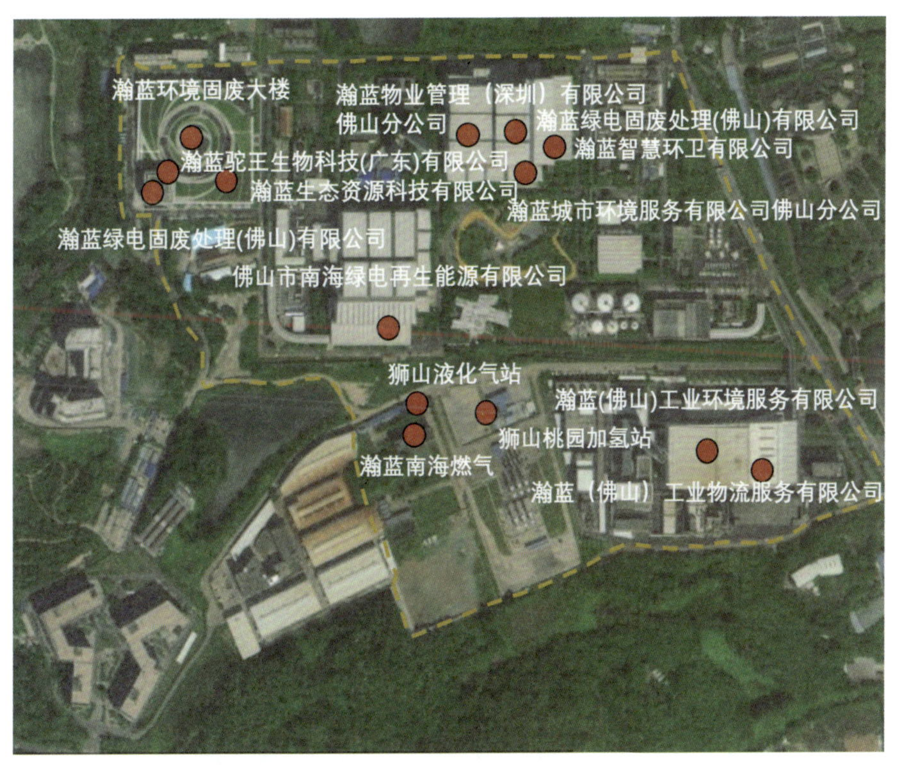

图 18-14 南海固废处理环保产业园遥感影像
（数据来源：百度地图）

区，有利于环保技工型人才的引入和培育。在配套服务方面，瀚蓝集团就地投资燃气供应、物流配送等设施，有效解决了园区内生产生活和物流需求。在科研方面，园区自身高度重视环保技术创新升级，重点聚焦于专业固废减量化、危废减量化、固废资源化利用、固废太阳能处理新技术应用、污泥减量化、化工拆除、危化品处理等环保技术升级应用，着力提高资源化利用效率。同时园区还毗邻以数控装备机械为核心的慧泉—大铁科技园和广东工业大学数控装备协同创新研究院，有利于加强数控装备制造与环保服务领域之间的跨专业、跨领域创新交流。

表 18-4：典型园区关键要素对比表

（数据来源：园区招商网页客户端）

园区对比要素	南海固废处理环保产业园	苏州国家环保高新技术产业园	常州国家环保产业园区
地理位置	佛山市南海区	苏州市虎丘区	常州市新北区
开发面积	442 亩	350 亩	1129 亩
入驻企业数（家）	10+	550+	50+
交通条件	园区位于狮山南海大学城旁，向南由桃园中路分别接入佛清从高速、省道 S121 当中，距离佛山西站约 8 公里，距离佛山市中心约 17 公里。	园区坐落于苏州高新区内，位于昆仑山路以南，浔阳江路以西，金沙江路以东，太湖大道高架路以北，距离地铁 3 号线铜墩地铁站约 2 公里。	园区靠近赣江路以南、创业东路以北、县道 X205 通江北路以东的区域，通过县道 X205 可连通国道 G346 和沪蓉高速，通过赣江路连通省道 S232。距离常州北站约 8 公里，距离常州奔牛机场约 20 公里。
产业布局	南海固废处理环保产业园是佛山市国家级高新技术产业开发区内重要的环保产业聚集区，以瀚蓝集团为主要载体，形成了以专业处理生活垃圾、污泥、餐厨垃圾和工业废弃物等下游固体废弃物处理服务环节为核心的专业服务型园区。	以环保综合服务为定位，涉及水污染治理设备、空气污染治理设备、固体废物处理设备、风能设备与技术、太阳能技术与设备、电池修复等中游环保设备制造 7 大类产业，形成了集科研、环保产品展示和展销、技术交易和信息交流于一体的智能环保科技中心，引进 200 多家新能源产业链、循环经济产业链内的上下游配套企业。	重点发展节水和水处理技术、大气污染治理技术、环境监测技术、废弃物处理技术、节能和绿色能源技术、资源综合利用技术、清洁生产技术等处于国际、国内高科技领先地位的高附加值的绿色环保高科技产业。
产业链核心环节	下游固废处理、环境服务服务	中游水、空气和固废环保设备制造	环保技术研发
代表企业	瀚蓝绿电、瀚蓝环境	苏水环境工程、尚科洁净、中澄环保、零碳天下、优瑞达环保	三立环保、维尔利环境工程、高科环保、河海水环境、弘驰环保

南海固废处理环保产业园以瀚蓝集团为龙头引领，建设绿色清洁生产示范产业园区，推动重点产废行业的工业固体废物规模化综合利用，减少工业固废产生，打造“无废城市”范本。园区建设运营以来，曾荣获多次奖项，被住建部评选为“市政公用科技示范工程，被省环卫协会授予“南粤环卫三十佳”最佳运营奖等，园区所承建的垃圾焚烧厂项目被评为 AAA 级无害化焚烧厂。

与苏州国家环保高新技术产业园、常州国家环保产业园区等国家级重点环保产业园相比，南海固废处理环保产业园发展仍有较大空间。规模上，园区当前入驻企业较少，其新增企业均由瀚蓝集团内部衍生，难以发挥；交通条件上，南海固废处理环保产业园交通条件相对不足，其所在区域远离市中心区和轨道交通站点，周边亦较少分布有连通高速公路的对外通道；产业布局上，以固废处理服务为主业务核心的产业发展单一化特征明显，水污染、大气污染等其他环保专业领域扩展尚有不足。但与苏州和常州典型园区相比，南海固废处理环保产业园也具有一定特点。

在产业园运营模式上，苏州国家环保高新技术产业园、常州国家环保产业园区是由原国家环保总局批准建立和重点扶持的国家级环保产业示范区，由园区管委会进行管理，是典型的由政府主导建设的产业园区。而南海固废处理环保产业园是由企业主导建设的产业园区，虽然这类模式加大了外部企业入驻园区的难度，阻碍了园区产业发展规模的进一步扩大，但更有利于发挥集团总部的引领作用，驱动集团总部的人力、资金、技术等要素向园区快速聚集，减少企业间的恶性竞争，充分发挥园区专业化和技术优势，节省园区运营的成本，提高园区的整体效率。

4.2 典型企业案例

4.2.1 典型企业发展概况

瀚蓝环境股份有限公司是广东省环保产业中的典型企业，是广东省环保领域内具备影响力的龙头企业之一。2022 年，该公司实现营业收入 128.75 亿元，总资产达到 332.88 亿元，近三年营收总收入增长率为 19.94%。

瀚蓝集团创立于 1992 年，是一家专注于环境服务产业的上市企业，公司已形成生态生活全链接的完整生态环境服务产业链，集固废、水务、能源等多个服务领域于一体，具备为城市提供可持续发展的环境服务规划、投资、建设、运营等全方位服务的能力。尤其在固废方面，依托资源化利用优势，已形成前端环卫一体化、中端转运及后端处理的纵向全链条发展模式，能够提供垃圾分类、环卫清扫、垃圾收转运、焚烧发电、卫生填埋、渗透液处理、飞灰处理等完整生活垃圾处理产业链纵向一体化服务，以及生活垃圾、餐厨垃圾、污泥、工业危废、农业垃圾、园林垃圾、大件垃圾、医疗废物处理等横向协同一体化服务，具有提供持续服务于“无废城市”建设的综合环境治理的能力。

瀚蓝集团总部位于佛山，集团自成立以来，曾多次荣获各界奖项，荣获“中国产学研合作创新示范企业”、广东环保品牌企业和广东省环境污染治理设施优秀运行服务单位；入选“2022 年中国环境企业五十强”排名第七，“中国垃圾焚烧发电企业十强”，连续九年被评为“全国固废处埋十大影响力企业”。旗下主导建设的环保设施工程项目曾多次被评选为年度示范典型案例，如垃圾焚烧双百标杆精细化项目、最美生活垃圾焚烧厂（瀚蓝绿电）、AAA 级生活垃圾焚烧厂（南海垃圾焚烧发电厂改扩建项目）、优秀转运厂项目（狮山松岗生活垃圾转运厂）、广东省环境保护示范工程（污水处理智加化管理系统）等。集团年均研发投入为 1%，同时拥有超过 2.5 万名员工，人才实力雄厚。截止到 2022 年年底，瀚蓝集团累计拥有已授权专利近 45 件（含国外专利）。

4.2.2 典型企业产权联系网络特征

构建瀚蓝环境股份有限公司的产权联系网络，有 20 家企业与广东格兰仕集团有限公司直接关联，主要构建了覆盖供应链上下游环节的产权联系网络，形成了典型的以环保服务为发展重心的上下游产业链布局模式。

空间分布方面，瀚蓝集团在立足于本地市场的基础上，积极扩展省外服务，形成了以广东省为中心的经营联系网络，发生产权联系的企业共 10 家集中在广东省，4 家集中在福建省，北京、河北、辽宁、上海、湖北和湖南等省份各分布 1 家。

供应链接结构方面，产权联系网络中上、中、下游各环节企业不完整，上游仅分布了2家环保技术研发企业，上游零部件和原材料生产供应、中游环保设备制造、试剂生产等环节存在缺失，集中面向以固体废弃物处理为核心的下游环保服务环节共9家。同时衍生出商务投资、供水燃气、文化娱乐等配套服务。除集团总部外，其环保治理服务作为公司的核心业务，共4家扩展至邻近省份——福建省，广东本地则集中布局商务投资、供水燃水等衍生配套服务，共7家。

产权联系方式方面，瀚蓝环境股份有限公司主要通过投资控股的方式构建企业间合作，其中全资控股企业9家，非全资控股企业9家，主要位于广东省和福建省。设立分支机构2家，分别位于广东省本地和河北省。集团重点投资上下游环节的企业，下游环保治理服务企业投资比例基本较高，同时下游供水、燃气配套服务企业均通过全资形式进行控股。

总体来看，瀚蓝环境股份有限公司立足于广东省本地市场进行产业对外拓展布局，在供应链各环节的部署模式中体现出明显的外联型特征，有利于扩大市场规模，奠定区域竞争优势，稳居国内固废处理行业第一梯队的地位。首先集团总部分布在佛山，就近扩展本地供水、燃气等生活设施服务企业，能够推动环保治理与生活服务领域的结合，同时积极扩展商业投资服务，在提供稳定的资金流的基础上，持续扩大本地市场影响力，有利于防范风险，实现良性增长。其次重点通过控股、参股等形式，加大省外市场投资力度，因地制宜扩展布局国内环保服务产业，有利于扩大环保服务品牌效应，拓展更加丰富的产业版图。但集团存在产业布局过度集中在下游环节，上游、中游关键环节薄弱的问题，容易产生上中游资源供给不稳定的风险。集团宜在产业链上中游中找准关键要素，集中优质资源进行企业自身的“补链、强链”。

表 18-5：瀚蓝环境股份有限公司产权联系类型

（数据来源：龙盾企业数据库）

产权关联类型	总数	涉及省份	行业类型	代表企业
全资控股	9	广东、北京、辽宁、福建、湖北、湖南	水利、环境和公共设施管理业，租赁和商务服务业，文化、体育和娱乐业，电力、热力、燃气及水生产和供应业	佛山市瀚成水环境治理有限公司、瀚蓝（厦门）固废处理有限公司、瀚蓝（大连）生态环保有限公司、瀚蓝（南平）生物环保科技有限公司、佛山市南海瀚蓝环保投资有限公司、佛山瀚蓝资产管理有限公司、佛山瀚蓝金石梦文化有限公司、佛山市南海桂城瀚蓝供水有限公司、佛山市南海燃气发展有限公司
非全资控股	9	广东、河北、湖南、福建、上海、北京、河北	水利、环境和公共设施管理业，租赁和商务服务业，科学研究和技术服务业	瀚蓝（孝感）固废处理有限公司、瀚蓝（常德）环保服务有限公司、瀚蓝（平和）固废处理有限公司、瀚蓝（惠安）智慧环卫服务有限公司、佛山市南海区桂瀚环保产业股权投资合伙企业（有限合伙）、上海复蓝投资管理有限公司、北京易二零壹号环境投资中心（有限合伙）、瀚蓝（开平）生物科技有限公司、瀚蓝（廊坊）生物环保科技有限公司
分支机构	2	广东	水利、环境和公共设施管理业，租赁和商务服务业	瀚蓝绿电固废处理（佛山）有限公司、佛山市南海区官窑诚发市场经营有限公司

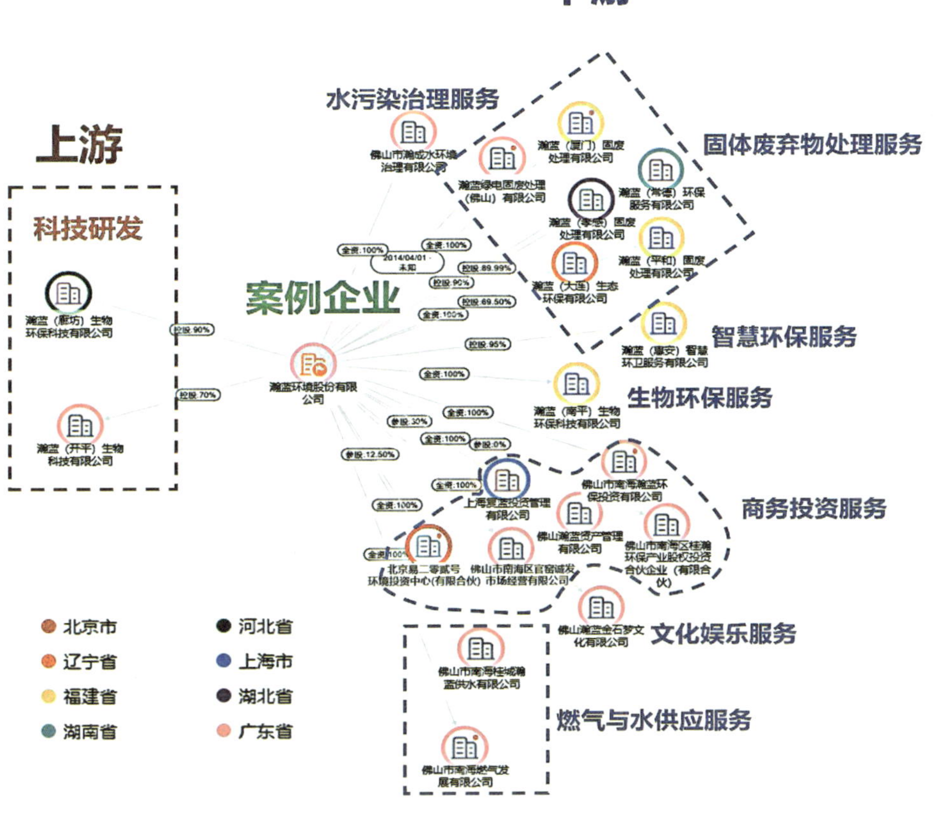

图 18-15：瀚蓝环境股份有限公司产权联系企业类型
（数据来源：龙盾企业数据库）

第十九章

战略性新兴产业集群：

精密仪器设备产业集群

精密仪器设备产业是国家战略新兴产业，包括科学研究、工业生产、医疗保健等领域。其供应链包括原材料采购、零部件供应、生产制造、测试与质量控制等研发制造环节，以及销售流通及售后维修等服务。

广东省精密仪器设备企业主要集中在上游科技研发、零部件生产制造环节，约占98.72%。中游制造环节企业数量较少，约占0.38%。下游售后与维修环节企业数量占比0.89%。但是中游环节利润率高于下游环节，上游环节的利润最高。由于中游环节企业数量少，企业产权联系主要发生在上游和下游之间，这种模式有利于形成研发和市场的良性互动，但不利于产品量产和扩大产业经济效益，产业结构亟须优化。

广东的精密仪器设备产业企业主要聚集在珠三角地区，特别是上游研发和下游售后与维修服务主要集中在广州、深圳、东莞、中山、佛山等科研资源集聚、经济实力较强地市，销售和流通环节分布在各市人口聚集地区。因此，精密仪器设备产业园往往选址在地理位置优越、交通物流条件发达、靠近教育资源的高度城市化地区，以方便产品流通、吸引人才和具备广泛的应用场景。这一点也可以从深圳市理邦精密仪器股份有限公司的布局中得以体现。

1. 精密仪器设备产业集群概述

1.1 基本概念

精密仪器设备是指具有高度精确度和灵敏度的科学、工程或实验设备。它们用于测量、监测、控制和分析各种物理、化学、生物或工程的过程和现象。这些设备通常采用先进的技术和复杂的设计，以提供准确的数据、精确的测量和可靠的操作。精密仪器设备的应用领域广泛，包括科学研究、工业生产、医学诊断、环境监测等。

精密仪器设备产业的发展可以追溯到工业化和科学技术进步的时期。18世纪末至19世纪初，工业革命时期，英国成为精密仪器制造的中心。19世纪中叶，德国开始崛起为精密仪器制造领域的重要国家，以生产精密光学仪器、物理仪器和化学仪器著称。随着科学研究和工程技术的发展，对于精确测量和控制的需求逐渐增加，从而促进了精密仪器设备的发展。20世纪初，美国的精密仪器制造业开始崛起，成为全球领先的制造和创新中心，涵盖了各种领域，如电子仪器、光学仪器、医疗设备等。产业发展初期，精密仪器设备主要由个别科研机构或制造商开发和生产，供应市场的规模有限。随着市场的需求提升以及科技的快速发展，精密仪器设备产业逐渐形成，产业链各个环节的专业化和分工逐渐明确。制造技术的进步、材料科学的发展以及计算机和电子技术的应用，为精密仪器设备的生产和创新提供了更多的机会和可能性。

随着市场需求的增长和技术进步的推动，精密仪器设备产业得到了进一步的发展和壮大。20世纪后半叶，中国、韩国和日本等亚洲国家开始加大对精密仪器设备产业的投资和发展，成为全球制造和供应精密仪器的重要基地。而现代随着全球经济一体化和科技创新的推动，精密仪器设备产业在许多国家得到了迅速发展，包括瑞士、法国、荷兰、加拿大、澳大利亚等。精密仪器设备产业的发展是一个全球性的过程，各个国家都在不同程度上参与其中，贡献了自己的技术、制造和创新能力。这些国家之间的竞争和合作推动了整个产业的发展和进步。

精密仪器设备产业是高技术复杂度的行业，产业上、中、下游供应链条较长。为更好地厘清精密仪器设备产业的核心产品、核心技术环节及核心行业等关键要素的结构关系，需深入分析产业上、中、下游结构特征，构建精密仪器设备产业供应链全景图谱。

供应链的最顶层是研发端，多由高校和研究机构等主体进行相关基础理论研究和技术研发，在我国，光学仪器与光电子器件、医疗器械、无损检测和测量仪器、半导体与微电子器件以及精密机械与自动化设备等是我国重点聚焦攻坚的领域。

上游是重要的生产支撑环节，供应的核心产品包含材料领域、设备领域以及技术领域。

材料领域是精密仪器设备制造的关键基础，主要涉及（1）生硅晶圆材料，用于半导体芯片的制造，包括单晶硅、多晶硅等。光学材料，用于光学仪器和光电子器件的制造，如玻璃、光纤、光学涂层材料等。（2）金属材料，用于精密机械和机械零部件的制造，包括钢材、铝合金、镍合金等。

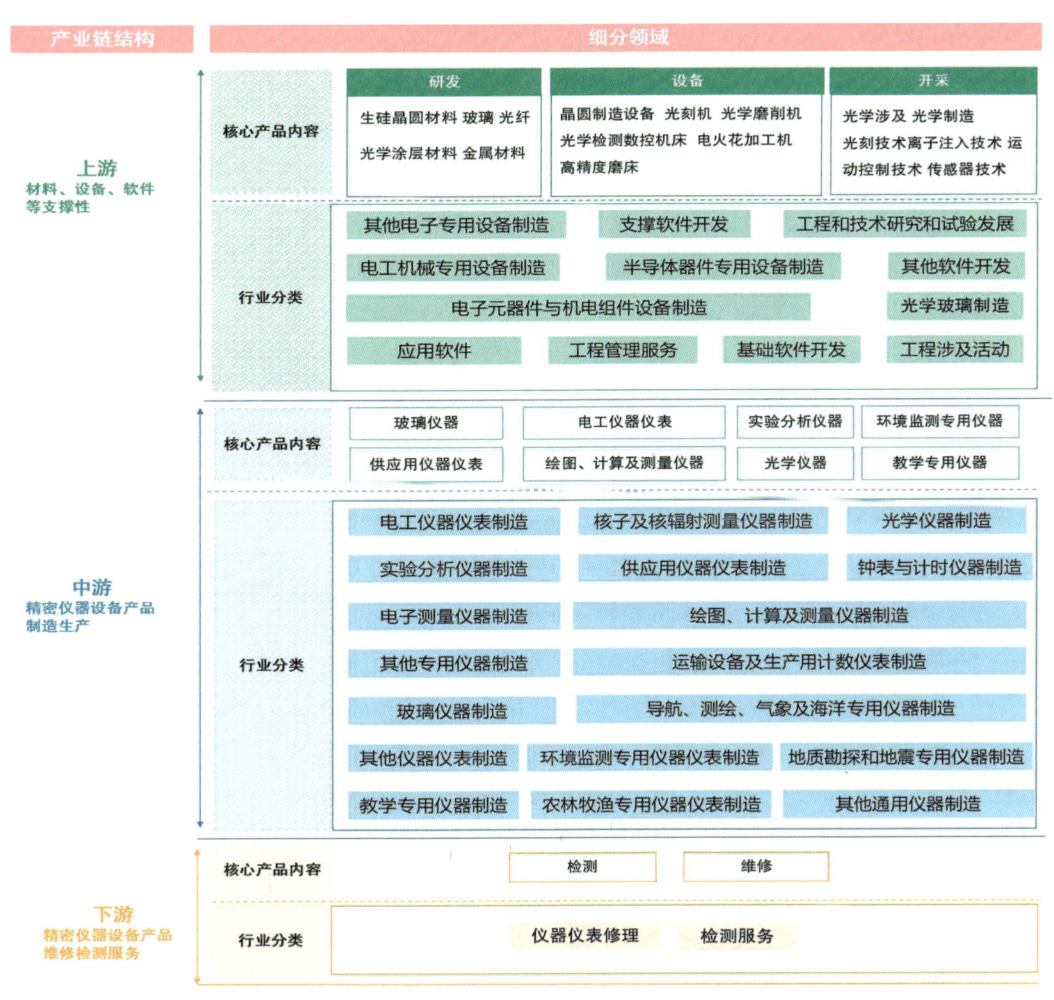

图 19-1：精密仪器设备全产业供应链图谱

设备是精密仪器设备制造过程中的关键工具，上游设备的领域主要涉及（1）晶圆制造设备，用于半导体芯片的制造，包括切割机、研磨机、抛光机等；（2）光学加工设备，用于光学仪器的制造和加工，包括光刻机、光学磨削机、光学检测设备等；（3）精密加工设备，用于精密机械和零部件的制造，包括数控机床、高精度磨床、电火花加工机等。

技术是精密仪器设备制造和创新的核心，上游的技术领域主要涉及：（1）光学技术，包括光学设计、光学制造光学测试等，用于光学仪器和光电子器件的研发和生产；（2）微纳加工技术，用于半导体芯片和微电子器件的制造，包括光刻技术、薄膜沉积技术、离子注入技术等；（3）控制与自动化技术，用于精密机械和自动化设备的研发和生产，包括运动控制技术、传感器技术、机器视觉技术等。

本环节对应的企业集中分布在国民经济行业分类中的光学玻璃制造（3052，国民经济行业分类代码，下同）、电工机械专用设备制造（3561）、半导体器件专用设备制造（3562）、电子元器件与机电组件设备制造（3563）、其他电子专用设备制造（3569）、基础软件开发（6511）、支撑软件开发（6512）、应用软件开发（6513）、其他软件开发（6519）、工程和技术研究和试验发展（7320）、工程管理服务（7481）、工程设计活动（7484）12 类行业中。

中游是精密仪器设备产业重要的生产环节，依托上游支撑，通过设计、制造封装、测试等系列流程，将原材料加工成通用型或定制化成品，组装成完整的仪器设备。

本环节对应的企业集中分布于国民经济行业分类中的玻璃仪器制造（3053），电工仪器仪表制造（4012），绘图、计算及测量仪器制造（4013），实验分析仪器制造（4014），供应用仪器仪表制造（4016），其他通用仪器制造（4019），环境监测专用仪器仪表制造（4021），运输设备及生产用计数仪表制造（4022），导航、测绘、气象及海洋专用仪器制造（4023），农林牧渔专用仪器仪表制造（4024），地质勘探和地震专用仪器制造（4025），教学专用仪器制造（4026），核子及核辐射测量仪器制造（4027），电子测量仪器制造（4028），其他专用仪器制造（4029），钟表与计时仪器制造（4030），光学仪器制造（4040），其他仪器仪表制造（4090）18 类行业。

下游则是精密仪器设备成品的维修环节，对售出的设备产品进行定期检测以及维修工作。本环节对应的企业集中分布在国民经济行业分类中的仪器仪表修理（4360）、检测服务（7452）2 类行业中。

1.2 发展概况

1.2.1 政策要求

精密仪器设备产业作为重要的战略新兴产业，国家、广东省密集出台了相关政策支持产业发展，从研究领域关键技术突破、产业链补全、产业集聚发展、产业空间供给、创新能力提升、人才体系保障 6 个方面提出了具体的政策要求。印发部门主要涉及发改、工信、财政、税务等部门，主要激励手段包括财政资金奖励、税收优惠、贷款倾斜、供地保障等。

国家层面发布的相关政策主要聚焦在行业技术发展，重点支持高端仪器设备的研发、生产和应用。其次关注新兴技术领域的仪器设备，如生物医学、新能源、新材料等，鼓励技术创新和应用推广。为鼓励企业发展，设立专项资金用于仪器设备研发和创新，支持企业进行技术攻关和项目推进。给予仪器设备研发和生产企业税收优惠政策，降低研发成本和生产成本。建设仪器设备产业园区和科技创新示范区，提供配套设施和服务，促进产业集聚和创新合作。鼓励仪器设备企业与国际科研机构、企业开展合作交流，引进先进技术和设备，提高国际竞争力。

广东省层面主要聚焦做大做强本地产业集群、产业链和供应链。政策涉及面更广，包含产业布局优化、技术发展、产业链补全等。

产业布局方面，广东省发布的相关政策主要注重于产业的集聚布局，针对工业自动化测控仪器与系统、大型精密科学测试分析仪以及高端信息计测与电测仪器有不同的产业空间布局，但是主要均以广州、深圳为核心，珠三角作为产业发展着力点。技术方面，巩固提升示波器、监护仪、血细胞分析仪、功率分析仪、基因测序仪、质谱仪等国内国际领先优势。重点突破工业自动化测控仪器与系统、大型精密科学测试分析仪器、高端信息计测与电测仪器等领域的技术研发与产业化应用。支持新型传感技术、智能化技术、计量测量技术、功能安全控制技术等共性核心技术研究与产业化应用，打造贯穿创新链、产业链的创新生态系统。提出到 2025 年，精密仪器设备产业规模达到约 3000 亿元，基本建成产业结构布局合理、自主创新能力突出、具有核心国际竞争力的世界级现代化产业集群。

表 19-1：政策清单表格样式

层级	时间	政策名称	主要内容或措施要求	印发部门
国家级	2020	《加强“从 0 到 1”基础研究工作方案》	开发高端影像诊断装备，攻关突破基于新一代细胞标记、微流控分析技术的高端细胞分析装备，多功能、集成化检验分析装备，高性能生化分析装备、免疫分析仪、质谱分析设备等。	科技部、发展改革委、教育部、中科院、自然科学基金
国家级	2021	《中华人民共和国国民经济和社会发展第十四个五年规划和2035年远景目标纲要》	明确指出，要加强高端科研机器设备研发制造。	国务院
国家级	2021	《医疗装备产业发展规划（2021-2025 年）》（征求意见稿）	开发高端影像诊断装备，攻关突破基于新一代细胞标记、微流控分析技术的高端细胞分析装备，多功能、集成化检验分析装备，高性能生化分析装备、免疫分析仪、质谱分析设备等。	工业和信息化部
国家级	2021	《基础科研条件与重大科学仪器设备研发重点专项 2021 年度项目申报指南》	拟支持项目涉及高端通用科学仪需工程化及应用开发、核心关键部件开发与应用、高端化学试剂研制、应用于重大疾病诊断的生物医学试剂创制与应用、同位素试剂、人类疾病动物模型创制研究、国家实验动物资源库服务质量提升、实验动物质量评价、科学数据分析挖掘应用关键技术与软件系统、科学数据自主应用软件等。	科技部
国家级	2021	《“十四五”智能制造发展规划》	加强关键核心技术攻关。聚焦设计、生产、管理、服务等制造全过程，突破设计仿真、混合建模、协同优化等基础技术，开发应用增材制造、超精密加工等先进工艺技术，攻克智能感知、人机协作、供应链协同等共性技术，研发人工智能、5G 大数据、边缘计算等在工业领域的适用性技术。	工业和信息化部、国家发展和改革委员会、教育部、科技部、财政部
省级	2020	《广东省培育精密仪器设备战略性新兴产业集群行动计划（2021-2025 年）》	重点突破核心技术和关键零部件短板；大力完善产业支撑体系。积极构建区域协同发展新格局。立足粤港澳大湾区产业优势与资源集聚，建立各具特色的区域错位发展新格局；提升质量打造著名品牌；加强产业国际市场拓展和投资合作。支持我省拥有特色优势的示波器、监护仪、基因测序仪、超声检测仪器、卫星导航测控仪器等领域的企业积极稳妥开展跨国投资并购，在国际创新资源集聚地区建设海外创新中心，积极融入国际价值链高端。	广东省人民政府
省级	2021	《广东省制造业高质量发展“十四五”规划》	把精密仪器设备产业纳入广东省战略性新兴产业集群；明确精密仪器设备重点细分领域发展空间布局。	广东省人民政府

1.2.2 市场概况

近年来，我国精密仪器设备产业实现了长足发展，销售额不断提升，已经成为全球最大的精密仪器设备市场之一。数据显示，2021 年 1—12 月，仪器仪表行业规模以上企业达 5400 家，实现营业收入 9101.4 亿元，同比增幅 15.9%；利润总额 957 亿元，同比增幅 11%[173]。未来，在 5G、半导体集成电路、人工智能、医疗智能器械等新兴应用的驱动下，我国精密仪器设备的市场需求仍将不断增长。

广东省精密仪器设备产业已经初步构建了产品门类品种比较齐全、具有一定生产规模和研发应用能力、以民营企业为主力军的产业体系，形成了以广州、深圳、珠海、佛山、东莞、中山为主的产业布局，涌现出一批上市公司、“小巨人”“单项冠军”等龙头骨干企业。我省在示波器、监护仪、血细胞分析仪、功率分析仪、基因测序仪、质谱仪等方面处于国内领先技术水平。2019 年全省精密仪器设备产业主营业务收入为 1323.99 亿元，出口交货值达 429.17 亿元，专利授权量约 53 万件，拥有专精特新“小巨人”“单项冠军”“独角兽”企业近 20 家。[174]

广东省在精密仪器设备产业方面具有一定的产业优势，设备产品门类品种比较齐全，产业链较完整，产业基础比较好，这为建设世界级的产业集群奠定了坚实的基础，同时广东省精密仪器设备产业以民营企业为主，企业具有较强的市场意识、突破能力和发展潜力等优点，通过政府引导加大技术投入与创新力度，可逐步提升产品质量与可靠性，实现产品从中低端向高端的发展。

随着国家出台相关政策支持仪器仪表以及智能制造、高端制造的发展，广东省的精密仪器设备产业发展也迎来了机遇。精密仪器设备产业涉及机械、电子、光学、材料信息技术等多学科应用，随着自动化检测、安全仪表、传感器自动化控制、人工智能等技术的快速发展，我省新一代信息技术智能制造、生物医药、节能环保、新能源、新材料等战略性新兴产业的高质量发展，以及重大工程建设与传统产业转型升级，对精密仪器设备产业提出了巨大的市场需求，同时也带来了很大的发展机遇。

2. 广东省精密仪器设备产业供应链结构特征

2.1 供应链各环节产业的发展规模

全省精密仪器设备产业企业数量为 271452 家。从供应链各环节的企业数量规模来看，上游环节规模最大，中游和下游的规模相近。

上游环节共有 267987 家企业，在全供应链中企业数量占比为 98.72%。上游包含十二个小类（为

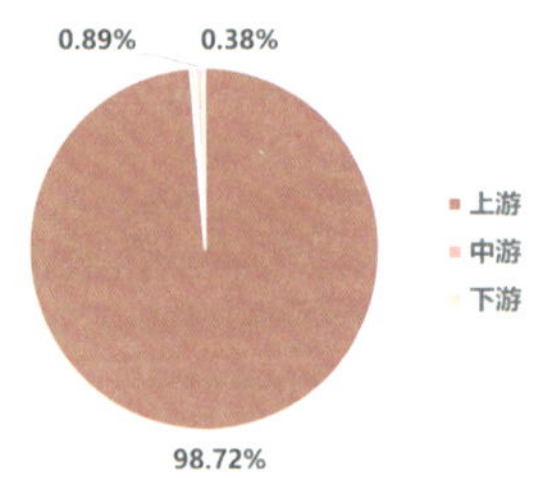

图 19-2：精密仪器设备全产业企业数量
（数据来源：龙盾企业数据库）

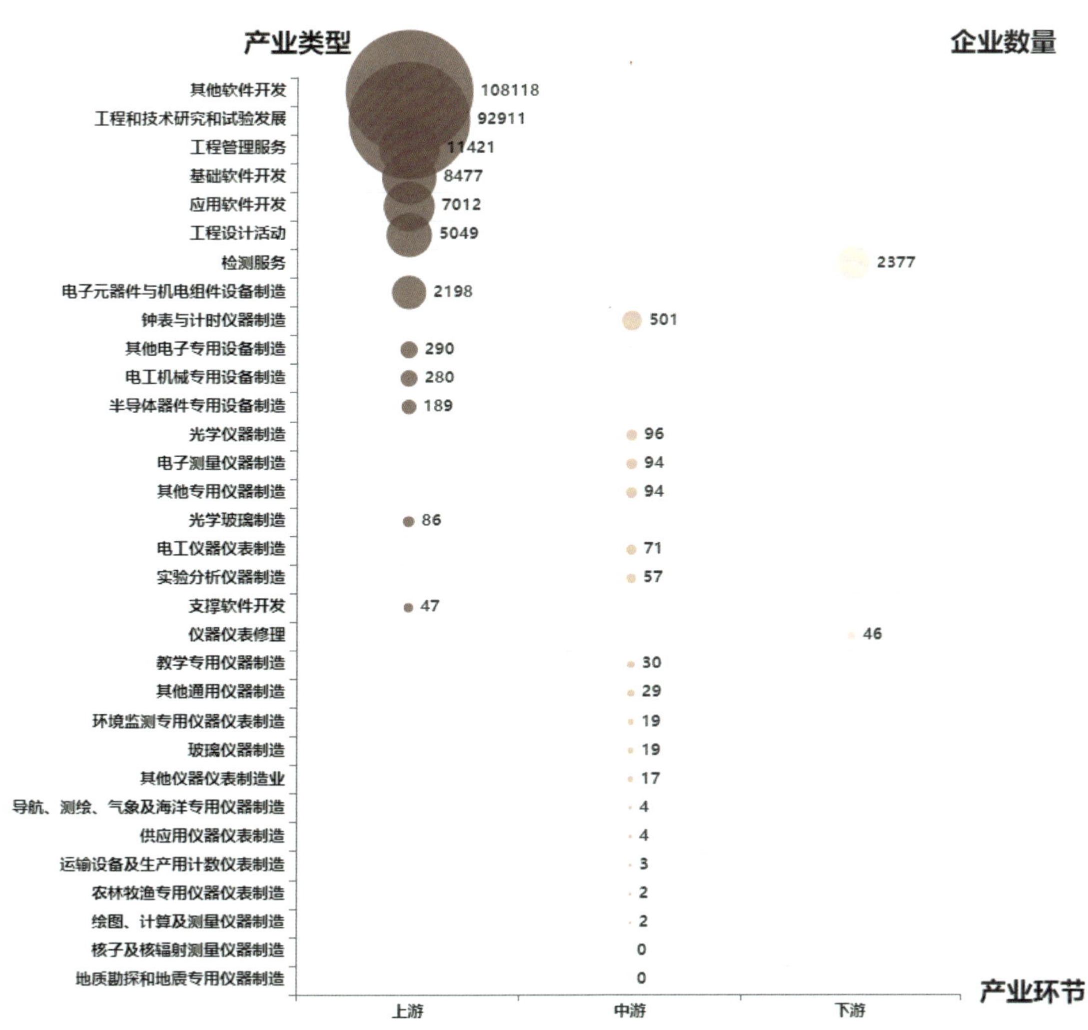

图 19-3：精密仪器设备产业全供应链企业数量分析
（数据来源：龙盾企业数据库）

国民经济行业分类代码中第四级分类），企业数量规模相差较大，其中其他软件开发以及工程和技术研究试验发展的企业数量稍多，分别为 108118 家和 92911 家，在上游环节的数量占比分别为 45.79% 和 39.35%，是上游环节主导发展企业类型。支撑软件开发类较少，数量为 47 家，在上游环节的数量占比为 2%。

中游环节共有 1042 家企业，在全供应链中企业数量占比为 0.38%。其中钟表与计时仪器制造企业数量最多，为 501 家，在中游环节的数量占比为 48.08%，是中游环节主导发展企业类型。农林牧副渔专用仪器仪表企业数量最少，数量为 2，在中游环节的数量占比为 0.19%，是中游环节发展最不充分的企业类型。

下游环节共有 2423 家企业，在全供应链企业中企业数量占比为 0.89%。其中检测服务类企业数量最多，数量为 2377 家，在下游环节的数量占比为 98.1%，是下游环节主导发展企业类型。仪器仪表修理类企业数量最少，数量为 46 家，在下游环节的数量占比为 1.9%，是下游环节发展最不充分的企业类型。

2.2 供应链各环节产业的经济价值

精密仪器设备产业全供应链 2018 年的整体平均利润率为 6.33%。从供应链各环节的企业平均利润来看，上游环节利润率最高，其次是中游环节，规模最小的是下游环节。

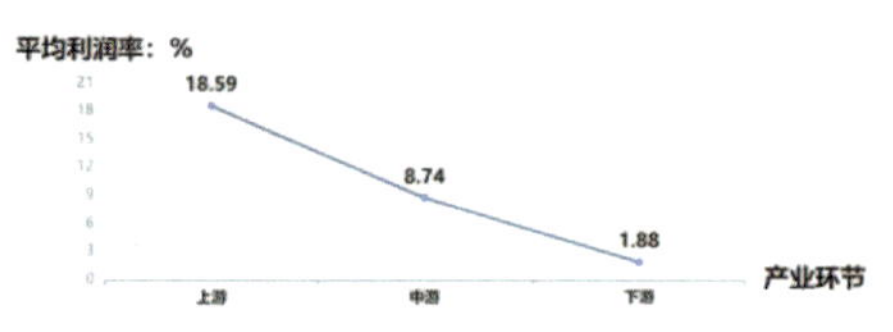

图 19-4：上、中、下游利润率平均值折线统计图
（数据来源：龙盾企业数据库）

分环节来看，上游环节平均利润率最高，为 18.59%。其中工程管理类企业利润率最高，为 100%，比上游环节利润率平均值高 81.41 个百分点。光学玻璃制造类企业利润率最低，为 0.19%，比上游环节利润率平均值低 18.572 个百分点。

中游环节在供应链三个环节中平均利润率居中，平均利润率达到了 8.74%。其中核子及核辐射测量仪器制造类企业利润率最高，为 30.58%，比中游环节利润率平均值高 21.84 个百分点。电工仪器仪表制造类企业利润率最低，为 -1.69%，比中游环节利润率平均值低 10.43 个百分点。本类企业整体尚未实现盈利，有待采取措施进一步降低生产成本，开拓市场，提升盈利空间。

下游环节在供应链三个环节中平均利润率最低，平均利润率仅为 1.88%。其中仪器仪表修理类企业利润率最高，为 1.88%。本类企业整体尚未实现盈利，有待采取措施进一步降低生产成本，开拓市场，提升盈利空间。

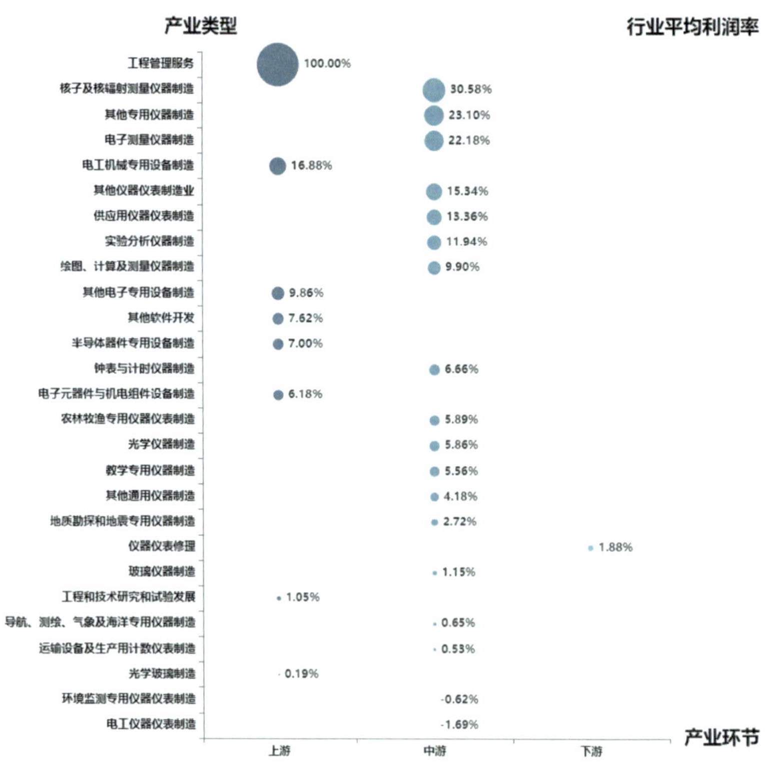

图 19-5：精密仪器设备产业全供应链经济价值分析
（数据来源：《广东省经济普查年鉴（2018）》）

2.3 供应链各环节产业产权联系网络特征

全省精密仪器设备产业供应链各环节间存在一定的产权联系。

总体上，同一环节内部企业产权联系较为紧密，联系频数为 6686。同一环节内同类行业间联系频数为 4866，其中其他软件开发行业内部联系最为紧密。同一环节内不同行业间联系频数为 1820，其中工程和技术研究和试验发展和其他软件开发之间的联系较为紧密。

不同环节之间的企业产权联系较薄弱，联系频数为 63。其中上游环节与中游环节联系较为紧密，工程管理服务类企业是产权联系网络中的核心节点。中游环节与下游环节联系较为薄弱。

表 19-2：广东省精密仪器设备各行业产权联系表

（数据来源：龙盾企业数据库）

联系类型	总部或投资企业类型	分支或被投资企业类型	联系频数
同一环节内部联系（不同类行业）联系频数：1820	软件开发	应用软件开发	40
	工程和技术研究和试验发展	应用软件开发	41
	其他软件开发	基础软件开发	52
	应用软件开发	其他软件开发	57
	其他软件开发	应用软件开发	139
	软件开发	其他软件开发	153
	其他软件开发	软件开发	170
	软件开发	工程和技术研究和试验发展	178
	其他软件开发	工程和技术研究和试验发展	199
	工程和技术研究和试验发展	其他软件开发	231
	工程和技术研究和试验发展	软件开发	267
同一环节内部联系（同类行业）联系频数：4866	钟表与计时仪器制造	钟表与计时仪器制造	6
	电子元器件与机电组件设备制造	电子元器件与机电组件设备制造	15
	基础软件开发	基础软件开发	17
	工程设计活动	工程设计活动	27
	检测服务	检测服务	35
	应用软件开发	应用软件开发	42
	工程管理服务	工程管理服务	258
	软件开发	软件开发	349
	工程和技术研究和试验发展	工程和技术研究和试验发展	1689
	其他软件开发	其他软件开发	2410
不同环节内部联系 联系频数：63	工程和技术研究和试验发展	其他通用仪器制造	1
	其他专用仪器制造	其他软件开发	2
	电子测量仪器制造	工程和技术研究和试验发展	2
	工程和技术研究和试验发展	电子测量仪器制造	2
	工程和技术研究和试验发展	环境监测专用仪器仪表制造	2
	其他软件开发	其他专用仪器制造	2
	检测服务	工程和技术研究和试验发展	3
	其他软件开发	检测服务	4
	检测服务	其他软件开发	6
	工程和技术研究和试验发展	检测服务	11
	工程管理服务	检测服务	15

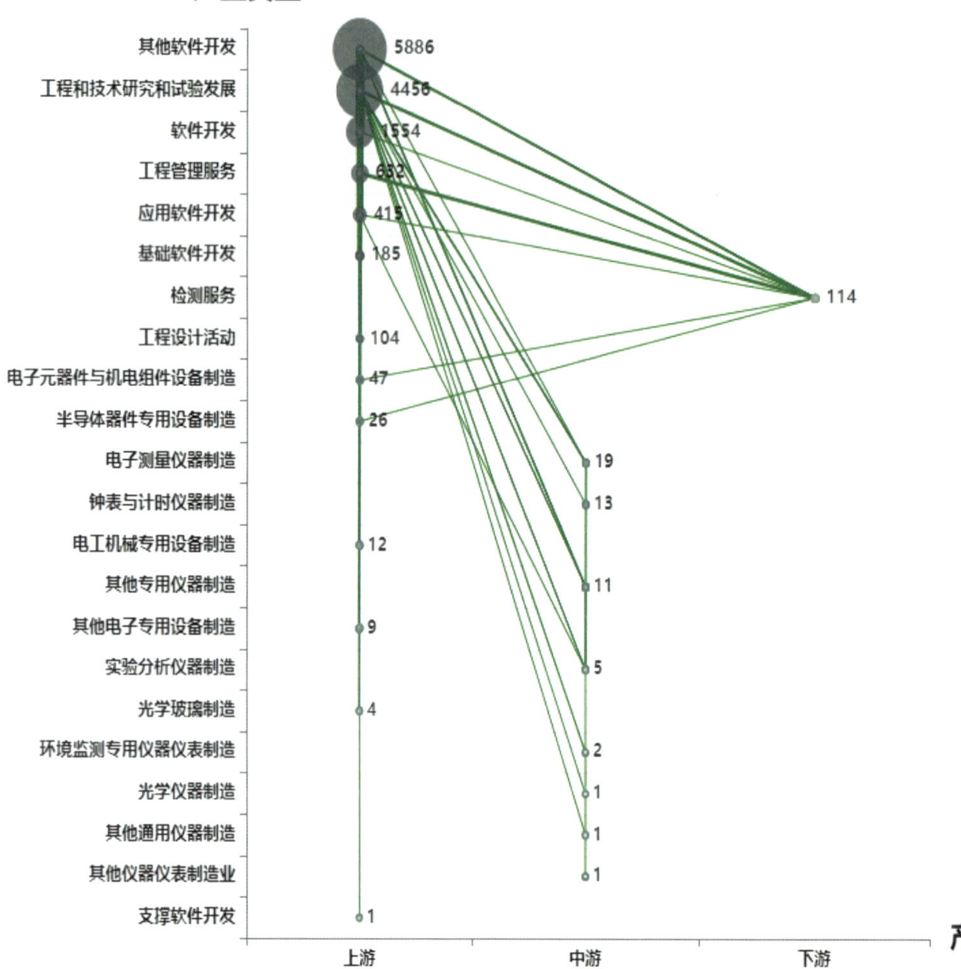

图 19-6：精密仪器设备产业全供应链产权联系分析图
（数据来源：龙盾企业数据库）

2.4 供应链结构多要素耦合特征

统计精密仪器设备产业供应链各环节的发展规模、经济价值和产权联系三要素对应指标的皮尔逊相关系数，可以发现企业数量比率与产权联系频数比率指标的皮尔逊相关系数为 0.99，发展规模与产权联系两要素间存在极强的正相关性，企业数量规模越多的行业有更多的企业设立分支机构或对外投资，形成相对密集的产权联系网络。其他要素间则不存在相关性。

表 19-3：三要素相关系数表

要素指标	皮尔逊相关系数
企业数量比率与利润率	-0.02（无相关）
企业数量比率与产权联系频数比率	0.99（极度正相关）
行业平均利润率与产权联系频数比率	-0.02（无相关）

根据三要素指标的分布情况，精密仪器设备产业供应链内各环节企业发展状态大致可分为三种情况。

一是企业联系频数和企业数量比率较高，但是企业平均利润较差，包含其他软件开发、工程和技术研究和试验发展、应用软件开发、基础软件开发、检测服务和工程设计服务 6 类，主要处于上游和下游环节。行业中企业数量较多，企业之间竞争加剧，导致价格战和利润率的下降，行业中的供应过剩而需求不足可能导致利润减少，而市场的需求并没有相应增长，导致企业难以实现良好的利润。

二是经济价值指标表现良好，而发展规模和产权联系指标较弱的企业，包含工程服务管理服务、核子及核辐射测量仪器制造、其他专用仪器制造以及电子测量仪器制造等 19 类，主要处于上游及中游环节。整体来看，几类产业发展处于成熟期，存在一定的行业技术门槛、进入成本门槛或法律法规门槛等，市场集中度高，需求增长较快而供给量相对稳定。企业宜采用维持战略，并投入资金支持新的核心能力开发计划，在战略、组织结构、人员、技术等方面为转向新领域作准备，抓住时机通过转型、重组、再造、技术、制度和管理创新战略来推动企业及早进入新一轮的生命周期。

三是三要素指标均处于较低水平，表现为企业数量少，平均利润率为负，企业间联系频数低，包含电工仪器仪表制造、环境监测专用仪器仪表制造、光学玻璃制造等 7 类，分别处于上游及下游环节。整体来看，该类产业处于初创发展阶段，市场需求不够成熟，存在技术落后或成本投入较大等问题。企业在这一阶段需要承担较高的研发成本和风险，并进行市场调研、产品定位等工作，加强研发，争取市场主导权，及早进入市场与申请专利，强化竞争优势。

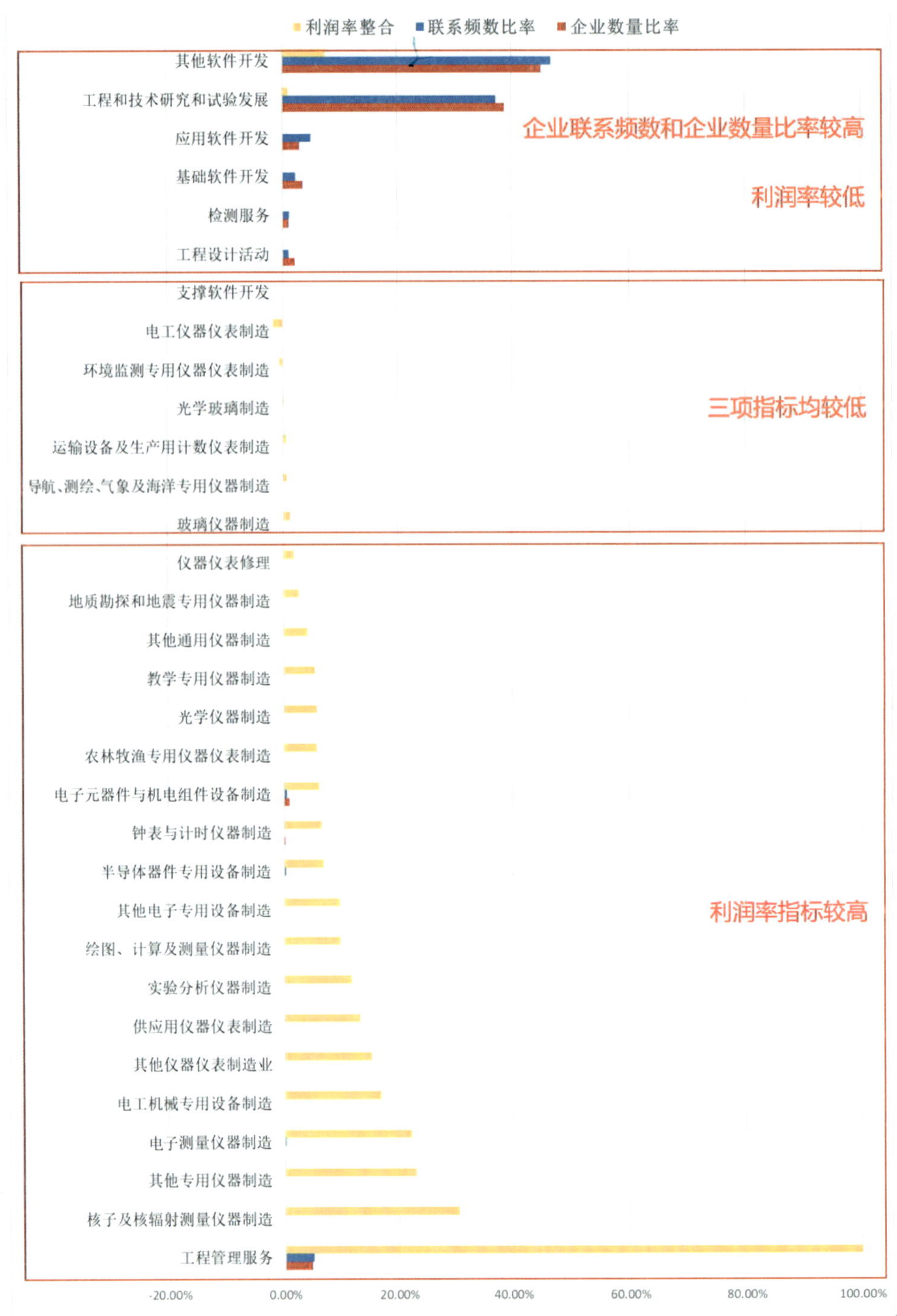

图 19-7：精密仪器设备产业全供应链四级分类产业要素指标分析图
（数据来源：龙盾企业数据库、《广东省经济普查年鉴（2018）》）

3. 广东省精密仪器设备产业集群空间特征

3.1 企业数量集聚空间特征

分区域来看（图 19-8），珠三角地区是精密仪器设备产业的主要集聚区域，包含的上、中、下游各环节以及全供应链的企业数量规模均占比分别为96.50%、96.66%、80.06%和95.08%，均超过90%以上，在产业规模发展方面具有绝对的数量规模优势。粤北地区、粤东地区和粤西地区的精密仪器设备产业发展规模相对较小，合计数量占比未超过 5%，产业发展基础相对薄弱。

分地市来看（图 19-9），广州、深圳、东莞、中山、佛山等地是精密仪器设备产业的主要集聚地，上、中、下游各环节企业分布均较为密集，但各地市集聚的产业环节特点略有差异，广州、深圳以及佛山是上游企业数量最多的 3 个地市，中山、惠州、珠海、江门、肇庆、清远等地企业数量依次递减，是精密仪器设备生产以及支撑软硬件设备的主要产地；广州、东莞和佛山是中游企业数量最多的 3 个地市，深圳、惠州、中山、珠海、清远、河源、肇庆等地企业数量依次递减，承载着各类精密仪器设备的组装等生产工作；深圳、东莞和广州是下游企业数量最多的 3 个地市，佛山、中山、惠州、肇庆、珠海、江门等地企业数量依次递减，是精密仪器设备产业维修以及检测类企业主要集中区域。

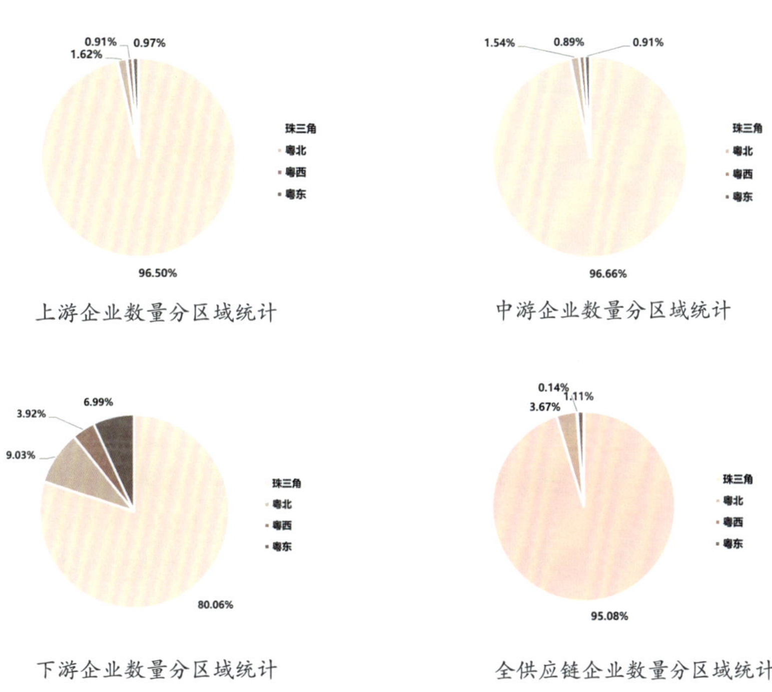

图 19-8：全省精密仪器设备产业分区域企业数量统计
（数据来源：龙盾企业数据库）

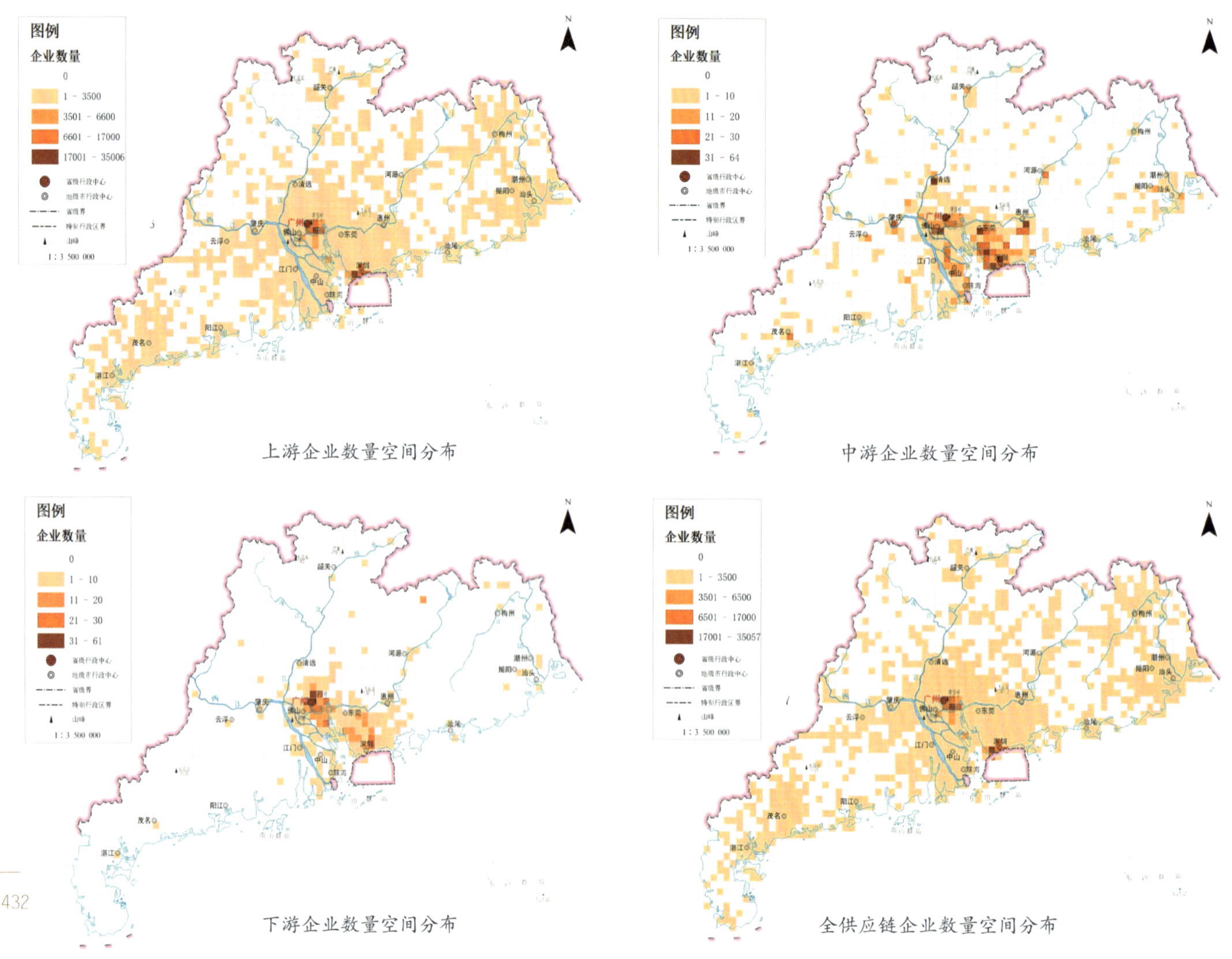

图 19-9：精密仪器设备产业企业数量分布
（数据来源：龙盾企业数据库）

3.2 企业联系集聚的空间特征

分区域来看（图 19-10），珠三角地区全省精密仪器设备产业中设置分支机构或进行投资的企业的主要集聚区域，上、中、下游各环节以及全供应链的产权联系度占比分别为 96.17%、100%、72.73% 和 96%，均超过 70% 以上，具有绝对的产权布局优势，依托产权部署，在经济、技术、知识、人才等要素交流方面具有更大的潜力。整体规模上，粤东地区、粤西地区和粤北地区产权联系规模分别为 1.2%、1.4% 和 1.5%。

下游维修护理等企业，除了珠三角较为集中之外，主要集中在粤东和粤西，联系度占比占比超过 20%。

分地市来看（图 19-11），深圳、广州、佛山和东莞等地是精密仪器设备产业上游、中游和下游各环节企业产权联系较多区域，有较强的产业合作拓展能力，但各环节的企业产权联系度排序略有变化。深圳、广州、佛山和东莞是上游企业产权联系度较高区域，惠州、珠海、中山、肇庆、江门和清远等地产权联系度依次递减，其中深圳和广州作为精密仪器设备产业研发的集中地，在上游环节企业的产

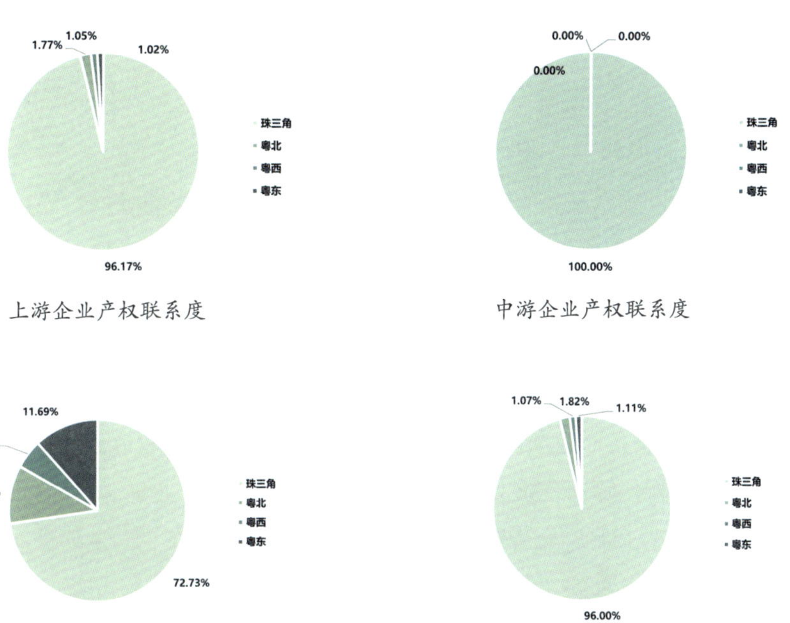

上游企业产权联系度　中游企业产权联系度

下游企业产权联系度　全供应链企业产权联系度

图 19-10：精密仪器设备产业分区域企业产权联系度统计
（数据来源：龙盾企业数据库）

上游企业产权联系度空间分布　中游企业产权联系度空间分布

下游企业产权联系度空间分布　全供应链企业产权联系度空间分布

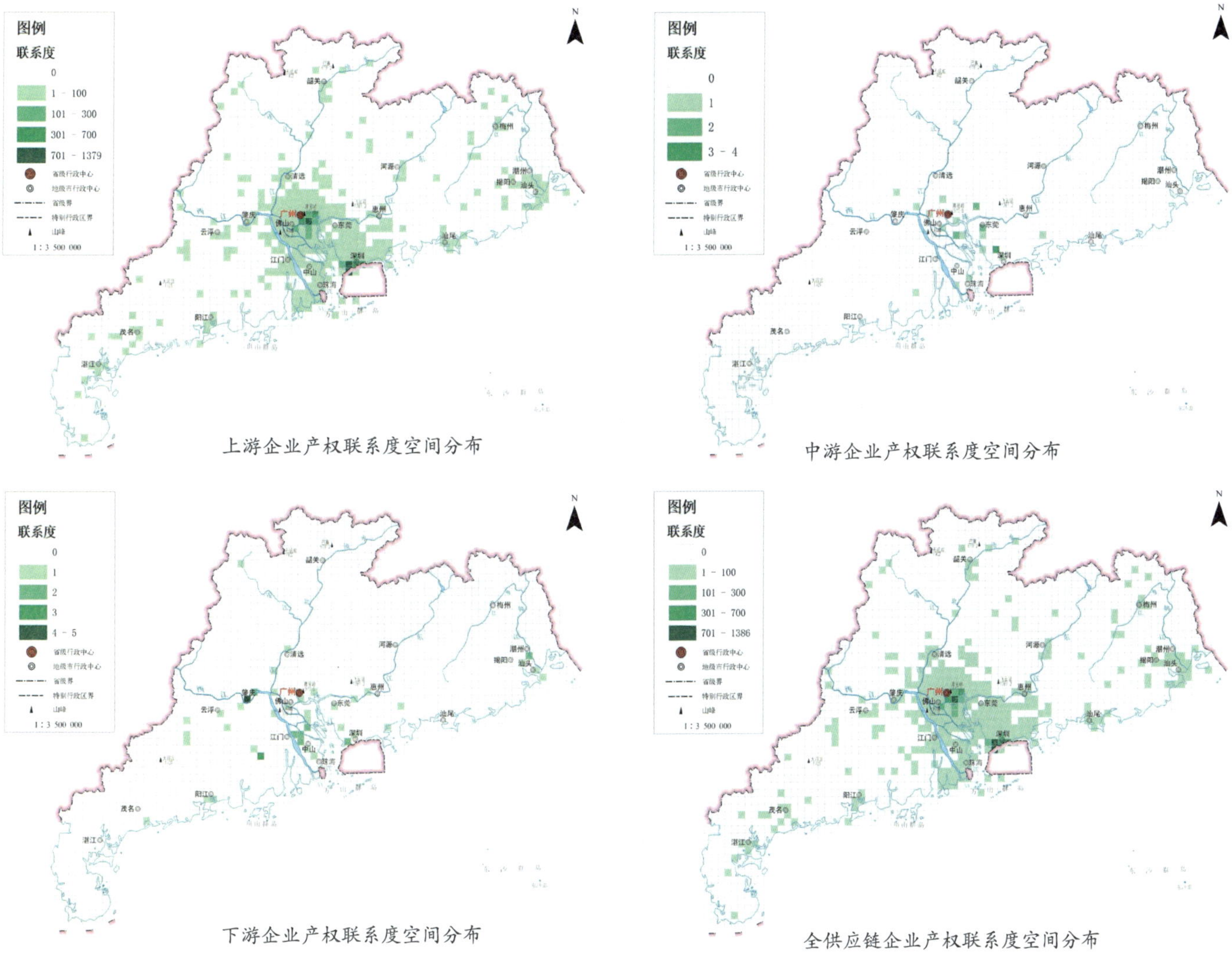

图 19-11：全省精密仪器设备产业企业产权联系度分布
（数据来源：龙盾企业数据库）

权联系强度超过了绝大部分广东其他地区；广州、深圳、东莞是中游企业产权联系度较高的区域，珠海、佛山、中山、肇庆、惠州、江门等地区依次递减；佛山、中山、肇庆是下游企业产权联系度较高的区域，江门、广州、云浮、潮州、惠州等地区依次递减。

3.3 产业集群的空间特征

综合分析精密仪器设备产业全供应链企业的数量空间分布和产权联系度情况，筛选两项指标处于前 10% 的格网做叠加分析，筛选企业密度较高、产权联系紧密的产业集群潜在空间格网共 183 个。

分区域来看（图 19-12），全省精密仪器设备产业集群的潜在空间主要分布在珠三角地区，包含 152 个格网空间，面积占比为 83.52%；此外粤东、粤西和粤北地区分别占有 10、11 和 9 个格网空间，形成产业集群潜在空间，面积分别占比为 5.49%、6.04% 和 4.95%。

分地市来看（图 19-13），我省精密仪器设备产业集群的潜在空间主要分布在广州市天河区、白云区、黄埔区、番禺区，深圳市南山区、宝安区，珠海市香洲区、斗门区，佛山市南海区、禅城区以及中山市。这些区域是全省现阶段半导体及集成电路产业集群发展较为成熟的潜在区域。

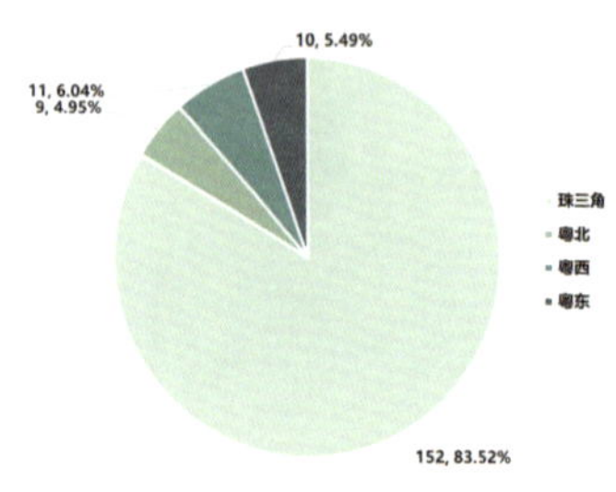

图 19-12：产业集群潜在空间格网统计图
（数据来源：龙盾企业数据库）

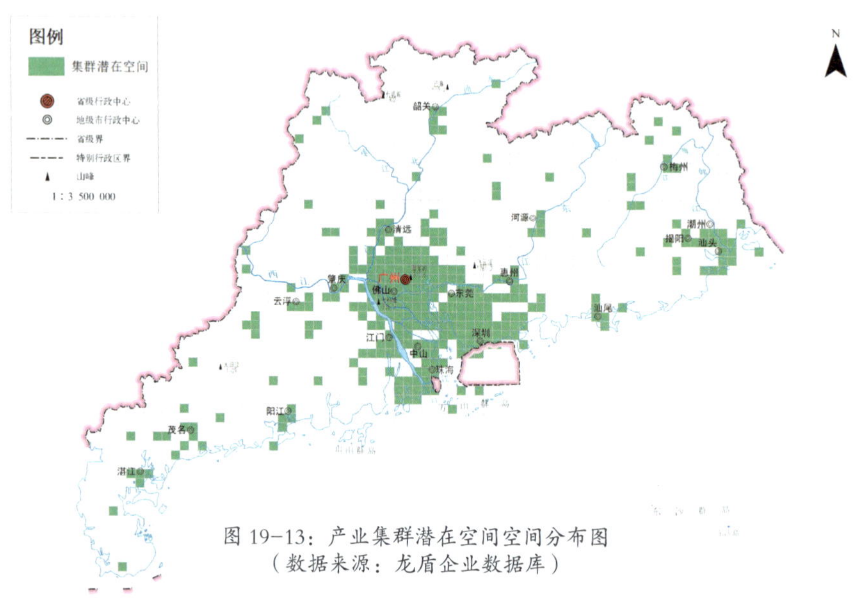

图 19-13：产业集群潜在空间空间分布图
（数据来源：龙盾企业数据库）

4. 广东省精密仪器设备产业典型案例

4.1 典型园区案例

南山医疗器械产业园为百盈集团旗下代表性产业园区，园区为入驻企业提供医疗器械产业 CRO\CDMO 服务，投融资金融服务，营销诊断与市场推广服务，产业信息与资源对接服务，知识产权与政策申报服务，人资、财税与法律咨询服务等多元化绿色通道服务。

专业优质的服务与卓越优异的产业成果让该园区连续九年获批深圳市特色产业园，年产值约计 70

图 19-14：深圳南山医疗器械产业园遥感影像
（数据来源：百度地图）

亿元以上；2012 年该园区被国家商务部授予“医疗器械国家外贸转型升级示范基地”；2016 年被深圳市政府授予“深圳市特色工业升级示范园”。中科院深圳先进研究院是园区首家入驻客户，理邦仪器、共进电子等行业领军在园区发展上市，瑞莱生物、帧观德芯、森瑞斯生物、苏州国科兴旺等生物医药新生“独角兽”正在园区快速成长。在交通上，轨道 2/12 号线双地铁交会，海上世界站 C 出口直线距离 50 米，未来 G 出口直通园区道路，园区门口即是南海大道。城际轨道方面，穗港深城际轨道到前海站 30 分钟车程，到宝安国际机场 30 分钟车程，到香港国际机场 30 分钟快船。

表 19-4：典型园区关键要素对比表

（数据来源：园区招商网页客户端）

园区对比要素	南山医疗器械产业园	天瑞分析仪器产业园	长城海纳硬科技加速器产业园
地理位置	深圳市南山区	昆山市	北京市怀柔区
开发面积	0.06 平方公里	0.067 平方公里	0.0264 平方公里
入驻企业数（家）	30	13	13
年度营收	20 亿元	9.4 亿元	16.5 亿元
地均营收（亿元 / 平方公里）	333.33	140.30	625
企均营收（亿元 / 家）	0.67	0.72	1.27
交通条件	轨道 :2/12 号线双地铁交会，海上世界站 C 出口直线距离 50 米，未来 G 出口直通园区道路 : 园区门口即是南海大道。城际轨道 : 穗港深城际轨道前海站 30 分钟车程。机场：宝安国际机场 30 分钟车程，香港国际机场 30 分钟快船。	昆山距上海虹桥机场 40 分钟车程，距浦东国际机场 2 小时。离上海港口、张家港港口仅需 50 分钟车程。离沪宁高速入口仅 3 公里距离。	怀柔区距离北京市区约 1 小时路程，交通便利，距离机场近，但未来还需进一步提高交通网线的密度，增加便利性。
产业链核心环节	上游研发与下游销售与维护	上游研发与下游销售与维护	上游研发与下游销售与维护
代表企业	瑞莱生物、帧观德芯、森瑞斯生物、苏州国科兴旺等生物医药新生“独角兽”	苏州天瑞环境科技有限公司、北京邦鑫伟业技术开发有限公司、深圳市天瑞仪器有限公司、上海贝西生物科技有限公司	北京海舶无人船科技有限公司、华谱科仪（北京）科技有限公司

南山医疗器械产业园（孵化器）现有泛医疗器械及医药产业企业 30 余家，年产值约计 20 亿元，已被深圳市政府授予认定为全市首批 6 家“特色工业园”之一。园区设有专业园区及孵化器管理机构，将为入园企业提供教育培训，人才交流，知识产权交易，高科技项目的申报、审批、认证，高科技企业的申报、审批、认证，技术合同认定，高科技成果鉴定，专项基金申报、商标注册、专利申请，孵化基金及资本嫁接等多方面的绿色通道服务。

与国内发展较好的天瑞分析仪器产业园以及最近新秀长城海纳硬科技加速器产业园相比，规模上相差不大，但是南山医疗器械产业园的企业数量较多；盈利水平上，与其他两家园区相比，南山医疗器械产业园的年度营收总量最高，但是地均营收处于中位，企均营收处于末位；交通条件方面，三家产业园区交通区位良好，毗邻机场，轨道交通或公路交通线均有贯通。与其他两个园区相比，南山医疗器械产业园具有自身的特色。南山医疗器械产业园（孵化器）于 2005 开始建设，2006 年竣工开园投入使用，目前已建设面积约 6 万平方米，占地面积 2 万平方米。园区建筑设计以新理性主义为原则，强调理性和逻辑的紧密结合，结构采用简单的几何形，却建立在历史的基础上，蕴含着深圳 20 多年发展的历史内涵。建筑结构简洁、时尚、飘逸，富有时代气息，为医疗科技企业提供了产、研一体的现代工作场所，是南山区内规模大、档次高的特色专业园区之一。

4.2 典型企业案例

4.2.1 企业概况

深圳市理邦精密仪器股份有限公司于 1995 年成立，致力于为医疗机构提供贴近临床需求的优质产品和解决方案，涵盖病人监护、心电诊断、超声影像、妇幼健康、体外诊断、智慧医疗业务板块。创新是公司继往开来的原动力，源于临床是每一款产品诞生的初衷。基于创新与贴近临床的理念，2021 年公司研发投入占当期营业收入的 15.42%，自 2011 年上市至今，累计超过 17.24 亿元，与近 40000 家医疗机构形成了紧密的合作关系，为全国大部分三甲医院提供着优质产品和解决方案。

公司总部位于深圳，是国家级高新技术企业，荣获了国际贸易绿色通行证 AEO，疫情期间向国内输送了 40000 余件医疗设备，向海外 140 多个国家输送了数十万件医疗设备，受到国家卫健委、国务院联防联控机制及工信部的高度认可。连续多年在“中国医疗设备行业数据及售后服务调查”活动中，荣获“中国医疗设备优秀民族品牌奖”及监护产品线金奖；入选“创业板价值 50 强”，在第九届中国财经峰会中获评“2020 行业影响力品牌”奖。凭借“双料冠军”获评全区和谐劳动关系（企业奖励类）一等奖的殊荣，完成对 LGC 的快速诊断 CariLight 分子诊断平台业务收购，布局分子诊断领域。理邦与腾讯达成战略合作，将打造电子阴道镜 AI 辅诊“超级大脑”，成立英国子公司 Edan Medical(UK) Limited。理邦仪器信息披露，公司连续两年荣获 A 级评价，荣登首届“创新中国·百强上市公司”榜单。

4.2.2 企业产权联系网络特征

构建深圳市理邦精密仪器股份有限公司的产权联系网络，有 20 家企业与深圳市理邦精密仪器股份有限公司直接关联，构建了覆盖供应链上、中、下游各环节的产权联系网络。

空间分布方面，发生产权联系企业分别位于广东和北京两个省市级行政区，其中属于广东省的企业数量最多，有 12 家，北京市企业数量次之，有 2 家。

供应链接结构方面，产权联系网络中上、中、下游各环节企业完整，集中面向上游环节布局，主要在医疗器械、理论以及计算机技术等领域开展科学研究活动。其中，上游企业主要位于广州、北京、上海以及江苏，中游企业主要布局在广东，下游企业中设计产品应用的企业分布在广东和北京，衍生的商务、金融等生产性服务业分布在河南和陕西。

产权联系方式方面，深圳市理邦精密仪器股份有限公司主要通过开设分支的方式构建企业间的合作，分支企业 9 家，分别位于广州、上海、北京、深圳、成都、郑州等城市，全资控股企业 4 家，非全资控股企业有 7 家。其中重点投资上游与中游环节的企业，投资比例较高，基本为全资控股。对于拓展的金融、商务等企业投资比例则比较低。

表 19-5：深圳市理邦精密仪器股份有限公司产权联系类型

（数据来源：龙盾企业数据库）

产权关联类型	总数	涉及省份	行业类型	代表企业
开设分支	9	广州、上海、北京、深圳、成都、郑州	信息传输、软件和信息技术服务业、科学研究和技术服务业	深圳市理邦精密仪器股份有限公司蛇口分公司、深圳市理邦精密仪器股份有限公司坪山分公司、深圳市理邦精密仪器股份有限公司郑州分公司、深圳市理邦精密仪器股份有限公司北京分公司等
非全资控股	7	陕西、天津、广东	科学研究和技术服务业、租赁和商业服务业	深圳度影医疗科技有限公司、深圳博识诊断技术有限公司等
全资控股	4	陕西、广东	科学研究和技术服务业	西安理邦科学仪器有限公司、深圳理邦诊断科技有限公司、深圳理邦实验生物电子有限公司等

总体来看，深圳市理邦精密仪器股份有限公司进行了一定的产业拓展布局，在供应链各环节的部署模式上具有参考价值。首先重点通过开设分支的形式在北京、上海等一线城市开设上游环节企业，充分利用北京、上海富集的创新资源和人力资源，同时在英国开设子公司德尔塔技术服务（深圳）有限公司，进一步吸取国际人才资源；在成都、郑州以及广东本地等地布局设计中游企业，有利于利用本地优势生产制造的同时打通中西部的市场。

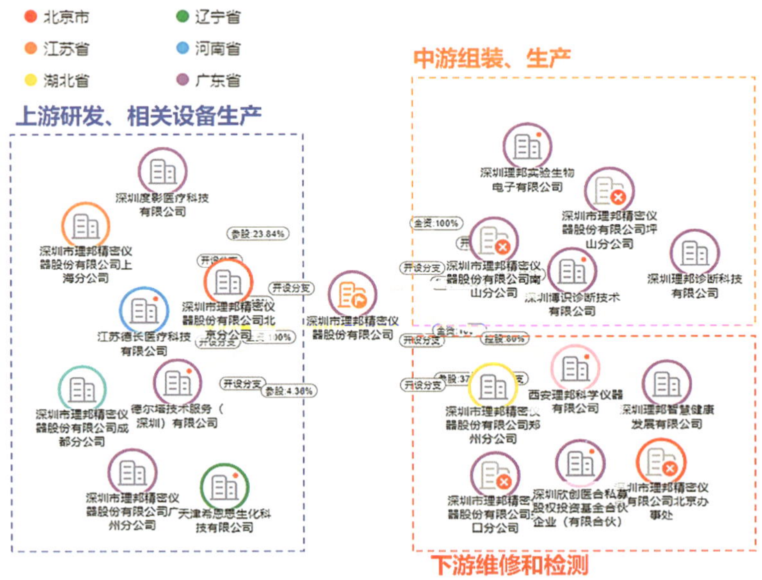

图 19-15：深圳市理邦精密仪器股份有限公司产权联系企业类型
（数据来源：龙盾企业数据库）

附件 1

广东省十大战略性支柱产业与十大战略性新兴产业集群行动计划文件

1.《广东省工业和信息化厅 广东省发展和改革委员会 广东省科学技术厅 广东省商务厅 广东省市场监督管理局 广东省通信管理局关于印发广东省发展新一代电子信息战略性支柱产业集群行动计划（2021—2025 年）的通知》

2.《广东省工业和信息化厅 广东省发展和改革委员会 广东省科学技术厅 广东省生态环境厅 广东省商务厅 广东省应急管理厅关于印发广东省发展绿色石化战略性支柱产业集群行动计划（2021—2025 年）的通知》

3.《广东省工业和信息化厅 广东省发展和改革委员会 广东省科学技术厅 广东省商务厅 广东省市场监督管理局关于印发广东省发展智能家电战略性支柱产业集群行动计划（2021—2025 年）的通知》

4.《广东省工业和信息化厅 广东省发展和改革委员会 广东省科学技术厅 广东省商务厅 广东省市场监督管理局关于印发广东省发展汽车战略性支柱产业集群行动计划（2021—2025 年）的通知》

5.《广东省工业和信息化厅 广东省发展和改革委员会 广东省科学技术厅 广东省生态环境厅 广东省商务厅 广东省市场监督管理局关于印发广东省发展先进材料战略性支柱产业集群行动计划（2021—2025 年）的通知》

6.《广东省工业和信息化厅 广东省发展和改革委员会 广东省科学技术厅 广东省商务厅 广东省市场监督管理局关于印发广东省发展现代轻工纺织战略性支柱产业集群行动计划（2021—2025 年）的通知》

7.《广东省工业和信息化厅 广东省发展和改革委员会 广东省科学技术厅 广东省商务厅 广东省政务服务数据管理局 广东省通信管理局关于印发广东省发展软件与信息服务战略性支柱产业集群行动计划（2021—2025 年）的通知》

8.《广东省工业和信息化厅 广东省发展和改革委员会 广东省科学技术厅 广东省广播电视局 广东省通信管理局关于印发广东省发展超高清视频显示战略性支柱产业集群加快建设超高清视频产业发展试验区行动计划（2021—2025 年）的通知》

9.《广东省科学技术厅 广东省发展和改革委员会 广东省工业和信息化厅 广东省卫生健康委员会 广东省市场监督管理局关于印发广东省发展生物医药与健康战略性支柱产业集群行动计划（2021—2025 年）的通知》

10.《广东省农业农村厅 广东省工业和信息化厅 广东省发展和改革委员会 广东省科学技术厅 广东省市场监督管理局关于印发广东省发展现代农业与食品战略性支柱产业集群行动计划（2021—2025 年）的通知》

11.《广东省发展改革委 广东省科技厅 广东省工业和信息化厅关于印发广东省培育半导体及集成电路战略性新兴产业集群行动计划（2021—2025 年）的通知》

12.《广东省工业和信息化厅 广东省发展改革委 广东省科学技术厅 广东省商务厅 广东省市场监督管理局关于印发广东省培育高端装备制造战略性新兴产业集群行动计划（2021—2025 年）的通知》

13.《广东省工业和信息化厅 广东省发展和改革委员会 广东省科学技术厅 广东省商务厅 广东省市场监督管理局关于印发广东省培育智能机器人战略性新兴产业集群行动计划（2021—2025年）的通知》

14.《广东省科学技术厅 中共广东省委网络安全和信息化委员会办公室 广东省工业和信息化厅 广东省发展和改革委员会 广东省市场监督管理局 广东省政务服务数据管理局 广东省地方金融监督管理局关于印发广东省培育区块链与量子信息战略性新兴产业集群行动计划（2021—2025年）的通知》

15.《广东省科学技术厅 广东省发展和改革委员会 广东省工业和信息化厅 广东省商务厅 广东省市场监督管理局关于印发广东省培育前沿新材料战略性新兴产业集群行动计划（2021—2025年）的通知》

16.《广东省发展和改革委员会 广东省能源局 广东省科学技术厅 广东省工业和信息化厅 广东省自然资源厅 广东省生态环境厅关于印发广东省培育新能源战略性新兴产业集群行动计划（2021—2025年）的通知》

17.《广东省科学技术厅 广东省发展和改革委员会 广东省工业和信息化厅 广东省商务厅 广东省市场监督管理局关于印发广东省培育激光与增材制造战略性新兴产业集群行动计划（2021—2025年）的通知》

18.《广东省工业和信息化厅 中共广东省委宣传部 广东省文化和旅游厅 广东省广播电视局 广东省体育局关于印发广东省培育数字创意战略性新兴产业集群行动计划（2021—2025年）的通知》

19.《广东省工业和信息化厅 广东省发展和改革委员会 广东省科学技术厅 广东省生态环境厅 广东省应急管理厅 广东省市场监督管理局关于印发广东省培育安全应急与环保战略性新兴产业集群行动计划（2021—2025年）的通知》

20.《广东省科学技术厅 广东省发展和改革委员会 广东省工业和信息化厅 广东省商务厅 广东省市场监督管理局关于印发广东省培育精密仪器设备战略性新兴产业集群行动计划（2021-2025年）的通知》

附件2

[1] 刘春生．产业集群与全球战略[J]．软件工程师，2007(10):33-34.

[2] 李世安．布雷顿森林体系与“特里芬难题”[J]．世界历史，2009(06):4-15+158.

[3] 黄河，周骁．世界产业分工秩序：特征、挑战与重塑[J]．深圳大学学报（人文社会科学版），2021,38(01):67-78.

[4] 张扬．长春市汽车产业集群形成机理与实证研究[D]．吉林大学，2006.

[5] 杨卡．长春汽车产业集群研究[D]．东北师范大学，2005.

[6] 魏剑锋．国外产业集群理论：基于经典和多视角研究的一个综述[J]．研究与发展管理，2010,22(03):9-18.DOI:10.13581/j.cnki.rdm.2010.03.005.

[7] 王缉慈．关于中国产业集群研究的若干概念辨析[J]．地理学报，2004(z1):6.DOI:10.3321/

j. issn:0375-5444. 2004. z1. 007.

[8]Porter M E. The competitive advantage of nations. New York:Free Press. 1990.

[9]Porter M E. Cluster and the New Economics of Competition .Havard Business Review, Novermber-December, 1998

[10] 陆丽娜，胡峰，刘媛．战略性新兴产业集群梯度差异与协同发展——基于江苏的数据分析 [J]. 科技管理研究，2019, 39(20):59-63.

[11]Y Chiffoleau，F Dreyfus. Network and Innovation Performance of Cluster and Non-Cluster Firms in the Creative and Cultural Industries. Journal of Rural Studies, 37, 87-97. 李珊，杨丹萍．产业集群政策评价研究综述 [J]. 科技与管理，2019, 21(04):8-12. DOI:10. 16315.

[12]ROSENFELD，STUARTA. Bringing business clusters into the mainstream of economic development[J]. European Planning Studies, 1997(1) : 3.

[13] 李伟红，陈燕．基于 DEA 模型的区域创新系统中政府作用的评价研究 [J]. 价值工程，2007(8) : 33.

[14] 李志刚．地方政府集群政策的绩效分析 [J]. 湖州师范学院学报，2007(3) : 95.

[15] 刘耀彬，胡观敏．基于投入产出法的江西 LED 产业关联分析与集群发展的政策取向 [J]. 华东经济管理，2010, 24(02):17-19.

[16] 朱志良，林森，崔坤等．基于复杂网络社区划分的网络拓扑结构可视化布局算法 [J]. 计算机辅助设计与图形学学报，2011, 23(11):1808-1815.

[17] 李俊峰，柏晶菁，王淑婧．镇域传统产业集群创新网络演进特征及形成机理——以安徽高沟镇电缆产业为例 [J]. 地理科学，2021, 41(06):1039-1049. DOI:10. 13249/j. cnki. sgs. 2021. 06. 013.

[18] 李茂．产业关联网络演变与影响机制研究——基于北京市 12 个年度投入产出表的分析 [J]. 产经评论，2016, 7(06):50-66. DOI:10. 14007/j. cnki. cjpl. 2016. 06. 005.

[19] 吴晓军．产业集群与工业园区建设 [M]. 江西人民出版社，2005.

[20] 陆丽娜，胡峰，刘媛. 战略性新兴产业集群梯度差异与协同发展——基于江苏的数据分析 [J]. 科技管理研究，2019, 39(20):59-63.

[21]Y Chiffoleau，F Dreyfus. Network and Innovation Performance of Cluster and Non-Cluster Firms in the Creative and Cultural Industries. Journal of Rural Studies, 37, 87-97.

[22]Hidalgo, C. A., Klinger, B., Barabási, A.-L. & Hausmann, R. The product space conditions the development of nations. Science 317, 482 - 487 (2007).

[23]《广东省人民政府工作报告 2023》广东省人民政府办公厅网站

[24]《2022 年广东省国民经济和社会发展统计公报》广东省统计局、国家统计局广东调查总队

[25] 卢峰．服务外包的经济学分析．产品内分工视角 [M]. 北京大学出版社，2007.

[26] 广东：财政“富可敌国”，又面临哪些新挑战？

[27] 卢峰．服务外包的经济学分析．产品内分工视角 [M]. 北京大学出版社，2007.

[28] 统计说明：各行业计算增加值的方式及利税率差别较大，为了统一一二三产效益计算指标，

以各行业人均营业收入作为各产业部类的效益指标。

[29] 统计说明：其中超高清视频显示产业集群、区块链与量子信息产业集群无相关数据。

[30]《近年全省工业和信息化发展概况及 2023 年主要工作计划》

[31] 深圳市新一代信息通信集群，广州市、佛山市、惠州市超高清视频和智能家电集群，广州市、深圳市、佛山市、东莞市智能装备集群，东莞市智能移动终端集群，深圳市先进电池材料集群，深圳市、广州市高端医药器械集群，佛山市、东莞市泛家居集群。

[32]《广东公开一季度全省工业经济运行情况》，人民网

[33] 名词解释：“死亡之谷”（valley of death）是指科技成果无法有效地商品化、产业化，导致科技成果与产业发展之间出现断层的现象。

[34] 由于各年投入产出表统计标准存在调整，经过统一后形成 110 个部门，各参数指标进行合并处理。

[35] 最大生成树的原理是以权重为导向，生成产业关系网络的框架，如果有 N 个产业节点，则生成N-1 条节点连接线(连接线的值为直接消耗系数表示关联强度大小),保证网络整体的关联度总和最大。

[36] 齐亚伟，陈洪章．我国区域产业结构的投入产出关联特征分析 [J]. 宏观经济研究 , 2017 年 , 第 9 期：79—90。

[37] 力引导布局是一种较佳的可视化网络布局算法，将节点视为电荷粒子，连杆为弹簧，通过模拟电荷间相互作用力得到节点间的距离，最终达到一个稳定平衡的布局状态。

[38] 邓龙安，刘文军．产业技术范式转移下区域战略性新兴产业自适应创新管理研究 [J]. 科学管理研究，2011，29（2）：7-11

[39] 战略性新兴产业与传统产业耦合发展研究——基于广东省电子信息产业与纺织业的实证分析

[40] 数据来源：Nat. Rev. Drug Discov.

[41] 数据来源：中商产业研究院大数据库

[42] 电子信息成粤第一大支柱产业，第 9228 版：广东・地方，2022-08-17，南方日报数字报，南方网（southcn.com）

[43]《广东省发展新一代电子信息战略性支柱产业集群行动计划（2021—2025 年）》

[44]《石化和化工行业“十四五”规划指南》石油和化学工业规划院

[45]《石油和化学工业“十四五”发展指南》中国石油和化学工业联合会

[46]《广东省发展绿色石化战略性支柱产业集群行动计划（2021—2025 年）》

[47] 中国经济网 http://www.ce.cn/

[48] 数据来源：中商产业研究院大数据库

[49] 数据来源：广东省家电商会第六届会员代表大会暨广东家电行业高质量发展论坛

[50] 数据来源：广东省发改委 2023 年重点建设项目计划

[51] 数据来源：中商产业研究院大数据库

[52]《广东省发展汽车战略性支柱产业集群行动计划（2021—2025 年）》

[53]《2023 年全球及中国汽车行业市场现状及发展前景研究报告》

[54]《广东省制造业高质量发展“十四五”规划》

[55] 数据来源：华经产业研究院《2022 年全球及中国新材料行业发展分析》

[56]《广东省发展先进材料战略性支柱产业集群行动计划（2021—2025 年）》

[57] 数据来源：前瞻产业研究院《2022 年广东省产业结构之十大战略性支柱产业全景图谱》

[58]http://drc.gd.gov.cn/ywtz/content/post_4137123.html 智研咨询《2023-2029 年中国纺织行业信息化行业市场经营管理及发展趋势研究报告》

[59]《广东省发展现代轻工纺织战略性支柱产业集群行动计划（2021—2025 年）》

[60] 数据来源：中商产业研究院大数据库

[61]《广东省发展软件与信息服务战略性支柱产业集群行动计划（2021—2025 年）》

[62] 中国电子信息产业发展研究院《超高清视频产业发展白皮书》

[63]《“十四五”医药工业发展规划》

[64]《“十四五”医药工业发展规划》

[65] 数据来源：中商产业研究院

[66] 资料来源《广东省发展生物医药与健康战略性支柱产业集群行动计划（2021—2025 年）》

[67] 中国农产品行业发展历程——从改革开放到新冠疫情前 https://baijiahao.baidu.com/s?id=1735667160152330164&wfr=spider&for=pc

[68] 历年中央一号文件回顾（1982 年—2022 年）https://mp.weixin.qq.com/s?__biz=MzUzNDQ3MjQ0MA==&mid=2247555992&idx=4&sn=76c3b156d422653d03d733822127203a&chksm=fa96680fcde1e119e69cb8caa058ed2ee4cd19935bf1103fb8d98cf5ffbc24e6ab936cc050c8&scene=27

[69]《数字农业农村发展规划（2019—2025 年）》

[70]《中共中央、国务院关于坚持农业农村优先发展做好“三农”工作的若干意见》

[71]《关于加强农业科技社会化服务体系建设的若干意见》

[72]《关于扩大农业农村有效投资 加快补上“三农”领域突出短板的意见》

[73]《关于在农业农村基础设施建设领域积极推广以工代赈方式的意见》

[74]《关于推进返乡入乡创业园建设 提升农村创业创新水平的意见》

[75]《关于促进农产品加工环节减损增效的指导意见》

[76]《关于开展现代农业全产业链标准化试点工作的通知》

[77]《关于加强现代农业科技金融服务创新支撑乡村振兴战略实施的意见》

[78]《关于金融支持巩固拓展脱贫攻坚成果 全面推进乡村振兴的意见》

[79]《“十四五”国家信息化规划》

[80]《“十四五”全国农业机械化发展规划》

[81]《“十四五”推进农业农村现代化规划》

[82]《“十四五”全国农业农村信息化发展规划》

[83]《关于进一步完善政策环境加大力度支持民间投资发展的意见》

[84]《关于落实党中央国务院 2023 年全面推进乡村振兴重点工作部署的实施意见》

[85]《广东省发展现代农业与食品战略性支柱产业集群行动计划（2021—2025 年）》

[86] 省农科院．锻造乡村振兴科技“金钥匙”[N] 南方日报 http://www.gdaas.cn/fwsnn/kjfw/content/post_1016839.html

[87] 大湾区农业“硅谷”来了！“华南 A 谷”全省发布 [N] 广州日报 http://www.gdaas.cn/mtjjn/content/post_999099.html

[88] 省农业科学院院长陆华忠：当好科技主力军，服务广东乡村振兴和农业产业高质量发展 https://mp.weixin.qq.com/s?__biz=MzIwMTc4NDA0NQ==&mid=2247552734&idx=3&sn=0908fb7261c5d0782d80063f95c82984&chksm=96eae15ca19d684a71a6b6c9654abaddf612930f4d0cd8a2d5e90ef7016d8844b866724ae0f2&scene=27

[89]《中国农业展望报告（2023—2032）》发布　我国粮食和重要农产品稳定安全供给能力持续增强 http://nyncw.cq.gov.cn/zwxx_161/ywxx/202304/t20230421_11899380_wap.html

[90]2023 中国农业农村发展趋势报告发布：加快建设农业强国 https://baijiahao.baidu.com/s?id=1756579634758625331&wfr=spider&for=pc

[91] 农业发展成就显著　乡村美丽宜业宜居——党的十八大以来经济社会发展成就系列报告之二 http://www.stats.gov.cn/xxgk/jd/sjjd2020/202209/t20220914_1888221.html?eqid=ce9844190005557e0000000364478c86

[92]2022 年广东农业生产运行简况 http://dara.gd.gov.cn/nyncgk/content/post_4170455.html

[93] 我省强化现代农业产业体系建设　农林牧渔业总产值五年增长 40%http://www.gd.gov.cn/zwgk/zdlyxxgkzl/fpgzxx/content/post_3917965.html

[94]2023 年一季度全国省市农林牧渔业总产值排行榜 http://t.10jqka.com.cn/pid_286289527.shtml

[95]《广东省发展现代农业与食品战略性支柱产业集群行动计划（2021—2025 年）》

[96]20 人养 6 万头猪！肇庆市生猪产业园打造智能全产业链 ｜ 产业园深调研 https://mp.weixin.qq.com/s?__biz=MzUyMDk4MjM5Ng==&mid=2247521062&idx=1&sn=c2db3d3f82b044ba1eecae18e09e6dc1&chksm=f9e0c935ce974023849b16f6f774aa0f6f5552d02f78e86efef5d3eb35033f01093cffe7da73&scene=27

[97] 广东省财政投 5 亿元建设生猪产业园助力稳产保供，建成达产后存栏 1295.4 万头 http://czt.gd.gov.cn/gkmlpt/content/3/3152/post_3152300.html#3579

[98] 广东省农业农村厅关于公布 2020 年第一批省级现代农业产业园建设名单的通知 http://dara.gd.gov.cn/nycyy/content/post_3131536.html

[99]20 人养 6 万头猪！肇庆市生猪产业园打造智能全产业链 ｜ 产业园深调研 https://mp.weixin.qq.com/s?__biz=MzUyMDk4MjM5Ng==&mid=2247521062&idx=1&sn=c2db3d3f82b044ba1eecae18e09e6dc1&chksm=f9e0c935ce974023849b16f6f774aa0f6f5552d02f78e86efef5d3eb35033f01093cffe7da73&scene=27

[100] 肇庆大力推进生猪养殖项目稳产保供 让市民菜篮子“装得满”而且“拎得动”http://www.zhaoqing.gov.cn/xwzx/zqyw/content/post_2467324.html

[101] 四川东坡现代产业园如何升级泡菜产业，实现产值 180 亿元？ https://www.sohu.com/a/396063086_120086998

[102]20 人养 6 万头猪！肇庆市生猪产业园打造智能全产业链｜产业园深调研 https://mp.weixin.qq.com/s?__biz=MzUyMDk4MjM5Ng==&mid=2247521062&idx=1&sn=c2db3d3f82b044ba1eecae18e09e6dc1&chksm=f9e0c935ce974023849b16f6f774aa0f6f5552d02f78e86efef5d3eb35033f01093cffe7da73&scene=27

[103] 东坡区现代农业产业园凭借着泡菜成为第一名！ http://www.scznfutong.com/4/13856/793463

[104] 陕西省洛川县现代农业产业园 http://shiwuwuguihua.com/showinfo-98-26753-0.html

[105] 广东省菜篮子工程广宁广三保生猪基地 http://gdclz.org/clz/base/550.html

[106] 数据来源：中商产业研究院大数据库

[107]《广东省培育半导体与集成电路战略性新兴产业集群行动计划（2021—2025 年）》

[108]http://www.gd.gov.cn/gdywdt/zwzt/kdyxtz/xwsl/content/post_4156970.html

[109] 人民网：中国成全球第一大工业机器人市场 http://cpc.people.com.cn/big5/n/2014/0618/c87228-25163446.html

[110] 中国电子学会《中国机器人产业发展报告（2022 年）》

[111] 销量全球第一！ 2022 年中国工业机器人产量 44.3 万套 https://baijiahao.baidu.com/s?id=1756603005993920228&wfr=spider&for=pc

[112] 中国电子学会《中国机器人产业发展报告（2022 年）》

[113] 中国机器人产业联盟在京成立 https://news.sina.com.cn/o/2013-04-22/065926905238.shtml

[114]《中国制造 2025》解读之：推动机器人发展 2025http://www.gov.cn/zhuanti/2016-05/12/content_5072768.htm

[115]《机器人产业发展规划（2016—2020）》

[116]《增强制造业核心竞争力三年行动计划（2018—2020 年）》

[117]《“十四五”规划纲要》

[118]《“十四五”智能制造发展规划》

[119]《“十四五”机器人产业发展规划》

[120]《广东省智能制造发展规划（2015—2025 年）》

[121]《广东省机器人产业发展专项行动计划（2015—2017 年）》

[122]《广东省先进制造业发展“十三五”规划》

[123]《粤经信创新函〔2017〕132 号广东省经济和信息化委 广东省财政厅 广东保监局关于做好 2017 年机器人保费补贴试点工作的通知》《广东省工业机器人保费补贴试点工作方案》

[124]《2018—2019 年度广东省重点领域研发计划“智能机器人和装备制造”重大专项申报指南》《2019—2020 年度广东省重点领域研发计划“智能机器人和装备制造”重大专项申报指南》

[125]《广东省工业企业技术改造三年行动计划（2018—2020 年》

[126]《广东省制造业高质量发展“十四五”规划》

[127]《广东省人民政府关于培育发展战略性支柱产业集群和战略性新兴产业集群的意见》

[128]《广东省培育智能机器人战略性新兴产业集群行动计划（2021—2025 年）》

[129]《广东省新一代人工智能创新发展行动计划（2022—2025 年）》

[130]《广东省智能制造生态合作伙伴行动计划（2023 年）》《广东省智能制造生态合作伙伴（2023 年）申报指南》

[131] 销量全球第一！ 2022 年中国工业机器人产量 44.3 万套 https://baijiahao.baidu.com/s?id=1756603005993920228&wfr=spider&for=pc

[132] 我国智能机器人行业市场规模现状及前景展望 http://www.360doc.com/content/12/0121/07/57467168_1081692777.shtml

[133] 中国机器人产业联盟数据

[134] 连续八届在东莞举办！广东这场高科技盛会大有来头 https://view.inews.qq.com/wxn/20230523A063F000?refer=wx_hot

[135]http://www.xbotpark.com/

[136] 南方观察丨激荡智造未来，松山湖“机器人军团”强势崛起 https://baijiahao.baidu.com/s?id=1767241105687659272&wfr=spider&for=pc

[137] 现代产业园建设的留个关键维度：以上海机器人产业园为例 http://weixin.caupdcloud.com/?p=881721

[138] 不负春光 芜湖机器人产业加速奔跑 http://ah.anhuinews.com/wh/news/202304/t20230403_6774883.html

[139] 松山湖孵化企业登榜全球最创新的 50 家机器人公司 http://ssl.dg.gov.cn/gkmlpt/content/3/3796/post_3796989.html#323

[140] 李靖．新能源产业政策研究综述 [J]．企业导报，2011(12):93-96.DOI:10.19354/j.cnki.42-1616/f.2011.12.063.

[141] 高兴，翟柯宇．地理邻近与知识产权——基于中国 1331 项新能源技术发明专利的实证研究 [J]．科技进步与对策，2018,35(21):32-38.

[142] 高晓燕，王治国．绿色金融与新能源产业的耦合机制分析 [J]．江汉论坛，2017(11):42-47.

[143] 张海龙． 中国新能源发展研究 [D]．吉林大学，2014.

[144] 黄栋，杨子杰，王文倩．新发展格局下新能源产业发展历程、内生逻辑与展望 [J]．新疆师范大学学报（哲学社会科学版），2021,42(06):134-144.DOI:10.14100/j.cnki.65-1039/g4.20210526.001.

[145] 中华人民共和国国务院新闻办公室．新时代的中国能源发展 [N]．人民日报，2020-12-22(010).DOI:10.28655/n.cnki.nrmrb.2020.012587.

[146]《新时代的中国能源发展》白皮书，http://www.scio.gov.cn/ztk/dtzt/42313/44537/

index.htm

[147] 中华人民共和国2022年国民经济和社会发展统计公报，http://www.stats.gov.cn/xxgk/sjfb/zxfb2020/202302/t20230228_1919001.html

[148]http://www.stats.gov.cn/xxgk/jd/sjjd2020/202301/t20230118_1892280.html

[149]《广东省培育新能源战略性新兴产业集群行动计划（2021—2025年）》

[150]http://stats.gd.gov.cn/fhygy/content/post_4091777.html

[151]https://baijiahao.baidu.com/s?id=1761509055336607245&wfr=spider&for=pc

[152] 数据来源：Laser Focus World、来觅数据整理

[153]《2022 中国激光产业发展报告》

[154] 尚普咨询《2023年增材制造（3D打印）行业市场需求现状分析》

[155]《广东省培育激光与增材制造战略性新兴产业集群行动计划（2021-2025年）》

[156] 宝安加快打造具有世界级影响力的激光产业集群 https://cj.sina.com.cn/articles/view/1924738303/72b92cff0200193bg

[157] 大族集团求全激光智能制造产业基地奠基 https://www.laserfair.com/news/201702/15/63256.html

[158]https://xueqiu.com/7388661017/239613250

[159]https://baijiahao.baidu.com/s?id=1714820728532641240&wfr=spider&for=pc

[160]http://www.mty.cnjmnet.cn/p/50525.html

[161]https://www.laserfair.com/m/news/202304/10/83146.html

[162]https://baijiahao.baidu.com/s?id=1714820728532641240&wfr=spider&for=pc

[163]http://www.mty.cnjmnet.cn/p/50525.html

[164]https://www.hanslaser.com/innovation

[165] 鹏城而立再奋进 科学发展涌新潮 ——记胡锦涛总书记在广东深圳考场工作 http://mil.news.sina.com.cn/2010-09-08/0634609728.html

[166] 在这家激光领头企业 李克强停步10多次 https://baijiahao.baidu.com/s?id=1548122239200386&wfr=spider&for=pc

[167] 数据来源：国家信息中心信息化和产业发展部，新兴产业处

[168] 数据来源：中商产业研究院

[169]《广东省培育数字创意战略性新兴产业集群行动计划（2021—2025年）》

[170] 数据来源：中商产业研究院大数据库

[171] 广东省家电商会第六届会员代表大会暨广东家电行业高质量发展论坛

[172] 数据来源：广东省发改委2023年重点建设项目计划

[173]https://www.instrument.com.cn/news/20220428/614558.shtml

[174]《广东省培育精密仪器设备战略性新兴产业集群行动计划（2021—2025年）》